SLAGET OM VÄSTEUROPA

Slaget om Västeuropa

Flygkrig, strategi och politik sommaren 1940

Michael Tamelander

HISTORISKA MEDIA

Historiska Media
Bantorget 3, 222 29 LUND
info@historiskamedia.se
historiskamedia.se

Omslag: Carmen Robertson Salas
Kartor: Michael Tamelander
Tryck: Books on Demand GmbH
ISBN: 978-91-7545-202-9

Innehåll

Kartor och uppställningar

Förord

Den korta perioden mellan maj och oktober 1940 delas som regel upp i två faser: Slaget om Frankrike och Slaget om England. Den första började den 10 maj och slutade med Frankrikes kapitulation den 22 juni; den andra inleddes den 10 juli (detta datum har debatterats) och avslutades den 31 oktober. Perioden däremellan har många gånger ansetts vara mindre betydelsefull. Detta är naturligt eftersom de flesta verk behandlar antingen slaget om Frankrike eller slaget om England i detalj. Mellanperioden – brytningen mellan Storbritannien och Frankrike och förstörelsen av den franska flottan vid Mers-el-Kébir – hamnar utanför.

Det är frestande för en författare att avgränsa perioderna, för att koncentrera sig på de militära händelserna på den enskilda krigsskådeplatsen. Ofta är det säkert nödvändigt, men härigenom går det totala sammanhanget förlorat. Jag har många gånger beklagat detta förhållande när det gäller 1940, eftersom jag anser att det inte existerade några separata perioder. Slaget om England började i själva verket den 10 maj 1940 med invasionen av Frankrike och slaget om Frankrike slutade den 17 september när Hitler inställde invasionen av England.

Själva begreppen "Slaget om England" och "Slaget om Frankrike" är även de korrekta endast i den bemärkelsen att de anger i vilka områden man kämpade, men tvivelaktiga när de beskriver de kämpandes målsättningar. Hitler hade aldrig någon önskan att erövra vare sig Frankrike eller Storbritannien, även om han såg positivt på möjligheten att begränsa Frankrike som potentiell motståndare. Hans ambitioner låg i öst. De västallierades målsättning var i första hand att genom sin krigsförklaring försöka få Hitler avsatt. Om inte detta lyckades ämnade de blockera och bomba Tyskland till underkastelse. Deras föresatser var därför offensiva, även om Hitlers bländande framgångar under första halvan av 1940 får de västallierade att framstå som försvarare snarare än angripare. Slaget *i* Frankrike och slaget *över* England skulle ha varit mer passande namn för dessa korta tidsperioder om man betraktar dem var för sig; ”Slaget om Västeuropa” om de ses som en helhet. Det är om denna period som min bok handlar – om flygkriget, om den strategiska bilden och om de politiska besluten. Markkriget i Frankrike behandlas endast flyktigt eftersom en mer detaljerad redogörelse för detta skulle ha ställt alltför stora krav på en redan omfattande bok, men jag har valt att ge det som regel försummade fransk-brittiska sammanbrottet och tragedin vid Oran visst utrymme.

·

Reaktioner på de tidigare böcker jag har skrivit tillsammans med Niklas Zetterling har varit positiva på framför allt en punkt: att vi gjorde oss mödan att inte begränsa oss till själva striden efter en kort politisk inledning, utan även behandlade den övergripande händelseutvecklingen på högre nivå. Jag avser här att föra denna målsättning ännu längre. *Slaget om Västeuropa* är i själva verket två böcker. Den ena handlar om den politiska och strategiska utvecklingen, den andra om flygarna och flygstriderna under samma period. Genom att sammanfläta de två händelseförloppen till ett hoppas jag kunna ge läsaren en större behållning.

·

Eftersom de tyska och allierade flygförbanden opererade med olika antal plan i sina grupperingar, var det svårt att översätta dessa till svensk flygterminologi utan att skapa förvirring beträffande styrkenumerärerna. En annan nackdel med översättning var att det skulle bli svårare att skilja på tyska och allierade förband utan att hela tiden skriva ”tyska” eller ”brittiska” framför. Den första lösningen blev att helt enkelt behålla originalspråket, men efterhand fick jag allt större problem med att acceptera de engelska orden, som till exempel ”32 squadron”, i den svenska texten. De tyska kändes däremot aldrig udda. Jag översatte därför de brittiska förbanden (och franska där dessa existerar), men behöll de tyska. *Section*, *Flight*, *Squadron*[1], *Wing* och *Group* blev därmed sektion, grupp, division, flottilj och eskader, medan *Rotte*, *Schwarm*, *Staffel*, *Gruppe*, *Geschwader* och *Luftflotte* kvarstod i ursprunglig tysk form. Vissa flyglingvister kommer nog att höja på ögonbrynen, men jag har funnit det värt att ta risken. Det tyska *Jagdgeschwader* har förkortats JG följt av förbandsnummer, *Kampfgeschwader* KG, *Zerstörergeschwader* ZG, *Lehrgeschwader* LG samt *Sturzkampfgeschwader* StG. Läsaren bör också notera att jag i fallet med de allierade skrivit "bombdivision" om texten avser en sådan, men att det helt enkelt står "division" när jag refererar till jaktdivisioner. Vissa undantag till det sistnämnda finns när jag speciellt vill betona vilken förbandstyp som avses.

I största möjliga mån har jag avhållit mig från långa redogörelser för befälsstrukturer, organisationer och flygplansprestanda. Det har redan skrivits mycket om detta i andra verk och jag hänvisar läsaren till författare som koncentrerat sig på respektive ämnen. Det huvudsakliga skälet till att dessa aspekter endast omnämns flyktigt är att frigöra textutrymme till händelseförloppet. Av samma orsak har *Royal Air Force* och *Luftwaffes* förhistorier komprimerats och spelet mellan Storbritannien och USA helt utelämnats, förutom där det påverkade förhållandet mellan Storbritannien och Frankrike.

•

Det är på sin plats att kort kommentera de förlustsiffror på flygplan och piloter som förekommer i boken. Det var min ursprungliga målsättning att göra en ordentlig utvärdering av dessa, men jag fann ganska snart att detta var en ren omöjlighet. Nästan alla källor avviker och inte heller officiella dokument, krigsdagböcker och liknande stämmer överens på punkter som går att kontrollera på annan väg. Det förekommer även flera olika sätt att räkna. Tyskarna angav, till exempel, sina förluster i procent av ett flygplan. En maskin som sköts i brand och störtade i Engelska kanalen var nedskjutet till 100 procent; ett som landade med mindre skador var, till exempel, nedskjutet till 10 procent. De brittiska källorna delar istället in sina förluster i tre kategorier: kat. 1 (reparationer vid flygbasen), kat. 2 (omfattande reparationer i verkstad) och kat. 3 (avskriven). Kontentan är att en helt sann bild av förlusterna aldrig kommer att publiceras och jag fann det inte mödan värt att ödsla många månaders arbete på frågan.

Ändå är det inte möjligt att skriva en bok om flygstriderna över Frankrike och England utan att på något sätt klargöra resultaten av dessa. Detta är viktigt – dels för att ge en bild av hur varje dags strider utvecklade sig taktiskt, dels för att göra en bedömning av hur de totala förlustsiffrorna ställer sig i förhållande till nationell produktion och förmåga att föra krig på sikt. Jag har därför använt olika källor och försökt att välja dem som varit mest tillförlitliga för den dag eller period som avses. I de fall där den tyska förlusten angivits i procent, har jag bedömt flygplan som varit förstörda till mellan 61 och 100 procent som förstörda. När brittiska dokument delar upp sina förluster i tre kategorier har jag bedömt flygplan endast i den sistnämnda kategorin som förstörda. Läsaren bör också hålla i minnet att sammanräkningar för längre perioder ofta kommer från olika källor som också räknat på olika sätt. I de fall där dessa sammanräkningar överlappar i tid, är det ofrånkomligt att avvikelser förekommer. Oftast rör det sig endast om några få procent i någondera riktningen. Källhänvisningar finns till de verk jag använt. Understrukna notsiffror indikerar extra information om det ämne som just behandlas; icke understrukna notsiffror är rena källhänvisningar.

·

Jag vill rikta ett varmt tack till följande personer:

Niklas Zetterling, som bidragit stort med sin unika militärhistoriska kunskap; Mikael Larsson som följt arbetets gång, korrekturläst och givit mig många värdefulla råd på vägen; Jan-Åke Berg (Svensk Flyghistorisk Förening), som förutom faktagranskning bistått med flygteknisk kunskap; Stig Kernell (flyglitteraturgruppen), Mikael Norrby och Anders Frankson, som hjälpt mig med litteratur och dokument; Dan Beaudry, med vilken jag under sex månaders tid simulerade operation *Seelöwe*; Dr Alfred Price, som gav mig tillåtelse att använda bitar ur hans förnämliga *The Hardest Day* och *Battle of Britain Day;* Jonny Bertilsson, som alltid ser till att min datautrustning fungerar som den skall; samt Matts Ohlson, Magnus Tamelander, Johan Carlius, Lars Krog och Staffan Eriksson, som på ett eller annat sätt bidragit med korrekturläsning, sakkunskap eller allmän uppmuntran.

Jag vill även tacka Internet Book Shop, Jan och Christer på Uppsala English Bookshop, Dominic Busby (Grub Street), Sally Melville (Greenhill Books), Gill Richardson (Crecy Publishing), Deryn Walker (Chelifer Books), Tom & Michelle Shaw (Diecast Hobbies), Richard Langford (The Churchill Center), Lionel Ward (Brendon Books), Björn Gäfvert (Krigsarkivet), personalen på militärhögskolans bibliotek samt Dan Edvardsson, Carolin Carlsson, Rose-Marie Jansson och Sara Birgersson på Fuji Foto Center.

Slaget om Västeuropa

Prolog

Vädret denna sensommareftermiddag var strålande, med endast några få molntussar på himlen. Nioårige Douglas Inman befann sig på promenad i Greenwich Park tillsammans med sin mor och far. Föräldrarna såg fram mot en stilla utflykt i parken, men unge Douglas hade egna planer. Han hade tagit med sig sitt modellflygplan föreställande en Spitfire. Medan Big Ben klämtade fyra bortifrån Westminster inledde han några spännande luftstrider under almarna och kastanjeträden.

I kontrast till många andra av Londons grönområden gick marken i Greenwich Park i böljande vågor, och familjen satte sig på en liten kulle inte långt från den ek där drottning Elisabet I lekt som barn. Därifrån hade de fri sikt in över Docklands på norra sidan Themsen – ett gytter av fartygsmaster, kranar och magasinsbyggnader som glänste i den varma sensommarsolen. Det såg ut som det alltid gjort och från familjens plats i gräset var det endast de sicksackande skyddsgravarna och de långsamt vajande spärrballongerna ovanför som avslöjade att London var en stad i krig.

Hittills hade det varit ett dåligt krig för England. Tyskarna hade tagit Polen, Danmark, Norge och nu senast Nederländerna, Belgien och Frankrike. Den brittiska armén hade fått dra sig tillbaka från kontinenten. Tyska trupper stod på andra sidan Kanalen, redo att iscensätta en invasion mot de brittiska öarna, och under nära två månaders tid hade tyska bombplan flugit in över södra England i upprepade försök att bryta det brittiska flygvapnets motståndsvilja.

Men England vann sina krig. Så hade det varit tidigare och så skulle det bli även denna gång. Hitler hade lovat att han skulle diktera fredsvillkor i den engelska huvudstaden senast den 15 augusti, men samma datum hade det hållits flera fester i London bara för att fira att den tyske diktatorn inte haft möjlighet att närvara. Sedan hade han hotat att anfalla London med sitt *Luftwaffe*. Visst hade tyska bombplan angripit ett brittiskt flygfält beläget i de södra förstäderna och visst hade ett antal bomber fallit över delar av staden en natt i slutet av augusti, men inte vågade tyskarna anfalla centrala London i dagsljus? Det skulle RAF sätta stopp för. Om nioårige Douglas föräldrar kände någon oro, visade de inga tecken på detta, även om samtliga familjemedlemmar rutinmässigt tagit med sig sina gasmasker. Deras lugn överfördes på sonen. Han kände sig säker med sin Spitfire, sina lekar och sina fantasier.

·

Det var en falsk känsla av trygghet, för på de erövrade flygfälten i de ockuperade länderna gjorde sig *Luftwaffe* i samma ögonblick redo att infria sin *Führers* hotelser. Befälhavarna för varje *Kampfgeschwader* hade fått sina order. Bombplanen startade. De som hade längst anflygningssträckor var först iväg. De följdes av andra närmare kusten, sedan av de eskorterande jaktplanen – *Staffel* efter *Staffel*, *Gruppe* efter *Gruppe*, tills nära tusen flygplan var i luften.

Vid Cap Blanc Nez stod en större grupp tyska officerare och väntade. I sina kikare kunde de se de vita klipporna på andra sidan den bedrägligt lugna Kanalen. I sänkan mellan St. Margaret's Cliff och Shakespeare Cliff dallrade Dover i värmen. Staden gav ett slumrande intryck där den låg med sina långa vågbrytare utsträckta som skyddande armar framför hamnen. Längs kusten cirklade brittiska bevakningsfartyg, och i luften ovanför vajade samma typ av spärrballonger som Douglas Inman kunde se från Greenwich Park.

Under den sista halvtimmen hade man hört surret från Daimler-Benz-motorer när Messerschmitt Bf 109-planen startat från flygfälten runt Calais. De skulle sluta sig samman med de annalkande bombplanen. Så kunde ett mörkare, avlägset surr förnimmas; först lågt, sedan allt högre. Någon upptäckte de första prickarna i skyn. Militärernas blickar riktades mot det växande antalet bombplan som blev synliga i sydost. På det långa avståndet såg de ut som kors och armadan gav intryck av en jättelik flygande kyrkogård. Ovanför bombplanen flög de jaktplan som redan intagit sina positioner, så högt att de knappt gick att urskilja med blotta ögat.

Riksmarskalk Göring betraktade scenen i sin kikare. Med sin enorma kroppshydda, ljusblå uniform och rosa läderstövlar gjorde han ett löjeväckande intryck och några av officerarna drog på munnen bakom ryggen på honom. Men det fanns ingenting av lustighet över den våg av förstörelse som han stod i begrepp att inleda. Göring hade personligen tagit befälet över operationerna vid kanalfronten och det slutliga slaget mot de envisa engelska öborna hade börjat.

Våg efter våg av bombplan passerade ovanför huvudet på riksmarskalken. Hans bombplan, hans *Luftwaffe*.

Det var den största flygarmadan i historien och den skulle anfalla den största staden i världen.

Året var 1940.

Målet: London.

Och Herren gav människan vingar…

Royal Air Force

Historien om det brittiska flygvapnet började när 1900-talet fortfarande var ungt. År 1903 gjorde bröderna Wright sin berömda, första kontrollerade flygning i Kitty Hawk i North Carolina. Deras flygplan lyckades endast tillryggalägga 37 meter under loppet av tolv sekunder, men dessa meter fick en dramatisk effekt på det militära tänkandet i Storbritannien. Under hela sin historia hade de brittiska öarna varit skyddade från kontinenten av det hav som omgav dem. En angripare hade bara haft ett val: att anfalla via fartyg. Detta minskade den mängd soldater som kunde sättas in under en invasion och försvårade underhållssituationen, vilken blev allt viktigare ju modernare vapnen blev. Genom att upprätthålla en stark flotta hade Storbritannien klarat sig från invasion sedan Vilhelm Erövraren slog Harold Godwinson vid Hastings 1066. Efter sin seger vid Trafalgar 1805, hade *Royal Navy* haft ett närmast oinskränkt sjöherravälde fram till slutet av 1800-talet. Bröderna Wrights flygning förändrade detta över en natt. Om människan hade lärt sig att flyga 37 meter skulle det inte dröja förrän hon flög längre sträckor, och snart skulle dessa flygande maskiner förses med vapen.

England var inte längre en ö. Denna uppfattning förstärktes snabbt när Alberto Santos Dumont gjorde den första pionjärflygningen i Europa 1906 och Louis Blériot flög över Engelska kanalen tre år senare. Samtidigt hade bröderna Wright, som vid det laget tillverkat ett antal flygplan, blivit ombedda att bygga det första militära planet. I Tyskland började man experimentera med zeppelinare – flygande luftskepp – som hade en besättning på dussinet män och kunde bära en avsevärd mängd bomber. Steget från detta till luftburna arméer var förvisso gigantiskt, men det var redan möjligt att flyga från kontinenten till England och fälla bomber mot utvalda mål. Hur skulle man kunna skydda sig mot sådana angrepp? För att möta detta scenario bildades *Royal Flying Corps* (RFC) 1912, vilket blev embryot till *Royal Air Force* (RAF), världens första, självständiga flygvapen.

År 1914 bröt första världskriget ut och i kölvattnet på detta utvecklades flyget snabbt. Inledningsvis användes flygplan för spaning och störande angrepp mot taktiska markmål, men snart upphöjdes flygkriget till strategisk nivå, om än i blygsam skala. Tyska zeppelinare korsade Engelska kanalen och fällde bomber över London. Luftskeppen var dock stora och långsamma, vilket gjorde dem sårbara för brittiska motmedel. Svårare att möta var de bombplan som från slutet av 1916 började visa sig i dagsljus ovanför London. Från våren 1917 utfördes dessa angrepp i allt större omfattning. Vid denna tid var RFC uppdelat mellan dels armén, dels marinen, men bombanfallen ledde till krav på förändring och snart höjdes röster för att flyget skulle bli en självständig enhet med ett eget departement. Detta departement bildades i januari 1918 och RFC blev RAF.

Under krigets sista skede infördes många åtgärder för att möta hotet från luften. Dessa skulle få betydelse under 1940. Det var inte bara i fråga om sökarljus, luftvärnsbatterier och nattjakt. Ett omfattande nät av observationsposter bildades, kopplat till ett genialt operativt ledningssystem. Detta skulle bilda grunden för den radarbaserade brittiska stridsledningen, som blev så avgörande för flygkriget 22 år senare. Under första världskriget fanns ännu ingen radar och utan denna skulle systemet ha varit mer eller mindre värdelöst 1940. Men 1918 förflyttade sig flygplanen med betydligt lägre hastigheter än under andra världskriget, och de brittiska jaktplanen fick tillräckligt god förvarning för att hinna starta och möta hoten. Den 19 maj 1918, under det sista större nattanfallet mot London, förlorade tyskarna 10 av de 42 bombplan som deltog. Sex av dessa hade skjutits ned av antingen luftvärn eller brittisk nattjakt och endast hälften av flygplanen lyckades ta sig fram till London.[2]

Vid krigsslutet försvann som genom ett trollslag alla föresatser att förbättra det brittiska luftförsvaret. Den brittiska befolkningen var utled på kriget och ville inte ha någonting mer med det att göra. Ekonomin skulle ställas om för fred och industrierna återgå till framställning av fredstida produkter. Dessutom hade den brutala slakten visat att de allt modernare vapnen gjorde kriget till ett vansinnigt sätt att lösa mellanstatliga problem. Inom loppet av 18 månader minskades RAF:s 188 operativa divisioner till

25 och för en tid verkade det som om flygvapnet skulle avskaffas och de kvarvarande divisionerna delas upp mellan armén och marinen. Detta hade antagligen blivit verklighet – bägge försvarsgrenarna arbetade aktivt för att ta tillbaka vad de betraktade som en förlorad komponent – om det inte varit för Trenchard, flygstabschefen.

Sir Hugh Trenchard, veteran från krigen i Sydafrika och Nigeria, hade varit chef för RFC i Frankrike och hade grundlagt den brittiska strategin att föra aggressivt luftkrig in över det tyska området för att därigenom etablera luftherravälde. Vid bildandet av RAF blev han Englands förste flygstabschef, men avgick från denna post i april samma år, för att istället organisera en fransk-brittisk bombstyrka som skulle föra strategiskt krig mot Tyskland. Krigsslutet ändade denna uppgift och 1919 var Trenchard tillbaka som flygstabschef.

Trenchard lyckades förhindra avskaffandet av RAF som självständig försvarsgren. Han stärkte flygvapnet genom bildandet av flyghögskolor för flygofficerskadetter och stabsofficerare och han införde ett system med korttidstjänstgöring för att skapa en kader av reservister. Det var också Trenchard som låg bakom uppsättandet av *Auxiliary Air Force* (AAF), där unga män utbildades till piloter på fritiden. I händelse av krig skulle dessa inkallas och få en kortare komplettering av sin tidigare utbildning.

RAF överlevde tjugotalet trots kraftigt minskade anslag. Detta berodde delvis på Trenchard, delvis på att RAF fick allt större roll som flygande polis i Mellanöstern. Eftersom de oländiga områdena i Irak, Palestina och Jordanien skulle ha varit kostsamma att patrullera, sparade flygövervakningen pengar åt regeringen, vilket var ett kraftfullt argument för bibehållandet av flygdivisionerna. Ett annat var det alltmer spända förhållandet mellan Storbritannien och Frankrike i samband med frågan om det tyska krigsskadeståndet. Om Frankrike skulle bli en framtida fiende, var man tvungen att upprätthålla åtminstone ett minimalt luftförsvar, framför allt i de södra delarna av landet.

Inte förrän 1933 ägde en verklig förändring rum. I Tyskland blev Hitler rikskansler. Tyskland lämnade Nationernas förbund och Japan annonserade sin avsikt att göra detsamma. Samtidigt upptäckte britterna att tyskarna i hemlighet byggde upp ett flygvapen, helt i strid med Versaillesbestämmelserna. För att inte förlora väljare till vänstern, väntade man till efter valet 1935, men därefter satte den brittiska regeringen igång ett omfattande rustningsprogram som fastställde målet att RAF skulle ha 107 flygdivisioner för hemmaförsvaret. Samtidigt ändrades det föreskrivna antalet flygplan per division från 12 till 14.[3]

År 1936 skedde ytterligare en större förändring, eftersom flygdepartementet (*Air Ministry*) insåg att RAF växte så snabbt att dess olika komponenter måste delas upp mellan flera befäl. Detta resulterade i bildandet av *Figther Command* (jaktflyg), *Bomber Command* (bombflyg), *Coastal Command* (marinflyg) samt *Training Command* (utbildning). *Fighter Command*, vilket är det befäl som denna bok speciellt behandlar, delades upp i 11. och 12. eskadrarna, med ansvar för de södra och norra delarna av respektive England och Skottland. Dess chef blev sir Hugh Dowding.

Dowding och Fighter Command

Sir Hugh Caswell Tremenheere Dowding föddes 1882. Hans far var rektor för en privatskola och familjen var av urtypisk engelsk medelklass. Familjetraditionen bjöd att den unge Dowding skulle skaffa sig en gedigen utbildning och hans far skickade honom till en skola i Winchester. Studierna utföll dock ej till faderns belåtenhet, mycket beroende på att Dowding hade sina egna önskningar och idéer som inte alltid stämde överens med läroplanen. Vid 17 års ålder lämnade han Winchester och tog istället värvning vid *Royal Military Academy* i Woolwich. Under några år tjänstgjorde han på ett antal poster, bland annat på Ceylon, i Hongkong, samt vid Gibraltar och i Indien.

När Dowding 1913 återvände till England efter sin långa tjänstgöring i kolonierna, tog han det steg som inte endast skulle påverka hans eget liv utan också förändra historien. Fascinerad av tanken på att flyga begav han sig till flygklubben i Brooklands, där han vädjade om att man skulle ge honom flyglektioner på kredit. Kort därpå gick han med i RFC och efter några månaders utbildning var han färdig pilot. När hans far fick reda på vad han höll på med, reagerade han genom att förbjuda Dowding att syssla ”med så fåniga och farliga saker”. Hade det inte varit för det faktum att första världskriget bröt ut skulle Dowding ha lytt sin far, men RFC vägrade att släppa honom och han skickades till Frankrike.

Det visade sig snart att kriget var en lämplig arena för Dowdings talanger. Redan ett år senare hade han fått befälet över en egen division och vid krigsslutet hade han avancerat till överste. Det var också under kriget som Dowding blev bekant med två män som skulle spela avgörande roller under slaget om England. Den förste var major Keith Park, en nyzeeländare med skotska föräldrar, med vilken Dowding utvecklade en varm vänskap. Park hade ursprungligen varit vid artilleriet och kämpat i Egypten och vid Gallipoli innan han gick över till flyget 1916. Han skulle komma att skjuta ned 20 fiendeplan och blev dekorerad med flera utmärkelser, däribland *Military Cross*. Den andre var major Trafford Leigh-Mallory, en annan soldat som konverterat till flyget. Både Leigh-Mallory och Park skulle arbeta sig upp inom RAF under mellankrigstiden och bägge skulle ha framträdande roller under slaget om England.

Under senare halvan av tjugotalet drabbades Dowding av en svår förlust när hans hustru avled. Händelsen påverkade honom djupt och han undvek socialt umgänge. Han blev tillbakadragen och inriktade sig på sitt arbete. ”Han var en svår man”, sade general sir Frederick Pile som innehade posten som Englands luftvärnschef under kriget, ”en inbilsk och beslutsam man, men också en man som visste mer än någon annan om alla aspekter beträffande flygkrig”. Dessvärre kolliderade Dowdings skicklighet med hans excentricitet. Han ansåg sig stå över andra i frågor rörande flygkrig och gjorde ingenting för att dölja detta. Ofta berodde meningsskiljaktigheterna mellan honom och flygdepartementet eller flygstaben mer på Dowdings brist på takt och ton än sakfrågorna i sig. Han skaffade sig många fiender.

Under den första delen av trettiotalet arbetade Dowding med underhålls- och utvecklingsfrågor inom RAF. Han förstod att biplanets tid var förbi och begärde anslag för de nya monoplanen, framför allt utvecklingen av Spitfire och Hurricane. Det förstnämnda var ett enmotorigt jaktplan som skulle användas av britterna under hela kriget. Spitfire, som hade skapats av Reginald Mitchell, hade åtta kulsprutor och var jämte tyskarnas Messerschmitt Bf 109 förkrigstidens bästa jaktplan. Det var snabbt, lättmanövrerat och ett av de vackraste stridsflygplan som någonsin tillverkats. Hawker Hurricane liknade Spitfire i många avseenden, framför allt i beväpning och manöverduglighet, men var långsammare än sin kusin. Det senare flygplanet kunde dock ta emot rejält med stryk och ändå flyga.

Utöver satsningen på monoplan, insåg Dowding också betydelsen av den nya radarn när den första primitiva prototypen demonstrerades för honom. Hans utnämning till chef för *Fighter Command* föranledde en dramatisk ökning av takten när det gällde upprättandet av ett luftförsvar för Storbritannien. I juli 1936 flyttade *Fighter Commands* nya högkvarter in i Bentley Priory, en herrgårdsbyggnad vid Stanmore norr om London, och en febril aktivitet inleddes för att ta igen de gångna årens försummelser. En av de mer brådskande uppgifterna var givetvis att byta ut de äldre biplanen mot de modernare Hurricane och Spitfire, och denna förändring skulle pågå ända tills Slaget om England inleddes. En annan angelägenhet som inte avslutades förrän *Luftwaffe* redan börjat sina angrepp mot England, var fintrimmandet av radarnätet och radiokommunikationen, vilket vi skall återkomma till i ett av de kommande kapitlen. I bägge dessa frågor var Dowding starkt pådrivande.

Det vore dock fel att säga att Dowding alltid fattade rätt beslut. Han var en ivrig förespråkare för utvecklingen av Fairey Battle och Bolton Paul Defiant. Battle var en attackplan som till det yttre liknade ett jaktplan, men som saknade alla egenskaper i den riktningen. Det var långsamt, klumpigt och hade en bomblast om endast 450 kilo. Defiant var ett jaktplan, men istället för den ortodoxa metoden att placera vapnen så att de sköt framåt, hade Defiant ett elektriskt torn bakom piloten som innehöll en andra besättningsman. Tornet var bestyckat med fyra kulsprutor och tanken var att piloten skulle koncentrera sig på flygningen, medan skytten tog hand om eldgivningen. Hade Defiant satts in uteslutande mot bombplan hade idén inte varit så tokig, men mot moderna jaktplan hade det små chanser. Det var långsamt och svårmanövrerat, och konceptet med delat ansvar mellan manöver och eldgivning skulle inte fungera under de snabba jaktstriderna. Bägge flygplanen skulle visa sig vara bedrövliga i strid och hamnar på Dowdings minuskonto. Ett annat misstag var att han inte såg till att de brittiska jaktplanen försågs med självtätande bränsletankar, en åtgärd som var tämligen enkel att genomföra. Tvärtemot vad som ofta antas, förespråkade han också strategisk bombning, och var övertygad om dess krigsavgörande betydelse.

Dowdings allra största misstag låg dock i *Fighter Commands* stridsteknik och piloternas taktiska utbildning. I takt med att den franska hotbilden försvann och Tyskland i allt större utsträckning betraktades som den potentiella huvudfienden, hade tyngdpunkten i försvaret också förflyttats längre norrut. Det var tyska bombplan som skulle flyga in över England och dessa skulle inte komma från söder, utan från Nordsjön eller möjligen holländskt luftrum. Att Frankrike kunde falla var det ingen som ens reflekterade över, och eftersom den tyska Bf 109 inte hade tillräcklig räckvidd för att nå England från sina baser, förutsatte man att striden i första hand skulle utkämpas mellan brittiska jaktplan och tyska bombplan. Strid jaktplan mot jaktplan ansågs osannolikt, inte bara på grund av de geografiska förhållandena, utan därför att de höga hastigheterna ansågs göra denna form av envig omöjlig. De brittiska taktikerna under Dowding utvecklade därför stridstekniker där jaktplanen skulle angripa i täta grupperingar. Eftersom deras mål var bombplan som flög med rak kurs, dömdes rörlighet ut till förmån för koncentrerad eldkraft. För att minska effekterna av fientlig svarseld var tanken att jaktplanen skulle öppna eld på 300–400 meters avstånd och sedan svänga undan.[4] Först efter striderna över Frankrike och Dunkerque började det gå upp för britterna hur felaktiga dessa tillvägagångssätt var och då skulle det nästan vara för sent att göra något åt dem.

·

Att bygga upp ett fungerande luftförsvar var en svår uppgift, speciellt när det gällde anslag. För att möta den uppskattade styrkan hos *Luftwaffe* föreslog flygdepartementet en ökning med 132 jaktplan och 440 bombplan, vilket skulle ha ökat försvarsanslagen 1937–41 med 18 procent. Denna ökning avslogs av Chamberlains administration, först i januari 1937, sedan åter i oktober samma år, med skälet att den omöjligen kunde göras utan att rubbningar uppstod i den ordinarie handeln. Men efter initiativ från vissa politiker, främst Thomas Inskip, ministern för koordinering av försvaret, presenterade man en kompromiss, där den föreslagna ökningen sänktes till 7 procent. Denna reducering kunde åstadkommas genom att förstärkningen av RAF i kolonierna slopades och genom att man gjorde stora inskränkningar i utbyggnaden av *Bomber Command*.[5]

Flygfolket protesterade högljutt mot detta förslag. De ansåg att det bästa sättet att besegra en fiende var genom offensiva flyganfall mot strategiska mål. Under mellankrigstiden hade flygteoretikerna hävdat att bombplanet ensamt skulle komma att avgöra ett framtida krig. Tron på vad det kunde åstadkomma var därför stort. Inte som ett instrument med målet inriktat mot fiendens militär, utan som ett massförstörelsevapen mot industri, befolkningscentra och politisk motståndskraft. En av de mer välkända ”filosoferna” var italienaren Giulio Douhet. Denne ansåg att ett framtida krig skulle avgöras av flygstridskrafter som angrep fiendens städer. Om 300 ton bomber fälldes över de större städerna i ett land skulle detta räcka för att framtvinga en kapitulation, skrev han 1928. Med tanke på att de allierade skulle släppa hela 2,5 miljoner ton bomber under kriget, mestadels över Tyskland, utan att för den skull tvinga tyskarna till underkastelse, inser man snabbt hur absurda Douhets idéer var.[6] Icke desto mindre sällade sig de flesta av flygets representanter till dem, och det var tur att de brittiska politikerna vidhöll att man skulle prioritera jaktplanen. Huruvida detta verkligen var ett tecken på klarsynthet kan dock diskuteras. Bombplan krävde att fler besättningsmän utbildades, de var betydligt kostsammare i underhåll, beväpning och basering, och betydligt dyrare att tillverka. Beslutet att satsa på de billigare jaktplanen togs utifrån ett kostnadsperspektiv och råkade bli lyckosamt i det längre perspektivet.

Efter den tyska annekteringen av Österrike 1938, godkände den brittiska regeringen en ökning av RAF till att omfatta 12 000 flygplan. Även det markbaserade luftförsvaret förstärktes. Inte mindre än 4 700 strålkastare, 1 264 tyngre och 1 200 lättare luftvärnskanoner skulle tillverkas. London skulle skyddas mot lågflyganfall medelst en skog av spärrballonger, 450 stycken till antalet, och dessa försvarsmedel skulle även placeras i andra större städer eller hamnar med strategiska installationer.[7] Detta var viktiga förändringar, men jaktförsvaret var viktigast. Dowding visste att tiden var knapp och han använde den kvarvarande till att byta gammal utrustning mot ny, förse så många som möjligt av flygbaserna med betongbanor och decentralisera stridsledningssystemet, först från operationsledningen vid Stanmore till eskadrarna, sedan från eskadrarna ned till sektorsnivå.

Efter tyskarnas inmarsch i Tjeckoslovakien 1938 beviljades anslag för ett nytt expansionsschema och nu fick även bombflyget en del av kakan. Antalet förband skulle öka och man skulle satsa på tyngre, fyrmotoriga modeller. Kravet att ställa upp 85 bombdivisioner före 1942 godkändes förvisso endast i princip – riktiga order skulle läggas efterhand och i den mån bombplanen kunde tillverkas av befintliga industrier –, men vägen mot ett starkt bombflyg var utstakad. Jaktflyget skulle åter förstärkas, denna gång till 50 divisioner, ett mål som skulle vara uppnått senast i april 1941. Som ett svar på *Royal Navys* begäran att flottbaserna vid Scapa Flow och Rosyth skulle ges jaktskydd, ökade under 1939 antalet jaktdivisioner till 53 plus 4 för tjänst i Frankrike.[8] Det skall dock poängteras att dessa 57 divisioner hade planerats för 1940–1941, inte 1939.

För att undvika att skadade flygplan skickades tillbaka till fabrikerna och därigenom skapade besvärande produktionsbortfall, bildades *Maintenance Command*, som skulle hantera transporter av flygplan från fabrikerna till frontförbanden, reparationer och underhåll. Detta ledde till ytterligare en åtgärd som skulle inverka positivt på det kommande slaget. Eftersom det behövdes piloter för att flyga de maskiner som inte befann sig i operativ tjänst, ökade man intagandet av frivilliga till *Volunteer Reserve* (VR). Denna reservstyrka hade bildats 1936, och män mellan 18 och 25 år erbjöds där möjligheten att lära sig flyga på skattebetalarnas bekostnad. Lokala flygskolor ordnade flyglektioner under veckosluten och kostnaden betalades av RAF. Färdiga piloter fick graden furir.[9] Vid krigsutbrottet skulle denna styrka ha inte mindre än 5 000 utbildade flygare, vilka senare skulle omskolas för stridsuppdrag och fungera som ersättningspersonal till de hårt ansträngda jaktdivisionerna.

En annan källa till förstärkning var det tidigare nämnda AAF. Detta projekt hade många likheter med VR, men omgärdades av en helt annan glamour. Till skillnad från VR, där piloterna utbildades mer individuellt och inte skulle beordras till någon fast formation förrän kriget bröt ut, tillhörde AAF-piloterna redan från början existerande divisioner. Dessa understöddes regionalt och bestod av välbärgade unga män. De flesta av dem hade sysslat med sportflygning tidigare. I själva verket var AAF-divisionerna en korsning mellan militära förband och exklusiva flygklubbar. Piloterna var med få undantag mycket förmögna och därför kom AAF-flygarna snart att kallas ”miljonärerna”. De var inte furirer som VR-flygarna, utan officerare, och de tog med sig den bekymmerslöshet och etikett som kännetecknade överklassen. Detta ledde givetvis till en viss antagonism mellan AAF, VR och de reguljära flygarna. En ironisk bedömare gjorde gällande att de reguljära piloterna ”var officerare som trodde sig vara gentlemän, AAF-piloterna var gentlemän som trodde sig vara officerare, medan VR-piloterna var varken eller, men trodde sig vara både officerare och gentlemän”.[10]

Vid krigsutbrottet inlemmades AAF-divisionerna i RAF och blev heltidsenheter. De flesta som tidigare varit bomb- eller arméspaningsenheter, konverterades för jakt och erhöll de moderna Spitfire- eller Hurricaneplanen. Detta innebar inget problem för de välutbildade, intelligenta unga männen, vars fysik var i topptrim, men deras stridsträning låg dessvärre i linje med Dowdings ”eldkraft före rörlighet-doktrin”, varför deras självsäkerhet skulle få sig en ordentlig chock när de konfronterades med de skickliga tyska piloterna.

När kriget utbröt hade *Fighter Command* 39 operativa jaktdivisioner, 18 färre än det föreskrivna antalet. Av dessa var 25 reguljära och 14 AAF. Endast 26 var utrustade med Spitfire och Hurricane. När fyra divisioner förflyttades till Frankrike i september 1939, hade *Fighter Command* följaktligen endast 22 moderna divisioner kvar i England.[11] Dowding oroades över detta. Han begärde att ytterligare tolv divisioner skulle sättas upp omedelbart, även om dessa inte kunde förses med de modernare flygplanen. Flygdepartementet gav honom åtta. Olyckligtvis valde Dowding att kritisera beslutet. Detta ansträngde ytterligare förhållandet mellan honom och den hårt pressade flygstaben. Uppsättandet av åtta nya divisioner var dock ett viktigt beslut, för piloterna kunde därmed tränas på de äldre flygplanen och sedan konvertera till Hurricane och Spitfire när dessa blev tillgängliga. Den 17 oktober 1939 sammankallade flygstabschefen, sir Cyril Newall, till ett möte med flygstaben, där han utan omsvep sade att de åtta divisioner som utlovats Dowding skulle vara uppsatta i slutet av samma månad, vare sig de kunde förses med flygplan eller ej, och att ytterligare tio skulle vara uppsatta i slutet av november.[12]

Dowding hade fått sina 57 divisioner.

Hermann Göring och ett flygvapens födelse

I enlighet med restriktionerna i Versaillesfördraget fick Tyskland inte ha något militärt flyg och även det civila var begränsat i omfattning. Redan under början av tjugotalet inleddes dock de första trevande försöken att kringgå dessa förbud. En hemlig överenskommelse slöts mellan den tyska Weimarregeringen och Moskva. Den gick ut på att Tyskland skulle få sätta upp ett utbildningscentrum för tyska stridspiloter på sovjetisk mark. Under åtta års tid pågick denna aktivitet vid Lipetsk i närheten av Moskva. Förutom utbildning av piloter testade man även prototyper på kommande stridsflygplan. Allt var mycket hemligt med tanke på de politiska konsekvenserna om detta brott mot Versaillesfördraget skulle bli känt. Säkerhetsrutinerna var så rigorösa att några elever som hade omkommit i samband med olyckor skickades tillbaka till Tyskland i förseglade lådor märkta ”reservdelar”.[13]

Parallellt med utbildningsprogrammet i Lipetsk, uppmuntrade den tyska staten landets ungdomar till sportflygning. Knappt 20 år hade gått sedan bröderna Wright genomfört sin första flygning vid Kitty Hawk och intresset för flygning var givetvis stort. Sportflygklubbarna blev allt fler i Europa och i slutet av tjugotalet hade det tyska flygsportförbundet inte mindre än 50 000 medlemmar.[14] År 1926 upphävde de allierade restriktionerna beträffande civil tysk flygtrafik och i Tyskland bildades det statligt ägda *Lufthansa*. Ordförandeskapet för denna del av det tyska transportväsendet gavs till Erhard Milch, som hade varit flygspanare under första världskriget. Denne satte genast upp ett utbildningsschema för piloter, skapade ett omfattande signal- och meteorologiskt nätverk, byggde flygfält samt signalfyrar för att underlätta navigation. Detta skulle bli värdefullt för det kommande *Luftwaffe*.

Det tyska flygets snabba utveckling under trettiotalet hade troligtvis varit omöjligt om det inte varit för Hermann Göring. Eftersom Göring skulle komma att bli Dowdings personlige motståndare under Slaget om England, skall jag kort presentera denne minst sagt märklige man.

Redan som barn hade Göring varit energisk och våghalsig, ett naturligt ämne för en karriär inom det militära. När första världskriget bröt ut ville han bli flygare, men ansågs inte kvalificerad nog och hamnade istället i skyttegravarna. Efter en tid vid fronten ådrog sig Göring ledinflammation och skickades till sjukhus. I samband härmed stötte han på sin vän Bruno Loerzer, som just avslutade sin utbildning till pilot. Utan tanke på eventuella konsekvenser lät Loerzer Göring ta plats som spanare i sitt flygplan och de rapporterade för tjänstgöring vid ett fältförband. Listen avslöjades snart, men Göring, som kunde vara mycket charmant, lyckades inte bara tala sig ur knipan, utan tilläts att bli pilot. Han tjänstgjorde under senare delen av kriget som flygare och 1918 tog han över JG1, den beryktade ”Flygande cirkusen”, efter baron Manfred von Richthofens död.

Efter kriget lämnade han Tyskland för en tid och tjänstgjorde som civilflygare i Danmark och Sverige. Han träffade den svenska friherinnan Karin von Rosen, som övergav sin man och gifte sig med Göring i München 1922. Ett år tidigare hade han kommit i kontakt med Hitler. När den senare gjorde sitt misslyckade försök att ta makten 1923, blev Göring allvarligt skadad i ljumsken och tvingades fly till Österrike med sin hustru. Plågorna och medicineringen efter skadan gjorde Göring till morfinist och han genomgick två avvänjningsperioder på mentalsjukhus i Sverige. År 1927 återvände han till Tyskland. Hans förflutna som krigshjälte utnyttjades av det nazistiska partiet och detta gjorde i sin tur att Göring snabbt steg inom den nazistiska hierarkin. Vid Hitlers makttillträde 1933 blev Göring inrikesminister i Preussen, där han bildade Gestapo, byggde upp koncentrationsläger och var med om att arrangera riksdagsbranden i februari. Den senare incidenten använde han för att anklaga kommunisterna för statskuppsförsök, vilket ledde till att många arresterades och att det aktiva motståndet mot Hitler försvagades.

I mars 1933 fick Hitler diktatoriska befogenheter. Göring blev hans högra hand. Under de kommande åren innehade han många betydande poster. Ansvaret för Gestapo och koncentrationslägren lämnades över till Himmler. Göring fick ansvaret för det tyska jaktväsendet och skogarna, blev kommissionär för den ekonomiska fyraårsplanen och fungerade som aktiv ambassadör i flera länder. Han blev även rikskommissionär för flyget och chef för det nyutvecklade, ännu hemliga tyska *Luftwaffe*.

Göring hade en splittrad personlighet. Han kunde vara sympatisk när han ville, speciellt när han underhöll utländska besökare med jakt, magnifika middagar och sightseeing på Karinhall. Samtidigt var han dock excentrisk, bombastisk och kunde ha stunder av djup depression. Han skulle komma att bli starkt komprometterad i folkmordet på judarna, men var en erkänd djurvän. En av hans fritidssysselsättningar var att läsa deckarromaner, där författare som Agatha Christie och Dashiell Hammett stod högt på listan. Hitler hade utsett honom till sin officiella efterträdare och efter *Führern* var Göring den mäktigaste mannen i Tyskland.

Även om Göring tekniskt sett var chef för det tyska flyget var han inte vuxen uppgiften att bygga upp ett flygvapen. Hans avgörande bidrag till *Luftwaffe* låg i tilldelningen av ekonomiska medel, någonting som möjliggjordes genom hans politiska position. Han såg till att flygets roll som självständig försvarsgren befästes och att det fick en privilegierad status över de andra försvarsgrenarna. Till skillnad från armén och marinen, som hade sina rötter i det förflutna och vars officerare till stor del kom från den preussiska adelsklassen, var *Luftwaffe* i första hand en nazistisk skapelse. I den ständigt pågående kampen för anslag var det därför naturligt att flygets ekonomiska behov tillfredsställdes först. Andra uppgifter, såsom logistik, strategi och tekniska frågor, lämnade Göring till sina underlydande: Milch, som visade sig vara en utmärkt organisatör, Wever, *Luftwaffes* stabschef mellan 1933 och 1936, samt ett annat flygaräss, Ernst Udet, som 1935 fick ansvar för den tekniska utvecklingen inom *Luftwaffe*.

·

Tyskarna har ofta kritiserats för att de inte hade några tyngre, fyrmotoriga bombplan, men till skillnad från Storbritannien, och senare även USA, präglades inte Tyskland av samma fixering vid det strategiska bombkriget och utvecklingen av *Luftwaffe* påverkades i stor utsträckning av det faktum att landet var en kontinental makt. De två huvudmotståndarna i ett framtida krig bedömdes vara Frankrike och Polen, vilket innebar att Tyskland skulle bli inbegripet i markstrider längs sin egen gräns. De långsamma effekterna av en strategisk bombning av fiendens industrier och befolkning ansågs därför mindre åtråvärda än ett effektivt taktisk flyg som snabbt kunde påverka markstriderna. En annan faktor som stödde detta tänkande var Tysklands brist på strategiska råvaror. Landet led brist på järn, aluminium och andra för rustningsindustrin viktiga ingredienser. Endast i fråga om kol var Tyskland något så när självförsörjande. Ett av de viktigaste målen i ett framtida krig skulle bli införskaffning av dessa råvaror och strategin var därför mer inriktad på *erövring* än förstörelse. Uppställandet av ett strategiskt bombflyg skulle ha tagit resurser från det mer akuta kravet på en expansion av armén.

En sista påverkande omständighet var Tysklands brist på olja. Eftersom landets tillgång till utländsk petroleum var osäker, ställdes frågan huruvida ett bränsleslukande strategiskt bombflyg verkligen skulle kunna fungera tillfredsställande om det kom till ett utdraget krig.[15] Detta betydde för den skull inte att tyskarna var negativt inställda till strategisk bombning i sig. I den mån sådan skulle genomföras fick det dock bli med det instrument som stod dem till förfogande – det tvåmotoriga bombplanet.

I mars 1935 deklarerade Hitler officiellt förekomsten av ett tyskt flygvapen, vilket var ett brott mot bestämmelserna i Versaillesfördraget. De västallierade gjorde ingenting. Det stod inte på förrän *Führern* började svinga detta nya ”svärd” som ett potentiellt politiskt vapen. Den tyska propagandamaskinen målade upp *Luftwaffe* som långt starkare än det i själva verket var och osanna påståenden om flygplanens förträffliga prestanda förstärkte hotbilden. När tyskarna marscherade in i Rhenlandet hade de endast tio Bf 109:or – det nya supermoderna jaktplanet – men dessa plan flyttades från flygbas till flygbas, målades om och fotograferades. Bilderna ”visade” omvärlden att *Luftwaffe* hade ett större antal *Jagdgeschwader* med 109:or i bruk. Denna fantombild underblåstes ända fram till krigsutbrottet och bidrog i stor utsträckning till att man från västallierat håll uppskattade *Luftwaffes* styrka till långt över dess faktiska numerär och kapacitet.

Medan Milch axlade den administrativa bördan av utvecklingen och utökade flygindustrins industriella arbetsstyrka från 4 000 arbetare 1933 till 204 000 fem år senare[16], tillsattes Walther Wever för att utarbeta *Luftwaffes* stridsteknik och definiera dess strategiska roll. Wever var en duglig man med en realistisk uppfattning om flygets framtid. Han sammanställde en promemoria under namnet *Die Luftkriegführung*, där han bedömde flygets framtida roll som ett komplement till de andra försvarsgrenarna. Flygets användning skulle reflektera inriktningen på landets allmänna strategi och inte bedriva självständiga målsättningar. Dess huvudsakliga uppgift skulle bestå i att tillkämpa sig luftherravälde, understödja armén och marinen, angripa fiendens industrier samt angripa fientliga förband mellan fronten och hemlandet. Vilken eller vilka målsättningar som skulle prioriteras berodde i första hand på vem som var motståndaren, hans geografiska läge, infrastruktur och folkkaraktär samt de egna resurserna. Det var därför önskvärt att bygga upp ett flygvapen som snabbt och flexibelt kunde växla mellan olika uppgifter allt efter omständigheterna. Wever framhöll dock värdet av en konkret målsättning, så att resurserna inte fördelades över för många uppgifter.

Wever var inte negativt inställd till strategisk flygkrigföring, men insåg, tvärtemot många andra bedömare, att dess effekter troligtvis skulle komma så sent att markkriget redan blivit avgörande. Massiva bombangrepp mot fiendens industri och befolkning kunde komma i fråga endast om de kunde leda till snabba resultat, om ett dödläge inträtt i markkriget och om det var den enda lösningen för att krossa fiendens ekonomiska styrka.[17] Flera övningar genomfördes och dessa pekade på att Wever hade rätt. Möjligheterna att reducera samhällets och befolkningens sårbarhet vid flyganfall, till exempel genom skyddsrum och ett effektivt civilförsvar, tycktes goda.[18] Till skillnad från brittiska och franska bedömare, som hypnotiserats av Douhets spådomar, såg många tyskar, däribland Wever, mer realistiskt på effekten av flygbombning. Olyckligtvis för *Luftwaffe* dog Wever i en flygolycka 1936. Han ersattes först av Albrecht Kesselring, sedan av Hans-Jürgen Stumpff, men ingen av dessa fungerade i rollen. Göring utnämnde därför Hans Jeschonnek till stabschef, en duglig person som gått ut *Kriegsakademie* med briljanta vitsord. Jeschonnek var dock en fanatisk beundrare av Hitler och försökte snarare göra sin *Führer* till lags än, som Wever, arbeta utifrån faktiska förutsättningar och med den enda målsättningen att förbättra *Luftwaffe*.

Wevers inflytande under den period han satt som flygstabschef – i kombination med Tysklands industriella oförmåga att skapa och underhålla en strategisk bombstyrka – ledde dock till att det tyska flygvapnet i stor utsträckning blev ett mellanting mellan strategiskt och taktiskt. Det var lämpat för anfall mot kommunikationer bakom fronten, flygfält, hamnar, järnvägar och mål av liknande karaktär. Detta recept skulle underlätta dess spektakulära segrar i Polen och Frankrike, där det användes på det sätt som Wever avsett. När det däremot sattes in mot strategiska mål under slaget om England, inte som understöd för markförband utan med en egen målsättning, skulle hans farhågor komma att besannas.

Luftwaffe i Spanien

När kriget i Spanien bröt ut 1936 skickade Hitler militär hjälp till Franco och detta gav *Luftwaffe* en lysande möjlighet att testa sin utrustning och sina taktiska tillvägagångssätt under skarpa förhållanden. Under befäl av general Hugo Sperrle, stred den tyska *Legion Kondor* på nationalisternas sida mot de socialistiskt orienterade republikanerna. Flera upptäckter gjordes som skulle ge tyskarna ett försprång under andra världskrigets inledningsskede. I Spanien flög tyskarna biplan av typen Heinkel He 51, men dessa utklassades snart av de ryska Polikarpov I–15 och I–16. Påföljande vår dök de första Messerschmitt 109 upp i Spanien. Detta var en flygplanstyp som skulle bli stommen i det tyska jaktvapnet under andra världskrigets första halva och produceras i hela 33 000 exemplar mellan 1936 och 1945. Inte mindre än två tredjedelar av den tyska jaktplansproduktionen under kriget skulle läggas på Bf 109-planet och ett antal modeller, från D till K, skulle tjänstgöra på samtliga tyska frontavsnitt. Vid tiden för invasionen i väst flög tyskarna i huvudsak E-modellen med två automatkanoner och två kulsprutor. Denna skulle även sättas in under slaget om England. Jämte britternas Spitfire, skulle Bf 109 bli det bästa jaktplanet under 1940 års luftstrider.

Den första Bf 109-modellen som sattes in i Spanien var långt ifrån så bra som de som skulle komma senare och beväpnad endast med två kulsprutor. Den var dock bättre än de ryska flygplanen och situationen förändrades i viss utsträckning till nationalisternas fördel.[19] Emedan de ryska maskinerna fortfarande var mer manöverbara, förfinade tyskarna den så kallade *stöt-taktiken*. De manövrerade sig in i ett läge med höjdövertag, för att därefter dyka ned mot sina motståndare. Efter anfallet använde de den högre hastighet de uppnått genom dykningen för att åter lägga sig på högre höjd än fienden. Därefter kunde processen upprepas på nytt. Taktiken i sig var inte ny. Den hade till exempel använts av brittiska SE5:or under första världskriget för att komma åt de mer manöverbara tyska Fokker-planen. Stöt-taktiken skulle känneteckna det tyska jaktvapnets stridsteknik fram till 1941, när det manöverbara Focke Wulf 190 gjorde entré. Hur som helst tog 109:ans ankomst över Spanien en gång för alla udden av föreställningen att de nya monoplanens höga hastigheter skulle göra luftstrider jaktplan mot jaktplan omöjliga. Det visade sig tvärtom att Bf 109 var en utmärkt stridsmaskin, kapabel att övertrumfa de motståndare den mötte över den Iberiska halvön.

Fyra andra flygplan som utvärderades i Spanien var bombplanen Junkers Ju 52, Heinkel He 111, Dornier Do 17 och Junkers Ju 87 ”Stuka”. Junkers Ju 52 visade sig snart dåligt som bombplan och detta flygplan konverterades till transportplan. De modernare He 111, Do 17 och Ju 87 klarade emellertid sin examen. He 111:an skulle bli Tysklands standardbombare för lång tid framöver. Den kunde ta en 2 000-kilos bomblast och hade en besättning på fem man. Trots att den vägde nära dubbelt så mycket som en brittisk Blenheim, hade den nästan samma hastighet och var betydligt stryktåligare. Do 17 var något långsammare, med en bomblast på knappt 1 000 kilo och fyra mans besättning. Det sista flygplanet, Junkers Ju 87 – vilket allmänt kom att kallas Stuka efter förkortningen av det tyska *Sturzkampfflugzeug* (störtbombare) – skulle inledningsvis komma att fruktas av alla Tysklands motståndare. Idén bakom Stukaplanet hade kommit från Udet efter en flyguppvisning med amerikanska Curtis Helldivers och var just ett sådant billigt flygplan som Tyskland behövde för att snabbt ställa ett stort flygvapen på fötter. Planet hade två mans besättning, en bomblast om drygt 500 kilo och en maxhastighet som till och med var lägre än britternas Battleplan. Som precisionsverkyg var det oöverträffat och en skicklig pilot hade inga svårigheter att träffa även mindre mål som trupper, fordon eller stillaliggande fartyg. För att försätta motståndaren i fruktan, hade Stukaplanet sirener fästa vid sitt fixerade landställ och även bomberna försågs med visselpipor för samma ändamål. Planet skulle bli synonymt med blixtkriget under de första krigsåren.

De sista två flygplan som skulle deltaga i de kommande fälttågen över Frankrike och England, var det tvåmotoriga jaktplanet Messerschmitt Bf 110 samt bombplanet Junkers Ju 88. Det förstnämnda var tänkt att kunna eskortera tyska bombplan eller rensa fientligt luftrum dit Bf 109 inte kunde nå och hade två kanoner och fyra kulsprutor i nosen. Planet hade två mans besättning och signalisten betjänade en femte kulspruta som var placerad i aktern. Det var Göring personligen som backat upp utvecklingen av Bf 110:an och han hade förflyttat gräddan av *Luftwaffes* jaktpiloter till dessa förband. Planet blev dock en besvikelse. Förvisso var det snabbt, snabbare än RAF:s Hurricane, men dess vändradie lämnade mycket att önska och accelerationen var låg.

Junkers Ju 88:an var däremot bättre lämpad för sin uppgift. Det var definitivt det bästa tyska bombplanet 1940. Det hade högre hastighet än Do 17 och He 111 och kunde bära en större bomblast än dessa. Det hade också bättre egenskaper när det kom till manövrering. Till detta kom goda dykegenskaper som gjorde att flygplanet kunde dyka ifrån långsammare fientliga jaktplan efter ett angrepp. Dessvärre hade Udet bestämt att planet skulle kunna användas som störtbombare, vilket inte bara försenade utveckling och produktion, utan också gjorde det något klumpigare än det kunde ha varit. Vid tiden för invasionen i Frankrike skulle *Luftwaffe* ha 151 Ju 88 i sina förband.[20]

För att återgå till Spanien finner vi att de viktigaste iakttagelserna inte bara var kopplade till planens stridsegenskaper, utan även till det taktiska tillvägagångssättet. Det visade sig snart att det var svårt att föra ett strategiskt bombkrig mot den republikanska sidan eftersom det helt enkelt saknades strategiska mål. Att bomba de större spanska städer som befann sig i republikanska händer var av politiska skäl omöjligt och Franco ansåg att han behövde de fåtaliga spanska industrierna för egna behov. En tysk sjöofficer som besökt fronten i Spanien och där konfererat med flygofficerare rapporterade:

> Bortsett från de militära framgångar som beledsagat *Luftwaffes* understöd av arméoperationer, får man intrycket att våra [bomb-]anfall mot mål av obetydlig militär betydelse, där många kvinnor och barn omkommit, inte är något verkningsfullt medel att bryta fiendens motståndskraft. De verkar stärka [fiendens] motstånd.[21]

Luftwaffes stabschef i Spanien, Wolfram von Richthofen (som var kusin till ”Röde baronen”, Tysklands främste flygaräss under första världskriget), beslutade att de tyska bombplanen istället skulle användas för att direkt understödja Francos soldater. Idén mötte omedelbart motstånd, både från Tyskland och kolleger i Spanien, men von Richthofen stod på sig och utvecklade ett system för närunderstöd till de nationalistiska marktrupperna.

Han insåg snart hur illa skickat *Luftwaffe* var att möta denna uppgift, men utvecklade koordinationen mellan flyget och marktrupperna, skapade bättre samplanering och system för igenkänning och såg till att flygofficerare placerades bland markförbanden.[22] Snart gav detta samarbete mellan flyget och soldaterna på marken bättre resultat. En aspekt på kommunikation försummade tyskarna dock. Istället för att utveckla radiosamband mellan flygarna och flygofficerarna hos markförbanden, nyttjades signalsystem med markeringar utspridda på marken. Detta var inte von Richthofens fel. Tilldelningen av flygradioapparater var blygsam, säkerligen en effekt av det motstånd han för en längre tid stötte på från sina överordnade i Tyskland. Resultatet blev att samarbetet mellan marktrupp och flyg inte kunde utsträckas till direkta anfall mot fiendemål i frontlinjen.[23] Istället angreps fientliga rörelser, artilleriställningar, förmodade depåer och liknande omedelbart bakom fronten. Den ganska vanliga beskrivningen av *Luftwaffe* som ett "flygande artilleri" är sålunda överdriven. Tyskarna skulle aldrig utveckla den nära kommunikation mellan flyg och marktrupp som de allierade använde från hösten 1944 och framåt. Erfarenheterna från spanska inbördeskriget ledde emellertid till att företrädarna för ett taktiskt användande av bombflyget fick fastare mark under fötterna.

Det var inte bara det tyska bombflyget som genomgick en förändring i Spanien. Även jaktflygets stridsteknik förbättrades. I likhet med britterna och fransmännen använde sig tyskarna före 1936 av en treplansformation, vilken var ett arv från första världskriget. Denna formation – tyskarna kallade den *Kette*, britterna *Vic* – visade sig snart urmodig, speciellt när den sovjetiska regeringen försåg republikanerna med de moderna I-16-jaktplanen. För att komma till rätta med problemet bildade tyskarna tvåplansformation – *Rotte* – som skulle revolutionera flygstridskonsten i grunden.

Ursprungligen hade *Kette*-formationen bestått av fyra plan: tre i luften och ett i reserv på marken. Befälhavaren för ett Bf 109-förband, Günther Lützow, splittrade dock sin *Kette* i två delar, där han kallade varje del för *Rotte* och de två piloterna inom *Rotten* för *Rottenflieger*. Härigenom fick han två nya formationer med två plan vardera. Fördelarna var uppenbara. Han kunde nu ha två *Rotten* i luften samtidigt, för att patrullera i olika regioner, eller en samlad styrka om fyra plan. Den senare skulle få beteckningen *Schwarm*. Han kunde också alternera, med den ena *Rotten* i luften och den andra i reserv eller vila. Det "fjärde planet" hade eliminerats.[24]

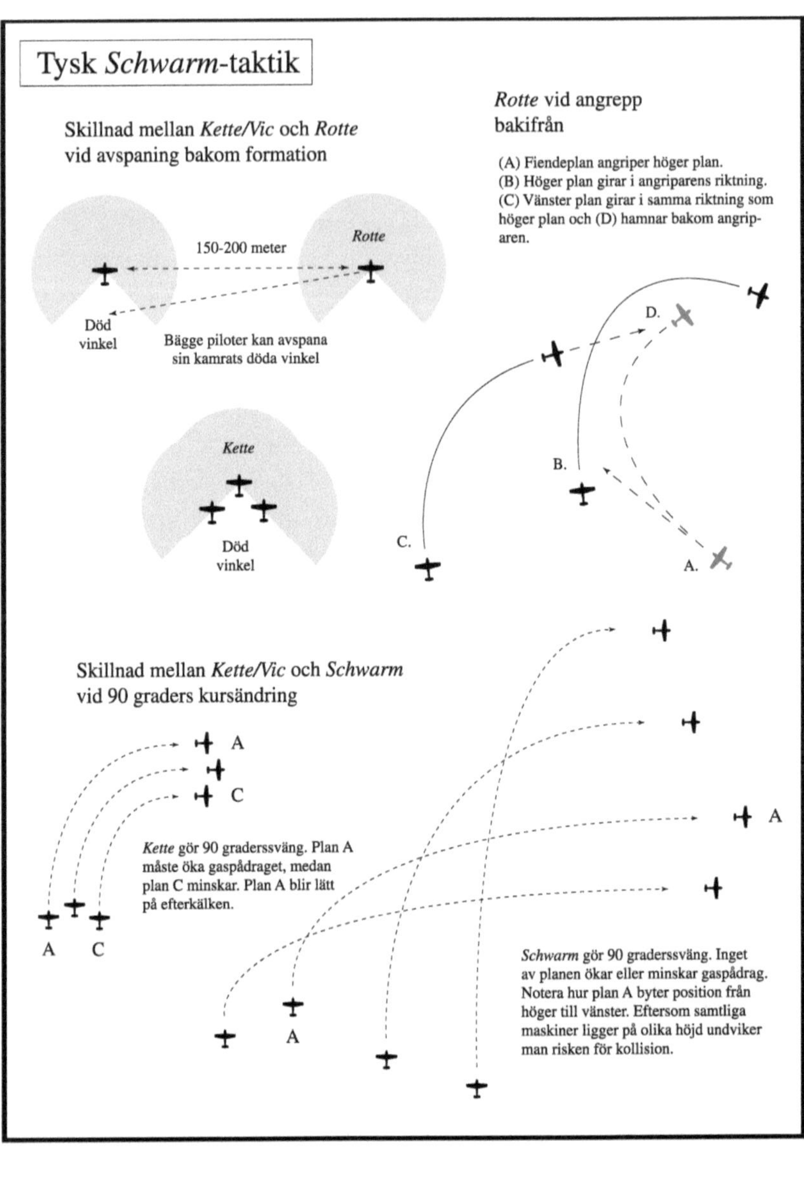
Tysk *Schwarm*-taktik
Skillnad mellan *Kette/Vic* och *Rotte* vid avspaning bakom formation
150-200 meter
Rotte
Död vinkel
Bägge piloter kan avspana sin kamrats döda vinkel
Kette
Död vinkel
Rotte vid angrepp bakifrån
(A) Fiendeplan angriper höger plan.
(B) Höger plan girar i angriparens riktning.
(C) Vänster plan girar i samma riktning som höger plan och (D) hamnar bakom angriparen.
D.
B.
C.
A.
Skillnad mellan *Kette/Vic* och *Schwarm* vid 90 graders kursändring
A
C
Kette gör 90 graderssväng. Plan A måste öka gaspådraget, medan plan C minskar. Plan A blir lätt på efterkälken.
A
C
A
A
Schwarm gör 90 graderssväng. Inget av planen ökar eller minskar gaspådrag. Notera hur plan A byter position från höger till vänster. Eftersom samtliga maskiner ligger på olika höjd undviker man risken för kollision.

Förändringen i formation ledde också till en förändrad taktik. Den förste att inse detta var Werner Mölders, Lützows vapenbroder. Mölders föddes i Gelsenkirchen 1913. Den militära familjetraditionen var stark. Han tog värvning vid *Reichswehr* och hade snart nått graden av löjtnant vid ett pionjärregemente. Hela hans liv förändrades första gången han flög med ett passagerarplan och han beslutade sig omgående för att bli pilot. Misslyckanden med flera medicinska tester höll nästan på att beröva *Luftwaffe* ett av dess mest framgångsrika äss, men Mölders envishet bar slutligen frukt och han tog sin examen som jaktflygare.[25]

Mölders var en omtyckt man och en övertygad katolik. Detta gjorde att han sällan drog jämnt med nazistregimen och han var inte sen att kritisera densamma. Han skulle bli en läromästare för den första generationen tyska jaktpiloter, och de gav honom smeknamnet "pappa" som tack för den omsorg han visat dem. Många av de piloter som gått i hans skola blev framgångsrika flygaräss: Galland, Wick, Balthasar och Oesau för att nämna några få.

Under det spanska inbördeskriget visade Mölders prov på en enastående skicklighet och han sköt ned 14 fientliga flygplan, fler än någon annan under detta krig. Hans största bidrag låg dock i det inflytande hans tänkande fick på flygkrigföringen. Mölders hade insett många av nackdelarna med *Ketten*. Den första var givetvis rörligheten. När en *Kette* ändrade kurs, låt oss som exempel säga 90 grader, var den inre piloten i svängen tvungen att minska gasen, medan den yttre piloten måste öka den. Detta gjorde kursändringar långsamma och komplicerade. En annan nackdel var sikten. När planen låg tätt tillsammans bildades en död vinkel i deras kölvatten. Detta förhållande hade uppstått i och med att de modernare planen inte längre hade öppen cockpit. Under det förra kriget hade en pilot kunnat vrida kroppen och huvudet, så att han kunde se vad som fanns bakom och ovanför sig. Den döda vinkeln hade endast funnits under planet. Med stängda sittbrunnar försvann sikten även bakåt och bakåt-uppåt.

För att komma till rätta med dessa problem, ökade Mölders avståndet mellan planen i *Rotten* till 200 meter, så att en *Schwarm* fick en bredd på hela 600 meter. Den ovannämnda 90 graders-svängen, som ofelbart skulle ha lett till besvär om den utförts med den gamla metoden, ändrades så att planen bytte plats inom formationen. Om en *Schwarm* svängde till höger började planet ytterst till vänster sin sväng först, kort därpå följd av de andra tre, en efter en, tills samtliga flög i den nya riktningen, med omvänd placering.

Den nya *Rotte*-formationen löste även problemet med den begränsade sikten. Den stora luckan mellan planen gjorde det nu möjligt för en pilot att se vad som hände bakom ryggen på kamraten. Genom att piloterna på detta vis spanade åt varandra försvann den döda vinkeln bakom en formation. Detta fungerade självfallet endast så länge planen låg kvar i formation. När styrkan väl hamnat i strid, gick man över till andra metoder.

Den bredare formationen hade ytterligare en fördel utöver att den ökade siktförmågan och manöverförmågan: den minskade risken för upptäckt. I en *Kette* låg planen så nära varandra att de i vissa vinklar smälte samman till ett enda, tämligen stort föremål. Det gjorde givetvis risken för tidig upptäckt större. I och med *Rotte*- och *Schwarm*-formationerna försvann denna nackdel.

Rotten hade även fördelar i strid. En allvarlig taktisk nackdel med *Ketten* hade varit att piloterna bröt formationen när de kom i stridskontakt och att varje flygare kämpade ensam. Var man utlämnades därför att själv försöka se till så att ingen fiende smög sig upp i hans rygg. I en *Rotte* var den ledande flygaren ”svärdet” och skulle inrikta sig på att skjuta ned fiendeplanen, medan den andre var ”skölden” och hade som uppgift att se till så att ingen tog sig in bakom kamraten. Om så ändå skedde skulle den angripna maskinen gira i den riktning varifrån angreppet kom, medan hans tvåa – *Katschmarek* eller *Rottenhund* – gjorde likadant. Eftersom avståndet mellan de två *Rottenflieger* var så pass stort skulle denna manöver föra det ”fria” planet in bakom angriparen. Medan brittiska och franska flygare övade luftstrid man mot man, tränade tyskarna sålunda strid *Rotte* mot *Rotte* eller *Schwarm* mot *Schwarm*.[26] *Rotte*-formationen skulle bli standard i samtliga flygvapen allteftersom kriget utvecklades, vilket visar hur framsynta Mölders idéer var. Inledningsvis var det endast tyskarna som använde den och detta gav dem en stor fördel.

·

Tyskarnas motsvarighet till de brittiska *Command* var *Luftflotten*. Dessa *Luftflotten*, bestod, till skillnad från det brittiska systemet, av både jakt- och bombförband och var i sin tur uppdelade i ett antal *Fliegerkorps*. En *Fliegerkorps* hade sedan ett varierande antal *Geschwader* av olika typer: *Jagdgeschwader* (jakt), *Zerstörergeschwader* (jaktbombare), *Kampfgeschwader* (bombare) eller *Sturzkampfgeschwader* (störtbombare).[27]

Luftwaffes närmaste motstycke till de brittiska och franska divisionerna var den tyska *Staffel* med en nominell styrka på nio plan. Ovanför denna kom en *Gruppe*, vilken bestod av tre *Staffeln* och en *Stab* (tre plan). Dessa låg i sin tur under en *Geschwader*, som i regel hade tre *Gruppen* och en *Geschwaderstab*. På papperet räknade en *Geschwader* 94 plan och var det högsta förbandet med en fixerad nominell styrka.

•

Kriget i Spanien gav tyskarna incitament att utveckla *Luftwaffes* navigeringsteknik. Under uppdrag nattetid eller vid svåra väderförhållanden hade de tyska bombplanen haft svårt att finna sina mål. Redan under trettiotalet hade det dock funnits ett navigeringssystem för civilt bruk. En radioledstråle skickades ut i riktning mot det flygfält där planet ämnade landa. När planet fann strålen hörde piloten en summerton i sina lurar. Om han avvek endast marginellt från kursen ändrades tonen till antingen korta eller långa pip-signaler, beroende på om han kom för långt åt vänster eller höger. Denna stråle korsades sedan av en pejlstråle ovanför flygfältet och när piloten hörde denna signal visste han att han var inom 275 meter från målet.[28] Apparatur för detta system hade redan installerats i de flesta bombplan och kunde snabbt tas i bruk för att guida planen mot ett militärt mål. Detta system kallades *Knickebein*, hade en räckvidd på drygt 400 kilometer och skulle komma att användas med inledningsvis god effekt under de nattliga räderna mot Storbritannien.

Parallellt med *Knickebein* fanns det så kallade *X-Gerät* som utvecklades i slutet av 1938. Detta system var mer komplicerat och krävde att specialutrustningar installerades i planen. Istället för endast en pejlstråle lades tre stycken över radioledstrålen. Piloten lyssnade efter den senare, medan bombfällaren hade egen utrustning för att höra pejlsignalerna. Vid den första signalen gjordes han uppmärksam på målets närhet. Vid den andra startade han ett urverk. När den tredje signalen hördes startade han ett system, som med ledning av det första trycket avgjorde planets relativa fart och avståndet till målet. Bomberna frikopplades sedan automatiskt. Denna apparatur monterades in i 25 Heinkel He 111 och besättningarna i KGr100 fick en grundlig utbildning i dess användning.

Luftwaffes fördel av att ha opererat i Spanien kan inte övervärderas. De fick möjligheter att utveckla och trimma sin jaktstridsteknik, sitt system för markunderstöd och navigering, och de skapade en kader av veteraner som skulle möta de allierade flygvapnens föråldrade metoder och oerfarna personal.

Polen och Skandinavien

Under fälttåget i Polen fick *Luftwaffe* en allt starkare slagsida mot det taktiska framför det strategiska tillämpandet. Ursprungligen hade man tänkt bomba militära installationer och rustningsindustrier i och runt Warszawa. Vädret tillät dock inte sådana angrepp, varför man i sista stund ändrade ordern och istället satte in bombplanen mot polska förflyttningar, kommunikationer och motståndspunkter. Framgångarna var så påtagliga att dessa anfall fortsatte även sedan vädret blivit bättre, och koncentrerade anfall mot Warszawa blev därmed möjliga. De polska flygare som skickades upp att möta tyskarna stred med både tapperhet och skicklighet, men deras flygplan var långsamma och ålderstigna. Snart dominerade tyska jaktplan luftrummet och tyska bombplan lamslog alla polska förflyttningar på marken. Inom loppet av en vecka bröt motståndet samman och tyskarna närmade sig den polska huvudstaden. I detta läge var det inte längre nödvändigt att slå mot de polska marktrupperna, eftersom dessa i praktiken var slagna i spillror. Warszawa tornade dock upp sig som ett stort problem eftersom man befarade att staden måste stormas. För att undvika detta sattes *Luftwaffe* in på nytt och nu bombades mål inne i själva Warszawa.[29] Det rörde sig speciellt om installationer som ansågs nödvändiga för livet i staden, livsmedel, vatten- och elförsörjning samt liknande mål, men mängder av civila omkom under anfallen. Den 27 september kapitulerade den polska huvudstaden och Wevers teorier hade med goda resultat testats i praktiken.

I Polen finslipades också sambandet mellan flyg- och markförband ytterligare. Eftersom framryckningstakten i Polen varit många gånger högre än i Spanien, hade flera incidenter inträffat där tyska bombplan träffat egna förband. Orsaken bakom dessa missöden hade i första hand varit tidsfaktorn mellan rapport och insats. När bombplanen anlänt över operationsområdet hade fronten redan flyttats och tyska soldater befann sig då i sektorer som några timmar tidigare varit fientliga. Åtgärder vidtogs därför med avsikt att påskynda kommunikationen.[30] General Reichenau, befälhavare för den 10. armén, ansåg dock att von Richthofens Stukabombare hade haft en avgörande inverkan på slagfältet, och det hade visat sig att den taktik som utarbetats i Spanien i stora drag fungerat även i Polen. Efter fälttåget upphöjdes von Richthofens närunderstödsdivision till VIII *Fliegerkorps*.[31]

I Skandinavien blev *Luftwaffes* roll ännu viktigare och här ökade listan på dess uppgifter. En av dessa var transporter. Under det första dygnet av anfallet mot Norge genomförde det tyska flyget en luftlandsättning som skulle visa sig avgörande för hela fälttåget, och under de efterföljande två månaderna flög tyska transportplan skytteltrafik till och från Norge med förstärkningar och underhåll, ofta under improviserade förhållanden. Totalt flög det tyska transportflyget in 29 280 man och 2 376 ton materiel.[32]

En annan av de nya uppgifterna var bekämpandet av de allierade flottstyrkorna. Redan under invasionsdygnet angreps *Home Fleet* mellan Bergen och Färöarna och tvingades norröver. Därefter utsattes allierade fartyg i Harstad, Åndalsnes och Namsos för upprepade anfall allteftersom de tyska styrkorna arbetade sig norrut mot det belägrade Narvik. Trots den massiva insatsen från *Luftwaffe* sänktes få allierade fartyg, men det visade sig att marina enheter hade svårare att arbeta effektivt så länge luftrummet dominerades av fiendeflyg.

Även de allierade marktrupperna utsattes för flygangrepp, vilka främst hade en demoraliserande effekt. Viktigare var *Luftwaffes* insatser mot det allierade underhållssystemet. I samband med de massiva anfallen mot Namsos och Åndalsnes under andra halvan av april förstördes så mycket materiel, och så stor skada åsamkades hamnfaciliteterna, att de allierade tvingades att evakuera centrala Norge.

När angreppet mot Frankrike närmade sig hade *Luftwaffe* formats till en effektiv understödsmaskin till markstyrkorna, och var dessutom kapabelt att angripa strategiska mål om så erfordrades. *Luftwaffe* var inte fulländat när det kom till närunderstöd och var inte kapabelt att fälla de enorma mängder sprängämnen som kännetecknade de allierade bombningarna senare under kriget, men var en väl avvägd kompromiss, med välutbildade besättningar som fått god stridserfarenhet i Spanien, Polen och Skandinavien, och med ett jaktvapen som överglänste sin allierade motsvarighet både beträffande taktik och utrustning.

Resultatet blev, som vi strax skall få se, förkrossande.

Blitzkrieg

Vid katastrofens rand

Det var eftermiddagen den 9 maj 1940. Händelseutvecklingen i Norge var den yttersta orsaken till att de fyra männen, premiärminister Neville Chamberlain, utrikesminister lord Halifax, marinminister Winston Churchill samt det konservativa partiets *chief whip*[33], David Margeson, hade samlats i premiärministerns arbetsrum på 10 Downing Street. Det var ett betydelsefullt möte. Det katastrofala fälttåget i Skandinavien hade framtvingat krav på Chamberlains avgång och att den konservativa regeringen skulle ersättas med en samlingsregering. Det gällde inte bara Norge och Danmark. Orsakerna sträckte sig tillbaka till den trettiotalets senare del. Västmakternas försoningspolitik, för vilken Chamberlain mer än någon annan bar ansvaret, ansågs av många vara orsaken bakom den nuvarande situationen. En hetsig, flera dagar lång debatt i underhuset hade följts av ett misstroendevotum, där regeringens tidigare majoritet på 245 röster fallit till 81. En samlingsregering verkade vara enda alternativet och Chamberlain hade insett att han måste avsäga sig premiärministerposten eftersom *Labour* vägrade att tjäna under honom.[34]

Frågan var därför vem som skulle bli hans efterträdare. Eftersom de konservativa hade en betydande majoritet måste det bli en man ur deras led, men samtidigt någon som både Labour och liberalerna kunde acceptera. Det fanns egentligen bara två alternativ – Halifax eller Churchill.

Den förstnämnde verkade vara det naturliga valet. De konservativa själva ville ha honom och även Labour fann honom acceptabel. Halifax hade genomgått en gedigen, typisk engelsk utbildning vid Eton och Oxford och varit politiskt hängiven sedan 1903 då han blev parlamentsledamot för grevskapet York. Under de senaste 30 åren hade han gjort en lysande karriär inom politiken: president för utbildningsväsendet mellan 1922 och 1924, jordbruksminister 1924 till 1925, då han utnämndes till vicekung över Indien. Under trettiotalet hade han haft en rad politiska poster, däribland ledare för överhuset och därefter *Lord President of the Council.* Vid Anthony Edens avsked i februari 1938 övertog Halifax posten som brittisk utrikesminister.

Medan Halifax hade varit en av de ivrigaste anhängarna av försoningspolitiken, var det främst premiärministern som hade stått i rampljuset. Det var Chamberlain som hade sagt att Münchenöverenskommelsen skulle innebära "Fred i vår tid" och det var han som sagt att "Hitler missat bussen" när tyskarna invaderade Norge. Trots att Halifax var en framträdande person, hade han stått aningen i skuggan av Chamberlain och därför klarat sig från mycket av den kritik som annars skulle ha legat honom i fatet. Det var därför naturligt att de flesta av dem som kände till regeringskrisen bedömde att Halifax skulle bli näste premiärminister.

Churchill sågs av många, paradoxalt nog främst inom det egna partiet, som en oberäknelig äventyrare, en sentimental romantiker vars förmåga att samarbeta, för att inte tala om att leda ett land i kris, kunde ifrågasättas på många punkter. Han ansågs vara en intrigmakare, ha dåligt omdöme, oorganiserat sinne och oregelbundna vanor.[35] Efter en stökig period, först som soldat, sedan som journalist och författare, hade Churchill inlett sin politiska bana vid 26 års ålder, då som konservativ parlamentsledamot. År 1904 lämnade han de konservativa för att istället bli liberal. "Förräderiet" fanns fortfarande i minnet hos många av hans tidigare partibröder, detta trots att mer än 35 år förflutit sedan dess. Hans första ministerpost som understatssekreterare för kolonierna följdes av posten som inrikesminister, där han 1910 beordrade trupper att slå ned strejker, något som gjorde honom impopulär hos arbetarklassen. Under första världskriget gjorde Churchill ett annat av sina stora misstag, när han äskade medel för den sedermera misslyckade operationen vid Dardanellerna och Gallipoli. Denna episod ledde inte bara till Churchills fall, utan han drog också den liberala regeringen med sig. Under den senare delen av kriget hade han återhämtat sig politiskt och blivit först ammunitionsminister, därefter krigsminister under demobiliseringen. Några år senare blev han emellertid bortröstad ur regeringen och tillbringade några år utanför politiken, innan han åter gick med i det konservativa partiet och blev utnämnd till finansminister under Baldwin. Nya missgrepp gjorde hans position allt svårare, och det såg ut som om hans politiska karriär skulle vara över, när Hitler angrep Polen och allting förändrades.

Under senare halvan av trettiotalet hade Churchill envist varnat för den nazistiska upprustningen och hävdat att Storbritannien måste återupprusta för att möta det tyska hotet. De flesta hade ignorerat honom. När hans farhågor nu besannades stärktes hans politiska position dramatiskt. Chamberlain gav honom posten som marinminister, där han snart var i färd att föra kriget upp i Skandinavien. Kritiken mot Chamberlain beträffande kriget i Norge borde i själva verket ha drabbat Churchill, eftersom marinministern hade varit en av de huvudsakliga företrädarna för de skandinaviska operationerna och även lagt sig i beslutsfattandet på lägre nivå, oftast med negativa följder.

Churchill hade dock en kvalitet som hans rival om premiärministerposten saknade. Medan Halifax skulle ha blivit en utmärkt ledare för ett land i fred avskydde han kriget av hela sitt hjärta. Churchill å sin sida var en *krigsledare* – och en krigsledare var vad landet behövde.

Men vem skulle det bli?

Det kritiska ögonblicket kom när Chamberlain ställde frågan vem som skulle överta posten som premiärminister, om Labour inte kunde acceptera honom själv. Han sade att han personligen kunde tänka sig att tjäna under både Halifax och Churchill, men när han talade såg han direkt mot Halifax och inbjöd därmed denne att svara först. Halifax tvekade. Det fanns vissa problem som måste lösas. Ett av dessa var att han i egenskap av pär inte kunde verka i underhuset – han fick inte ens närvara där – och det var i underhuset som alla viktigare beslut skulle fattas. Han skulle därför bli tvungen att styra via ombud. Sedan var det frågan om Churchill. Skulle denne acceptera att tjäna under Halifax? Och om så var fallet, skulle det gå att kontrollera honom? Churchill själv satt tyst och gjorde ingenting för att hjälpa utrikesministern med dennes beslut.[36] Till sist sade Halifax att han inte kunde acceptera posten. Hans position som pär var det officiella skälet. Den avgörande faktorn var att han inte skulle kunna hålla Churchill utanför kabinettet, och att denne, med sina miljoner idéer och ändlösa förslag, skulle göra hans uppgift hart när omöjlig.

Det fick bli Churchill.

Det var ett av det andra världskrigets i särklass betydelsefullaste politiska beslut.

·

Det var inte bara i London som effekterna av det Skandinaviska äventyret orsakade politisk turbulens. Även Frankrike befann sig i regeringskris. Den sittande konseljpresidenten, Paul Reynaud, hade haft sitt ämbete i ungefär sju veckor, och erhållit det efter en omröstning i kammaren där han vann med endast en rösts övervikt. Hans situation hade många likheter med Churchills. Dels sågs han med misstänksamhet från samtliga partier, dels var han företrädare för en hårdare krigspolitik. ”Allt står på spel i detta totala krig”, hade han deklarerat inför den samlade franska kammaren. ”Att vinna innebär att rädda allting … ett nederlag att förlora allt vi äger.”[37]

Reynaud hade ursprungligen varit jurist och han hade tjänstgjort i den franska armén under första världskriget. Efter krigsslutet hade han slagit in på den politiska banan och snabbt avancerat. Under åren 1930–32 innehade han i rask följd posterna som finansminister, kolonialminister och justitieminister. Därefter hade följt en period av politisk isolering, där Reynaud – likt Churchill i England – envist hade propagerat för hårdare tag mot Hitlers Nazityskland och en snabbare fransk upprustning. År 1938 hade han varit tillbaka på posten som justitieminister, men avgått i protest mot de västallierades svek mot Tjeckoslovakien. Kort därpå hade han övertagit finansdepartementet och inlett en omfattande kampanj för att få den franska ekonomin på krigsfot. Som vi snart skall se var det vid detta laget redan för sent – det franska försvaret hade negligerats under 20 år och det skulle krävas ett mirakel för att ställa förhållandet till rätta.

I september 1939 hade kriget brutit ut och de västallierade hade gjort föga för att avlasta de polska soldater som kämpat en förtvivlad kamp mot den tyske angriparen. Dåvarande konseljpresidenten, Edouard Daladier, hade verkat för en defensiv krigföring, en uppfattning som hade starkt stöd hos Chamberlain och Halifax i England. Genom en omfattande marin blockad skulle Tyskland tvingas på knä och en utsvulten tysk befolkning skulle göra processen kort med Hitler. För att skära av Tysklands tillgång på svensk järnmalm röstade Daladier för en allierad expedition till Skandinavien. Företaget hade haft ytterligare ett syfte: att utvidga kriget till nya fronter för att minska risken för en omfattande tysk-fransk konfrontation på västfronten. Hitler hade dock iscensatt ett preventivt anfall mot Skandinavien och hade redan ockuperat Danmark och mer än hälften av Norge. Samtliga allierade planer hade kommit på skam och Daladier hade avgått. Reynaud hade blivit fransk konseljpresident den 21 mars 1940. Daladier blev krigsminister.

I månadskiftet april-maj 1940 ökade spänningen snabbt mellan de militära och politiska ledningarna i Frankrike. Den franske överbefälhavaren för armén var general Maurice Gamelin.[38] Han hade tagit examen vid militärakademien i Saint-Cyr 1893 och vid första världskrigets slut avancerat till brigadgeneral. Efter kriget steg han snabbt i graderna: arméstabschef 1931, president för högsta krigsrådet 1935 och sedan stabschef för nationella försvaret 1938. Han var strikt defensiv i sin attityd och när tyskarna invaderade Polen var han för att inte vidtaga några offensiva aktioner mot tyskarnas västgräns. Under de åtta månader som kriget pågått hade Gamelin inte gjort mycket för att föra det till ett segerrikt slut. Reynaud hade kommit till slutsatsen att armén behövde en ledare som var mer handlingskraftig, och han ansåg också att Gamelin bar en del av ansvaret för misstagen i det pågående fälttåget i Norge. Med detta som förevändning ville han att generalen skulle entledigas från sin tjänst.

Daladier satte sig emellertid till motvärn. Krigsministerns antipati mot Reynaud var stark och osämjan mellan de två männen blev inte mindre av det faktum att deras älskarinnor hatade varandra som pesten. Daladier ställde därför upp för Gamelin. Reynauds beslut att avskeda Gamelin fann inte heller någon sympati hos de övriga medlemmarna av kabinettet, så konseljpresidenten beslöt att upplösa regeringen. Därefter ämnade han bilda ett nytt kabinett som han hade bättre kontroll över. Vid middagstid den 9 maj meddelade han att han skulle avgå. General Gamelin, som trodde att han skulle entledigas och ville förekomma denna förödmjukelse, gjorde likadant.[39] Senare under kvällen sammanträffade Reynaud med den franske presidenten, Albert Lebrun, vilken bad konseljpresidenten att vänta några dagar med att tillkännage avgången. Det var bättre om en ny regering kunde bildas innan krisen blev allmän kännedom.[40]

·

Sådan var den politiska situationen i Storbritannien och Frankrike när Hitler slog till. Under eftermiddagen den 9 maj fick den tyska armén order att inleda invasionen av Nederländerna, Belgien och Luxemburg. Efter otaliga förseningar verkade det stora ögonblicket vara inne. Allt berodde på vädret. I högkvarteret för den tyska 1. pansardivisionen åhörde major Kielmansegg ett viktigt telefonsamtal:

Lunch hade just serverats när en ringsignal fick generalen att lyfta på luren. Han lyssnade och sade sedan – Jag repeterar. Jag och stabschefen såg på varandra. Bortsett från generalen var vi två de enda som förstod meningen med orden. Jag tittade på klockan: 12.15, torsdag den 9 maj 1940, ett datum som jag alltid skulle minnas.[41]

Längre norrut skrev en ännu okänd general vid namn Erwin Rommel, chefen för den 7. pansardivisionen, några få rader till sin hustru: ”Nu är vi äntligen på väg. Inte för ingenting, får vi hoppas. Du kommer att få alla nyheter via tidningarna de närmaste dagarna. Oroa dig inte. Allt kommer att gå bra.”[42]

Klockan 21.35 skulle den slutliga bekräftelsen skickas ut – ”Danzig” för anfall, ”Augsburg” för uppskov.

Under eftermiddagen startade *Führerns* specialtåg från en mindre station i Berlin. Först höll det en nordlig kurs, sedan, när mörkret föll, svängde det av på en sydvästlig. I närheten av Hannover gjorde det ett kortare uppehåll och kontakt med Berlin upprättades. *Luftwaffes* stabschef meddelade att den 10 maj skulle bli en dag med klart och vackert väder.[43]

”Danzig”.

Tärningen var kastad.

Tåget fortsatte på sin sydvästliga kurs och i den mörka natten marscherade snart hundratusentals tyska soldater de sista kilometrarna för att inta sina anfallsgrupperingar. Pansaret förflyttade sig över de större farlederna, medan infanteriet nyttjade de mindre vägarna. Förflyttningen var besvärlig eftersom inga ljus fick användas som kunde varna fienden, men vid midnatt hade de flesta förband nått sina placeringar. Vid de holländska och belgiska gränserna kunde vaktposterna höra ett lågt ”brus” från den tyska sidan. Det tilltog gradvis i volym och snart kunde de urskilja motorer, ljudet av larvband, metall som klingade mot metall – dämpade röster.

En armé under förflyttning.

Samtidigt hade cheferna för de tyska flygförbanden fått sina order, och några timmar före gryningen väcktes jaktpiloterna och bombplansbesättningarna. De drog på sig sina uniformer, sedan flygdräkterna. Därefter kördes de ut till det mörka fältet där markpersonalen arbetat i flera timmar. En av jaktpiloterna var löjtnant Ulrich Steinhilper, en 21-åring från Stuttgart som hade stora förväntningar på det äventyr som väntade. Han flög med *Jagdgeschwader* 52 och hade ringa stridserfarenhet. Hans första och enda luftstrid ett halvår tidigare, hade inte bara slutat i ett pinsamt fiasko, den hade nära kostat honom livet. Tvärtemot sin chefs instruktioner hade han förföljt ett franskt spaningsplan på 10 000 meters höjd och slutligen kommit tillräckligt nära för att öppna eld. När han kramat avtryckarna hade det emellertid visat sig att vapnen frusit i den låga temperaturen. I sin ilska över att bli snuvad på sitt byte hade Steinhilper gjort någon obetänksam rörelse med resultat att syrgasmasken slets från fästet. Han hade förlorat medvetandet och inte vaknat förrän 3 000 meter ovanför marken. Fortfarande omtöcknad efter denna upplevelse hade han varit nära att landa på den franska sidan av fronten.[44]

Detta hade varit i november. Nu hade våren kommit till Västeuropa och med denna löften om riktig handling efter de långa, frustrerande månaderna av *Sitzkrieg*. Steinhilper krängde sig ned i den trånga förarkabinen på sin Bf 109 och kontrollerade visare, knappar och reglage. Sedan väntade han på startordern. Kvällen före hade han skrivit ett brev till sin mor. ”Det verkar som om det kommer att börja imorgon”, stod det. ”Jag är redo. Sällan har jag känt mig i bättre form, såväl fysiskt som mentalt.” Med det första gryningsljuset knappt synligt i öster såg han fram emot att få reparera sin sårade prestige efter ”bravaderna” mot det franska spaningsplanet.

Destinationen för Führerns tåg var Euskirchen nära den belgiska gränsen, dit det anlände under morgonen. Vid denna tid hade de övriga medlemmarna i vad som skulle bli känt som ”klippfästet” redan kommit fram; vissa med järnväg, andra med flyg. För ovanlighetens skull var Führern uppe tidigt detta dygn, men så var det också en viktig dag för honom. Operation *Gelb*, det första slaget mot Frankrike och Storbritannien, kunde börja. Detta var inte ett krig han hade önskat, för Hitlers alla drömmar och planer var riktade mot öst. Men innan dessa kunde förverkligas måste kraftmätningen med de västallierade avslutas. Denna första offensiv var tänkt att dels föra tyskarna fram till Engelska kanalen, dels skapa en buffert för att skydda de viktiga Ruhr-industrierna. Därefter skulle ett dråpslag riktas mot fransmännen, och när Frankrike var ute ur bilden skulle fred slutas med Storbritannien.

Det var vad Hitler trodde.

Snart hade han samlat personalen omkring sig. De fann honom lite nervös, men annars vaken och beslutsam. Det var ett dramatiskt ögonblick. Genom fågelsången kunde de första knallarna från artilleriet höras dovt i fjärran.

”Mina herrar, offensiven mot västmakterna har börjat”, meddelade Hitler.[45] ”Den kommer att avgöra den tyska nationens öde för de närmaste tusen åren…”[46]

Lugnet på västfronten var över.

Operation Gelb

Klockan hade hunnit bli drygt åtta på morgonen den 10 maj 1940. Den tyske ambassadören i Bryssel hade beviljats ett möte med den belgiske utrikesministern. Med sig hade han ett dokument ur vilket han läste högt: ”Jag har blivit instruerad av den tyska riksregeringen att lämna följande deklaration: i avsikt att föregå en invasion av Nederländerna, Belgien och Luxemburg, för vilken Storbritannien och Frankrike gjort förberedelser riktade mot Tyskland...”

I detta ögonblick avbröt han sig, för den belgiske utrikesministern sträckte uppfordrande ut handen och sade i indignerad ton: ”Ge mig dokumentet, så skall jag bespara er denna pinsamma uppgift...”[47]

Det tyska anfallet var redan fyra timmar gammalt. De första att få känna på anslaget var de holländska och belgiska flygvapnen och deras markorganisationer, vilka bombades av *Luftwaffe* och mer eller mindre lamslogs redan under de första timmarna. Även franska och brittiska flygförband led förluster, antingen på marken eller när de chockade över det oväntade anfallet försökte möta angriparna i luften. De franska flygfälten runt Dijon, Lyon, Metz, Nancy och Romilly tilldrog sig speciellt stor uppmärksamhet.[48] Efter de första bombvågorna kom de tyska fallskärmsjägarna. De landade vid Waalhavenflygfältet utanför Rotterdam, på Ypenburgfältet i närheten av Haag, vid Moerdijk-broarna över Waal, samt vid Vroenhoven och Veldvezelt väster om Maastricht, där de bemäktigade sig viktiga broar över Albertkanalen. En grupp landade med glidplan på taket till den ”ointagliga” fästningen Eben-Emael och neutraliserade efter en kort strid fortets kanoner.[49] När *Luftwaffe*-piloterna landade efter den inledande anfallsvågen, hade Küchlers 18. och Richenaus 6. arméer ur von Bocks 2. armégrupp redan satt sig i rörelse för inmarschen i Nederländerna och Belgien.

Valet av anfallspunkter kom inte som någon överraskning för de allierade. De hade planerat för just en sådan utveckling. Under mellankrigstiden hade Frankrike byggt en serie fort och befästningar i avsikt att förhindra en tysk invasion österifrån – den så kallade Maginotlinjen. Den började vid Basel, vid den schweiziska gränsen, för att sedan löpa norrut längs Rhen fram till Hagenau, där den svängde och fortsatte i västnordvästlig riktning fram till Longuyon. Vid denna punkt – där de franska, belgiska och luxemburgska gränserna sammanföll – upphörde den och området från Longuyon fram till engelska Kanalen hade endast rudimentära försvarsinstallationer. Skälet härtill var att många av de franska industrierna låg så långt norrut att man antingen skulle ha tvingats att bygga forten i höjd med dessa eller söder därom. Om Tyskland angrep Frankrike via Belgien skulle industrierna därför ha förstörts under striderna eller övergivits innan dessa börjat.[50]

Som svar på detta problem utvecklade de västallierade plan D. Vid en tysk inmarsch i Belgien skulle franska och brittiska trupper korsa den franska gränsen och snabbt marschera upp till Dylefloden. Därifrån skulle tyskarna stoppas. Det var en dålig plan, för Belgien höll styvnackat på sin neutralitet – vilket de gjort sedan 1935 när de sade upp 1920 års militärkonvention med Frankrike – och därför hade inget militärt samarbete ägt rum mellan de allierade och belgiska staberna. Det skulle inte heller finnas några etablerade kommunikationer mellan de trupper som ryckte norrut och stridsledningen i Frankrike. Detta var ingenting man kunde göra något åt. Alternativet var att uppge så väl de belgiska atlanthamnarna som delar av den franska rustningsindustrin och malmgruvorna redan i inledningsskedet av en tysk invasion.[51] Eftersom såväl fransmännen som britterna hade gott förtroende för Maginotlinjen var den allmänna uppfattningen att en tysk offensiv skulle komma genom Belgien.

Den svagaste punkten i den allierade fronten kunde återfinnas i skarven mellan Maginotlinjen och de arméer som var märkta att marschera in i Belgien. Här låg de stora Ardennerskogarna. Dessa var bitvis täta med dåligt vägnät. Detta förhållande gjorde att den franska arméledningen drog slutsatsen att en modern armé knappast kunde anfalla utan stöd av tungt artilleri. Att transportera detta artilleri genom den besvärliga terrängen skulle ta så lång tid att fransmännen fick gott om tid att föra fram förstärkningar, framför allt som Meusefloden vid skogarnas västra ände var ett besvärligt hinder för den tyska framryckningen. Bevakningen av linjen mellan Sedan i norr och Longwy i söder skulle utföras av general Huntzigers 2. armé; från Sedan till Givet av general Coraps 9. armé.[52] Dessa formationer skulle utgöra högerflanken på de trupper som marscherade upp mot Dyle och var av lågt stridsvärde – en blunder som skulle få ödesdigra konsekvenser.

Inledningsvis hade den tyska planen att invadera Frankrike varit just den som de allierade förväntade sig: en upprepning av den tyska ”von Schlieffenplanen” från första världskriget. I januari inträffade dock en incident, där en tysk officer med delar av den tyska anfallsplanen tvingades nödlanda i Belgien. Tyskarna visste inte om planerna kommit till de allierades kännedom, men tvingades agera utifrån antagandet att så var fallet. Därför omarbetades planen.

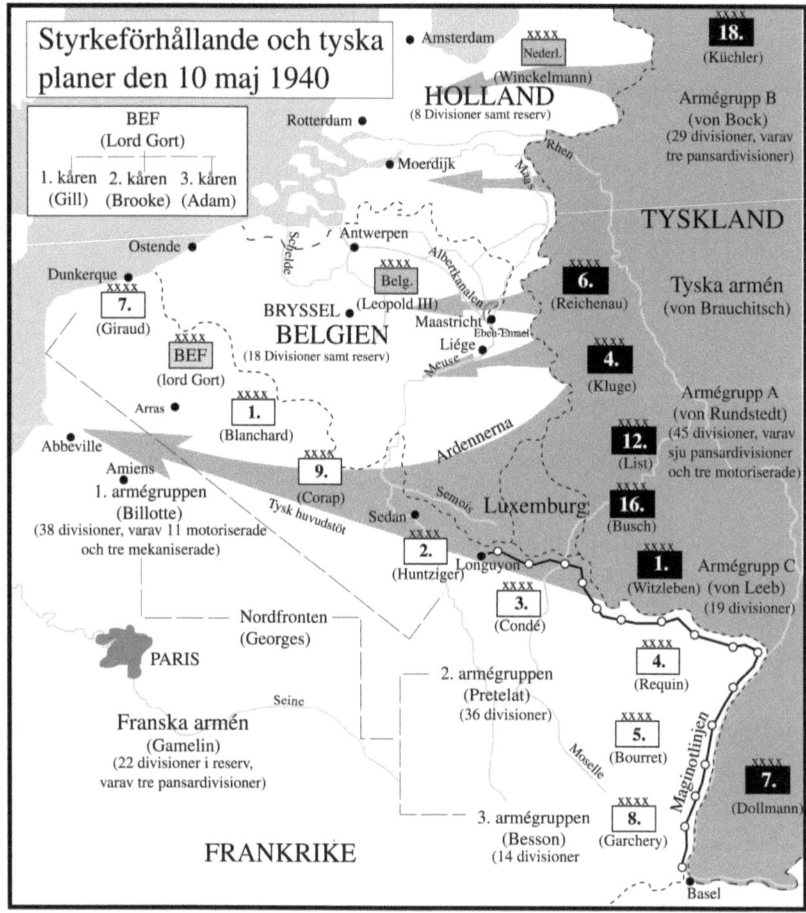

General Erich von Manstein, stabschef för armégrupp A, hade redan i oktober 1939 blivit informerad om planerna på ett angrepp mot Frankrike, men var kritisk till uppläggningen. Ett svep genom Nederländerna och Belgien, menade han, skulle tvinga pansaret att operera i ett område fullt av kanaler och dikningar, någonting som det var illa lämpat för. Vad mer var, eftersom fienden knappast förväntade sig ett anfall mot Maginotlinjen, skulle de allierade vara beredda på just den manöver som förestod. Istället utarbetade von Manstein en plan som byggde på ett överraskande anfall i den skarv där den franska arméledningen placerat två av sina svagare arméer. Genom att rikta en inledande stöt mot Beneluxländerna, skulle man få de allierades

Tysk slagordning 10 maj 1940
(Arméstruktur samt pansardivisioner)

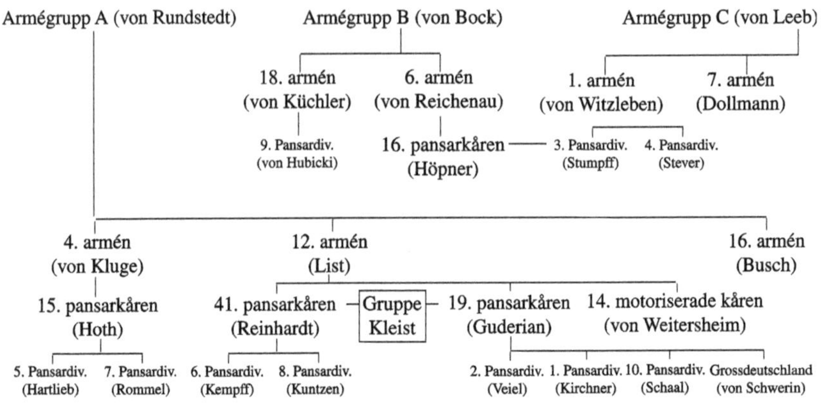

främsta formationer att rycka norrut. Samtidigt skulle huvuddelen av det tyska pansaret i lönndom ta sig igenom Ardennerna och därefter anfalla vad som i praktiken var den allierade centern. Efter att ha nedkämpat försvaret längs Meuse och korsat floden, skulle pansaret och de motoriserade divisionerna snabbt stöta fram mot Engelska kanalen och sålunda skära etapplinjerna för de brittiska och franska trupper som ryckt in i Belgien. Hitler hade redan lekt med tanken på ett anfall genom Ardennerna och accepterade planen.

När den tyska armén korsade de holländska och belgiska gränserna, reagerade de allierade precis som tyskarna hade hoppats. Varken London eller Paris behövde fatta några politiska beslut. Den tyska aktionen var just den man hade kalkylerat med i Plan D. Klockan 10.30 satte de första franska förbanden sig i rörelse in i Belgien. Detta var en täckstyrka som skulle inta position längs Dyle. Billottes 1. armégrupp (Girauds 7. armé i norr, den brittiska expeditionskåren [BEF] under lord Gort i centern, samt Blanchards 1. armé och Coraps 9. armé i söder) inledde inte sina förflyttningar förrän vid mörkrets inbrott. Skälet till detta var rädslan för flygangrepp, en åtgärd som var tämligen överflödig eftersom tyskarna ville att de allierade skulle gå i fällan.

I de västallierade huvudstäderna mottogs nyheten om det tyska angreppet något olika. Av naturliga skäl var bestörtningen i Frankrike större än i Storbritannien. Reynaud tog omedelbart tillbaka sitt beslut att upplösa regeringen och bad Gamelin att stanna kvar som överbefälhavare. Detta var inte rätt tillfälle att skifta chefskapet för den franska armén. ”Slaget har börjat”, skrev han till Gamelin. ”Allt som betyder något är att vinna det.” Till Baudouin, sekreteraren för det franska krigsrådet, antydde han emellertid att hans förtroende för generalen förblev litet. ”Vi får väl se vad Gamelin går för”, sade han.

Gamelin var å sin sida nöjd med händelseutvecklingen. Snart sågs han gå fram och tillbaka i korridorerna i arméhögkvarteret i Vincennes fästning, belåtet nynnande för sig själv. Hitlers anfall hade kommit i precis rätt tid.[53]

I den politiska toppen i London ägnades större uppmärksamhet åt det stundande regimskiftet än anfallet på västfronten. Allteftersom det stod klart att Nederländerna hade invaderats, sedan även Belgien och Luxemburg, ändrade sig Chamberlain. I denna stund var det inte rätt att avsäga sig ansvaret, menade han, precis som Reynaud handlat i Paris. Man har påstått att detta var ett sista desperat försök att hålla sig kvar vid posten som premiärminister. Om så var fallet misslyckades det. Flera ledande konservativa, däribland sir Kingsley Wood, som sade honom rakt ut att han måste avgå, menade att det var avgörande att han drog sig tillbaka utan bråk. Det var dock vänstern som fällde avgörandet. Under dagen hade Labours verkställande utskott samlats för sitt årliga möte i Bournemouth. Vid femtiden meddelade de att man hade enats om en handlingslinje. Labour var beredd att gå med i en samlingsregering, men inte med Chamberlain som premiärminister.[54]

Saken var därmed avgjord. Chamberlain begav sig till Buckingham Palace, där han lämnade in sin avskedsansökan till kung Georg VI; en stund senare kallades Churchill till palatset och fick uppgiften att bilda regering. Klockan nio samma kväll talade Chamberlain till det brittiska folket och meddelade sitt beslut att avgå. Eftersom krisen pågått i det tysta var det inte bara mannen på gatan som mottog det plötsliga beskedet med bestörtning, till och med så högt uppsatta personer som parlamentsledamöter blev överraskade.[55] Inom loppet av ett dygn hade allt förändrats. Storbritannien hade en ny premiärminister.

Och tyskarna stod långt inne i Nederländerna och Luxemburg.

När Churchill for tillbaka från Buckingham Palace till amiralitetet fann hans livvakt, polisinspektör W. H. Thompson, att det var på sin plats att gratulera den nye premiärministern: ”Jag önskar bara att ni skulle ha nått den här positionen under angenämare tider”, avslutade han, ”för ni har en enorm uppgift framför er.”

Churchill fick tårar i ögonen.

”Endast Gud vet hur stor den är”, svarade han. ”Hoppas det inte är för sent.”[56]

Styrkejämförelser

De allierade flygstyrkor som stod redo att möta det tyska *Luftwaffe* var illa förberedda för sin uppgift. De brittiska flygförbanden i Frankrike stod under befäl av flygmarskalk A. S. Barratt och var uppdelade i två separata formationer: *The Air Component of Field Forces* (ACFF) under vicemarskalk Blount och *The Advanced Air Striking Force* (AASF) under vicemarskalk Playfair. ACFF var som namnet antyder knutet till BEF. Den hade fyra jaktdivisioner (ca tolv Hurricaneplan per division) och nio spaningsdivisioner, varav fyra var utrustade med Blenheimplan. AASF bestod av tio bombdivisioner utrustade med Blenheim- och Fairey Battlebombare, samt två jaktdivisioner med Hurricane. Den preliminära uppgiften för denna styrka hade varit att angripa de tyska industrierna runt Ruhr, men den skulle i första hand komma att användas taktiskt.[57] Till detta kom de 47 brittiska jaktdivisioner ur *Fighter Command* som fortfarande var baserade i England (de enheter som var placerade i söder kunde ingripa över den fransk-belgiska kusten), samt de 16 bombdivisionerna ur *Bomber Command* – Storbritanniens strategiska slagstyrka.

Det franska flyget – *Armée de l'Air* – hade 278 Morane-Saulnier, 36 Dewoitine, 140 Bloch samt 98 Curtis fördelade mellan de operativa jaktförbanden.[58] Till detta kom 140 bombplan samt 420 spaningsplan av varierande ålder.[59] De franska flygstyrkor som tilldelats uppgiften att operera i norr hade 275 jaktplan och 67 bombplan operativa när det tyska anfallet kom.[60] Flygstyrkorna i det östra området, vilka även de såg strid från fälttågets inledningsskede, hade 136 Jaktplan och 28 bombplan. Till dessa kom ett antal spaningsplan.[61] Allt som allt kunde *Armée de l'Air* skicka drygt 1 000 plan i luften den 10 maj.

Det belgiska flyget, *Aeronautique Militaire Belge*, vilket sorterade under armén, hade endast 180 tjänstdugliga stridsflygplan den 10 maj. Av dessa var endast 33 monoplan, varav elva brittiska Hurricane.[62] De övriga var italienska Fiat Cr42, brittiska Gloster Gladiator och Fairey Fox, samt brittiska Fairey Battlebombare.[63] Det holländska flyget, *Nederlandse Militaire Luchtvaart*, hade 62 stridsflygplan[64] av typerna Fokker DXXI och G-1 (jakt), Fokker TV och CX (bombare) samt några få amerikanska 8A.[65]

Flera faktorer hämmade de allierades förmåga att möta tyskarna i luften. De viktigaste var sämre utrustning samt sämre stridsteknik. Det tyska Bf 109 jaktplanet var överlägset alla andra jaktplan, förutom det brittiska Spitfire, som endast fanns på baserna i England eftersom de franska flygfälten ansågs olämpliga. Andra faktorer som verkade till de allierades nackdel var att de blev överraskade och att de hade haft liten eller ingen möjlighet att samträna länderna emellan. De allierade flygförbanden tog även order från fyra olika regeringar som alla talade ett eget språk, och var i det franska fallet uppblandade mellan flygvapnet och de olika arméerna.

•

Vid anfallet i väst hade *Luftwaffe* 1 369 enmotoriga jaktplan av typen Messerschmitt Bf 109, 367 tvåmotoriga jaktplan av typen Messerschmitt Bf 110, 1 758 bombplan av modellerna Heinkel He 111, Dornier Do 17 och Junkers Ju 88, samt 417 Ju 87 störtbombplan (Stuka). Om man lägger till transport, spanings- och kustförsvarsflygplan var den totala styrkan 5 349 maskiner.[66] Av dessa var 884 enmotoriga jaktplan, 209 tvåmotoriga jaktplan, 1 064 tvåmotoriga bombplan samt 356 störtbombare tjänstdugliga den 10 maj, uppdelade mellan *Luftflotte* 2 under general Kesselring i norr, och *Luftflotte* 3 under general Sperrle i söder.[67]

Såg man till den totala mängden soldater i fält var de två sidorna relativt jämnstarka. De sammanlagda styrkorna från Nederländerna, Belgien, Frankrike och Storbritannien räknade 2 900 000 man i 242 divisioner, medan Tyskland hade ungefär 2 750 000 i 157 divisioner. Även i antalet stridsvagnar var förhållandet detsamma, med i runda tal 2 600 på varje sida.[68] Tyskarna hade dock många fördelar som saknades på den allierade sidan. Trupperna låg under ett samlat befäl, hade modernare kommunikation och var framför allt bättre utbildade. Det var inte bara i luften som tyskarna hade taktiska fördelar. Även när det kom till markstrider överglänsade den tyska stridstekniken de allierades förlegade metoder.

I luften

Efter att ha haft en relativt lugn tillvaro under de långa månaderna av ”låtsaskrig”, kom det tyska anfallet som en plötslig chock för de allierade flygförbanden. Manskapet i 85. divisionen fick det första larmet om den förändrade situationen tidigt på morgonen den 10 maj när ”oräkneliga hunner-plan hördes flyga förbi ovanför”. Vid Vitry-en-Artois hade piloterna i 607. divisionens röda sektion haft beredskap sedan före gryningen. Plötsligt överraskades de av en person som stormade in på mässen. Det var föra-

Brittiska flygförband i Frankrike 9 maj 1940

Air Component of Field Forces (ACFF)

60. flottiljen

85. divisionen	Hurricane	Lille-Seclin
87. divisionen	Hurricane	Senon

61. flottiljen

607. divisionen	Hurricane, Gladiator	Vitry-en-Artois
615. divisionen	Hurricane, Gladiator	Le Touquet, Abbeville

Advanced Air Striking Force (AASF)

67. flottiljen

1. divisionen	Hurricane	Wassincourt
73. divisionen	Hurricane	Rouvre

71. bombflottiljen

105. bombdivisionen	Battle	Villeneuve
114. bombdivisionen	Blenheim	Condé
139. bombdivisionen	Blenheim	Plivot
150. bombdivisionen	Battle	Ecury

75. bombflottiljen

88. bombdivisionen	Battle	Mourmelon
103. bombdivisionen	Battle	Betheniville
218. bombdivisionen	Battle	Auberive

76. bombflottiljen

12. bombdivisionen	Battle	Amifontaine
142. bombdivisionen	Battle	Berry-au-Bac
226. bombdivisionen	Battle	Reims

2. bombeskadern (opererande från England)

15. bombdivisionen	Blenheim	Wyton
21. bombdivisionen	Blenheim	Watton
40. bombdivisionen	Blenheim	Wyton
82. bombdivisionen	Blenheim	Wattisham
101. bombdivisionen	Blenheim	West Raynham
107. bombdivisionen	Blenheim	Wattisham
110. bombdivisionen	Blenheim	Wattisham

Spaningsförband har exkluderats

LUFTWAFFE 10 maj 1940

LUFTFLOTTE 2		
Fliegerkorps z.b.V. 2	KG4	He 111, Ju 88
	KG54	He 111
IV *Fliegerkorps*	LG1 (Bombare)	He 111, Ju 88
	KG30	Ju 88
	KG27	He 111
VIII *Fliegerkorps*	KG77	Do 17
	I&III/StG2	Ju 87
	I/StG76	Ju 87
	I&II/StG77 Ju 87	
	IV/LG1	JU 87
	II/LG2	Hs 123
3 *Gruppen* ur:	JG1, JG21 & JG27	Bf 109
Jagdfliegerführer 2	III/JG3	Bf 109
	JG26	Bf 109
	I/JG20	Bf 109
	II/JG27	Bf 109
	I/JG51	Bf 109
	I&IIZG1	Bf 110
	I&IIIZG26	Bf 110
LUFTFLOTTE 3		
I *Fliegerkorps*	KG1	He 111
	III/KG28	He 111
	KG76	Do 17
	III/StG51	Ju 87
2 *Gruppen* ur:	JG3 & JG77	Bf 109
2 *Gruppen* ur:	ZG26 & ZG76	Bf 110
II *Fliegerkorps*	KG2	Do 17
	KG3	Do 17
	KG53	He 111
	II/StG2	Ju 87
	I/StG186	Ju 87
V *Fliegerkorps*	KG51	He 111, Ju 88
	KG55	He 111
4 *Gruppen* ur:	JG51, JG52 & JG54	Bf 109
2 *Gruppen* ur:	ZG52 & LG1 (jakt)	Bf 110
Jagdfliegerführer 3	I&III/JG2	Bf 109
	III/JG52	Bf 109
	JG53	Bf 109
	I/JG76	Bf 109
	I/ZG2	Bf 110

Spanings-, kustflyg- och meteorologiska förband samt delar av Luftflotte 2 ansvarande för försvaret av Tyskland har exkluderats.

ren som skulle skjutsa piloterna ut till de väntande Hurricaneplanen. "Han kom rusande in – ett oerhört disciplinbrott – och skrek att tyska flygplan flög över fältet", berättade fänrik Peter Parrott. De tre piloterna sprang ut och såg tyska bombplan passera på en nordostlig kurs. Dessa hade bombat militära mål runt Arras. "All disciplin kastades överbord när vi klämde oss in i planen för att starta individuellt."

Parrott spände på sig säkerhetsbältet och såg till att fallskärmen satt som den skulle. Därefter pluggade han i all hast in radio- och syrgasanslutningarna till flyghuvan och såg till att syrgasen strömmade fritt genom slangen. Strax före motorstarten kontrollerade han att elsystemet var på och att batteriet hade tillräcklig startspänning. Motorn gick igång och förvandlade de svarta propellerbladen till en otydlig, grå skiva framför honom. Han beordrade bort bromsklotsarna och körde ut för start, kontrollerade en sista gång att kylarklaffen var i öppet läge, höjdrodret neutralt och att han hade fullt höger sidroder för att motverka vridmomentet. Proceduren satt i ryggmärgen och tog endast några sekunder. Strax därpå for maskinen fram över startbanan. "Jag tror jag var den förste upp i luften."[69]

Piloterna i den brittiska 87. divisionen vid Senon utanför Metz, väcktes av dånet från luftvärnseld och ett allt högre ljud av flygmotorer. Sedan kom dunsarna från bomber som detonerade i fjärran. Fyra Hurricaneplan startade för att jaga de bortflyende fiendeplanen. De hann ifatt några av dem och två bombplan sköts ned mot förlusten av en Hurricane som tvingades kraschlanda.[70] ACFF hade dragits in i det tyska "blixtkriget".

Vid Rouvresflygfältet startade Hurricaneplan ur 17. divisionen, AASF, tidigt under morgonen och engagerade ett antal fientliga bombplan. En Hurricane gick förlorad och dess pilot fick allvarliga brännskador, men löjtnant Edgar J. "Cobber" Kain, en 21-årig nyzeeländsk pilot, stötte på en grupp Do 17 ur KG3. Kain hade redan skjutit ned sex fientliga stridsflygplan under den lugna perioden före invasionen och var därmed RAF:s såväl förste som ende äss den 10 maj. Han angrep ett av bombplanen och gjorde upprepade anfall tills fiendemaskinen gick i marken öster om Metz.[71] Det var hans sjunde seger.

De monotona bevakningsuppgifterna, rekognoseringsuppdragen längs frontlinjen och enstaka uppstigningar för att jaga bort fientliga spaningsflygplan, ersattes nu av en febril verksamhet hos de brittiska jaktförbanden. Den plötsliga omställningen var inte mindre för de brittiska bombförbanden. Vid

Berry-au-Bac angrep sex Heinkelbombare 142. bombdivisionens flygfält. Lyckligtvis skadades endast två Battleplan, men personalen väcktes brutalt till det faktum att det verkliga kriget kommit till västfronten. En timme senare angreps 88. bombdivisionens fält vid Mourmelon. Åter var skadorna lindriga. Två Battleplan blev flygodugliga och två man ur markpersonalen ådrog sig mindre blessyrer. Flera andra fält fick besök av *Luftwaffe*. Anfallen präglades alla av samma obetydliga resultat, men innebörden av dem stod bländande klar. ”När bubblan sprack den 10 maj”, sade Major J. F. Hobler ur 142. bombdivisionen, ”kom den första underrättelsen i form av bomber som föll över flygfältet. Vi befann oss plötsligt mitt i – upp till öronen.”[72]

Av rädsla för tyska repressalier hade general Gamelin förbjudit flygbombning av fientliga truppkoncentrationer, varför endast jakt- och spaningsenheter inledningsvis flög stridsuppdrag. En annan orsak till inaktiviteten var den panik som det plötsliga anfallet skapade och de tyska angreppen mot franska flygbaser gav här en oväntad effekt. Trots att endast ett fåtal franska plan förstördes på marken, flögs ett stort antal flygplan söderut för att förebygga detta öde. De landade på träningsfält, civila flygplatser och andra ställen där de kunde gå ned. I brådskan kollapsade hela bokföringsapparaten och en del av det franska flygvapnet ”tappades” helt enkelt bort. Även nytillverkade plan, som så desperat skulle komma att behövas de närmaste veckorna, skulle dirigeras till säkra platser, där de inte gjorde någon som helst nytta.[73]

Allteftersom morgonen närmade sig middagstid, och efter flera avslag om insats från såväl de brittiska som franska flygledningarna, tog Barratt saken i egna händer och sände 32 Fairey Battle mot en tysk kolonn som setts avancera genom Luxemburg. Dessa möttes av intensiv luftvärnseld och angreps av tyska Bf 109, något som ledde till att 13 av dem sköts ned. De övriga återvände med olika grader av skador. Lite senare startade ytterligare 32 Battleplan ur AASF och flög över Luxemburg med samma nedslående resultat. Tio av dem återvände inte.[74] Det var kännbara förluster tidigt under fälttåget och de verkade i mångt och mycket ha skett i onödan. Utan att vara medveten om det hade Barratt dock gått till angrepp mot just den region som tyskarna var mest måna om att hålla fri från allierade flygplan – armégrupp A:s uppmarschområde inför anfallet mot den allierade centern.

Nyheten att tyska fallskärmstrupper tagit flygfältet vid Waalhaven utanför Rotterdam ledde till att *Bomber Command* gjorde flera anfall mot detta mål och viss uppmärksamhet riktades även mot flygfältet vid Ypenburg.

Dessa uppdrag ledde till att ett antal tyska transportflygplan förstördes, men de påverkade i mycket liten utsträckning de allmänna operationerna.

·

De brittiska jaktförbanden var betydligt aktivare än bombförbanden. Redan under detta första dygn av invasionen flög de sex Hurricanedivisioner som befann sig i Frankrike ett flertal uppdrag. Ytterligare tre divisioner anlände från England under eftermiddagen och även de blev indragna i strid innan mörkret föll.[75] En av dem, 79. divisionen, var i elden knappt 30 minuter efter att den hade anlänt.[76] Fänrik Frank Carey ur 3. divisionen skulle göra anspråk på två nedskjutna och två skadade bombplan den 10 maj, och andra piloter som skulle komma att bli framtida flygaräss hade sina första framgångar detta dygn. Fänrik Peter Parrott och löjtnant John Sample ur 607. divisionen samt löjtnant R. H. A. ”Dickie” Lee, sergeant Geoffrey Allard och fänrik Patrick Woods-Scawen ur 85. divisionen gjorde samtliga anspråk på flera nedskjutningar.

Trots sina inledande triumfer mot de belgiska och holländska flygvapnen, fick *Luftwaffe* betala ett kännbart pris för sina insatser den 10 maj.[77] Det franska jaktflyget – som inte bara tvingades kämpa mot tyskarna och sitt eget mediokra befälssystem, utan också använde plan som var kvalitativt underlägsna de tyska – stred med lika berömvärd tapperhet som de brittiska divisionerna.

En som skulle se tillbaka på detta första dygn av operation *Gelb* med besvikelse var unge löjtnant Steinhilper. ”Denna dag var skyn full av tyska flygplan av alla typer”, skrev han. ”De flög till och från Frankrike – bombplan, störtbombare och Bf 109:or – men vi hade placerats i reserv.”[78] Han hade haft oturen att få flyga höghöjdsbevakning ovanför Ardennerna. Från den höga höjden var det svårt att se vad som hände nedanför. Vid några tillfällen kunde Steinhilper och hans kamrater skymta de tyska kolonnerna som svarta ormar längs vägarna, men oftast var de dolda under molnmassorna eller i de täta skogarna. Av de allierade flygvapnen syntes inga spår.

Det var svårt att göra en insats för fosterlandet under sådana omständigheter.

Broarna vid Maastricht

Invasionens andra dag såg ingen mattning av den tyska framryckningstakten. I Nederländerna ryckte Küchlers trupper fram och krossade försvaret framför sig och i Belgien närmade sig de tyska täterna de brittiska och franska trupper som brådstörtat försökte etablera sitt försvar längs Dyle. Samtidigt arbetade de tyska pansarkårerna sig fram genom Ardennerna, fortfarande utan att de allierade misstänkte att detta var huvudstöten. De smala vägarna ställde stundom till besvär, men de tyska ingenjörerna och trafikförbanden lyckades på något vis forcera vägspärrar, ersätta förstörda broar och etablera alternativa vägar så att framryckningstakten kunde upprätthållas.

Hade det allierade flyget haft förmåga att rikta större insats mot detta område, kunde de tyska rörelserna ha bromsats, men dess potential var begränsad och dess uppmärksamhet koncentrerad mot broarna vid Maastricht, där tyska förband strömmade över. Eftersom Blanchards 1. armé hade problem med att marschera upp till sin tilltänkta position mellan Wavre och Namur, och den belgiska armén började falla tillbaka i norr, skapades en oroväckande lucka i 1. armégruppens centrum. I denna lucka – allmänt kallad Gembloux-gapet – befann sig general Prioux med sin kavallerikår. Hans ursprungliga uppgift hade varit att snabbt marschera upp och hålla linjen Tirlemont-Hannut-Huy i sex dagar, för att därigenom ge 1. armén tid att inta försvarsställning. Nu fick han det chockartade beskedet att tyskarna redan var över Albertkanalen och att belgarna retirerade.

På morgonen den 11 maj mildrade Gamelin sina restriktioner beträffande bombning av bebyggda områden och den allierade flygledningen riktade nu uppmärksamheten mot övergångarna vid Maastricht. Floden Maas (på franska Meuse) samt Albertkanalen var naturliga hinder för en framryckande fiende och broarna hade varit förberedda för sprängning. Som vi redan sett hade tyska luftburna trupper bemäktigat sig vissa av dessa den 10 maj. När den holländske befälhavaren runt Maastricht förstått att ett tyskt anfall var att vänta hade han förstört den norra järnvägsbron, den centralt placerade Wilhelminabron och den södra Servaasbron inne i Maastricht vid deras östra fästen. Tyskarna ställde snabbt upp pontonbroar över Maas och Julianakanalen i stadens norra utkanter.[79] Övergångarna vid Briegden, Veldvezelt och Vroenhoven hade erövrats, även om den första återtagits och sprängts av belgiska trupper, men om antingen de två pontonbroarna över Maas eller de över Albertkanalen förstördes skulle det bli ett

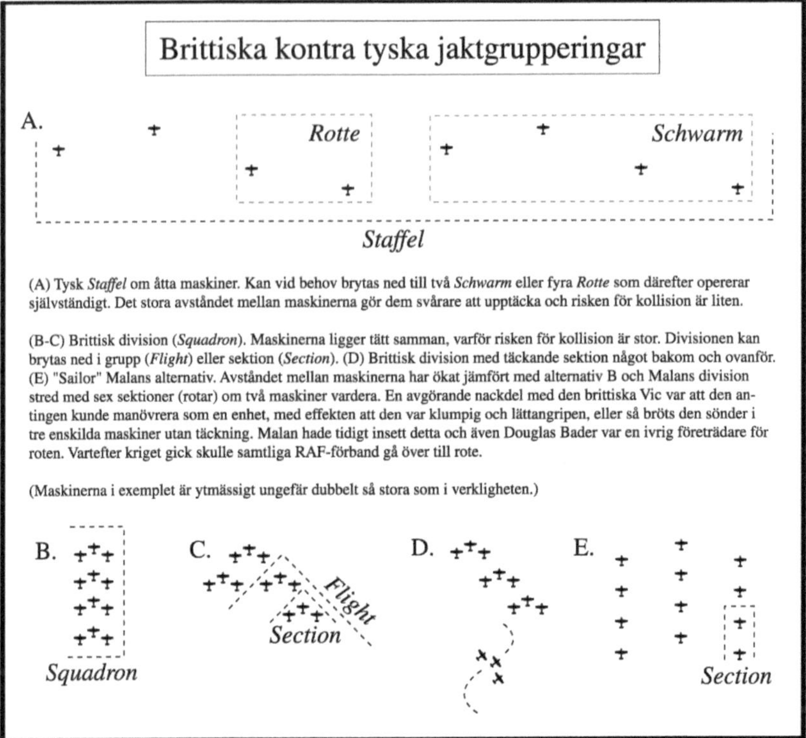

(A) Tysk *Staffel* om åtta maskiner. Kan vid behov brytas ned till två *Schwarm* eller fyra *Rotte* som därefter opererar självständigt. Det stora avståndet mellan maskinerna gör dem svårare att upptäcka och risken för kollision är liten.

(B-C) Brittisk division (*Squadron*). Maskinerna ligger tätt samman, varför risken för kollision är stor. Divisionen kan brytas ned i grupp (*Flight*) eller sektion (*Section*). (D) Brittisk division med täckande sektion något bakom och ovanför. (E) "Sailor" Malans alternativ. Avståndet mellan maskinerna har ökat jämfört med alternativ B och Malans division stred med sex sektioner (rotar) om två maskiner vardera. En avgörande nackdel med den brittiska Vic var att den antingen kunde manövrera som en enhet, med effekten att den var klumpig och lättangripen, eller så bröts den sönder i tre enskilda maskiner utan täckning. Malan hade tidigt insett detta och även Douglas Bader var en ivrig företrädare för roten. Vartefter kriget gick skulle samtliga RAF-förband gå över till rote.

(Maskinerna i exemplet är ytmässigt ungefär dubbelt så stora som i verkligheten.)

avbräck i den tyska tidsplanen. Dessvärre var det faktum att holländarna redan förstört broarna inne i Maastricht ännu okänt för de allierade.

De första att gå till angrepp mot broarna var åtta Battle ur 28. och 218. bombdivisionerna. De flög mot målet på låg höjd, vilket gjorde navigeringen besvärlig och de utsattes för häftig eldgivning från tyska trupper på marken. Sju av dem sköts ned och den sista tvingades nödlanda. Därefter angrep 23 Blenheim ur 21. och 110. bombdivisionerna. Dessa tillhörde inte AASF utan *Bomber Command* och flög under 2. bombeskadern från England. Blenheimplanet var knappast bättre än Battle. Det var tvåmotorigt och hade en inre bomblast på 454 kilo. När den första prototypen testats hade dess hastighet varit högre än dåtidens jaktplan inom RAF, men fem år hade gått sedan dess och 1940 var *Luftwaffes* jaktplan betydligt snabbare. Denna gång hade Blenheimbesättningarna tur. Endast två plan sköts ned. De andra återvände, även om de hade varierande skador från striden.[80]

Eftersom den tyska jakten främst legat ovanför Ardennerna det första dygnet hade få konfrontationer ägt rum mellan de tyska och brittiska jaktförbanden. Den 11 maj började striden emellertid på allvar och de tyska flygarna fann genast förtröstan i *Jagdwaffes* taktiska överlägsenhet. De sex brittiska jaktförband som legat under AASF och ACFF hade i många fall övergivit den fredstida treplansformationen och flög parvis, men de som ankom som förstärkning eller flög från baser i England, kunde inte tillgodogöra sig erfarenheter från låtsaskriget. Ovanför Rotterdam patrullerade tolv Hurricaneplan ur 17. divisionen från Martelsham Heath i England. De flög i tät Vicformation när de angreps av 16 Bf 109 ur JG51 som flög i den svårupptäckta *Schwarm*-formationen. Britterna såg inte hur fienden manövrerade sig i position. Plötsligt ljöd hörlurarna av varningsropet: ”Fientliga jaktplan bakom!” Hurricanepiloterna bröt klumpigt formationen, noga med att inte gira för häftigt på grund av risken att kollidera med varandra. Fem brittiska plan sköts ned och två piloter dödades utan någon förlust på tysk sida.[81] Scenen skulle upprepas gång på gång, inte endast i Frankrike utan även under Slaget om England, innan RAF anpassade sig till den tyska taktiken och officiellt antog *Luftwaffes* teknik.

•

Den 12 maj fortsatte debaclet och förlusterna ovanför Maastricht. Nio brittiska Blenheimbombare upptäcktes av en *Gruppe* ur JG1 som snabbt sköt ned sju av dem. En division om 18 Breguetbombare angrep tyska marschkolonner, men luftvärnet sköt ned åtta. Något senare gick en division Loire et Olivierbombare till attack mot samma kolonner och höll så hög höjd att det lätta tyska luftvärnet inte lyckades skjuta ned något av planen. Effekten av anfallet var dock försumbar.

Därefter kom ett av de mer välkända angreppen under flygkriget i Frankrike. Chefen för den brittiska 12. bombdivisionen vid Amifontaine hade bett om sex frivilliga Battlebesättningar för att anfalla Veldvezelt- och Vroenhovenbroarna. Samtliga tolv anmälde sig, och man fick gå efter tjänstgöringslistan. När de sex planen skulle starta fick ett av dem motorfel och tvingades stanna kvar. De övriga fem startade och satte kurs mot sina mål. För att skydda Battleplanen hade 1. jaktdivisionen anlänt till målområdet i förväg, men dessa hade dragits in i strider med tyska Bf 109 ur JG27 och kunde inte hjälpa bombplanen under angreppet. De fem Battleplanen gjorde ett desperat försök att slå ut sina mål, men möttes av häftig eld från mar-

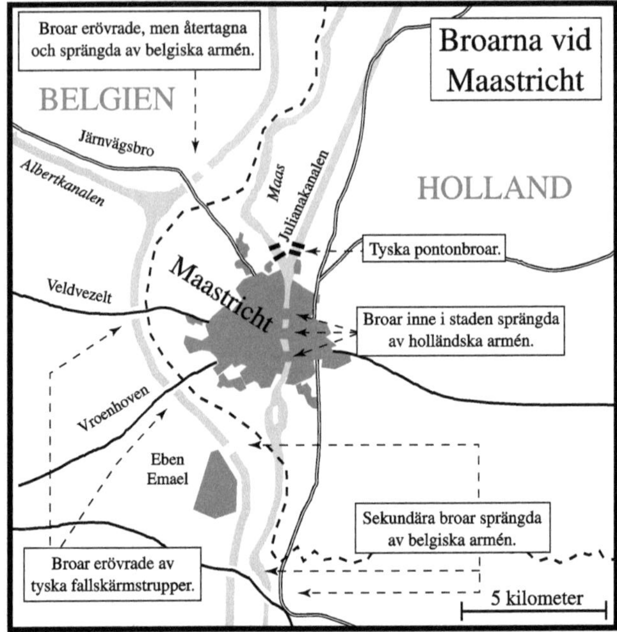

ken. Vid Vroenhoven försökte löjtnant N. M. Thomas och fänrik T. D. H. Davey att sätta sina bomber i den långa betongbron. I den senares plan satt menige G. N. Paterson bakom sin kulspruta. Han upptäckte tre jaktplan som föll in bakom dem. För ett ögonblick trodde han att de tillhörde eskorten, men förstod bättre när de öppnade eld.

> Min första reaktion på beskjutningen var att dyka ned bakom pansarskyddet. Jag hade just hukat mig när jag fick ett fruktansvärt slag mot den vänstra sidan av huvudet. Jag kände efter, orolig att örat skjutits bort, [men] det var bara hörlurarna i mitt head-set som träffats.[82]

Lättad över att han klarat det första anfallet sköt Paterson mot ett av Bf 109-planen som dök iväg med rök strömmande ur motorn. Han sköt några korta salvor mot de övriga planen, när hans vapen plötsligt fick eldavbrott. Paterson duckade för att plocka bort den patronhylsa som orsakat stoppet. När han åter lyfte huvudet, var ett av fiendeplanen alldeles inpå dem.

> Ännu idag dag tror jag att jaktpiloten trodde att han träffat mig när han såg mig försvinna in i kabinen, och han närmade sig för ett skott på kort håll för

> att göra slut på oss. Jag sköt först – har aldrig missat på trettio meters avstånd – och såg mina kulor slita hans skyddsglasögon från huvudet. Det var en syn som skulle hemsöka mig under lång tid. Hans plan närmade sig alltjämt på kollisionskurs. Jag praktiskt taget skrek åt min pilot, som tittade bakom sig och steg så att [Bf] 109:an passerade under, troligtvis inte längre än tre meter ifrån oss.[83]

Vid det här laget var Battleplanet dock så skadat att Thomas gav order att man skulle lämna det. Paterson tog till fallskärmen, men bröt vristen när han landade. Han togs till fånga av tyskarna. Piloten och navigatören klarade sig tillbaka till de allierade linjerna. Även det andra Battleplanet hade skadats så svårt att piloten beordrat besättningsmännen att hoppa.

Under tiden hade de tre plan som skulle bomba Veldvezeltbron börjat sin inflygning. De hade aldrig någon chans. Tyskarna var väl medvetna om broarnas betydelse och hade placerat över 300 luftvärnspjäser och kulsprutor runt dem. ”Det gav mig gåshud”, berättade löjtnant Leslie Clisby, en av piloterna i de eskorterande Hurricaneplanen, ”när bombplanen dök rakt ned mot mynningarna på hundratals luftvärnspjäser.”[84] Det första planet, som flögs av fänrik Ian McIntosh träffades i bensintanken och fattade eld. McIntosh gjorde sig av med bomblasten och kraschlandade. Den andra maskinen spakades av furir Fred Marland. Han hann fälla bomberna, men strax därpå träffades planet. Det steg brant, överstegrade och föll till marken. Det sista planet, som flögs av löjtnant Donald Garland – allmänt kallad ”Judy” –, kom in lågt med svarta luftvärnsbrisader runt omkring. De tyska artilleristerna kunde se hur tjogtals spårljusbanor konvergerade mot planet. Kulor och splitter träffade, bitar lossnade från vingar och flygkropp. Plötsligt fattade det eld och omgärdades av lågor, men Garland fortsatte mot målet, fällde bomberna och kraschade sedan vid det västra brofästet.[85] En sektion av Veldvezeltbron skadades, men fördröjningen därav blev kortvarigt. Garland och dennes navigatör, furir Thomas Gray, tilldelades dock postumt Victoriakorset. En av de brittiska besättningsmännen överlevde kraschen när hans plan störtade och blev tillfångatagen av fientliga soldater. En tysk officer kunde inte hålla tillbaka sitt förakt över spektaklet: ”Ni britter är galna”, utbrast han inför den omtumlade flygaren. ”Vi erövrar bron tidigt under fredagsmorgonen. Ni ger oss hela fredagen och lördagen att ställa upp vårt luftvärn runt bron. Och sedan på söndag dyker ni upp med *tre plan* och försöker förstöra den.”[86]

Garlands anfall mot broarna följdes dock av en större insats av 15. och 107. bombdivisionerna från England. ”Det dröjde inte länge förrän vi passerade över Ipswich”, berättade löjtnant Gareth Clayton ur 107. bombdivisionen. Nedanför sig kunde han urskilja de karakteristiska husen och terrasserna i det villaområde där han och hans hustru hade sin lägenhet. ”När jag flög vidare undrade jag om hon och vår två månader gamla dotter kunde se oss däruppe.”

Det sades inte så mycket i planet. Varje besättningsman koncentrerade sig på sin uppgift. Nordsjön passerade under dem, sedan den belgiska kusten. De hade varit i luften i nästan en timme när de närmade sig Maasdalen. Clayton sökte med blicken efter de Hurricaneplan som skulle sammanstråla med dem före målet.

> ”Tio minuter kvar till målet, skepparn”, meddelade min nyzeeländske spanare, varpå han vred sig i sätet och skyndsamt förberedde bombsiktet och knapparna för tidsinställningarna. En ensam Hurricane närmade sig och jag undrade om detta var en eftersläntrare från vår utlovade eskort. Men piloten tog en kort titt på oss och flög iväg. Det var det enda vi såg av egna jaktplan.[87]

Blenheimmaskinerna nådde snart fram till Maastricht. Under dem utbröt en kokande kittel av luftvärnsbrisader, men eftersom de flög relativt högt var de lättare tyska pjäserna utom skotthåll. När målen dök upp framför dem var dessa omvälvda av rök och bränder, men Claytons spanare, furir Inner-Jones, upptäckte något som hittills varit okänt för den brittiska underrättelsetjänsten. ”Alla broar är förstörda”, utbrast han. ”Någon har gjort ett bra jobb.” Han sökte med blicken uppåt floden och såg de provisoriska broarna. ”Verkar som om vi får ta pontonbroarna istället.”[88]

Flera besättningar upptäckte att holländarna redan förstört målen och svängde mot pontonbroarna. Den häftiga luftvärnselden splittrade dock Blenheimplanens gruppering och anfallet blev utan resultat. Snart var tyska jaktplan över dem. Löjtnant Erbo Graf von Kageneck från I/JG1 såg hur en Blenheim växte innanför de vita cirklarna i hans sikte. När han kramade avtryckaren tycktes flygplanet framför honom slitas i stycken; delar föll ifrån det, små blixtar vandrade över flygkropp och vingar och plötsligt stod fiendeplanet i lågor. Strax därpå föll en andra Blenheim offer för hans kanoner.

Medan hans skytt frenetiskt försökte skydda dem från de tyska jaktplanen undrade löjtnant Clayton om någon skulle överleva. ”Jag kunde bara se en

Blenheim framför mig", berättade han, "så jag styrde mot denna." Han såg sig omkring och började förstå hur stora skador planet fått. "Babords vinge var full av hål, plexiglashuven kring förarkabinen likaså. Vid vänster motor kunde jag se blå flammor och någonstans under instrumentpanelen stänkte vätska mot mig." Han märkte aldrig när Inner-Jones träffades, utan såg honom plötsligt sittande på kabingolvet med händerna för låret. Ett luftvärnssplitter hade slagit igenom sitsen underifrån och gått rakt igenom skrevet på honom. De tyska jaktplanen hade försvunnit och skytten försökte förbinda spanarens skada, men sårets art gjorde det närmast omöjligt. "Det såg ut som om han tagit emot splittret alldeles bakom testiklarna; allt var en blodig röra. Det var omöjligt att förbinda, så skytten gjorde en boll av bandaget och tryckte det över skadan så gott det gick."[89]

Bittert förbannande den uteblivna eskorten, flög de Blenheimplan som klarat sig ut över Nordsjön. När de landade i England var de bara hälften så många som hade startat några timmar tidigare.[90] Först när de fotografier som tagits ovanför målet framkallats bekräftades att broarna inne i Maastricht varit obrukbara hela tiden. Kostnaden för denna upptäckt hade varit 19 förstörda bombplan, 36 döda flygare och ytterligare ett dussin sårade eller tillfångatagna besättningsmän. Inga nämnvärda förseningar hade drabbat tyskarna.

Händelserna över Maastricht var några av många fingervisningar om vad som kunde ske när man skickade oeskorterade bombplan in i områden som dominerades av fiendens jaktflyg. Under detta tidiga skede av kriget hade ingen sida utvecklat något vedertaget system för jakteskort. Detaljerna improviserades mellan ledningarna för de berörda förbanden. Det förekom att jakten mötte upp med bombplanen och flög tillsammans med dem, men det vanligaste var att jaktplan och bombplan helt enkelt sammanstrålade i närheten av målområdet.

Det sistnämnda tillvägagångssättet hade använts under 15. och 107. bombdivisionernas anfall mot Maastricht och de tyska jaktflygarna hade inte haft några problem att isolera Blenheimplanen från sin eskort. Återigen kom *Luftwaffes Schwarm*-taktik väl till pass. Medan de allierade formationerna flög tätt samlade med dålig sikt runt omkring, manövrerade de tyska jaktplanen sig in i anfallsposition innan de dök ned mot sina intet ont anande offer. Händelseförloppet ovanför Rotterdam dagen före upprepades när kapten Adolf Galland, stabsofficer i JG27, anföll de åtta Hurricaneplan ur 87. divisionen som avdelats som eskort åt Blenheimplanen. Gallands karriär inom *Jagdwaffe* skulle snart ta fart likt en raket som stiger mot himlen, men hittills hade han endast flugit markattackplan. Denna dag skulle allt förändras. Han ansåg inte att han gjorde något hjältemodigt. Han och hans *Katschmarek* dök mot fienden och trots att Galland inte hade några tidigare flygsegrar, hade anfallet något av rutin över sig. Piloterna i Hurricaneplanen misstänkte ingenting. Galland pressade ned de dubbla avfyringsknapparna. Hans kanoner och kulsprutor dånade våldsamt och skickade fyra linjer av glittrande spårljus mot fiendeplanen. "Jag sköt min första salva", skrev han, "från ett avstånd som efter omständigheterna var alldeles för långt. Målet låg rakt framför mig och äntligen upptäckte den stackars saten vad som höll på att hända."

I Hurricaneplanet satt furir Frank Howell. "De kom från solen med höjdövertag och jag såg dem aldrig. Plötsligt hördes ett splittrande ljud och cockpiten fylldes av stanken från bränd kordit."[91]

Howell försökte ta sig ur skottlinjen, men Galland var honom tätt i hälarna.

> Han gjorde ett ganska klumpigt försök att undkomma, vilket förde honom in i eldlinjen från min kamrat. De andra sju Hurricaneplanen spred sig i alla riktningar. Efter ett andra anfall föll min motståndare i en spiral mot marken. Hans roder var bortskjutet och delar av vingarna började falla av. Ytterligare en salva skulle ha varit slöseri med ammunition, så jag satte omedelbart av efter ett av de andra Hurricaneplanen. Detta försökte undfly genom att dyka, men jag var snart bakom på ett avstånd av 100 meter. [Fienden] gjorde en halvroll och försvann genom ett hål i molnen. Jag behöll dock kontakten och angrep på nytt från mycket kort avstånd. Planet steg under någon sekund, överstegrade och föll rakt ned mot marken...[92]

Piloten i det senare planet, den kanadensiske löjtnanten Jack Campbell omkom när hans maskin gick i backen, men Howell hade tur och lyckades ta sig ur sin roterande Hurricane. Faran var för den skull inte över. När han drog i utlösningsmekanismen visade det sig att fallskärmen blivit skadad och därför bara vecklade ut sig till hälften. Med hög hastighet och i förvissning om att han skulle dö, slog Howell i marken och förlorade medvetandet. När han strax därpå åter vaknade, fann han att fallskärmen släpade honom utefter marken och att en grupp skrikande bondkvinnor sprang bredvid och försökte befria honom från selarna.[93]

Som genom ett under hade Howell klarat sig: blåslagen, sönderskrapad och med en kraftig sträckning i ryggen. Han hade livet i behåll och hade lärt sig en läxa som han skulle ta med sig in i det kommande slaget om England. Andra hade inte samma tur. De tyska flygarna skördade många dödsoffer bland de allierade flygarna. Werner "Pappa" Mölders var där med sina piloter i I/JG53:

> Uppdraget löd: genom jaktsvep vinna luftherravälde. Claus och jag höll ihop, färdiga att ingripa där det behövdes. [...] Två Moranes kom oss till mötes, fullt stridsberedda. Som på en överenskommelse gick alla till anfall. Claus tog den högra, jag den vänstra. Vi sköt lika mycket var och bägge träffade mitt i prick. Fransmännen fattade eld samtidigt. Det såg nästan komiskt ut när de störtade åt var sitt håll. Strax därpå fick jag syn på en ensam Morane som var i färd att anfalla våra bombplan.

I detta läge kunde Mölders ha förstört fiendeplanet utan större bekymmer, men han ville att en av de flygare som ännu inte skjutit ned någon fiende skulle få chansen. Han frågade i radion och en av löjtnanterna svarade att han ännu inte fått något fiendeplan på sin meritlista.

"Kan ni se den ensamma Moranen framför oss", frågade Mölders.

"*Jawohl, Herr Hauptmann.*"

Anfall då! Vänta litet. Skjut inte för tidigt. Låt honom lägga sig snyggt och prydligt i siktet."[94]

Löjtnanten gjorde som han blivit instruerad, öppnade eld och ytterligare en fransman dog.

I mångt och mycket var de tyska jaktflygarnas uppgift lika enkel över Nederländerna, Belgien och Frankrike som den varit ovanför Polen. En som blev väl medveten om detta faktum var överste Theo Osterkamp, chefen för JG51. Osterkamp hade flugit under första världskriget, där han sades ha skjutit ned 32 fiendeplan. Han var redan 48 år fyllda, mycket populär och kallades allmänt för "Farbror" Theo av sina flygare. Han befann sig i området mellan Arnhem och Amsterdam när han siktade ett ensamt holländskt plan som beskjutit tyska förflyttningar.

> Jag sänkte mig gradvis genom molnlagren. Ingenting där. Varför jag valde att spana bakom mig till vänster vet jag ej, men plötsligt – där! – såg jag en skymt av någonting. Sedan var det försvunnet igen. Jag lättade på gasen och

gick lägre. Kanske kunde jag se honom mot ljuset i väster om jag gick ned till marknivå. Jag var nu i höjd med trädtopparna. Och där – till höger, knappt en kilometer framför mig – djävlar så fort han flög. [...] Jag började knappa in – närmare och närmare. Jag dröp av svett och kunde knappt se något genom mina solglasögon på grund av kondensen. Planet hade dubbla flygkroppar och de holländska markeringarna var fullt synliga. Jag befann mig alldeles bakom och något under honom, höjde nosen något – han fyllde siktet – och pressade avtryckarna. Allt jag kunde se var hur delar föll från honom, hur han steg åt höger [och sedan] slog i backen som en komet. Gud, var det allt? [...] Jag hade knappt skjutit ett skott. Jag cirkulerade över platsen. [Invid] en häck längs vägen [syntes] en hög av vrakspillror och fler låg strödda över fälten, bitar av vingar och flygkropp. [...] Vi använde kanoner för att skjuta ned sparvar.[95]

Det gick emellertid inte alltid lika smärtfritt för tyskarna och stundom mötte de både hårt och skickligt motstånd. Furir James ”Ginger” Lacey, 501. divisionen, skulle med tiden komma att bli ett av Storbritanniens främsta äss. Han var en osannolik hjälte. Blyg på gränsen till skygg, ljust rött hår och fräknig hy, distinkt utstående öron och ögon som flackade när de mötte en stadig blick – den klassiska hackkycklingen. Det första intrycket var hursomhelst bedrägligt, för i luften skulle den 23-årige Lacey visa sig allt annat än skygg, även om hans första möte med fienden präglades av osäkerhet. När hans grupp startat hade Laceys motor krånglat och han själv kommit på efterkälken. När han sedan ensam nådde patrullområdet ovanför Meuse såg han inte till sina kamrater, utan upptäckte istället en Heinkel från KG53 nedanför.

Den brittiske piloten hade över 600 flygtimmar bakom sig och var en utmärkt flygare, men denna situation var alldeles ny. Tanken var att det skulle finnas en ledare som beslutade vad gruppen skulle göra. ”Nu hade jag en stor, fet Heinkel alldeles för mig själv” och visste inte vad han skulle ta sig till. Slutligen kom han fram till att hans uppgift nog var att skjuta ned fiendeplanet.[96] Medan han bedömde fiendens rörelser genomgick han för första gången den upplevelse som snart skulle bli vardagsmat för honom: kraftig svettning, snabb andhämtning, händerna som osäkrade de åtta kulsprutorna darrade av spänningen och fötterna kändes tunga mot roderpedalerna. När Heinkeln befann sig i rätt vinkel vände han nosen nedåt och dök mot det. Fartökningen gjorde att styrspaken blev trögare och han hade svårt att hålla den växande fienden kvar i nederkanten på de lysande ringarna i reflektorsiktet. Den mörka formen framför honom fick färg. Han kunde urskilja de svartvita korsen på vingar och flygkropp, sedan ansiktet på skytten i sin plexiglaskupol. Han kramade avtryckaren, åtta kulsprutor knattrade och kabinen fylldes av lukten från krutgaserna.

Förvånad såg Lacey fiendeplanet fatta eld och störta mot de gröna fälten nedanför, men han hade inte tid att fundera mer över vad han gjort. Han fann sig plötsligt inblandad i strid mot en 109:a som ankommit för sent för att rädda bombplanet. Lacey upptäckte att hans flygskicklighet var tillräcklig för att besegra motståndaren. Han satte även denna fiende i brand och 109:an störtade inte långt från den plats där bombplanet gått i marken. Senare samma dag var Lacey åter i luften och sköt ned sitt tredje offer, en Bf 110 ovanför Le Chesne.[97]

Tyskarna fick inte alltid sin vilja fram.

Wehrmacht korsar Meuse

Den 12 maj korsade tyskarna gränsen till Frankrike. De franska och belgiska förbanden i Ardennerna drog sig bakom Meuse och sprängde broarna. I norr stod det klart att det inte fanns några möjligheter att sammanlänka med den holländska armén, varför Girauds 7. armé (vars uppgift det varit att nå kontakt i södra Nederländerna) fick order att omgruppera väster om Escautfloden. Samtidigt befann sig den belgiska armén på full reträtt och försökte fatta posto på nytt längs linjen Antwerpen-Malines-Louvain. Detta ökade trycket mot Prioux kavallerikår, men den lyckades hålla sina positioner under dagen.[98]

När mörkret föll den 12 maj utvecklade sig en större fara än den tyska framryckningen i norr, för tätgrupperna ur von Rundstedts armégrupp A. stod nu redo att utdela sitt dråpslag mot den allierade centern. Redan den 11 maj hade Gamelin börjat misstänka att det var genom Ardennerna som den tyska huvudstöten skulle komma, och hade beordrat elva franska divisioner att marschera till denna sektor. Dessa skulle anlända någon gång mellan den 14 och 21 maj.[99] Han trodde dock inte att tyskarna kunde ta sig över floden förrän de fått fram sitt artilleri att beskjuta den västra stranden. Denna slutsats vilade på vetskapen om hur den franska armén skulle ha gått till väga och han var inte ensam i sin bedömning. Den delades av de flesta inom den franska militärledningen. General Grandsard, chefen för den franska 10. kåren vid Sedan, ansåg att en fientlig attack den 13 maj hade liten chans att lyckas:

> ...han [fienden] behöver tid att föra fram sitt artilleri, sin ammunition samt behövlig utrustning för denna typ av terräng; allt detta medan han ligger under eld från vårt artilleri. Dessutom har deras stridsvagnar ett oöverstigligt hinder framför sig såvida inte deras infanteri öppnar vägen för dem, och för detta [infanteriets insats] behövs tungt artilleriunderstöd. Vad skulle kunna ge dem det? Artilleri? Det har de inget ännu. Stridsvagnar? Deras beväpning är inte tillräckligt kraftig. Deras flygvapen? Vi har fullt förtroende för vårt jaktflyg.[100]

Denna bedömning skulle snart visa sig pinsamt felaktig. Redan vid middagstid den 12 maj hade ett av general Erwin Rommels tätförband nått Meuse vid Yvoir och skulle ha erövrat en bro intakt, om det inte varit för en belgisk officer som offrade sitt liv för att spränga den. När mörkret fallit upptäckte Rommels spanare emellertid en fördämning vid Houx, och snart hade tyska soldater korsat floden och tagit upp positioner i den högre terrängen på den västra sidan.[101]

Morgonen därpå fick Grandsard in en flod av rapporter om fientliga trupprörelser på norra sidan av Meuse i området runt Sedan. Dessa observationer följdes kort därpå av tjutet från sirener, när de första Stukaplanen inledde ett många timmar långt angrepp mot de franska försvararna.[102] Från början hade det varit tänkt att *Luftwaffe* skulle göra ett enda massivt anfall innan de tyska soldaterna korsade floden, men chefen för den 19. pansarkåren, general Heinz Guderian, hade krävt att man istället skulle utsätta försvararna för ett mindre intensivt men mer ihållande bombardemang. Guderian verkar redan här ha förstått någonting som det skulle ta ett helt krig för andra att komma till insikt om: att den största effekten av taktiska flyganfall mot militär personal inte låg i bombernas fysiska verkan, utan den psykologiska förlamning som anfallet genererade hos mottagaren. von Kleist, Guderians närmaste överordnade, hade emellertid en annan uppfattning och hade trots Guderians protester begärt ett enda stort flyganfall mot de franska positionerna. När planen nu uppenbarade sig ovanför Sedan, kom de dock i flera vågor precis som Guderian ville.

> Jag blev mycket förbryllad över att varje [anfall] utfördes av endast några få *Gruppen* med jaktskydd ... på exakt det sätt som jag kommit överens med

> [general] Loerzer om. Hade general von Kleist ändrat sig? *Luftwaffe* opererade på just det sätt som jag ansåg mest fördelaktigt för mitt eget anfall. Jag var överförtjust.[103]

Bombplan följdes av störtbombare och ersattes av nya bombplan. På detta sätt föll bomberna närmast oupphörligt under flera timmar. Totalt anföll 310 bombplan och 200 störtbombare, och Guderians entusiasm delades inte av försvararna på södra sidan av floden. General Ruby från 2. armén observerade flyganfallen:

> Pjäsbesättningarna [artilleriet] upphörde med sin eldgivning och kastade sig till marken [och] infanteriet tryckte i sina skyttegravar, bedövade av dånet från bomberna och tjuten från störtbombarna. De hade inte utvecklat den instinktiva reaktionen att springa till sina luftvärnsvapen och skjuta tillbaka. Deras enda tanke var att hålla ned huvudet. De vågade inte förflytta sig. Fem timmar av denna tortyr var tillräckligt för att riva upp deras nerver. De blev oförmögna att möta det annalkande fientliga infanteriet.[104]

Det allierade flyget gjorde få försök att lägga sig i händelserna ovanför Sedan den 13 maj. AASF hade redan förlorat 63 av de 135 plan med vilka de inlett slaget tre dagar tidigare och Barratt hade fått direktiv att hushålla med sina resurser.[105] Den allmänna uppfattningen var att man behövde spara styrka till den "verkliga" övergången som väntades först om några dagar. Till detta kom att vädret blivit sämre, med låga moln, regn och dålig sikt, varför det bedömdes svårt att se och angripa fientliga markförband.[106] När det sedan beslutades att ett antal flyganfall trots allt borde riktas mot den tyska uppladdningen på norra stranden, uppstod som vanligt kaos i den franska flygledningen. De få bombplan som skickades möttes av tyska jaktplan, medan den allierade jakten var upptagen på annat håll.[107]

Under den sena eftermiddagen började tyskarna korsa floden i gummiflottar. Fransmännen kunde inte hejda dem. När kvällen gick över i natt hade tyskarna säkrat ett brohuvud på södra sidan. Vid Dinant hade Rommel misslyckats med att förstärka trupperna på västra sidan av Meuse med annat än infanteri, men franska försök att eliminera brohuvudet misslyckades också.

Guderian ringde upp general Loerzer vid II *Fliegerkorps* och frågade varför flyganfallen trots allt genomförts som han velat. "Orderna från *Luftflotte* 3 trasslade till allting", svarade Loerzer med en lätt skrockning. "De kom – ska vi säga – aningen för sent. De skulle bara ha förvirrat mina förband, så jag dröjde lite med att skicka dem vidare."[108]

•

I det engelska underhuset höll Churchill sitt första tal som premiärminister. Han inledde med att officiellt meddela att han hade fått i uppdrag att bilda en samlingsregering och fortsatte med en kort resumé av den kritiska situationen, inte bara på kontinenten, utan även i Norge och kanske snart i Medelhavet.

> I denna kris hoppas jag att jag ursäktas för att jag inte gör något längre anförande till huset idag. Jag hoppas att alla mina vänner och kolleger, eller tidigare kolleger, som blivit påverkade av denna politiska omorganisation tar hänsyn till den brist på ceremoni med vilken det blivit nödvändigt att agera. Jag skulle vilja säga till huset, som jag sade till dem som gått med i regeringen, jag har ingenting annat att erbjuda än blod, svett, möda och tårar.

Det uppstod en kort paus, sedan avslöjade Churchill sitt krigsmål:

> Ni frågar er, vilken är vår politik? Jag svarar: Det är att föra krig, på havet, på marken och i luften, med all den styrka som Gud kan giva oss; att föra krig mot en monstruös tyranni, aldrig tidigare skådad i det mörka, sorgliga registret över mänskliga brott. Det är vår politik. Ni frågar, vad är vårt mål? Jag kan svara med ett ord: Det är seger, seger till varje pris, seger trots all terror, seger, hur lång och mödosam vägen än må bli; för utan seger finns ingen överlevnad.

Detta tal, som idag räknas till ett av Churchills främsta, fick ett blandat mottagande. Vänstern applåderade honom, men de flesta av de konservativa satt tysta. Redan när han stigit in i salen hade han mötts av korslagda armar och fientliga blickar från sitt eget parti, medan Chamberlain, som klev in bakom honom, möttes av höga ovationer. Detta hade i viss mån sin förklaring i det faktum att det existerade en viss skamsenhet över den konservativa splittring som lett fram till samlingsregeringen. De flesta hade trott att de skulle få Halifax som ledare, nu hade det blivit Churchill. Men det var också så att flera konservativa var direkt fientligt inställda till Churchill. Mycket av hans "svett" och "möda" skulle gå åt, inte bara att slåss mot Hitler, utan även mot sina egna partibröder.

Katastrof ovanför Sedan

Att ena regeringen var en av den nye premiärministerns allra svåraste uppgifter och det brådskade, för dagen efter hans tal, den 14 maj, beseglades den franska katastrofen vid Meuse. Rommel hade breddat sitt brohuvud vid Dinant och pressade västerut från Yvoir och Bouvignes. Längre söderut, vid Monthermé, började Reinhardts pansar korsa floden och vid Sedan slog sig Guderians pansar igenom det franska försvaret. Snart öppnade sig en bred lucka mellan Huntzigers 2. armé i söder och Coraps 9. armé i norr. Den senares trupper var så demoraliserade av den snabba tyska framryckningen att de snart befann sig i upplösningstillstånd.

Denna dag gick det upp för de allierade hur allvarlig situationen vid Meuse hade blivit. Georges och Billotte beslutade om en ordentlig flyginsats mot övergångarna vid Sedan, där den senare lär ha yppat att: ”Seger eller nederlag beror på dessa broar.”[109] Under morgonen hade tio Battleplan bombat tyska pontonbroar. Samtliga plan återvände, men inga allvarligare skador hade tillfogats målen. Något senare bombade två franska divisioner tyska broar och trupper i området, med den enda effekten att fem av planen sköts ned.[110] Dessa mindre händelser lämnade snart plats för ett drama av betydligt större proportioner. Under eftermiddagen meddelade Barratt flygstabschef Newall att situationen vid Sedan hade försämrats markant och att samtliga Battle- och Blenheimbombare ur AASF skulle göra en massiv insats mot pontonbroarna.[111] Resultatet blev en katastrof. Istället för att koordinera flygangreppen delade man upp dem i mindre insatser. Under II *Fliegerkorps* anfall mot de franska ställningarna dagen före hade denna taktik varit korrekt eftersom huvudsyftet varit att hålla försvararna kvar i sina skydd. När målet i första hand var broar hade koncentration varit mer önskvärt. Som det nu blev kunde de tyska jaktplanen och det tyska luftvärnet koncentrera sig på en grupp i sänder, och de senares vapen fick möjlighet att svalna mellan anfallen.[112]

Den första styrkan bestod av 19 Battlebombare ur 12., 142. och 226. bombdivisionerna. När de närmade sig området kunde besättningarna se att Sedan verkade oskadat, men att flera av de mindre orterna runt omkring stod i brand. Röken från dessa bränder blandades med höga dammmoln som drevs upp av tyska lastbilar och halvbandvagnar. En ström av trupper korsade Meuse och spred sig dels söderut för att förstärka de trupper som slogs runt Le Chesne och Stonne, dels västerut för att exploatera genombrottet. De brittiska flygarna kunde även se de första Bf 109 högt

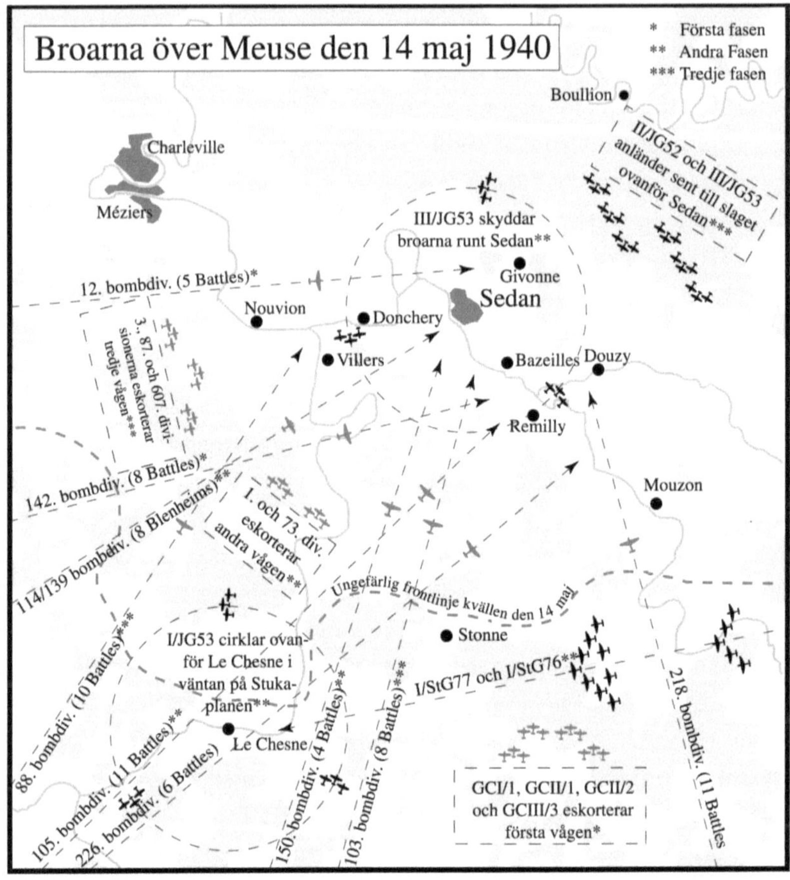

ovanför, som snart kom dykande för att skära av deras anflygningskurs. Den franska eskorten flög fienden till mötes. De gav Battleplanen tillräckligt andrum för att nå sina mål, men inom kort tid sköts två Morane och två Bloch ned av de tyska jaktplanen, vilka själva förlorade två maskiner.[113] När de brittiska bombplanen spred sig för att angripa broarna sköt det tyska luftvärnet dock ned nio av dem, och ytterligare två förstördes av de tyska jaktplanen. I ett av dessa satt major J. F. Hobler, 142. bombdivisionen:

> När 109:orna kom in för att anfalla svängde jag undan, [men] kunde känna hur kulorna träffade vår maskin. [...] Kitto [skytten] skrek att han träffat en av de fördömda tyskarna och jag tror att vi skadade en annan. [...] Bf 109:orna fortsatte sina angrep och sköt oss i bitar. Jag kunde känna hur kontrollerna

> började bli stumma och allt jag kunde göra var att försöka hålla planet uppe, för vi var så lågt att det inte var någon mening att försöka hoppa. Nedanför oss ryckte tyska soldater fram i trupptransportfordon, och när vi kom närmare marken, märkte vi att även lättare eld träffade oss. [...] När vi slog i marken böjde träden vingarna bakåt och hejdade [planet]. Vi ormade oss ned på marken på ett föga värdigt sätt med tyskarna alldeles i närheten, på väg mot oss i full fart.[114]

När den andra vågen, Battlebombare ur 105. och 150. bombdivisionerna samt Blenheimbombare ur 114. och 139. divisionerna, närmade sig Sedan kolliderade anfallet med ett tyskt utfall från det motsatta hållet. Det tyska målet var franska trupper runt Le Chesne. Dessa skulle angripas av Stukabombare från I/StG77 och I/StG76, vilka kom in i två vågor eskorterade av Bf 109 ur I/JG53. På plats ovanför Sedan fanns även Mölders III/JG53 med order att skydda broarna. Det exakta händelseförloppet ovanför Sedan är svårt att utröna, mycket beroende på att en stor del av dokumentationen har gått förlorad, men det verkar som om de eskorterande brittiska 1. och 73. divisionerna inledde striden med att anfalla I/StG77 och I/JG53 och att de sex Hurricaneplanen ur 73. divisionen tog sig an I/StG76. Detta gjorde de med relativt god framgång, för inledningsvis hade de taktisk fördel av högre höjd.[115] Men de brittiska bombplanen lämnades härmed utan eskort och led svåra förluster mot de tyska jaktplanen.

Inom kort var såväl bombplan som jaktplan från bägge sidor blandade huller om buller i en kaotisk drabbning. ”Jag såg en Hurricane som föll in bakom en Bf 109 ur vår *Staffel*”, skrev furir Heinrich Höhnisch, som befann sig i en utmärkt position för att intervenera. Med en lätt roderjustering var han bakom det brittiska jaktplanet. ”Jag öppnade eld från 50–100 meter och satte det i lågor. Det föll brinnande i spinn.”

I den Messerschmitt som nästan blivit nedskjuten drog korpral Gröten en suck av lättnad. ”En Hurricane lyckades ta sig bakom mig där den öppnade eld och skadade mitt stjärtparti”, skrev han i sin rapport. ”Jag svängde snävt för att fly undan och Hurricaneplanet flög förbi mig med en Bf 109 bakom. Jag observerade att Hurricaneplanet hade fattat eld. Det virvlade iväg och försvann.”

Efter att ha skjutit ned Hurricaneplanet angrep Höhnisch de brittiska bombplanen ur andra vågen, som nu närmade sig Sedan, och lyckades förstöra även två Battleplan. Löjtnant Hans-Karl Mayer ur I/JG53, en man som redan hade åtta segrar från Spanien och tre från Polen, genomförde en än mer enastående uppvisning.[116] ”Vi angreps från ovan av sex Hurricaneplan”, berättade han, ”och skyddsgruppen tog sig an dem omedelbart. Själv gick jag ned mot Stuka-formationen, som angreps av olika jaktplanstyper. Jag sköt mot en Hurricane som fattade eld.[117]

Strax därefter angrep Mayer ett Battleplan som föll mot jorden med en svans av rök efter sig. Han sökte med blicken och upptäckte nya fiender på ingång från sydväst. Det var de åtta Blenheimplanen ur 114. och 139. bombdivisionerna, som kom in i fyra grupper om två maskiner vardera. I ledarplanet såg furir Brady hur Mayer och flera andra Bf 109 närmade sig i en halvcirkel för att anfalla dem bakifrån. Han styrde mot ett närliggande molnparti, men fiendeplanen hann före. Planets skevroder sköts bort och det började brinna i maskinen. Brady och hans navigatör sparkade ut nödluckan som hade fastnat och räddade sig i fallskärm. Skytten blev kvar i den dömda maskinen som föll i en snäv spiral mot fälten nedanför. De fyra Blenheimplanen i de första två grupperna gick alla förlorade och Mayer hade lagt ännu en fiendemaskin till sin allt längre lista. Den tredje gruppen lyckades ta sig igenom oskadda och bombade en tysk vägkolonn. När de sista två planen – som närmat sig målet på låg höjd – steg för att fälla sina bomber från 1 500 meters höjd, var Mayer och andra 109:or dock över dem. Kort därpå sköt den tyske piloten ned sitt fjärde offer under denna strid och fänrik Jordan och hans besättning följde sitt förstörda plan i den sista dykningen.[118]

Otroligt nog lyckades Mayer skjuta ned ytterligare ett fiendeplan. Med hundratals tyska och franska soldater som åskådare nedanför, lade han sig bakom en Battle och sköt den i brand med sina kulsprutor. När han senare landade skulle det visa sig att han använt endast 120 kanonkulor och 560 kulsprutekulor för att förstöra de fem fiendeplanen. Det var en tydlig indikation på hur sårbara de brittiska lätta bombplanen var mot de tyska 20 mm kanonerna. Den andra vågen hade förlorat elva Battle- och fem Blenheimbombare – hela 15 av de 23 plan som anfallit.

Den tredje vågen Battlebombare, 88., 103. och 218. bombdivisionerna eskorterade av 3., 87. och 607. jaktdivisionerna, lyckades inte bättre. Återigen kolliderade det brittiska anfallet med en styrka Stukabombare, I/TrGr186, som eskorterades av Bf 109 från I/JG54. Istället för att skydda Battleplanen drogs Hurricanemaskinerna in i en strid mot Stukaplanen. ”Vi stötte på 50 Ju 87”, skrev furir Basil Friendship i 3. divisionen. ”Vi anföll på linje akterifrån och sköt ned några i slutet av formationen. Det var då 20 Bf 109 dök ned från ovan."

Snart anslöt sig även 109:or från II/JG52. och III/JG53 och deras eld skördade offer bland de brittiska planen. Åttioåttonde bombdivisionen, som hade både broar och vägkolonner som mål, klarade sig med endast en förlust, men nästa grupp, åtta plan ur 103. bombdivisionen, hade inte lika stor tur. De förlorade tre plan. Ett av dem tog en direktträff från luftvärnet – i ena ögonblicket ett intakt flygplan, i nästa ett moln av rök, vrakspillror och mänskliga kvarlevor. De andra två nedkämpades av den tyska jakten, men dessa besättningsmän överlevde och lyckades ta sig tillbaka till de egna linjerna. När den sista gruppen flög in; elva Battleplan ur 218. bombdivisionen, kom den största förlusten av dem alla. Medan de brittiska piloterna fullbordade den sista fasen av denna moderna version av lätta brigadens anfall vid Balaclava, sköts tio av de elva planen ned. Endast ett återvände till fältet vid Auberive och detta spakades av en sårad pilot.

Flyganfallen mot broarna runt Sedan hade slutat i tragedi. Inte mindre än 40 av de 71 brittiska bombplan som gått upp för att utföra uppdraget hade skjutits ned av tyskt jaktflyg eller tyskt luftvärn – den högsta procentuella förlustsiffra RAF någonsin skulle lida under ett enskilt uppdrag av den storleksordningen. De brittiska besättningarna började kalla sina Battleplan "den flygande likkistan" och Guderian kommenterade tilldragelsen ovanför Sedan med orden: "De brittiska och franska flygarna, som anföll med stor tapperhet, lyckades inte träffa bron. Det var en ärans dag för luftvärnet."[119] Berömmelsen var på sin plats, det tyska luftvärnet hade utmärkt sig väl, men det var främst de tyska Bf 109 som låg bakom framgången. Även fyra Hurricaneplan hade skjutits ned, men tre av jaktpiloterna lyckades rädda sig med fallskärm och återvände till sina enheter. De brittiska flygarna i 3. jaktdivisionen hade jämnat ut statistiken något genom att skjuta ned åtta Stukabombare, två Bf 109 och en Dornier Do 17.[120]

Ett sista anfall mot Sedan utfördes samma kväll av Blenheimbombare från 21., 107. och 110. bombdivisionerna. De kom från *Bomber Command* och eskorterades dels av fem plan ur 79. jaktdivisionen, dels av ett trettiotal franska jaktplan från varierande förband. Ytterligare sju brittiska bombplan gick förlorade utan att anfallet fick någon inverkan på målen.[121]

Efter sin dramatiska kraschlandning hade major Hobler och hans två besättningsmän, Kitto och Barbrooke, sprungit in i en av skogarna runt Sedan och därmed undgått att tas till fånga av tyskarna. De stötte på en grupp franska soldater som nästan sköt dem i tron att de var tyskar. När de fick syn på den allvarligt brännskadade Hobler, ordnade de dock så att de tre flygarna fördes till general Georges högkvarter. När Georges fick veta att en av de brittiska flygarna som ”förstört” broarna vid Sedan befann sig vid stabsplatsen ville han prompt träffa honom. ”Han sade mig att det var en historisk dag”, berättade Hobler senare, ”och att jag skulle notera datumet i min dagbok. Han stod i begrepp att inleda ett motanfall som skulle avgöra kriget.”[122]

Medan majoren fick sina brännskador behandlade och förbundna, kunde han reflektera över den franske generalens tillförsikt. Senare skulle han förstå att uttalandet varit minst sagt förvirrat. Broarna vid Sedan var fortfarande brukbara och en strid ström av tyska soldater fortsatte att gå över Meuse.

Bombningen av Rotterdam

Under kvällen den 13 maj hade tyska markförband nått utkanten av Rotterdam, men inte fått kontakt med de belägrade fallskärmssoldater som under befäl av generallöjtnant Kurt Student hållit Willembron över Maas i tre dagar. Ett flygangrepp, följt av en stormning med stridsvagnar, planerades på hög nivå. Samtidigt öppnades förhandlingar mellan den holländske befälhavaren i staden och befälhavaren för de tyska styrkorna om en eventuell kapitulation. Flyganfallet var satt att inledas klockan 15.00 såvida inte andra order gavs eller röda signalraketer avfyrades från marken. Det skulle utföras av 100 Heinkel 111 ur KG54.

Klockan 14.15 lyckades styrkan vid Waalhaven få kontakt med *Luftwaffe* och meddelade att bombningen skulle skjutas upp, eftersom man hoppades att holländarna stod i begrepp att kapitulera. Bombplanen med de vita dödskallarna målade på plåten under förarhuven var emellertid redan i luften och chefen för styrkan, överste Lackner, fick aldrig meddelandet. ”Just före starten”, berättade han, ”fick vi information från högkvarteret att Student signalerat att holländarna uppmanats att kapitulera.” Under anflygningen mot målet skulle Lackner och hans besättningar spana efter röda signalraketer. ”Om sådana observerades skulle vi flyga mot Antwerpen och bomba två brittiska divisioner där.”[123]

Flera försök att kontakta bombplanen gjordes, men alla misslyckades. Utanför Rotterdam hade befälet gått från Student till general Hugo Schmidt,

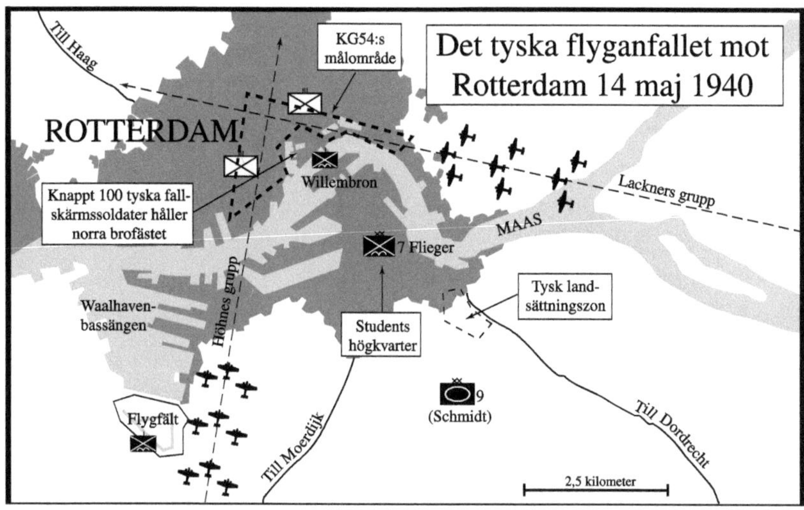

chefen för 9. pansardivisionen. Den senare hade fått order av Küchler att till varje pris undvika ett blodbad, och höll som bäst på att skriva ned de tyska kapitulationsvillkoren när Lackners bombplan blev synliga vid horisonten. ”Herregud!”, utbrast Schmidt när innebörden gick upp för honom. ”Det kommer att bli en katastrof.”

Både Schmidt och Student avfyrade signalrakter, så gjorde även andra officerare, men bombstyrkan ovanför flög alltjämt på, närmare och närmare målet. I nosen på det ledande He 111-planet satt Lackner med en karta framför sig. Han studerade målet nedanför – det var viktigt att bomberna föll rätt, annars skulle tyska soldater träffas – och han svepte också flera gånger med blicken över området för att försöka upptäcka signalraketer. Men ett kraftigt dis och rök från flera bränder dolde sikten. Holländska luftvärnsbrisader och spårljus letade sig upp mot planen, men några signalraketer kunde han inte se.

De tyska planen kom in från två håll. Den ena styrkan under Lackner från öster och den andra under överstelöjtnant Höhne från söder. Lackners grupp var den som först fällde och deras bomber föll rakt på målet, den triangel norr om Maas som var utmärkt på kartan i överstens knä. Därefter kom turen till Höhne.

> Aldrig igen skulle jag flyga en operation så omgärdad av dramatiska omständigheter. Både min spanare, som låg framför mig vid bombsiktet, och min

> radiooperatör, som satt bakom mig, kände till signalen jag skulle ge ifall bombningen blev inställd.[124]

Inga raketer syntes. Till slut ropade bombfällaren att han måste trycka på utlösaren, annars skulle de bli tvungna att göra en ny inflygning. Höhne gav sin tillåtelse. I nästa ögonblick skymtade han två röda signalljus som föll mot marken nedanför. Han skrek till sin besättning att avbryta och radiooperatören förmedlade ordern till de övriga planen. Då hade Höhnes bombfällare och de två planen bakom redan fällt sina laster, men de efterföljande fick ordern i tid och avbröt. Trots detta var tragedin ett faktum. Över hälften av planen i KG54 hade redan fällt sina bomber. De hade inte använt några brandbomber, men ett margarinförråd fattade eld och flammorna spred sig över centrala Rotterdam. Stadens brandkår var maktlös. Närmare 1 000 människor omkom och 78 000 blev hemlösa.[125] Denna natt skickade den holländske utrikesministern, van Kleffens, en kommuniké till Halifax, där han meddelade att armén fått order att upphöra med allt militärt motstånd.[126] Senare samma natt skrev Nederländerna under kapitulationsdokumenten och klockan 11.00 den 15 maj lade armén ned vapnen. Flyganfallet mot Rotterdam hade varit avsedd som en taktisk bombning av de holländska trupper som höll de belägrade fallskärmstrupperna instängda. Istället hade insatsen förvandlats till en första rangens terrorbombning.

Jaktdivisioner till Frankrike?

Den 15 maj förvärrades krisen i den allierade centern. Hoths 15. pansarkår ryckte fram från Dinant med Rommels 7. pansardivision i täten. Vid Flavion stötte man på den franska 1. pansardivisionen och en häftig strid utbröt. Trots franska motanfall lät sig Rommel inte dras in i striden, utan fortsatte västerut medan 5. pansardivisionen, som närmade sig från nordost, tog hand om fransmännen. Framryckningstakten var hög. När man stötte på motstånd körde man helt sonika förbi det. Vid kvällen hade Rommel passerat Senzeille och nått fram till Cerfountain.

Vid Monthermé korsade 6. och 8. pansardivisionerna ur Reinhardts 41. pansarkår Meuse. Snart hade de satt sig i rörelse västerut och de franska förband som stod i vägen eliminerades utan alltför stort besvär. Franska soldater kastade ifrån sig sina vapen och kapitulerade i tusental. Tyskarna brydde

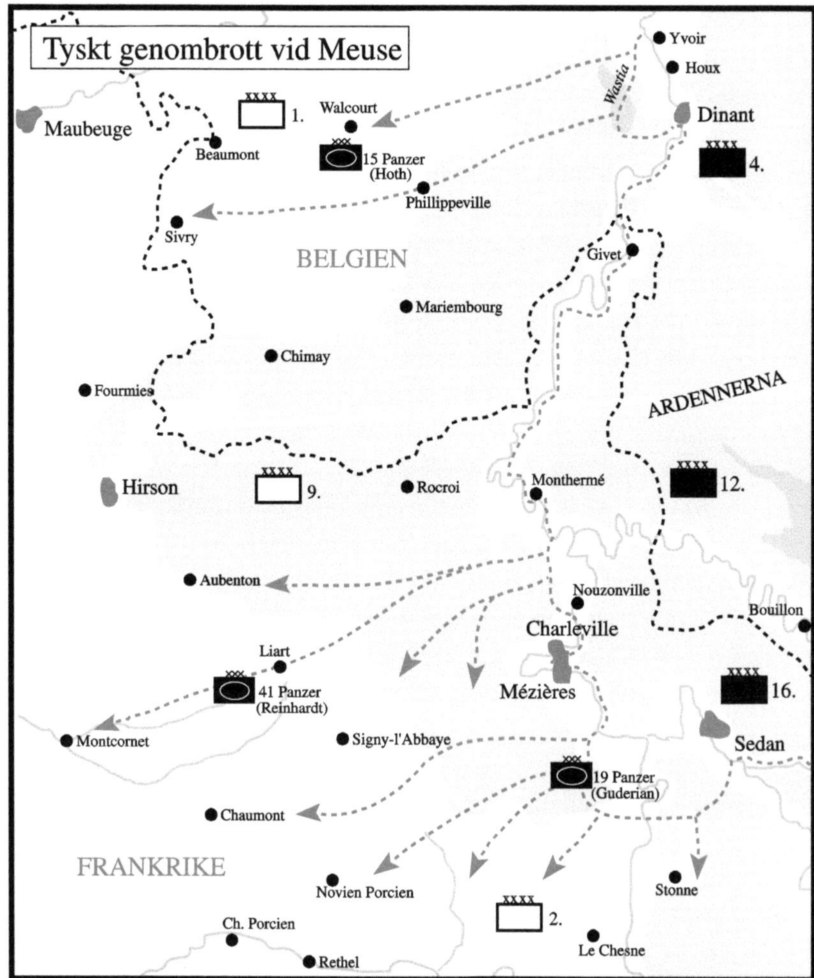

sig inte ens om att samla ihop fångarna utan gav dem helt sonika order att marschera österut för att tas om hand av efterföljande förband. Därefter körde man vidare. I skymningen hade Reinhardt nått fram till Montcornet.

Längre söderut, vid Sedan, hade Guderians 1. och 2. pansardivisioner inlett en hastig framryckning västerut. Första pansardivisionen kom snart i kontakt med starkare franskt motstånd och lyckades endast långsamt vinna mark, medan 2. pansardivisionen hade det lättare och snart fick kontakt med Reinhardts trupper vid Montcornet. Medan detta pågick fick *Grossdeutschland*-regementet och 10. pansardivisionen ta emot ett dåligt koordinerat, men häftigt franskt anfall vid Stonne söder om Sedan. Tyskarna slog dock tillbaka attacken, mycket tack vare pansarvärnsförbandens skicklighet och rörlighet.

Från franskt perspektiv blev situationen allt dystrare. I franska 1. arméns högkvarter såg general Blanchard, lamslagen och utan en aning om vad han skulle göra, hur hans trupper splittrades framför den tyska framryckningen. Även Billotte hade tappat kontrollen. Han hade fått i uppgift att koordinera de arméer som ryckt in i Belgien, men vid de få tillfällen då han uppbådade tillräcklig energi för att ge en order, blev den snart annullerad eller ändrad.[127]

I luften var det knappast bättre. Fransmännen hade redan förlorat närmare 500 av sina jaktplan och den franska flygledningen var lika förvirrad som sina kolleger inom armén. Inte ens enkla anrop om hjälp besvarades med åtgärder förrän flera timmar senare och kommunikationen mellan brittiska och franska flygförband var obefintlig. Tyskarna var betydligt effektivare. Sambandsofficerare skickade kontinuerlig information om läget vid fronten till sina *Fliegerkorps*, där man beslutade om åtgärder inom några minuter. Omkring en timme efter rapporten kunde tyska bombplan vara på plats.[128] En fransk flygofficer kommenterade tyskarnas överlägsenhet: ”Besättning efter besättning ställdes till förfogande såsom offergåva. Det var som att försöka släcka en skogsbrand genom att slänga ett par glas vatten in i den.”[129]

·

Samma morgon fick Churchill ett brådskande telefonsamtal från Paul Reynaud, vilken upphetsat meddelade att tyskarna brutit igenom vid Sedan och att vägen till Paris nu låg öppen.[130] Eftersom fransmännen betraktade de tyska Stukaplanen som ett av de främsta skälen till fiendens framgångar, ansåg Reynaud det av yttersta vikt att dessa kunde bekämpas. Han begärde därför att Storbritannien skulle sända ytterligare tio jaktdivisioner till Frankrike för att kunna skilja störtbombarna från de framryckande pansartrupperna.[131] Churchill försökte resonera med Reynaud och sade att en offensiv av det slag man nu bevittnade skulle dö ut av sig själv. Så hade det alltid varit, menade han. Men inga ord kunde uppmuntra den förkrossade fransmannen.

”Vi är besegrade”, upprepade han. ”Vi har förlorat slaget.”

Churchill sade att han personligen skulle komma till Frankrike för överläggningar.[132]

Reynauds begäran om fler jaktplan kolliderade med en begäran från Dowding om det rakt motsatta. Han hade hemställt om ett möte med den högsta ledningen beträffande flygförlusterna i Frankrike och var fast besluten att se till så att inga fler Hurricaneplan sändes till kontinenten. De fyra divisioner som skickats mellan den 10 och 12 maj hade följts av 32 plan och piloter den 13 maj.[133] Nu ville fransmännen ha ytterligare tio divisioner. Dowding ansåg detta orimligt och i strid med flygministeriets tidigare beslut, som sade att minst 53 divisioner behövdes för ett framgångsrikt luftförsvar av de brittiska öarna. För närvarande fanns endast 41 divisioner kvar.[134]

Under ett kabinettmöte inte långt efter Reynauds samtal, argumenterade Dowding för sin sak inför Churchill, flygminister Archibald Sinclair, lord Beaverbrook – den nyligen utnämnde ministern för flygplansproduktion –, samt sir Cyril Newall. Han hävdade att *Fighter Command* och *Royal Navy* kunde skydda England från invasion, men endast om ingen ytterligare åderlåtning av hans Hurricanedivisioner ägde rum. Istället för att skicka fler divisioner till Frankrike, menade han, vore det bättre om *Bomber Command* kunde angripa Tyskland, för att därigenom försöka få tyskarna att genomföra vedergällningsaktioner mot England. Detta skulle inte bara dra tyska flygstyrkor från sina aktiviteter över Frankrike, utan även ge *Fighter Command* möjlighet att slåss med de divisioner som befann sig i England, och slåss på betydligt bättre villkor än om de skickades till kontinenten.[135] ”Om det nuvarande slöseriet fortsätter i ytterligare 14 dagar”, sade han, ”så kommer vi inte att ha en enda Hurricane kvar i Frankrike – eller i det här landet.”[136]

Newall höll med Dowding: ”Jag skulle inte, som det nuvarande läget är, rekommendera att sända några fler jaktdivisioner till Frankrike.”[137]

Churchill satt för ett ögonblick tyst. Han höll med dem, men såg saken även i ett större perspektiv. ”Ni förstår att det här försätter oss i en besvärlig situation gentemot Frankrike”, påpekade han. ”Jag har lämnat ett åtagande till den franske konseljpresidenten. Vi måste inte bara ge Frankrike allt stöd vi kan, utan även understödja våra egna trupper som slåss i det landet.”

Dowding lät sig inte rubbas. Han svarade i en nästan frånvarande ton: ”Jag är fullt medveten om den nuvarande situationen, premiärministern, men min uppgift gäller luftförsvaret av vårt land och det är min uppfattning att jag inte kan uppfylla denna om hälften av mina jaktplan befinner sig i Frankrike.”[138]

”Erfarenheten från de sista dagarna pekar på att det vore extremt svårt för RAF”, bidrog Sinclair, ”att upprätthålla nuvarande ansträngningar för att understödja trupperna dagtid.” Han ansåg däremot inte att det fanns några större utsikter att understödja trupperna genom anfall nattetid, så detta var ingen lösning. "Jag tycker att det rätta vore att utöka aktiviteterna hos våra långdistansbombare."[139]

Dowding stannade kvar som tyst åhörare under det efterföljande kabinettmötet, där det beslutades att inga fler jaktdivisioner skulle föras över till Frankrike. Förslaget att Tyskland skulle bombas hade också gått igenom och *Bomber Command* skulle angripa mål i Ruhrområdet samma natt.

Medan detta pågick i London förvärrades läget i Frankrike. Vad den franska krigsledningen uppfattat som en svår militär situation höll på att utvecklas till en nationell katastrof. Gamelin hade för en kortare period umgåtts med villfarelsen att läget skulle kunna stabiliseras och Daladier hade smittats av denna tillförsikt. Situationen på kvällen den 15 maj talade dock ett annat språk. William Bullitt, den amerikanske ambassadören, befann sig i Daladiers tjänsterum när telefonen ringde. Klockan var 19.45 och det var general Gamelin som befann sig i andra änden.

Daladier lyssnade på vad Gamelin hade att säga, och utbrast sedan: "Nej! Vad ni säger kan inte vara sant! Ni tar fel!"

Gamelin förklarade att tyska pansartrupper hade brutit igenom och avancerade mellan Rethel och Laon.

"Ni måste anfalla omedelbart!", skrek Daladier.

"Anfalla?", svarade Gamelin. "Med vad? Jag har inga reserver kvar."

En längre, upphetsad diskussion följde, som avslutades med Daladiers fråga: "Så detta innebär att den franska armén är besegrad?"

Gamelin svarade att detta troligtvis var sant.[140]

Senare samma kväll telegraferade Bullitt till Washington: "Såvida inte Gud utverkar ett mirakel … kommer den franska armén att bli helt krossad."[141]

"Det finns ingen fransk reserv"

Morgonen den 16 maj togs frågan om jaktdivisionerna upp på nytt. Barratt hade bearbetat Newall. Han ansåg det lika viktigt att han fick förstärkningar till sina åderlåtna divisioner i Frankrike som Dowding ansåg det viktigt att de stannade kvar i England. Om fyra extra divisioner sändes till kontinenten trodde Barratt att han skulle kunna hejda den negativa utvecklingen. Newall rekommenderade detta för *Chiefs of Staff Committee* (CSC) och vid kabinettmötet klockan 11.30 diskuterades saken ånyo.[142]

"Vid en tidpunkt när vi löper risk att själva bli angripna som en effekt av vårt angrepp mot Ruhr", sade Churchill, "vore det en stor risk att skicka jaktplan, men det brådskar att göra något för att stärka moralen hos fransmännen."

Han yrkade därför på att man borde sända sex nya divisioner till Frankrike. Sinclair påminde om Dowdings inställning och sade att de borde räcka med fyra. Mitt i denna diskussion anlände Halifax med dramatiska nyheter. "Jag har just blivit informerad av vår ambassadör i Paris", meddelade han, "att Reynaud tror att tyska stridsvagnar kommer att nå Paris i natt."

Man enades om att skicka fyra divisioner omedelbart och förbereda förflyttningen av ytterligare två inom kort. Dowding hade 35 divisioner kvar i England.[143]

Istället för att flytta hela divisioner, delade man åtta förband i två halvor, skickade ena halvan till Frankrike och lät den andra stanna i England.[144] Det var vice flygstabschefen, generallöjtnant Sholto Douglas som låg bakom idén.[145] Tanken bakom uppsplittringen var att undvika att divisionerna förstördes i sin helhet, men Dowding var inte nöjd med arrangemanget.

> Detta gjordes under intrycket att förlusten av åtta halv-divisioner skulle påverka mig mindre än förlusten av fyra hela divisioner, eftersom det förmodades att jag skulle kunna återuppbygga med hjälp av det *nucleus* som lämnats kvar. Detta antagande var fel eftersom jag varken hade tid eller personal tillgänglig för detta ändamål.[146]

Även generalmajor Keith Park, Dowdings vän från första världskriget och chef för 11. eskadern i sydöstra England, motsatte sig denna lösning:

> ...undvika den nuvarande situationen där 14 grupper från olika divisioner opererar som komposit-divisioner [i Frankrike] och hemma, under divisionschefer som endast känner hälften av piloterna i sin [grupp] och hälften av piloterna under sitt befäl...[147]

Under eftermiddagen den 16 maj flög Churchill och general Dill (ställföreträdande generalstabschef) till Paris. När de landat och närmade sig utrikesdepartementet på Quai d'Orsay i bil, såg de ett stort svart rökmoln stiga upp mot den klarblå himlen: franska tjänstemän som brände dokument eftersom man befarade att regeringen inom kort skulle tvingas lämna huvudstaden. Företaget utfördes under panikartade omständigheter. Dokumenten slängdes helt enkelt från fönstren ned på gården, där de kastades upp på ett jättelikt bål. För att påskynda förstörelsen sprutade tjänstemännen fotogen på lågorna och det omkringliggande området beströddes av svarta sotflagor.

Det fransk-brittiska mötet inleddes med ett anförande av Gamelin, som förklarade att det fanns goda skäl till den drastiska åtgärd som Churchill och de övriga kunde beskåda uppifrån fönstret – det fanns inga trupper mellan tyskarna och Paris.[148] Fransmannen redogjorde i korthet för det tyska genombrottet. Reynaud och Daladier, som även de var närvarande, sade ingenting. När Gamelin var färdig frågade Churchill var fransmännen hade sin strategiska reserv.

Fransmannen ryckte på axlarna: ”Det finns inte längre någon fransk reserv.”

Detta avslöjande chockerade Churchill, men han försökte ändå ingjuta kampanda i de modstulna fransmännen. Istället för att falla tillbaka menade han att de allierade arméerna i norr skulle gå till motanfall, ett yrkande som han senare skulle erkänna varit obetänksamt. Gamelin såg mer nyktert på situationen och föreslog att man möjligen borde försöka anfalla den tyska utbuktningen samtidigt från norr och söder. Om man på detta sätt kunde skära av de tyska pansardivisioner som ryckte västerut skulle de kanske gå i sin egen fälla. Han var dock medveten om hur små möjligheter de allierade i denna timma hade att lyckas med ett sådant företag. När Churchill frågade honom var och när han ansåg det möjligt att sätta in ett motanfall, ryckte fransmannen åter på axlarna: ”Vi är underlägsna till antalet, underlägsna i fråga om utrustningen, underlägsna beträffande metoder…”[149]

Gamelins främsta bekymmer var emellertid risken att tyskarna skulle svänga söderut och gå mot Paris. Det var för att möta detta hot som fransmännen hade begärt fler jaktdivisioner från Storbritannien. Churchill svarade att RAF inte kunde sända fler utan att försvaga luftförsvaret av England.[150] Han fortsatte med att redogöra för nattens räd, där 111 brittiska bombplan angripit mål runt Dortmund, Sterkrade, Castrop-Rauxel och ett antal andra tyska städer. Det var den första räd som *Bomber Command* utfört med fler än 100 plan[151] och endast ett hade gått förlorat.[152] Churchill jämförde med det katastrofala angreppet mot broarna vid Sedan och hävdade att indirekta anfall mot Tyskland var att föredra framför kostsamma dagangrepp mot tyska trupper i Frankrike. Han avslutade genom att säga att det hur som helst vore omöjligt att begära att stridsflygplan skulle bekämpa stridsvagnar.

Vid en mottagning senare på kvällen hade Churchill dock ändrat sig och meddelade Reynaud att RAF skulle ställa samtliga tio jaktdivisioner till fransmännens förfogande.[153] Det var ett överilat uttalande, för Churchill kunde inte avgöra detta på egen hand. Hans begäran avslogs också i ett sent kabinettsmöte. Det var i första hand Newall som bromsade. Flygstabschefens främsta invändning låg i det faktum att sex nya divisioner också krävde en förstärkning av markpersonal och andra detaljer som var nödvändiga för operationer, något som inte förenklades av att de franska flygfälten låg under angrepp från *Luftwaffe*. Han rekommenderade istället att tre jaktdivisioner skulle flyga över till kontinenten varje morgon, operera från baser i Frankrike och sedan flyga tillbaka till England under kvällen. Ytterligare tre skulle flyga över under eftermiddagen. På detta vis kunde planen flyga uppdrag över Frankrike samtidigt som merparten av underhållsarbetet utfördes i England. Förslaget klubbades av krigskabinettet.[154]

Medan allt detta ägde rum i London och Paris fortsatte de tyska framgångarna. Under natten till den 16 hade Gamelin beordrat en allmän reträtt av de franska trupper som stod i Belgien. Vid denna tidpunkt blev även lord Gort, chefen för BEF, medveten om hur desperat situationen var i den allierade centern. Lord Gort var den karakteristiske brittiske militären, med examen från Sandhurst och karriär inom *Grenadier Guards*. När första världskriget bröt ut hade han kaptens grad. Under de påföljande fyra åren utmärkte han sig tillräckligt för att tilldelas, inte bara Military Cross och DSO[155], utan även Victoriakorset, Englands högsta militära utmärkelse. Under mellankrigstiden steg han till general 1937 och utnämndes till *Chief-in-Command of Imperial General Staff* (CIGS). När kriget bröt ut fick han i uppgift att kommendera BEF på kontinenten. Det var ett olyckligt val. Gort var en modig man som var lämplig att föra befäl över förband upp till divisions storlek. Han negligerade dock betydelsen av samarbete mellan flyg- och marktrupper, och gjorde ingenting för att förbereda den brittiska expeditionskåren för snabb krigföring med mekaniserade förband. Ofta fixerad vid mindre detaljer, hade han svårare för den övergripande bilden och var därmed olämplig som chef för BEF. Inom den närmaste veckan skulle Gort emellertid fatta ett beslut som skulle få mycket stor betydelse för det fortsatta kriget.

Lord Gort hade hur som helst få möjligheter att påverka det tidiga skedet av operation *Gelb* utan fann sig istället tvingad att låta händelseförloppet styra honom. Britterna hade ryckt fram till sin position längs Dyle. Nu blev de tvungna att retirera. Generalen gav sina trupper order att etappvis backa till Escautfloden. Den belgiska armén tvingades följa efter, varför Bryssel uppgavs. Samtidigt intog Guderian Marle och Dercy vid Serrefloden. Andra tyska förband tog Vervins och ryckte fram till Guise. Längre norrut bröt Rommel igenom försvaret längs den franska gränsen vid Solre och erövrade Avesnes.

Den allierade situationen såg allt sämre ut.

Genombrottet konsolideras

Om optimismen i Rommels, Reinhardts och Guderians högkvarter var stor såg saken lite annorlunda ut högre upp i hierarkin. Eftersom han inte visste i vilket bedrövligt tillstånd de franska trupperna och den franska ledningen befann sig, såg Hitler faror i den snabba framryckningen. Det var framför allt risken att en allierad attack söderifrån skulle skära av pansaret som oroade honom. Denna oro ansatte även von Rundstedt och den 16 maj hade Guderian haft ett samtal med von Kleist, som givit order att framryckningstakten skulle bromsas tills situationen runt Stonne hade klarnat.

Guderian struntade i förmaningen och fortsatte framryckningen.[156] Reaktionen lät inte vänta på sig. På morgonen den 17 maj besökte *Führern* von Rundstedts högkvarter och föreslog att man skulle hålla vänsterflanken under noggrann uppsikt. Något senare anlände von Kleist till Guderians högkvarter och beskyllde denne för att ha brutit mot order från överkommandot. ”Era order var att korsa Meuse och etablera brohuvuden på den vänstra stranden”, anklagade han. ”Varför har ni överskridit dem?”

Ett meningsutbyte följde, där Guderian begärde att få bli befriad från sitt uppdrag som chef för 19. pansarkåren. von Kleist accepterade, men kort därpå anlände chefen för 12. armén, general List. Denne bad Guderian att ta tillbaka sitt beslut. I väntan på tydligare direktiv uppifrån gav han Guderian order att genomföra *Kampfaufklärung* (strids-rekognosering). Påföljande dag var pansaret åter i rörelse.[157] Stoppet hade avvärjts, men var ett förebud om ett betydligt allvarligare avbrott inom en veckas tid.

”*Führern* insisterar att huvudhotet kommer söderifrån”, skrev general Halder i sin dagbok. ”En obehaglig dag. *Führern* är förskräckligt nervös. Skrämd av sin egen framgång är han rädd för alla risker och vill helst bromsa oss.”[158]

”Skälet var att *Führern* till varje pris ville undvika en tysk motgång, om än ringa, som skulle kunna förbättra den redan urusla franska moralen”, kommenterade von Manstein avbrottet. ”Med andra ord, politikerns propagandaintressen påverkade redan överbefälhavarens arbete.”[159]

•

Samma dag som Guderian hade sitt meningsutbyte med von Kleist, utspelades en miniatyruppsättning av just det scenario som Hitler fruktat. Den franska 4. pansardivisionen iscensatte ett anfall mot 19. pansarkårens flank vid Laon. Det var ett desperat utfall och leddes av överste Charles de Gaulle, en annan personlighet som skulle komma att sätta sin prägel på historien. Vid detta tillfälle var hans inverkan ringa. Visserligen lyckades fransmännen rycka fram och återta Montcornet, men sedan gav de Gaulle order att man skulle dra sig tillbaka.[160] På en punkt är anfallet vid Laon dock signifikativt, för de Gaulle använde sig här av samma taktik som tyskarna: anfallet byggde på överraskning och snabbhet. Tanken bakom angreppet hade varit att träffa den tyska 1. pansardivisionen i dess svagare ”administrativa svans”, men på grund av von Kleists order att hejda framryckningen stötte man istället på stridsförband. De kraftiga franska stridsvagnarna lyckades driva bort fienden från Montcornet, men eftersom fransmännen saknade understöd från infanteri och artilleri, och även led brist på bränsle, kunde de inte konsolidera framgången. Under reträtten angreps de franska stridsvagnarna av *Luftwaffe* – en skräckupplevelse för besättningarna – men återigen ser vi hur den moraliska effekten av flyganfall kan vara större än den materiella. Endast en fransk stridsvagn förstördes.[161]

Under den 17 maj intog tyskarna Bryssel, dagen därpå föll Antwerpen i norr och Saint-Quentin och Cambrai i söder. Den brittiska expeditionskårens reträtt mot Escautfloden förlöpte relativt smidigt, även om också de brittiska soldaterna utsattes för anfall från luften. Efter att ha lämnat de allierade arméerna i norr i fred under uppmarschen, gjorde *Luftwaffe* sitt bästa för att se till så att de inte skulle kunna backa ur fällan.

I Paris arbetade Reynaud för att försöka rädda situationen. Han sände efter marskalk Pétain, som var ambassadör i Spanien, med avsikt att göra denne till vice konseljpresident. Syftet var att stärka den franska moralen. Pétain var fransk krigshjälte från första världskriget, där han främst utmärkt sig för sitt försvar av Verdun. Efter den katastrofala Nivellesoffensiven

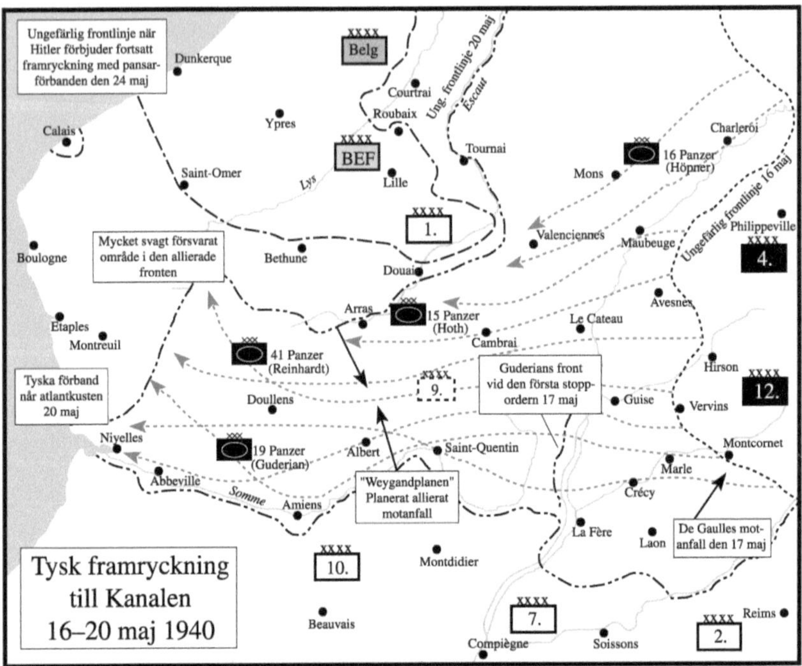

1917 hade han blivit överbefälhavare för den franska armén och återställt den franska stridsmoralen till 1918 års offensiver. Under mitten av trettiotalet hade han varit fransk krigsminister innan han skickades till Spanien, men för det franska folket var han framför allt ”hjälten från Verdun” – Frankrikes räddare år 1916.

Med krigshjälten Pétain tillbaka i Frankrike hoppades Reynaud kunna skapa en sista nationell uppslutning för att stoppa angriparen. Detta var ett allvarligt misstag. Hjälteglorian hade för länge sedan fallit från den gamle marskalkens huvud. När han tillfrågades varför han reste hem, hade han svarat: ”Mitt land har blivit slaget.” Han skulle resa hem för att signera fred med tyskarna.[162]

Den 18 maj, sedan han återkommit efter ett besök vid det franska högkvarteret vid Vincennes, erbjöd Reynaud Pétain posten som vice konseljpresident. Pétain accepterade, och Reynaud tog tillfället i akt att omorganisera sitt kabinett. Själv tog han över posten som krigsminister och lät Daladier ta över utrikesministeriet. Dagen därpå beslutade det nya kabinettet att Gamelin skulle ersättas med Weygand, vilken hastigt blivit hemkallad från Beirut.

General Maxime Weygand, som var född i Belgien 1867 men som fått sin utbildning i Frankrike, hade tjänstgjort som marskalk Ferdinand Fochs stabschef under första världskriget. Sin militära skolning hade han fått först vid militärakademin Saint-Cyr 1886–88, sedan vid kavalleriskolan i Saumur, där han tagit examen med goda vitsord. Efter kriget hade han först varit militär rådgivare till den polska armén, då i väpnad konflikt med Sovjetunionen, därefter överkommissarie i Syrien 1923–24 och vicepresident för det franska högsta krigsrådet under den första halvan av trettiotalet. Han var även generalinspektör för den franska armén mellan 1931 och 1935. Han pensionerades 1935, 68 år gammal. Vid krigsutbrottet inkallades han på nytt och skickades till Libanon som befälhavare i Mellersta Östern. Nu hade han kallats hem i ett förtvivlat försök att rädda situationen i Frankrike. Han var väl införstådd med vilken hopplös uppgift han fått.

”Jag accepterar det tunga ansvar som ni lägger på mina axlar”, sade han när han träffade Reynaud. ”Jag skall göra mitt bästa, men kan inte garantera någon framgång.”[163]

Det brittiska flyget retirerar

När såväl de allierade som de tyska flygförbanden tvingades flytta sina baser i takt med att frontlinjen snabbt försköts västerut, framstod skillnaden i flexibilitet och organisation mycket tydligt. Så snart ett civilt eller militärt flygfält erövrats av de framryckande tyska markförbanden flög tyska transportplan in markpersonal, bränsle, reservdelar och annan materiel som var nödvändig för jaktplanens operationer. Kort därefter var 109:orna åter i luften, endast några timmar efter att de först anlänt till sina nya baser. Självfallet var endast de inledande av dessa framflyttningar planerade. Därefter improviserades de allteftersom situationen förändrades. Många gånger ledde systemet till kaotiska förhållanden, men tyskarna var vana vid improvisationer. Furir Hugo Dahmer ur JG26 – *Schlageter-Geschwader* – mindes de hektiska rörelserna:

> Efter några få dagar ombaserades vi till Belgien, sedan Frankrike, medan vi nyttjade tämligen primitiva baser. De flesta av dem hade aldrig använts som flygfält tidigare och var oftast stora ängar. Förbandet skickade helt enkelt en pilot att rekognosera, för att finna en plats där man kunde starta och landa. Detta innebar att vi inte hade några hangarer eller annan specialutrustning. Piloter och markpersonal inkvarterades varsomhelst: i [enskilda] stugor eller

> gårdar nära ängen. [...] Vi hade inga problem att finna livsmedel; kor mjölk och ägg fanns i överflöd på gårdarna. Efter att vi funnit ett passande fält skickades ett *Vorkommando* med ledande mekaniker in med bränsle och annan nödvändig materiel för att ta emot flygarna. [Resten] följde senare.[164]

”När vi närmade oss den plats som utsetts”, berättade furir Franz Jaenisch, ”kunde vi inte se någonting annat än ett jättelikt sädesfält.”

Jaenisch – som var pilot i JG2, *Richthofen-Geschwader* – bad sina kamrater att täcka honom och gick ned på fältet. Det visade sig att säden var meterhög, men landningen gick ändå bra. Ett efter ett landade de andra planen i det spår som Jaenischs 109:a plöjt genom säden och snart blev tyska lastbilar synliga på vägen intill. Samma kväll hade fältet jämnats till så pass att basen var operativ.[165]

På detta vis tog sig det tyska jaktflyget fram i korta språng och lyckades hålla jämn takt med arméns framryckning. Bakom denna effektivitet lurade emellertid ett av *Luftwaffes* största misstag. Om Bf 109 försetts med fälltankar hade mycket av den ansträngning som gick åt för att flytta från flygfält till flygfält blivit överflödig. Planen kunde ha flugit på det bränsle som fanns i de yttre tankarna tills de nalkats strid, vartefter dessa helt enkelt hade kunnat fällas för att låta planets inre tankar träda i funktion. Vad som är än mer slående, än att dessa tankar saknades över Frankrike, är att ingenting gjordes för att lösa problemet inför det kommande flygkriget mot britterna. Det var en av tyskarnas större taktiska blundrar under andra världskriget, och effekten skulle komma att visa sig några månader senare över södra England.

Om tyskarna hade problem med att snabbt *flytta fram* sina flygbaser, var förhållandet det omnämnda för de allierade. Efter genombrottet vid Sedan hamnade flygförbanden inom AASF i farozonen. När de fick order att retirera den 16 maj, uppstod allvarliga problem eftersom deras tillgång på transportfordon låg långt under den föreskrivna nivån. Ingen hade kunnat förutse ett så snabbt nederlag vid fronten och flygbaserna var mer eller mindre statiska. Alternativa flygfält innebar inga svårigheter, för under tiden för låtsaskriget hade fransmännen uppställt ett större antal i området runt Troyes, med förhoppningen att dessa skulle ta emot nya brittiska flygförband. Det var hur förflyttningen skulle gå till som var den stora frågan.

På något vis lyckades man ändå flytta de viktigaste delarna av markorganisationen i tid, inte minst eftersom den brittiske flygattachén i Paris utverkade ett lån av 300 moderna amerikanska lastbilar från fransmännen.[166] Mycket av AASF:s utrustning gick förvisso förlorad och flera skadade maskiner måste förstöras så att de inte föll i tyskarnas händer, men den viktigaste materielen kom med.

Ordern att evakuera de framskjutna baserna hade kommit i grevens tid. Överallt ryckte tyskarna fram och oron att baserna skulle övermannas innan flygplan och personal hann ge sig iväg var stor. Vid Mourmelon angrep tyska bombplan flygfältet medan delar av personalen var på väg ut på vägarna i sina fordon, och när 142. bombdivisionen evakuerade Berry-au-Bac, lämnade de tre Battleplan bakom sig. Den svårt sargade 114. bombdivisionen flyttade från Condé till Crécy i närheten av Abbeville och 226. bombdivisionen vid Reims förstörde sju Battleplan och två reservmotorer och gav sig av mot Faux Villecerf. Vid Ecury var allt kaos. Där hade 105. bombdivisionen fått order att flytta till Echimines, men stördes av det plötsliga uppdykandet av 73. och 501. jaktdivisionerna. Kort därpå inkom uppgifter att det kanske inte var nödvändigt att evakuera överhuvudtaget, någonting som sedan dementerades av flottiljstaben som ville att all baspersonal skulle ge sig av. Medan detta pågick kunde dova explosioner höras från det närliggande Chalons, där tyska bombplan anföll mål framför de framryckande markförbanden.[167]

Vid Berry-au-Bac var även 1. divisionen förlagd. Dess chef, överstelöjtnant P. J. H. Halahan, hade på eget bevåg givit order att hans förband skulle förflyttas till Vraux, eftersom rapporter inkommit att tyskarna närmade sig. Allt som fortfarande fanns kvar och som fienden kunde ha nytta av förstördes och Hurricaneplanen startade. Därefter satte lastbilskonvojen sig i rörelse. Det var i sista ögonblicket. När konvojen nådde den bro där de skulle korsa Marne-Aisnekanalen, vinkade franska soldater åt dem att skynda på. Kort efter att den sista fordonet tagit sig över hördes en våldsam explosion och männen på lastbilarna kunde se hur bron försvann i ett moln av rök och splitter. De var fortfarande inom hörhåll från platsen när en eldstrid utbröt. Det var en tysk motorcykelenhet som nått den motsatta stranden och besköts av franska kulsprutor.[168]

Förflyttningen av AASF från de framskjutna fälten sydväst om Meuse till Champagne ledde till att dessa förband hade svårt att operera under en period om tre till fyra dagar. Denna nedtrappning hade dock ingen större effekt på AASF:s aktiviteter i sin helhet. Efter de katastrofalt stora förlusterna den 14 maj hade Barratt givit order att merparten av bombanfallen skulle ske nattetid. Förluststatistiken förändrades därmed på ett uppseendeväckande sätt. Från att tidigare ha förlorat ett plan vartannat uppdrag, förlorade man nu ett plan vart tvåhundrade uppdrag.[169] Den redan dåliga effekten av anfallen sjönk dock så drastiskt att tyskarna ofta inte hade någon klar bild av vilka mål de brittiska bombplanen haft.

De närmaste dygnen efter slakten ovanför Sedan flögs merparten av alla daguppdrag av enheter ur 2. bombeskadern i England. Den 15 maj angrep 12 Blenheimplan ur 15. och 40. bombdivisionerna Dinant. Planen tog sig fram till målet utan att stöta på någon fientlig jakt, men luftvärnet var så häftigt att få bomber föll inom det avsedda området. Två av planen sköts ned. Ett tredje skadades och tvingades nödlanda i Belgien. Besättningen på det sista hade tur, för utlösningsmekanismen till bomberna hade inte fungerat och ovetande om detta hade de nödlandat med dem fortfarande ombord.[170]

Samma eftermiddag utförde 82. bombdivisionen ett angrepp mot Monthermé från sin bas i England. Även här var luftvärnselden besvärlig, men endast två av planen skadades. Flera hus i stadens centrum träffades och detta orsakade ett temporärt stopp för tyskarna. Två dagar senare, den 17 maj, fick 82. bombdivisionen ett nytt uppdrag. Denna gång skulle den anfalla tyska pansarkolonner i närheten av Gembloux, men nu utmynnade uppdraget i ännu en tragedi.

De tolv Blenheimplanen startade från flygfältet vid Watton tidigt på morgonen. De stod under befäl av major Miles Delap och skulle sammanstråla med sin eskort ur 87. divisionen vid målet.[171] Bombplanen utsattes dock för luftvärnseld ovanför Nivelles och ett av planen sköts i brand.[172] De övriga öppnade formationen och svängde i nordlig riktning, vilket förde dem bort från mötesplatsen med eskorten. Plötsligt upphörde luftvärnet att skjuta och sex Bf 109 ur I/JG3 – *Udet-Geschwader* – kom dykande ur solen.[173] Några besättningsmän såg dem, andra hade varit distraherade av elden från marken. Furir Watkins var lättad över att luftvärnselden upphört och hade just tänt en cigarett. Han drog några bloss och räckte den till sin spanare när planet genomborrades av kulor. På ett ögonblick var maskinen övertänd och Watkins skrek åt sin besättning att lämna den. Han såg spanaren hoppa ut via en lucka i fronten, men när han rörde sig mot stjärtpartiet fann han skytten ihopfallen i sitt torn med blodet droppande ur kroppen. Watkins tvekade och var nära att bli kvar i planet. Den lucka genom vilken han tänkt lämna infernot hade fastnat. En bländande explosion slet dock planet i bitar och Watkins överlevde. I ena ögonblicket hade han kämpat med luckan, i nästa befann han sig i tomma intet med vrakdelarna från Blenheimplanet runt sig. Han drog i utlösningshandtaget till fallskärmen och den vita silkeskupolen öppnade sig med en dämpad smäll. Ovetande om att hennes make nästan förlorat livet, födde Watkins hustru deras första barn ungefär samtidigt som striden pågick ovanför Nivelles. Några timmar efter förlossningen fick hon beskedet att hennes man var rapporterad saknad.[174]

I ledarplanet noterade Delap hur ett efter ett av hans plan slogs ut. ”Min egen maskin fick träffar i bägge vingarna”, berättade han, ”och babords motor fattade eld. Pansarskyddet i sitsen räddade mig.”[175]

”Efter första attacken skrek vår skytt att han blivit svårt träffad”, mindes furir Frank Wyness, Delaps spanare. ”Major Delap ropade att vi skulle göra oss beredda och jag drog på mig fallskärmen. Vid detta laget var jaktplanen på väg in för sitt andra anfall.”

”Då träffade en projektil förarkabinen och orsakade en eld som utvecklade så mycket rök att jag inte längre kunde se instrumentpanelen”, fortsatte Delap. ”Det var droppen, så jag gav order att överge planet.”[176]

Delap förstod att han inte skulle kunna nå räddningsluckan i planets buk, så han frikopplade den ovanför förarsitsen. Med halva kroppen ute i det fria tvekade han inför hoppet och furir Wyness som var alldeles bakom honom trodde att hans chef förlorat medvetandet. Med ena handen fattade furiren tag i utlösningshandtaget till Delaps fallskärm och knuffade ut honom med den andra. För Delap – som inte insett vad som hänt – blev hoppet en märklig upplevelse.

> I nästa ögonblick befann jag mig i den friska luften. Efter röken och elden i planet var det en riktig lättnad. [...] Jag trevade efter [utlösningshandtaget], men kunde inte hitta det. Jag såg ned mot [det ställe där det skulle ha suttit], men det fanns inte kvar. Jag kände ingen panik, [men] minns att jag tänkte att det var konstigt. Sedan lyfte jag blicken uppåt och såg att skärmen redan vecklat ut sig. Jag visste att jag inte dragit i snöret och att jag inte varit medvetslös. Det var mycket underligt.[177]

I ett annat av planen såg furir Morrison hur Delaps brinnande Blenheim föll ur sikte. Hans skytt ropade att flera andra redan satts i brand och var på väg nedåt. Sedan kände han att planet riste till av en träff.

> En bränsleledning till min styrbordsmotor förstördes och [den] förlorade omedelbart varvtal, något som ledde till att jag föll ur formationen. Medan jag lämnade den såg jag hur furir Griersons flygplan fattade eld till vänster om oss. Ingen av mina besättningsmän hade träffats, men det var omöjligt att återta vår plats i formationen. Jag dök brant samtidigt som jag gjorde undanmanövrer. För att se vad som hänt vred jag bränsleväljaren från yttre till inre tank och motorn vaknade genast till liv.[178]

Oturen att träffas skulle i själva verket visa sig lyckosam för Morrison och hans besättning. Messerschmittplanen visade dem inget intresse när de föll ifrån och trodde antagligen att planet var förstört. De hade uppmärksamheten riktad mot de övriga bombplanen som inte hunnit sluta sig samman efter att de beskjutits från marken. Ett efter ett sköts dessa ned tills det inte längre fanns något plan kvar, och sex tyska piloter ur JG3 kunde återvända till sin bas med nyheten om att de slagit ut en hel division.

Ett enda plan hade undgått detta öde och när Morrisons skadeskjutna Blenheim kom in för landning vid Wattonfältet var bränslet nästan slut. Divisionschefen, den irländske earlen av Brandon, såg det landa och frågade sedan var de övriga var. Morrison kunde bara berätta att han sett ett flertal, kanske hälften av divisionen störta och att de blivit angripna av säkerligen mer än ett dussin tyska jaktplan. Någon eskort hade han inte sett till. Allteftersom timmarna gick stod det klart att inga fler skulle komma tillbaka. Ett helt förband hade raderats ut på mindre än 30 minuter. Det skulle senare visa sig att 20 av de 33 besättningsmännen stupat. Några timmar efter att Morrison återvänt landade en Blenheim som varit på en rutinflygning till Lille. Piloten på detta plan, kapten Charlie Breese, hade skadat en Blenheim i en landningsincident några dagar tidigare och hade som reprimand förbjudits att flyga stridsuppdrag. När Wattonfältet dök upp nedanför noterade han Morrisons märkta maskin, men de övriga planen syntes inte till. Efter att ha landat gick han och hans besättning till divisionschefens kontor för att avlägga rapport. När de kom in på dennes kontor och såg sin chefs tomma blick, insåg de att någonting inte stod rätt till. ”Var är divisionen?”, frågade Breese. Divisionschefen ryckte uppgivet på axlarna. ”*Vi* är 82. divisionen”, svarade han, såg männens tvivlande blickar och tillade: ”Just det – bara vi.”[179]

•

Även *Luftwaffe* förlorade plan, men inte i samma takt, och det tyska flygets effekt mot fiendemålen var betydligt bättre. Från den 15 maj hade II och V *Fliegerkorps* koncentrerat sina anfall mot kommunikationer, vägar och vägkorsningar runt Metz, Verdun, Reims, Soissons och Troyes.[180] Avsikten var att förhindra franska förstärkningar att komma i position att anfalla den ännu inte konsoliderade tyska positionen runt Stonne. Wolfram von Richthofens Stukaplan användes på ett annat sätt. I samband med incidenten mellan Guderian och dennes överordnade, hade han begärt att hans störtbombare skulle omdirigeras så att de i första hand sattes in i den södra delen av operationsområdet. Han förklarade för de tveksamma officerarna i generalstaben att hans bombplan kunde skydda von Kleists vänsterflank från franska motanfall och han lyckades övertala Göring att ge de nödvändiga orderna. Snart sökte VIII *Fliegerkorps* spaningsplan området söder om de framryckande pansarförbanden. Därefter kom Stukaplanen som upprätthöll en kontinuerlig insats mot franska trupper, vägtransporter och stridsvagnar. Bombangreppen hade samma förlamande effekt på de allierade soldaterna som de haft på de polska ett år tidigare och de tyska bombplanen hade stor del i att den franska 9. armén så snabbt slogs i spillror.[181]

De allierade jaktflygarna försökte förtvivlat hindra de tyska bombplanens härjningar, men deras förluster ökade stadigt. *Armée de l'Air* hade haft värre bortfall än till och med bombförbanden inom AASF och även de brittiska jaktdivisionerna förlorade piloter och maskiner i snabb takt. Medan de brittiska jaktförbanden opererade i grupp eller sektion, ibland även med enstaka plan, flög fienden i *Gruppen* eller *Staffel* och de allierade planen fann sig oftast i strid mot numerärt överlägsna tyska formationer. Ofrånkomligen ledde detta till att de brittiska jaktförbanden tog större förluster än fienden när de kom i kontakt med de tyska enmotoriga jaktplanen.

I ett avseende hade RAF-jaktplanen dock en fördel. Ingen sida hade något fungerande varnings- eller stridsledningssystem. Detta ledde till att mängder av jaktplan, bombplan och spaningsplan korsade luftrummet utan att ha någon aning om varandras förehavanden. Med undantag för sammandrabbningar ovanför de områden som av naturliga skäl drog till sig uppmärksamhet från flygstridskrafterna, stötte fientliga styrkor ihop mer eller mindre av en slump. Hade tyskarna haft möjlighet att ”se” de allierade medelst radar, såsom *Fighter Command* skulle ha under det kommande flygkriget över sydöstra England, skulle de brittiska jaktförbandens förluster över Frankrike ha varit betydligt allvarligare. Nu fick de möjlighet att skjuta ned många tyska bombplan och spaningsplan medan den tyska jakten sökte annorstädes, vilket i viss mån dolde det faktum att britterna alltsomoftast kom till korta vid strid jakt mot jakt.

I vilket fall fortsatte flygstriderna med oförminskat raseri. ”Jag gjorde mitt första anspråk på en nedskjutning den 17 maj”, berättade Hugo Dahmer som upptäckte att en fransk Morane MS 406 lagt sig bakom en av hans kamrater. Han såg att fransmannens skott gick för långt framför och manövrerade sig in bakom denne. ”Mina första skott gick även de över målet. Slutligen sköt jag mellan planen samtidigt som jag beräknade Moraneplanets färdväg – och träffade.”[182]

Hans von Hahn flög med Mölders i JG53 – *Pik As-Geschwader* – när de upptäckte en formation som identifierades som Stukaplan. Först på nära håll insåg de att planen var brittiska Hurricane:

> Allt blev kaos. Vi försökte aldrig slåss, men jag fann mig i en fördelaktig eldposition bakom ett brunfärgat flygplan, [det] dök och inledde undanmanövrer, hela tiden i västlig riktning. [...] Efter min tredje salva hade han bara hälften av stjärtpartiet kvar. Bitar av vingen flög mot mig. Hans högra vinge var söndertrasad. Slutligen försvann han bakom en skog.[183]

”Jag anföll rakt bakifrån”, skrev kapten Ian ”Widge” Gleed, 87. divisionen, som skulle bli ett av ässen under Slaget om England. Han flög så nära det bombplan som låg i siktet att de nästan kolliderade. ”Träff! Styrbordsmotorn brann våldsamt, men Dorniern flög vidare med hela vingen i lågor. Sedan vred den sig plötsligt åt sidan och föll helt enkelt från himlen.”[184]

Stridsrapporter av detta slag fyllde stabspersonalens arkiv allteftersom luftens riddare på bägge sidor dödade varandra i allt större antal. Triumfen över luftsegrarna blandades emellertid med saknaden över förlorade kamrater. ”Vid skymningen fattades fortfarande tre besättningar, inklusive vår *Staffelkapitän*”, skrev kapten Theo Rossiwall ur II/ZG26 efter en våldsam batalj mot brittiska Hurricaneplan. ”När det mörknade och ingen telefon ringde, gick det upp för oss att *Staffeln* hade fått göra sina första uppoffringar. Kapten d’Elsa hade fört befäl över enheten under lång tid och även tränat den. Männen tog denna förlust hårt.”

Det var inte bara förlusterna som tärde på flygpersonalens krafter. Sedan de hade varit i elden konstant under den gångna veckan med ett stort antal stridsuppdrag varje dag, parat med de hastiga omförflyttningarna, började såväl tyska som allierade jaktpiloter att uppvisa tydliga tecken på utmattning. ”Vi sov aldrig riktigt längre”, berättade löjtnant Paul Richey i 1. divisionen. ”Vi hade glömt vad sömn var och nästan glömt behovet av sömn, tills vi kom på oss med att tuppa av vid någon måltid vi inte ville ha eller vid ett ointressant samtal.[185]

Furir Geoffrey Allard i 85. divisionen föll i sömn medan han fortfarande befann sig i luften. Han vaknade först sedan hans kamrater lyckades väcka honom genom att ropa i radion. När han landat somnade han på nytt och sov så djupt att markpersonalen för ett ögonblick befarade att han var död. Han fick bäras bort från planet.[186] Han skulle sova i över 40 timmar och föras till sjukhus innan han slutligen vaknade.[187]

Även RAF:s störste äss i Frankrike, Cobber Kain, påverkades av stridströtthet. I samband med en strid mot Bf 110:or över Ardennerna den 14 maj hade han av misstag skjutit mot en fransk Potezbombare och besättningen hade knappt hunnit lämna planet förrän det exploderade.[188] Dagen därpå anföll han en Blenheim som varit ute på spaningsuppdrag och skadade det.[189]

På detta sätt fortsatte det, dag efter dag, medan allt fler välbekanta ansikten försvann och antalet disponibla plan blev allt färre. De brittiska piloterna visste att de skulle förlora, men kämpade envist vidare. Den 19 maj sköt 1. och 73. divisionerna ned 14 fiendeplan, varav Cobber Kain stod för tre. Denna segerparad kostade dem endast ett eget plan, men detta tillhörde en annan av de brittiska ässen – löjtnant Paul Richey:

> Just som jag alltför långsamt rollade över åt vänster för att dyka iväg såg jag en plötslig blixt av spårljus alldeles intill och hörde i samma sekund flera knallar och därpå ett öronbedövande ”Pang” i högra örat. [...] En ström av blod rann nedför min vänstra sida. [...] Min Hurricane dök nästan lodrätt, och jag blev förvånad över att se min högra arm indränkt i blod höjas upp framför mig mot huven. [...] Till min fasa fann jag att inte heller vänstra armen ville röra sig. [...] Jag tittade upp och såg att flygplanet störtade ned mot marken utom kontroll. Det dök upprepade gånger, fick upp farten, tog upp, tappade farten och dök igen. Dämpat men fullt hörbart muttrade jag det, sedan sade jag det, sedan ropade jag det: ”Gud! Gud, jag kommer att dö! Gud!”

Richey hade tur. Förlamningen armarna släppte och han lyckades plana ut knappt sexhundra meter ovanför marken. Med hjulen uppfällda kraschlandade han sin skadade Hurricane på ett fält intill en liten by. Kort därpå anlände några franska soldater och den officer som undersökte honom utbrast förskräckt: ”Satan! Hela halsen är öppen!”[190]

Det visade sig att en pansarbrytande kula hade träffat honom i halsen, men Richey överlevde. Många av hans kamrater hade inte lika stor tur. Somliga hade tagits till fånga av tyskarna; andra blev kvar permanent på franska kyrkogårdar. Bland dessa fanns tre brittiska äss: löjtnant Leslie Clisby, kapten I. S. Sodden och den kanadensiske fänriken A. B. Angus.

Den 19 och 20 maj flög de brittiska jaktdivisionerna ur ACFF hem.[191] Löjtnant Derek Ward var en av de sista. Han fick order att flyga en svårt skadad, men ännu flygduglig, Hurricane tillbaka till England. Maskinen hade ådragit sig stora skador, men kompassen, olje- och bränslemätarna fungerade. Sju av de åtta kulsprutorna var också hela och laddades i all hast. Ward startade från Merville och satte kurs mot flygfältet vid Abbeville, där han ämnade landa för att hämta några personliga ägodelar. Ovanför Abbeville upptäckte han två Dornier i färd att bomba flygfältet och inledde en strid med dessa. Eftersom reflektorsiktet inte fungerade och kulsprutorna inte var laddade med några spårljuskulor, kunde Ward endast avfyra sina vapen i tyskarnas allmänna riktning. Han fick dem att fly i skydd av molnen, men hann inte landa förrän han angreps av några Bf 109. Det var hans tur att gömma sig i molnmassorna, men efter en stund vek 109:orna av och försvann. Väl nere på fältet upptäckte Ward att han fått ett nytt problem. En kula hade träffat hans högertank utan att antända den:

> Markpersonalen stod i begrepp att evakuera och ville hellre bränna upp min maskin än ta risken att starta den igen med tanke på soppan som sprutade ut ur högertanken. Jag stack en bajonett flera gånger genom tanken för att tömma den och lyckades övertala två man att fylla min vänstertank. Jag fick [däremot] starta utan att ha fått någon påfyllning av ammunition. Väl i luften igen stötte jag på sex Do 17 och sex Bf 109. Jag anföll ledaren för 109:orna, vilken kom emot mig rakt framifrån, och gav honom en kort salva. Han girade åt vänster och jag dök förbi honom mot marken. Lyckligtvis jagade inte 109:orna efter mig, utan fortsatte istället att eskortera bombplanen.[192]

Ward landade vid North Weald och innan mörkret föll den 20 maj hade samtliga fungerande Hurricaneplan ur ACFF evakuerats. Kvar fanns endast de få divisioner som låg inom AASF.[193]

Vägen mot Dunkerque

Avskurna

Den 20 maj hade BEF retirerat till sin planerade linje längs Escautfloden med den belgiska armén i norr och franska 1. armén i söder. Tillbakadragandet hade gått bra, trots att tyska infanteridivisioner förföljt britterna hack i häl. Divisionerna var fortfarande intakta och stod redo att möta tyska anfall. Det största hotet kom emellertid från den högra flanken, där det tyska pansaret arbetade sig igenom det franska försvaret med siktet inställt mot Engelska kanalen.

Dagen före hade lord Gorts stabschef, generallöjtnant Pownall, haft ett samtal med *War Office* (WO). Han försökte förklara hur kritiskt läget var på kontinenten och redovisade lord Gorts syn på situationen. Att fransmännen skulle misslyckas med att täppa till det hål som tyskarna hade skapat verkade så gott som säkert. BEF hade därför tre alternativ att välja mellan: att stå kvar och riskera inringning, att försöka bryta sig ut söderut eller att retirera mot kusten för en eventuell evakuering.

Pownalls telefonsamtal slog ned som en bomb i London. Evakuera den brittiska expeditionskåren? Med vilka militära och politiska effekter? Var det överhuvudtaget möjligt? Under ett kabinettmöte senare under dagen kom man till slutsatsen att BEF-ledningen överdrev läget, och man beslutade att general sir Edmund Ironside, CIGS, skulle flyga till Belgien.[194] Någon evakuering kom inte på fråga. Istället skulle BEF marschera söderut för att säkra sina etapplinjer. Denna åtgärd vittnar om den oklara bild London hade av situationen på kontinenten. Mötet fick dock en positiv effekt, för det beslutades även att en utvärdering skulle göras huruvida en evakuering av BEF – om än hypotetisk – kunde göras från de franska eller belgiska kanalhamnarna.[195]

När Ironside anlände till lord Gorts högkvarter på morgonen den 20 maj, blev han abrupt ryckt ur de vanföreställningar som existerat under kabinettsmötet i London och bryskt kastad in i verkligheten. Till att börja med befann sig sju av lord Gorts nio divisioner i strid längs Escaut och kunde inte tagas ur eftersom detta skulle ha öppnat en vid lucka. Samtidigt inkom rapporter som sade att tyskarna tagit Amiens och att de stötte fram emot kusten. Ironside fortsatte till general Billottes högkvarter i Lens, där även general Blanchard befann sig. Detta möte gjorde ingenting för att ge den brittiske stabschefen tillförsikten åter, snarare tvärtom. Fransmännen uppträdde apatiskt och som om de redan var slagna – något de också var – och Ironside förstod nu lord Gorts missnöje med den franska ledningen. Men det värsta skulle ändå komma under eftermiddagen. Fem tyska pansardivisioner angrep de brittiska 12. och 23. infanteridivisionerna söder om Arras och bröt igenom deras linjer. De brittiska soldaterna stred med beslutsamhet, men kunde bara fördröja det oundvikliga. Vid skymningen hade tyskarna intagit Albert, Doullens, Amiens och Abbeville. Endast Arras höll stånd. BEF var därmed avskuren från sina etapplinjer och de 12. och 23. divisionerna var fullständigt upprivna.[196]

·

Den 21 maj inleddes britternas enda riktiga motanfall under fälttåget i Frankrike 1940. Det skulle bli en stökig och oorganiserad historia. Dagen före hade lord Gort givit generalmajor H. E. Franklyn order att rensa upp området söder om Arras, för att på så vis störa de tyska kommunikationerna österut och minska trycket mot den brittiska högerflanken. Den ödesdigra händelseutvecklingen senare under dagen hade dock lett till ett fransk-brittiskt beslut att man borde inleda ett motanfall omedelbart för att försöka skära av de tyska trupper som nått kusten. Två franska divisioner skulle anfalla i riktning mot Cambrai medan Franklyn, som fått 5. och 50. infanteridivisionerna samt 1. armépansarbrigaden underställda sig, skulle anfalla söderut från Arras.

Av någon anledning fick inte Franklyn några nya direktiv från lord Gort och han trodde fortfarande att han endast hade det begränsade målet att jaga undan tyska enheter söder om Arras. När han några timmar före anfallet den 21 maj fick veta att fransmännen skjutit upp sin del av operationen till dagen därpå ansåg han inte att hans egna order påverkades.[197]

Under den tidiga eftermiddagen satte anfallet igång – två bataljoner ur *Durham Light Infantry* understödda av 74 stridsvagnar ur *Royal Tank Regi-*

ment. De som stod att ta emot smällen var Rommels 7. pansardivision samt SS *Totenkopff*-divisionen. Till en början gick anfallet bra, framförallt eftersom de tyska pansarvärnsvapnen visade sig ha ringa effekt mot de kraftigt bepansrade brittiska Matildastridsvagnarna. Detta var första gången Rommel stötte på brittiska trupper och han fann dem betydligt obehagligare än de franska, inte minst sedan en av hans officerare dödats alldeles intill honom när de bägge studerade en karta.[198]

Så småningom ebbade kraften i det brittiska anfallet dock ut. Brist på förstärkningar, det allt effektivare pansarvärnsförsvaret samt *Luftwaffes* ingripande fällde avgörandet. En efter en slogs stridsvagnarna ut. Britternas enda riktiga anfall på kontinenten 1940 var över och den brittiska expeditionskåren var alltjämt instängd med ryggen mot havet.

Samma eftermiddag hölls en viktig konferens i Ypres, dit general Weygand hade anlänt efter en äventyrlig färd. Huvuddeltagarna skulle ha varit den franske överbefälhavaren, general Billotte, kung Leopold III, den belgiske regenten, samt lord Gort, men den sistnämnde dök inte upp, och efter en stunds väntan inleddes mötet i hans frånvaro. Weygand redogjorde för sin plan att låta BEF och franska 1. armén motanfalla söderut från Cambrai samtidigt som andra franska styrkor anföll norrut från Somme. Målet var att skära av tyskarna och återförena de allierade arméerna i området runt Bapaume.[199] Det var i mångt och mycket samma plan som Gamelin arbetat med när Weygand tagit över, med den skillnaden att platsen för motanfallet hade förskjutits västerut i samma takt som tyskarna ryckt fram. Kung Leopold var tveksam till planen. Det var hans trupper som skulle hålla den allierade vänsterflanken medan BEF och 1. armén angrep söderut, men kungen ansåg att hans soldater var för slutkörda för en omgruppering av det slag som föreslogs. Han lovade dock att komma med ett svar inom 24 timmar.

När lord Gort slutligen anlände till Ypres, hade Weygand redan farit, varför Billotte informerade engelsmannen om resultatet av mötet. Inte heller lord Gort ville binda sig vid några förhastade löften. Hans personliga uppfattning var att BEF nu måste evakueras, men detta höll han för sig själv.[200] Istället hävdade han att de tre divisioner som BEF skulle bidraga med inte fanns tillgängliga eftersom de var uppbundna i striderna runt Arras. I bästa fall kunde de ställas till Weygands förfogande den 26 maj, men detta berodde givetvis på vad tyskarna tog sig för.[201]

Varken lord Gort eller kung Leopold gav något definitivt besked om hur de ställde sig till Weygands plan. När mötesdeltagarna senare återvände till sina respektive staber hände något som ytterligare förvärrade situationen. Billottes bil kolliderade med ett transportfordon i mörkret och generalen skadades så svårt att han omedelbart föll i koma.

Under de närmaste 36 timmarna skulle de allierade trupperna i fickan sakna ett högsta befäl.[202]

Invasion av England?

Samma dag som britterna utförde sitt första och även sista riktiga anfall på västfronten 1940, anhöll storamiral Erich Raeder om ett privat möte med Hitler. Raeder hade varit stabschef i den tyska kryssarflottan under första världskriget. År 1922 hade han befordrats till konteramiral, 1925 till viceamiral och 1935 blev han överbefälhavare för den tyska flottan. Raeder hade haft en stor roll i utbyggnaden av den tyska marinen, främst när det gällde de snabba slagskeppen och ubåtarna. År 1939 utsågs han till storamiral och han hade haft en framträdande inverkan på Hitlers beslut att invadera Danmark och Norge.

Syftet med Raeders möte var att bedöma *Führerns* inställning till en landstigning i England om Frankrike skulle besegras. Raeder själv var pessimistisk till en operation av det slaget. Trots det korta avståndet mellan den franska och engelska kusten – mellan Calais och Dover är avståndet endast 37 kilometer – hade man att räkna med betydligt större svårigheter än under det nyligen så lyckade landstigningsföretaget i Norge. Det var inte bara fientliga soldater som skulle skydda England från invasion, menade marinchefen. Kustlinjen längs Kent och Sussex bestod i stor utsträckning av höga, svårforcerade klippor. I Kanalen lurade besvärliga undervattensrev, grund och strömmar, som gjorde denna sträcka till en av de mest förrädiska i världen. Utöver detta skulle en tysk landstigningsflotta vara helt utlämnad till den brittiska flottan och flyget.[203]

Även om idén ännu inte föresvävat Hitler, hade Raeder haft en invasion av England i tankarna sedan i början av november året innan. Samma månad hade han givit en mindre grupp, som stod under ledning av *Kriegsmarines* stabschef, viceamiral Schniewind, i uppdrag att studera olika aspekter på en invasion av England. Representanter för armén hade dryftat för Raeder att de ansåg det troligt att de holländska och belgiska hamnarna skulle falla i tyska händer. Syftet med studien var därför endast att Raeder ville vara beredd ifall krav skulle ställas på sjötransport. Konteramiral Fricke och kapten Reinicke sattes i arbete och fem dagar senare låg resultatet – Studie Röd – på Raeders skrivbord. Det var en pessimistisk rapport vars huvudsakliga slutsats var att en invasion av England knappast var möjlig. Om en sådan ändå skulle komma i fråga, var det fyra punkter som ovillkorligen måste uppfyllas: fientliga marinstyrkor måste hållas borta från landstigningsstyrkan; det fientliga flyget måste elimineras; kustförsvaret måste förstöras och angrepp från fientliga ubåtar under överfarten måste förhindras.[204]

Kopior av Studie Röd skickades till OKW och OKH, och därefter försvann dokumentet i något av marinens arkiv. Samma öde rönte det hos OKW. Chefen för OKH, generalöverste Walther von Brauchitsch beordrade dock att armén skulle utföra en motsvarande bedömning, och den 13 december 1939 påbörjade major Stieff vad som skulle bli känt som Studie Nordväst.

Istället för att landstiga någonstans mellan Portland och Yarmouth, som *Kriegsmarine* föreslagit i sin version, ville armén gå iland mellan Themsens mynning och The Wash. Hamnar skulle erövras medelst luftlandsättning kombinerat med sjölandsättning. Sedan hamnarna säkrats skulle förstärkningar i form av både infanteri- och pansardivisioner anlända för att rycka fram mot London norrifrån. Studie Nordväst förutsatte att merparten av den brittiska armén fortfarande skulle befinna sig i Frankrike och att motståndet därför var svagt. För att möjliggöra denna operation, ansåg *Heer* att *Kriegsmarine* hade en rad uppgifter uppfylla: att stänga Kanalen för fientliga sjöstridskrafter; att förhindra aktioner mot landstigningsstyrkans högerflank och underhållslinjer från fientliga sjöstridskrafter i Nordsjön; att rensa rutterna och landstigningsområdet från såväl egna som fientliga minor; att utföra sjötransport av trupper och förråd; att bidraga med landstigningsmateriel; att ge eldunderstöd för de landstigande trupperna; att utföra avledande manöver norr om Humber och att fördröja BEF:s återkomst från kontinenten.

För att genomföra invasionen ansåg *Heer* att även *Luftwaffe* hade viktiga uppgifter att fylla: att tillkämpa sig luftherravälde över landstigningsområdet; att understödja *Kriegsmarine* mot fientliga sjöstridskrafter; att utföra luftlandsättningar vid Great Yarmouth, Lowestoft och Cambridge; att understödja de avslutande operationerna i England. Även Luftwaffe måste verka för att fördröja BEF:s återkomst.[205] Efter godkännande av OKH skickades Studie Nordväst till *Luftwaffe* och *Kriegsmarine* för betänkande.

Luftwaffes svar var kort och lämnade inget utrymme för diskussion: flyget hade inga möjligheter att tillkämpa sig luftherravälde i det aktuella området. Endast delar av det tyska jaktflyget hade räckvidd för operationer mellan Themsen och The Wash.

Även *Kriegsmarine* invände på en rad punkter: Yarmouth och Lowestoft var undermåliga för tillströmningen av förstärkningar och underhåll, svepningen av minor var en närmast omöjlig operation så nära brittiska sjöstridskrafter och flyg. Dessutom skulle en landstigningsstyrka mötas inte bara av lättare brittiska örlogsfartyg, utan av merparten av *Home Fleet* – ubåtar, jagare, kryssare och slagskepp.

Sedan var det frågan om överskeppningsmateriel. I sin Studie Röd hade marinen baserat sina beräkningar på en initialstyrka om 7 000–8 000 man.[206] I Studie Nordväst talade man om en initialstyrka med en luftburen division, en infanteridivision samt en cykelburen brigad i första vågen. Dessa skulle sedan följas av fyra pansardivisioner, två motoriserade infanteridivisioner samt ytterligare åtta till nio infanteridivisioner.[207] Detta innebar i runda tal 100 000 soldater med hästar, artilleripjäser, stridsvagnar och andra motorfordon; en närmast omöjlig uppgift med de fartyg, bogserbåtar och pråmar som fanns tillgängliga. Inför detta beslutsamma motstånd från flyg och marin hade OKH tills vidare lagt Studie Nordväst på hyllan.

Trots att det knappt var två veckor sedan de tyska soldaterna hade korsat gränsen till Nederländerna, Belgien och Luxembourg verkade det nu som om Tyskland var på väg att vinna en av de största segrarna i militärhistorien. Det var detta som föranlett Raeder att anhålla om det privata mötet med Hitler. ”Annars var jag orolig för att någon ansvarslös person skulle komma med det uppenbara förslaget att invadera, att Hitler skulle fastna för idén och att *Kriegsmarine* skulle mötas av oöverstigliga problem”, skrev han.

Men Raeders farhågor var vid denna tidpunkt ogrundade. Hitlers uppmärksamhet var koncentrerad på inringningen av BEF och det förestående slaget mot Frankrike. Det brittiska motanfallet vid Arras samt franska utfall söderifrån oroade honom, och av naturliga skäl stod en invasion av England inte på den omedelbara dagordningen. Det är tydligt att Hitler ännu inte förstod vilket dråpslag hans arméer riktat mot de västallierade. När Raeder frågade om *Führern* trodde att kriget skulle få ett snabbt slut, eller om det vore vist att förmoda att det skulle pågå en tid, uttalade sig Hitler för det senare.[208] Men om fälttåget i Frankrike trots allt kunde föras till ett snabbt slut, skulle en blockad av ubåtar och flygstridskrafter vara tillräckligt för att framkalla Storbritanniens kapitulation.[209]

Inga förberedelser skulle göras – åtminstone inte för tillfället.

Weygandplanen

Den 22 maj flög Churchill åter till Frankrike, för att där möta Reynaud och Weygand i Vincennes. Med sig hade han sin stabschef Ismay, Dill och Newall. Här redogjorde Weygand för den plan han förevisat kung Leopold och den nu döende general Billotte i Ypres dagen före: ett samtidigt motanfall från norr och söder för att skära av de tyska etapplinjerna. Churchill överraskades av fransmannens beslutsamhet och energi. Kontrasten mellan Gamelin och Weygand var slående. Här var en man som visste vad han gjorde och hur han skulle nå sina mål. Fylld av lättnad lät sig Churchill bedras av Weygands kamplust och garanterade att BEF skulle medverka i operationen.[210]

Naturligtvis ställdes nya krav på RAF. ”Det är av mycket stor betydelse för slagets framgång att RAF engagerar sig helhjärtat över operationsområdet”, begärde Weygand. ”Under de senaste få dagarna har ert bombflyg utfört tunga räder mot delar av Tyskland”, fortsatte han, ”men det är viktigt att RAF temporärt överger sina långväga experiment och agerar längs fronten eller i närheten av den.”

De brittiska flygrepresentanterna svarade undvikande, men sade att de tyska etapplinjerna skulle bombas och att brittiska jaktplan skulle flyga i skytteltrafik från England.[211]

Knappt hade Churchill och de övriga återvänt till England förrän lord Gort mottog ett meddelande från London, vilket bland annat sade att ”den brittiska armén och den franska 1. armén bör anfalla sydväst mot Bapaume och Cambrai så snart som möjligt – helst imorgon och med åtta divisioner.”[212] Reaktionen inom BEF präglades först av förvåning, sedan ilska. ”Kan ingen stoppa honom från att själv försöka sköta operationerna som någon slags superbefälhavare”, klagade Pownall. ”Hur tror han att vi skall kunna samla åtta divisioner och angripa som han föreslår. Mannen är galen.”[213]

Några högst förvirrade dagar följde, men ”Weygandplanen” – som det föreslagna motanfallet nu kallades – blev en hägring i öknen. Kung Leopold och lord Gort, väl medvetna om det meningslösa i operationen, gjorde föga för att verkställa den, förutom att den senare behöll sin framskjutna position vid Arras. General Blanchard, som inte varit närvarande vid mötet i Ypres, men nu fått överta befälet över de allierade arméerna i norr, hade ingen klar bild av vad som förväntades. Inte blev han klokare när Weygand skickade honom en vag order som talade om motanfall, besättande av kommunikationer och vikten av att förhindra att tyskarna nådde Engelska kanalen, någonting de gjort redan den 20 maj. Denna order motsades därefter av mer detaljerade direktiv från Georges, vilka talade om etablerandet av en solid front söder om det tyska genombrottet, men inte gav någon som helst antydan om vilka trupper som skulle anfalla söderifrån eller hur Blanchard skulle agera i norr.[214]

Samtidigt ökade den tyska pressen mot de inringade arméerna. I norr tvingades belgarna bakåt av von Bocks armégrupp B och en farlig kil höll på att drivas in mellan kung Leopolds trupper och BEF. Söder om fickan avancerade tyskarna mot Boulogne och Calais. Efter att en sista gång ha försökt få klara direktiv och information om hur det allierade motanfallet skulle utföras – något som Blanchard inte kunde ge honom – beslutade lord Gort att evakuera 5. och 50. divisionerna från den utsatta positionen vid Arras. De skulle istället sättas in i den hotade skarven.

Bf 109 mot Spitfire

Den 23 maj inträffade en händelse som – med tanke på denna boks tyngdpunkt på flyg – bör vara av intresse: den första dokumenterade flygstriden mellan Spitfire och Bf 109 ägde rum. Det är bara rättvist att denna historiska händelse leder till det första omnämnandet av kapten Alan Christopher Deere, en person som kommer att figurera flera gånger i boken. Al Deere var nyzeeländare och hade tagit värvning i RAF 1937. Han posterades först vid 74. divisionen, men flyttades sedan till 54. divisionen som konverterat till Spitfireplan 1939. Under perioden mellan Hitlers invasion av Frankrike och slutet på slaget om England, skulle han uppleva en rad hårresande situationer, bara för att varje gång klara sig undan med livet i behåll.

Denna morgon hade han återvänt till Hornchurch efter en patrullering utan att ha sett några fiendeplan. Invasionen av Frankrike var 13 dagar gammal, men 54. divisionen hade ännu inte varit i riktig strid. Deras insats hittills bestod av en misslyckad jakt på en Dornier och att kapten Johnny

Allen ensam angripit 20 Ju 88 över Belgien och troligtvis skjutit ned en av dem. Deere höll på att äta frukost när han kallades till telefonen.

”Al, kan du hämta Johnny Allen och komma ned hit?”, frågade mannen i andra änden, major Leathart, divisionschefen. ”Vi skall upp omedelbart.”

Det visade sig att major F. L. White, chefen för 74. divisionen (vilken även den var baserad vid Hornchurch), hade fått motorkrångel och tvingats gå ned på ett franskt flygfält i närheten av Calais. Leathart, som allmänt kallades ”professorn” på grund av sin akademiska bakgrund, hade för avsikt att ta divisionens Miles Masterplan, flyga över till Frankrike och hämta White. Deere och Johnny Allen skulle flyga med som eskort.

När de anlände över området gick Masterplanet ned för landning på det franska fältet, medan de två Spitfirepiloterna vakade ovanför. Deere gav Allen order att gå upp ovanför molntäcket medan han själv stannade kvar alldeles ovanför flygfältet. På så vis skulle de se till att ingen smög sig på dem.

Det var ett klokt beslut. Några minuter senare hörde Deere sin rotes upprörda röst i lurarna: ”Al! De är här! Tyskar! Ungefär ett dussin och på väg mot flygfältet. Jag ger mig på dem.”

”Okay, Johnny”, svarade Deere. ”För Guds skull, håll mig informerad. Jag måste försöka varna professorn.”[215]

Eftersom den tyska styrkan låg på lägre höjd än Allen och inte upptäckt honom fick han ett temporärt övertag. Han dök ned mot den närmaste 109:an, öppnade eld och såg hur den föll av mot ett av molnen nedanför. Han följde efter och gav den en lång salva som slutade med att rök bolmade från fiendeplanet. Det fortsatte sin dykning, men Allen hade inte tid att se vart det tog vägen. Han steg och gjorde sitt bästa för att dra tyskarnas uppmärksamhet från flygfältet.[216]

Under tiden ämnade Deere signalera till den radiolösa Mastern genom att flyga över fältet och vinka med vingarna. Han var dock för sent ute. Han såg att Mastern redan var på väg att starta och plötsligt kom en Bf 109 dykande med siktet inställt på det obeväpnade planet.

> Genom en Guds nåd flög hunnern förbi rakt framför mig. Jag kunde ge honom en kort salva som jag visste hade små möjligheter att träffa, men, som jag hoppades, skulle avleda hans uppmärksamhet från Mastern. Det gjorde det också, men inte förrän en ström av spårljus lämnat hans vapen och försvunnit, som det verkade, in i flygkroppen på skolflygplanet. Jag hade fullt

gaspådrag och med styrspaken hårt tillbakadragen för att komma innanför 109:ans svängradie, var jag inom skotthåll. I detta ögonblick hörde jag Johnny skrika i lurarna. ”Röd ett – Jag är omringad, kan du hjälpa mig?”

”Försök hålla ut, Johnny, tills jag skjutit ned den som ligger framför mig, så kommer jag upp direkt!”

I ett sista försök att undgå min eld, rätade hunnern upp planet ur svängen och steg vertikalt. Därmed, undertecknande sin egen dödsdom, gav han mig ett perfekt skott utan framförhållning och jag gjorde inget misstag. Rök strömmade från hans motor och planet, som nu befann sig på toppen av sin stigning, föll långsamt över i okontrollerad spinn och slog i vattenbrynet från 1 000 meters höjd.[217]

Efter sin första seger svängde Deere tillbaka mot flygfältet, där han såg att Mastern var nere på marken igen, tydligen oskadd. Han steg och anropade Allen via radion, men fick inget svar. Plötsligt dök ytterligare två Bf 109 upp.

De måste ha sett mig i samma ögonblick, för ledaren inledde genast en skarp sväng. Återigen noterade jag att det inte var några problem att gå innanför deras svängradie och snart var jag inom skotthåll. En lång salva mot nummer två fick bitar att falla av planet, vilket lade sig på rygg och föll mot marken. Om han var *hors de combat* visste jag inte med säkerhet, [för] ledaren var fortfarande där och måste tas om hand.[218]

Deere jagade efter den sista Bf 109:an tills ammunitionen var slut. Därefter inväntade han ett bra tillfälle och bröt striden. Samtliga brittiska plan återvände till Hornchurch, även om Allens Spitfire hade ett antal hål som inte funnits på ritningarna. När de landat avslöjade Leathart och den räddade major White att de sett tre tyskar störta. Två av dessa hade slagit i marken med kort intervall strax efter att Mastern beskjutits och bör därför ha varit Allens första offer och den 109:a som Deere jagade bort från skolflygplanet. Vem som sköt ned det tredje planet är oklart, men det var sannolikt Deere. I vilket fall verkar Allen ha varit den förste brittiske Spitfirepilot att skjuta ned en Bf 109:a.

Deere lämnade en omfattande redogörelse för sin strid ovanför Calais, där han bland annat hävdade att Bf 109:ans stigförmåga var bättre än Spitfires, men inte med så stor marginal som tidigare publicerade prestandasiffror hävdade. Den tidigares svängradie var dessutom betydligt sämre. Senare erfarenheter skulle ge Deere rätt.

Bakåt – mot Kanalen

Under natten till den 24 maj inleddes reträtten från Arras och Weygandplanen var i praktiken avskriven. Avskrivna skulle även de brittiska, franska och belgiska trupper som befann sig i fickan ha varit om de inte fått hjälp, troligen från det sista håll man kunde ha väntat sig. Under de första dagarna efter att tyskarna nått Kanalen, var deras styrkor i korridoren inte så stora. Nu fylldes tomrummen av infanteri och det allierade motanfallet skulle aldrig få den effekt man hoppades på. Det var helt enkelt för sent. I detta läge stod Guderians pansar inte längre än två mil från Dunkerque, den sista större hamn från vilken man kunde evakuera den brittiska armén.

Det var nu Hitler intervenerade och räddade BEF. Med Guderians trupper en kort ansträngning från Dunkerque, gav *Führern* order att pansaret skulle stoppas. Men innan vi går in på detta beslut, skall vi studera upptakten till den västallierade politiska krisen mellan den 25 och 28 maj. Lord Gorts evakuering av Arras hade kommit till det franska överkommandots kännedom, och den 24 maj skickade Reynaud ett telegram till Churchill, där han påminde om Churchills löften i Vincennes två dagar tidigare och betonade vikten av att Weygands order följdes. Han avslutade med frasen: ”General Weygand är övertygad om att hans plan kan lyckas endast om den belgiska armén samt arméerna under Blanchard och Gort lever upp till en grym beslutsamhet att lyckas med det genombrott som är det enda som kan rädda dem.”[219]

Samma kväll skickade Reynaud ytterligare ett telegram till Churchill, denna gång i hårdare ton, där han meddelade att det kommit till hans kännedom att den brittiska armén backat 40 kilometer i riktning mot kanalhamnarna. ”Detta tillbakadragande har naturligtvis tvingat general Weygand att ändra alla sina arrangemang. Han känner sig nu nödsakad att uppge sitt försök att stänga bräschen och återupprätta en ihållande front. Hur allvarliga de möjliga konsekvenserna kan bli säger sig självt.”

De senaste rapporterna från fronten hade blivit ett hårt slag för Reynaud. Till Baudouin sade han: ”Om Tyskland skulle erbjuda oss rimliga fredsvillkor, skulle folkopinionen då tillåta att vi tackade nej till dem?” Han skyndade sig att tillägga: ”Eftersom jag alltid uttalat mig för totalt krig, skulle jag avgå om detta händer.”[220]

Samma natt försökte den belgiska regeringen förmå kung Leopold att följa dem i exil till Frankrike. Regenten vägrade. ”Jag har beslutat att stanna”, fastslog han. ”Jag måste dela mitt folks öde, vilket det än må bli.”

Han skulle aldrig träffa någon av sina ministrar igen. Medan det fortfarande var så mörkt att man kunde skönja ljuset från brinnande byar vid horisonten, lämnade regeringen Brygge och satte kurs mot Dunkerque.[221]

Påföljande dag, den 25 maj, övergav Weygand definitivt alla planer på motanfall. Lord Gort gjorde detsamma på sin sida om den tyska inbrytningen. Klockan 18.00 gav han ordern och snart var BEF på reträtt mot kusten. Boulogne föll i tyska händer. I London samlades kabinettet och Churchill redogjorde för de franska klagomålen att lord Gort inte längre följde riktlinjerna i Weygandplanen. Eftersom kommunikationen med BEF var bristfällig hade London först ställt sig tvivlande till dessa uppgifter, men sedan hade en stabsofficer bekräftat att två brittiska divisioner retirerat från Arras. "Det är uppenbart att lord Gort har tvingats till denna åtgärd på grund av den position han befinner sig i", sade Churchill, "men han borde ha informerat oss om dessa aktioner. Fransmännen har skäliga grunder för klagomål."[222]

Det stod dock klart att arméerna i norr måste evakueras om de inte skulle gå förlorade.

Strax före klockan 19.00 erhöll Reynaud ett svar från Churchill:

> Jag måste bekräfta tillbakadragandet av de två divisionerna från Arras-regionen, som ert telegram till mig omnämnde. General Dill, som borde vara hos lord Gort, har instruerats att sända en stabsofficer med flyg snarast möjligt. Så snart vi vet vad som hänt kommer jag att skicka en fullständig rapport...[223]

Kort efter att han läst Churchills telegram sammanträffade Reynaud med de övriga medlemmarna i den franska krigskommittén. Förutom konseljpresidenten deltog Lebrun, Pétain, Weygand, marinminister Campinchi samt några andra ministrar och generaler. Mötet inleddes med ett längre anförande av Weygand, som förklarade att situationen var hopplös, att den franska arméns underläge låg i storleksordningen ett mot tre och att den nybildade linjen Somme-Aisne inte skulle hålla för ett beslutsamt tyskt anfall. Att backa till en ny position bakom Marne och Seine var antagligen omöjligt med tanke på tyskarnas överlägsenhet. Allt som återstod var att bjuda ett sista ärofullt motstånd tills den sista linjen var bruten. "Frankrike har begått det oerhörda misstaget att gå in i kriget utan den materiel och den militära doktrin som var nödvändig. Vi kommer sannolikt att få betala ett högt pris för denna kriminella tanklöshet."[224]

Även om han inte sade det högt var undermeningen i Weygands redogörelse tydlig: Frankrike hade förlorat. När skulle man inleda förhandlingar med tyskarna? Omedelbart – eller efter ett sista blodigt slag utanför Paris? Om man såg slaget om Frankrike som en avgörande händelse var kriget redan över. Men om man såg slaget som en del i ett större sammanhang, där Storbritannien kämpade vidare och kanske slog Tyskland med amerikansk hjälp, hade fortsatt franskt motstånd fortfarande ett värde. Frågan var om Storbritannien kunde överleva?

Samtalet ledde snart in på frågan om Frankrike *kunde* förhandla med Tyskland, för den 28 mars samma år, en vecka efter Reynauds tillträde som fransk konseljpresident, hade Frankrike och Storbritannien ingått ett fördrag att inte sluta separatfred. Åsikterna gick isär huruvida detta fördrag skulle innehållas eller ej. Weygand och Pétain var emot. De menade att britterna knappast kunde sägas ha uppfyllt sin del av fördraget eftersom de endast bidragit med tio armédivisioner och dessutom dragit tillbaka sina flygstyrkor. Lebrun tvekade, menade att Frankrike var bundet av fördraget, men ändå borde tänka över eventuella tyska villkor om sådana skulle ställas.[225] Campinchi ansåg, precis som de övriga, att den militära situationen var ohållbar, men att ett fredsfördrag aldrig fick signeras utan överenskommelse med England.[226]

Man enades om att Reynaud skulle fara till London för att konferera med britterna. Syftet med resan uppfattades olika. Weygand, Pétain och Baudouin menade att Reynaud skulle fråga Churchill rakt på sak om Storbritannien var villigt att befria Frankrike från avtalet av den 28 mars. Huruvida Reynaud hade detta klart för sig eller ej är osäkert. Han såg saken annorlunda. Ända sedan den 10 maj hade förhandlingar pågått mellan de västallierade och Mussolini i avsikt att blidka den italienske diktatorn. Dessa förhandlingar hade inte haft någon framgång. Italiens inträde i kriget ryckte allt närmare. Man planerade därför att försöka mätta den italienske diktatorns ärelystnad med franska och brittiska avträdelser i Medelhavet. Dagen före, den 24 maj, hade det brittiska krigskabinettet givit fransmännen tillåtelse att förhandla med Italien i frågan om dessa avträdelser. Reynaud sade därför att hans officiella avsikt med besöket i London skulle vara att utröna huruvida Storbritannien var beredd att avsäga sig Gibraltar, Malta och Suez om Frankrike gav upp Tunisien och Djibouti. I samband med detta skulle han dock förhöra sig om Storbritanniens inställning till en italiensk medling mellan Tyskland och de västallierade.[227]

"Stoppa pansaret!"

Trots de tyska förbandens framgångar var Hitler rastlös och nervös. Vid nyheten att Guderian nått Engelska kanalen hade han blivit på gott humör, men dagen därpå, i samband med det brittiska anfallet mot Arras, återvände oron. Den 22 maj kritiserade han Halders beslut att låta armégrupp A och dess pansartrupper svänga för att avskära BEF från kusten. Det vore bättre om uppgiften att krossa den inneslutna fienden helt lämnades till armégrupp B, menade han. Den "våta", lågt belägna kustterrängen var olämplig för stridsvagnarna och dessa behövde sparas för nästa fas – huvudanfallet mot Frankrike.[228]

Under eftermiddagen den 23 nåddes Göring av nyheten att de allierade arméerna i norr var mer eller mindre inneslutna. Underrättelsen fick honom att skrida till aktion. Han ringde upp Hitler och sade att detta var en strålande möjlighet för *Luftwaffe*. Om pansaret drogs undan så att det inte riskerade att hamna i farozonen, garanterade Göring att hans bombplan skulle tillintetgöra fienden utan hjälp från andra försvarsgrenar. Hitler accepterade. General Jodl, chefen för OKW:s operationsavdelning, samt Jeschonnek, *Luftwaffes* stabschef, fick utarbeta detaljerna.[229]

Dagen därpå, den 24 maj, sammankallade Hitler sina militära rådgivare för ett möte i Charleville. Han sade att pansartrupperna skulle göra halt omedelbart. Detta var tvärtemot von Brauchitschs och Halders önskemål. De ville att en stark framstöt skulle riktas mot de få hamnar som fortfarande befann sig i allierades händer. Men Hitler sade att de allierade arméerna i norr var besegrade. Att sätta in de bästa trupperna för att nedkämpa dem vore inte bara slöseri med tid, utan skulle även leda till onödiga förluster av de värdefulla stridsvagnarna. Han var medveten om att fienden kunde evakuera trupper från hamnarna, men ansåg inte att det spelade någon roll om några förband flydde, de skulle ändå förlora all sin utrustning. Pansartrupperna skulle dras tillbaka; nedkämpandet av de norra allierade arméerna skulle lämnas till *Luftwaffe* och infanteriet.[230]

Denna order, som skulle få betydelse för krigets fortsatta förlopp, har omgärdats av flera myter. Två av de mer framträdande har dels varit föreställningen att det var von Rundstedt och inte Hitler som låg bakom den, dels att Hitler avsiktligt lät BEF undkomma i tron att det därmed skulle bli lättare att uppnå fred med Storbritannien.

Den första föreställningen bottnar i det faktum att von Rundstedt gav en operativ order att pansaret skulle göra halt och omorganisera strax före Hitlers order att helt stoppa framryckningen.[231] Avsikten med de två orderna skilde sig därför åt även om den synliga effekten blev densamma. Om också von Rundstedt ansåg att pansarförbanden borde dras ur striden och hade påverkat Hitler saknar betydelse. Oavsett om Hitler utfärdade eller endast godkände ordern var ansvaret hans.

Den andra myten, att Hitlers avsikt var att BEF skulle komma undan, förefaller lika svårsmält och har uppstått som följd av uttalanden av Hitler, både i samband med detta tillfälle och senare. ”Direkt efter mötet förvånade han samtliga närvarande”, sade Blumentritt, von Rundstedts stabschef, ”genom att tala beundrande om det brittiska imperiet, nödvändigheten av att det kvarstod och den civilisation som britterna fött till världen.” Allt han ville var att britterna skulle erkänna Tysklands position på kontinenten. Han avslutade genom att säga att hans mål var att sluta fred med Storbritannien under omständigheter som de ansåg förenliga med sin nationella ära.[232] Även senare lär Hitler ha sagt att han låtit britterna rädda sin armé, men att Storbritannien inte förstått fördelarna med att alliera sig med Tyskland och därför fortsatt kriget. Dessa uttalanden bildar grunden till myten om det politiska beslutet.

I själva verket var ordern helt och hållet operativ. Han ville inte sätta in pansaret i de sumpmarker och kanaler som präglade området, eftersom deras relativa stridsvärde gentemot fiendeinfanteriet skulle minska. Han ville också vila sina pansartrupper inför det kommande slaget mot Frankrike. Båda skälen är helt rimliga i sig och blir än mer så om man betänker att vissa fakta som idag är accepterade inte var fullt kända vid tillfället.

Det första var givetvis uppfattningen om flygets verkan mot markmål. Som så många andra bedömare hade Hitler en överdriven tro på vad bombplan kunde åstadkomma, men i själva verket var nedkämpandet av BEF en uppgift som låg långt över *Luftwaffes* förmåga. Det var också en fråga om luftherravälde, eller snarare bristen därpå. Hitintills hade *Luftwaffe* kontrollerat skyarna över de områden där marktrupperna rusat fram. Ovanför Dunkerque hamnade slagfältet inom räckhåll för *Fighter Commands* förband som fortfarande var baserade i England och det tyska flyget fann sig plötsligt i en strid där det inte hade något avgörande övertag. Detta förhållande hade inte Hitler räknat med.

En annan faktor som få tyskar förstod var hur goda möjligheterna var för britterna att evakuera sina soldater, bara de gavs tid att göra detta. Till och med fransmännen ansåg att en reträtt till Dunkerque endast innebar att man gjorde sig beredd för en strid till sista man. Att de inringade arméerna faktiskt skulle kunna flyttas sjövägen verkade inte gå upp för dem förrän evakueringen redan var i full gång, och då får man ta hänsyn till att de var Storbritanniens allierade med bättre insyn i möjligheterna. Det är därför naturligt att tyskarna, som i än högre grad än fransmännen var utpräglade landkrabbor, uppfattade att BEF fastnat i en fälla som man kunde ta sig ur endast om man lämnades ifred och fick lång tid på sig.

En tredje faktor är sedan att Hitler fortfarande betraktade Frankrike som en farlig motståndare och inte insåg att landet i själva verket redan tilldelats nådastöten. Inför nästa fas av operation *Gelb* ville han, till exempel, att huvudstöten skulle riktas mot industriområdena i nordöstra Frankrike. Avsikten var att därigenom försvaga fransmännens förmåga att föra krig på längre sikt, en åtgärd som var helt meningslös när allt som behövdes för att knäcka Frankrike var ett sista ordentligt dråpslag. Hitler förstod inte hur nära segern han var. Hans beslut att spara pansartrupperna framför Dunkerque förefaller därmed helt naturligt.

För att återgå till Charleville, meddelade Hitler att pansaret skulle stoppas för att inte åderlåtas i onödan, men att infanteridivisionerna skulle fortsätta framryckningen. Han meddelade också att *Luftwaffe* skulle sätta in avsevärda resurser på att nedkämpa det sista motståndet i Flandern och även se till att BEF inte evakuerades. Ögonblicket därpå, om man får tro Blumentritt, förklarade han alltså att han ville att BEF skulle *undkomma*, för att det därigenom skulle bli lättare att komma till tals med britterna.

Resonemanget hänger inte samman. Troligare är att Hitler först gav direktiv för vad han ville ha gjort och sedan talade om vad som skulle ske *efter* att kriget i Frankrike var avgjort, men att någon otydlighet fick hans åhörare att koppla samman de operativa orderna och de långsiktiga idéerna på ett sätt som gav dem en falsk innebörd. Att Hitler skulle ansett sig ha större möjligheter att komma till tals med Storbritannien om BEF evakuerades än om han tog en kvarts miljon soldater som gisslan är nästan absurt. Att han vid upprepade tillfällen längre fram under kriget hävdade att han låtit BEF undkomma, men att britterna inte förstod fördelarna med att alliera sig med Tyskland, var rena bortförklaringar.

De tyska generaler som befann sig på plats och stod i begrepp att fullborda en av de största segrarna i historien, var i vilket fall förfärade. ”Denna dag", skrev Guderian, "lade sig överkommandot i de pågående operationerna, med resultat som skulle få en katastrofal inverkan på hela krigets förlopp."

Maktlös tvingades Guderian göra halt framför Aafloden. Dunkerque skulle lämnas till *Luftwaffe*, så även Calais om dess intagande skulle visa sig för besvärligt. "Vi stod mållösa, men eftersom vi inte blev informerade om skälen bakom ordern, var det svårt att argumentera mot dem.[233]

"Inga skäl angavs", sade general Walther Nehring, Guderians stabschef, även om både han och Guderian först trodde sig se en orsak bakom ordern. "Vi antog att de allierades kapitulation var omedelbart förestående. Allteftersom tiden gick blev vi dock bekymrade över antalet fartyg som stävade mot Dunkerque, utom skotthåll från vårt artilleri. Vi rapporterade detta, men ingenting hände. Under två värdefulla dagar tilläts våra motståndare att stärka sitt försvar."[234]

General Halder var bättre insatt i orsakerna bakom ordern, men även han var maktlös. "Den vänstra flygeln som består av pansar och motoriserade styrkor, och som inte har någon fiende framför sig, har fått slå tvärstopp på direkt order från *Führern*", skrev han i sin dagbok. "Jag ville göra armégrupp A till hammaren och armégrupp B till städet. Nu blir B hammaren och A städet. Eftersom armégrupp B står emot en sammanlänkad front kommer framstegen att bli långsamma och förlusterna stora." Att uppgiften att nedkämpa den inringade fienden skulle överlämnas till flygvapnet ansåg han vara ett allvarligt misstag. "Flygvapnet, på vilket alla hopp vilar, är helt beroende av vädret."[235]

Den 25 maj flög von Richthofen till von Kleists högkvarter för att diskutera samoperationer mellan flyg- och markförband. Det visade sig att även von Kluge, chefen för 4. armén, samt Guderian och Reinhardt var där. När von Richthofen kom in i rummet där de andra befann sig, hälsades han av von Kluge som sarkastiskt frågade om *Luftwaffe* tagit Dunkerque från luften ännu. Von Richthofen tvingades erkänna att han inte ens *börjat* anfalla eftersom hans Stukaförband fortfarande var baserade för långt bort.

"Och de andra flygkårerna?", frågade von Kluge.

"De ligger ännu längre bak", svarade von Richthofen, "I Nederländerna och Tyskland. Det är en lång sträcka även för Heinkel 111 och Junkers 88."

"Och vi får inte ens korsa Aafloden för risken att komma i vägen för *Luftwaffe*", suckade von Kluge uppgivet. "Pansartrupperna är helt paralyserade."

Arméofficerarna fortsatte att kritisera beslutet och von Richthofen kunde inte annat än hålla med dem. Om inte armén satte igång genast skulle delar av BEF hinna evakueras vid Dunkerque. När von Richthofens återkom till sitt högkvarter ringde han upp Jeschonnek för att söka finna en förklaring till den besynnerliga situationen. När han fick *Luftwaffes* stabschef på linjen frågade han om det bakomliggande skälet till stoppet och deklarerade att han personligen inte ansåg att flygbombning var det bästa alternativet. ”Ingen kan väl på fullt allvar tro”, sade han, ”att vi kan stoppa dem från luften.”

”Du har fel”, anmärkte Jeschonnek syrligt. ”Göring tror på det.”

Von Richthofen försökte få en förklaring till varför trupperna inte kunde fortsätta, åtminstone tills *Luftwaffe* ombaserats så att de kunde operera med bättre effekt. Jeschonnek svarade inte på detta, men refererade till den kryptiska kommentar som Hitler fällt i Charleville dagen före – *Führern* ville bespara britterna ett pinsamt nederlag.

”Så det är därför vi skall anfalla dem med allt vi har?”, undrade den perplexe von Richthofen.

”Just det”, avslutade Jeschonnek. ”Med alla styrkor under ert befäl.”[236]

Fredsamtal med Tyskland?

På morgonen den 26 maj anlände Reynaud till London, där han intog en lång lunch med Churchill. Den engelske premiärministern hade väntat att hans franske kollega skulle säga att Frankrike inte kunde fortsätta kriget. Istället valde Reynaud en mindre direkt väg. Han varnade för risken att Pétain skulle försöka förmå regeringen att ställa sig positiv till ett vapenstillestånd med Tyskland. Denna risk skulle bli mycket större så snart tyskarna besegrat de norra allierade arméerna och för att därefter kunna sätta in hela sin kraft i en stöt mot Paris. För att möta detta angrepp behövde Frankrike alla sina resurser, men delar av den franska armén var uppbunden i söder för att möta ett befarat anfall från Italien.

Därefter frågade Reynaud hur Storbritannien skulle ställa sig om Mussolini kunde övertalas att medla i kriget mellan Tyskland och de västallierade. Han försäkrade att han aldrig själv skulle signera något fredsavtal med Tyskland, men att de tyska framgångarna försvagat hans politiska position så mycket att han kunde tvingas att avgå. Churchill svarade att Storbritannien skulle kämpa till slutet, vare sig Frankrike kapitulerade eller ej.

Werner Mölder (mitten) utvecklade den jaktteknik som används än idag. Jämte Adolf Galland (vänster), Helmut Wick, Walther Oesau och Wilhelm Balthasar var han en av de främsta tyska jaktflygarna 1940. Mannen till höger är överste Theo ”Onkel” Osterkamp.

Winston Churchill hade varnat för Hitler långt innan 1939. Den 10 maj efterträdde han Neville Chamberlain som brittisk premiärminister. Han hade en klar bild av vad som var Storbritanniens mål under andra världskriget: ”Seger till varje pris; för utan seger finns det ingen överlevnad.

Messerschmitt Bf 109 var tyskarnas enmotoriga jaktplan under fälttåget i Frankrike och flygslaget över England. Vid sidan av den brittiska Spitfire var Bf 109 världens modernaste jaktplan, och den hämtade mycket av sin framgång från sin snabbhet och kraftiga beväpning. På bilden syns tre Bf 109 som eskorterar en Heinkel He 111.

Trots att dess utseende ger ett intryck av hastighet och manövrerbarhet, var Fairey Battle ett långsamt och klumpigt bombplan. När AASF sände in oeskorterade Battleplan mot tyska markmål, blev resultatet en katastrof. Dessa bombplan var nästan chanslösa mot Bf 109, och besättningarna kallade sina plan för "den flygande likkistan"

Varken tyskarna eller fransmännen trodde att de instängda arméerna skulle kunna evakueras från kontinenten, men Royal Navy lyckades föra inte mindre än 338 226 soldater från Dunkerque, sju gånger fler än till och med Churchill trott vara möjligt.

Kaptenerna ”Al” Deere och Johnny Allen var de första Spitfirepiloter som mötte den tyska Messerschmitt Bf 109. Här tar Deere emot en utmärkelse ur kung George VI:s hand. Till vänster, snett bakom regenten, står Dowding; mannen längst till höger (stående i givakt) är Johnny Allen.

Ovanför Dunkerque stötte tyskarna för första gången på brittiska Spitfireplan. De insåg snabbt att detta var en livsfarlig motståndare, även om Jagdwaffe fortfarande excellerade med sin taktiska kompetens.

Löjtnant Edgar J. "Cobber" Kain var RAF:s förste äss under andra världskriget. Han hade förtecknat sig för 17 luftsegrar vid sin död i juni 1940. Ironiskt nog dödades han inte i strid mot tyskarna, utan i samband med en självsvåldig flyguppvisning ovanför flygfältet. Olyckan skedde samma dag som Kain skulle återvända till England

Det tyska Stukaplanet skulle komma att bli synonymt med blixtkriget. Med sitt speciella utseende, tjutande sirener och stora träffsäkerhet blev det snart fruktat hos de västallierades soldater. Under slaget om England skulle det emellertid visa sig långsamt, svagt beväpnat och sårbart när det möttes av de brittiska Hurricane och Spitfire. Dess förluster blev så stora att Göring tvingades dra det ur striden.

Kapten Adolph ”Sailor” Malan var en av de bästa brittiska jaktflygarna. Han hade tidigt insett nackdelarna med att strida i sektioner om tre plan vardera och tränade därför sin grupp i att dela sig i ett par på tyskt vis. Han var också en av få brittiska piloter som lyckades skjuta ned fiendeplan under dygnets mörka timmar 1940.

Ända sedan slaget vid Trafalgar 1805 hade Royal Navy kunnat skydda Storbritanniens intressen till sjöss. Efter Frankrikes fall misstänkte britterna att Hitler på något vis skulle komma i besittning av den franska flottan. Om så skedde skulle Royal Navys sjöherravälde kunna brytas.

De franska slagskeppen vid Mers-el-Kébir låg förankrade med aktern mot den västra vågbrytaren och var därför ur stånd att skjuta ut mot havet. Detta faktum påverkade det brittiska amiralitetet i dess bedömning att operation Catapult gick att genomföra. (Bilden är tagen någon tid före anfallet och det ligger endast fyra, istället för fem, fartyg utmed vågbrytaren.)

Klockan 17.54 den 3 juli 1940 öppnade amiral Somervilles styrka eld mot den franska Force du raid som låg för ankar i Mers-el-Kébir. Operation Catapult var ett faktum. Denna tragedi skapade en avgrund mellan Frankrike och Storbritannien som inte skulle överbryggas förrän långt efter kriget.

Genom det framgångsrika fälttåget i väst hade Hitler separerat Frankrike och Stor britannien. Han förväntade sig att britterna skulle sluta fred, men aktionen vid Mers-el-Kébir väckte honom till insikten att det brittiska problemet inte bara kvarstod utan skulle bli mycket svårt att lösa.

Det intrikata radarsystemet var en avgörande komponent i det brittiska luftförsvaret. När slaget om England började hade britterna 60 radarstationer längs kusten, från norra Skottland till sydvästra England. Genom dessa stationer kunde Fighter Command följa de tyska flygstyrkornas rörelser in över Kanalen

Piloter ur P.A. Hunters 264. division framför en brittisk Bolton Paul Defiant. Defian - planet hade ett kanontorn istället för den mer ortodoxa framåtskjutande beväpningen. Hunters förband skulle ha stora framgångar över Dunkerque innan tyskarna lärde sig att inte angripa planen akterifrån. Under slaget om England stod sig Defiant dock slätt mot de tyska jaktplanen, och Hunter (stående tredje man från vänster) blev en av många Defiantflygare som dödade

Han manade dock Reynaud att inte förlora hoppet. Situationen skulle te sig helt annorlunda om de västallierade kunde stå emot i tre månader till.[237]

Churchills förhoppning att Frankrike skulle kunna hålla ut delades inte av alla i krigskabinettet. Redan den 20 maj hade Halifax på eget initiativ och i största hemlighet träffat den svenske affärsmannen Birger Dahlérus, en nära kontakt och vän till Göring. Han hade bett Dahlérus att kontakta Göring beträffande fredsförhandlingar.[238] Under eftermiddagen den 25 maj hade Halifax även haft ett samtal med den italienske ambassadören i London, Giuseppe Bastianini. De hade berört frågan om Italien kunde medla i konflikten och Bastianini hade frågat Halifax om den brittiska regeringen kunde tänka sig diskussioner om förhållandet mellan Storbritannien och Tyskland. Halifax hade svarat att detta var svårt att föreställa sig medan kriget fortfarande pågick, varpå Bastianini sagt att: ”så snart samtalen inletts, skulle kriget vara meningslöst”. Enligt honom eftersträvade Mussolini en lösning som skulle skydda freden i Europa i minst ett århundrade. På detta hade Halifax svarat att den brittiska regeringen var inne på samma linje och aldrig skulle ”tveka att ta under övervägande förslag som lämnades med auktoritet och lovade ett säkert och fredligt Europa.”[239]

För att återvända till den 26 maj, hölls dagens andra kabinettsmöte under tidig eftermiddag. Reynauds förfrågan diskuterades, och det var uppenbart att en intern konflikt stod för dörren. Utrikesministern redogjorde för sitt samtal med Bastianini. Halifax var för en medling med Tyskland. Churchill var emot. Under morgonen hade CSC lämnat krigskabinettet en promemoria med namnet: *British Strategy in a Certain Eventuality*.[240] Det var en bedömning av Storbritanniens möjligheter att fortsätta kriget om Frankrike drog sig ur och tyskarna hade ockuperat Belgien. Resultatet av denna bedömning sade att Storbritannien kunde hålla ut så länge *Luftwaffe* inte fick luftherravälde över England. Beväpnad med detta argument ville Churchill fortsätta kriget även om Frankrike föll.

Diskussionen fortsatte tills Halifax gjorde ett försök att binda Churchill vid ett definitivt uttalande. Han frågade premiärministern om denne var beredd att diskutera fredsvillkor med Tyskland om saker som var betydelsefulla för Storbritanniens självständighet inte påverkades. Churchill undvek denna utmaning. ”Jag skulle vara tacksam om vi kunde ta oss ur de rådande svårigheterna under sådana villkor”, svarade han, ”även om det skulle innebära förlusten av några territorier.”[241]

Mer än så blev inte sagt. Halifax gick för att tala med Reynaud i amiralitetsbyggnaden och följdes en stund senare av Churchill, Chamberlain, Labours ledare Clement Attlee och Anthony Eden, den brittiske krigsministern. Även Ironside, som samma dag lämnat posten som *Chief of the Imperial General Staff* till general Dill för att istället ta befälet över de brittiska styrkorna i England, deltog i detta samtal. Reynaud begärde – på Weygands uppdrag – en förklaring på hur det kunde komma sig att lord Gort inte följt den franske överbefälhavarens instruktioner. Ironside avfärdade denna erinran genom att påpeka att lord Gort inte erhållit några som helst order under flera dagar. Hur skulle han kunna följa instruktioner som han inte fått? Eftersom Reynaud inte var fullt insatt i frågan, lät han ämnet falla.[242] Ironside förklarade dock att det inte längre var någon mening att hysa förhoppningar kring Weygandplanen och att BEF stod i begrepp att retirera mot Dunkerque. Förhandlingarna avbröts medan Reynaud ringde upp Weygand. ”Jag anser att det vore mycket önskvärt”, sade han till generalen, ”att ni omedelbart informerar general Blanchard och ger honom tillåtelse att backa mot hamnarna.” Weygand skulle emellertid strunta i Reynauds önskemål.[243] Den 1. armén kvarstod i sin framskjutna position runt Lille.

När mötet i London återupptogs berörde Reynaud frågan om italiensk medling, men inte heller här kunde han utverka något direkt svar. Halifax hade varit positivt inställd, men Churchill och de andra var i princip emot alla avträdelser.[244] Beslut skulle fattas under morgondagen. Vid sextiden återvände Reynaud till Frankrike, där han uppgivet deklarerade att det endast var Halifax som förstod den franska positionen. ”Churchill spelar hjälte och Chamberlain velar hit och dit.”[245]

Churchill bad krigskabinettet att stanna i amiralitetsbyggnaden för det tredje mötet denna dag, och striden mellan honom och Halifax fortsatte. Diskussionen var aningen förvirrad för samtalet hoppade mellan att dels hålla Mussolini utanför kriget, dels be honom att medla mellan de västallierade och Tyskland. Beträffande det sista hävdade Churchill att alla försök till medling var meningslösa eftersom Hitler skulle ställa sådana krav att de ändå inte kunde accepteras: Storbritannien skulle tvingas avbryta sin upprustning och – oavsett om man behöll sin självständighet eller ej – reduceras till en mindre partner till Tyskland, kanske rent av till en tysk satellit. Förhandlingarna kunde dessutom inverka negativt på britternas motståndsvilja. När samtalen väl blev kända, skulle den allmänna opinionen svänga till fördel för en uppgörelse. I dessa åsikter hade Churchill stöd av Attlee och Greenwood, Labours andre representant i Krigskabinettet. Chamberlain var tveksam, med viss slagsida åt medling.

Halifax, å andra sidan, var inte säker på att det låg i Hitlers intresse att ställa så hårda krav som premiärministern hävdade. Halifax såg den italienska möjligheten som ett utmärkt sätt att få veta vad Hitler ville. Den skulle också verka positivt på fransmännen, eftersom de annars skulle anse att Storbritannien förvägrade dem ett av de få handlingsalternativ som ännu stod öppna. Var kraven oacceptabla fanns det ingen anledning att den brittiska opinionen skulle svänga, snarare tvärtom; och om villkoren *var* godtagbara – fanns det verkligen skäl att fortsätta vad som redan verkade vara ett förlorat krig?

Churchill svarade att det bästa vore att låta saken bero tills man såg hur många soldater som kunde evakueras från Dunkerque. Det kunde bli katastrof, menade han, men det fanns också en möjlighet att en stor del av BEF faktiskt kunde räddas. Dessutom innebar en evakuering att det skulle uppstå luftstrider över engelska kanalen, vilket betydde att RAF och *Luftwaffe* kunde mäta sina krafter mot varandra.[246] Storbritanniens förmåga att motstå Tyskland efter ett franskt sammanbrott kunde provas.

Det fanns en viss grund för detta argument, men troligast är att Churchill använde det för att vinna tid. Han hade varit premiärminister i knappt två veckor och dittills kunde han inte visa på några framgångar. Hans position var bräcklig. Även om han kunde klara sig utan direkt stöd av Chamberlain och Halifax, var han förlorad om bägge gick emot honom. Chamberlain hade fortfarande stort inflytande över de konservativa, landets största parti. Halifax hade nära förbindelser med det brittiska kungahuset. Om de agerade tillsammans och ifrågasatte Churchills position var ett maktskifte oundvikligt. Genom att åberopa utgången av evakueringen från Dunkerque, försatte sig Churchill dock i en position där han svårligen kunde bromsa kravet på dialog med Hitler om den brittiska armén gick förlorad. Mötet avslutades med en vädjan till Roosevelt. Den amerikanske presidenten skulle framföra till Mussolini att:

> ...om Italien är beredd att medverka till att säkra en lösning för samtliga europeiska frågor som säkerställer självständigheten och säkerheten för de västallierade, och kan vara en bas för en rättvis och varaktig fred i Europa, så kommer vi att förbinda oss till att omedelbart diskutera ... de frågor som signor Mussolini är intresserad av.[247]

Strax efter klockan 19.00 på kvällen fick amiral Ramsay order från amiralitetet: Operation *Dynamo* – kodnamn för den planerade evakueringen från Dunkerque – skulle inledas. Operationen skulle utföras med största energi och målet var att rädda 45 000 man från Dunkerque inom loppet av två dagar. Därefter var det förmodat att ”fientliga aktioner” skulle göra en fortsatt evakuering omöjlig.[248] I Frankrike hade lord Gort återvänt till sitt högkvarter efter ett möte med general Blanchard. Där väntade ett meddelande från Anthony Eden, som äntligen gav BEF klartecken att dra sig ur Frankrike.

Denna order var endast en bekräftelse på vad Gort redan beslutat på eget initiativ dagen före – reträtten var redan igång.

Dynamo – evakueringen inleds

Under morgonen den 27 maj, anlände den första sändningen brittiska soldater till England från Frankrike ombord änterfartyget *Mona's Isle*. Denna transport bådade inte gott för den fortsatta operationen. I tunnlarna under Dover Castle hade planer inför evakueringen pågått sedan några dagar tillbaka. Uppdraget hade lämnats till amiral Bertram Ramsay, chefen för jagarflottiljen vid Dover, och hans fartyg hade redan evakuerat en del baspersonal från Frankrike. Vad som skulle hända när den slutgiltiga ordern om tillbakadragande gavs, var en helt annan sak. Under en kort paus skrev han några rader till sin hustru:

> Saker och ting är så desperat allvarliga. [...] Jag har nu fått ansvaret för vad som kommer att hända. Det blev ingen säng för någon av oss inatt och troligtvis inte heller för många nätter framöver. Jag är så trött att jag knappt kan hålla ögonen öppna, och det är likadant för oss alla. [...] Vi har talat i telefon med alla från premiärministern och nedåt och situationen blir mer och mer problematisk för varje timme. [Jag kommer att] tvingas beordra fartyg till platser där de kommer att bombas i flammor och skicka trupper till vad jag vet är ett inferno...[249]

Mona's Isles ankomst till Dovers hamn verkade bekräfta Ramsays farhågor. Fartygets befälhavare, kapten R. Duggan, berättade att fartyget blivit beskjutet redan under anloppet mot Dunkerque. Skotten kom dels från enstaka kanoner längs kusten, dels från kustbatterierna vid Calais, som nu var i tyska händer. ”Granater flög runt omkring oss”, sade han. ”Fartyget genomborrades av splitter. Sedan angreps vi från luften. En Junkers stört-

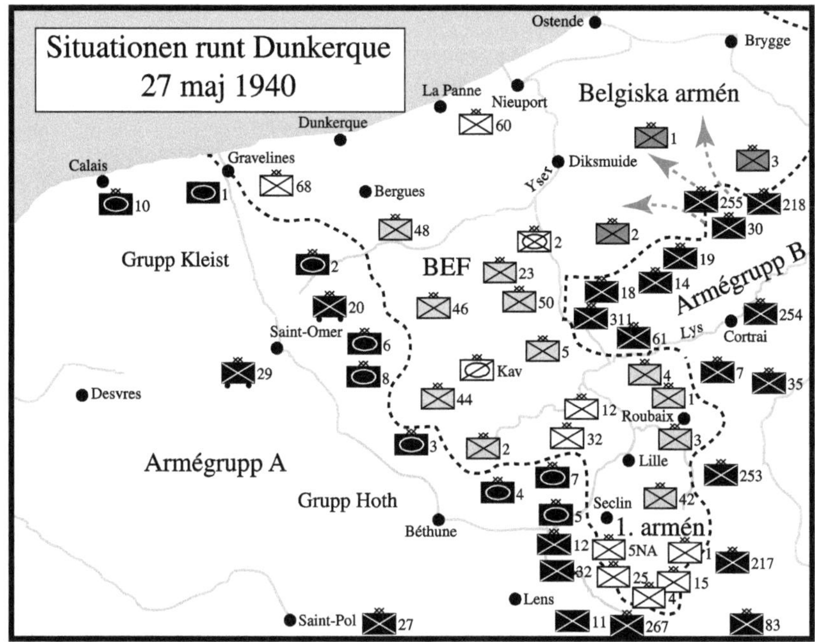

dök mot oss och släppte fem bomber, men även den hade siktat dåligt; jag skulle gissa femtio meter ifrån oss."[250]

Under beskjutning från tyskt fältartilleri lastade *Mona's Isle* ombord 1 420 soldater och satte kurs mot Dover. Hon angreps på nytt från luften, denna gång av ett jaktplan som beströk det fullastade däcket med sina automatvapen. Trots att fartyget undsluppit att sänkas var priset för de evakuerade soldaterna högt. När *Mona's Isle* ankom till Dover var 23 soldater döda; ytterligare 60 hade sårats.[251]

Mona's Isles öde kom som ett tidigt avbräck i operation *Dynamo*. De allierade planerarna hade inledningsvis hoppats på att kunna använda Calais, Boulogne och Dunkerque som evakueringshamnar, men tyskarna hade tagit Boulogne, och den 26 maj hade även Calais fallit efter ett heroiskt motstånd från den brittiska garnisonen. Alltså återstod endast Dunkerque, men den mest direkta rutten mellan denna hamn och Dover – den 39 sjömil långa Z-rutten – hotades nu av tyskt artilleri vid Calais. Två andra rutter fanns. Den ena var den 55 sjömil långa X-rutten, som tvingade fartygen från Dover norrut, runt Godwin Sands-revet, för att sedan kröka av i en västsydvästlig riktning, så att den löpte norr om de tyska kanonerna. Här

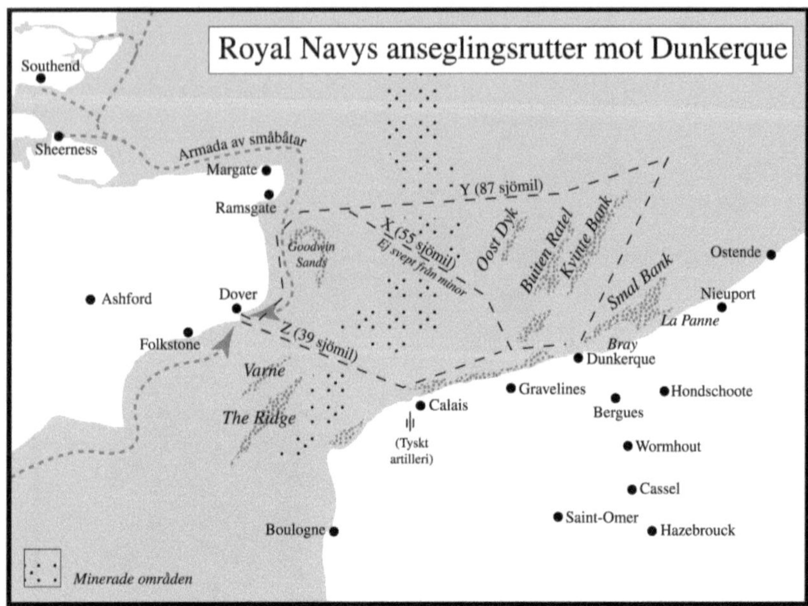

var det främsta problemet att fartygen därmed skulle tvingas gå igenom ett franskt minfält som ännu inte svepts. Den andra färdvägen – den 87 sjömil långa Y-rutten – var tillfälligtvis säkrare, men skulle ta avsevärt längre tid att segla, och även den skulle komma inom räckhåll från tyskt artilleri när fienden närmade sig Dunkerque norrifrån. Bägge rutterna hade trånga passager som var närmast omöjliga att navigera i hög sjö. I väntan på att minorna längs X-rutten sveptes tvingades Ramsay att använda Y-rutten.[252]

I gryningen den 27 maj hade tyska bombplan ur KG1, KG4 samt KG54 gjort en massiv räd mot Dunkerque och lämnat stor förödelse bakom sig. Den stora franska kanalångaren, *Cote d'Azur*, sänktes och delar av hamnen skadades så svårt att det inte ansågs möjligt att gå in med större fartyg. De brittiska örlogsfartygen lämnade området runt hamnen och lät istället sina mindre farkoster hjälpa till att lasta ombord trupperna.[253] Flyganfallen fick dock en positiv effekt ur de allierades synvinkel. Bomberna träffade en större bränsledepå som fattade eld. Detta resulterade i ett jättelikt rökmoln, som skymde hamnen och stränderna från luften och försvårade uppgiften för efterföljande tyska flygstyrkor.

Det stod snart klart att det befintliga antalet evakueringsfarkoster var alldeles för lågt. Bristen gällde framför allt mindre båtar. Dessa var viktiga eftersom de kunde gå in till stränderna och lasta i soldater, som sedan överfördes till jagarna eller andra större farkoster. För att i all hast anskaffa dessa småfarkoster rekvirerade det brittiska sjöfartsdepartementet ett stort antal segelbåtar, fiskeskutor och liknande, allt som flöt och för egen maskin kunde korsa Kanalen. Få ägare till dessa farkoster protesterade. Allmänheten hade ännu inte fullt klart för sig hur kritisk situationen var, men att slaget gick dåligt för de allierade stod ändå klart. Många båtägare anmälde sig omedelbart att hjälpa till. Många av dem skulle snart befinna sig på väg mot Dunkerque, medan deras ovetande hustrur trodde att de höll på med sina dagliga, ofarliga sysslor. Inom kort konvergerade en stor mängd mindre farkoster mot Dover där armadan skulle samlas.

Under tiden, på andra sidan Kanalen, retirerade tusentals allierade soldater genom den allt smalare ”korridoren” mot kusten. För att undvika trafikproblem hade franska och brittiska trupper tilldelats olika vägar, men dessa order ignorerades och snart befann sig förbanden hopplöst ihopblandade, en gigantisk massa av människor med endast ett mål för ögonen – att komma ur fällan innan tyskarna skar av dem.

Syftet med reträtten uppfattades olika av fransmän och britter. De förstnämnda såg den endast som ett tillbakadragande till en ny position med ryggen mot havet; för de senare var det en flykt mot kusten och räddningen. I bägge fallen var det en kapplöpning mot klockan. Situationen blev inte lättare när stora skaror civila som lämnat sina hem nu blandades med soldaterna: en salig röra av motorfordon, cyklar, hästkärror och fotgängare, samtliga påskyndade av mullret från kanonerna och *Luftwaffe* som bombade och besköt allt som rörde sig på vägarna. Än så länge höll de trupper som skyddade korridoren tyskarna stången, men fienden behövde bara bryta sig igenom på någon punkt för att flera divisioner skulle gå förlorade. ”Vi kunde inte stanna och ta hand om sårade”, mindes George Fisher, en ung artillerist, ”och vi var tvungna att fortsätta fastän kamrater ropade på hjälp. Det var som att vandra genom eld.”[254]

•

Den 27 maj förvärrades läget. Den belgiska armén, som fortfarande skyddade den allierade vänsterflanken, genombröts på flera punkter av Reichenaus trupper. De sista belgiska reserverna kastades in i linjen, men situationen var hopplös. Kung Leopold, vars soldater hållit ut i tre dygn sedan regeringen lämnat Brygge, beslutade sig för att ge upp kampen. Vid middagstid bad han att lord Gort skulle underrättas om att en kapitulation var nära. Några timmar senare underättades de brittiska och franska ambassadörerna och militärattachéerna att kungen ämnade begära vapenstillestånd med Tyskland vid midnatt mellan den 27 och 28 maj.[255] Tyskarna krävde kapitulation utan förbehåll. Leopold accepterade. Givetvis krävdes att soldaterna omedelbart skulle lägga ned vapnen och att tyska trupper skulle få framrycka genom det område som belgarna nyligen försvarat. Vägen mot Dunkerque låg därför vidöppen.

När kapitulationen verkställdes, befann sig de norra allierade arméerna i en ficka mellan Gravelines i väster och Brygge i öster. Fickan var ungefär 80–90 kilometer bred, från öst till väst, 40–45 kilometer djup i öster och hade en 70–80 kilometer djup korridor som sträckte sig ned till Lille i väster. I denna korridor retirerade BEF och vad som återstod av 1. franska armén.

Eftersom den belgiska armén hållit den östra delen av fickan, öppnades nu en 30 kilometer bred lucka där tyskarna kunde avancera mot Dunkerque. Uppgiften att stänga denna föll på general Brookes 2. kår, som brådstörtat skickade förband att ockupera de viktiga övergångarna längs floden Yser. Där skulle en ny front bildas. Faran avvärjdes i sista stund. Vid Nieuport lyckades tyskarna erövra ett mindre brohuvud på den västra sidan innan de stoppades. Vid Diksmuide sprängdes bron endast några minuter innan fienden kunde storma över floden.[256] I skymningen den 28 maj hade läget stabiliserat sig och katastrofen tillfälligt avvärjts. Tyskarna stod dock så nära att deras artilleri nu kunde beskjuta männen på stränderna vid La Panne.

Det sämre vädret den 28 maj – låg molnighet och regnskurar, både över kusten och de tyska flygfälten – försvårade *Luftwaffes* möjligheter att agera mot evakueringsflottan.[257] Till detta kom dammet och röken som smälte samman med de undre molnlagren och svepte in Dunkerque i ett skyddande täcke. En annan omständighet som verkade till de allierades fördel var upptäckten att det gick att använda den östra vågbrytaren som pir. Flera brittiska jagare lämnade sina platser utanför stränderna och tog åter ombord soldater direkt från hamnen. Denna åtgärd innebar att långt fler soldater kunde evakueras.

Dessa faktorer till trots, var läget fortfarande kritiskt. Större delen av BEF befann sig ännu i korridoren och delar av den franska 1. armén hade blivit avskurna och omringade runt Lille. Det stora passagerarfartyget *Queen of the Channel* sänktes av tyska bomber och *Maid of Orleans* skadades av både bomber och artillerield. Det beslutades att fartyg av denna typ endast skulle korsa Kanalen under de mörka timmarna.

Snart började soldaterna anlända i allt större omfattning. Från La Panne i öster till Dunkerque i väster samlades de: trötta män, sårade män, soldater som kastat ifrån sig sina vapen och bara hade en tanke i huvudet – att få tag på något fartyg för att ta sig hem till England. Köerna på vågbrytaren eller ut i vattnet blev allt längre. Det var inte bara de sporadiska bombanfallen och den mer ihållande artillerielden som tärde på männens nerver och uthållighet; en allt större brist på föda och framför allt vätska ökade deras umbäranden. För de flesta var väntan förgäves. De skulle inte komma med denna dag, och när skymningen föll sköljdes liken av de män som drunknat iland längs stränderna; mörka, groteska bylten som guppade i vattenbrynen. Ovanför hängde rökmolnet från de brinnande oljecisternerna med underkanten mörkröd i skenet från bränderna, ungefär som det inferno Ramsay beskrivit i brevet till sin hustru.

Och operation *Dynamo* hade bara börjat.

Inrikespolitisk framgång

Samtidigt som allt fler fartyg av alla sorter stävade över Kanalen för att hämta hem de brittiska soldaterna, fortgick striden inom det brittiska krigskabinettet. Det tidiga mötet den 27 maj förflöt tämligen lugnt, även om det präglades av en allmän dysterhet. Det förestående allierade anfallet mot Narvik diskuterades, därefter resultatet av flygkriget som det utvecklat sig de senaste veckorna. Chamberlain höll ett längre anförande om sina åsikter beträffande CSC:s promemoria dagen före. Han sade att man inte borde överdriva värdet av amerikanska bidrag den närmaste tiden, någonting som Churchill höll med om. Efter ytterligare analyser av flygkriget ajournerades mötet för en sen lunch.

Klockan 16.30 samlades man på nytt och nu tog samtalet en sådan vändning att det höll på att leda till en öppen brytning mellan Churchill och Halifax. Frågan om medling via Mussolini diskuterades åter. Premiärministern deklarerade nu att han var helt emot ett franskt närmande till Italien och att det räckte med det som skulle förmedlas via den amerikanske presidenten. Flygminister Archibald Sinclair, som var närvarande vid mötena denna dag, höll med Churchill. Tecken på västallierad politisk svaghet skulle endast främja axelmakterna i deras beslutsamhet, menade han. Attlee och Greenwood var inne på samma linje. ”Det finns inte någon möjlighet att rädda Frankrike från dess svårigheter”, sade den senare. ”Om det blev känt att vi bjudit ut brittiska territorier, skulle konsekvenserna bli fruktansvärda. Det vore katastrof att gå längre med dessa närmanden.”

Halifax svarade att han inte kunde förstå varför ett franskt närmande skulle tyda på större svaghet än ett amerikanskt, när Mussolini ändå skulle förstå att initiativet i bägge fallen emanerade från Frankrike *och* Storbritannien.[258] Den möjliga vinsten av en dialog med Mussolini överskuggade eventuella negativa effekter.

Churchill menade dock att Mussolini endast skulle möta ett närmande med förakt. ”För närvarande är vår prestige i Europa mycket låg”, sade han. ”Det enda sättet att få den åter är att visa att Tyskland inte har slagit oss. Låt oss därför undvika att dras med nedför den hala sluttningen tillsammans med Frankrike. Avsikten med hela den här manövern är att få oss så djupt inblandade i förhandlingar att vi omöjligen kan dra oss ur dem.”[259]

Chamberlain föreslog en kompromiss. I avsikt att hålla fransmännen på ”gott humör” menade han att man borde leka med förslaget några dagar, för att på så vis undvika att ge Paris ett blankt nej. Man var ju i vilket fall som helst tvungen att invänta reaktionen på Roosevelts närmande.

Men Chamberlains försök till medling gick förlorat när Churchill yttrade sig på ett sätt som retade den rationelle Halifax. ”Om det värsta skulle inträffa”, sade premiärministern, ”så vore det inte så illa om Storbritannien gick under, kämpande för de andra länder som störtats av det nazistiska tyranneriet.”

Halifax påpekade med återhållen ilska att Churchill föregående dag hade sagt att han var beredd att acceptera förlusten av några territorier om Storbritannien kunde ta sig ur de rådande svårigheterna. Nu verkade det som om han istället förordade en kompromisslös strid till sista man. Halifax kunde inte acceptera den åsikt som framfördes av Churchill om en lösning kunde uppnås, där de fundamentala omständigheter som var avgörande för Storbritannien inte äventyrades.[260] ”Premiärministern har sagt att två eller tre månader kommer att visa om vi kan stå emot flygangreppet”, sade han. ”Detta innebär att vårt lands framtid beror på om fienden träffar våra flygplansfabriker eller ej.”

Halifax var beredd att ta en sådan risk om landets självständighet stod på spel, men om den inte gjorde det ansåg han det rätt att acceptera ett erbjudande om det räddade landet från katastrof.[261] Han gjorde ett kort uppehåll och avslutade sedan med en direkt fråga till Churchill: "Om den franska armén bryter samman", sade han, "och herr Hitler erbjuder Frankrike fred. Om fransmännen svarar att de inte kunde besluta om separatfred på egen hand och herr Hitler erbjuder *både* Frankrike och Storbritannien fredsvillkor – skulle ni vara beredd att ta dessa i beaktande?"

I detta läge hade Halifax övergivit frågan om medling via Italien. Vad saken gällde var huruvida Churchill överhuvudtaget var beredd att nå en uppgörelse med Tyskland. Halifax hyste inga förhoppningar att Storbritannien skulle kunna resa sig från det nederlag som nu tycktes ofrånkomligt. Landets politik hade under århundraden varit att försöka upprätthålla en maktbalans på kontinenten. Detta hade misslyckats under trettiotalet. Det sista fredsåret hade man istället försökt få till ett förbund av stater för att möta det växande Tyskland. Även detta hade misslyckats. Halifax kände ingen sympati för Hitler, men ansåg att denne vunnit. Att fortsätta kampen skulle endast leda till meningslös blodsutgjutelse, sämre förhandlingsposition och sämre fredsvillkor. Om det fanns en möjlighet att få fram en kompromisslösning med Hitler borde denna undersökas.

Churchill var mer benägen att bjuda motstånd, kanske i viss utsträckning eftersom han alltid närt en stark fascination för krig. Men här fanns även vetskapen att detta krig var betydligt viktigare än de som Storbritannien utkämpat i det förgångna. Medan Halifax resonerade om *Storbritannien och imperiet*, såg Churchill *Europa*. Han kunde inte säga exakt vad som skulle hända om Hitler vann, men visste instinktivt att det skulle bli oändligt värre än bara några gränsjusteringar i kartböckerna. Den västerländska civilisationen stod på spel och britterna måste bortse från sina egenintressen. Föll Frankrike måste Storbritannien hålla ut tills man kunde få en ny bundsförvant i USA eller kanske Sovjetunionen, för om Storbritannien gav vika fanns ingen kvar att bestrida Nazitysklands krav.

Beträffande Storbritanniens förhållande till Frankrike, såg Churchill det hela utifrån en strikt militär synvinkel. Med Frankrike ur leken skulle Hitlers naturliga åtgärder vara antingen en invasion eller en fullskalig bomboffensiv. Britterna behövde tid att rusta för dessa utmaningar, framför allt om BEF skulle gå förlorad på kontinenten. Om Frankrike kunde hålla ut tillräckligt länge skulle hösten och vintern göra ett tyskt invasionsförsök av England omöjligt. Varje dag som fransmännen fortfarande gjorde motstånd åderläts tyskarnas manskap och resurser, och – viktigast av allt – de förlorade värdefull tid. Att inveckla sig i dialog med Hitler skulle leda till att fransmännens motståndsvilja minskade och därför också till en snabbare tysk seger.

Inför Halifax direkta fråga valde Churchill dock att retirera; kanske för att inte fösa tillbaka den nu tvekande Chamberlain till utrikesministerns läger. ”Jag kommer inte att be om fredsvillkor tillsammans med fransmännen”, svarade han, ”men om jag blev informerad om vad dessa innehöll, skulle jag vara beredd att ta dem i beaktande.”[262]

Kort därefter ajournerades mötet och Halifax bad Churchill att följa med honom ut i trädgården för ett samtal mellan fyra ögon.

Hade Halifax tänkt avgå eller *hota* med att avgå om inte Churchill mildrade sin kompromisslösa inställning till medling? Vad var det Halifax ville säga honom som inte de övriga ministrarna skulle få höra eller sekreterarna registrera för eftervärlden? Vi kan bara gissa. Varken Halifax eller Churchill har lämnat någon redogörelse för vad som sades under det cirka femton minuter långa samtalet, men ögonblicket före hade Halifax sagt till sin sekreterare, Alexander Cadogan, att han inte kunde arbeta med Churchill längre. Cadogan hade då svarat att Halifax borde besinna sig. ”Hans skrävel tröttar troligtvis ut dig lika mycket som mig”, sade sekreteraren, ”men gör ingenting dumt under påverkan av detta.”[263]

Efter mötet skrev Halifax i sin privata dagbok:

> Jag ansåg att Winston talade ren dynga, Greenwood likaså, och *efter att ha lyssnat på dem en stund sade jag exakt vad jag ansåg om dem, med tillägget att om detta verkligen var deras åsikt, och om det kom till kritan, måste våra vägar skiljas* [förf. kursivering] [...] Det gör mig förtvivlad när [Churchill] hetsar sig till sina känslomässiga utbrott när han borde se till att hjärnan tänker och resonerar.[264]

Det faktum att bägge männen tog med sig hemligheten i graven, gör att man kanske ger promenaden större betydelse än den hade. Inte desto mindre var det ett viktigt ögonblick. När Churchill och Halifax sällade sig till de övriga hade spänningen mellan dem minskat något, och den senare var fortfarande Storbritanniens utrikesminister.

Men saken var för den skull inte avgjord.

Den 28 maj kapitulerade den belgiska armén. Situationen för de inringade brittiska och franska styrkorna förvärrades. Krigskabinettets första sammanträde ägde rum vid middagstid och samtalet rörde i huvudsak den belgiska kapitulationen. Duff Cooper, den brittiske informationsministern, oroades över det faktum att den engelska allmänheten ännu inte visste vad som hände på andra sidan Kanalen. Om folk inte fick veta hur det gick i Frankrike, menade han, hur skulle de då kunna lita på regeringens försäkran om slutlig seger.[265] Churchill höll med honom. Samma eftermiddag talade han inför underhuset, där han medgav att läget var mycket allvarligt och att alla måste stålsätta sig inför ännu större prövningar. Han sade också att han skulle ge underhuset en redogörelse för händelserna i Frankrike inom en vecka.

Några timmar senare hade krigskabinettet åter samlats och trots att London nåtts av nyheten att Narvik hade återerövrats av polsk-franska styrkor, var frågan om förhandlingsfred åter den viktigaste punkten på dagordningen. Dispyten mellan Churchill och Halifax blossade upp på nytt, eftersom utrikesdepartementet låtit förstå att den italienska ambassaden bara behövde en indikation från britterna för att sätta hjulen i rullning. Halifax stod fast vid sin åsikt att detta var den bästa tidpunkten för samtal med Tyskland. Inom kort skulle det vara för sent. Churchill svarade att en dialog med Hitler vore katastrofal. Den skulle inte endast inverka negativt på den brittiska motståndsviljan, utan även leda till att Storbritannien blev presenterad fredsvillkor som hon ändå inte kunde acceptera. ”Och när vi vid denna tidpunkt reser oss för att lämna konferensbordet”, sade han, ”skulle all den styrka och beslutsamhet som nu står till vårt förfogande ha övergivit oss.”[266]

Attlee och Greenwood instämde med Churchill. De var oroliga för att blotta ryktet om förhandlingar med Tyskland skulle få ödesdigra konsekvenser för motståndsviljan, speciellt hos arbetarklassen. Chamberlain – som hade obehagliga minnen från sina egna förhandlingar med Hitler – avstyrde en konfrontation genom att säga att han i princip höll med Halifax om att det vore rätt att överväga alternativ till fortsatt krig, men att ”detta möjligen inte är rätta tillfället, om vi ser realistiskt på det.”[267]

Genom att inte stödja Halifax tog Chamberlain i praktiken parti för Churchill. Om den forne premiärministern stödde Churchills linje innebar det automatiskt stöd från majoriteten av de konservativa. ”Objektivt sett”, avslutade Chamberlain, ”är det viktigt att komma ihåg att alternativet till fortsatt strid innebär ett stort vågspel.”[268]

·

Chamberlains ställningstagande avgjorde för tillfället diskussionen. Klockan var nu 17.00 och mötet ajournerades för att fortsätta två timmar senare. När Halifax, Chamberlain och de bägge Labour-männen lämnat rummet för en timmes paus gjorde Churchill en oväntad manöver. Eftersom krigskabinettet sammanträtt i parlamentsbyggnaden kunde han snabbt sammankalla de övriga medlemmarna av regeringen och snart hade mer än 30 personer trängt ihop sig i det lilla rummet. Här blev de vittnen till ett av Churchills enastående uppträdanden: en föreställning full av energi och stridslust, men ändå tydlig när det kom till hur svår situationen hade blivit. Han sade att frågan om förhandlingar med Tyskland nu hamnat på dagordningen, och att han funderat över om det låg inom hans ansvarsområde att inleda sådana.

”Det vore fåfängt att tro”, sade han, ”att vi skulle få bättre villkor om vi skulle sluta fred nu, än om vi kämpade oss igenom det. Tyskarna skulle kräva att få vår flotta, våra flottbaser och mycket mer. Vi skulle bli en slavnation även om det bildas en brittisk regering under Mosley[269] eller någon liknande person.”[270]

Han fortsatte genom att beskriva den svåra situationen vid Dunkerque; sade att han hoppades kunna rädda 50 000 man, men att 100 000 skulle vara magnifikt. Han talade om hur RAF gav *Luftwaffe* en ordentlig omgång, hur de brittiska trupperna uthärdade bombningen med beundransvärd uthållighet på stränderna och att USA så småningom skulle reagera positivt på Storbritanniens hjältemodiga motstånd. Han avslutade genom att säga att oavsett vad som hände vid Dunkerque så skulle man fortsätta kampen. ”Om den långa historien om denna ö skall nå sitt slut”, avslutade han, ”låt så ske endast då var och en av oss ligger på marken och kvävs i sitt eget blod.”[271]

I detta ögonblick bröt en storm av applåder ut i det begränsade utrymmet. Personer som tidigare varit emot Churchill gratulerade honom, vissa dunkade honom till och med i ryggen. Han hade vunnit dem alla över på sin sida. Inte genom förnuft och eftertanke – för detta skulle ha varit en oändligt mycket svårare, kanske till och med omöjlig uppgift – utan genom att vädja till deras nationella stolthet och motståndsvilja. Det var en känslornas seger över logiken. Det var också ett viktigt ögonblick i historien, för om den brittiska regeringen istället influerats av Halifax eller andra som förordade en dialog med Hitler, skulle troligen tyskarna ha vunnit kriget i väst. Nu enades regeringen i en motståndsvilja som inte existerat sedan krigsutbrottet.

Kort därpå samlades krigskabinettet åter. Churchill informerade dem om vad som just blivit sagt och hur regeringen reagerat. Halifax insåg att han förlorat; åtminstone för tillfället.[272] När BEF lagt ned sina vapen i Frankrike kunde han ta upp diskussionen på nytt, då med betydligt starkare argument.

Krigskabinettet enades om ett svar till fransmännen. Det skulle för närvarande inte bli några förhandlingar med Tyskland.

Senare samma kväll nåddes London av nyheten att 17 800 brittiska soldater evakuerats från Dunkerque.

Var är Fighter Command?

Brittiskt jaktskydd hade utlovats för att täcka evakueringen, men för de slutkörda soldater som trängdes på stränderna eller marscherade västerut längs de dammiga vägarna, verkade det som om RAF övergivit dem. De enda plan som tycktes flyga ovanför var de med svarta kors på vingarna.

Fighter Command hade fått i uppdrag att upprätta maximalt jaktskydd över Dunkerque, från morgon till kväll, samt att eskortera egna bombplan vid behov. Utöver detta skulle jaktdivisionerna vara beredda att skydda England från tyska flygangrepp. Denna uppgift föll på Keith Park och 11. eskadern, och var närmast omöjlig att utföra. Till sitt förfogande hade Park endast 16 jaktdivisioner, ungefär 200 plan, mot de 300 bombplan och 550 jaktplan som *Luftwaffe* avsatte till detta frontavsnitt.[273] Dowding accepterade aldrig fler än 16 divisioner per dag, men tillät rotering så att inga enheter skulle befinna sig i strid längre än några dagar i sträck.[274] Park fick välja mellan att ha kontinuerligt flygskydd ovanför Dunkerque med endast en eller två divisioner i sänder, eller att skicka ut större styrkor, men med luckor mellan uppdragen. I det första fallet skulle det finnas RAF-plan konstant i området, men kostnaden i brittiska jaktplan skulle bli högre eftersom *Luftwaffe* lätt kunde maximera insatsen vid tidpunkten för sina anfall. I det andra fallet minskade flygförlusterna, men de tyska bombplanen skulle få fritt fram om de fann en lucka mellan de brittiska patrullerna. Under de första dygnen tillämpades det tidigare tillvägagångssättet. Det ersattes snart av allt större formationer.

Ingendera lösningen var effektiv och de allierade soldaternas utsatta läge skulle snart resultera i anklagelser att RAF inte gjorde någonting för att stoppa *Luftwaffe*. Kritiken var förhastad. *Fighter Command* var där, men oftast angreps de tyska planen inte ovanför Dunkerque, utan under sina anflygningar.[275] Dessa strider skedde givetvis utom synhåll från männen på stränderna. En annan orsak till att soldaterna inte kunde se flygstriderna, var att bägge sidor sökte sig allt högre i avsikt att vinna taktisk fördel. Ovanför Dunkerque inleddes den strid om höjdövertaget som skulle komma att prägla bataljerna ovanför England. Nedifrån marken blev planen därmed så små att de knappt gick att urskilja med blotta ögat. En tredje orsak låg i det faktum att varken arméns eller flottans folk kände igen sina egna flygplanstyper. Löjtnant Arthur Hope, 601. divisionen tvingades nödlanda någonstans mellan Calais och Dunkerque och fick skjuts till Bergues, där han tog kontakt med ett brittiskt brigadhögkvarter. Medan han var där gick flyglarmet, och han steg ut i det fria för att se vad som stod på. Ovanför passerade en brittisk division på cirka 5 000 meters höjd.

> Medan jag betraktade dem skrek några av [stabspersonalen] att jag skulle ta skydd och jag svarade att detta var tämligen onödigt eftersom det var våra egna plan där ovanför. [...] Detta svar förvånade [dem] och de erkände att de inte visste att alla brittiska plan hade den ena vingen på undersidan målad vit och den andra svart. De hade ofta sett plan med denna markering och trott att de var tyskar. Inte ens vid en så viktig enhet som en brigadstab, kände man till RAF:s markeringar.[276]

Ovanför Dunkerque blev Al Deere nedskjuten för första men långt ifrån sista gången. Femtiofjärde divisionen hade varit uppe tidigt på morgonen för den första patrulleringen. Vid den franska kusten stötte de på ett ensamt bombplan och angrep detta, men Deeres kylsystem träffades av fiendens svarseld och han tvingades kraschlanda på stranden i närheten av Nieuport. Han lyckades ta sig ur maskinen innan den övertändes och övertygade en fransk soldat att han var *Anglais*, varför soldaten beslutade att det inte var värt att slösa ammunition på honom. Resten av morgonen tillbringade han hos en belgisk familj, vartefter han satte av till fots i ett försök att ta sig till Ostende och därifrån med båt till England. Knappt hade han kommit ut på vägen förrän flyktingströmmen svepte honom med sig i motsatt riktning – mot Dunkerque. Först nu fick han veta att tyskarna redan tagit Ostende och stod endast några kilometer bort. Han lyckades ta sig ombord en buss, ”lånade” därefter en cykel för några kilometer och fick sedan lift av några brittiska soldater som tog honom med i sitt fordon. De berättade om den katastrof som drabbat BEF, och det var först nu som det gick upp för Deere hur illa det var ställt i Frankrike. Han beslutade sig för att han måste tillbaka till divisionen så fort som möjligt.

När de nådde Dunkerque tvingades Deere och soldaterna lämna fordonet eftersom bilvrak, nedfallen bråte och telefonledningar blockerade infarterna. De fortsatte till fots. Flygaren skiljdes från sina vänner. Vid en av stränderna kom han i kontakt med en marinlöjtnant. Denne anmodade honom att vänta på en av jagarna, men när Deere skulle kliva ombord stoppades han av en uppretad armémajor. ”Vart i helvete är ni på väg?”, frågade majoren och ställde sig i vägen för honom. ”Kliv ned och vänta på er tur!”

”Jag är officer i RAF”, svarade Deere, som förstod att en lånad regnjacka, smutsen och det bandage som den belgiska familjen bundit om hans skadade huvud utplånade alla spår av vem han var.

”Jag ger blanka fan i vem ni är. Ställ er i kön!”

”Jag försöker bara ta mig tillbaka så fort som möjligt”, kontrade Deere, ”för att ansluta mig till min division som opererar här ovanför.”

”Med tanke på den nytta ni gör häröver kan ni lika gärna stanna på marken.”

Deere förbannade majoren, sade att denne inte hade någon befälsrätt över flygpersonal, varpå han pressade sig förbi. Han hade dock fått erfara den ilska som armén kände gentemot RAF och när han äntligen var ombord på jagaren, placerades han tillsammans med en samling arméofficerare. Hans närvaro genererade en besvärande tystnad och till slut kände sig Deere manad att fråga: ”Vad har RAF gjort för att ni ska vara så vänliga?”

”Just det”, replikerade en av officerarna bittert. ”*Vad* har RAF gjort?”

Deere valde att inte diskutera saken. Han hade sett soldaterna på stranden skjuta på en skadad Spitfire och han hade hört ljudet av kulsprutor ovan molnen, högt ovanför stränderna. Men soldaterna på stränderna ville *se* de brittiska jaktplanen för att veta att de var där.

Med tiden skulle de förstå.

Jagaren bombades från luften, men klarade sig utan skador. Några timmar senare stod Deere åter på engelsk mark vid Dover, varifrån han tog ett tåg till London. Kort före midnatt klev han in på officersmässen vid Hornchurch. Han hade varit borta i 19 timmar.[277]

Arméns och flottans bitterhet över RAF:s ”frånvaro” ovanför Dunkerque skulle – hur felaktig den än var – sitta i länge. Det var ett beklagligt förhållande, för de brittiska jaktflygarna gjorde vad de kunde för att hålla fiendeflyget borta, och de stora flygförlusterna över Dunkerque kom som en obehaglig överraskning för *Luftwaffe*. I Spanien, Polen och Norge, hade det tyska flyget haft oinskränkt luftherravälde eller stridit mot fiender med sämre, ibland direkt uråldrig utrustning. Under den inledande fasen av invasionen i väst skärptes motståndet, men övertaget hade bibehållits. Nu förändrades läget.[278] Plötsligt slogs de tyska jaktplanen mot brittiska Spitfire, som för första gången användes i större antal. Detta jaktplan var Bf 109:an jämbördig i de flesta avseenden – överlägsen i vissa – och flögs av piloter som hade väntat länge på att få använda sina moderna maskiner i riktig strid.

En av de mer erfarna Spitfirepiloterna var den sydafrikanske kapten Adolph ”Sailor” Malan, som skulle bli en av de främsta brittiska flygarässen. Malan var redan 30 år fyllda och därmed betydligt äldre än den genomsnittlige piloten inom *Fighter Command*, men han besatt en träffsäkerhet och flygskicklighet som enligt vissa bedömare kunde mäta sig endast med Supermarines egna testpiloter. Utöver sina egenskaper som flygare var han även en given ledarfigur. ”Jag har sällan blivit mer imponerad av någon”, skrev kapten Cuthbert Orde, som gjorde teckningar av piloterna inom RAF. ”Malan hade ett starkt ansikte, ett lågmält uppträdande och en auktoritet som gjorde klart att detta var en chef med stor beslutsamhet och förmåga.”[279]

Den 27 maj ledde Malan en grupp Spitfire ur 74. divisionen – ett förband som under första världskriget innehållit dåtidens främste brittiska flygaräss, Edward Mannock – när han siktade en formation Bf 109. Malan och hans män hade flugit runt bland molnen ovanför Dunkerque utan att hitta några fiender och det var först när de vände hem som de upptäckte 109:orna bakom sig och på aningen högre höjd. Eftersom Malan redan listat ut några av svagheterna med förkrigstidens stridstekniker, delade han upp divisionen i sex rotar och gick till angrepp mot fienden. I den påföljande striden gjorde britterna anspråk på fem nedskjutna tyskar utan att ha lidit någon egen förlust.[280]

Andra brittiska Spitfirepiloter var mer oerfarna och flög in i slaget ovanför Dunkerque med föga aning om vad som förestod. ”Jag kände ingen fruktan, bara den intensiva spänningen före en tävling”, skrev fänrik Tony Bartley, 92. divisionen, som flög sitt första stridsuppdrag under evakueringen. ”Det faktum att detta kunde bli kamp till döden föll mig aldrig in.”

Ovanför Dunkerque fick Bartleys förband syn på ett antal Bf 109:or som fortfarande inte upptäckt dem. Order gavs och Spitfireplanen dök. Bartley såg hur ett fiendeplan växte framför honom.

> Jag undrade hur snart han skulle upptäcka mig där jag närmade mig, eller om jag skulle knipa honom ovetande. Plötsligt svängde han i en snäv vinkel,

> men jag svängde ännu snävare. Jag såg honom hukande i cockpiten, med blicken vänd mot mig, när jag höll honom i siktet och pressade avtryckaren. [...] Sedan hörde jag hur kulor slog in i [mitt eget plan] och såg hans kamrat svepa förbi. Jag hade glömt att hålla uppsikt bakåt. Jag var ilsken nu och förberedde en andra attack, när Paddys flygplan dök upp framför mig. Han träffade 109:an med en lång salva. [...] Flygplanet rollade och spydde ut piloten. Jag var tillräckligt nära för att se hans huva flyga av, ett blekt ansikte och blont, groteskt fladdrande hår.[281]

Bartley hade turen att överleva sina första uppdrag. För andra gick det sämre och ovanför Dunkerque förändrades i viss mån den brittiska synen på de tyska jaktpiloterna. Hittills hade luftstriderna ägt rum över stora ytor. Sammandrabbningarna hade varit slumpmässiga och småskaliga. Det var därför svårt att göra ordentliga utvärderingar av de individuella stridsrapporterna. Nu möttes *Luftwaffe* och RAF över ett tämligen litet område, ofta i strid jaktplan mot jaktplan. Skillnaden i taktisk kompetens blev mer uppenbar. Även om britterna hade ett utomordentligt bra plan i sin Spitfire, var deras piloter underlägsna tyskarna. *Fighter Command* fick betala för sina framgångar. Under den 26 maj gick elva brittiska jaktplan förlorade. Dagen därpå sköts 20 ned, den 28 maj ytterligare 14 stycken. Av dessa var 17 Spitfireplan.[282]

Efter att tidigare ha flugit kontinuerliga patruller med mindre enheter, hade *Fighter Command* nu övergått till större formationer med större intervaller. Morgonen den 29 maj hade bjudit på hög molnighet, vilken tillsammans med röken från oljecisternerna fortfarande hade skyddat stränderna från *Luftwaffe*, men under eftermiddagen klarnade det och aktiviteten i luften ökade. Fyra brittiska divisioner, två med Hurricane som flög på lägre höjd, och två med Spitfireplan som låg på 25 000 fot, angreps av 109:or från *Udet-Geschwader* och *Schlageter*. Först attackerades Hurricaneplanen av en tysk styrka som störtade ned mot dem från molnen. När Spitfireplanen skulle ingripa blev även de påhoppade bakifrån. Utfallet var helt till tyskarnas fördel. Tio Hurricane- och Spitfireplan förstördes. De brittiska piloterna rapporterade att de hade skjutit ned femton tyska plan i denna strid, men detta anspråk verkar ogrundat. *Schlageter* utgjorde merparten av den tyska styrkan och hade endast en förlust den 29 maj, ett plan som nödlandade vid Beerst.[283]

Värre gick det för de tyskar som försökte smyga sig på major P. A. Hunters 264. division, utrustade med Defiantplan. Det var första gången de tyska Bf 109-piloterna stötte på detta plan och deras normala taktik fick katastrofala följder. Sex tyska plan dök mot sina mål. För sent upptäckte piloterna att det varken var Spitfire- eller Hurricaneplan de hade nedanför sig. Defiantplanens skyttar öppnade eld och fyra tyskar föll med röksvansar efter sig. En Defiant hade fått träffar i tornet och vände hemåt. Först senare insåg piloten att hans skytt gripits av panik och tagit till fallskärmen. Under tiden hade en grupp 110:or noterat Hunters formation och gjorde samma misstag som sina vapenbröder. Säkra i förvissningen att deras egna akterskyttar höll ryggen fri, tog piloterna på 110:orna god tid på sig när de föll in bakom Defiantplanen. De fick betala samma pris.[284]

Senare under eftermiddagen var 264. divisionen i elden igen, när Hunter upptäckte flera formationer Stukaplan på väg in över Dunkerque. Vad som följde visade hur väl lämpad Defiant var att engagera ett mål av detta slag. Stukaplanen hade låg manöverbarhet och deras akterskyttar ett begränsat skottfält bakåt. Defiantplanen kunde lätt angripa från sidan eller underifrån, varifrån tornskytten brassade på med sina fyra kulsprutor. Resultatet blev rena massakern. Stuka efter Stuka träffades och föll brinnande mot marken. Kapten Nick Cooke manövrerade sig in under och aningen framför en grupp bombplan. På detta sätt gav han sin skytt möjlighet att skjuta snett uppåt, samtidigt som Defiantplanet var osynligt från de tyska maskinerna. Hans skytt sköt ned fem fiendeplan. Hunters division gjorde anspråk på att ha förstört åtta Bf 109, nio Bf 110, 19 Stukaplan och en Ju 88 under denna dag. Med all sannolikhet en överdriven siffra, men Defiantplanet fick åtminstone en god jaktdag innan tyskarna började dra fördel av dess svagheter.[285]

Det var ovanför Dunkerque som det brittiska flygarässet Douglas Bader sköt ned sitt första fiendeplan. Douglas Robert Steward Bader hade utbildat sig till flygare vid RAF College i Cranwell under slutet av tjugotalet och tagit tjänst vid 23. divisionen 1930. Året därpå förlorade han bägge benen i en flygolycka som nästan ändade hans karriär. År 1933 avskedades han från RAF på grund av invaliditet. Baders viljestyrka skulle dock föra honom tillbaka till flygningen. Han lärde sig att använda benproteser, och när han kunde gå igen kunde han också flyga igen. Han återinträdde i RAF 1939 och under senvintern 1940 posterades han vid 19. Spitfiredivisionen. Kort därpå befordrades han till löjtnant och förflyttades till 222. divisionen som gruppchef.[286]

Nu befann han sig ovanför Dunkerque, ovanför de hundratals små båtar som tappert trotsade farorna i Kanalen, när han upptäckte ett antal punkter som snart identifierades som Bf 110. Han beordrade anfall och Spitfireplanen dök mot fienden. Av en händelse kastade han en blick upp mot vänster och såg fyra grå skepnader som kom dykande mot honom – de hade själva blivit överraskade. Orangefärgade mynningsflammor blixtrade från de tyska vapnen och Bader svängde brant. Plötsligt dök en 109:a upp framför honom och han kramade reflexmässigt avtryckaren. Fiendeplanet lade sig på rygg och föll brinnande mot marken. Bader såg sig omkring, men den korta striden hade fört honom bort från de övriga. Han kunde inte se dem någonstans och även tyskarna hade försvunnit. Plötsligt föll ett plan från himlen framför honom. Det hade dykt upp från ingenstans och var en tysk Bf 110. Dess stjärtparti var bortskjutet, men stabilisatorn hängde fortfarande från flygkroppen i sina kontrollkablar, våldsamt virvlande i fartvinden. Bader följde det med blicken tills det slog i marken nedanför och vände sedan tillbaka mot England. Glädjen över att ha skjutit ned sitt första fiendeplan förtogs av nyheten att två av hans piloter inte återvänt.[287]

Även unge löjtnant Steinhilper befann sig ovanför Dunkerque dessa dagar, men varken han eller hans förband hade någon framgång. Faktum var att hela perioden från operation *Gelbs* början till dags dato hade varit en lång serie besvikelser för honom och II/JG52. Han hade missat de våldsamma flygstriderna ovanför Maastricht och han hade missat Sedan. Lika illa var det under den snabba framryckningen efter Meuse. ”Jag mår bra”, skrev han hem den 15 maj, ”men har ännu inte fått något fiendeplan framför mina kanoner.” Dagen därpå stod det att läsa: ”Fortfarande ingen kontakt med fienden”; den 17 maj: ”Inget speciellt att rapportera.”

Dunkerque verkade erbjuda en förändring när såväl de brittiska som tyska flygvapnen koncentrerade sina resurser inom ett begränsat område, men förbandschefen var en klok befälhavare. Han ville inte engagera fienden såvida inte omständigheterna starkt talade till det egna förbandets fördel och inga tillfällen verkade yppa sig. ”Vi återvände intakta efter varje uppdrag”, mindes Steinhilper, ”men förutom detta fanns ingenting att fira. Det var en god politik, men de flesta av oss ville bara få en chans att komma i strid, sätta oss själva på prov och göra anspråk på en flygseger.” Det skulle bli värre. Mitt under slaget ovanför Dunkerque fick förbandet order att återvända till Tyskland för bevakningstjänst ovanför Ruhr. ”Att säga att vi var besvikna är inte i närheten av hur vi verkligen kände oss.”[288]

Inferno

Den 29 maj nådde tragedin vid Dunkerque sin kulmen. Motgångarna började före soluppgången när jagaren *Wakeful* blev torpederad. Hon hade tagit ombord 650 soldater under natten, och dessa befann sig under däck när explosionen kom. Jagaren sjönk inom loppet av en halv minut och i stort sett samtliga ombord drunknade. Systerfartyget *Grafton* anlände till platsen för att söka efter överlevande. Även hon blev torpederad och gick under med 800 man ombord. Innan *Grafton* sjönk hade hon öppnat eld mot vad man trodde var en tysk E-båt (torpedbåt) som lurade i mörkret. En engelsk hjälpminsvepare, *Lydd*, tog upp striden mot denna fiende och lyckades slutligen ramma och sänka henne.[289] Det visade sig dock att det inte varit någon E-båt, utan en brittisk nätläggare, *Comfort*, som anlänt till platsen för att söka efter överlevande.[290] Senare under dagen sänktes en tredje jagare, *Grenade*, efter att ha lastat ombord trupper från vågbrytaren. Hon sjönk brinnande från för till akter med få överlevande. Ytterligare två jagare, *Jaguar* och *Gallant*, skadades allvarligt. Andra undkom med lättare skador. Dessa förluster föranledde amiralitetet att dra bort de modernaste jagarna från området.

På land präglades situationen omväxlande av ordning och kaos. Vid vågbrytaren, där officerare ur *Royal Navy* organiserade embarkeringen, genomfördes ilastningarna under strikt kontroll. Männen sändes ut på piren i grupper om femtio och evakuerades med god hastighet, trots anfallen från *Luftwaffe*. Värre kunde det vara vid stränderna, och slagsmål förekom när soldater försökte tränga sig före sina kamrater eller när man skulle stiga i båtarna. Vid flera tillfällen kunde farliga situationer kväsas först sedan flottans personal på stränderna hotat med att använda skjutvapen.[291] Dessa problem var dock lokala. På de flesta ställen rådde ordning och disciplin. Eric Pemberton, *Royal Army Service Corps*, såg inga slagsmål på det strandavsnitt där han väntade.

> Man brukar tala om ”Dunkerqueandan” och alla hjälpte varandra. Det var ingen panik på stränderna. Alla väntade på sin tur. [...] Jag lyftes ur vattnet av besättningen på Ramsgates räddningsbåt, som först tog mig ombord en roddbåt. Därefter överfördes vi till räddningsbåten och senare till en holländsk kolfarkost, som tog oss över till Ramsgate. Jag befriades från mitt vapen och fick min första kopp te och smörgås på fyra dagar. Jag var en kille med tur.[292]

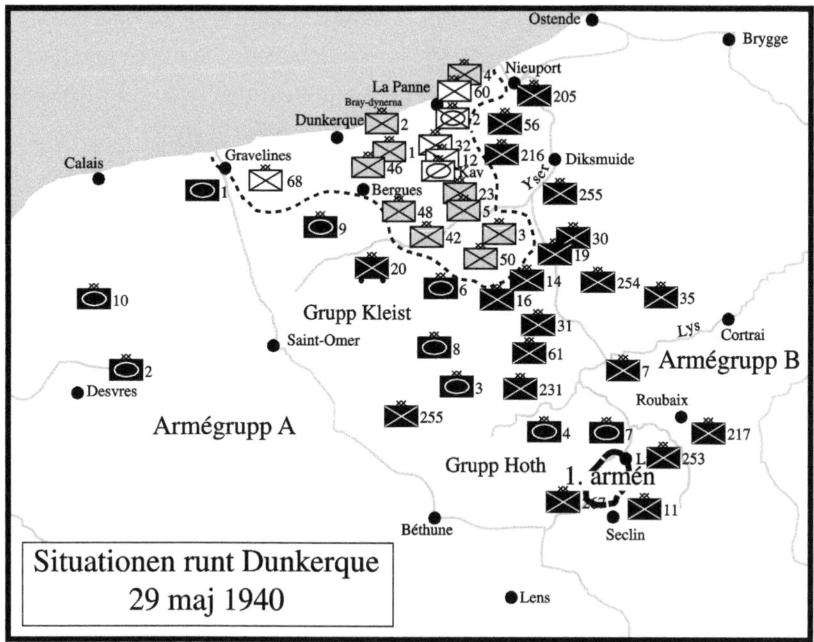

Situationen runt Dunkerque
29 maj 1940

Livsmedelsbristen och andra sviter efter den hastiga reträtten ledde till utmattning och håglöshet bland trupperna. Kanske var detta en bidragande orsak till ordningen. Många var helt enkelt för trötta för att göra annat än att vänta. ”Jag tillbringade min tjugonde födelsedag på stranden vid Dunkerque”, berättade George Fisher, som just avslutat en lång marsch mot havet. ”Vi var så trötta att allt vi ville var att sova. Vi hade varit vid fronten i sju dagar utan vare sig mat eller sömn.”[293]

Än värre var det för de sårade som inte kunde påverka sin situation, bara vänta och hoppas. Ernie Leggett, som några dagar tidigare skadats av ett granatsplitter i ljumsken under striderna vid Escautfloden, var en av dem som väntade på transport. Först hade han färdats i en ambulans, sedan tåg, därefter ambulans igen – hela tiden omtöcknad av smärtstillande medel. Nu blev han buren över sanddynerna på en bår.

”Var är jag?”, frågade han en av de fyra män som bar honom.

”Det här är Dunkerque”, svarade en av dem. ”Du kommer att få fara hem härifrån. Vi väntar på ett lasarettsfartyg som ska tillbaka till England, men hon kan inte komma in ännu eftersom det är ebb. Vi lägger dig bland dynerna. Där är du säker.”

Där låg han sedan och väntade, hjälplös. Ovanför honom var röken stundtals så kraftig att den skymde solen, och runt omkring hördes dånet från planen, bomberna och luftvärnselden. Då och då visslade en granat från de brittiska örlogsfartygen över honom och fortsatte bort mot de tyska linjerna.[294]

·

Trots att en brittisk sjöofficer skickade en förhastad bedömning till London att hamnen var blockerad, någonting som ledde till att alla försök att hämta manskap från piren inställdes under kvällen, räddades 47 310 män från Dunkerque den 29 maj.[295] Därmed hade över 70 000 evakuerats sedan den 26 maj, och för varje timme som fickan fortfarande bjöd motstånd steg hoppet såväl i London som hos de instängda brittiska soldaterna.

Morgonen den 30 maj började dock olycksbådande. Missförståndet med piren från kvällen före hade inte klarlagts och i högkvarteret i Dover trodde man fortfarande att den var obrukbar. Vid Dunkerque började man misstänka att evakueringen blivit avblåst; att man i London inte längre ansåg det vara värt att offra fler fartyg, men i själva verket hade de omdirigerats mot stränderna. Om detta missförstånd inte hade klarats upp kunde följderna ha blivit allvarliga. Kapten Tennant, den sjöofficer som övervakade evakueringen på den franska sidan kanalen, beräknade att det tog tolv timmar att lasta 600 soldater via småbåtar från stränderna, men endast 20 minuter från piren. Lyckligtvis ville Ramsay förvissa sig om hur det låg till och skickade därför jagaren *Vanquisher* att kontrollera hamnens tillstånd. Befälhavaren på *Vanquisher* upptäckte att vågbrytaren inte alls var blockerad, möjligen skadad. Snart dirigerades örlogsfartygen åter in mot denna.[296]

Medan evakueringstakten trappades upp förändrades bilden runt Dunkerque. Det positiva var att vädret hade blivit sämre, med regn och dimma, varför *Luftwaffes* aktiviteter åter avtog. Ordningen hade också förbättrats i takt med att allt fler av de främsta brittiska förbanden anlände. Trots att dessa nyligen varit i strid med tyskarna upprätthöll de en mycket god disciplin.

De allmänna förhållandena i fickan blev emellertid värre. Hungern och törsten hos soldaterna blev allt svårare att uthärda och enskilda plundringsexpeditioner in till stadsbebyggelsen gav inte längre något resultat. Ett annat nedslående förhållande var det stigande antalet döda och sårade. Tyskarna hade nu skjutit in sig på stränderna och förlusterna ökade; inte snabbt, men kontinuerligt. Tidigare hade de flesta döda spolats tillbaka mot stränderna efter att ha omkommit i vattnet. Nu steg antalet stupade uppe på land. Vissa begravdes av sina kamrater, men andra blev helt enkelt liggande där de fallit och röklukten från de brinnande cisternerna blandades med den allt påtagligare stanken av förruttnelse.

Lord Gort hade begärt att få vara kvar och kapitulera med de soldater som inte kunde räddas, men denna begäran beviljades ej. Istället fick han order att återvända till England. Befälet över de trupper som återstod skulle lämnas över till en kårchef. Den ende kvarvarande kårchefen var general Barker, men han ansågs så själsligt påverkad av de senaste veckornas händelser att valet istället föll på chefen för den brittiska 1. divisionen, general Harold Alexander. Detta var ett viktigt beslut, för Barker var helt olämplig för denna monumentala uppgift. När han fick veta att befälet skulle gå till Alexander fick han ett sammanbrott och började gråta.[297]

Den 30 maj såg också en ökning av utskeppningskapaciteten. På sina ställen byggde påhittiga ingenjörsförband konstgjorda pirar. Motorfordon kördes ut på stranden vid ebb, där de ”parkerades” på en lång linje pekande mot havet. Därefter lades plankor uppe på taken. När tidvattnet steg hamnade större delen av fordonen under vatten, men soldaterna kunde nu förflytta sig över plankorna och gå i båtar som annars inte kunde nå stränderna.

Den största förändringen berodde dock på den armada av småbåtar som närmade sig den fransk-belgiska kusten från Dover: effekten av amiralitetets ansträngningar att finkamma den engelska sydostkusten på räddningsfarkoster. De kom i alla former och typer: från färjor och större lyxyachter, till pråmar, livbåtar, proviantbåtar, barkasser, bogserbåtar och fiskeskutor. Dessa var en välkommen syn för de soldater som köade i vattnet, där vissa hade stått så länge att benen knappt fungerade eller stridskängorna sjunkit ned i den dyiga sjöbotten. Snart hämtades allt fler soldater från stränderna, och trots missförståndet med piren evakuerades totalt 53 823 soldater den 30 maj. Det var något fler än dygnet före och det totala antalet överskred nu det som Churchill sagt skulle vara magnifikt. Evakueringsflottan, vilken inledningsvis omfattat 40 jagare och 35 transportfartyg, hade ökat till 848 farkoster av alla typer.[298]

Ytterligare en omständighet till britternas favör detta dygn var det faktum att det tyska pansaret drogs ur striden. Den 24 maj, när Hitler gav sin förödande stopporder, hade det varit fullt möjligt att slå sig igenom det svaga brittiska försvaret. Nu skulle stridsvagnarna tvingas slå sig igenom ett betydligt starkare försvar, och detta i en terräng de inte var lämpade för. Uppgiften lämnades till infanteriet.

General Halder, som var bitter över hur Hitler spolierat de tyska chanserna att fånga BEF, skrev i sin dagbok: ”Vi förlorade tid och därför förseglades fickan senare än den kunde ha gjorts. Vad värre var, fickan skulle ha stängts vid kusten om inte vårt pansar hållits tillbaka. Som det nu är har vädret tvingat vårt flygvapen kvar på marken och nu ser vi hur tusentals fiender flyr till England mitt framför näsan på oss.”[299]

Studie England

Medan Hitler ägnade sig åt förberedelser inför slutoffensiven in i Frankrike, oroade sig Raeder för vad hans chef kunde ha i beredskap för honom. Förvisso hade Hitlers inställning från den 21 maj betonats i de direktiv som utfärdades den 24 och 26 maj. Flottan gavs tillstånd att intensifiera sjökriget mot de brittiska öarna så snart operationerna i norra Frankrike och Belgien var över och *Luftwaffe* fick obegränsad frihet mot England så snart erforderliga styrkor fanns tillgängliga. *Kriegsmarines* roll var i första hand en blockad av Storbritannien.[300] Men Raeder lät sig inte lugnas. I avsikt att skaffa sig en viss framförhållning ifall han skulle få order att förbereda en invasion, beordrade han konteramiral Fricke att på nytt utvärdera möjligheterna.

Fricke satte igång omedelbart. Nya studier gjordes av engelska hamnars yta, djup och urlastningsfaciliteter, väderförhållanden och navigeringsmöjligheter i Kanalen, närheten till de hamnar som användes av *Royal Navy* och liknande frågeställningar. Fricke noterade att de grundläggande förutsättningar och problem man sett 1939 fortfarande fanns kvar, men bilden hade förändrats radikalt i ett avseende. Även om offensiven mot Frankrike skulle köra fast, vilket var mycket osannolikt, kunde *Kriegsmarine* inom kort förlita sig till hamnar i Norge, Danmark, Nederländerna, Belgien samt norra Frankrike. Det hypotetiska basläget i Studie Röd hade förvandlats till verklighet.

Inledningsvis arbetade man efter två möjligheter: en landstigning i området mellan Newcastle och Themsens utflöde, vilken skulle utgå från hamnar i Danmark och Nederländerna, eller en landstigning mellan Portland och Great Yarmouth, med utgångspunkt från norra Frankrike, Belgien och Nederländerna. Allteftersom arbetet fortskred övergick man alltmer över till den senare planen. Det fanns flera faktorer som talade för denna. Avståndet för sjötransporterna var kortare. Detta skulle minska fiendens reaktionstid under invasionsdygnet och därmed reducera förlusterna till följd av brittiska sjö- och flyginsatser. Det skulle också göra överskeppningen av förstärkningar och underhåll snabbare och säkrare. Vidare var möjligheterna att bekämpa *Royal Navy* medelst minor, ubåtar och kustartilleri betydligt bättre och – kanske viktigast av allt – det korta avståndet mellan franska kusten och sydvästra England ledde till att de tyska Bf 109 kunde operera över det kommande slagfältet. Dessa fördelar uppvägde nackdelarna av att tvingas flytta överskeppningsmateriel och trupper till de ockuperade länderna inför anfallet, samt det förhållandet att den engelska ostkusten lämpade sig bättre för landstigningar.[301]

Den 27 maj presenterade Fricke utvärderingen för Raeder. Den gick under arbetsnamnet Studie England och var i princip negativ till en invasion. Även om basläget skulle förbättras avsevärt så snart den brittiska expeditionskåren vid Dunkerque eliminerats och hamnarna reparerats pekade utvärderingen på många problem: bristen på tillförlitliga landstigningsfarkoster, den engelska kustens beskaffenhet, navigeringssvårigheter i Kanalen, det brittiska flyget och framför allt *Royal Navy*. Många faktorer verkade till tyskarnas nackdel, få till deras fördel. Utöver allt detta hade *Kriegsmarine* decimerats under det fortfarande pågående fälttåget i Norge: den tunga kryssaren *Blücher* hade sänkts i Oslofjorden och de lätta kryssarna *Karlsruhe* och *Königsberg* hade gått till botten, den förra efter en lyckad torpedattack från den brittiska ubåten *Truant*, den senare sedan hon bombats av brittiska Skuaplan i Bergens hamn. Andra större örlogsfartyg hade skadats, däribland *Hipper* och *Lützow*. Det värsta marina avbräcket utifrån ett invasionsperspektiv var emellertid förlusten av tio tyska jagare i Narvik – hälften av landets totala jagarstyrka. På det hela taget hade operationerna i Norge starkt underminerat *Kriegsmarines* möjligheter att agera offensivt mot England. Fricke avslutade dock bedömningen:

> Effektiviteten hos vår egen mindre flotta kan inte och kommer inte att vara god. [...] Endast krigets fortsatta utveckling kan utvisa huruvida den begränsade tyska flottan, med tanke på en så stor uppgift, kan förses med speciella möjligheter för effektiv aktion. Dess underlägsenhet i förhållande till de brittiska och franska flottorna tillåter knappast flottoperationer. Hur som helst, som i fallet Norge, är det möjligt att snabbt landsätta [trupper] längs engelsk kust. Understödda av hjälpfarkoster och över kortare avstånd, kan de lättare

> marina enheter som fortfarande återstår [efter förlusterna i Norge] utföra dessa uppgifter.[302]

Trots att Studie England i huvudsak var negativt inställd till invasionsidén, beordrade Raeder att man skulle göra preliminära förberedelser för en operation, detta utan hänsyn till att vare sig Hitler eller *Heer* visade något intresse. Den 31 maj beordrade han amiral Schuster, marinchef i Frankrike, att förbereda en sammanställning över tillgänglig överskeppningsmateriel. Samtidigt bad han om en utvärdering av möjligheterna att svepa Kanalen från brittiska minor samt att stänga den för brittiska sjöstridskrafter.[303]

Trots sin egen motvilja till idén ville Raeder inte bli tagen på sängen om Hitler gav order om att en invasion skulle genomföras.

Dynamo – slutet

Den 31 maj reste Churchill till Paris för tredje gången sedan han blivit premiärminister. Första gången hade han mötts av panik, andra gången av nyvunnen tillförsikt. Nu präglades den franska ledningen av dysterhet och uppgivenhet. Churchill, som åtföljdes av Attlee, Dill och den brittiska regeringens specielle sändebud till Reynaud, general Spears, var som vanligt full av stridslust och den som talade först när han meddelade att 165 000 man blivit evakuerade från Dunkerque.

”Men hur många av dessa är fransmän”, replikerade Weygand. ”Fransmännen kommer att bli kvarlämnade.”

Churchill, som i detta ögonblick förväntades leverera en av sina snabba, beska motargument, förblev för ett ögonblick tyst. När han svarade var rösten fylld av rörelse. ”Vi är kompanjoner i olycka”, sade han. ”Det finns ingenting att vinna med motanklagelser beträffande våra gemensamma eländen.”

I den efterföljande tystnaden bytte han ämne och gick in på händelserna i Norge, vilka snabbt klarades av genom det slutliga beslutet att Skandinavien skulle evakueras. De trupper och örlogsfartyg som befann sig där behövdes bättre på annat håll. Reynaud menade att de brittiska trupper och luftvärnskanoner som drogs tillbaka från Norge skulle skeppas till Frankrike. Churchill svarade undvikande; sade att de i vilket fall måste mellanlanda i England.[304]

Därefter skiftade ämnet åter till det viktigaste, situationen i norra Frankrike och Belgien. Här kom det allt spändare förhållandet mellan Frankrike och Storbritannien i full dager. Reynaud och Weygand pressade Churchill beträffande evakueringen av franska trupper. Deras förebråelser var desamma, deras avsikter diametralt motsatta. Reynaud kämpade en allt svårare kamp för att hålla sitt land kvar i kriget mot Tyskland. När han anklagade Churchill för det faktum att mindre än en tiondel av de soldater som evakuerats var franska, var det i avsikt att detta missförhållande skulle rättas till. Den allt starkare uppfattningen inom den franska ledningen, att Storbritannien redan övergivit Frankrike åt sitt öde, arbetade till fördel för Weygand, Pétain och andra som ville få till stånd en uppgörelse med Tyskland. När Weygand, till skillnad från Reynaud, därför påpekade missförhållandena vid Dunkerque, var det för att få Churchill att svara på ett sätt som visade att Storbritannien inte uppfyllde sina förpliktelser i enlighet med fördraget från den 28 mars.

Churchill föll inte i Weygands fälla utan medgav att i all anständighets namn borde franska och brittiska soldater evakueras sida vid sida. Han lovade därför, inte bara att fransmän skulle räddas, utan även att brittiska trupper skulle hålla brohuvudet tills de franska gått i båtarna. Tvärtemot vad Weygands ansåg hävdade han dock att de delar av franska 1. armén som inneslutits i området kring Lille inte kunde räddas.

En längre diskussion följde kring befälsförhållanden, risken för en tysk invasion av England och hur de trupper som räddats från fickan bäst kunde sättas i användning. På Reynauds begäran att RAF skulle föras över till Frankrike så snart evakueringen antingen var fullbordad eller avslutad på grund av fientlig aktivitet, svarade Churchill att han inte kunde besluta en sådan sak på egen hand, det måste den brittiska regeringen göra. Men han skulle göra allt som stod i hans makt för att hjälpa Frankrike. ”De brittiska och franska folken har inte fötts till slaveri”, sade han vid mötets avslutande. ”Även om en av oss slås ned får den andre inte avbryta striden. Skulle en av vapenbröderna falla under slaget, får den andre inte lägga ned vapnen förrän hans sårade kamrat åter befinner sig på benen.”[305]

Dessa ord skulle bli svåra att förverkliga, för de sår som Frankrike tillfogats var i själva verket dödliga. Löftet att franska soldater skulle få ”kliva i först” infriades inte heller. Vid Dunkerque kände man inte till Churchills löfte. Operation *Dynamo* beräknades vara avslutad senast morgonen den 2 juni, och brittiska trupper backade mot stränderna. Före sin avresa hade lord Gort lovat den franske amiral Abriel, som teoretiskt förde befäl över fickan, att britterna skulle hålla sin del av fronten så att franska trupper kunde evakueras. Men Alexander hade inte informerats om detta och majoriteten av de 68 014 man som evakuerades den 31 maj var britter.[306]

Den 1 juni trappades flygoffensiven åter upp, när våg efter våg av tyska bombplan svepte in över området, och trots RAF:s patruller anställde *Luftwaffe* stor förödelse bland de allierade fartygen. Fyra större trupptransportfartyg sänktes med stor manspillan och den brittiska jagaren *Keith*, som befann sig på redden utanför Bray, träffades av flera bomber. Hennes roder förstördes och fartyget gick hjälplöst runt i långsamma cirklar. Snart kastades ankar och man fick order om att överge fartyget.

”Fartyg gick under omkring oss”, berättade Ian Nethercott, pjäsman vid en av luftvärnskanonerna. ”Överallt såg man jagare sjunka under detta förfärliga anfall och när fartyget började kränga kunde jag inte höja kanonen ordentligt.”

Nethercott och hans kamrater stannade kvar vid sitt vapen, för när bombplanen utfört sitt dåd kom jaktplanen dykande för att beskjuta dem som var i färd med att lämna fartyget. Bogserbåten *St Abs* hade plockat upp många av de förlista från *Keith*, inklusive fartygschefen, när en bomb träffade henne rakt ned i skorstenen. Med en detonation som kunde höras högt över det övriga larmet sprang *St Abs* i luften.

”De befann sig alla i vattnet igen, det vill säga de som kastats överbord. Och i vattnet fanns redan överlevande från fem eller sex fartyg. En del var soldater. De tumlade alla omkring i oljan, ropade och skrek.” Nethercott tänkte att detta var slutet. Han skulle dö. ”Jag hade ett långt samtal med Gud.”[307]

Ian Nethercott hade tur. Han blev räddad av ett handelsfartyg som tog honom till England. I den övriga besättningen dödades 36 man när *Keith* sjönk och ett hundratal dog med *St Abs*. *Royal Navy* förlorade ytterligare två jagare den 1 juni: *Basilisk*, som förstördes utanför La Panne och *Havant* som sjönk utanför Dunkerque. Alla tre fartygen förlorades till följd av Stukaanfall. Även fransmännen fick betala med en jagare, *Foudroyant*, som låg vid en av bojarna alldeles utanför Dunkerque.[308] Utöver dessa sänktes även många mindre fartyg.

De flesta fartygsförluster hade inträffat under den sena eftermiddagen och tidiga kvällen eftersom inga brittiska jaktpatruller då befunnit sig över Dunkerque. Detta mönster var tydligt under hela den period som evakueringen pågick. Så länge jakten fanns i området hade de tyska bombplanen svårt att koncentrera sig på sin uppgift, men när en lucka uppträdde ökade anfallen dramatiskt i intensitet.[309]

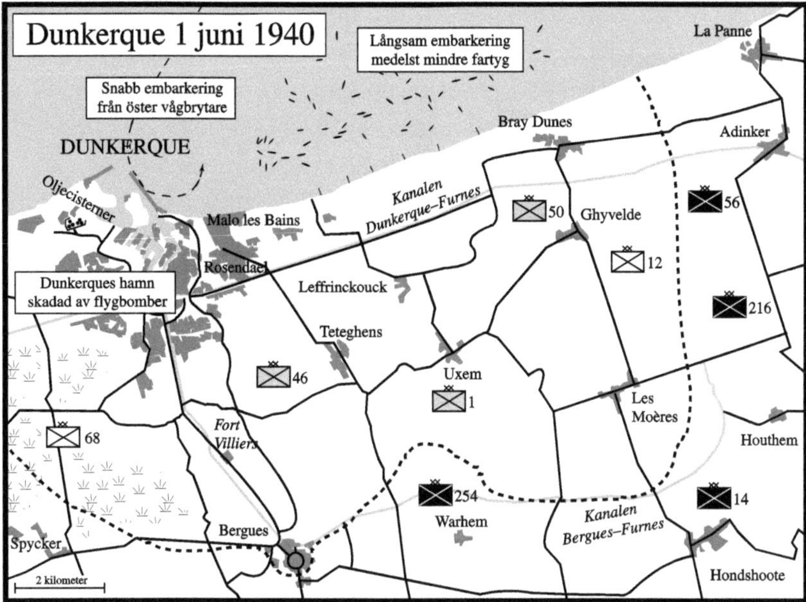

Hela 64 429 soldater evakuerades, nästan lika många som dagen före. Men många som trott att de skulle komma med på något av fartygen blev på grund av *Luftwaffes* insatser besvikna och fick uppleva ytterligare en dag av beskjutning från de tyska batterierna runt fickan. Furir Martin McLane och hans grupp stod och väntade på sin tur när en liten kutter närmade sig. En officer ropade i megafon: ”Ni måste gå tillbaka upp på stranden. Nio av tolv fartyg har blivit sänkta. Vi skall göra vårt bästa för att hämta er imorgon.”

När McLane och de övriga backade uppför stranden slog en granat ned bland en grupp franska soldater:

> Jag hade sett en del vidriga syner, men där låg en hög av män i exakt samma tillstånd som de där hästarna [som vi sett tidigare]. De hade samtliga mejats ned. Grabbar på botten med benen borta. Döda. Andra i en hög över varandra, stönande. En grabb i mitten med halspulsådern uppskuren andades och blodet skvätte ut ur honom. Vi blev så chockade att vi först begav oss därifrån och lämnade dem bakom oss. Men [sedan] gick vi tillbaka för att se vad vi kunde göra för dem.[310]

Ingen av de män som genomlevde Dunkerque, på stranden eller ute bland fartygen, skulle någonsin glömma det. Den äldste räddaren ombord på den improviserade flottan av småbåtar var 78 år gammal. Den yngste, en pojke på endast fjorton år, som hette Albert Barnes, hade arbetat på hamnbogserbåten *Sun XII*, när en av hans skeppskamrater sagt att de skulle till Frankrike. Eftersom han ansågs för ung skulle Albert stanna kvar i England, men han gömde sig ombord när *Sun XII* avseglade. När fartyget närmade sig den franska kusten fick han all anledning att ångra sitt tilltag. ”Där låg förlista fartyg överallt”, berättade han. ”Kroppar flöt, bomber och granater exploderade. Och ljudet – det var alldeles förfärligt.” På stränderna kunde Albert och hans kamrater se de tusentals fångade soldaterna som väntade på att få evakueras. Hans starkaste minnesbilder rörde emellertid dem som inte längre var i behov av räddning.

> Jag minns de döda också, eftersom de flöt omkring överallt. Eftersom vi var en räddningsfarkost fick vi uppleva en del obehagliga syner, speciellt hur några oljetankers träffades. Det var någonting som jag aldrig kommer att glömma – att betrakta hur ett fartyg förvandlas från ett fartyg till en rasande eldhärd. Jag seglade iväg som pojke och kom tillbaka som man.[311]

Den 1 juni kapitulerade 1. franska armén vid Lille och evakueringen av franska soldater från Dunkerque började på allvar. Dagen därpå krympte fickan ytterligare. Tyskarna tog La Panne, som övergivits natten före. Från och med nu skulle all evakuering ske under dygnets mörka timmar, så Martin McLane, det 4 000 man starka brittiska arriärgardet samt alla de fransmän som fortfarande befann sig i fickan fick vänta ytterligare en dag.

Denna natts hämtning skulle dock bli mindre organiserad än de tidigare, en nödvändighet på grund av de få timmar som stod till förfogande. Kommendör Clouston, en av evakueringens hjältar, hade organiserat embarkeringen vid piren. Under fem sömnlösa dagar och nätter hade han övervakat händelserna vid den halvt sönderskjutna vågbrytaren. I en snabb motorbåt korsade han Kanalen och deltog i planeringsmötet vid Dover. Därefter fick han några timmars sömn, tog sig ett bad och åt en ordentlig måltid. Den skulle bli hans sista. Under återfärden angreps hans motorbåt av tyska störtbombare och sköts i sank. När en annan motorbåt närmade sig för att rädda de nödställda, signalerade han att den skulle fortsätta för att inte dra på sig de tyska bombplanen. Clouston drunknade och skulle aldrig få se slutet på den lyckosamma operation som han haft så stor delaktighet i.[312]

När mörkret åter föll kom fartygen tillbaka. I skenet från bränderna och sporadiska lysgranater som spöklikt klättrade mot himlen i sydost, evakuerades ytterligare 26 256 man. Kanske hade fler undkommit om det inte varit för Cloustons död, för arbetet vid piren försvårades på grund av detta. Bortsett från de sårade, som hade måst lämnas kvar, fanns det få brittiska soldater kvar i fickan. När de flesta av jagarna hade lämnat hamnen och satt kurs mot England, gick Alexander och några andra ombord på en motorbåt. Sicksackande och under sporadisk beskjutning från land, gick båten så nära strandlinjen som möjligt och Alexander ropade i en megafon: ”Finns någon kvar? Finns någon kvar?” Ingen svarade. Två gånger grundstötte de, men lyckades komma loss. De avverkade tre kilometer strand utan att stöta på andra människor än de kroppar som flöt i det oljefyllda vattnet. Efter en avslutande runda vid hamnen, gick de ombord på den sista jagaren och satte kurs mot Dover.[313]

Tennant skickade ett meddelande till högkvarteret i Dover att operation *Dynamo* var slutförd. Ungefär 60 000 fransmän var emellertid kvar vid Dunkerque och det var tack vare de franska arriärgardena, vilka hade bjudit gott motstånd mot de framryckande tyskarna, som de brittiska soldaterna hade blivit räddade. Trots flottans protester – och trots att Dowding åter talade inför krigskabinettet och varnade för åderlåtningen av brittiska jaktplan över Frankrike – beslutades att evakueringen skulle fortsätta ett dygn till. Först därefter skulle *Dynamo* vara ett avslutat kapitel.

Den franska linjen i fickan höll ytterligare en dag, tillräckligt länge för att den sista nattliga evakueringen skulle kunna äga rum. I skymningen avseglade 13 jagare, nio brittiska passagerarfartyg, elva minsvepare samt ett antal mindre farkoster från Dover och satte för sista gången kurs mot Dunkerque. Tragiskt nog räddades få av de soldater som befunnit sig i strid med tyskarna. När de anlände till hamnen för att ta sig ut på piren, fann de vägen blockerad av tusentals soldater som hade hållit sig undan i ruiner, källare och andra gömslen och nu fått veta att tyskarna bara var timmar avlägsna. Det var i första hand dessa män som undkom, inte de som gjort denna sista natt möjlig.

Ett annat hämmande inslag var att fransmännen själva, i elfte timmen, hade satt samman en miniatyr av den småbåtsarmada som tidigare gått till och från Dover, och den östra piren var blockerad av allehanda småfarkoster. Lastningskapaciteten hos dessa båtar var begränsad och de fick anmodas att lämna området så att de större fartygen kunde lägga till. Kaos följde med många kollisioner i mörkret, flera med tragisk utgång.

Under natten och morgonen den 4 juni avslutades operation *Dynamo*. Några minuter före 03.00 avseglade *Express* och *Sikhari*, de sista örlogsfartygen – endast mindre motorbåtar var kvar. Några franska trålare lyckades ta ombord ett franskt arriärgarde som timmar tidigare befunnit sig i strid med tyskarna. Därefter var det över.

Ombord motortorpedbåt 107 betraktade löjtnant Cameron förödelsen i Dunkerques hamn. Efter en dryg veckas crescendo var scenen overkligt tyst. Stället hade förvandlats till en kyrkogård. Sjunkna fartyg, en del med endast masterna synliga ovanför ytan; övergivna artilleripjäser; utbrunna och tomma ruiner; mängder av franska soldater som inte hade hunnit evakueras och som tyst inväntade sitt öde i det första gryningsljuset. En ensam motorbåt kunde ingenting göra. Cameron styrde hemåt. ”Hela scenen”, mindes han, ”var fylld av slutgiltighet och död. Ridån föll över en stor tragedi.”[314]

Kostnaden för operation *Dynamo* var förvisso hög. Inte mindre än 226 brittiska fartyg och båtar, däribland sex jagare, hade gått förlorade och ytterligare 19 jagare hade skadats.[315] *Fighter Command* hade förlorat över 100 jaktplan och merparten av dess piloter. Men 338 226 allierade soldater hade evakuerats. Nästan sju gånger så många som det brittiska amiralitetet först trott vara möjligt. Det hade varit en mirakulös räddning som möjliggjorts genom ett antal samverkande omständigheter; vissa präglade av klarsynthet och handlingskraft, andra av obeslutsamhet och dumdristighet. Där hade även funnits faktorer som varit helt slumpmässiga: det dåliga flygvädret som försvårade för *Luftwaffe* eller den milda sjöhävningen – ovanlig i Kanalen även för denna årstid – som gjorde det möjligt att använda den improviserade armadan av mindre farkoster. Gorts egenhändiga beslut att retirera mot kusten var ett av de viktigare besluten; Hitlers panikartade infall att stoppa pansaret ett annat, betydligt mer avgörande. General Pownall skrev så sent som 1944 att ”jag skall aldrig någonsin glömma de svarta veckorna i maj 1940 när det tycktes närmast oundvikligt att BEF skulle tas till fånga eller förintas. Jag vet ännu inte hur detta kunde undvikas”.[316] På tysk sida fick man inte klart för sig hur många soldater som räddats förrän efter kriget. ”Vi hade ingen aning 1940”, skrev Kesselring i sina memoarer, ”att antalet brittiska och franska soldater som undkom var ens i närheten av de 300 000 som anges idag. Till och med 100 000 ansågs vara en för hög siffra.”[317]

En hel armé hade undgått förintelse på kontinenten, måhända utan sina vapen och sin utrustning, främst tack vare *Royal Navy* och de franska soldater som hållit stånd in i det sista, men också tack vare *Fighter Command* och de civilister som givit sig ut i Kanalen med sina små båtar i ett desperat försök att slita en stor seger ur Hitlers grepp. Efter flera dagar kunde de sista av dessa återvända till sina hem och hustrur. En av dem, den fjortonårige Albert Barnes, kunde äntligen fara hem till sina föräldrar. De hade ingen aning om var han varit, men kunde inte i sina vildaste fantasier föreställa sig svaret. När han inte kommit hem under några kvällar hade de kontaktat hans arbetsgivare, men bara fått svaret att hans fartyg var borta på ett viktigt ärende.

”Var sjutton har du varit?”, utbrast hans mor när hon öppnade dörren och lättad fick syn på sin saknade son.

”I Frankrike”, svarade den unge Albert.

Hans mor spärrade upp ögonen. ”Du har väl inte varit vid *Dunkerque*?”

”Åh, just det. Så hette det.”

”Herregud...”[318]

En annan som kommit tillbaka var den sårade Ernie Leggett, vars långa väntan bland sanddynerna var över. Det hade varit en av de sista dagarna. Steg hade närmat sig och en engelsk sjuksköterska hade lutat sig över honom. ”Vi tänker föra över dig till fartyget nu. Du är snart hemma.”

De hade burit honom över sanden, sedan över en stenpir, därefter över en brygga av trä, och strax därpå hade han legat på fartygsdäcket. Flera bomber hade exploderat alldeles i närheten och en doktor hade böjt sig över honom med en spruta i handen. När han åter vaknade hade ljudet från flygplanen och bomberna försvunnit, men han kunde fortfarande höra vågorna och måsarna. Läkaren hade ersatts av en sköterska från Frälsningsarmén som stod i begrepp att ge honom en kopp varmt te.

”Var är jag?”, viskade han.

”Newhaven, vännen.”[319]

Ernie Leggett var hemma igen.

Den brittiska expeditionskåren likaså.

Slutet på den fransk-brittiska alliansen

"Vi skall aldrig ge oss"

"Från det ögonblick det franska försvaret bröts vid Sedan och längs Meuse under andra veckan av maj, kunde endast en snabb reträtt mot Amiens och söderut rädda de brittiska och franska arméerna..."

•

Med dessa ord inledde Churchill sitt utlovade tal till underhuset den 4 juni 1940. Det fortsatte med en klar och uppriktig beskrivning av den katastrof som de tyska pansardivisionerna utdelat mot de allierades norra arméer och hur de allierades militära ledningar inte lyckats att se faran innan det var för sent. Den största tyngdpunkten lade han på det tyska flygvapnet, som ansträngt sig till det yttersta för att förhindra evakueringen. Efter ett kortare parti om *Royal Navy* och den brittiska småbåtsflottans insatser, kom Churchill till de brittiska jaktflygarna. Efter att hittills ha sagt underhuset sanningen, inflikade han en lögn:

> RAF angrep det tyska flygets huvudstyrkor, och åsamkade dem förluster på minst fyra till ett; och flottan, vilken använde nära tusen fartyg av alla sorter, hämtade över 335 000 män, britter och fransmän, ur dödens och skammens käftar, till sitt hemland och till de uppgifter som ligger nära i tiden. Vi måste var mycket noga med att inte tillskriva denna räddning segerns attribut. Man vinner inte krig med evakueringar. Men det fanns en seger inuti denna räddning, det bör noteras. Denna seger vanns av RAF.

När Churchill på detta vis prisade de brittiska jaktflygarna var den officiella förevändningen att återställa deras skamfilade rykte. Hemvändande soldater från Dunkerque talade öppet om hur RAF övergivit dem på stränderna. Detta var orättvist mot piloterna, men framför allt var det skadligt för den allmänna motståndsviljan i Storbritannien. Churchill visste att Frankrike var så gott som besegrat och att det sedan bara var en tidsfråga innan Tyskland vände sig mot England. När detta hände skulle jaktflyget, oavsett hur scenariot såg ut i övrigt, ha en viktig roll att spela.

Mellan den 26 maj och 3 juni hade *Luftwaffe* förlorat 240 stridsflygplan mot RAF:s förlust om 177.[320] Dessa siffror talade förvisso till britternas fördel, men låg långt ifrån det förhållande som Churchill antydde. Om man dessutom såg till skillnaden i förstörda *jaktplan* talade omständigheterna entydigt till *Luftwaffes* fördel: 37 tyska plan mot 106 brittiska.[321] Enligt den statistik som Churchill hade tagit del av var den tyska förlusten 262 plan[322] och han bör ha haft tillgång till en tämligen korrekt siffra för det egna flygvapnet. När han hävdade att RAF skjutit ned fyra gånger så många plan som de själva förlorat, var det en medveten osanning han presenterade för sina lyssnare.

Vad Churchill i första hand fruktade var fiendens bombflyg. Mellan den tyska armén och England fanns *Royal Navy*. Bombplanen kunde däremot nå vilket mål de så önskade inom loppet av någon timme. Förstorade skräckscener från Guernica i Spanien och Warszawa under fälttåget i Polen fanns fortfarande i folks medvetande. Bombningen av Rotterdam – som vi nu vet skördade färre än 1 000 dödsoffer – sades ha tagit livet av 30 000 personer, och man hade beräknat att 140 000 människor skulle dödas eller skadas i de inledande tyska flygangreppen mot London.[323] Emedan totalitära stater kunde uthärda längre perioder av folkligt missnöje, var saken annorlunda med demokratier. Om den brittiska folkopinionen föll över till fred med Tyskland på grund av flyganfall, skulle det inte dröja förrän räderna blev en politisk fråga på högsta nivå. En sådan strid var Churchill inte säker på att vinna. Att Churchill ansåg att *Fighter Commands* trovärdighet var en viktig politisk faktor hade därför mer att göra med allmänhetens *rädsla* för terrorbombning än dess verkliga effekter. Det var viktigt att folket hade förtroende för luftförsvaret, och myten om de oövervinneliga brittiska flygarässen såg här sin födelse.

Den senare delen av talet berörde BEF:s öde. Trots dess räddning hade många soldater lämnats kvar i Frankrike, mer än 30 000 döda eller i fångenskap och hela dess utrustning hade gått förlorad. Churchill talade om hur armén skulle återuppbyggas genom ansträngningar tidigare aldrig skådade i Storbritanniens historia; han talade också om hotet från spioner, femtekolonnare och fientliga fallskärmshoppare, och hur dessa faror skulle mötas. Därefter nådde anförandet sitt så ofta citerade slut:

> Även om stora delar av Europa och många äldre och berömda stater har fallit eller kommer att falla i händerna på Gestapos och Naziregimens förhatliga apparat, kommer vi inte att tröttas eller misslyckas. Vi skall fortsätta till slutet, vi skall slåss i Frankrike, vi skall slåss på haven och oceanerna, vi skall slåss med stigande tillförsikt och stigande styrka i luften, vi skall försvara vår ö, oavsett vad kostnaden må bli, vi skall slåss på stränderna, vi skall slåss på landningsplatserna, vi skall slåss på fälten och på gatorna, vi skall slåss i bergen; vi skall aldrig ge oss, och även om, vilket jag inte för ett ögonblick tror, denna ö eller en stor del av den skulle underkuvas eller tvingas i svält, så skulle vårt imperium bortom haven, beväpnat och skyddat av den brittiska flottan, fortsätta kampen, tills, när Gud så vill, den nya världen, med all dess styrka och makt, stiger fram för att rädda och befria den gamla.

Den sista frasen var menad som en försäkran att Storbritannien skulle fortsätta kampen även om fransmännen tvingades kapitulera: att man med amerikansk hjälp skulle vara i stånd att besegra Tyskland och återupprätta ett självständigt Frankrike. Denna försäkran var huvudämnet i Churchills förhållande till fransmännen under den korta tid som de ännu bjöd tyskarna motstånd.

När talet lästes upp av BBC senare samma kväll förmedlades för första gången den "Churchillska" kampandan till den brittiska nationen, vilken tog emot den lika entusiastiskt som kabinettet gjort en vecka tidigare. Talets avslutande parti föll dock inte i god jord hos fransmännen. Tanken att Storbritannien kunde klara sig om Frankrike föll föreföll så osannolik för de flesta fransmän att de knappast ens reflekterade över det. Implikationen att Frankrike redan var besegrat passerade inte lika obemärkt. Churchills tal ökade Reynauds svårigheter att hålla samman regeringen för fortsatt motstånd. Själv ansåg konseljpresidenten att kriget måste fortsätta. Det skulle kosta i lidande, död och förstörelse för en sak som redan var förlorad, men hur skulle Frankrikes position se ut efter kriget om man bröt sitt löfte till Storbritannien – underkastad kraven från en segerrik erövrare i öst och med en föraktfull, tidigare allierad i väst?

De flesta av Reynauds ministrar stod fortfarande vid hans sida, men Pétain,

Weygand och en stor del av den militära ledningen var för ett vapenstillestånd, och det allt svårare militära läget stärkte deras ställning. Den 2 juni hade Frankrike begärt att britterna skulle skicka de tre infanteridivisioner som fanns marschfärdiga i England, att *Bomber Command* skulle öka sina insatser över Frankrike och att brittiska jaktdivisioner skulle sändas till Frankrike i större skala än under maj månad. Många av Churchills kolleger ansåg dock att hjälp till fransmännen nu var både vårdslöst och farligt, framför allt som Dunkerque berövat den brittiska armén det mesta av dess utrustning.

Churchill såg saken annorlunda. Det var av yttersta vikt att den fransk-brittiska alliansen vidmakthölls så länge som möjligt. Detta kunde ske, inte bara genom att en slutlig evakuering fördröjdes så länge som möjligt, utan även genom att förstärka de trupper och flygförband som fortfarande opererade i Frankrike.[324] Churchill gjorde därför sitt bästa för att efterleva kravet, men i fråga om jaktflyg var resultatet magert. Den 5 juni, när tyskarna åter gick till aktion och anföll det franska försvaret längs Somme, kunde Weygand notera att ingenting av den begärda hjälpen hade skickats. Senare samma dag fick Reynaud förvisso svar från Churchill som sade att två av de tre infanteridivisionerna skulle skickas omgående, men han sade också att RAF hade lidit svårt under evakueringen och måste reorganiseras. Fransmännen fick tills vidare nöja sig med att de brittiska jakt- och bombdivisionerna inom AASF som fortfarande befann sig i Frankrike erhöll nya plan samt ersättningspersonal.

När han blev informerad om Churchills svar, sade Pétain till Reynaud: ”Då finns det inget annat att göra än att sluta fred, och om inte du vill göra det så kan du lämna saken åt mig.”

I desperation möblerade Reynaud om sitt kabinett för tredje gången. Avsikten var att bli av med några av defaitisterna. Medan tyskarna var i full färd att hamra sönder den franska fronten, avskedades flera ministrar, däribland Daladier. Åtgärden var meningslös, för Pétain kvarstod som vice konseljpresident och Weygand som överbefälhavare. General Charles de Gaulle, chefen för den franska 4. pansardivisionen, erhöll posten som statssekreterare för det nationella försvaret. Om Frankrike föll hade Reynaud planer på att fortsätta kriget från de franska kolonierna i Nordafrika. General de Gaulle fick därför i uppgift att samordna detta företag med britterna, och han skulle med tiden komma att leda de fria franska styrkor som slogs sida vid sida med de allierade.[325]

Det militära skeendet kunde dock inte längre påverkas med politiska medel. Den 6 juni var tyskarna igenom på flera ställen. Dagen därpå erövrades Montdidier, Noyon och Forges-les-Eaux. Samma dag meddelade Churchill att *Fighter Command* skulle bidra med fem fullstarka jaktdivisioner som skulle föras över till Frankrike. Ytterligare fyra skulle vara baserade i England, men operera från franska fält. Reynaud kontrade med kravet att RAF skulle sättas in i sin helhet, vilket bara ledde till att han fick mindre än britterna först lovat. Churchill hade ändrat åsikt. Om Frankrike föll, resonerade han inför *Defence Committee* (DF) på kvällen den 8 juni, så skulle Storbritannien kunna fortsätta kriget så länge hon hade sitt flygvapen intakt. Om RAF däremot fördes över till Frankrike, så skulle tyskarna bomba England till underkastelse, oavsett om fronten i Frankrike stabiliserades eller ej.[326] ”Så länge vi undviker en strategisk blunder som gör oss försvarslösa”, skrev han till Reynaud, ”tror vi att Hitler kommer att knäcka sitt flygvapen i ett försök att invadera oss.”[327]

Om fler jaktplan skulle skickas fick det endast bli ett symboliskt antal. Den 13 juni sändes 17. och 242. divisionerna över till Frankrike.

Det var de sista.

Luftwaffe segrar

Medan tyskarna trängde allt längre in i Frankrike fortsatte luftstriderna, detta trots att *Luftwaffes* herravälde inte längre kunde bestridas annat än lokalt. Den 3 juni hade Göring beordrat sitt flyg att utföra bombangrepp mot franska flygfält och flygplansfabriker belägna i Parisregionen. Två dagar senare, när den stora offensiven startade, understöddes marktrupperna av över 2 000 jakt-, bomb- och spaningsplan. Tyska jaktpiloter flög i genomsnitt sex uppdrag per dag och bombplanen var i luften en halvtimme efter att begäran om insats hade givits.[328]

I de flesta fall hade de tyska flygarna lufthavet för sig själva, men stundom möttes de av franska eller brittiska jaktplan som fortfarande bjöd motstånd. Där fanns även polska piloter i fransk tjänst. Många av dem hade varit kadetter som inte hunnit få krigsplacering vid det tyska anfallet mot Polen i september 1939. Skälet var framför allt bristen på flygplan. Vid Polens fall hade ett stort antal piloter och annan flygpersonal befunnit sig i Rumänien för att hämta en leverans av franska och brittiska flygplan som påståtts ha anlänt till en av Svarta havshamnarna. Det fanns inga plan, men när Polen föll befann sig denna flygpersonal utanför landet och hade därigenom goda möjligheter att fly till Frankrike, där de tog tjänst i det franska flygvapnet. Andra tog sig ut ur Polen ensamma och sökte sig till England eller Frankrike. Över 130 piloter tog tjänst i det franska flygvapnet, där de flög franska flygplan med polska nationalitetsbeteckningar. De visade sig snart vara skickliga flygare. Polska piloter gjorde anspråk på 60 nedskjutna fiendeplan och förlorade endast 13 piloter själva.[329] Många av de främsta polska ässen under andra världskriget – Eugeniusz Horbaczewski, Boleslav Gladych och Jan Zumbach för att nämna några få – stred med fransmännen 1940.

I de flesta luftstrider avgick dock tyskarna med segern. Den tidigare omnämnde Adolf Galland skulle avsluta det franska fälttåget med 13 segrar innanför västen. Galland hade varit med under kriget i Spanien, där han lett sin välkända "Musse Pigg"-division och hjälpt till att finslipa den samverkan mellan flyg- och markstyrkor som skulle ge tyskarna så många inledande framgångar under andra världskriget. Han var humoristiskt lagd med ett kvickt intellekt. Han var också en kvinnotjusare och livsnjutare som stred mer av patriotiska skäl än av politisk övertygelse.[330] Efter fälttåget i Polen hade han velat bli överförd till jaktflyget, men fått avslag. Med hjälp av en vän som var läkare hade han "förfalskat" ett intyg som sade att han led av reumatism och därför inte fick flyga i en Henschel Hs 123 med öppen förarkabin. Denna list hade fått honom förflyttad till JG27 som flög Bf 109. Som ett minne från sin tid i Spanien lät han måla en Musse Pigg med yxa och pistol på sidan av sitt plan; ett emblem som snart skulle komma att respekteras av flygare på bägge sidor.

Denna dag hade han just skjutit ned ett franskt jaktplan, troligtvis en Curtis, när han och hans *Katschmarek* siktade två divisioner Moraneplan. Trots till synes omöjliga odds, kunde de två tyskarna anfalla denna styrka, någonting som var möjligt tack vare Bf 109:ans högre hastighet och den tyska stöt-taktiken. Galland och hans kamrat dök ned mot den intet ont anande fienden.

> Det var bara att anfalla först och sedan försöka fly undan bäst man kunde, så jag siktade in mig på det sista planet i formationen. [...] Mannen flög bra, men hans maskin var underlägsen min. Till slut, på mycket nära håll, lyckades jag få in en fullsalva och han fattade eld. Vi var så nära att kollidera att jag böjde ett av bladen på min propeller och delar av landstället skadades. [...] Moraneplanet föll mot marken omvälvd av flammor och kraschade i en skog nära Meaux. Det fanns ingen tid att förlora, så jag siktade in mig på nästa. Genomborrad av kulor föll fiendeplanet vertikalt med en svart strimma av

> rök bakom sig. Jag såg aldrig kraschen, eftersom resten av fransmännen var mig i bakhasorna.[331]

Tre flygare som sköt ned fler plan än Galland över Frankrike och Nederländerna 1940 var Werner Mölders med 25 segrar, Helmut Wick med 14 och Wilhelm Balthasar med 23. Den sistnämnde flög tillsammans med Galland i JG27 och hade det närmast oslagbara rekordet att ha skjutit ned hela nio franska plan under en och samma dag. Likt Mölders lärde han gärna ut sina kunskaper till nya piloter, en vana som höll på att få ett snöpligt resultat under en av det franska fälttågets sista dagar. I samband med en patrull upptäckte Balthasar ett underligt jaktplan nedanför, vilket han identifierade som brittiskt. I avsikt att ge sina piloter en demonstration, minskade han avståndet till den ovetande fienden samtidigt som han talade beskrivande i mikrofonen.[332]

Den ovetande fienden var ingen annan än Galland som hade målat om sitt plan i en ny typ av kamouflage, mer lik den som britterna använde. Förvånad hörde han hur Balthasar omnämnde närvaron av en Hurricane i lurarna och han vred blicken runt horisonten utan att kunna se någon fiende. Kamraten fortsatte emellertid att beskriva hur han kom allt närmare den kritiska punkten där han ämnade öppna eld. ”Jag insåg plötsligt att han menade mig”, skrev Galland, ”och såg hur han dök mot mig från en idealisk position. Han måste ha blivit mycket förvånad när han hörde min bekanta röst i lurarna, när jag ganska högt sade: – Nu får det vara nog med de här djävla dumheterna!”[333]

Det var fler än Galland som var nära att möta sitt öde dessa dagar. Den 5 juni var *Luftwaffe* på vippen att förlora sitt allra största äss. Med sina framgångar i Spanien inräknade hade Werner Mölders ackumulerat 39 flygsegrar och såg fram emot sin 40:e, när han nästan föll offer för sin egen taktik.

> Under mig kämpar två Messerschmitt fortfarande med den sista Moraneplanet. Jag studerar striden medan [fienden] försöker undkomma på låg höjd genom att svänga fram och tillbaka. En kort blick bakåt, en annan ovanför och bakom mig; himlen är fortfarande fylld av virvlande Messerschmittplan. Jag befinner mig på ungefär 800 meters höjd. Plötsligt hörs en explosion och något blixtrar till i förarhytten. [...] Motorn är skjuten i bitar, styrspaken faller framåt; [planet] riktar nosen rakt ned. Ut omedelbart, annars är det slut.[334]

Bakom honom noterade den franske löjtnant Pommier Layrarges att fiendeplanet var förstört. Genom att falla ned mot Mölders ur solen hade han genomfört just ett sådant anfall som Mölders själv lärde ut till sina elever. Layrarges skulle aldrig få veta att han skjutit ned krigets hittills främste jaktflygare. Tre Bf 109 konvergerade mot honom från olika håll och sköt hans Dewoitine i bitar.[335] Mölders hann rädda sig i fallskärmen, men togs till fånga av de allierade. Det skulle dröja länge innan han fick sin 40:e seger.

Det var inte bara i luften som de tyska flygarna utsattes för fara. Löjtnant Klaus Mietuschs Bf 109 skadades under en strid den 6 juni. Han nödlandade och klarade sig utan personskador, men befann sig dessvärre på den franska sidan av fronten. Knappt hade han lämnat sitt plan förrän han stod öga mot öga med en fransk civilist beväpnad med ett gevär avsett för vildsvinsjakt. Mannen uppskattade inte alls omständigheterna kring Mietuschs plötsliga uppdykande och placerade prompt ett skott i baken på honom.[336]

De tyska framgångarna fortsatte dock, både i luften och på marken. Den 9 juni hade Rouen, Dieppe och Compiègne fallit i tyska händer. Vädjanden till USA om hjälp ledde ingen vart. Franska försök att blidka Mussolini hade inte heller någon effekt utan möttes med föraktfull likgiltighet. Den 10 juni förklarade Italien Frankrike och Storbritannien krig, och tyskarna gick över Seinefloden väster om Paris.

Den franska regeringen evakuerade Paris, och den gamla världen, som Churchill benämnt den, knakade betänkligt i sina fogar.

Separatfred?

Den 11 juni, i Weygands högkvarter i Briare, hölls det näst sista mötet mellan de franska och brittiska regeringarna. Den engelska sidan representerades av Churchill, Eden, Dill, Ismay och Spears; den franska av Reynaud, Pétain, Weygand, Georges och de Gaulle. Några andra, däribland amiral Darlan, chefen för *la Flotte Française* anslöt efter hand. Churchill försökte som brukligt att höja fransmännens motståndsvilja, men den militära situationen var hopplös och effekten blev den omvända. Saken gjordes inte bättre av att han föreslog att Paris skulle försvaras hus för hus, trots att detta skulle innebära en ödeläggelse av staden. Samtliga fransmän, även Reynaud, ryggade för detta scenario, och det skulle ändå inte ha blivit mer än en sista meningslös gest. Georges summerade situationen: 35 av 103 allierade divisioner, inklusive alla franska mekaniserade kavalleridivisioner och merparten av pansardivisionerna hade slagits ut i norr, ytterligare 25 av de resterande divisionerna var på grund av fientlig aktivitet så placerade att de inte längre kunde inverka effektivt på händelseförloppet. På Churchills vädjan att den franska armén skulle hålla ut några veckor till svarade Weygand att det inte var en fråga om veckor, utan dagar, kanske timmar, och om britterna var så angelägna om fortsatt franskt motstånd, varför efterlevde de inte de franska kraven på brittiskt flyg?

Efter middagen avslöjade Reynaud, som hade tagit Churchill lite avsides, att Pétain ville ha ett vapenstillestånd med tyskarna och att Weygand och några andra stödde honom. Reynaud själv var inställd på att fortsätta kampen. Detta avslöjande ledde till att Churchill för första gången dryftade frågan vad som skulle hända med den franska flottan om Frankrike gav upp, Reynaud svarade undvikande.[337] Innan den brittiska delegationen lämnade Frankrike under den tidiga morgondagen, konfronterade Churchill Darlan med samma fråga. ”Jag hoppas att ni inte kommer att uppge flottan”, sade han till den franske amiralen.

”Det blir det inte fråga om”, svarade Darlan, och sade att detta vore oförenligt med franska marina traditioner och ära. ”Vi skall aldrig lämna över den till vare sig tyskarna eller italienarna. I händelse av fara kommer den att borras i sank.”[338]

När Churchill och de övriga skulle börja återfärden till England, var vädret så dåligt att den utlovade Hurricanedivision som skulle eskortera dem inte kunde utföra sin uppgift. Man beslutade att fara utan eskort, och när planet passerade över det brinnande Le Havre siktade man två tyska plan, vilka antingen inte upptäckte dem eller av andra skäl avstod från att anfalla.[339] Runt hamnen nedanför pågick en annan dramatik: den första av flera evakueringar, när 11 000 allierade soldater lämnade Le Havre; vissa med kurs mot England, de flesta för att sättas iland i Bretagne. Denna gång lyckades man inte lika bra som vid Dunkerque. Den brittiska 51. divisionen hade blivit omringad vid Saint-Valéry och kapitulerade samma dag.

Väl tillbaka i England, meddelade Churchill krigskabinettet att Weygand inte längre såg någon möjlighet att undvika militärt sammanbrott och att Pétain var helt inställd på fred med Tyskland. Varje dag som Frankrike fortfarande gjorde motstånd var viktig, men Storbritannien skulle nu inrikta sig på att försvara sina egna territorier.[340] Därefter skickade Churchill ett telegram till USA, där han förklarade situationen för Roosevelt och vädjade att den amerikanske presidenten skulle ”stärka Reynaud så mycket ni någonsin kan, och försöka tippa balansen till förmån för det starkaste och mest ihållande franska motståndet”.[341]

Några timmar efter att den brittiska delegationen lämnat Briare, förklarade Weygand för de församlade ministrarna att samtal med tyskarna måste inledas omedelbart, annars var det risk att all såväl civil som militär ordning skulle bryta samman. En ny debatt följde. Den löpte i ungefär samma fåra som tidigare, med en viktig skillnad: frågan gällde inte längre huruvida Frankrike kunde hålla ut, utan om det var möjligt att fortsätta kriget från kolonierna. Mötet pågick i fyra timmar och allt man kunde enas om var att Churchill skulle erbjudas att deltaga i ett möte påföljande dag. Reynaud lät sig övertalas att undersöka vad som skulle bli följden om Frankrike bröt sitt avtal med Storbritannien.[342]

Den 13 juni landade en ny brittisk delegation bestående av Churchill, Halifax, lord Beaverbrook samt general Ismay i Tours. Flygfältet hade nyligen utsatts för flyganfall, och ett antal kratrar försvårade landningen. Inte heller kom någon för att möta dem. I en lånad Citroën fann de själva vägen till den prefektur där mötet skulle äga rum, men vid ankomsten fanns ingen där, så sällskapet intog lunch i en restaurang som tillfälligt öppnades för deras skull.[343] När fransmännen slutligen anlände var det endast Reynaud, de Gaulle och Baudouin.

Reynaud inledde mötet med att beskriva situationen i de mörkaste färger för att därigenom framtvinga största möjliga respons hos britterna. Han hävdade dock att brittisk och amerikansk hjälp kunde rädda Frankrike om den kom omedelbart. Därefter dryftade han den känsliga frågan om hur Storbritannien skulle bete sig om Frankrike inledde unilaterala förhandlingar med Tyskland.

Alla männen som deltog i samtalen i Tours har givit olika versioner av vad som sades, troligtvis eftersom alla försökte framstå i bästa möjliga dager.[344] Det sannolika är dock att Reynaud såg frågan som hypotetisk: *vad* skulle hända *om* en fransk regering där han själv inte längre var konseljpresident, ansökte om fred med Tyskland. Hans förhoppning var måhända att Churchill skulle ge honom ett kraftfullt svar att använda som argument mot defaitisterna: att Storbritannien inte skulle se mellan fingrarna om Frankrike nedlät sig till en sådan neslighet.[345] Churchill och de brittiska delegaterna uppfattade emellertid frågan som om Reynaud själv ville att Frankrike skulle frias från sin förpliktelse.

”Storbritannien kommer på intet vis att slösa tid på förebråelser och klander”, svarade Churchill, ”men detta innebär inte att vi skulle ge vår tillåtelse till ett agerande som står i strid med det fransk-brittiska fördraget.”[346]

Han fortsatte med att säga att ingenting borde göras förrän både Frankrike och Storbritannien lämnat en sista begäran om direkt intervention från USA. Vad som än hände, avslutade han, skulle Storbritannien fortsätta kriget till det bittra slutet, och om man vann över Tyskland, så skulle ett självständigt Frankrike återuppstå med all sin ära och värdighet.

Detta var inte det svar som Reynaud hade hoppats på, men med Baudouin närvarande var skadan oåterkallelig. Dels hade Churchill sagt att inga repressalier skulle riktas mot Frankrike om man kapitulerade, vare sig direkt eller senare, dels (och här skulle Baudouin medvetet eller omedvetet misstolka Churchills ord) hade han antytt att Storbritannien skulle befria Frankrike från hennes löfte. Mötet avslutades med en begäran från Churchill att ansvaret för de 400 tyska flygare som tagits till fånga under striderna, skulle övertas av britterna. Syftet var att förhindra att dessa användes i ett kommande flygkrig mot Storbritannien. Eventuellt kan även frågan om *la Flotte Française* ha tagits upp på nytt. Återigen går uppgifterna isär. Om så var fallet lär Churchill ha antytt att om Frankrike såg till att landets flotta inte föll i tyska händer skulle Storbritannien befria den från sitt löfte.[347]

Så avslutades det sista mötet mellan Churchill och Reynaud, och det slutade utan att man hade kommit överens om någonting konkret. Churchill flög tillbaka till England och skulle inte sätta sin fot i Frankrike förrän fyra år senare. Reynaud sammanträffade med sin regering samma kväll och led ett svidande nederlag mot defaitisterna. Hans argument att Storbritannien skulle vedergälla ett brott mot det fransk-brittiska fördraget hade gått förlorat, och Baudouin deklarerade att Churchill i praktiken befriat Frankrike från detsamma. Att Reynaud träffat den brittiska delegationen utan att meddela de övriga regeringsmedlemmarna var ytterligare en orsak till att många ministrar som tidigare stött honom nu tvekade.

I London arbetade man febrilt för att hålla Frankrike kvar i kriget. Kort efter den brittiska delegationens återkomst från Tours, hade man mottagit ett meddelande från president Roosevelt. Detta sade bland annat att USA ”skulle sända så stor materiell hjälp som möjligt” och att Frankrike och Storbritannien skulle ”fortsätta kampen”.[348] Detta uppfattade Churchill som en indikation på att USA var på väg in i kriget på de allierades sida, men den materiella hjälp som Roosevelt syftade på var ett överskottslager av gevär och kanoner. Dessa hade lastats ombord den amerikanska *Eastern Prince* och den 13 juni satt kurs mot England. De neutralitetslagar som sade att man inte fick exportera vapen till krigförande länder, hade kringgåtts genom att ett amerikanskt stålbolag agerade mellanhand.[349]

I England överskattade man USA:s vilja att gå med i kriget, mycket beroende på att man också överskattade amerikanernas militära möjligheter. Churchill kontaktade Joseph Kennedy, den amerikanske ambassadören i London, och bad denne att framföra en begäran att presidentens deklaration skulle få publiceras. Roosevelt svarade dock att han på intet sätt hade haft för avsikt att kasta sitt land i krig och att hans tidigare meddelande absolut inte fick publiceras eftersom detta kunde leda till missförstånd.[350] Det stod därmed klart att den gemensamma vädjan som Storbritannien och Frankrike lämnat USA efter mötet i Tours inte heller skulle ge något resultat.

Det amerikanska hoppet hade slocknat.

AASF lämnar Frankrike

I luften fortsatte AASF sin desperata fördröjningsstrid allteftersom dess förluster ökade. Battleplanen flög åter daguppdrag. Eskorterade av de Hurricanedivisioner som fortfarande var kvar i Frankrike bombade de trupper och broar i de framryckande tyskarnas väg. De hade vissa framgångar, men priset var högt.[351]

Redan före mötet i Tours hade Churchill skickat Reynaud ett meddelande med löfte om ett utökat brittiskt flygkrig. Sextio Blenheim skulle stå redo att angripa de mål som utpekades av general Georges, tio brittiska jaktdivisioner skulle operera inom gränsen för sin radie och 182 tyngre bombplan fanns tillgängliga för uppdrag mot fienden nattetid. Utöver detta fanns de sex bombdivisionerna och fem jaktdivisionerna ur AASF som fortfarande opererade från franska flygfält. Dessa insatser skulle ta sin början den 13 juni.[352]

Besättningsmännen på de flygande likkistorna gjorde sig inga illusioner beträffande utgången av denna flygoffensiv. Nya daganfall betydde nya förluster och det dröjde inte länge förrän deras farhågor besannades. AASF hade sedan länge retirerat bakom Seine, och dess baser låg nu i rektangeln Rennes, Le Mans, Samour och Nantes. Många uppdrag flögs den 13 juni, mestadels mot trupper eller broar i området runt Seine. Etthundrafyrtioandra bombdivisionen hade avdelat tre plan att anfalla tyska pansarfordon och trupper längs vägarna runt Pacy, Vernon och Rouen, när furir Kitto – spanaren som återvänt till divisionen efter sina äventyr med major Hobler vid Meuse – var med om sin andra nedskjutning. Han flög med kapten Hewson och skytten korpral Utteridge när en grupp Bf 109 fann de tre planen. Ett av Battleplanen hade redan angripits och var på väg ned när Kittos och Hewsons maskin sattes i brand. Hewson gav order att besättningen skulle lämna planet och såg Kitto hoppa genom luckan i golvet. När han skulle följa efter själv upptäckte han någonting som hejdade honom. "Jag frikopplade säkerhetsbältet och skulle just till att hoppa, när jag såg delar av en fallskärm", berättade han. "Utteridge var fortfarande kvar och troligtvis sårad." Hewson återvände till förarsitsen, ströp motorn och fällde ned vingklaffarna. En stund senare lyckades han sätta ned planet på en åker mellan Rouen och Chartres. Det visade sig att Utteridge fått en kula i huvudet, men fortfarande levde. Hewson lyckades stanna en bil med franska soldater som hjälpte honom och Utteridge till ett lasarett utanför Chartres. "De lade in Utteridge omgående och detta var det sista jag såg av honom."[353] Det tredje Battleplanet lyckades undkomma bland molnen och återvände med en sårad spanare.[354]

Efter 142. bombdivisionens anfall kom flera insatser från 2. bombeskadern i England. Sex Blenheim från 107. bombdivisionen och tolv från 110. angrep broar över Seine utan att förlora fler än ett plan, men de lyckades inte heller förstöra målen. Tjugoförsta och 82. bombdivisionerna anföll tyska trupprörelser med magert resultatet. Fem av de anfallande planen kunde inte finna målet på grund av kraftig molnighet och fyra av de resterande sköts ned. Tre av dessa kom från 82. bombdivisionen, vilken hade byggts upp på nytt efter sina förluster den 17 maj. Detta hade skett dels via nytillskott från flygskolorna, dels med överlevande besättningar som återvänt via Dunkerque eller andra hamnar. Nu började en ny åderlåtning. Ett av de nedskjutna planen tillhörde kapten Charlie Breese, samme pilot som skadat ett Blenheimplan och klarat sig undan katastrofen vid Gembloux eftersom han haft straffjänst. Hans akterskytt försökte desperat hålla de anfallande 109:orna borta med sin kulspruta, men de hade ingen chans mot de kraftigt beväpnade jaktplanen. Kanonkulor genomborrade maskinen. Breese insåg att han inte längre kunde utföra uppdraget och fällde därför bomberna. Strax därpå träffades akterskytten. Spanaren meddelade att skytten var död. Breese valde därför att överge flygplanet hellre än att försöka sätta ned det. Det visade sig vara ett lyckosamt beslut, för en av bomberna hade inte frigjorts och exploderade när maskinen slog i marken.[355]

Knappt hade planen vänt för hemflygningen, förrän AASF:s högkvarter nåddes av rapporter om stora mängder tyska stridsvagnar i området runt Montmirail. Inledningsvis talade dessa om cirka 500 vagnar, men det påstådda antalet ökade snart till närmare tusen. Battledivisionerna startade på nytt. Även 2. bombeskadern reagerade. Återigen var sikten dålig och inga stridsvagnar syntes till. Istället uppvaktades bombförbanden av tyska jaktplan och ytterligare ett antal Battle sköts ned. Fyra av dem gick förlorade redan innan man nått målet; därefter ytterligare sex. Furir Joe Holiday och hans besättning var några av dem som angreps av 109:orna. Först försökte de gömma sig bland molnen, men detta hjälpte inte, så Holiday dök för att skaka av sig förföljarna nära marken.

”På väg ned fattade Battleplanet eld”, berättade furir Rudd, spanare på ett av de andra Battleplanen. ”Vid detta laget var branden fullt utvecklad och jag såg spanaren huka sig bakom pilotens sits för att undgå flammorna i flygkroppen.” Battleplanet sjönk allt snabbare, nu utom kontroll, men besättningarna i de andra planen såg att spårljuskulor fortfarande lämnade vapnet i aktern. När skytten, korpral Greenall, senare berättade om händelsen mindes han bara en stor vrede: ”Jag var sårad, men fortsatte helt enkelt att skjuta mot de djävlarna.”

Holiday återfick medvetandet och lyckades räta upp maskinen innan den kraschade. Han satte ned den på ett fält. Kontakten med marken fick honom åter att förlora medvetandet, och när Whiting och Greenall tagit sig ur planet från aktern – den senare med blodet strömmande från flera sår –, upptäckte de att piloten hängde livlös ur sittbrunnen med flygdräkten i full låga. På något sätt lyckades de få loss Holiday, släpa honom bort från planet innan bomberna exploderade av värmen och de släckte lågorna i flygdräkten. Samtliga ådrog sig nya skador, men fick vård av tyskarna och överlevde.[356]

Den materiella effekten av dagens anfall var emellertid beklämmande, och ytterligare 16 Battle och Blenheim hade skjutits ned i ett av Churchills snart bortkastade försök att hålla fransmännen kvar i kampen. Anfallen fortsatte även den 14 juni mot en kostnad av sju bombplan, men AASF:s uppgift i Frankrike var avslutad. Den 15 juni startade Battleplanen för sista gången och flög tillbaka till England – de få som var kvar. ”Vi som återvände hem hade verkligen haft tur”, skrev Bob Pearce, spanare på ett Battleplan. Den totala förlusten av besättningar inom AASF under perioden mellan 10 maj och 15 juni överskred 650 döda eller saknade och mer än 230 krigsfångar.

”Medan vårt bidrag var svårt att utvärdera”, fortsatte Pearce, ”agerade vi otvivelaktigt försökskaniner inom denna nya era av flygkrig. Förhoppningsvis lärde vi oss något som skulle vara till nytta för dem som kom efter.”[357]

Inom loppet av några dagar hade även Hurricanedivisionerna dragits tillbaka. Sjuttiotredje divisionen var det sista brittiska jaktförbandet som lämnade Frankrike. Dessvärre skulle det inte nå England i sällskap med sin mest framgångsrike pilot. Edgar J. ”Cobber” Kain hade flugit utan uppehåll sedan den tyska invasionen. Han var den siste av de piloter som ombaserats till Frankrike året innan och var i stort behov av vila. Snart kom ordern att han skulle bege sig tillbaka till England för att där tjänstgöra som flyginstruktör, men ödet ville annorlunda. Kvällen före avfärden firade några piloter på *Maxim* i Paris. Paul Richey, som återhämtade sig efter sin skada i maj, förstod hur slutkörd Kain var. ”Jag noterade”, berättade han, ”att Kain verkade nervös och frånvarande. Han stirrade i tomma intet framför sig, samtidigt som han vildsint bröt isär tändstickor. Han hade fått nog, precis som vi andra.”

Dagen därpå, när Kain startade för sin färd tillbaka till England, fick han för sig att utföra några akrobatiska övningar ovanför flygfältet. ”Han passerade över fältet på trehundra meters höjd och inledde en serie kvickrollar åt vänster”, mindes major More, 73. divisionens chef. ”Vid den tredje rollen förlorade planet plötsligt fart och föll i spinn åt höger.” För ett ögonblick trodde de förfärade åskådarna att Kain skulle klara det. Motorn vrålade när piloten gav fullgas, men sedan överstegrade planet. Huruvida Kains trötthet var orsaken till olyckan eller om planet helt enkelt svek honom får vi aldrig veta. Kanske var det en kombination. Maskinen slog i backen och exploderade. Kain kastades ur förarhytten av stöten, men dog omedelbart. RAF hade förlorat sitt största äss. När divisionen flög tillbaka till England två veckor senare låg resterna av hans Hurricane kvar där den störtat. Det var en stark påminnelse om att det fanns andra motståndare än tyskarna. Trötthet, lek och vårdslöshet var några av dem.

Att återvända till England efter vad de varit med om under de gångna veckorna, var en närmast overklig upplevelse för de stridströtta flygarna ur AASF. Paul Richey noterade den starka kontrasten mellan vad som pågick på kontinenten och det dagliga livet i sitt ännu orörda hemland. När han startat från Frankrike i det transportplan som skulle flyga honom hade det regnat, men när han flög över Normandie hade molntäcket lättat så pass att han kunde han se långa kolonner av flyktingar som fyllde vägarna, och höga rökpelare som reste sig från byar och städer. Han var fortfarande svag efter sviterna från den kula som gått igenom halsen på honom och han somnade för en stund. När han åter slog upp ögonen befann de sig över England. Här var vädret vackert och den enda röken kom från skorstenarna på de små stugorna i Sussex. Plötsligt upptäckte han två lag som spelade cricket och synen fyllde honom med vrede och avsky. Självbelåtna, trångsynta engelsmän, skyddade av en smal remsa vatten, ägnade sig åt lekar medan allt var död och förödelse endast en halvtimmes flygresa bort.

Han tänkte att några bomber nog skulle ta leklusten ur dem.[358]

•

Samtidigt som de sista planen ur AASF lämnade Frankrike började de tyska nattbombarna dyka upp ovanför England. Den 18 juni kom den första räden, när ett antal He 111 ur KG4 angrep de brittiska flygbaserna vid Honington och Mildenhall. Löjtnant Ulrich Jordan skulle leda detta anfall och hade lämnat en förfrågan till sitt högkvarter i vilken mån han skulle ta brittiska nattjaktplan med i sin planering. ”Inte alls”, kom svaret. ”Vi har inga nattjaktplan och är säkra på att inte britterna har det heller.”

Svaret hade varit lika felaktigt som självsäkert. Fyra brittiska divisioner befann sig i beredskap att genskjuta eventuella nattanfall.[359] Fienden upptäcktes av det brittiska luftförsvarssystemet och jaktplanen lyfte för att möta dem. Mörkret var nästan kompakt omkring Sailor Malan när han styrde sin Spitfire i riktning mot Foulness Island. Till en början var det endast det svaga skenet från instrumenten som höll honom sällskap, men så upptäckte han ett glimmande ljus framför sig. Det visade sig vara avgasrören på ett av de tyska bombplanen. Han föll in bakom det och gav det en kort eldskur, men sedan var det borta. Han sökte efter det en stund, varpå han observerade sökarljus ovanför Southend. När han kom närmare upptäckte han en He 111 som fångats av de sökande fingrarna. ”Jag gav det två femsekunderssalvor och såg hur kulorna slog in över hela planet”, skrev han i sin rapport. ”Det började ryka och jag såg en fallskärm på nära håll.”[360]

Denna första natt av luftstrider ovanför England ledde till att sex tyska bombplan sköts ned medan britterna förlorade tre Blenheim och en Spitfire.[361] Vid en jämförelse med striderna i dagsljus ovanför Frankrike hade förlusterna varit små, men så snart tyskarna lärt sig att gå över eller runt områden med sökarljus, blev de ännu färre. Under de knappa två veckor som återstod av juni sköts 16 tyska flygplan ned nattetid över brittiskt territorium. Under juli var förlusten endast nio; under augusti steg den till 23. Under hela 1940 skulle färre än 150 tyska plan skjutas ned över England nattetid.[362]

Unionen

Den 14 juni marscherade tyskarna in i Paris och den franska regeringen fortsatte sin flykt, denna gång mot Bordeaux. Samma dag hade general Brooke – som tagit befälet över de 150 000 brittiska trupper som befann sig i Frankrike – ett möte med Weygand.[363] Den franske generalen informerade honom om att det organiserade motståndet hade nått sitt slut. Brooke blev så modfälld över situationen att han kontaktade Dill med en begäran att stoppa all tillförsel av trupper och genast evakuera de som redan befann sig i landet. Han fick tillåtelse att evakuera all icke-stridande personal, men Churchill förbjöd honom personligen att göra detsamma med den stridande. Under kvällen fick Brooke dock meddelande om att fransmännen inte längre hade befälsrätt över de brittiska styrkorna, och dagen därpå inleddes en partiell evakuering.[364]

Weygands bedömning av det franska motståndet var korrekt. I öster ryckte Guderians stridsvagnar fram för att avskära de franska styrkor som bevakat Maginotlinjen. Samtidigt hade von Leebs armégrupp C gått till anfall mot densamma och brutit den på flera punkter. Den 15 juni tog tyskarna Strasbourg och Verdun. Dagen därpå föll Dijon och en vid lucka öppnades i Maginotlinjen vid Colmar. Den slutliga evakueringen av brittiska trupper inleddes och de närmaste tre dagarna skulle 111 293 soldater föras iväg från Saint-Malo, Brest, Saint-Nazaire och Nantes.

Inom den franska regeringen blev situationen allt mer desperat.[365] Natten till den 16 juni vidarebefordrade den brittiske ambassadören i Frankrike, sir Ronald Campbell, ett meddelande från Reynaud till Churchill. Detta sade att den franska regeringen, som tidigare meddelat att den skulle förflyttas till Nordafrika för att inte tas till fånga av tyskarna, inte kunde lämna landet förrän det stod klart att de tyska kraven var oacceptabla. Därför bad Reynaud Storbritannien att Frankrike skulle lösas från plikten att inte förhandla med tyskarna. Om Storbritannien gick med på detta, ansåg Reynaud sig kunna garantera att ett överlämnande av den franska flottan skulle anses som ett orimligt tyskt krav. Om den brittiska regeringen å andra sidan vägrade trodde Campbell att Reynaud skulle tvingas avgå.[366]

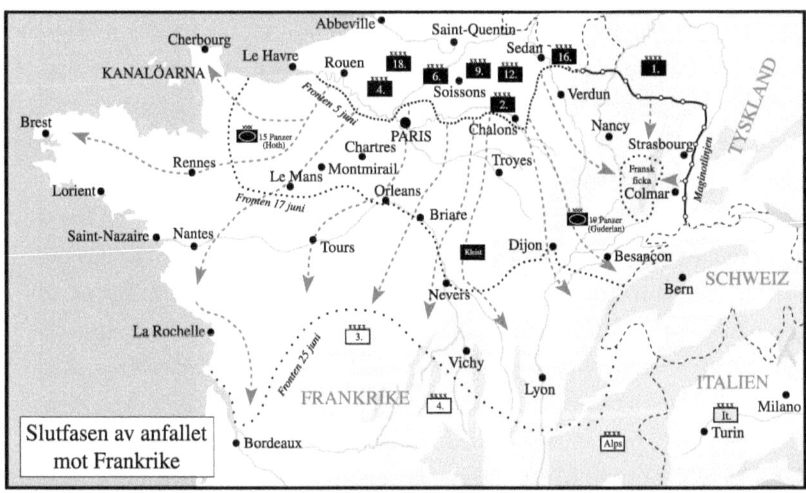

Slutfasen av anfallet mot Frankrike

Under morgonen beslutade det brittiska kabinettet att tillåta att Frankrike förhörde sig om de tyska villkoren under förutsättning att *la Flotte Française* omedelbart seglade mot brittiska hamnar. Ett meddelande med denna innebörd (telegram 368) sändes till Campbell i Bordeaux och överlämnades till Reynaud. Denne emottog det med missnöje. Dels var han personligen inställd på att fortsätta kriget, eftersom han trodde att tyskarnas krav ändå skulle vara så hårda att de inte kunde accepteras, dels ansåg han att flottan kunde bli en motvikt i de kommande förhandlingarna. Att överlämna den i brittisk ägo skulle beröva Frankrike dess sista trumfkort. Det första meddelandet följdes några timmar senare av ett andra (telegram 369) som sade att Storbritannien krävde omedelbar kännedom om de villkor som tyskarna ställde.

Medan detta pågick föddes en annan, parallell politik i London, och i ett sista försök att förmå fransmännen att fortsätta kriget från kolonierna lämnade den brittiska regeringen Frankrike ett historiskt unikt erbjudande – en union med Storbritannien. Två dagar tidigare hade lord Halifax principielle rådgivare i diplomatiska frågor, sir Robert Vansittart, träffat Jean Monnet och Réne Pleven, bägge medlemmar i *The Anglo-French Coordination Committee*, och diskuterat planer på en fransk-brittisk union med gemensamt parlament och kabinett. Det var ett omfattande förslag: gemensam valuta, slopande av tullar, gemensamma reparationer av krigsskador samt sammansmältande av regering och militär ledning – varje medborgare i Frankrike skulle omedelbart erhålla brittiskt medborgarskap och varje engelsman bli fransk medborgare. Idén var inte ny. Den hade figurerat ända sedan krigsutbrottet och dess huvudsakliga målsättning hade varit att stimulera fransk motståndsvilja, påverka den allmänna opinionen samt avskräcka tyskarna. Churchill var till en början motståndare till detta omfattande förslag, men någonting radikalt behövdes för att hålla fransmännen kvar i kriget.[367]

Denna morgon hade de Gaulle anlänt till England för att koordinera transporten av franska trupper till Nordafrika. När han fick höra talas om unionsförslaget förklarade han sig genast vara för det, och klockan 14.30 ringde han på brittisk uppmaning upp Reynaud. Den franske konseljpresidenten var överväldigande positiv. Campbell och general Spears var med honom när samtalet kopplades och berättar hur hans ansikte sken upp. Han slet åt sig ett papper och började frenetiskt skriva. "Har han gått med på detta", utropade han när de Gaulle läste upp en sammanfattning av förslaget. "Har Churchill givit er detta personligen."

"Det är den brittiska regeringens beslut", bekräftade de Gaulle.

Reynaud bytte även några korta ord med Churchill personligen. När han lagt ned luren i sin klyka, tog Spears meddelandet ur handen på honom och skyndade in i det angränsande rum där sekreterarna satt. Här blev han fördröjd av Reynauds älskarinna som propsade på att få läsa förslaget och gjorde detta med irriterande långsamhet.[368] Det blev dock utskrivet i tid för att Reynaud skulle få det med sig till regeringssammanträdet klockan 17.15.

Överlämnandet av det brittiska unionserbjudandet hade emellertid skötts illa från London, mycket beroende på de pressande omständigheter som rådde. Under eftermiddagen, när beslutet om unionen fattats, avgick ett tredje telegram till Reynaud att denne skulle "annullera" de två tidigare eftersom de Gaulle var på väg till Frankrike med det fullständiga utkastet till unionen.[369] Den franske konseljpresidenten erhöll också en redogörelse för de viktigaste punkterna i förslaget, samt underrättelsen att Churchill, Attlee och några andra skulle anlända till Bordeaux dagen därpå. Tanken var att Reynaud först skulle lägga fram unionsförslaget, och sedan, om detta inte föll i god jord, informera om att Storbritannien var redo att lösa Frankrike från fördraget av den 28 mars om *la Flotte Française* överlämnades till Storbritannien. Detta framgick dock inte fullt ut i det tredje telegrammet, som Reynaud erhöll via den brittiska ambassaden. Istället kunde det tolkas som att innehållet i de första två hade dragits tillbaka.[370]

Dessvärre inledde Reynaud sammanträdet med att informera om att det inte fanns några utsikter att USA skulle intervenera i Europa. Först därefter presenterade han förslaget om unionen. Det brittiska utspelet fick inget gensvar. Några få var entusiastiska, men merparten betraktade det med likgiltighet eller direkt fientlighet. Pétain, som höll med majoriteten om att Storbritannien ändå skulle tvingas på knä inom snar framtid, såg förslaget som "ett samgående med ett lik".

Om Reynaud hade avslöjat att Storbritannien befriade Frankrike från sina förpliktelser i utbyte mot dess flotta, hade kanske en senare tragedi kunnat undvikas. Men så skedde inte. Kanske berodde det på hans motvilja mot hela idén att överlämna flottan eller på nederlaget beträffande unionen; kanske hade han uppfattat det så att Storbritannien dragit tillbaka detta erbjudande till förmån för unionen, någonting som var troligt med tanke på hur det tredje meddelandet varit formulerat. Plötsligt ankom rapporten att tyskarna tagit Dijon och brådskan att komma till beslut beträffande förhandlingar inledde en ny upphetsad diskussion mellan dem som var för och dem som var emot samtal med tyskarna. Reynaud trodde i detta läge att de som stödde ett fortsatt krig var i minoritet och att en omröstning i frågan var överflödig. Han meddelade Lebrun att han ämnade avgå.[371]

Möjligen kunde Lebrun ha övertalat Reynaud att sitta kvar, men han gjorde inget försök i den vägen. Istället accepterade han Reynauds avgång och bad marskalk Pétain att ersätta honom som ny konseljpresident. Den brittiska delegationen hade redan hunnit ned till Waterloo Station, på den första etappen mot Bordeaux, när de stoppades av nyheten om en fransk regeringskris. Knappt hade de hunnit tillbaka till 10 Downing Street, förrän den franska radion rapporterade att Reynaud avgått och att Pétain fått i uppgift att bilda ny regering. Ungefär 30 minuter före midnatt satte president Lebrun sin underskrift på de dokument som utnämnde de nya ministrarna, däribland Weygand som försvarsminister och Baudouin som utrikesminister.[372]

•

Måndagen den 17 juni blev en av de mörkaste dagarna i Storbritanniens kamp mot Tyskland. Knappt hade den nya franska regeringen haft sitt första sammanträde, förrän det beslutades att man skulle begära de tyska villkoren för en vapenvila. Existensen av det fransk-brittiska fördraget ignorerades. Som för att ytterligare understryka den bedrövliga situationen drabbades britterna också av en svår tragedi utanför Saint-Nazaire. Det stora passagerarfartyget *Lancastria* hade packats till bristningsgränsen med soldater, flygpersonal och civila – över 5 000 personer – när hon träffades av en bomb och började sjunka. De flesta livbåtar kapsejsade under den panik som utbröt när man försökte sänka ned dem i vattnet, och den provisoriska trätrappan som ledde upp från lastrummet, knäcktes under tyngden av de män som försökte använda den – de flesta därnere fick aldrig någon chans att ta sig ut. Det fanns endast 2 000 flytvästar ombord, och många av dem som lyckades få tag i en av de tunga korkvästarna och hoppade från 10–15 meters höjd, bröt nacken vid kontakten med vattnet. Tragedin fullbordades när olja från fartygets bränsletankar strömmade ut i vattnet och antändes av de automatiska facklorna på gummiflottarna. Oscar Cornish, en av de flygtekniker som befunnit sig på fartyget, hade turen att hitta en passage genom den brinnande oljan och nådde en av livbåtarna. När han drogs ombord kunde han se hur *Lancastria* sjönk: ”Hon hade lagt sig på sidan och uppe på skrovet satt soldater som inte kunde simma och inte hade fått tag på någon flytväst. Medan fartyget gick till botten kunde jag höra dem sjunga *Abide with me*.”

Jagaren *Highlander* skyndade till undsättning. Skeppsbåtar sattes ut och matroser klättrade nedför änternäten för att hjälpa de nödställda ur vattnet. Många räddades, men flera av dem hade svalt olja som frätte sönder deras lungor. Sjömannen Frank Clements fick fatt i ett flickebarn som han drog upp ur vattnet, men tvingades hjälplöst se hur modern utmattad försvann under ytan sedan hon använt sina sista krafter för att rädda barnet. Även hjälpminsveparen *Cambridgeshire* anlände till platsen och följdes successivt av mindre franska farkoster från land. Många människoliv gick dock till spillo. Över 3 000 personer följde *Lancastria* i djupet – dubbelt så många som gick under med *Titanic*.

Katastrofal var också den politiska situationen. Under loppet av en vecka hade Frankrike givit upp kampen, Italien gått med i kriget på Tysklands sida och USA, som man tidigare haft så stora förväntningar på, klargjort sin position som icke krigförande.

Marin balans

När det stod klart att Frankrike var ute ur bilden inleddes dragkampen om den franska flottan. Inom det brittiska amiralitetet hade man en policy som gick under begreppet ”tvåmaktsstandarden”. Den innebar att *Royal Navy* måste kunna ge sig i strid med och besegra den sammanlagda styrkan hos minst två andra stormakter.[373] Vid krigsutbrottet hade det varit tämligen osannolikt att denna standard skulle komma att hotas. Vad som räknades var slagskeppen och Storbritannien hade haft 15 slagskepp i sjödugligt skick.[374] Frankrike hade haft åtta, med två – de stora *Jean Bart* och *Richelieu* – redo att sjösättas inom kort. Mot denna övermakt kunde Tyskland sätta in två. Italiens inträde i kriget hade inte påverkat balansen i någon avgörande grad, även om de sex slagskeppen (varav två låg för ombyggnad och skulle bli klara först under andra halvan av 1940) fyrdubblade axelmakternas potential. Styrkeförhållandet var fortfarande tre mot ett till västmakternas fördel. Visserligen fanns Japan där, lurande i Fjärran Östern, men hennes tio slagskepp balanserades i viss mån av den amerikanska Stilla havsflottan.

Storbritanniens marina krigsstrategi 1940 dikterades inte av de omständigheter som rådde under just andra världskriget. Den hade varit densamma under århundraden och bestämdes av det geografiska läget. Först var man tvungen att hålla sina handelsrutter öppna så att den brittiska befolkningen inte skulle svälta. Sedan måste man kunna transportera soldater, vapen och underhåll till de krigsskådeplatser som den brittiska regeringen ansåg krigsavgörande. Därefter, och viktigast av allt, måste man se till så att de brittiska öarna inte invaderades. Till sitt förfogande hade man *Royal Navy*.

Om Frankrike kapitulerade skulle den marina balansen i Europa drastiskt förändras. Det var illa nog om *la Flotte Française* inte längre kunde användas mot axelmakterna. Storbritanniens 14 slagskepp (*Royal Oak* hade sänkts i början av kriget) skulle stå mot Tysklands och Italiens åtta. Till de senare skulle läggas de väntade tyska slagskeppen *Bismarck* och *Tirpitz* samt de italienska *Impero* och *Roma*, vilka skulle tippa balansen ytterligare.[375] Om de kombinerade tyska, italienska och franska flottorna skulle gå samman skulle de få en tredjedels övervikt mot *Royal Navy*.[376] Detta vore en katastrof för Storbritannien, som var beroende av sin import. Den inhemska livsmedelsproduktionen räckte bara för att föda halva befolkningen; resten måste importeras. Även merparten av strategiska råvaror kom utifrån. Denna väldiga import kunde av naturliga skäl endast transporteras via oceanerna, och Storbritannien hade för ändamålet 4 000 handelsfartyg av vilka minst 2 500 alltid befann sig till sjöss.[377] Ända sedan lord Nelsons dagar hade *Royal Navy* kunnat skydda denna handelsflotta, men om den marina balansen försköts till axelmakternas fördel skulle Storbritanniens strategiska situation bli närmast ohållbar.

Den marina balansen i Europa 1940 samt den ungefärliga baseringen av större örlogsfartyg den 1 juli.

Brittiska handelsrutter
och transportleder
fram till 10 juni 1940
Möjliga tyska utbrytningsrutter inför angrepp på brittiska konvojer.
Alternativa rutter till Mellanöstern, Indien, Fjärran Östern och Australien.
Kanada
USA
Europa
Oran
Suez
Dakar
Freetown
Afrika
Kapstaden
Stockholm
ESTLAND
Tallinn
Leningrad
BALTISKA STATERNA
(ockuperade av Sovjetunionen)
LETTLAND
Riga
LITAUEN
Kaunas
Königsberg
Danzig
(OSTPREUSSEN)
MOSKVA
SOVJET-
UNIONEN
Smolensk
Minsk
ÖSTRA POLEN
(ockuperat av
Sovjetunionen)
Warsawa
POLEN
VÄSTRA POLEN
(ockuperat av
Tyskland)
Lvov
Kiev
Rostov
SLOVAKIEN
Wien
Budapest
UNGERN
BESSARABIEN
(ockuperat av
Sovjetunionen,
juni 1940)
Odessa
KRIM
Sevastopol
RUMÄNIEN
Oljefälten
vid Ploesti
Belgrad
Bukarest
JUGOSLAVIEN
BULGARIEN
Sofia
Istanbul
Ankara
TURKIET
ALBANIEN
(ock. av Italien)
Taranto
3 Slagskepp
7 Kryssare
GREKLAND
Aten
Messina
7 Kryssare
LIBANON/SYRIEN
(Vichy)
IRAK
(Br.)
CYPERN
(Br.)
Beirut
Damaskus
KRETA
Hav dominerat av brittisk-
eller franskkontrollerad kust
PALESTINA
(Br.)
Amman
Hav dominerat av italiensk
eller italienskkontrollerad kust
Styrka X
4 Slagskepp
6 Kryssare
1 Hangarfartyg
1 Kryssare
Jerusalem
JORDANIEN
(Br.)
1 Kryssare
Tobruk
Port Said
Suez-
kanalen
Alexandria
Benghazi
1 Slagskepp
4 Kryssare
Kairo
EGYPTEN
(Br. protektorat)
SAUDIARABIEN
LIBYEN
(It.)

Redan under natten till den 17 juni, endast några timmar efter det att den nya franska regeringen bildats, hade Campbell konfronterat Baudouin i frågan om vad som skulle hända med *la Flotte Française*. Utrikesministern hade då informerat den brittiske ambassadören att man ansökt om de tyska villkoren för en vapenvila och även lämnat tyskarna en förfrågan om hur Tyskland ansåg att en kommande fred med Frankrike skulle se ut. Han gjorde dock klart för Campbell att inga villkor skulle accepteras om de ansågs strida mot fransk heder eller om de innebar att franska styrkor skulle vändas mot Storbritannien. Amiral Darlan hade fått order att hellre borra flottan i sank än låta den falla i tyska händer.[378]

Senare samma morgon hade Campbell haft ett sammanträffande med Pétain, och frågat denne hur den franska reaktionen skulle se ut om de tyska kraven visade sig oacceptabla. Skulle den franska regeringen i så fall bege sig till Nordafrika? Pétain hade undvikit frågan. När Campbell poängterat vikten av att *la Flotte Française* seglade till brittiska hamnar innan de tyska kraven anlände hade Pétain avfärdat kravet. Om det fanns en risk att fartygen föll i tyska händer vore det bättre om de förstördes.[379] Samtalet mellan de bägge männen underlättades inte av det faktum att Pétain fortfarande varit ovetande om existensen av telegram 368 och 369, någonting som Campbell tog för givet att den nye konseljpresidenten kände till. Först samma kväll fick den franska regeringen fullständig information om de bägge telegrammen, men eftersom man redan inlett dialog med tyskarna, hade telegrammen redan förlorat sin betydelse.

På morgonen den 18 juni emottog den franska regeringen en skarpt formulerad not från Cordell Hull, den amerikanske utrikesministern, som sade att:

> ...såvida inte den franska regeringen, innan ingående av vapenvila, vidtog åtgärder för att garantera att dess flotta inte föll i fiendens händer, skulle detta vara att föra en politik som drastiskt skulle försvåra bevarandet av det franska imperiet och ett återställande av Frankrikes oberoende och autonomi; vidare, om flottan skulle kapitulera, skulle den franska regeringen för alltid förlora USA:s vänskap och goda vilja.

Detta hot, som i själva verket uppkommit genom brittisk försorg, vägde tungt när Pétain och hans ministrar enhälligt beslutade att inga örlogsfartyg skulle överlämnas till Tyskland eller Italien. Om tyskarna framhärdade på denna punkt skulle kriget fortsätta. Detta framförde Baudouin till Campbell, som missförstod innebörden och uppfattade det så att örlogsfartygen skulle segla mot brittiska hamnar. En annan missuppfattning – eller kanske en försummelse från Baudouins sida, eftersom denne underlät att göra detta klart för Campbell – var att åtgärder beträffande flottan endast skulle komma i fråga om tyskarna *begärde* dess utlämnande.[380] Den brittiske ambassadören svävade därför i villfarelsen att dessa åtgärder skulle vidtas oavsett de tyska kraven.

Dessa nyheter telegraferades till London, och krigskabinettet beslöt att skicka marinministern, Albert V. Alexander, samt förste sjölorden, sir Dudley Pound (som redan befann sig i Frankrike för att träffa Darlan), till Bordeaux för att bistå Campbell. Det stod även klart att evakueringen av brittiska trupper från kontinenten förlöpte väl, och den förväntades vara avslutad vid mörkrets inbrott. Kort därpå inkom dock nya uppgifter från Campbell, eftersom denne nu fått klart för sig att den franska regeringen inte alls beslutat att skicka flottan till brittiska hamnar, utan endast att vägra villkor som innebar ett överlämnande av fartygen.[381] Den optimism som för ett ögonblick genomströmmat den brittiska ledningen dämpades åter.

Under senare delen av eftermiddagen talade Churchill åter inför underhuset: ”Vad general Weygand kallade Slaget om Frankrike är över, Slaget om England skall strax börja”, deklarerade han och gav därmed flygstriden ett namn redan innan den inletts. Han sade att Hitler var tvungen att knäcka britterna om han inte ville förlora kriget, men om han lyckades skulle hela världen, inklusive USA, störta ned i medeltidens mörkaste avgrund. ”Låt oss därför stålsätta oss inför våra plikter och skicka oss så, att om det brittiska imperiet och dess samvälde varar i tusen år, så kommer man fortfarande att säga: Detta var deras stoltaste stund.”

Sent samma dag träffade Alexander och Pound amiral Darlan i Bordeaux, där den sistnämnde försäkrade att inga tyska krav som innebar överlämnandet av den franska flottan skulle godtas, och om det fanns minsta risk att fartygen skulle komma att användas av andra än fransmännen själva, gav Darlan sitt hedersord att de skulle sänkas. Han avfärdade krav på att flottan skulle skickas till brittiska hamnar, men gjorde ändå ett gott intryck på de bägge britterna.[382] Detta förstärkte åter optimismen i London och bilden ljusnade ytterligare den 19 juni när man fick uppgifter om att den franska regeringen skulle delas i två. Pétain skulle stanna i Frankrike, men vice konseljpresident Camille Chautemps, Lebrun, Weygand, samt ett antal andra ministrar, skulle bege sig till Nordafrika för att på så vis undgå de framryckande tyskarna.

Fanns det fortfarande en möjlighet att fransmännen skulle fortsätta kriget från kolonierna? Storbritannien erbjöd sig omedelbart att tillgodose fransmännen med transportfartyg – för att evakuera så många soldater och så mycket materiel som möjligt innan allt föll i tyska händer – om den franska regeringen flyttade sitt säte till Nordafrika. General de Gaulle hade flytt till England och redan talat till det franska folket via BBC den 17 juni, där han manade till fortsatt kamp. Denne övertalades nu, efter ett initiativ från det brittiska utrikesdepartementet, att skrinlägga en planerad sändning den 19 juni. Ingenting fick göras som kunde skada de ytterst känsliga relationerna mellan Frankrike och Storbritannien.

Compiègne

Förhoppningarna att Frankrike skulle fortsätta kriget från Nordafrika grusades snart. På eftermiddagen den 21 juni, i gassande solsken, anlände Hitler, Göring, von Brauchitsch, Raeder och den tyske utrikesministern, von Ribbentrop, till den glänta i Compiègneskogen där förhandlingarna med de franska delegaterna skulle föras. Efter att kort ha stannat framför granitmonumentet över de allierades seger under första världskriget, tog Hitler och hans följe emot fransmännen och visade dem in i just den vagn där vapenstilleståndet hade undertecknats 1918. Platsen hade avsiktligt valts för att hämnas förödmjukelsen från Versailles, och Hitler stannade inte längre än för att höra inledningen.[383] Därefter lämnade han och hans följe förhandlingarna åt Keitel, vilken fått direktiv att lyssna till den franska ståndpunkten, men att inte vika från de villkor som Hitler formulerat.[384]

De tyska krav som presenterades den franska delegationen visade sig snart vara förbluffande lindriga: två femtedelar av franskt territorium skulle bli icke-ockuperad zon; den franska regeringen skulle kvarstå i sin nuvarande form och få behålla administrationen även i de ockuperade delarna, samt tillåtas fungera diplomatiskt utomlands; de franska kolonierna skulle lämnas orörda och fransmännen skulle få behålla en militär styrka om 100 000 man. Även beträffande *la Flotte Française* var villkoren milda. Artikel VIII krävde att de franska fartygen skulle återvända till sina hemmahamnar för avväpning, men sade att tyskarna inte hade för avsikt att bruka dem.[385]

Både från franskt och brittiskt håll hade man förväntat sig krav på den franska flottans överlämnande, men Hitler såg saken ur ett helt annat perspektiv. Hans primära mål var fred med Storbritannien och Frankrike så att han kunde vända uppmärksamheten österut. Om fransmännen gav sig så skulle Storbritannien följa efter, resonerade han, och om så skedde, vilken nytta skulle han då ha av *la Flotte Française*? Om han å andra sidan krävde flottans överlämnande, ökade risken att fransmännen skulle sätta upp en exilregering utomlands och fortsätta kampen från kolonierna. Detta skulle minska Tysklands möjligheter att komma till tals med Storbritannien och det oönskade kriget mot de västallierade skulle fortsätta.

Den 18 juni, i samband med ett toppmöte mellan Hitler och Mussolini i München, hade von Ribbentrop sammanträffat med den italienske utrikesministern, greve Ciano, där den senare meddelat Mussolinis krav på det besegrade Frankrike: Nice, Korsika, franska Somaliland, Tunisien samt baser i Marocko. Han ville även att Frankrike skulle ockuperas i sin helhet och att *la Flotte Française* skulle överlämnas. von Ribbentrop hade mött dessa krav med avslöjandet att Hitler hade tänkt sig betydligt mildare krav. När Ciano förvånat frågat den tyske ministern om Tyskland idag föredrog krig eller fred, hade von Ribbentrop utan tvekan svarat: ”Fred, så klart.”[386]

Hitler hade rätt i att fransmännen inte skulle överlämna sin flotta. Den franska regeringens beslut den 18 juni, att inte ingå vapenvila om tyskarna begärde detta, bekräftar antagandet. Men att Storbritannien skulle ge upp kampen om Frankrike föll var en felkalkylering som skulle stå Hitler dyrt. Så här i efterhand kan hans antagande att Storbritannien skulle sluta fred tyckas märkligt, men vid den tidpunkten var det en tämligen rimlig uppskattning. Britterna stod inför att förlora sin franska allierade, deras armé hade fördrivits från kontinenten och deras trupper var underlägsna de tyska beträffande numerär, kvalitet och utrustning. *Luftwaffe* var starkare än RAF. Endast till havs hade britterna ett övertag, men detta övertag kunde svårligen riktas mot Tyskland med någon större utsikt till framgång. Storbritannien hade helt enkelt ingen möjlighet att ensamt besegra Tyskland. Paradoxalt nog önskade därför även Hitler att fransmännen skulle borra flottan i sank. Detta skulle stärka den italienska flottans ställning i Medelhavet och där öka hotet mot de engelska besittningarna. Det skulle också beröva britterna hoppet att få nyttja franska örlogsfartyg för att trygga sina vitala sjöleder – ytterligare steg i riktning mot fred med Storbritannien.

·

Klockan 20.15 ringde general Huntziger, som ledde den franska delegationen, till Bordeaux för att redogöra för de tyska kraven. Weygand frågade honom var han befann sig.

”Jag befinner mig i ett tält i Rethondes”, svarade Huntziger, ”bredvid järnvägsvagnen...”

Weygand insåg omedelbart den förödmjukande situationen. ”Min stackars vän...”

”Villkoren är stränga”, fortsatte Huntziger, ”men de innehåller ingenting oförenligt med Frankrikes ära.”

”Vad begär de beträffande flottan?”

”Tyskarna begär inte att den skall överlämnas.”

”Och resten?”

”Vi har erhållit ett dokument på 23 artiklar. De bildar en helhet som inte får modifieras. Jag skall läsa upp dem för er...”

”Skicka en kopia av villkoren i natt. Man förseglar inte ett lands öde med ord dikterade per telefon. Påminn dem om 1918. De hade 72 timmar på sig att signera, ett flygplan och tryckt text.”

”Jag skall fråga dem...”[387]

Tyskarna avslog denna begäran. Det skulle inte bli något flygplan. Det franska svaret skulle vara dem tillhanda senast klockan 10.00 fransk tid. Tre timmar efter samtalet mellan Weygand och Huntziger sammanträdde den franska regeringen för att granska de villkor som generalen meddelat per telefon och fann till sin lättnad att de var bättre än man kunnat hoppas. Vissa röster höjdes för fortsatt kamp, däribland Lebruns och Darlans, men majoriteten var för ett accepterande av de tyska kraven. Förvisso skulle tre femtedelar av Frankrike ockuperas, men detta förhållande skulle endast gälla så länge kriget mellan Tyskland och Storbritannien pågick. Därefter skulle förhandlingar inför en riktig fred inledas. Eftersom få trodde att Storbritannien skulle klara sig längre än några månader, ansågs ockupationen som en uthärdlig, om än beklaglig, nödvändighet. På en punkt ställde fransmännen emellertid motkrav. Detta gällde artikel VIII som uppenbarligen inte skulle gillas av britterna. På inrådan av Darlan, beslutade det franska ministerrådet att man skulle begära att flottan fick avväpnas i nordafrikanska hamnar istället för i franska.

Utifrån det brittiska perspektivet utvecklade sig händelserna drastiskt till det sämre. I Bordeaux stormade Campbell mot den franska regeringen eftersom han blivit lovad att få del av de tyska kraven så snart de blivit kända, men hållits ovetande i flera timmar efter att de anlänt. Detta var säkerligen ett förbiseende från fransmännens sida, orsakat av den hektiska aktivitet som de tyska villkoren skapat, men Campbell uppfattade händelsen som ett tecken på att Storbritannien avsiktligt hållits utanför. Slutligen fick han tag på Baudouin som motvilligt gav honom sin egen kopia av texten. När Campbell konfronterade honom om den franska reaktionen, svarade Baudouin endast att man hade för avsikt att försöka förändra artikel VIII till att gälla hamnar i Nordafrika. När Campbell förmedlade denna information vidare till London, sade han att de tyska villkoren var ”djävulskt listiga” och att de hade ”förstört den sista gnuttan mod hos fransmännen”.

> Om, vilket jag anser vara säkert, tyskarna under hot om fortsatt framryckning avslår det franska motförslaget beträffande flottan, så tror jag inte för ett ögonblick att fransmännen i sitt nuvarande tillstånd av kollaps kommer att kunna stå emot de ursprungliga tyska villkoren att återkalla flottan till franska hamnar, och de kanske även drar tillbaka ordern att borra fartygen i sank. De skulle ändå kunna döva sina samveten genom att säga att dessa fartyg inte kan användas mot oss. [Vi] skulle bli tvungna att förlita oss på amiral Darlans ynkliga försäkringar...[388]

Genom artikel VIII skulle fransmännen invaggas dels i en bedräglig känsla av säkerhet beträffande flottan, dels i förvissningen att de hållit sina utfästelser till Storbritannien. Alla hinder för en vapenvila skulle därmed vara undanröjda. Men detta arrangemang garanterades endast av Hitlers ord, en värdehandling som inte stod speciellt högt i kurs med brittiska ögon sett. Två tredjedelar av de franska örlogsfartygen skulle hamna i den ockuperade zonen och när den franska armén lagt ned vapnen skulle Frankrike inte längre vara i stånd att skydda dem.

Detta var britternas syn på saken och det kan te sig förvånande att man från deras håll inte förstod att Hitlers utspel faktiskt var uppriktigt menat. Han hade givit sin motståndare en ordentlig knock out och ansåg att bråket var uppklarat. Inte så att Hitler på något vis skydde våld för att uppnå sina syften, men dessa syften låg i öst. Mycket av den brittiska misstron låg i uppfattningen att Hitler arbetade efter någon minutiöst utarbetad ”dold strategi”. Österrike, Tjeckoslovakien, Polen, Danmark, Norge och senast Nederländerna, Belgien och Frankrike – alla hade de fallit offer för denna strategi. Kvar fanns endast

Storbritannien. Att britterna för första gången upptäckte det tyska *Knickebein*-systemet den 21 juni, när ett specialutrustat Ansonplan lokaliserade en radioledstråle i närheten av Spaulding, minskade inte tron på en dold strategi med slutmål Storbritannien. Denna föreställning skulle bestå under hela kriget och det skulle ta flera decennier innan en mer nyanserad historieskrivning undanröjt den. Mot bakgrund av detta var det naturligt att det tyska utspelet kring *la Flotte Française* uppfattades som djävulskt.

Det fanns ytterligare ett skäl till varför artikel VIII orsakade oro i London. Även om britterna kunnat se igenom sin diffusa bild av Hitlers intentioner, betraktade de situationen utifrån sin egen föresats att fortsätta kriget, oavsett det försämrade styrkeläget. Så snart Hitler insett att Storbritannien inte tänkte ge upp kampen skulle den franska flottan utgöra en övermäktig frestelse för honom. Huruvida han ursprungligen varit uppriktig eller ej saknade därför betydelse.

•

På kvällen den 22 juni sammanträffade Campbell med den franske generalsekreteraren Charles-Roux, som informerade honom om att de franska motförslagen beträffande flottan fått avslag. Tyskarna hade givit Frankrike en timme på sig att acceptera vapenvilan i den tyska utformningen. Den franska regeringen hade inget annat val än att acceptera.

Med motgången vilande tungt på sina axlar, kunde Campbell inte längre hålla tillbaka sin bitterhet. ”Denna sorgliga klausul”, sade han, ”kan mycket väl utgöra skillnaden mellan seger och nederlag, och därför äventyra allt hopp om en framtid för Frankrike.”

Han fortsatte med att säga att Frankrikes garanti att sända flottan till brittiska hamnar nu ersatts av Hitlers hedersord och att den franska regeringen därför var ansvarig för de motåtgärder som Storbritannien skulle tvingas vidta. Stick i stäv med Churchills ord sex dagar tidigare, menade Campbell att Storbritannien aldrig skulle förlåta Frankrike och att vapenstilleståndet innebar en definitiv brytning mellan de båda länderna. Frankrike skulle aldrig resa sig från denna ruin. ”Scenen var så gripande och jag var så medveten om dess betydelse”, skrev ambassadör François-Poncet som närvarade vid mötet, ”att jag tvingades lämna rummet för att dölja de tårar som plötsligt fyllde ögonen”.[389] Campbell avslutade genom att meddela att han omedelbart skulle återvända till England, eftersom han inte längre kunde vara till någon nytta och ”den franska regeringen inom kort skulle kontrolleras av fienden”.[390]

Klockan 18.50 tysk tid, den 22 juni 1940, satte general Huntziger sin underskrift på vapenstilleståndsfördraget. Det skulle träda i kraft sex timmar efter att ett liknande fördrag signerats mellan Frankrike och Italien. När förhandlingarna inletts, fyra dagar tidigare, hade solen lyst över gläntan. Nu lämnade de tyska och franska delegaterna platsen i lätt duggregn. Knappt hade de försvunnit förrän tyska ingenjörsoldater flyttade den gamla järnvägsvagnen. William Shirer, en av de amerikanska journalister som bevakat förhandlingarna, frågade vad man ämnade göra med den.

”Den skall till Berlin.”[391]

På detta vis skulle skymfen mot Frankrike fullbordas.

I London samlades krigskabinettet för ett sent möte. Konsekvenserna av artikel VIII diskuterades och Churchill uttalade sig för kraftigast möjliga åtgärder, även om det skulle sluta med blodvite mellan Storbritannien och Frankrike. Man beslöt även att det inte längre var lönt att ödsla energi på den franska regeringen. Från och med nu skulle de Gaulle och andra fransmän som var redo att fortsätta kampen i exil få allt stöd. Den franske generalen fick tillstånd att hålla sitt andra tal och detta skulle sändas redan samma natt. En allmän vädjan skulle också riktas till de franska kolonierna: att inte lyda order från regeringen i Frankrike, eftersom denna redan befann sig i tyskarnas våld, och att fortsätta kampen mot de gemensamma fienderna Tyskland och Italien.[392]

Mötet avbröts av underrättelsen att den tyska radion meddelat att Frankrike undertecknat en vapenvila med Tyskland.

En av de två vapenbröderna hade fallit.

Hårdhandskar?

Amiral Jean François Darlan hade tagit examen som sjöofficer 1902 och därefter avancerat i graderna tills han slutligen befordrats till överbefälhavare för *la Flotte Française* i juni 1939. Han var en ambitiös man som hatade tyskarna och avskydde britterna, och han var en stolt man, väl medveten om att det centraliserade franska befälssystemet gav honom ett närmast oinskränkt herravälde över flottan. Det sista hade gjort honom till en nyckelfigur i hela frågan om vapenstilleståndet. Hade han givit order att flottan skulle avsegla till brittiska hamnar, med eller utan regeringens godkännande, skulle han ha gjort vapenvilan omöjlig.

Inledningsvis hade Darlan varit en av de starkare företrädarna för fortsatt kamp, men under veckorna kort före vapenvilan föll han över till Weygand och Pétains sida. Orsakerna kan ha varit flera – personlig ambition och det faktum att han blivit frestad med en hög position i den kommande Vichy-regimen må ha bidragit. Det tyngst vägande skälet borde dock ha varit att Darlan som så många andra fransmän ansåg att Storbritanniens dagar var räknade. Därför var det fördelaktigt att underhandla med tyskarna innan britterna gjorde det – en garanti för bättre villkor.

Darlan var dock besluten att hålla sitt löfte att flottan inte skulle falla i tyska händer. De franska örlogsfartyg som legat i Cherbourg, Brest, Lorient, Saint-Nazaire och andra mindre franska atlanthamnar hade redan evakuerats. De enda större örlogsfartyg som var kvar den 20 juni var fyra kryssare i Toulon, beredda att lätta ankar så snart order gavs. Denna dag lämnade Darlan direktiv till sina underlydande att – ifall han själv inte längre kunde föra befäl över flottan eller kommunicera med delar av den – inget örlogsfartyg fick falla i främmande händer. Den 22 juni ordnades så att varje fartygschef utnämnde en grupp män som skulle se till att fartyget borrades i sank om det fanns minsta risk för övertagande av fienden. Två dagar senare, strax innan vapenstilleståndet skulle träda i kraft, utfärdade Darlan sin sista kodade dagorder.[393] Denna visade tydligt hans beslutsamhet att inga franska örlogsfartyg skulle få hamna varken i tyska eller engelska händer.

Redan den 17 juni hade Churchill givit order att samtliga fartyg som befann sig i brittiska hamnar med slutlig destination Frankrike skulle hållas kvar och *Royal Navy* fick order om att alla franska fartyg som påträffades till sjöss skulle dirigeras till brittiska hamnar. Dagen därpå beordrades att samtliga neutrala eller allierade fartyg med destination Frankrike skulle behandlas på samma sätt, något som i praktiken innebar en direkt blockad.

Samtidigt som dessa åtgärder genomfördes förstärktes den marina styrkan vid Gibraltar av slagskeppet *Hood* och hangarfartyget *Ark Royal.*[394] Tidigare hade främst franska örlogsfartyg bevakat den västra delen av Medelhavet. När britterna inte längre kunde räkna med *la Flotte Française*, uppstod ett tomrum i denna region. Eftersom *Kriegsmarine* inte kunde ställa upp någon större slagstyrka i norr var det fortfarande möjligt att begagna sig av *Royal Navys* resurser i hemmavattnen, men detta förhållande skulle inte bestå. Både de tyska och italienska flottorna hade, som tidigare nämnts, slagskepp under produktion.

Den förstärkta flottstyrkan vid Gibraltar skulle även få en annan uppgift. Den 22 juni hade amiral North, befälhavare i Gibraltar och ansvarig för operationerna i västra Medelhavet och norra Atlanten, anlänt till Oran för att konferera med amiral Estéva, chefen för de franska flottstyrkorna i Medelhavet. Estéva valde att göra sig oanträffbar och North fick istället tala med amiral Gensoul, befälhavare för den franska *Force du raid* (rädstyrkan) som låg baserad i Mers-el-Kébir och Oran. Gensoul försäkrade North att fartygen under hans befäl inte skulle hamna i tyska eller italienska händer. Han och hans stab var dock så chockade över det som hänt deras land att de gjorde ett föga förtroendeingivande intryck på de brittiska officerarna.[395]

Påföljande natt vädjade Pound och Alexander direkt till Darlan och erinrade honom om att Storbritanniens krav för en fransk separatfred hade varit att *la Flotte Française* skulle segla till brittiska hamnar. Borde inte detta löfte hedras nu när Frankrike inställt striden? Darlan valde att inte svara. Istället varnade han sina sjöofficerare att de kunde förvänta sig brittiska aktioner.

Dagen därpå erhöll den franska regeringen de italienska kraven för vapenvila och fann till sin yttersta förvåning att de mer eller mindre var en kopia av de tyska. Där fanns inga krav på avträdelser i Rhônedalen eller längs Medelhavskusten som man befarat, och inga krav ställdes på den franska flottan. De milda villkoren, eller snarare, avsaknaden av italienska villkor överhuvudtaget, var givetvis Hitlers förtjänst. Och så långt fungerade hans avsikter att skapa en brytning mellan Storbritannien och Frankrike fullt ut. President Lebrun och andra – som hade hoppats att de italienska villkoren skulle vara så hårda att de inte kunde accepteras och att avtalet med Tyskland därmed skulle bli ogiltigt – kapitulerade inför fullbordat faktum. Regeringen gav general Huntziger tillåtelse att signera vapenstilleståndet.

Klockan 19.15 den 24 juni undertecknades överenskommelsen mellan Frankrike och Italien, och så snart Darlan blivit informerad om detta, skickade han ett telegram till amiral Godfroy i Alexandria, att den franska flottstyrka som opererade tillsammans med britterna i östra Medelhavet skulle avsegla mot Beirut. Godfroy gjorde britterna medvetna om de order han fått och förberedde sina fartygschefer på avfärd. Kort därpå erhöll han ett svar från amiral Cunningham, den brittiske befälhavaren i Medelhavet, som informerade honom om att den franska styrkan skulle stanna där den var. Detta hade beordrats av London och Cunningham bad Godfroy att acceptera i väntan på att bilden klarnade.[396]

På kvällen den 24 juni höll det brittiska krigskabinettet ett möte, främst för att diskutera *la Flotte Française*. Churchill framhärdade i sin hårda linje och det beslutades att fransmännen skulle informeras om att Storbritannien inte kunde acceptera risken att franska örlogsfartyg föll i tyska händer. Man skulle kräva att fartygen borrades i sank före ett bestämt datum, annars skulle våld användas. Ytterligare ett möte hölls några timmar före midnatt. Denna gång för att studera ett betänkande som gjorts av marinstaben. Här visade det sig att de marina experterna var emot ett direkt angrepp mot franska sjöstridskrafter. Istället för att förhindra att Hitler tog kontrollen över *la Flotte Française*, skulle man troligtvis knuffa den rakt i famnen på honom. Pound var därför övertygad om att det bästa var att lita på Darlan. Det beslutades att franska fartyg i brittiska hamnar tills vidare skulle hållas kvar, men inget avgörande togs i frågan om offensiva åtgärder.[397]

Den 25 juni anhöll den franske marinattachén i London, amiral Odend'hal, om ett samtal med Pound. Han informerade Pound om Darlans dagorder av den 24 juni och påminde förste sjölorden att Frankrike endast accepterat stilleståndet under villkor att den franska flottan förblev fransk. Olyckligtvis hade han inte instruerats att förmedla hela innehållet i Darlans dagorder, utan endast första paragrafen som sade att demobiliserade örlogsfartyg måste förbli franska, segla under fransk flagg och ha franska besättningar. Hade ordern redovisats i sin helhet, där tredje paragrafen tydligt markerade franska motåtgärder om axelmakterna gjorde något försök att lägga beslag på fartygen, kunde detta ha fått avgörande inverkan på britternas agerande.[398] Istället påpekade Odend'hal att det brittiska beslutet att kvarhålla franska fartyg i brittiska hamnar var beklagligt, ett uttalande som ur brittisk synvinkel tolkades som att fransmännen sökte förevändningar att avsäga sig sina förpliktelser gentemot Storbritannien.

Detta verkade bekräftas senare under dagen när det franska slagskeppet *Richelieu* lämnade Dakar och satte kurs norrut. Brittiska fartyg fick order att genskjuta henne och en drabbning mellan Frankrike och Storbritannien tycktes nära förestående. Samma eftermiddag siktades *Richelieu* av ett sjöflygplan från den brittiska kryssaren *Devonshire*. Det franska fartyget hade då lagt om kursen och återvänt till Dakar, men händelsen var oroande och inympade ny beslutsamhet hos krigskabinettet. Efter *Richelieu*-incidenten ansågs amiral Darlans löften mindre värda än någonsin.[399]

Den 27 juni beslutade krigskabinettet att militära åtgärder skulle vidtagas mot *la Flotte Française*. Några av de större franska örlogsfartygen befann sig redan inom britternas räckhåll. De äldre slagskeppen *Paris* och *Courbet* samt fyra jagare och sju ubåtar, låg vid tidpunkten för det tysk-franska vapenstilleståndet för ankar i Portsmouth, Plymouth, Falmouth och Sheerness. Därtill kom amiral Godfroys fyra kryssare i Alexandria, vilka opererade med britterna i östra Medelhavet under det gemensamma namnet Styrka-X. Svårare skulle det bli med övriga franska örlogsfartyg, för dessa befann sig samtliga i franska hamnar. *Jean Bart* låg i Casablanca, *Richelieu* i Dakar. Sex kryssare befann sig i Alger, ytterligare fyra i Toulon. Givetvis fästes stor uppmärksamhet vid både *Jean Bart* och *Richelieu*, men bägge fartygen hade tvingats lämna Frankrike i ofullständigt skick och var inte fullt bestyckade. Britterna koncentrerade sig därför på den franska *Force du raid* som låg baserad i Mers-el-Kébir och Oran. *Dunkerque* och *Strasbourg*, de två moderna slagkryssarna, bedömdes vara de farligaste. Dessa låg i Mers-el-Kébir tillsammans med de äldre slagskeppen *Bretagne* och *Provence* samt flygdepåfartyget *Commandant Teste* och sex jagare. I det närbelägna Oran befann sig sju jagare och fyra ubåtar.[400]

Den förestående operationen döptes till *Catapult* och avsåg i första hand eliminerandet av *Force du raid*. Samtidigt skulle franska fartyg i brittiska hamnar bordas, amiral Godfroy övertalas att lämna över kryssarna i Alexandria samt eventuella åtgärder vidtagas för att säkra *Richelieu* och *Jean Bart*.

Trots sin motvilja mot hela företaget meddelade Pound att man trodde att fartygen i Mers-el-Kébir ankrade med aktern mot vågbrytaren, och att de sålunda inte var i stånd att skjuta ut mot havet. Hotet mot den brittiska slagstyrka som skulle utföra operationen kom därför i första hand från kustbatterierna. Slagskeppen *Nelson*, *Valiant*, *Resolution* och *Hood* samt hangarfartyget *Ark Royal* skulle ingå i Styrka H under amiral Somerville och den 3 juli skulle denna lägga sig i position utanför Mers-el-Kébir. Väl där skulle Somerville ta kontakt med fransmännen och begära att de franska fartygen antingen avväpnades under brittiskt överinseende eller lättade ankar för att segla till brittiska hamnar. Om de vägrade skulle de få ett ultimatum att antingen själva sänka fartygen eller få dem skjutna i sank av Somervilles slagstyrka. Den slutliga fasen av operationen gick under kodnamnet *Anvil*. Planen accepterades i princip.[401]

Den 29 juni styrktes kabinettet i sin övertygelse när rapporter inkom att Darlan hade givit amiralerna i Dakar och Martinique order att inte ta emot brittiska örlogsfartyg och att franska fartyg skulle göras beredda att möta angrepp från Storbritannien. Samtidigt meddelade Halifax att starka indikationer från USA sade att amerikanerna, som även de oroades över möjligheten att *la Flotte Française* föll i tyska händer, inte bara skulle se mellan fingrarna med en brittisk aktion, utan även välkomna den. Detta stillade farhågorna att en aggressionshandling mot Frankrike skulle inverka negativt på den amerikanska opinionen. Den 30 juni, samtidigt som tyska trupper klev iland på Guernsey och därmed för första gången stod på brittisk mark, talade Darlan med amiral Odend'hal i telefon. Han meddelade marinattachén att italienarna hade accepterat den franska flottans basering i antingen Toulon eller i Nordafrika och instruerade honom att föra detta vidare till den brittiska regeringen. Denna information möttes dock med kyla av britterna. CSC bedömde att varken Toulon eller franska Nordafrika var tillräckligt långt borta från tyskarna.[402] Risken att framför allt de två slagkryssarna *Dunkerque* och *Strasbourg*, samt slagskeppen *Jean Bart* och *Richelieu* föll i fiendehänder var ett starkt skäl till att de nu helt gick över till den hårda linjen. Risken för invasion av de brittiska öarna gjorde att ärendet brådskade än mer: brittiska örlogsfartyg behövdes bättre för att möta invasionshotet än för att hålla *la Flotte Française* under uppsikt. Därför rekommenderade CSC den 30 juni att ”sett utifrån en militär synvinkel borde operation *Catapult* verkställas så snart som möjligt.”[403]

I ett sent kabinettmöte dagen därpå klubbades beslutet.

”Ingen närvarande”, skrev general Ismay senare, ”kunde skaka av sig en känsla av sorg och – i viss utsträckning – skuld. För Churchill, med sin djupa kärlek till Frankrike, måste det ha varit ett plågsamt ögonblick. Men han tvekade inte för sekund.”[404]

Frankrike och Storbritannien var på väg mot krig.

Mers-el-Kébir – förmiddag

I skymningen den 2 juli lämnade Styrka H Gibraltar. Det var en vacker kväll och de tyska och italienska observatörerna i det intilliggande spanska Algeciras kunde tydligt se hur *Hood*, *Valiant*, *Resolution*, hangarfartyget *Ark Royal*, kryssarna *Arethusa* och *Enterprise* samt elva jagare satte kurs österut. Stämningen hos fartygsmanskapen var god, men den delades inte av de högre befälen som kände till målet för den kommande operationen. Strax före midnatt, uppe på bryggan av flaggskeppet *Hood*, mottog Somerville ett meddelande. Det var från Churchill personligen. ”Ni har fått ett av de obehagligaste och svåraste uppdrag som en brittisk amiral någonsin ställts inför, men vi har fullt förtroende för er och litar på att ni kommer att utföra det utan att tveka.”

Orden var till liten tröst för Somerville som inte bara ansåg att uppdraget hade små förutsättningar att lyckas, utan att det också var politiskt tvivelaktigt. Han var inte ensam i sina dubier. Amiral Cunningham i Alexandria hade skickat ett telegram till London där han i starka ordalag invänt mot företaget att ta amiral Godfroys kryssare med våld. Amiral North var av samma uppfattning. ”Winnie är galen”, sade han. ”Jag förstår vad han är ute efter, men detta är ett förbannat fånigt sätt att göra det på.”[405]

I Mers-el-Kébir var man ovetande om den annalkande faran. Den franska flottan befann sig fortfarande i kölvattnet av den chock som skakat kolonialväldet efter nederlaget i Frankrike, men de dagliga rutinerna fortgick som vanligt. Medan solen sakta reste sig över de karga kullarna runt hamnen och skingrade det sista morgondiset blåstes revelj och utspisningsmanskapen var i färd med att servera frukost. Ombord *Dunkerque*, Gensouls flaggskepp, stod en morgonmatch i basket mot besättningen på jagaren *Terrible* på dagordningen. Under eftermiddagen skulle man spela vattenpolo mot *Commandant Teste*. Dessa matcher sågs som dagens höjdpunkter, en omväxling från de tråkiga sysslorna för att hålla fartyget i gott skick.

Men denna dag skulle bli annorlunda.

·

Ombord på den brittiska jagaren *Foxhound* stod kommendör Cedric Holland och betraktade gryningen. I vanliga fall var han fartygschef på *Ark Royal*, men hade tilldelats en roll under operation *Catapult* som låg lite utanför de ordinarie uppgifterna. Som tidigare marinattaché i Frankrike hade han god kunskap om den franska flottan, hur den fungerade och hur dess officerare tänkte och resonerade. Han kände också flera av de franska officerarna i Mers-el-Kébir personligen. Dessa egenskaper hade givit honom den kanske mest otacksamma uppgiften av dem alla – att överlämna den brittiska regeringens ultimatum till amiral Gensoul. Det skulle inte bli någon lätt uppgift, för de alternativ som gavs var antingen oförenliga med villkoren i vapenstilleståndet eller innebar att de franska örlogsfartygen skulle förstöras. Den franske amiralen kunde antingen ansluta sig till de allierade, segla till en brittisk hamn eller segla till någon hamn i Västindinen. Alternativt kunde fartygen anförtros USA. Om inget av dessa åtgärder vidtogs måste Gensoul sänka sina fartyg eller få dem skjutna i sank.[406]

Trots att Holland hade starka föraningar om att hans uppdrag var dömt att misslyckas, hade han för avsikt att göra allt inom ramen för sina befogenheter för att försöka avstyra den stundande katastrofen. Hans uppgift underlättades inte av att Gensoul till en början vägrade att ta emot honom. Åsynen av den ensamma brittiska jagaren som dök upp utanför hamnen gjorde den franske amiralen misstänksam. Styrka H var fortfarande osynlig bortom horisonten, men Holland signalerade till Gensoul att den var i antågande. Samtidigt begärde han att få komma ombord på *Dunkerque* ”för att lämna ett erbjudande till Gensoul att *Force du raid* skulle ansluta sig till Storbritannien i fortsatt kamp mot axelmakterna.” Denna begäran telegraferades med morselampa så att den skulle kunna uppfattas av de flesta fartyg i hamnen, med förhoppningen att de yngre franska befälen skulle påverka Gensoul att ansluta sig till britterna.

Foxhound gavs slutligen tillåtelse att löpa in i hamnen, men Gensoul vägrade träffa Holland. Skälet var dels att amiralens prestige sårats av att Somerville inte uppenbarade sig personligen utan skickade ”en vanlig kapten”, dels att Gensoul var osäker på om Hollands besök var ett brott mot vapenstilleståndet. Istället skickade han sin *Aide-de-camp*, löjtnant Bernard Dufay, för att tala med Holland. Klockan 08.15 anlände Dufay med barkass till *Foxhound*.

”Tack för att ni skickade en båt så snabbt”, hälsade Holland, ”och för att ni personligen för mig till flaggskeppet.”

”Jag är ledsen”, svarade Dufay, ”men det går inte för sig. Amiral Gensoul skickar sina lyckönskningar, men kan inte ta emot några brittiska örlogsfartyg i hamnen.”

”Det är inte därför jag är här. Jag har mycket viktiga förslag, vilka måste meddelas amiralen muntligen. Det är av avgörande betydelse att jag får träffa honom.”

Dufay förklarade att Gensoul givit honom i uppgift att förmedla eventuella dokument och att amiralen skulle skicka sin stabschef om det blev nödvändigt, men att han inte hade för avsikt att träffa Holland personligen. Detta kunde äventyra villkoren i vapenstilleståndet.

De beslutade att Dufay skulle återvända till *Dunkerque* och meddela vad Holland sagt. Medan detta utspelat sig hade nyheten om Styrka H nått Gensoul, som givit order att samtliga fartyg skulle göras klara för strid, även om det var önskvärt att förberedelserna utfördes så diskret som möjligt. Detta hade skapat stor förvåning hos fartygsbefälen. Till att börja med höll de flesta av fartygen på med förberedelser för avväpning och delar av de nordafrikanska besättningarna hade redan hempermitterats. Vad som gjorde saken ännu besynnerligare var att man ännu inte hade någon aning om varifrån hotet kunde tänkas komma. Allt man kunde se var en ensam brittisk jagare. Befälhavaren på jagaren *Tigre*, som hade övervakat avlägsnandet av stridsspetsar från torpeder och borttagandet av slutstycken från kanonerna, skickade sin sekond till slagskeppet *Provence* för att försöka ta reda på vad som var i görningen.

”Är det italienarna?”, frågade sekonden hoppfullt när han stod framför amiral Bouxin ombord på *Provence*. ”Ska vi göra ett försök mot italienarna?”

”Nej”, svarade Bouxin. ”Det är britterna.”

Under tiden hade Dufay återvänt till *Dunkerque* där han fick veta att Somerville sänt ett meddelande till Gensoul med innebörden att han skickat Holland för överläggningar och att den brittiska flottan låg utanför Oran. Detta meddelande hade upprört Gensoul till den grad att han hade beordrat *Foxhound* att lämna hamnen. Men Holland lät sig inte avvisas. *Foxhounds* motorbåt sjösattes med Holland och två andra officerare ombord. Den satte kurs mot hamninloppet. Gensoul reagerade genom att omedelbart skicka löjtnant Dufay på en ny tur i barkassen, denna gång för att stoppa Holland. Samtidigt försökte han och hans stabschef göra en bedömning av britternas avsikter. Han skulle senare skriva:

> I huvudsak uttryckte det brittiska ultimatumet [detta hade ännu inte överlämnats, förf. anm.] en fruktan för att våra fartyg skulle hamna i händerna på fienden. Jag visste att denna eventualitet aldrig skulle inträffa, med tanke på de order vi fått att borra fartygen i sank och min egen beslutsamhet att göra detta [om fienden försökte ta fartygen]. Jag hade redan gjort detta klart för amiral North. Vid detta ögonblick ansåg jag därför att britterna endast försökte sätta moralisk press på oss och inte hade för avsikt att bruka våld.[407]

Gensoul försökte komma i kontakt med Darlan, men genom en ödets nyck befann sig den franska marinstaben under förflyttning från Bordeaux till Vichy, och man kunde därför inte nå amiralen under dessa så avgörande timmar under förmiddagen den 3 juli.

Medan Styrka H kom inom synhåll från hamnen, konfronterade löjtnant Dufay Holland strax innanför hamnporten. ”Jag beklagar, men amiralen vill inte ha något möte”, meddelade Dufay, ”och jag har order att hindra er – med våld om så behövs.”

Efter att först ha ropat till varandra mellan båtarna i den kvävande hettan, frågade Holland om han kunde komma över till den franska båten där samtalet fortsatte under tak. ”Är ni säker på att amiralen inte vill träffa mig?”, frågade Holland en sista gång även om han redan visste svaret.

Dufay bekräftade att så var fallet. ”Amiralen är arg, vilket är naturligt. Han har blivit förolämpad och har beslutat sig.”

Holland insåg att han inte skulle komma längre. De brittiska slagskeppen skulle öppna eld klockan 13.30. Det var mindre än fem timmar kvar och där satt han med ultimatumet fortfarande i portföljen. Det var tydligt att Dufay varken visste vilken tragedi som var under uppsegling eller hur snabbt sanden rann ur timglaset, och Holland hade fått order att endast tala med Gensoul personligen. Han fattade ett beslut som han egentligen inte var bemyndigad till. ”Ge honom då denna”, sade han och räckte den franske löjtnanten portföljen. ”Detta är hans alternativ. Jag väntar här på svaret.”

”Jag fruktar att det inte kommer att bli något svar”, sade Dufay och återvände till *Dunkerque* med portföljen. Det hade varit betydligt bättre om Holland fått tillstånd att följa med. Nu gick ytterligare tid förlorad när Gensoul och dennes stabschef, kapten Danubé, försökte sammanfatta vad britterna var ute efter. Dessvärre föregicks kraven, som var skrivna på engelska, av en längre förklaring till Storbritanniens handlande, politiska omständigheter som Gensoul ändå inte kunde påverka.

När hela innebörden gick upp för Gensoul – inklusive det faktum att britterna verkligen hade för avsikt att skjuta skarpt om kraven inte uppfylldes – agerade han snabbt, men inte med eftertanke. Hans första åtgärd var att meddela marinstaben vad han just läst, men istället för att återge samtliga krav, inskränkte han sig till att beskriva kompositionen av Styrka H och meddela att den franska styrkan skulle angripas om inte fartygen borrats i sank inom sex timmar. Om inte andra order gavs skulle han möta våld med våld. Hans stora misstag var att inte återge de tre första punkterna i ultimatumet, utan endast resultatet om de ignorerades. Hans egen förklaring till detta löd:

> Jag blev besatt av tanken, som hemsökte mig under denna tidsrymd, att jag endast hade två alternativ – att antingen sänka mina fartyg eller se dem bli

> sänkta av britterna ... jag kunde inte för ett ögonblick föreställa mig att acceptera erbjudandet att segla mina fartyg till Västindien eller USA under bevakning av brittiska fartyg. [...] Vid tidpunkten kunde jag inte förlika situationen med tredje paragrafen i amiralitetets signal från den 24 juni. Kanske borde jag ha sänt ett mer fullständigt utdrag av det brittiska ultimatumet till amiralitetet. Jag kan fortfarande inte förklara varför det inte blev gjort eller varför ingen av officerarna i min närvaro gjorde mig uppmärksam på denna försummelse.[408]

När Gensoul sänt meddelandet till amiralitetet, beslöt han att situationen blivit så allvarlig att Holland trots allt måste få ett svar. Löjtnant Dufay skickades därför ut för tredje gången och han svarade Holland att våld skulle mötas med våld. ”Men”, avslutade han, ”amiralen bad mig att understryka att under inga omständigheter kommer fartygen att falla intakta i händerna på fienden. Detta är Darlans order.”

”Vi känner till det där”, svarade Holland och påpekade sedan att Darlans instruktioner utgått innan vapenvilan undertecknats. ”Antag att ni får en order som annullerar dem.”

”Den blir inte åtlydd.”

Holland ifrågasatte Dufays påstående. Vad skulle hända om tyskarna tvingade Darlan att upphäva direktiven från den 24 juni? Dufay hade inga svar att ge, utan kunde endast upprepa att beslutet om sänkning kunde fattas av befälhavarna på varje enskilt fartyg så snart en hotande situation uppstod. De var därför inte beroende av order från Darlan.

”Vi ifrågasätter inte ert uppsåt”, sade Holland. ”Inte heller er beslutsamhet att utföra era åtaganden. Men den brittiska regeringen hyser tvivel beträffande er förmåga att motstå en direkt attack. Vad som oroar oss mest är att avväpningen skall äga rum i Frankrike.”

”Vår hemmahamn för avväpning har ännu inte fastställts”, sade Dufay, ”men *a priori* har inga större protester gjorts mot valet av Mers-el-Kébir.”

Fanns det här en glimt av hopp? ”Det är en avgörande skillnad mellan att demobilisera i Toulon”, instämde Holland, ”eller att göra det här i Oran.”

Holland vädjade till den franske löjtnanten att göra sitt yttersta för att få amiralen att förstå den brittiska regeringens ståndpunkt och gav även Dufay de anteckningar han gjort inför mötet med Gensoul. ”Detta kan vara vårt enda hopp och tiden håller på att rinna ut.”[409]

•

Ungefär en timme efter att Dufay återvänt till *Dunkerque* med Hollands anteckningar samlades det brittiska krigskabinettet för att göra en utvärdering av *Catapult* som operationen utvecklat sig hittills. Övertagandet av de franska fartygen i brittiska hamnar hade gått planenligt, men situationen utanför Oran hade utvecklat sig till ett dödläge. Här diskuterades kort huruvida ett tillägg skulle göras till de ursprungliga brittiska kraven: att en omedelbar avväpning skulle vara ett alternativ till att Gensoul borrade fartygen i sank.[410] Detta var den lösning som Holland och Dufay satt sitt hopp till, och om ultimatumet ändrats kunde allt ha utvecklat sig annorlunda. Då skulle Somerville ha telegraferat det nya alternativet till Gensoul, och Gensoul skulle ha rapporterat till marinstaben i Frankrike, varpå hans tidigare blunder skulle ha korrigerat sig själv.

Men det skulle inte ske. Krigskabinettet kom till slutsatsen att ett tillägg skulle ses som ett tecken på svaghet. En annan faktor var att Gensouls vägran att träffa Holland dragit ut på tiden. Hade regelrätta förhandlingar inletts redan i gryningen, kanske andra vägar hade kunnat provas. Nu var det för sent. Klockan närmade sig 12.00. Ett meddelande från Somerville till amiralitetet löd:

> Gensouls svar tillbakavisar våra krav och upprepar tidigare utfästelser beträffande sänkning [av franska fartyg vid fara för fientligt övertagande]. Säger att han kommer att slåss. Jag är beredd att öppna eld klockan 13.30.[411]

Mers-el-Kébir – eftermiddag

I Frankrike hade man fortfarande inte fått kontakt med Darlan, och den ende person med högre grad som var kvar i marinstaben i Nérac var amiral Le Luc. Denne officer, som helt saknade direktiv för den situation som uppstått utanför Oran, gjorde sitt bästa under rådande omständigheter. Omedveten om att det brittiska ultimatumet innehållit fler alternativ än de som Gensoul meddelat, gav Le Luc order att kryssareskadrarna i Alger och Toulon omedelbart skulle avsegla mot Oran.[412]

Under tiden blev läget allt mer spänt utanför Mers-el-Kébir. Dufay hade återvänt till Holland för ett fjärde möte, denna gång med stabschefen i sällskap. Gensoul hade fortfarande vägrat att ta emot det brittiska sändebudet och hälsat att ”det första skottet som avfyras mot oss kommer att få den praktiska effekten att ställa hela *la Flotte Française* mot Storbritannien.”

"Tillåt mig att säga", hade Holland då svarat, "att om jag varit i er position, hade mitt svar varit detsamma."[413]

Efter detta möte hade Holland återvänt till *Foxhound* och de bägge fransmännen till *Dunkerque*. Därefter inträdde en period där inte mycket hände. Den stekande solen passerade zenit och Styrka H cirkulerade vaksamt utanför kusten. De franska fartygen visade allt tydligare tecken på att de ämnade lätta ankar, och Somerville varnade Gensoul att han skulle öppna eld om de försökte gå till sjöss. Brittiska flygplan från *Ark Royal* hade varit i luften under hela morgonen. Klockan 13.30 fällde några av dem sjöminor i hamninloppet för att på så vis stänga den franska flottstyrkan inne. På inrådan av Holland – som nu var tillbaka ombord på *Foxhound* och kommunicerade via morselampa – beslutade Somerville att Gensouls tidsfrist skulle utsträckas till klockan 15.00.

Därefter inträffade två händelser. Den första tycktes erbjuda en öppning; den andra påskyndade den annalkande katastrofen. Det positiva var att Gensoul ändrade sig. "Situationen verkade hopplös", skrev han senare, "men jag var fast besluten att inget initiativ från min sida skulle provocera fram de första skotten och jag beslutade att uttömma alla diplomatiska resurser för att vinna tid."[414]

Klockan 14.15 nåddes Somerville av Gensouls meddelande: "Har ej för avsikt att kasta loss. Har telegraferat min regering och väntar fortfarande svar. Vidtag inga oåterkalleliga åtgärder." Det följdes femton minuter senare av: "Är nu redo att ta emot er delegat personligen för hedervärda diskussioner."

Eftersom morsetrafiken mellan Gensoul och Somerville skedde med *Foxhound* som mellanhand, var Holland den förste att se meddelandena. Knappt hade han mottagit Gensouls andra signal och skulle just skicka den vidare till *Hood*, när Somerville å sin sida skickade en ny varning till Gensoul: att sänka sina fartyg före klockan 15.30, annars skulle Styrka H öppna eld. Holland beslutade på eget initiativ att inte förmedla den sista signalen. Istället meddelade han Somerville att han fått Gensouls tillstånd för samtal. Klockan 15.00 kom Somervilles svar: Holland skulle förflytta sig till *Dunkerque* för att begära ett omedelbart svar från den franske amiralen. Kort därpå befann han sig, i sällskap med örlogskapten Davies, åter i *Foxhounds* motorbåt på väg in mot hamnen.[415]

Detta var den första händelsen. Den andra svarade männen i London för.

Det brittiska amiralitetet hade uppsnappat amiral Le Lucs order att kryssareskadrarna i Toulon och Alger skulle segla mot Oran. Detta kom snart till Churchills kännedom. Premiärministern agerade med sedvanlig beslutsamhet och skickade en signal till Somerville att denne skulle ordna saken snabbt, innan franska förstärkningar hann till platsen. Den redan pressade Somerville skickade därför en sista varning till Gensoul: ”Om inte ett av de brittiska förslagen har accepterats klockan 17.30 brittisk sommartid, måste jag sänka era fartyg.” Enär meddelandet sändes via *Foxhound* fördröjdes det åter.

Klockan hade redan hunnit bli 16.15 innan *Foxhounds* motorbåt nådde *Dunkerque* och Holland och Davis visades ombord av Danubé och fördes till Gensouls hytt där även Dufay befann sig. Gensoul var förargad, något han svårligen kunde dölja under de sedvanliga artighetsbetygelserna.

”Jag har medgivit detta möte”, inledde han, ”endast då jag vill få er, er amiral och er regering att förstå att om brittiska fartyg öppnar eld, så kommer detta inte bara att vända hela *la Flotte Française* mot er utan också vara liktydigt med en krigsförklaring mot Frankrike. Är detta vad ni vill?”

”Självfallet inte.”

”Om ert mål är att se till så att *la Flotte Française* inte används mot er, så kommer inte detta att uppnås med våld.”

Gensoul fortsatte med att beskriva hur skändligt han blivit behandlad. Hela företaget var skandalöst, och den fjärde punkten i ultimatumet – att borra fartygen i sank – skulle inte komma på fråga. ”Jag upprepar här och nu”, avslutade han, ”det jag en vecka tidigare sade till amiral North. Jag har klara order att sänka mina fartyg för att förhindra att de faller i fiendens händer.”

Denna inledning följdes av en diskussion som i första hand kretsade kring bestämmelserna i vapenstilleståndet och den franska trovärdigheten när det gällde att skydda fartygen från tyskarna. Holland kunde dämpa Gensouls ilska, framförallt sedan han fått den franske amiralen att förstå att både han själv, Somerville och de flesta inom *Royal Navy* personligen ansåg att operation *Catapult* var ett misstag. Deras uppfattning saknade dock betydelse eftersom regeringen givit order att de franska fartygen skulle sänkas om inte någon av punkterna uppfylldes. ”Det var i detta skede”, berättade Holland, ”som jag tror att det gick upp för amiral Gensoul att våld verkligen skulle brukas.”

Avslöjandet att Somerville haft order att öppna eld klockan 13.30, men på eget bevåg förlängt tidsfristen, tycktes ha en avgörande effekt på den franske amiralen. Han tog fram en hemlig kopia av de order som skickats ut av amiral Darlan den 24 juni.[416]

”Innan jag visar er detta”, sade Gensoul innan han skickade papperen över bordet till Holland, ”måste jag ha era försäkringar att innehållet inte kommer att spridas. Skulle det bli känt av tyskarna eller italienarna kommer de att vidtaga åtgärder omedelbart.”

”Ni har mitt hedersord.”

Medan de övriga i den varma kajutan spänt väntade, läste Holland den order som Darlan inte ansett det värt att informera London om. En marginell försummelse med ödesdigra konsekvenser. Holland kände sig illamående. Varför hade de inte fått veta? Eller var det så att den brittiska regeringen visste, men ändå beslutat att anfalla?

”Om vi känt till denna order”, sade han dock, ”hade mycket varit annorlunda. Det är mer eller mindre vad vi begär av er nu – att segla till Amerika.”

Gensoul erbjöd då att omedelbart avväpna sina fartyg vid Mers-el-Kébir och gav sitt hedersord att segla till antingen Martinique eller USA om det uppstod minsta hot från tyskarna eller italienarna.[417] ”Men inte med brittiska besättningar ombord”, tillade han, ”och inte under hotet från brittiska kanoner.”

Detta var ett argument som Holland förstod och sympatiserade med. Ingen befälhavare för en hittills obesegrad flotta skulle ha gått med på en sådan förödmjukelse. Han såg på klockan. Den hade passerat fem. Snart skulle operation *Anvil* inledas. Berodde alltihop på en serie franska och brittiska missförstånd?

”Vilket svar fick ni på det meddelande ni sände till er regering i morse?”, frågade Holland. ”Och anser ni att det kom från amiral Darlan personligen?”

Gensoul tvekade. Han hade ännu inte fått något svar, men ville hålla detta för sig själv. ”Svaret var att möta våld med våld”, ljög han.

Det var i detta läge som en officer kom in i kajutan med Somervilles meddelande att Styrka H skulle öppna eld klockan 17.30 om inte de franska fartygen borrades i sank. Detta var om femton minuter. Holland hade fått Gensouls hedersord att avväpna i Mers-el-Kébir. Han skrev snabbt ned ett meddelande och visade detta för den franske amiralen:

> Amiral Gensoul säger att demobiliseringen redan inletts och att han kommer att segla till Martinique eller USA om fartygen hotas av fienden, men detta inte helt i linje med våra förslag. Kan inte nå länge.[418]

Meddelandet telegraferades i klartext till *Hood*. Samtidigt skrev Gensoul ett kort brev. Avsikten var att Holland skulle ta med sig detta samt kopior av Darlans order tillbaka till Somerville. Men knappt hade han blivit klar förrän en ny signal anlände. Denna beseglade tragedin. Gensoul tog papperet ur handen på officeren som anlänt med det och medan de övriga spänt väntade läste han amiral Le Lucs meddelande som först nu nått Mers-el-Kébir:

> Informera den brittiske medlaren att amiralen för flottan har givit order att alla franska styrkor i Medelhavet skall ansluta till er omedelbart. Ni skall ställa dessa styrkor under ert befäl. Begär assistans av ubåtar och flygenheter om nödvändigt.[419]

Gensoul sträckte papperet till Holland som förstod att det inte längre fanns något skäl till att han och Davis skulle stanna kvar på *Dunkerque*. De tog farväl av Gensoul och Danubé och lämnade kajutan. Trumpetsignaler ljöd och fick franska matroser att bege sig till sina stridsstationer. Löjtnant Dufay eskorterade Holland och Davis ned till barkassen och följde med när denna lade ut för att föra dem tillbaka till deras egen båt. Klockan passerade 17.30 utan att någonting hände. Somerville hade givit Holland och Gensoul ytterligare några minuters frist. Fem minuter senare var de två britterna tillbaka på motorbåten.

När Holland och Dufay militäriskt saluterade varandra utgjorde denna gest den sista vänliga handlingen mellan Frankrike och Storbritannien innan den sista livsgnistan i den fransk-brittiska alliansen dog. Det fanns ingenting i deras sätt eller rörelser som avslöjade hur kort tidsrymd som återstod innan dödandet skulle börja.

Ingenting utom det faktum att bägge männen grät ogenerat.

Ombord *Hood* hörde signalmatros Ted Briggs den ödesdigra ordern: ”Flagga fem – hissa!” Han visste alltför väl vad den innebar: att fartygen kunde inleda eldgivning med omedelbar verkan. Händerna darrade på honom när han fäste det rödvita tyget till linan och sedan följde flaggan med blicken där den gick upp i masten. ”Reaktionen var omedelbar”, berättade han. ”*Resolutions* och *Valiants* kanoner mullrade, sedan hördes klangen från vår egen eldgivningsklocka. Sekunden därpå kändes det som om mina öron klämts samman mellan två brunnslock…”[420]

Styrka H hade öppnat eld.

Anvil

Klockan 17.54 hörde manskapet ombord på kryssaren *Arethusa* ett ljud likt ”ett expresståg i en tunnel”, när åtta granater från *Valiant* och *Resolution* passerade ovanför huvudet på dem. Det följdes ögonblicket därpå av ytterligare fyra från *Hood*. Den första salvan slog ned norr om Mers-el-Kébirs vågbrytare utan att göra någon skada. Den hade avfyrats från 17 kilometers håll, hade tagit tjugo sekunder från mynningen på fartygens 15 tums-kanoner till nedslag och orsakade en serie vattenpelare, över hundra meter höga. Den andra salvan slog ned längs vågbrytaren. Flera fransmän som arbetat med att lossa fartygsförtöjningarna slets i stycken, andra träffades av stensplitter eller kastades i vattnet av tryckvågorna. Besättningen på *Strasbourg*, det fartyg som snabbast lämnat sin ankarplats, såg hur en serie vattenpelare reste sig från det ställe där de legat för ankar några ögonblick tidigare. *Dunkerque* fick däremot en av sina bogserbåtar sänkt i den andra salvan och strax därpå träffade två projektiler fartyget. Den ena fann flygplanshangaren; den andra slog ned på övre däck. Träffarna orsakade skada på styrsystemet. Kort därefter fann ytterligare tre granater fartyget och dessa gjorde så stor skada att striden var över för hennes vidkommande. Först slogs ett av kanontornen ut och pjäsmanskapet dödades. Därefter träffades ett maskinrum och en av generatorerna sattes ur spel. Den tredje granaten briserade i ett pannrum, startade en eldsvåda i panna två och förstörde styrbords kabelstege, varpå fartygets elektricitet slogs ut.[421] Utan att kunna skjuta eller manövrera drev *Dunkerque* in mot centrum av hamnen.

Fransmännen gjorde sitt bästa för att besvara elden, men kullarna i väster och den tilltagande röken skymde sikten, och det trånga utrymmet i hamnen gjorde det svårt att göra undanmanövrer. *Bretagne* träffades av en hel serie granater och började sjunka, brinnande från för till akter. Först gick det långsamt och besättningen försökte lämna fartyget. Så hördes en öronbedövande explosion och *Bretagne* kantrade. Med ett otäckt fräsande försvann hon under ytan. Många av dem som tagit sig ned i vattnet före explosionen fastnade i änternäten och dog som fiskar i ett garn. Utströmmande olja hann upp andra, och när båtar anlände från *Commandant Teste* var de nödställda så indränkta att det inte gick att få något grepp om dem. Några få klarade sig genom att deras räddare tog tag i håret på dem och höll dem flytande medan rep fästes runt deras kroppar. Andra drunknade inför ögonen på männen i livbåtarna. Sammanlagt tog *Bretagne* över 800 man med sig i djupet.[422]

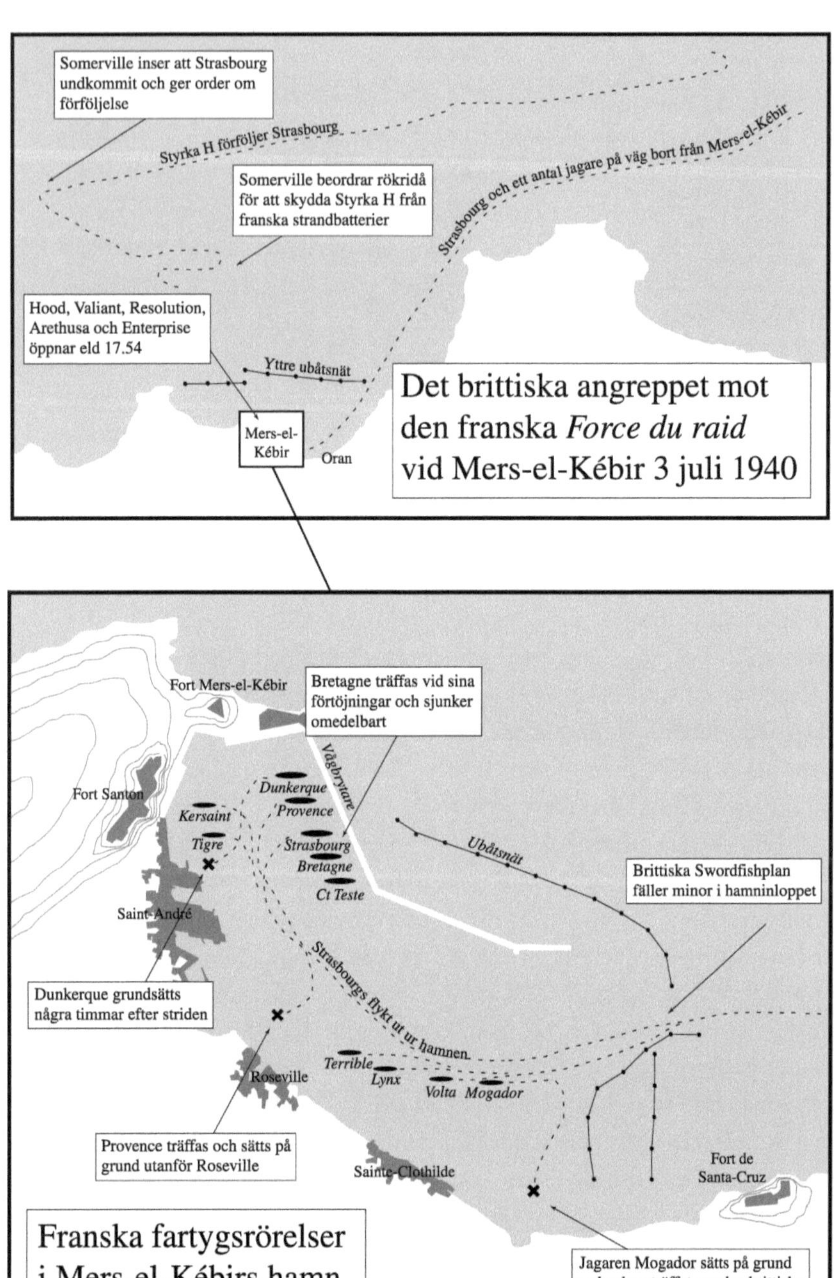

Somerville inser att Strasbourg undkommit och ger order om förföljelse
Styrka H förföljer Strasbourg
Somerville beordrar rökridå för att skydda Styrka H från franska strandbatterier
Strasbourg och ett antal jagare på väg bort från Mers-el-Kébir
Hood, Valiant, Resolution, Arethusa och Enterprise öppnar eld 17.54
Yttre ubåtsnät
Mers-el-Kébir
Oran
Det brittiska angreppet mot den franska *Force du raid* vid Mers-el-Kébir 3 juli 1940
Fort Mers-el-Kébir
Bretagne träffas vid sina förtöjningar och sjunker omedelbart
Vågbrytare
Fort Santon
Dunkerque
Provence
Kersaint
Tigre
Strasbourg
Bretagne
Ct Teste
Ubåtsnät
Brittiska Swordfishplan fäller minor i hamninloppet
Saint-André
Strasbourgs flykt ut ur hamnen
Dunkerque grundsätts några timmar efter striden
Terrible
Lynx
Volta
Mogador
Roseville
Provence träffas och sätts på grund utanför Roseville
Sainte-Clothilde
Fort de Santa-Cruz
Franska fartygsrörelser i Mers-el-Kébirs hamn
Jagaren Mogador sätts på grund sedan hon träffats av den brittiska elden.

För ett ögonblick såg det ut som om *Provence* skulle komma att dela *Bretagnes* öde. Hon hade lossat sina förtöjningar och satt kurs mot hamnporten när ett antal granater satte två av hennes torn ur spel. Snart hade en våldsam eld brutit ut i aktern och denna spred sig så snabbt att vissa sektioner måste vattenfyllas för att hejda lågorna. *Provence* började långsamt sjunka med aktern före. Amiral Bouxin gav order att hon skulle sättas på grund, vilket räddade livet på många besättningsmän.

Efter bara några minuters eldgivning började röken och dammet efter granaterna att svepa in de franska fartygen i ett skyddande töcken, och de sex jagarna, vilka skulle segla först ut genom hamnporten och bilda en skyddande skärm, klarade sig relativt väl. ”Vid denna tidpunkt”, skrev Somerville, ”var eldledning från fartyg närmast omöjlig och det var också mycket svårt att eldleda från flygplan.”

Den försämrade sikten samt hjälpen från kustbatterierna räddade *Strasbourg*. Hon hade klarat sig från de första salvorna och för varje minut som gick ökade hennes chanser att undkomma. Kanske skulle även hon ha träffats om inte elden från kanonerna vid fort Santon kommit nära de brittiska fartygen. Somerville gav order om kursändring och att en rökridå skulle läggas mellan Styrka H och kusten. Detta minskade träffsäkerheten ytterligare och de brittiska granaterna föll på måfå över hamnen. *Strasbourg* utnyttjade detta förhållande och seglade med allt högre hastighet. Framför henne hade de franska jagarna nästan nått fram till den hägrande hamnporten. En av dem, *Mogador*, träffades av en granat som fick hennes sjunkbomber att detonera. Explosionen sprängde bort en bit av hennes akterskepp och hon skulle ha gått till botten om inte skottet till maskinrummet hållit. De övriga jagarna passerade henne emellertid, och kort därpå var de ute på öppet vatten.

Från bryggorna på de franska fartygen steg ropet: ”*Strasbourg*! Här kommer *Strasbourg*!” Genom röken, den brinnande oljan och vrakdelarna seglade hon ut ur hamnen utan att någon av de minor som de brittiska flygplanen fällt exploderade. Nu hade Somerville givit order att eldgivningen skulle upphöra, och den enda skottväxlingen stod mellan franska och brittiska jagare som skärmade sina respektive större fartyg. Ombord på *Strasbourg* spanade man ivrigt efter den brittiska slagstyrkan, redo att hämnas de kamrater som just dödats, men samma rökmoln som givit det franska slagskeppet möjlighet att ta sig ut ur hamnen osedd dolde även de brittiska fartygen. Fartygschefen ombord *Strasbourg*, kommendörkapten Collinet, gjorde inga försök att engagera Styrka H. Han stävade österut, bort från området, vilket ledde till att *Strasbourg* och Styrka H för någon tid höll direkt motsatta kurser. Spanaren på ett brittiskt plan upptäckte fartyget och rapporterade detta till Somerville, men denne hade fått så många falska rapporter under de senaste femton minuterna att han för en stund ignorerade signalen. När nya observationer bekräftade den första hade den franska utbrytargruppen redan fått ett ordentligt försprång.

Under tiden hade amiral Gensoul telegraferat till Somerville: ”Ber att ni inställer er eldgivning. Örlogsfartyg vid Mers-el-Kébir upphör med stridsåtgärder. Evakuerar besättningar från fartygen.”

Detta var en krigslist från den franske amiralens sida. Samtidigt som meddelandena sändes till den brittiska slagstyrkan begärde han en rapport från fartygscheferna på *Dunkerque*, *Provence* och *Commandant Teste* (som klarat sig helt oskadd). När kunde fartygen vara klara att avsegla mot Toulon? De brittiska fartygen hade redan inställt sin eldgivning, men Somerville varnade att eld skulle öppnas på nytt om inte alla fartyg som fortfarande var sjödugliga borrades i sank. När det slutligen stod klart att *Strasbourg* och ett antal jagare undflytt infernot i Mers-el-Kébir tog Somerville upp jakten, men de äldre slagskeppen *Valiant* och *Resolution* kom snart på efterkälken. Efter några timmars försök att hinna upp *Strasbourg* med *Hood* avbröt Somerville jakten. Det tilltagande mörkret och vetskapen att flera franska kryssareskadrar stävade mot området gjorde risken för stor. Två anfall med torpedplan utfördes, men inte heller dessa gav något resultat.

I Mers-el-Kébir insåg Gensoul snart hur omfattande skadorna på *Dunkerque* och *Provence* i själva verket var. *Provence* hade grundsatts utanför Roseville och strax före klockan åtta informerade fartygschefen på *Dunkerque* Gensoul att fartyget var stridsodugligt. *Dunkerque* bogserades till Saint-André och grundsattes på den sandiga bottnen. Det skulle inte bli någon mer utbrytning.

Utanför hamnen siktade utkikarna ombord *Hood* en liten motorbåt som bar vit flagg. Jagaren *Forester* avdelades för att undersöka båten och det visade sig att det var Holland, Davis och de övriga som lyckats ta sig från området kort innan slaget börjat. Deras lyckosamma räddning kontrasterade skarpt med den förfärliga tragedin i den hamn de just lämnat. Ombord på *Dunkerque* befann sig besättningen i ett tillstånd av chock och bittert hat mot sina tidigare allierade. Överallt fann man död och lemlästning.

Vad som några timmar tidigare varit ett fungerande fartyg hade förvandlats till en veritabel katastrofplats. Merparten av skadorna fanns midskepps. Torn ett hade klarat sig helt utan skador och fortsatt skjuta ända tills Gensoul beordrat eld upphör, under det att torn två hade träffats, med resultatet att en av pansarplåtarna lossnat och krossat samtliga ur pjäsbetjäningen. Detta hade lett till en av dagens mer makabra scener, när betjäningen i det oskadade tornet lämnat sina poster och rappt ställt upp sig utanför medan deras kamrater i tvåan legat söndertrasade bland resterna av sitt.

De flesta omkomna befann sig i fartygets inre, där döden härjat medelst eld, giftiga gaser och utströmmande ånga. Arbetande i halvmörker eftersom elektriciteten ännu inte fungerade, öppnade räddningsgrupperna de vattentäta skotten ett efter ett, i många fall för att exponera ett innehåll av döda kroppar, vissa brända till oigenkännlighet. Röken och den kväljande stanken från de ihjälbrända männen gjorde det svårt att andas, och i många fall kom räddningsmanskapet för sent. Totalt omkom 135 man ombord på *Dunkerque* under detta anfall. Den sammanlagda franska förlusten för den 3 juli låg på över 1 250 man.

När Churchill fick rapport om attacken senare under natten, vände han sig till Pound med bister min: ”Jag kan inte förstå hur vi skall kunna undvika att vara i krig med Frankrike imorgon.”[423]

Catapults eftermäle

I Frankrike mottogs nyheten om operation *Catapult* med bestörtning, men amiral Darlan kunde, som vi tidigare sett, inte nås förrän sent på eftermiddagen. Så snart han fått kännedom om vad som pågick skyndade han från Clermont till Vichy, men anlände inte förrän det korta slaget vid Oran redan var över. Han var lugn och samlad och redogjorde för morgonens händelser inför kabinettet utan att höja rösten.[424]

Den 4 juli, efter en natts eftertanke och mer detaljerade förlustrapporter, var Darlans lugna sätt som bortblåst. ”Jag har blivit lurad av mina vapenbröder”, sade han med en röst som skälvde av vrede. ”De har förrått det förtroende jag gav dem.”[425] Darlan hade gjort den franska flottan till vad den var och tog anfallet mot den personligt. Utan att först rådgöra med regeringen föreslog han det italienska amiralitetet att de skulle ta över *Strasbourg* och försöka undsätta Godfroy i Alexandria. Pétain satte dock stopp för detta.[426] Inga offensiva åtgärder fick utföras mot den brittiska flottan. Åtminstone inte för ögonblicket.

I Alexandria kunde ett upprepande av tragedin vid Mers-el-Kébir undvikas, mycket tack vare att amiral Cunningham och Godfroy stod på god fot med varandra. Nyheten om Oran komplicerade situationen, men till slut lyckades Cunningham få sin franske kollega att gå med på de brittiska kraven. Klockan 16.00 meddelade Godfroy att hans fartyg skulle tömmas på bränsle och avväpnas under förutsättning att detta fick ske utan brittisk övervakning. Cunningham accepterade.

I Wiesbaden, där den tyska vapenstilleståndskommissionen hade sitt säte, påverkades de fransk-tyska förhandlingarna på ett radikalt sätt av händelsen vid Oran. Den brittiska aktionen hade förändrat det politiska läget och fransmännen önskade att artikel VIII skulle utgå, att 575 sjöofficerare och annan marinpersonal som satt i tysk fångenskap skulle friges samt att *la Flotte Française* skulle medges fri passage till Gibraltar. Två timmar efter denna begäran kom svaret från Hitler – godkänt på samtliga punkter. Därmed lyftes restriktionerna gällande den franska flottan. Det skulle inte bli någon ytterligare demobilisering eller avväpning av de franska örlogsfartygen.[427]

I Storbritannien mottogs nyheten att situationen i Alexandria kunnat lösas utan blodsutgjutelse med lättnad, men Frankrikes ståndpunkt gentemot Storbritannien var fortfarande oklar. Skulle tragedin vid Mers-el-Kébir leda till krig mellan de forna allierade? Frankrikes *Chargé d'affaires* i London lämnade en officiell protestnot samma kväll och sade att det under rådande omständigheter var omöjligt att förutsäga vilket beslut den franska regeringen skulle fatta. Dagen därpå besökte han Halifax och meddelade att han ämnade avgå. Skälet var att han fruktade att få i uppdrag att lämna ett tillkännagivande från sin regering, som han, efter att ha bott 25 år i England, inte kunde förmå sig att göra.

För att i görligaste mån mildra risken för krig hade krigskabinettet samma morgon utfärdat en order som sade att målet fortfarande var att förhindra att franska fartyg föll i fientliga händer, men att de skulle ges samma villkor som Gensoul fått vid Oran innan eld öppnades. Senare under eftermiddagen sänktes dock den franska kryssaren *Rigault de Genouilly* utan förvarning av den brittiska ubåten *Pandora* utanför Alger. I den allmänna uppståndelsen hade man glömt att informera fartygscheferna ombord på de ubåtar som patrullerade området att regeringens policy mildrats.

En annan händelse som förtog krigskabinettets försök att dämpa effekterna stod amiral Estéva för. Under den 4 juli skickade denne en signal från Bizerta som bland annat innehöll frasen: ”Skadorna på *Dunkerque* är minimala och fartyget kommer snart att vara reparerat.”[428] Detta var ett av många sorgliga misstag som skulle göra operation *Catapult* smärtsammare än nödvändigt. Informationen var inte bara oriktig – *Dunkerques* skador var allvarliga – den gav dessutom britterna incitament att rikta nya insatser mot Mers-el-Kébir. Under natten mellan den 4 och 5 juli gav amiralitetet order att Somerville skulle avsluta jobbet och påföljande kväll lämnade Styrka H Gibraltar för ett andra anfall. Denna gång beslutades att man skulle använda sig av torpedplan istället för kanoner. Eftersom Gensoul meddelat att fartygen evakuerats ansågs det att man inte behövde ge några varningar. Detta var effekten av Gensouls trick den 3 juli. *Dunkerque* hade fortfarande 400 man ombord.

Flygattacken mot Mers-el-Kébir kom i gryningen den 6 juli. Solen hade just visat sig vid horisonten när sex Swordfishplan, under ledning av örlogskapten Hodgkinson, kom in på låg höjd. Överraskningen var total och ingen tyngre svarseld mötte de brittiska flygarna. Fem torpeder träffade *Dunkerque*, även om en av dem inte exploderade vid anslaget utan fortsatte in mot kajen vid Saint-André. Den första attacken följdes av ytterligare två, bägge utförda av grupper om tre Swordfish vardera. Denna gång sköt luftvärnet, men samtliga plan klarade sig oskadda. När planen som utfört det andra anfallet försvann över höjderna söder om hamnen kunde besättningarna höra en kraftig explosion. Den tredje gruppen missade *Dunkerque*, men träffade av misstag en bogserbåt som bröts i två delar och försvann.[429]

Ombord *Dunkerque* upprepades skräckupplevelserna för andra gången. Löjtnant Maurice Putz sov när de första torpederna träffade fartyget. När han nådde däck möttes han av en otrolig förstörelse. Längs förskeppet, vid de två kanontornen, låg drivor av förvriden och spretande metall; som om fartyget förvandlats till ett jättelikt skrotupplag. Under detta låg högar av män: en del nyligen dödade eller döende under svåra våndor, andra döda sedan attacken två dagar tidigare, och nu utkastade ur sina kistor av explosionerna.

Stor panik rådde och ett par officerare kastade sig i vattnet för att undgå ett anfall som de trodde fortfarande pågick. Putz undertryckte en impuls att göra detsamma och började organisera hjälp åt de skadade. En trålare som byggts om för ubåtsjakt, *Terre Neuve*, hade ankrat långsides *Dunkerque* för att bistå i evakueringen av fartyget. Det beslutades att de sårade omedelbart skulle föras över till trålaren, då man befarade att nya anfall kunde komma. Eftersom det inte fanns några bårar, fick provisoriska hjälpmedel användas för att bära eller släpa de sårade. Tillsammans med några matroser släpade Putz en kvartermästare med brutet lår över däcket, när den andra vågen Swordfishplan kom in över vågbrytaren. Varnade av luftvärnselden, mer kastade än lyfte de den skadade ned till däcket på *Terre Neuve* innan de tog skydd under *Dunkerques* aktre pansardäck. En av torpederna träffade trålaren i aktern och fick hennes sjunkbomber att detonera. Det var denna explosion som de bortflyende brittiska flygarna hört, och den orsakade stor manspillan ombord på *Dunkerque*. När Putz och hans kamrater omskakade kom fram bakom skyddet, befann de sig i ett svart regn av vatten, kol, metallfragment och annan bråte. Inga ljud hördes och för Putz verkade det som om världens slut var nära.

Sedan, gradvis, kunde bränderna, smärtskriken och nödropen höras på nytt.

·

Utöver de sänkningar eller övertaganden i Oran, Alexandria eller England som tidigare beskrivits, neutraliserades även ett antal fartyg i Kanada, utanför Kreta, i Suezkanalen samt i Singapore. I Dakar skadades *Richelieu* av torpedplan från hangarfartyget *Hermes* 8 juli.[430] Men även om merparten av Frankrikes större örlogsfartyg förstörts eller satts ur spel för en tid framöver, återstod tolv av ursprungliga 18 tyngre kryssare, 24 av 27 lätta kryssare, 19 av 26 jagare, samt 67 av 77 ubåtar.[431] Det var bara beträffande slagskeppen, där endast *Strasbourg* och *Jean Bart* hade klarat sig, som en ordentlig reducering åstadkommits. Den totala franska dödssiffran för operation *Catapult* låg på 1 297 döda eller saknade samt 351 sårade. Britterna hade endast förlorat fem flygplan, där flera av besättningarna räddats.

Operation *Catapult* bedömdes olika beroende på varifrån man betraktade den. När Churchill redogjorde för aktionen utanför Oran inför underhuset den 4 juli, kunde han inte veta hur aktionen skulle tas emot, och under inledningen av anförandet satt de flesta tysta och allvarliga. Men allteftersom han talade lyckades han överföra sin egen övertygelse och motståndsvilja på sina åhörare. ”Jag lämnar domen över vår aktion, med förtroende, till parlamentet”, avslutade han. ”Jag lämnar den till nationen och jag lämnar den till Förenta staterna. Jag lämnar den till världen och till historien.”[432]

Talet följdes av entusiastiska applåder från samtliga bänkar. Triumfen för Churchills hårda linje var total. Han hade tagit Englands soldater hem från stränderna vid Dunkerque och han hade eliminerat hotet från en ny ”spansk armada”. Axelmakternas möjligheter att matcha *Royal Navy* fartyg för fartyg hade eliminerats. Churchill var inte längre en outsider eller äventyrare som sågs med misstänksamhet från samtliga partier, utan landets obestridlige ledare. Medan många reste sig och ropade, vinkade med papper eller näsdukar som vore de besatta, lät Churchill känslorna ta över. Han grät inte av sorg inför en stundande tragedi, utan av lättnad för att den slutliga katastrofen kanske skulle kunna undvikas. Den första fasen av hans kamp var över och han hade segrat.

Storbritannien skulle fortsätta kriget.

I USA kom man till samma slutsats. Fram till detta ögonblick hade den amerikanska uppfattningen varit att Storbritannien varken kunde eller ville fortsätta kriget. Somervilles anfall vid Oran visade dem motsatsen och Harry Hopkins, Roosevelts personlige rådgivare, menade att det var sänkningen av de franska örlogsfartygen vid Mers-el-Kébir som mer än någonting annat gjorde att denna uppfattning omvärderades.

”Jag är överförtjust”, sade USA:s inrikesminister Harold Ickes. ”Jag beundrar Churchills mod”, och Roosevelt själv, som givit Storbritannien sin välsignelse redan före aktionen, menade att *Catapult* varit nödvändig ”om så risken för att den franska flottan föll i tyska händer bara var en på hundra”.

”Idag gav England svaret på frågan: Vem får den franska flottan?”, skrev redaktören för den amerikanska tidskriften *PM*. ”Jag kan bara säga hur djupt tillfredsställd jag blev av att läsa nyheten att någon ställt sig i vägen för Adolf Hitler och plockat ifrån honom farliga leksaker.”[433]

I Frankrike var reaktionen självfallet den omvända, men det franska folket tog inte Mers-el-Kébir så hårt som man kunnat tro. För dem var det bara en i raden av katastrofer, måhända mer obegriplig än andra. Den franska regeringen förstod att en krigsförklaring mot Storbritannien inte låg i landets intresse. Om britterna vann kriget, kanske med framtida amerikansk hjälp, skulle Frankrike återuppstå som den fria nation man varit före den tyska invasionen. Så hade Churchill lovat. Men detta var givetvis under förutsättning att man inte gick med i kriget på axelmakternas sida. Om Tyskland vann, vilket i alla avseenden framstod som det mest sannolika, gjorde det ingen större skillnad om Frankrike förklarade Storbritannien krig eller förhöll sig neutralt. Hitler skulle aldrig låta nationen återuppstå i sin ursprungliga skepnad. Den franska regeringen avbröt de diplomatiska förbindelserna med Storbritannien, men förklarade inte krig.

Några dagar senare, den 10 juli och exakt två månader efter den tyska attacken i väst, upplöstes den franska republiken och marskalk Pétain gavs diktatoriska befogenheter.

Och här lämnar vi Frankrike.

Hitler hade vunnit en lysande militär seger på västfronten och han hade skilt Storbritannien från Frankrike; Churchill hade lidit ett svidande nederlag på kontinenten, men vunnit en politisk seger på hemmaplan.

Den första ronden var över.

Den andra hade just börjat…

”Vi är i finalen och det blir hemmamatch”

En illusion om fred

När Frankrike var ute ur bilden trodde de flesta tyskar att även kriget mot Storbritannien var över. Högre tyska militärer som von Manstein, von Rundstedt, von Brauchitsch och Kesselring ansåg alla att fredsförhandlingar med britterna skulle inledas inom kort. Joseph Goebbels, Hitlers propagandaminister, menade att Churchills administration var dömd till undergång. ”En kompromissregering kommer att bildas”, förutspådde han. ”Vi är väldigt nära krigsslutet.”[434] Halder var av samma uppfattning. ”Den omedelbara framtiden kommer att utvisa huruvida Storbritannien kommer att göra det förnuftiga”, skrev han, ”eller fortsätta kriget på egen hand. I det senare fallet kommer det att leda till dess förstörelse.”[435] Denna åsikt delades även av fransmännen, och Weygand hade yttrat att Storbritannien skulle få nacken knäckt som en kyckling nu när hon stod ensam mot Tyskland.

Men det fanns också de som tvivlade. Guderian var en av dem. ”Det tyska folket var överlyckligt”, skrev han, ”och Hitler nöjd med det stilleståndsavtal som just undertecknats. Jag för min del var mindre entusiastisk.”[436] Även Raeder och andra inom den tyska marinen hyste dubier. De förstod att Engelska kanalen och *Royal Navy* utgjorde en svår barriär mellan de tyska vapnen och slutlig militär triumf.

Den 17 juni, samma dag som fransmännen ansökte om fredssamtal med tyskarna gjorde R. A. Butler, lord Halifax undersekreterare, ett märkligt utspel. Han bad om ett samtal med den svenske ambassadören i London, Björn Prytz, och sade till denne att ingen möjlighet skulle få passera om det gällde att sluta en kompromissfred, så länge omständigheterna erbjöd acceptabla förutsättningar. ”Inga hökar ska tillåtas stå i vägen för förhandlingar.” Medan den svenske ambassadören fortfarande var kvar, kallades

Butler in till Halifax. När han återvände till Prytz bar han på ett muntligt meddelande från den brittiske utrikesministern:

”Sunt förnuft, inte övermod, skall styra den brittiska regeringens politik.”

Allt detta tolkade Prytz som att en maktkamp pågick mellan Churchill och Halifax. Intrycket förstärktes av spekulationer han tagit del av från andra högt uppsatta engelsmän, vilka ansåg att Halifax skulle ersätta Churchill inom några veckor. När Stockholm informerades uppsnappades detta meddelande av tyskarna. Två dagar efter samtalet mellan Prytz och Butler skickade statssekreterare Ernst von Weizäcker på det tyska utrikesdepartementet en promemoria till Hitler, med Prytz bedömning att Churchill kunde vara avsatt före juni månads utgång.[437]

När Churchill fick höra vad som sagts mellan Prytz och Butler blev han förargad eftersom uttalandet stred mot premiärministerns ”hårda linjen”-policy.[438] Han bad Halifax att ta reda på exakt vad Butler sagt till den svenske ambassadören, men lät därmed ärendet vila, antagligen i tron att det var Halifax själv som låg bakom. Prytz–Butler-episoden fick dock en oväntad effekt. Churchill ansåg den skadlig och defaitistisk, men i själva verket var händelsen till britternas fördel. En brittisk regeringskris var precis vad Hitler väntade på. En sådan skulle föregå Churchills fall och en tysk uppgörelse med Storbritannien. När Butlers utspel kom till *Führerns* kännedom, styrkt av de rapporter som kom in genom Görings svenska kanaler, såg Hitler det som en bekräftelse på att hans instinkt lett honom rätt. Allt han behövde göra var att vänta. Istället för att sammankalla sina generaler och planera för ett fortsatt krig mot Storbritannien ägnade sig Hitler därför åt förströelser. Han besökte Paris, där han dels gick upp i Eiffeltornet, dels beundrade Napoleons grav i Invaliddomen.[439] Därefter tog han sig tid att tillsammans med några vänner uppsöka platser där han stridit som korpral under första världskriget. Det alltjämt pågående kriget tycktes för tillfället vara borta från hans tankar.

Inom den tyska marinen, armén och flyget var situationen inte långt bättre. Hade det vid denna tidpunkt funnits någon form av samordnande organ som utarbetade mer långsiktiga strategiska planer, kunde kanske den tidsförlust som uppstod ha undvikits. OKW kunde ha tagit på sig den uppgiften, men fungerade mest som ett sekretariat direkt under Hitler. Dess chefer var obenägna att utarbeta egna planer utan hans direkta överinseende. *Heer*, *Kriegsmarine* och *Luftwaffe* lämnades därför tillfälligt åt sitt öde, men de var för den skull inte inaktiverade. Snart skulle ett märkligt växelspel inledas dem emellan.

De förberedelser som Raeder inlett kom snart till OKW:s kännedom, och den 17 juni besökte överste Warlimont, Jodls vice chef inom OKW:s operationsstab, konteramiral Fricke för att förhöra sig om *Kriegsmarines* aktiviteter. Fricke kunde lämna en tillfredsställande förklaring till förberedelserna, men emedan Warlimont endast avsett att informera sig om vad som pågick inom marinstaben, tolkades hans besök som en indikation på att en invasion redan börjat planeras inom OKW. Detta ökade Raeders oro. Tre dagar senare hade han ett sammanträffande med Hitler där han åter påtalade svårigheterna med en invasion, argumenterade mot ett av Hitlers tankefoster (att invadera Island), samt klagade över att armén hade börjat experimentera med landstigningsfarkoster utan samverkan med marinen.[440] *Führern* visade inget intresse. Han försäkrade Raeder att all utveckling av landstigningsfarkoster skulle överflyttas till *Kriegsmarine*; därefter var mötet avslutat.

Fram till denna tidpunkt hade *Heer* visat mycket lite intresse för några invasionsplaner, men general Halder bekymrade sig över det faktum att Tyskland fortfarande befann sig i krig med Storbritannien utan att någon verkade ha en aning om huruvida det skulle fortsätta eller avslutas. Den 30 juni, i samband med en resa till Berlin för att fira sin födelsedag, besökte Halder statssekreterare von Weizäcker. Denne erkände för Halder att han inte visste vilka planer Hitler hade inom den närmaste framtiden, men någon demobilisering av armén var det inte fråga om. Ännu fanns ingen konkret bas för fred med Storbritannien, och det fanns även en ny händelseutveckling att beakta. Fyra dagar tidigare hade Stalin krävt att Rumänien skulle avträda Bessarabien och delar av Bukovina till Sovjetunionen. Hitler hade motvilligt intervenerat och övertalat Rumänien att göra Stalin till viljes, men han följde de ryska aktiviteterna på Balkan med ökat intresse. Weizäcker bedömde därför att armén kunde komma att givas nya uppgifter – inte i väster utan kanske i öster. "Vi måste hålla ett vakande öga på ryssarna", sade han till Halder, samtidigt som han gjorde klart att det endast rörde sig om hans personliga uppfattning. "Och Storbritannien behöver ytterligare en demonstration av vår styrka innan man ger upp och ger oss fria händer i Östeuropa."[441]

Utan att ha blivit mycket klokare beslutade sig Halder för att istället försöka med *Kriegsmarine*. Den 1 juli besökte han amiral Schniewind och fann där hur långt framskriden den marina planeringen var. Det verkade också som om Raeders stabschef var betydligt mer positiv till en invasion än sin chef.[442] Schniewind informerade Halder om planeringen och de förutsättningar som krävdes. Mötet drog ut på tiden och samtalet berörde nödvändigheten av luftherravälde, sjögången och vädrets inverkan på sjö- och flygstridskrafter, utgångsbaser för transportflottan och lämpliga landstigningsplatser längs den engelska sydkusten. Bristen på artilleriunderstöd vid själva landstigningen fick kompenseras medelst flyganfall från *Luftwaffe* och hotet från *Royal Navy* kunde minimeras genom utläggandet av minbälten samt med insats från ubåtar, kustartilleri och flyg.[443]

Halder hade många frågor och Schniewind tycktes ha alla svar. Istället för att påpeka de svårigheter som ett landstigningsföretag skulle stöta på, förklarade han hur olika problem kunde lösas hypotetiskt. När han och Halder berörde hur mycket överskeppningsmateriel som behövdes för att lyfta 100 000 man ur den första vågen över Kanalen, hade Schniewind till exempel svarat att det behövdes ungefär 1 000 ångbåtar, detta trots att han visste att det inte fanns fler än 300 tillgängliga i hela Europa.[444] Halder uppfattade detta som att fartygen inte bara existerade, utan förutsatte också att *Kriegsmarine* kunde göra dem tillgängliga. När han lämnade Schniewind gjorde han det i förvissning om att den framskridna planeringen inom *Kriegsmarine* var ett resultat av beslut från högsta ort och att även armén måste inleda förberedelser. Inför angreppet på Norge hade både *Heer* och *Kriegsmarine* avsiktligt hållits utanför den inledande planeringen, och så kunde vara fallet även nu. Han hade också låtit förstå att han och Schniewind var överens om att ett anfall kunde sättas in på flera punkter mellan Margate i öster och Isle of Wight i väster. Halder gav överstelöjtnant Pistorius order att utarbeta en plan, så att en första våg om sex infanteridivisioner med starkt pansarunderstöd skulle kunna landsättas på engelsk mark den 15 augusti. Därmed hade armén och marinen inlett planeringen för en invasion av England utan minsta påtryckning från Hitler.

Ironiskt nog var det Raeder som hade satt bollen i rullning.

England förbereder sig

I fråga om sjöstridskrafter var Storbritannien fortfarande en ledande världsmakt, även om hennes örlogsfartyg var spridda över en stor del av världen. Förflyttningen av Styrka H till Gibraltar i slutet av juni hade försvagat invasionsförsvaret, och *Royal Navy* hade en svagare representation i hemmavattnen än vad de haft sedan kriget började. Där fanns dock fem slagskepp, elva kryssare och 80 jagare. Av dessa var samtliga utom en kryssare och 23 jagare (vilka användes för eskort till atlantkonvojerna) baserade i Scapa Flow eller någonstans längs östkusten. Närheten till *Luftwaffes* baser i Frankrike dikterade dock att merparten av de tyngre fartygen placerades i norr. De kustområden som var mest utsatta för invasionsrisk hade endast lättare örlogsfartyg för sitt omedelbara försvar: 19 jagare uppdelade mellan Humber, Harwich och Sheerness (*Nore Command*), fem jagare i Dover (*Dover Command*) och fem jagare i Portsmouth (*Portsmouth Command*). Utöver dessa fanns 35 snabbare minsvepare och 140 trålare som skulle hålla vissa delar av kanalen fria från tyska minor. Cirka 700 bevakningsfarkoster av allehanda typer bildade en skyddande skärm utanför kusten, redo att rapportera alla misstänkta iakttagelser eller att anfalla fientliga trupptransporter.

Royal Navys dispositioner i juli 1940 byggde i stor utsträckning på en överdriven uppfattning om *Kriegsmarines* styrka. Utöver de fartyg som redan nämnts och som hade sänkts de första dagarna under invasionen i Norge – *Blücher*, *Karlsruhe*, *Königsberg* samt de tio jagare som gått under vid Narvik – hade Tyskland drabbats av ytterligare förluster vid fälttågets avslutande. De bägge slagskeppen *Gneisenau* och *Scharnhorst* hade skadats. I början av juli 1940 stod endast den tunga kryssaren *Admiral Hipper*, de lätta kryssarna *Köln*, *Nürnberg* och *Emden*, åtta jagare och 26 ubåtar till *Kriegsmarines* omedelbara förfogande. Fickslagskeppet *Admiral Scheer* befann sig under omfattande översyn och skulle inte bli klar förrän oktober. *Gneisenau*, *Scharnhorst* och den lätta kryssaren *Leipzig* skulle inte bli färdigreparerade förrän till vintern. Den tunga kryssaren *Lützow* skulle ta ännu längre tid att reparera. Av de nya tyska örlogsfartyg som var under produktion, skulle den tunga kryssaren *Prinz Eugen* vara klar först till slutet av året, medan *Bismarck* och *Tirpitz* inte skulle sjösättas förrän i mars respektive september 1941.[445] Det brittiska amiralitetet hade emellertid inga tillförlitliga uppgifter om vilka tyska örlogsfartyg som var sjödugliga eller skadade; inte heller kunde de med säkerhet veta om de nya fartygen skulle hinna sjösättas i tid för en invasion. Man var tvungen att agera utifrån värsta tänkbara scenario.

I britternas ögon skulle *Kriegsmarine* främst kunna spela två roller under de närmaste månaderna: dels kunde den bryta sig ut och söka förstöra brittiska konvojer, dels kunde den användas för att understödja en invasion. Där fanns även möjligheten att styrkorna splittrades och användes för båda syftena. Förutsättningarna för det första alternativet hade ökat markant

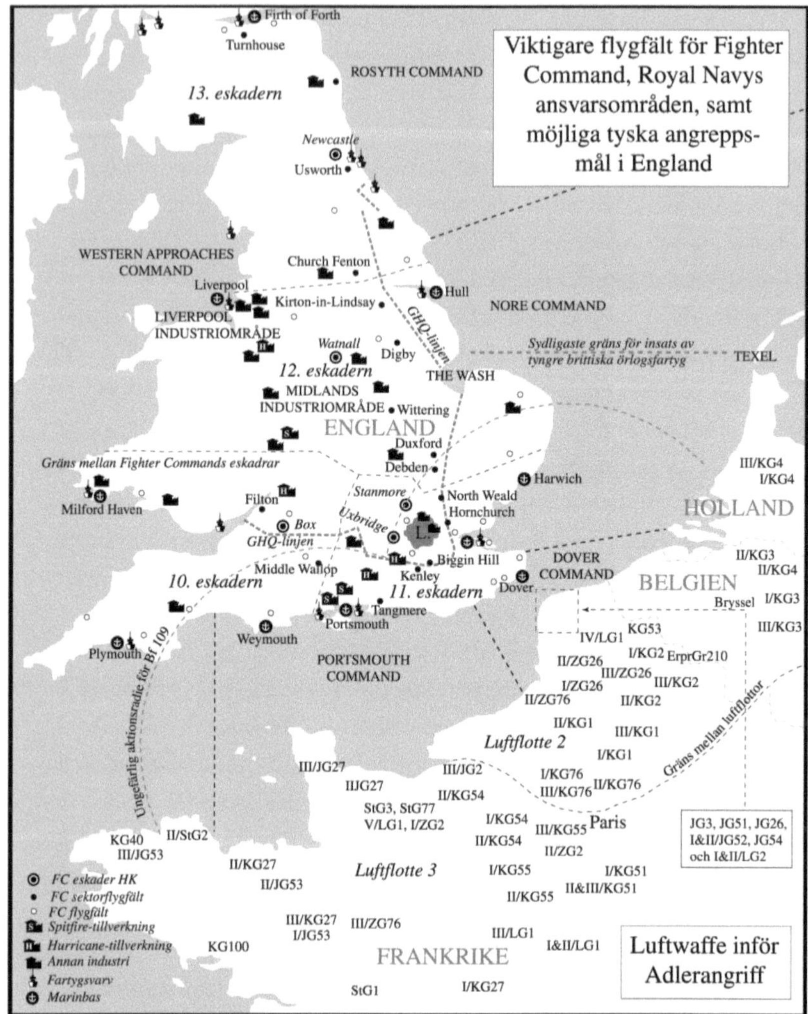

eftersom tyskarna behärskade Norge. Fartygen kunde smyga upp längs den norska kusten, skyddade av tyska bombplan baserade på norska flygfält. Därefter kunde de bryta sig ut i Nordatlanten. En kraftig marin styrka måste därför finnas till hands i norra England och Skottland, samtidigt som andra styrkor måste vara beredda på en invasion.

Om en tysk invasion iscensattes var det sannolikt att den skulle riktas mot östkusten, resonerade man inom ledande militära kretsar – ungefär på det sätt som den tyska Studie Nordväst från december 1939 rekommenderat.

Den tyska invasionsflottan skulle embarkera i Östersjön och Nordsjöhamnarna och sedan landsätta trupper på flera punkter längs East Anglias kust. Flera skäl låg bakom denna bedömning. Man överskattade inte bara *Kriegsmarine* utan även den tyska överskeppningskapaciteten, man ansåg att de öppna ytorna i East Anglia utgjorde ett frestande mål för motoriserade trupper och man bedömde att detta var den snabbaste vägen att angripa London.

I linje med ovanstående hotbilder, höll chefen för *Home Fleet*, amiral sir Charles Forbes, sina slagskepp kvar i norr, där de kunde angripas från luften endast om de tyska bombplanen flög utan jakteskort. Om en invasionsflotta som inkluderade tyngre örlogsfartyg närmade sig från Danmark och norra Tyskland, skulle marinstridskrafter från Scapa Flow hinna intervenera, bara man fick en någorlunda god förvarning. Om samma invasionsstyrka seglade utan tyngre eskort skulle den tas om hand av brittiska kryssare och jagare.[446] Amiralitetet gjorde en överenskommelse med Forbes. I händelse av rapporter som sade att invasionen var omedelbart förestående, skulle *Home Fleet* segla söderut och ombaseras till Rosyth. Längre söderut än så skulle den inte gå, såvida inte invasionsstyrkor redan siktats. I det sista fallet skulle Forbes segla så långt söderut som linjen Wash-Texel, men detta var också den sydligaste gränsen, oavsett scenario.[447] I detta skede ägnade man tämligen liten uppmärksamhet åt sannolikheten att ett tyskt anfall kunde komma från hamnarna längs kusten från Nederländerna till Frankrike, men om så skedde skulle *Home Fleet* hållas kvar i norr för att inte riskeras i de trånga farvattnen i Engelska kanalen.

•

Om *Royal Navy* trots allt kunde betrakta sin förmåga med viss tillförsikt var förhållandet det motsatta inom den brittiska armén.[448] Den 8 juni, innan resterna av BEF reorganiserats, fanns endast 15 brittiska divisioner till hands i Storbritannien.[449] Det var inte en kropp som återvänt från Dunkerque – det var ett skelett. Om inte tyskarna stoppats av Engelska kanalen hade Storbritannien varit besegrat inom några få veckor.

För att frigöra de trupper som ändå fanns tillgängliga bildades LDV (*Local Defence Volunteurs*). Denna styrka hade ringa militärt värde, men kunde överta bevakningen av strategiska platser och liknande uppgifter. I takt med att den erhöll riktig beväpning (gevär istället för kvastskaft, golfklubbor och knölpåkar) var det även tänkt att den skulle kunna fördröja en framryckande fiende på väl utvalda platser. Namnet ändrades till *Home Guard*, och i början av september hade hemvärnet en halv miljon man ”under vapen”.[450]

Återuppbyggnaden av armén började och produktionen ökade snabbt, men i beaktande av de enorma förluster som den lidit på kontinenten var återhämtningen förfärande långsam.[451] Ironside trodde inte att det gick att slå tillbaka ett tyskt anfall vid kusten om fienden väl tagit sig förbi *Royal Navy*. Eftersom trupperna inte bara var dåligt beväpnade utan även saknade mobilitet och hade bristfällig utbildning i offensiva operationer, valde han istället att bygga en statisk försvarslinje – den så kallade GHQ-linjen – för att skydda London och industriområdena i centrala England. Denna skulle löpa söderut från Richmond, passera öster om London, kröka västerut efter att ha nått Maidstone och fortsätta tills den nådde Bristol vid Severn. Mindre förband skulle bromsa tyskarna tills dessa nådde GHQ-linjen, där fienden skulle stoppas av en serie befästningar, stridsvagnshinder och välplacerade kanoner. Först därefter, när tyskarnas avsikter och anfallsriktning stod klar, skulle en brittisk reserv gå till motanfall. I mitten av juni bestod denna reserv dessvärre endast av tre infanteridivisioner och två svagt utrustade pansardivisioner.

Av uppenbara skäl kunde denna plan på intet sätt uppväga de svagheter som redan existerade. Bristen på artilleripjäser och framför allt pansarvärnsvapen gjorde att försvaret skulle bli högst symboliskt. Vissa stödjepunkter kunde skapas, men sådana var alltid lätta att gå runt. Saken gjordes inte bättre av att många av de entreprenörer som anlitats för att förse GHQ-linjen med stridsvagnshinder, bunkrar och andra försvarsinstallationer saknade erfarenhet på området. Detta ledde bland annat till att stödjepunkter ibland skapades på ställen där en fiende knappast skulle röra sig och att bunkrar konstruerades så att de hade skjutfältet i fel riktning.

Vid sidan av de organiserade försvarsåtgärderna pågick en omfattande insats från privatpersoner med goda idéer. Vägpunkter fylldes av primitiva barrikader byggda av lantkärror, bilvrak, tunnor fyllda med sand, uttjänta möbler, överbliven byggnadsmateriel och liknande. På så vis skulle en fientlig framryckning hämmas. En del av dessa åtgärder kunde ha fått effekt; andra var direkt lustiga, som uppslaget att avlägsna samtliga brunnslock i den optimistiska förhoppningen att tyska soldater skulle ramla ned och skada sig.

Att även den egna möjligheten till förflyttning inskränktes av barrikaderna blev snart uppenbart. Än värre blev det efter den 31 maj, när myndigheterna gav order om att alla vägvisare skulle tas bort och att alla namnskyltar på gator, järnvägsstationer och byar skulle avlägsnas. De få som trots allt lyckades med bedriften att ta sig någon längre sträcka utan att tvingas till långa omvägar, hamnade istället vilse. Om tyskarna verkligen invaderade skulle den brittiska arméns förflyttningar lamslås. Efter de första ivriga dagarna av dessa experiment, togs större delen av barrikaderna bort och ersattes av ordentliga vägspärrar, försedda med skyttevärn och stridsvagnshinder.

Sammantaget var den brittiska nationen väl skickad att möta en fientlig invasion till sjöss, men illa förberedd på landbacken.

Hur var situationen i luften?

Förändringar i luften

Medan den engelska befolkningen, marinen och armén förberedde sig för kommande vedermödor på marken, rustade sig RAF och framför allt *Fighter Command* för den kommande stormen i luften.

Vi har redan sett vad som hände i Frankrike, och många föreställningar man haft före kriget hade kommit på skam. År 1932 hade Storbritanniens dåvarande premiärminister, Stanley Baldwin, i underhuset yttrat det sedermera välbekanta uttrycket att "bombplanet alltid kommer igenom". Vad han menade var i själva verket att oavsett insats av jaktplan och luftvärn, så kommer alltid *några* plan att ta sig igenom, och att han därför yrkade på ett bättre luftförsvar än det Storbritannien vid tidpunkten hade. Många hade missuppfattat orden som att bombplanet var oövervinneligt och att det skulle ta sig igenom alla försvar *en masse*, oavsett försvararens motåtgärder. Att jaktplanen vid denna tid i många fall var långsammare än de bombplan de skulle bekämpa, stärkte tron på bombplanets överlägsenhet. Ovanför Sedan och Maastricht hade *Jagdwaffe* och det lätta tyska luftvärnet en gång för alla omkullkastat denna missuppfattning. Under de fem första dagarna av fälttåget hade AASF förlorat över hälften av sina Battlemaskiner. Nästan lika illa hade det gått för Blenheimbombplanen. "Händelserna visade att Blenheimplanet inte var ett slagfältsvapen", kommenterade överste Hugh Pughe-Lloyd, stabsofficer i 2. bombeskadern. "Mot detta står det faktum att vi inte har något bombplan som kan penetrera det fientliga försvaret i dagsljus. Vi har helt enkelt inga dagsljusbombare i vår arsenal."[452]

En annan faktor som visat sig helt otillräcklig i Frankrike var rörligheten hos RAF:s markorganisation. Samtidigt som *Luftwaffe* nyttjat sina Junkers Ju 52 för att flyga in personal, bränsle och reservdelar, hade RAF fått förlita sig på motortransportmedel som oftast inte fanns tillgängliga. Reträtten bortom Marne stal fyra dagar från AASF och därmed hade även de tyska marktruppernas aktioner påverkat de brittiska flygoperationerna. Erfarenheterna i denna fråga fick dock inte någon direkt inverkan på striderna den närmaste tiden, eftersom Tyskland och Storbritannien inte skulle ha någon gemensam markfront förrän de åter invecklades i strid i Grekland och Nordafrika 1941.

Ett område där en nykter bedömning av erfarenheterna från Frankrike kunde ha gjort stor nytta, var emellertid den taktiska överlägsenhet de tyska jaktpiloterna visat gentemot sina brittiska motsvarigheter. Gång efter annan hade britterna kommit till korta i flygbataljerna. Detta förhållande var dock inte så tydligt som man skulle kunna tro. Redan under flygstriderna på kontinenten präglades underrättelsematerialet beträffande förstörda fiendeplan av mycket stora felkällor och bägge sidor rapporterade större antal än vad som i själva verket skjutits ned. Orsakerna till detta var flera. Många piloter anföll samma mål, och när detta förstördes kunde fler än en pilot rapportera det som sin egen nedskjutning. Det var också vanligt att den anfallande piloten noterade träffar på fiendeplanet, kanske eld eller rökutveckling, och därför antog att han förstört det. Brittiska piloter observerade ofta hur tyska Bf 109 ”föll mot marken”, utan att inse att detta var den tyske pilotens sätt att dyka ifrån sina motståndare.

När underrättelsetjänsten sedan jämförde den falska mängden nedskjutna fiendeplan med det faktiska antalet förlorade på den egna sidan, blev bilden ofta positiv.[453] Efter *Gelb* var detta förhållande till större nackdel för britterna än för tyskarna, eftersom det i första hand var RAF som var i behov av taktisk revidering. Under Slaget om England skulle det istället drabba tyskarna, som baserade sin bedömning av *Fighter Commands* styrka på totalt felaktiga grunder.

Trots den skeva förlustbilden gjordes dock försök att förbättra RAF:s effektivitet i luften. Den 3 juni hade *Fighter Command* utfärdat en promemoria baserad på erfarenheterna från flygkriget i Frankrike och med den stundande tyska bomboffensiven i åtanke. Den allmänna tonen i denna var optimistisk. Striden skulle föras över eget territorium, under organiserade omständigheter. Att möta *Luftwaffe* skulle emellertid bli en svår uppgift, och mycket stod på spel. Om Storbritannien skulle kunna fortsätta kriget måste rustningsindustrierna, främst de som var ett led i flygplansproduktionen, skyddas från tyska bomber. Redogörelsen avslutades med ett antal punkter av taktisk art. Man talade om betydelsen av höjdövertag, uppsikt bakåt, återhållsamhet med ammunition och liknande. Om man fick möjlighet skulle en division störa fiendens jaktplan medan andra angrep bombplanen. Fientliga lockfåglar i form av starka jaktförband skulle ignoreras. En uppmaning framstod starkare än alla andra: det främsta målet var de fientliga *bombplanen*, inte jaktplanen.

Dowding hade uppmanat eskadrarna att ge synpunkter på promemorian och framför allt två av dessa är värda att syna lite närmare. Den första rörde de brittiska stridsformationerna och skulle mer eller mindre ignoreras; den andra handlade om i vilken styrka den brittiska jakten skulle operera.

Det första svaret kom den 7 juli från generalmajor Saul, chefen för 13. eskadern i norra England och Skottland. Han rekommenderade att brittiska divisioner skulle omorganiseras enligt tyskt mönster, med tre sektioner om fyra plan istället för fyra sektioner om tre plan. Detta skulle göra det möjligt att bryta ned sektionerna i rotar, där roteettan var offensiv och rotetvåan skyddade den förstes rygg. Samma förslag lämnades av Park fem dagar senare.[454] Dowding reagerade sent på dessa rekommendationer. Han menade att det inte fanns några hinder för att divisionerna organiserades på detta vis, men att det var osunt att försöka ändra på systemet mitt under pågående flygslag. I ett avseende hade han rätt. Även om förbanden gått över till roteformationer, var det inte möjligt att ändra flygutbildningssystemet med så kort varsel. Ersättningspiloterna skulle ha anlänt till sina fältförband med en utbildning i den gamla grundtaktiken.

Dessa svårigheter till trots verkade det som om Dowding inte var helt medveten om hur stor inverkan skillnaden i taktisk kompetens hade på flygstriderna. När han kommenterade ett förslag att brittiska jaktgrupper skulle utökas från sex till åtta plan uppdelade på två sektioner om fyra plan (som tysk *Staffel* och *Schwarm*), svarade han att detta skulle inverka negativt på underhållsrutinerna. Även om han lämnade avgörandet till sina flottilj- och divisionschefer, kunde en direkt uppmaning till förändring ha sparat många liv. Vissa divisionschefer ändrade på eget bevåg sina förbandsmönster, men de flesta fortsatte med *Vics*.

En förändring som genomfördes var dock att man ökade avstånden mellan planen. Piloterna kunde därmed rikta större uppmärksamhet mot vad som hände runt omkring. Många divisioner avdelade också en sektion att flyga bakom, aningen högre än resten av divisionen. Den fungerade som spanare och sicksackade fram och tillbaka för att kunna kontrollera himlen bakom förbandet.[455] Detta var en förbättring, men ledde till att spanarna måste hålla en högre hastighet än de övriga sektionerna och de förbrukade mer bränsle. Om divisionen tvingades ta till full gas för att snabbt förflytta sig till något hotat område, var man tvungen att inställa spaningsverksamheten. Den tyska *Schwarm* fungerade tillfredsställande oavsett hastighet, och bränsleförbrukningen var densamma för samtliga plan.

Det andra ämnet som behandlades i svaren på promemorian var i vilken styrka den brittiska jakten skulle operera – divisionsvis eller i större flottiljer. I takt med att slaget trappades upp skulle denna fråga anta stora proportioner. Sholto Douglas och merparten av flygstaben skulle propagera för att brittiska jaktplan samlades till flottiljstyrka innan de angrep de tyska bombplanen. Park och Dowding menade att den knappa reaktionstiden gjorde denna taktik omöjlig. Den vedertagna bilden av detta gräl präglas av flera missuppfattningar. Två av de vanligaste är att generalmajor Leigh-Mallory, chefen för 12. eskadern, var fanatiskt fixerad vid tanken på flottiljinsatser och att Park och Dowding var helt emot konceptet.

Sanningen är emellertid mer nyanserad än så, och vi skall återkomma till ämnet något senare. Det kan dock vara värt att redan här notera att Leigh-Mallory överhuvudtaget inte omnämnde flottiljinsatser i sitt svar på promemorian. Istället bifogade han en skrivelse från major P. A. Hunter, chefen för 264. divisionen, som med eftertryck betonade att det skulle ta för lång tid för en flottilj att starta, gruppera sig och sätta kurs. Hunter ansåg att processen skulle ta cirka tolv minuter i anspråk och att den annalkande fienden under tiden skulle ha tillryggalagt sex till sju mil.[456] Eftersom Leigh-Mallory bifogat denna skrivelse utan att göra några egna reservationer till den, får man utgå från att han vid tidpunkten ansåg att divisionen var det lämpligaste förbandet för genskjutande insatser.

Inte heller uppfattningen att Dowding och Park var kompromisslöst fixerade vid divisionen klarar en kritisk granskning. I själva verket ansåg Park att flottiljer var att föredra framför divisioner. Erfarenheter från Frankrike hade pekat på fördelen med större förband, och vid Dunkerque hade han inledningsvis opererat med täta divisionsinsatser och sedan gått över till mindre frekventa flottiljinsatser. De senare hade då visat sig minska de brittiska förlusterna och öka de tyska.[457] Att han skulle sprida sina divisioner istället för att försöka kraftsamla mot tyska anfall över England, berodde på tidsfaktorn och att han fått order av Dowding att bevara styrka.

•

Det var lyckosamt att RAF fick det andrum som inträdde mellan Frankrikes fall och de intensiva tyska flygangrepp som skulle börja i augusti. Den första åtgärd som vidtogs var att ersätta förlusterna.[458] Vid sitt makttillträde i maj hade Churchill utnämnt lord Beaverbrook till minister för flygplansproduktion. Beaverbrook var i själva verket en tidningsmagnat som hade lyckats med bedriften att göra sin *Daily Express* till Englands mest sålda dagstidning, men hade också uträttat underverk inom den brittiska flygindustrin. Genom att utnyttja de förberedelser som tidigare gjorts under Newalls ledning, lyckades Beaverbrook få flygindustrin att tillverka 681 fler jaktplan än de 3 602 som planerats för 1940.[459] I februari 1940 hade produktionen av jaktplan legat på 143 av alla typer.[460] Fem månader senare, i juli, var siffran uppe i 446.[461] Därmed hade förlusterna i Frankrike kompenserats av knappt mer än en månads produktion. Den 8 juli hade *Fighter Command* 58 jaktdivisioner, av vilka 50 var operativa. Av de senare var 19 utrustade med Spitfire, 22 med Hurricane, 2 med Defiant och 7 med Blenheim (nattjakt).[462]

Erfarenheterna från Frankrike kombinerat med tekniska framsteg hade också gjort Spitfire- och Hurricaneplanen bättre. Den första större förändringen var att piloterna fick förarpansar inmonterat i planen. Denna åtgärd hade övervägts tidigare, men fått avslag sedan man bedömde att planets tyngdpunkt påverkades negativt av detta. För att bevisa motsatsen tog personalen hos en av divisionerna i Frankrike en pansarplåt från ett förstört Battleplan och monterade in detta i cockpiten på en Hurricane, strax bakom förarsitsen. Resultatet demonstrerades genom en enastående flygakrobatik ovanför Farnborough och kort därpå beslutades att samtliga Spitfire och Hurricane skulle förses med förarpansar.[463] Andra förbättringar gällde propellrar och flygbränsle.[464]

Även planens vapenverkan sågs över. Att anfalla från de 300–400 meters avstånd som föreskrivits i den officiella instruktionsmanualen hade visat sig tämligen ineffektivt. "Före kriget och under de första månaderna hade vi lärt oss att ställa in våra sikten på 300 meter och sedan avbryta anfallet", sade fänrik Kenneth "Hököga" Lee från 501. divisionen. För detta ändamål hade de brittiska kulsprutorna varit inställda så att de åtta kulbanorna sammanstrålade på ett avstånd av 400 meter. Striderna över Frankrike hade visat att detta avstånd var för långt. Kulornas anslagskraft minskade med det högre avståndet, vilket ökade överlevnadsmöjligheterna för de stryktåliga bombplanen. Träffsäkerheten minskade också, vilket gjorde det svårare att skjuta ned de sårbara men mer lättmanövrerade jaktplanen. Receptet var i båda fallen att minska avståndet. ”Om vi instruerats att gå så nära som 150 meter så skulle vi ha slagit ut dubbelt så många flygplan”, fortsatte fänrik Lee. ”Vi hade drillats i det gamla systemet så länge att vi följde det automatiskt; vi missade hundratals möjligheter.”[465] Flygdepartementet tog lärdom av detta och vapnen synkroniserades för 250 meter.

·

Med tanke på den stundande kraftmätningen över England var det nödvändigt att *Fighter Commands* befälsstruktur förändrades. De två eskadrarna splittrades därför i fyra. Den 12. eskadern under generalmajor Leigh-Mallory hade redan delats i två – den existerande 12. eskadern, som ansvarade för den industritäta mellersta delen av England, samt den 13. eskadern, med generalmajor Saul som chef, ansvarande för norra England och Skottland. Den sista var inte endast ett försvarsområde utan skulle även fungera som en ”viloeskader”, där stridströtta divisioner kunde utväxlas mot utvilade. I söder skulle 11. eskadern under Park spricka upp i dels den ursprungliga 11. eskadern som ansvarade för sydöstra England inklusive London, dels i den ännu icke operativa 10. eskadern, under generalmajor sir Quintin Brand, som skulle ansvara för den sydvästra delen av landet.

Eskadrarna var uppdelade i ett antal sektorer med bokstavsbeteckningar. Oftast refererade man till de olika sektorerna genom namnet på dess primära flygfält. Sålunda hade 11. eskadern åtta sektorer (A-F, Z samt London), men sektor A kallades till exempel Tangmeresektorn efter sektorflygfältet. Sektorfälten hade som regel betongbanor och kunde basera ett större antal divisioner, medan satellitfälten var mindre med gräsbanor.

·

Trots att en omfattande flygoffensiv mot England stod för dörren fanns en viktig fråga som ännu inte besvarats. Det gällde huruvida Dowding skulle få vara kvar som chef för *Fighter Command*. Han hade haft sin tjänst i snart

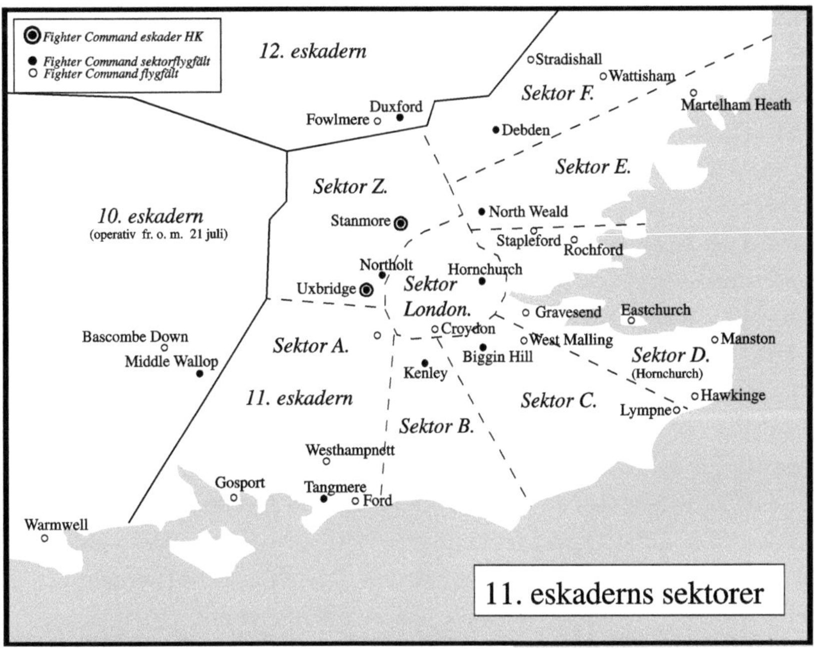

fyra år. Han ansågs vara trött, och de många tvisterna mellan honom och andra högre officerare hade haft en negativ inverkan på samarbetet. Dessutom var han snart 60 år gammal och som systemet fungerade skulle han lämna plats för yngre förmågor. Redan 1938 hade flygdepartementet beslutat att han skulle ersättas, men tidpunkten för hans avgång hade hela tiden flyttats fram.[466] Den sista tidsfristen hade satts till den 14 juli. När detta datum närmade sig skrev Dowding ett brev till flygdepartementet och protesterade mot obeslutsamheten. Han menade att situationen bjöd att hans tjänst borde förlängas eftersom det var svårt att hitta en lämplig ersättare. Han borde få stanna till 1942.[467] I början av juli sammanträffade Dowding med Newall för att få veta vad som skulle hända efter den 14 juli. Han informerades att beslutet tills vidare stod fast. Newall diskuterade dock frågan med Sinclair, som i sin tur tog upp den med Churchill.

”Jag blev väldigt förvånad igår kväll”, skrev Churchill till Sinclair sedan han övervägt saken, ”när du berättade att du hade övervägt att entlediga Dowding vid utgången av hans nuvarande tjänstetid.” Brevet fortsatte med att beskriva Dowding som en av de bästa Sinclair hade till sitt förfogande, talangfull och pålitlig, och en man som varken hade misslyckande eller otillräcklighet på sitt samvete. Churchill påminde Sinclair om att denne övervägt att förlänga Dowdings tjänst med ytterligare fyra månader. Enligt premiärministern rådde det inget tvivel om vem som borde leda *Fighter Command* under de kommande månaderna.[468]

Churchills rekommendationer bekräftade dock endast vad Sinclair redan beslutat. Den 5 juli erhöll Dowding ett brev från Newall där han fick beskedet att hans tjänst förlängts till slutet av oktober, när han definitivt skulle entledigas.

Dowding skulle få leda sin skapelse under Slaget om England, och till sin hjälp hade han sin vän från det förra kriget. Av uppenbara skäl var det främst 11. eskadern som skulle få bära bördan att möta *Luftwaffes* anfall, och om det var någon man som kunde klara att axla denna börda så var det generalmajor Keith Park. Denne nyzeeländare var en given ledargestalt och hade varit med om att utveckla Dowdings stridsledningssystem från grunden. Med nästan 25 års erfarenhet av jaktflyg var Park en självständig och målmedveten man med känsla för minsta detalj utan att förlora greppet om den totala bilden. Han kunde ofta vara hård mot underlydande som han ansåg inte levde upp till hans egen standard, men brydde sig sällan om befälsställning och privilegier. Till skillnad från Dowding, som nästan aldrig besökte sina divisioner, flög Park runt i sitt privata Hurricane och besökte de förband som låg under honom. Där lyssnade han till piloterna, uppmuntrade och lyckönskade dem.[469] Vid ett tillfälle landade han vid ett fält där man fortfarande hade beredskap. Hans Hurricane blockerade vägen för en sektion och en ung pilot som inte förstod vem Park var skrek åt honom att flytta planet. Park bad om ursäkt och flyttade genast maskinen. Den unge piloten blev förskräckt när han fick veta vem "felparkeraren" var, men veteranerna försäkrade att han inte hade någonting att frukta.

Piloterna avgudade, Park och han skulle återgälda förtroendet genom att leda dem med stor skicklighet mot *Luftwaffe*.

Fred med Frankrike

Ledningarna för *Heer*, *Kriegsmarine* och *Luftwaffe* behövde inte vänta länge förrän den operation de börjat planera skulle sanktioneras från högsta ort – Hitler hade vaknat ur sitt segerrus. Ända sedan mitten av juni hade han väntat på någon form av utspel från Storbritanniens sida. Churchills tal från den 4 och 18 juni hade förvisso varit fyllda av motstånd, men eftersom tyskarna visste att det pågick en maktkamp mellan honom och Halifax, hoppades Hitler att Churchills administration skulle falla och ersättas av en regering som var mer inriktad på kompromiss.

Men ingenting hände.

Den 29 juni återvände Hitler till sitt högkvarter i Schwarzwald. Där väntade en promemoria från Jodl – *Det fortsatta kriget mot England*. OKW:s operationschef menade att det fanns två huvudsakliga alternativ om Storbritannien vägrade att be om fred. Det ena var att slå mot Storbritanniens koloniala välde, någonting som endast kunde ske medelst hjälp från makter som hade intresse av det brittiska imperiets kollaps. Det andra alternativet berörde direkta angrepp mot de brittiska öarna, och här var det primära målet att slå till mot britternas flygvapen. Eftersom en blockad av Tyskland inte längre hade några utsikter att lyckas, var RAF det enda vapen som Storbritannien kunde sätta in mot Tyskland. Med detta ur spel skulle det brittiska lejonet ha förlorat sina klor. Därför ansåg Jodl att den viktigaste målsättningen var att sätta in *Luftwaffe* mot britternas flygförband och flygindustrier. Denna strategi skulle sedan kompletteras medelst angrepp mot brittiska sjöleder, hamnar och förråd, kombinerat med propaganda och terrorbombningar mot befolkningen. På så sätt skulle livsmedelssituationen försämras och den brittiska befolkningens politiska motståndskraft knäckas. Endast som sista utväg skulle en invasion av England iscensättas och avsikten med en sådan var inte att besegra Storbritannien militärt, utan att utdela nådastöten mot ett land som paralyserats ekonomiskt och praktiskt taget förlorat sin förmåga att slåss i luften.[470]

Den 2 juli utfärdade Hitler sina första order på vägen mot en invasion av England; stabsplanering skulle inledas inom högsta ledningarna för *Heer*, *Luftwaffe* och *Kriegsmarine*. Det betonades att detta bara var förberedelser. En riktig invasion skulle iscensättas endast om alla andra försök att få Storbritannien till konferensbordet misslyckades. Orderna visar dock att Hitler började tvivla på sin bedömning att britterna skulle ge upp. *Royal Navys* insats vid Mers-el-Kébir dagen därpå, måste ha givit honom en ordentlig chock och sagt honom att maktkampen mellan Halifax och Churchill utfallit till den senares förmån.

Den 6 juli återvände Hitler till Berlin och dagen därpå sammanträffade han med greve Ciano. Historiker refererar ofta till detta möte, men i första hand som den tidpunkt när Hitler säger till den italienske utrikesministern att kriget mot England troligtvis måste fortsätta och att han därmed insett att britterna inte skulle vika sig. Tillfället hade dock större betydelse än så. Frågan om fred med Frankrike beaktades från alla synvinklar. Mussolini hade anspråk på Savojen, Korsika, Nice och Tunisien och ville att kriget skulle fortsätta så att han kunde förbättra sin position i Medelhavet och minska sitt beroende till Tyskland.[471] Hitler befann sig knappast i en position där han behövde fråga Mussolini till råds beträffande Frankrike, men valde likafullt att inte sluta fred med fransmännen så länge kriget mot Storbritannien pågick. Detta var möjligen ett av hans största felsteg.

Britternas motstånd anses allmänt ha gett Hitler två val. Det ena var att slutföra kriget mot Storbritannien, antingen genom invasion eller genom indirekta strategier, såsom blockad eller en offensiv i Medellhavet. Därefter kunde han vända sig österut. Det andra alternativet var att först besegra Sovjetunionen och sedan göra upp räkningen med britterna; det val han sedermera gjorde.

Hitler hade dock ett tredje alternativ. Han kunde ha slutit fred med Frankrike, deklarerat att han ämnade göra detsamma med Nederländerna, Belgien, Danmark och Norge så snart kriget mot Storbritannien var avslutat, och officiellt tillkännagett att hans enda krav på Storbritannien var att Tysklands forna kolonier återlämnades. Det skulle inte vara något större problem att komma överens med regeringen i Vichy. Den tyska segern mot Frankrike hade varit långt mer övertygande än de allierades seger under första världskriget. Tyskland kunde ha krävt tillbaka Elsass och Lothringen, begärt krigsskadestånd och nyttjanderätt till vissa strategiska råvaror, och förbjudit Frankrike att ha mer än ett begränsat antal soldater. Det skulle inte ha varit värre än den fred som påtvingats Tyskland i Versailles, och Hitler kunde locka med att Frankrike fick behålla sin flotta och att Tyskland inte skulle stödja några italienska krav på besittningar i Medelhavet eller Nordafrika.

Tre diktatorer skulle ha misstyckt till denna utveckling. En var givetvis Mussolini, men hans militära framgångar hade varit av det blygsamma slaget och utan Tysklands stöd kunde han knappast uppfylla sina planer i Medelhavet. Ett fransk-tyskt närmande var av större värde för Hitler än den tysk-italienska axeln eftersom Mussolini bara skulle dra in Tyskland i ett för tyskarna meningslöst krig i Nordafrika.

En annan diktator som skulle ha sett med besvikelse på en tysk-fransk fred var Franco, vilken hyste förhoppningar om ett återlämnande av Gibraltar och protektionistiska rättigheter över Marocko och delar av Sahara. Men Spanien var en tveksam allierad till Tyskland och skulle även ha blivit mer av en belastning än en tillgång.

Slutligen har vi Stalin. Han såg gärna att Tyskland slog sig blodig mot de västallierade och betraktade Frankrikes fall med oro. Han kunde emellertid inte göra så mycket åt saken och Hitler hade, som vi strax skall se, redan utnämnt honom till sin näste huvudfiende. *Führern* kunde kosta på sig att ignorera vad Stalin ansåg.

Om Hitler slutit fred med Frankrike skulle Churchills position ha blivit ohållbar. Istället för den sista bastionen mot vad Hitler hade tänkt göra med de länder han ockuperade, skulle Storbritannien framstå som det sista hindret för fred i Europa och själva orsaken till varför flera mindre nationer inte återfick sin självständighet. USA:s stöd för fortsatt krig mot Tyskland skulle försvinna lika snabbt som de insåg att någon fara för den egna säkerheten inte längre förelåg, och Churchills förhoppningar om amerikanskt stöd skulle ha grusats. Det är inte otänkbart att amerikanerna till och med skulle ha uppmanat Storbritannien att komma överens med Hitler.

Churchill hämtade mycket av sitt stöd från det faktum att en katastrof höll på att drabba den gamla världen och att han syntes vara den bäst lämpade att hindra förverkligandet av denna katastrof; ett antagande som stärktes av den allmänna uppfattningen att Hitler arbetade efter någon utstuderad plan för besättandet av hela Västeuropa. Om Hitler slöt fred med Frankrike och återgav landet sin självständighet skulle denna uppfattning blekna bort och lämna plats för en mer nykter bedömning av varför Storbritannien egentligen befann sig i krig. Utan amerikansk hjälp kunde Storbritannien inte slå Tyskland. Deras armé var för liten och även om den hade kunnat mäta sig med den tyska fanns det ingen krigsskådeplats där den kunde sättas in med förhoppningen att tillfoga Tyskland skada. *Royal Navy* kunde förhindra tyska fartygsrörelser, men detta skulle ha fått mindre effekt på Tyskland än tyska ubåtsangrepp på Storbritannien. Kvar fanns *Bomber Commands* nattangrepp mot Tyskland, men även här kunde tyskarna slå till hårdare mot England än *vice versa*. Vilka skäl fanns det för att fortsätta kriget? Visst fanns Polen där, det land för vilket Storbritannien gått i krig. Men detta hade ägt rum innan Norge, Danmark, Nederländerna, Belgien och Frankrike dukat under framför Hitlers arméer och den brittiska armén fått sin duvning på kontinenten. Storbritannien hade inte lämnat sina garantier till Polen på grund av någon outgrundlig kärlek till polackerna, utan för att stoppa Tysklands territoriella expansion. Detta hade misslyckats och Hitler vunnit. Det låg utanför Storbritanniens förmåga att återställa gränserna som de såg ut före den 1 september 1939.

Men Hitler valde krig. Kanske låg eftergifter mot de länder han erövrat inte i hans natur – inte ens för att uppnå mer långsiktiga resultat – eller så låg de inte i naturen hos det politiska system han skapat. Hur det än förhöll sig med den saken anförtrodde han greve Ciano att kampen mot Storbritannien måste fortsätta under ytterligare en tid. Snabba åtgärder för att få ett slut på kriget var nödvändiga, men försiktighet måste ändå iakttagas eftersom det skulle utvidgas till andra fronter och kräva komplicerade operationer.

Efter mötet med Ciano beordrade Hitler att tungt kustartilleri med omedelbar verkan skulle ställas upp mellan Calais och Boulogne. Därefter lämnade han Berlin och begav sig till Obersalzberg, där han den 11 juli konfererade med bland andra Raeder och Keitel. Raeder argumenterade åter för en blockad av England. Ubåtar skulle skära av landet sjövägen och *Luftwaffe* skulle sätta in kraftiga anfall mot Liverpool och andra centra. En invasion skulle, å andra sidan, stöta på en rad hinder: *Royal Navy*, minor – det brittiska flyget måste neutraliseras innan det fanns någon som helst mening att försöka korsa Kanalen. Hitler höll med honom och avslöjade till amiralens lättnad att han snart ämnade hålla ett tal i riksdagen – ett tal som skulle förändra Storbritanniens inställning. Invasionen skulle endast beaktas som en lösning när alla andra möjligheter uttömts.[472]

Det intryck Hitler givit den 11 juli, att han principiellt var emot en invasion, förändrades de närmaste dagarna. Den 12 juli erhöll han ett nytt betänkande från Jodl med titeln: *Första tankarna beträffande en landstigning i England.* De största svårigheterna med ett sjöburet anfall över Kanalen, ansåg Jodl, var det brittiska sjöherraväldet, att fiendetrupper skulle vara så placerade att de snabbt kunde nå invasionsplatserna i styrka, samt att det viktiga överraskningsmomentet skulle gå förlorat om anfallet sattes in från den franska och belgiska kusten. Dessa svårigheter kunde dock lösas. Genom att angripa där Kanalen var som smalast kunde det brittiska sjöherraväldet neutraliseras av tyskt luftherravälde; detta under förutsättning att *Luftwaffe* först kunde besegra RAF. Därefter skulle landstigningen ske, inte längs en smal kustremsa, utan på bred front. På detta vis skulle fienden tvingas splittra sina styrkor och det skulle göra hans motanfall svagare. Ett villkor för en operation av detta slag var att stöttrupperna var starka och att bristen på understödjande artilleri kompenserades av en insats från *Luftwaffe*. För att de trupper som landsatts skulle kunna underhållas och förstärkas måste man upprätta en sjöled helt skyddad från *Royal Navy*.[473]

Dessa förslag följdes den 13 juli av ett besök från *Heer*. Halder hade övertygat von Brauchitsch om invasionens fördelar. Nu besökte de Hitler i Obersalzberg, fullastade med ritningar, kartor och planer. *Führern* förklarade för de två arméofficerarna att han misstänkte att britternas ovilja att sluta fred berodde på att de hoppades att Sovjetunionen skulle gå med i kriget på deras sida. Han talade också om den oroande utvecklingen på Balkan. Att krossa Storbritannien vore meningslöst, menade han, för om det brittiska imperiet föll skulle detta endast gagna Japan, USA och andra. Men hon måste tvingas att sluta fred.

Halder och von Brauchitsch visade de planer som gjorts för en landstigning, och till deras förvåning accepterade Hitler desamma utan frågor eller kommentarer. Deras planer var fullt tillräckliga för att inleda förberedelser.[474]

Dessa skulle igångsättas omedelbart.

RDF

Jagdwaffes erfarenheter från Spanien, Polen, Skandinavien och Västeuropa kunde ha givit Tyskland en fördel i det stundande flygkriget över södra England. Denna fördel kunde mycket väl ha fått en avgörande inverkan om den inte uppvägts av ett hemligt vapen i den brittiska arsenalen, nämligen radarnätet och den effektiva jaktstridsledningen.

Den brittiska utvecklingen av det vi idag kallar radar (*Radio Detection and Ranging*) uppstod lustigt nog sin i föreställningen att det möjligen skulle gå att framställa en "dödsstråle" för att skjuta ned fientliga bombplan. Flygdepartementet kontaktade *Departement of Scientific and Industrial Research* i Slough med frågan om någonting i den vägen var praktiskt genomförbart. Man fick det omedelbara svaret att förutsättningar för någonting dylikt självfallet inte existerade. Vetenskapsmännen i Slough försökte dock hjälpa flygdepartementet på annat sätt. Man erinrade sig att ingenjörer inom postväsendet noterat att de fått in radiostörningar när flygplan passerat nära deras mottagare. Detta fenomen bekräftades av radioamatörer, som ansåg att flygningarna hade en negativ inverkan på deras fritidssysselsättning. Flygdepartementet svarade att de var intresserade av ett system som kunde varna för annalkande flygplan, och snart inleddes forskning på detta område.

Den första testen gjordes på ett öde fält utanför Weedon den 26 februari 1935. Fyra pålar av tredubbel manslängd restes. De var placerade som två par, och varje par hade en lång metallkabel spänd mellan pålarna. På detta vis bildades två antenner som sedan var kopplade till en katodstråleskärm placerad i en skåpbil. Framför denna skärm väntade Robert Watson Watt, chefen för *the National Physical Laboratory*, dennes assistent Arnold Wilkins, samt A.P. Rowe från flygdepartementet på resultatet av experimentet.

Snart kom den Heyfordbombare som utlånats för ändamålet in över området. BBC:s sändare vid Davenport skickade ut en kontinuerlig serie signaler. Dessa studsade mot Heyfordbombaren och fångades upp av vetenskapsmännens antenn. Utfallet blev en omedelbar succé, och flygplanet kunde även med denna enkla utrustning upptäckas på en dryg mils avstånd.[475] Resultatet meddelades sir Henry Tizard, som var chef för *the Committee for the Scientific Survey of Air Defence* (CSSAD) under flygdepartementet, och arbetet med att utveckla detta experiment till ett fungerande varningssystem påbörjades.

Den inledande, mycket hemliga, forskningen kring RDF (*Radio Direction Finding* – ett namn som valts främst i avsikt att vilseleda observatörer från andra makter) bedrevs vid kusten nära Orfordness. Laboratorier och verkstäder byggdes för att framställa och producera de nödvändiga komponenterna och tester gjordes med hjälp av flygplan från det närliggande fältet vid Martelsham Heath. Utformningen på de radarmaster som skulle användas fastställdes och flygministeriet lämnade in en order på fem radarstationer för att täcka området runt Themsens flodmynning.[476]

Det dröjde inte länge förrän testområdet vid Orfordness blev för trångt och gruppen av vetenskapsmän och ingenjörer flyttades till det närbelägna Bawdsey Manor. Här fortskred projektet under ganska märkliga omständigheter. Forskarna arbetade som de ville, utan fasta tider, med tillgång till swimmingpool, cricketplan och en stor trädgård. Detta fria tillvägagångssätt gav goda resultat, för snart kunde man upptäcka ett flygplans flykt på mer än sex mils avstånd. En signal skickades ut genom en sändare, studsade mot flygplanet och återvände till stationens mottagare. Tidsfördröjningen mellan sändningen och ”ekot” avslöjade på vilket avstånd målet befann sig och man lyckades även uppskatta höjden. Det var dock svårare att mer än grovt fastställa ifrån vilken riktning planet närmade sig. Detta problem löstes emellertid när man jämförde avståndsangivelserna från två stationer som låg en bit ifrån varandra. Genom att markera avståndet från de olika stationernas observationer på ett instrument och sedan korsa dessa vid den punkt där avstånden smälte samman, kunde man bestämma fiendens position och riktning. Proceduren var dock komplicerad och krävde ett snabbt och effektivt samarbete på flera nivåer. Radarstationerna måste lämna sina rapporter, dessa måste tolkas och jaktdivisionerna måste få snabba order för att hinna starta.

Under överinseende från Tizard, Watson Watt och Dowding – som först var chef för *Research and Developing Departement* inom flygdepartementet innan han tog över *Fighter Command* 1936 och därför var informerad om experimenten redan från början – fullbordade britterna det första radarbaserade stridsledningssystemet. De var inte först med radarn i sig. Amerikanerna och japanerna arbetade också med den. Tyskarna hade redan 1934 använt den för att fånga silhuetten av slagskeppet *Hessen* på en katodstråleskärm. År 1938 hade de sin Freyaradar klar, med en omkrets på nästan tio mil, men utan möjlighet att bedöma höjd.[477] Britterna var dock först med att utveckla ett *stridsledningssystem* baserat på den nya uppfinningen, och snart började underliga radiomaster skjuta upp ur marken längs den engelska öst- och sydkusten. De större masterna, över hundra meter höga, tillhörde vad som skulle komma att kallas *Chain Home* (CH) och hade så lång räckvidd att de kunde upptäcka flygplan ovanför Frankrike eller Belgien redan innan dessa flög ut över Engelska kanalen eller Nordsjön. CH hade dock en svaghet. De var gjorda för att upptäcka flygplan främst på hög höjd och var därför blinda under 1 000 meter. För att komma till rätta med denna svaghet utvecklades *Chain Home Low* (CHL), som hade lägre master och betydligt kortare räckvidd, men kunde se fiendeplan på låg höjd. Vid inledningen av Slaget om England fanns det 30 CH och lika många CHL-stationer i bruk.[478]

När tyskarna inledde sina anfall i början av juli 1940 hade RAF ett färdigt stridsledningssystem, redo att ta emot dem. Ögonen och öronen i detta system var dels de redan nämnda RDF-stationerna som rapporterade observationer från först CH-kedjan, därefter från CHL-kedjan när fienden kom inom dess kortare räckvidd. Eftersom RDF-stationerna med nödvändighet var riktade ut mot havet kunde de emellertid inte se någonting sedan fienden väl passerat kusten och flugit in över land. Det fanns alltid en fara att fiendeplanen ändrade kurs – för att undvika kända luftvärnsställningar, för att dela

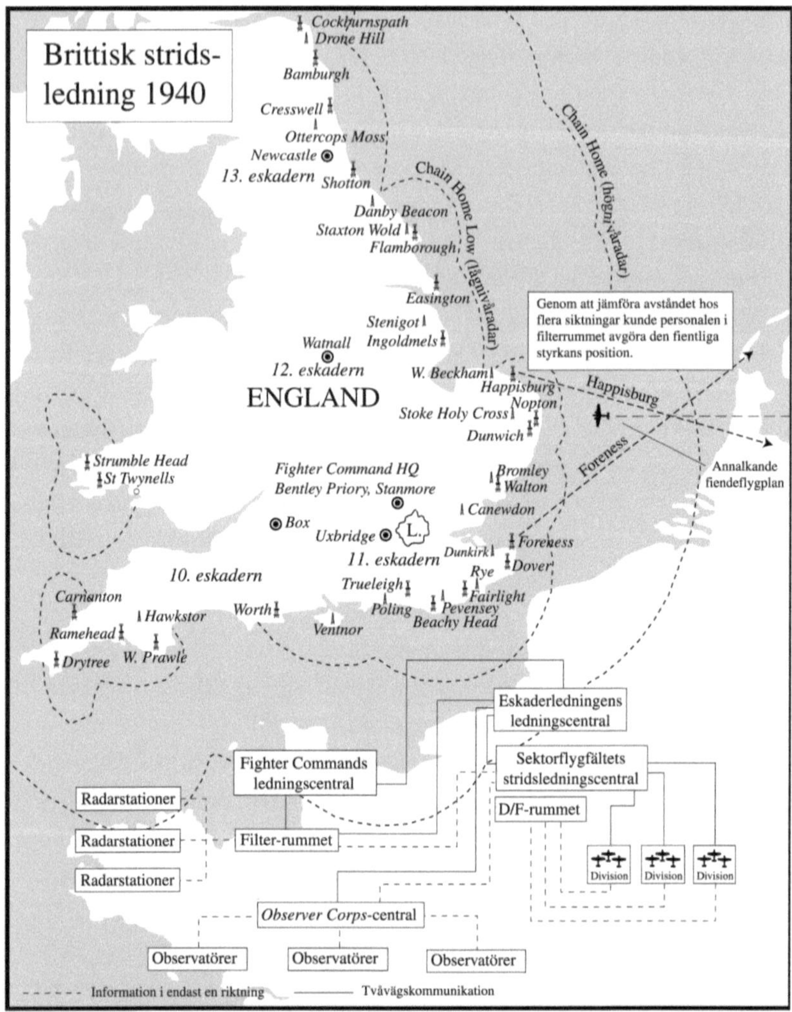

sig i flera underförband eller helt enkelt för att förvilla försvaret – och detta skulle inte registreras av radarn. Därmed skulle de kunna undgå de genskjutande brittiska jaktplanen. För att bemöta detta problem förlitade man sig på *Observer Corps*, en organisation som bestod av frivilliga, utrustade med kikare, identifieringsmanualer och enkla instrument för avstånds- och höjdberäkning. Utspridda över landet följde observatörerna fortlöpande fiendeformationernas rörelser och rapporterade till sina centraler. Effektiviteten hos detta system var givetvis beroende av de lokala väderförhållandena. I händelse av lågt molntäcke var observatörerna utlämnade till att försöka göra sin bedömning uteslutande med hjälp av hörseln.

Informationen från radarstationerna och *Observer Corps* gick därefter till *Fighter Commands* högkvarter vid Bentley Priory i Stanmore. Rapporterna från CH- och CHL-stationerna hamnade i det så kallade filterrummet, där de fördes samman på en jättelik karta över Storbritannien och delar av kontinenten.[479] Färgmarkörer med sifferangivelser och pilar markerade egna och fientliga styrkor, deras höjd och numerär samt i vilken riktning formationerna flög. Därefter utvärderades de fientliga styrkornas positioner genom att avståndsangivelserna från flera stationer jämfördes.

I filterrummet försökte man även skilja de fientliga formationerna från egna jaktförband som kunde befinna sig över Kanalen eller bombförband på väg hem från kontinenten. Resultatet av dessa bedömningar baserades dels på kännedom om vilka förband som kunde befinna sig i området, dels på ett system kallat *Identification Friend or Foe* (IFF). Det senare var ett tämligen osäkert sätt att skilja vän från fiende. En låda placerades i jaktplanet bakom pilotens sits. Denna gjorde att planet gav ifrån sig ett dubbelt så starkt eko som ett fiendeplan och skulle avslöja att det rörde sig om ett eget förband. Det var inte alltid det fungerade och inverkan av den mänskliga faktorn var stor. Ett misstag i början av kriget hade lett till förlusten av två plan och en pilot.[480] Incidenten blev en bister läxa för alla nivåer inom *Fighter Command*, men inträffade lyckligtvis i tid för att kunna korrigeras innan det verkliga slaget tog sin början.

När informationen från radarstationerna bearbetats i filterrummet gick den vidare till *Fighter Commands* ledningscentral, till den berörda eskaderns ledningscentral, samt till alla sektorer under samma eskader. I eskaderns ledningscentral beslutades sedan vilka sektorer som skulle larmas och om jaktdivisionernas beredskap skulle ändras.[481] En annan uppgift var att avgöra vilka räder som var "verkliga" och vilka som var de mest hotfulla, och man såg även till så att de egna förbanden inte angreps när de befann sig på marken, någonting som var särskilt svårt eftersom jaktplanen måste kunna landa för att tankas och beväpnas efter strid.

När eskaderledningen gjort sitt lämnades kontrollen av jaktdivisionerna över till jaktstridsledarna i de berörda sektorerna. Det var jaktstridsledarens uppgift att se till så att jaktplanen på det sektorflygfält där han befann sig (eller närliggande satellitfält) startade för att patrullera eller gavs order att möta en ankommande räd. Därefter skulle han dirigera jaktplanen till kontakt.

Samtidigt som filterrummet informerade om de observationer som inkommit via RDF-nätet, rapporterade även *Observer Corps*-centralerna de visuella (eller hörbara) observationer som gjordes från marken. Eftersom fiendestyrkorna vid det laget redan befann sig över land eller var på väg att korsa kusten var det inte längre någon mening att uppdatera filterrummet vid Stanmore. Informationen gick därför direkt till eskaderledningen och till de närliggande sektorerna.[482]

Den sista länken i detta komplicerade rapporteringssystem var piloternas lägesrapport till sektorerna. Med tanke på att flygarna hade liten möjlighet att hela tiden informera jaktstridsledarna om sin position, framför allt sedan de hamnat i strid, hade denna rutin automatiserats. Under 14 sekunder varje minut skickade planets sändare ut en ihållande signal som registrerades av tre markmottagare i varje sektor. Systemet kallades *High-Frequency Direction-Finding* (HF/DF). Informationen sammanfattades i sektorns D/F-rum innan den förmedlades vidare till stridsledningscentralen.[483a]

Det är inte svårt att förstå hur viktigt det var att stridsledningssystemet fungerade så snabbt och effektivt som möjligt. Tidsförlusten mellan den första observationen vid CH-stationen och jaktstridsledarens reaktion i andra änden kunde vara avgörande för om man framgångsrikt skulle kunna möta ett hot.[483b]

·

En viktig roll i den långa kedjan mellan upptäckt och stridskontakt spelade de många kartmarkörer *(plotters)* som märkte ut fiendeplanens rörelser på operationskartorna. Denna uppgift utfördes i huvudsak av kvinnor. Omställningen till totalt krig innebar många sociala förändringar för de brittiska medborgarna. En av dessa var synen på kvinnans roll. Före kriget hade hennes uppgifter i stor utsträckning varit förknippade med hemmet. Nu behövdes kvinnorna på många poster för att männen skulle kunna kallas till krigstjänst. Allmän arbetsplikt infördes för kvinnor som inte hade barn och många fick arbeta i industrin eller jordbruket. De kvinnor som kommer att medverka under andra halvan av denna skildring är dock flyglottorna i *Womens' Auxiliary Air Force* (WAAF). Denna tjänst, som bildades 1938, skulle omfatta många roller; allt från sekreterare och bilförare, till operatörer inom ballongförsvar och jaktstridsledning. Inledningsvis betraktades deras arbete med misstänksamhet och hån. Många män ansåg att de inte var tillräckligt kvalificerade att utföra traditionella manssysslor och att de skulle bryta ihop vid första tecken på fara. I många fall behandlades de också illa av befäl som försökte visa vad de tyckte genom att utsätta dem för extra påfrestningar. Gradvis förändrades emellertid synen på WAAF. När bombanfallen började skulle många av de tidigare fördomarna visa sig helt ogrundade. I september 1940 hade antalet kvinnor i WAAF stigit till 17 400, vilket var ungefär fyra procent av RAF styrka.[484]

En av dessa flyglottor var 22-åriga Edith Heap. Hon skulle ha blivit konstryttarinna om inte kriget kommit emellan, men hon gick med i WAAF och erbjöds snart ett byte från sin ursprungliga tjänst som truckförare till det hemliga sällskap som sysslade med markering (plotting). Ett negativt svar skulle ha inneburit förflyttning från basen vid Debden till Duxford, någonting som Edith inte ville, så tillsammans med väninnan Winnifred accepterade hon tjänsten.

Vid den första kontakten med sina nya uppgifter i operationsbunkern blev de förbluffade. Så snart de passerat ingången fann de sig i en värld fylld av kablar, kontakter och hörlurar. Kontrollrummet såg ut som en romersk arena med ett stort kartbord i mitten. Runt detta fanns bås med olika utrustning och ovanför satt en liten balkong, varifrån jaktstridsledaren övervakade alltihop.

Detta rum skulle snart bli Ediths och Winnifreds andra hem, och de tillbringade vecka efter vecka med att finslipa rutinerna. Snart hade de blivit tilldelade fasta platser i systemet. Edith, som visade sig vara en ypperlig kartmarkör, fick uppgiften att sköta området mellan Beachy Head i väster och Chelmsford i öster, och hennes karta innehöll också en del av Frankrike. När en observation rapporterades från 11. eskaderns ledningscentral i Uxbridge, var det hennes uppgift att sätta ut den på kartan. Hon skulle ta en liten kloss, förse den med små träbrickor som angav fiendestyrkans storlek och höjd, samt placera en flagga i toppen med rädens tilldelade nummer. När detta var gjort skulle klossen placeras på kartan, så att den visade var räden observerats. Detta skedde med hjälp av en raka, inte olik en croupierstav. Slutligen skulle hon ta en liten färgad plastpil och placera denna bredvid räden, så att den pekade i den riktning styrkan rörde sig.[485] När det blev allvar skulle kartan vara fylld av klossar och pilar som föreställde egna och fientliga förband, och med denna information som underlag skulle jaktstridsledaren vägleda divisionerna till strid.

Edith, Winnifred och de övriga WAAF-flickorna övade tills hela proceduren satt i ryggmärgen. När de slutade sina skift var de utmattade och fuktiga av svett, men de bar sina vedermödor med stolthet eftersom de visste att de behärskade sin uppgift och att deras arbete var viktigt.

Det skulle inte dröja förrän de fick möjlighet att demonstrera sina kunskaper i skarpt läge.

Kanalkampf

Kontakt

De tyska flygförband som skulle tillkämpa sig luftherraväldet över södra England var desamma som gav *Luftwaffe* segern över Frankrike och Beneluxländerna i maj-juni: *Luftflotte* 2 och 3 under Kesselring respektive Sperrle. Kesselrings högkvarter låg i Bryssel och hans ansvarsområdet sträckte sig från norra Nederländerna till Le Havre. Han hade fem *Jagdgeschwader*, två *Zerstörergeschwader*, sex *Kampfgeschwader* samt två *Gruppen* Stuka till sitt förfogande. Sperrles högkvarter låg i Paris och han hade tre *Jagdgeschwader*, en *Zerstörergeschwader*, tre *Sturzkampfgeschwader* och fem *Kampfgeschwader* under sitt befäl. Efter ockupationen av Danmark och Norge hade även *Luftflotte* 5 bildats under general Stumpff, med uppgift att övervaka Skandinavien. Denna var mindre än de *Luftflotten* som befann sig på kontinenten och skulle endast utföra ett större angrepp mot England.

Den 1 juli hade *Luftwaffe* cirka 2 600 stridsflygplan uppdelade mellan *Luftflotten* 2 och 3. Av dessa var 1 131 bombplan, 316 störtbombare, 809 enmotoriga jaktplan och resten spaningsplan eller jaktbombare. Detta var givetvis den nominella styrkan. Endast två tredjedelar av planen var tillgängliga och ombaseringen till nya flygfält pågick fortfarande, varför många förband ännu inte var tillgängliga. För att möta denna styrka hade Dowding 462 Hurricane och 279 Spitfire, där 347 respektive 191 var i tjänst.[486] Av dessa var 220 Hurricane och 90 Spitfire baserade i 11. eskaderns ansvarsområde.[487]

Befälhavarna för de två *Luftflotten* som stod i begrepp att inleda sina operationer var ursprungligen arméofficerare. Trots att både Kesselrings och Sperrles utseenden och karaktärer lämpade sig väl för karikatyrer, var bägge dugliga befälhavare. Av dessa båda var Hugo Sperrle den som hade längst erfarenhet av flyg. Han hade varit stridsflygare under första världskriget och även varit chef för *Legion Kondor* i Spanien. Sperrle hade en korpulens som till och med matchade Görings och han bar på ett ilsket ansiktsuttryck som passade väl ihop med hans stränghet och krav på disciplin. Han var också en man som älskade lyxlivet, någonting som Paris och hans residens i det vackra *Palais du Luxembourg* kunde förse honom med.

Till skillnad från Sperrle vandrade Kesselring omkring med ett ständigt leende, vilket hade gett honom öknamnet ”leende Albrecht”. Kesselring hade hamnat inom *Luftwaffe* mot sin vilja när detta bildades 1933, men visade sig vuxen sina uppgifter. Han var en utmärkt organisatör och verkade först inom organisationens administrativa del, där han snart utnämndes till general. Han avancerade till stabschef för *Luftwaffe*, men drog inte jämnt med Milch. I avsikt att förekomma en avskedsansökan erbjöd Göring Kesselring jobbet som chef för en av de tyska *Luftflotten*. Såväl Sperrle som Kesselring såg fram emot slaget med förvissningen om att *Luftwaffe* skulle kunna besegra RAF.

·

Under perioden mellan Frankrikes fall och den första veckan i juli förekom mycket få strider mellan tyska och brittiska flygenheter. *Luftwaffe* hade fått några vaga direktiv om att Engelska kanalen skulle spärras av från fientlig sjötrafik och att det brittiska försvaret skulle utvärderas; en förberedande åtgärd om en invasion av England skulle bli nödvändig. Uppgiften gavs åt överste Johannes Fink, veteran från fälttågen i Polen och Frankrike.

Inledningsvis förekom mest skärmytslingar mellan tyska spaningsplan och små grupper av brittiska jaktplan som skickats upp för att jaga bort dem. Den 4 juli upptäckte tyskarna dock en fartygskonvoj i västra delen av Kanalen och två *Gruppen* ur StG2 larmades. Inte mindre än 13 av den oskyddade konvojens fartyg träffades, varav fyra gick under. Kort därpå angreps flottbasen vid Portland av Stukaplan ur StG51 som satte en oljetanker i ljusan låga och sänkte luftvärnsfartyget *Foyle Bank*.

När de tyska flygarna återvände till sina baser hade de inte sett till ett enda brittiskt jaktplan. Orsaken var främst att 11. eskaderns ansvarsområde var för stort. Före Frankrikes fall hade fientliga flyganfall förväntats komma från öster, och då hade 11. och 12. eskadrarna fått ta emot lika delar av stöten. Nu låg 11. eskaderns hela front mot både *Luftflotte* 2 och 3. Anfallen den 4 juli underströk det brådskande i att snarast möjligt få

10. eskadern operativ. Den skulle ta över ansvaret för sydvästra England från och med den 21 juli.

Under eftermiddagen den 4 juli angreps ytterligare en konvoj, denna gång i Doversundet. Den tyska styrkan, två *Staffeln* Dornier Do 17 eskorterade av 30 Bf 109, upptäcktes av den brittiska radarn och 79. divisionen startade för att genskjuta dem. De brittiska jaktplanen misslyckades dock med att nå bombplanen och en Hurricane sköts ned. Samma kväll leddes 32. divisionen in mot vad som först ansågs vara en bombräd, men som sedan visade sig vara en större styrka Bf 109 ur JG27 samt LG2 (jakt).[488] Två Hurricaneplan skadades och tvingades nödlanda vid Manston respektive Hawkinge, men britterna gav svar på tal när fänrik Smythe sköt ned en Bf 109 och skadade en annan så att den tvingades nödlanda vid Therville. När dagen var till ända hade britterna förlorat ett plan och fått fyra skadade. Tyskarna hade förlorat två bombplan, ett jaktplan och fått ytterligare ett jaktplan skadat.[489] Små förluster jämfört med vad som komma skulle.

Under de närmaste veckorna skulle tyska *Jagdgeschwader* flyga in över Kent och Sussex, där de försökte söka upp och nedkämpa brittiska jaktplan. Eftersom tyskarna ännu inte insett betydelsen av radarn, utgick de från att britterna vidmakthöll stående patruller. Den snabbhet med vilken de brittiska divisionerna genesköt räderna stärkte tyskarna i denna uppfattning. Otaliga inbrytningar skulle tvinga RAF att bevaka sitt luftrum med allt fler patruller, vilket skulle leda till utmattning och förluster inom *Fighter Command*. Till en början gav denna taktik resultat; som när en tysk *Staffel* överraskade en sektion Spitfire från 65. divisionen den 7 juli och dödade alla tre piloterna, men allteftersom tiden gick skulle tyskarna bli allt mer frustrerade över hur *Fighter Command* lyckades undvika dessa frijakter.

Tyskarna förvånades över hur många av deras spaningsplan som blev nedskjutna. Spaningsbesättningarna utnyttjade alla de möjligheter som normalt stod dem till buds – flög på hög höjd, använde molntäcket som skydd, gjorde konstanta kursändringar – men de visste inte att alla deras förehavanden följdes av osynliga ögon. Den brittiska jaktstridsledningen skulle under de följande veckorna få ett utmärkt tillfälle att finslipa sina rutiner genom att följa de tyska spaningsplanen på sina skärmar. När de lyckades leda en sektion Spitfire eller Hurricane till kontakt med sitt mål, hade den tyska besättningen små möjligheter att klara sig undan.

·

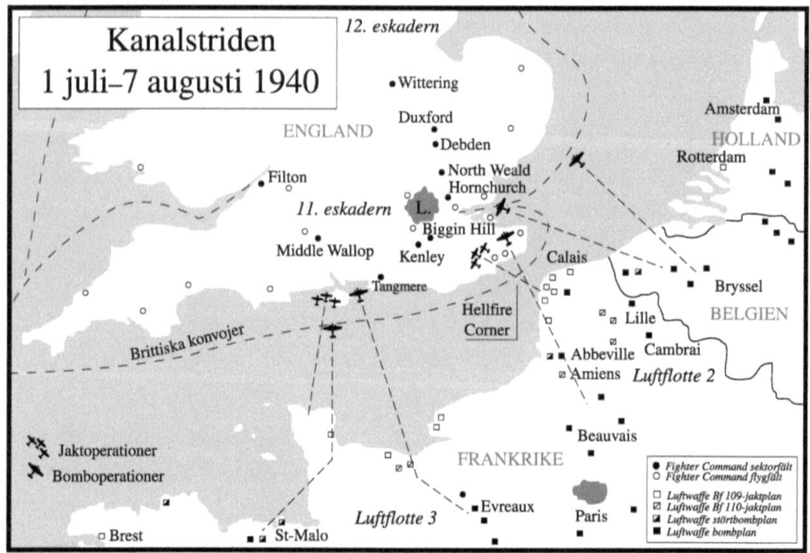

Ett stående inslag i striderna över Engelska kanalen i juli var de tyska anfallen mot de brittiska fartygskonvojerna. Mycket av den kol som London och andra städer var i behov av kom från mellersta eller norra delarna av landet. Istället för via järnväg eller inlandskanalerna gick stora delar av detta på fraktfartyg. Det var en av dessa konvojer som var målet för en större tysk insats den 9 juli när striderna över Kanalen trappades upp i våldsamhet. Sex Hurricaneplan från 151. divisionen, under ledning av överstelöjtnant Victor Beamish, startade från flygfältet vid North Weald. De satte kurs mot Themsenmynningen. Vädret var dåligt med hög molnighet, men vägledda av jaktstridsledningen lyckades Beamish förband genskjuta den tyska räden. Under sig upptäckte de en styrka på närmare 100 bombplan, och ovanför låg 60 Bf 109 och Bf 110.[490] Trots sitt underläge lyckades Beamish och hans piloter skjuta ned en 110:a mot en egen förlust av ett nedskjutet plan och ett skadat. Den tyska bombstyrkan delade upp sig i sex grupper, men endast en av dessa lyckades lokalisera konvojen. Inga fartyg träffades.

Samtidigt hade en annan division larmats för att möta den tyska styrkan, men den sektion som startade stötte istället ihop med en *Staffel* 110:or ovanför Folkstone. I den strid som följde sköts två 110:or ned och en skadades. De hade kommit från ZG26 – den så kallade *Horst Wessel*. Detta hade varit ZG26:s första uppdrag över Kanalen och det hade slutat illa: tre plan och sju kamrater borta.

Dagen fortsatte med sporadiska strider från North Foreland i öst till Portland i väst. En av de sista drabbningarna inträffade när en grupp ur 54. divisionen stötte samman med II/JG51. Den tyska styrkan hade eskorterat ett Heinkel He 59 sjöflygplan på räddningsuppdrag i närheten av Deal. Al Deere ledde den brittiska gruppen, och när han upptäckte sjöflygplanet låg detta av en händelse ovanför en av de brittiska kolkonvojerna. Han misstänkte att Heinkeln i själva verket var utsänd för att rapportera fartygsrörelser och avdelade Johnny Allen med två plan att skjuta ned Heinkeln, medan han själv och de övriga två tog sig an den 17 plan starka tyska eskorten. Deere lyckades skjuta ned en av 109:orna, men när han kastade en rutinmässig blick i backspegeln såg han en annan 109:a som närmade sig bakifrån. Han kastade sin Spitfire i en brant sväng, bara för att hamna på kollisionskurs med den tyske piloten.

> Medan jag höll styrspaken med bägge händer för att hålla planet på rak kurs, kisade jag genom reflektorsiktet mot den snabbt annalkande fienden. Vi öppnade eld samtidigt, och en skur av bly slog omedelbart in i min Spitfire. I ena ögonblicket hade Messerschmitten klara former, dess spännvidd snyggt omsluten av cirkeln i mitt sikte, i nästa var den ovanför, en skrämmande suddighet som dolde himlen framför mig. Sedan slog vi ihop.
>
> Kraften i kollisionen kastade mig våldsamt framåt mot selarna, som skar in i axlarna. [...] I en blixt var det över; klar himmel syntes framför mig och jag levde fortfarande. Men rök och flammor bolmade från motorn som började vibrera. [...] Jag drog ned gasen och sträckte mig framåt för att slå av tändningen, men innan jag hann göra detta skar motorn och propellern stannade. Jag såg att bladen nästan böjts dubbla genom kraften i kollisionen; Messerschmitten måste ha varit precis så nära mig när vi slog ihop.[491]

Deere försökte hoppa, men huven hade fastnat. Han glidflög därför tillbaka mot kusten, lyckades sätta ned sin rykande Spitfire på marken och därefter slå sönder plexiglashuven med knytnävarna. Snart satt han blåslagen och blödande och studerade resterna av sitt flammande plan. Det hade glidit över tre åkrar innan det slutligen stannat. Trots hans mirakulösa räddning hade striden slutat illa. Hans två kamrater hade skjutits ned. Bägge var döda. Johnny Allen hade tvingat ned sjöflygplanet vid Godwin Sands-grundet, där det blev strandsatt när tidvattnet drog sig tillbaka, men 54. divisionen hade betalat med tre Spitfireplan och två piloter för en ensam Messerschmitt. Om *Fighter*

Command skulle ha någon möjlighet att överleva den annalkande stormen måste negativa förlustutbyten av detta slag undvikas.

Det totala utbytet såg dock ljusare ut. Den första ronden hade med knapp marginal gått till RAF.[492]

Den 10 juli – det brittiska slaget börjar

Den första större flygdrabbningen under den period som britterna senare skulle komma att kalla Slaget om England ägde rum den 10 juli. När morgonen grydde var det få som anade att detta skulle komma att bli en historisk dag. Tunga ovädersmoln låg över södra England och Kanalen. På sina håll öste regnet ned. Knappast lämpligt flygväder. Detta hindrade dock inte *Fighter Command* från att flyga patruller; för ett större antal konvojer befann sig i rörelse utmed de brittiska kusterna.

De närmast rutinmässiga skärmytslingarna mellan brittiska patruller och tyska spaningsplan inledde dagen. Klockan var inte långt över fem denna morgon, när ett flygplan på låg höjd väckte folk i närheten av Le Havre. Det var ett tyskt spaningsplan, en Dornier 215 som återvände från ett uppdrag över England. Svårt sönderskjutet kraschlandade planet på stranden utanför staden, där det fattade eld. En av flygarna lyckades rädda sig; en annan drogs blödande ur vraket. De kvarvarande två förtärdes av lågorna.[493] Femton minuter senare nödlandade en skadad Dornier vid Cherbourg. Bägge planen hade haft sammanstötningar med den brittiska 145. divisionen.

De två incidenterna föranledde tyskarna att förse nästa spaningsplan med ordentlig eskort, och när detta flög ut över Kanalen var det i sällskap med 30 Bf 109 ur I/JG51. Denna formation stod under befäl av kapten Brustellins och var ett veteranförband med dussintals segrar på sin meritlista.

Nu inleddes ett eskalerande händelseförlopp. Under morgonen hade en större konvoj lämnat London. Dess beteckning var BREAD. Vid tiotiden kom den upp i höjd med North Foreland och svängde av på en kurs som skulle föra den genom Kanalen. Här upptäcktes den av det tyska spaningsplanet och planets befälhavare, löjtnant Sombern, gav order att observationen skulle skickas ut omedelbart och i klartext. Samtidigt hade radarstationerna vid Foreness och Dover följt den tyska styrkan på skärmarna. De rapporterade dess förehavanden till filterrummet vid Stanmore. Rapporterna bearbetades och gick sedan vidare genom den komplicerade kedjan, ned till jaktstridsledningen för Sektor D. En grupp Spitfire ur 74. divisionen fick startorder. När chefen för den sex plan starka gruppen, fänrik J. C. Freeborn, en stund senare upptäckte den eskorterade Dorniern, gav han order om anfall. De brittiska planen kom in från högre höjd och bakifrån, varför de fick ett kort övertag innan den tyska eskorten hämtat sig. Freeborn avlossade en fyrasekunderssalva mot en 109:a som han senare rapporterade ”helt enkelt föll från himlen”. Men det som han uppfattat som en nedskjutning var troligtvis den tyske pilotens utnyttjande av sitt plans dykförmåga för att ta sig ur den farliga situationen. Två av de brittiska planen lyckades ta sig fram till den ensamma Dorniern, där de dödade löjtnant Sombern och skadade en annan besättningsman. Sedan tvingades de brittiska piloterna att kämpa för sina egna liv. Freeborns och furir Moulds Spitfireplan träffades och bägge tvingades nödlanda vid Manston.[494] En 109:a återvände till Frankrike med smärre skador.

Somberns upptäckt av BREAD ledde till den största luftstriden hittills. Överste Fink gav med Kesselrings tillstånd order att den skulle angripas av KG2. Uppgiften att eskortera bombplanen gavs till major Hannes Trautlofts III/JG51 samt *Horst Wessel*, som här fick en möjlighet att kompensera sig för pinsamheterna dagen före.

Strax efter klockan ett började de första tecknen på tysk uppladdning dyka upp på de brittiska radarskärmarna. Först att larmas var 32. divisionen som skulle patrullera ovanför BREAD och en grupp startade från fältet vid Biggin Hill. När den kom ut över Kanalen och siktade den tyska styrkan rapporterade den felaktigt de tyska bombplanens antal som sextio. Snart befann sig även sju Hurricaneplan från 56. divisionen, nio från 111. samt åtta Spitfire från Manston på väg mot området. På grund av den stora övermakten hade 32. divisionen inväntat förstärkningar, och piloterna såg på avstånd hur de 24 Dornierplanen angrep konvojen. Luften fylldes av krevader från luftvärnskanonerna och anfallet resulterade endast i att ett mindre fartyg sänktes.

Inom kort inleddes en luftstrid med över hundra plan. Det första förbandet som drabbades var *Horst Wessel*. Ytterligare ett av dess plan sköts ned av två piloter ur 56. Divisionen, och 110:orna tvingades formera en försvarscirkel ovanför bombplanen.[495] Åtgärden var effektiv när det gällde att försvara sig från de brittiska jaktplanen, men III/ZG26 var därmed också ute ur bataljen. Uppgiften att skydda bombplanen lämnades till Trautlofts Bf 109:or.

När 111. divisionen gick till anfall, använde den ett tillvägagångssätt som skulle bli kännetecknande för detta förband. I avsikt att bryta sönder de tyska formationerna hade dess chef, major John Thompson, anammat en farlig men effektiv taktik. Med sina nio Hurricaneplan formerade på linje gjorde 111. divisionen ett frontalanfall och flög rakt igenom delar av bombplansformationen.[496] De tyska piloterna försökte instinktivt undvika att kollidera med Hurricaneplanen. Avståndet mellan bombplanen ökade därmed, och ledde till försämrad eldsamverkan dem emellan. Taktiken hade använts av flera brittiska divisioner i Frankrike, men var tämligen farlig. Planen skulle befinna sig på kollisionskurs med en sammanlagd hastighet av nära 800 kilometer i timmen. Detta gjorde att jaktpiloten endast hade en till två sekunder på sig från det att bombplanen var inom skotthåll tills han var tvungen att väja för att undvika sammanstötning. ”Jag brukade dyka under bombplanet”, sade kapten Peter Brothers, 32. divisionen, ”eftersom jag ansåg att det naturliga var att en pilot steg när han stod i begrepp att kollidera.” Brothers taktik hade den dubbla fördelen att dykningen ledde till en fartökning som tillät ett andra anfall kort därpå – förhoppningsvis mot ett bombplan som tvingats ut ur formationen. ”I många avseenden var detta den bästa anfallsformen, eftersom de flesta bombplan var sämst skyddade i fören.”[497]

Snart hade Thompson och hans piloter isolerat en Dornier och skadat den så svårt att besättningen övergav planet. Strax därpå rammade ett av Hurricaneplanen ett annat bombplan. Eftersom det brittiska planet tillhörde 111. divisionen, har det ibland gjorts gällande att kollisionen var resultatet av John Thompsons taktik. Så var emellertid inte fallet. Löjtnant Walter Oesau, chefen för 7/JG51, lade sig bakom en Hurricane som i sin tur hade uppmärksamheten inriktad mot ett bombplan. Med en kort salva sköt han sönder löjtnant Higgs plan, vilket omedelbart vände nosen nedåt och störtade. Hurricaneplanet rände rakt in i I/KG2:s ledarmaskin.[498] Löjtnant Higgs blev därmed den förste brittiske pilot att mista livet under slaget om Englands officiella period.[499]

Hellfire Corner

”När det blir dags”, sade Göring under en stabskonferens på Karinhall, ”måste fiendens flygindustri och flygvapen förstöras vid första möjliga tillfälle.” Han talade om perioden omedelbart förestående invasionen och han var mycket optimistisk. Kesselring, Sperrle och Stumpff fick i uppgift att utarbeta planer för en flygoffensiv mot England. Dessa skulle vara klara den 21 juli och operationens namn skulle bli *Adlerangriff* – Örnangreppet.

"Försvaret av södra England kommer att klara sig i fyra dagar och RAF i fyra veckor", strålade Göring. Det var ett påstående han skulle upprepa flera gånger under de närmaste månaderna. "Vi kan garantera *Führern* invasion inom en månad."[500]

Detta var den 11 juli och samma dag gjorde *Luftwaffe* nya anfall mot marina mål i Kanalen. Den första striden denna morgon ägde dock rum mellan Douglas Bader och en Dornier Do 17 som upptäckts ovanför kusten vid Norfolk. Bader hade nyligen tagit befälet över 242. Hurricanedivisionen vid Coltishall och nu ringde 12. eskaderns jaktstridsledning för att fråga om divisionen kunde sända upp en sektion.

Bader tog luren från telefonisten. "Vi kan inte starta en sektion. Molntäcket ligger nästan vid marknivå. Jag kan inte skicka upp mina piloter i ett väder som det här. Det är omöjligt."

Mannen i andra änden lät orolig. "Finns det ingen möjlighet? Den är på väg mot Cromer och vi är tämligen säkra på att den är fientlig."

Bader kunde inte motstå frestelsen. "All right, då gör jag ett försök själv."

Han lade på och gjorde sig snabbt redo att starta, ett företag som inte underlättades av det faktum att han hade benproteser. När planet rusade längs startbanan stod regnet som spön i backen, och så snart han lättat från marken var han inne i de tjocka regnmolnen. När han försökte få kontakt med jaktstridsledningen visade det sig att vattnet hade läckt in och förstört radion. Redan vid 300 meters höjd kom han ut ur molnet, men andra låg omkring och ovanför honom, så det var med en känsla av missmod han satte kurs mot Cromer.

Han hade tur; de tyska besättningsmännen i den spanande Dorniern otur. Bader såg en liten prick i skyn som snabbt växte till ett tvåmotorigt plan med dubbla fenor. Hurricaneplanet hade redan inlett sitt anfall när tyskarna upptäckte vad som höll på att hända. Akterskytten fick iväg några salvor, men Bader träffade honom och svarselden upphörde. Strax därpå flög Dorniern in i ett större molnparti. Bader låg alldeles bakom med sina vapen spelande, men plötsligt var den tyska maskinen försvunnen. Ilsket svärande flög Bader runt och sökte under några minuter, men det var lönlöst. Väl tillbaka vid Coltishall fick han emellertid ett uppmuntrande samtal från jaktstridsledningen. "Beträffande den där Dorniern. En kille ur observationskåren såg den dyka ut ur ett moln och krascha rakt ned i havet. Ni fick den."[501]

Baders framgång följdes dock av missräkningar för RAF-förbanden i söder. Tio Stukaplan ur von Richtofens VIII *Fliegerkorps* angrep en konvoj utanför Portland. Räden möttes av 501. och 609. divisionerna från Middle Wallop och Warmwell, men den tyska eskorten gjorde processen kort med dessa. En Hurricane samt två Spitfire sköts ned och samtliga piloter dödades.

Därefter förbättrades situationen åter för RAF. Sperrle hade beordrat en ny räd från VIII *Fliegerkorps*, denna gång mot Portland. Eftersom divisionerna från Middle Wallop och Warmwell fortfarande tankades gensköts den tyska styrkan av en grupp ur 601. divisionen som flög hela vägen från Tangmere. När de anlände till Portland hade Stukaplanen redan genomfört sina anfall, men detta gav de sex Hurricaneplanen ett taktiskt överläge. Den tyska eskorten, 40 Bf 110 från III/ZG76, hade inte följt med störtbombarna under dykningen och de brittiska flygarna lyckades ta sig förbi jakten och anfalla Stukaplanen som befann sig på låg höjd efter anfallen. Två bombplan sköts ned innan 110:orna hann komma till undsättning, och återigen visade de tvåmotoriga tyska jaktplanen hur underlägsna de var de mer manöverbara Hurricaneplanen. Trots sin numerära överlägsenhet förlorade de två plan utan att ha skjutit ned några brittiska.[502]

Den brittiska jaktdivisionens framgångar fortsatte senare under dagen. Vid femtiden gick larmet vid Tangmere och 601. divisionen startade på nytt, denna gång i sin helhet. En räd som bestod av tolv Heinkel He 111 och som eskorterades av lika många Bf 110 hade flottbasen vid Portsmouth som mål. Denna gång var den tyska eskorten i rätt läge och en våldsam luftstrid inleddes. En Heinkel sköts ned och denna kraschade rakt in i en annan, varpå bägge föll i Kanalen. Därefter gick även en 110:a förlorad. Ett Hurricaneplan störtade; inte nedskjuten av tyskarna, utan av det brittiska luftvärnet runt Portsmouth. När dagen slutade hade RAF förlorat fem plan i strid, *Luftwaffe* 18.[503]

·

Den 12 juli angrep Dornier Do 17-bombare ur II/KG2 och Heinkel He 111-bombare ur III/KG53 en konvoj med kodnamnet BOOTY utanför Dover. Den tyska styrkan var inte eskorterad och förlorade fem plan med ett sjätte skadat när ett antal brittiska divisioner gav sig på dem. RAF fick tre plan förstörda och två skadade denna dag; *Luftwaffe* åtta nedskjutna och ett skadat.[504]

Den 13 till 18 juli blev vädret om möjligt ännu sämre än under de två första veckorna och flygaktiviteten sjönk ytterligare, men de ständiga luftstriderna runt Doversundet hade nu dragit till sig en mängd journalister. Den 14 juli befann sig en BBC-reporter, Charles Gardner, vid Dover för att göra en inspelning från Slaget. Tanken var att han skulle ha läst från ett färdigt manuskript, men plötsligt uppstod en luftstrid ovanför och samma kväll fick BBC-lyssnarna ta del av den första direktinspelningen från ett slagfält någonsin.

> Där faller en i flammor. Någon har träffat en av tyskarna och han faller med en lång strimma ... faller helt utan kontroll ... en lång strimma rök...och nu har en man hoppat ut i fallskärm. Piloten har hoppat i fallskärm. Det är en Junkers 87 och den störtar rakt ned i vattnet. Där faller den. Plask! Jösses, det var det bästa jag sett ... en enorm vattenpelare och det var en Junkers 87. Bara en man hoppade ut så det var antagligen bara en besättningsman i det.[505]

Gardners utsändning kritiserades av människor som ansåg att krig var någonting för allvarligt för att refereras som en fotbollsmatch och BBC anmodades att undvika liknande reportage i framtiden. I hemlighet kände den genomsnittlige engelsmannen emellertid stolthet. Tyskarna hade segrat för länge. Nu skulle de unga piloterna i RAF visa Göring hur man slogs. Det var lika bra att ingen visste att den nedskjutna tysken i Gardners beskrivning hade varit en brittisk Hurricanepilot vid namn Mundie som dog av sina skador.

Det dröjde inte länge förrän striderna ovanför Dover – eller ”Hellfire Corner” som platsen kom att kallas – lockade utländska journalister, däribland en mängd amerikaner. Ben Robertson vid *PM*, Helen Kirkpatrick från *Chicago Daily News* och Virginia Cowles, *New York Herald Tribune*, var några av dessa. De anlände till Shakespeare Cliff – en hög punkt halvvägs mellan Dover och Folkstone, där brittiska reportrar befunnit sig sedan några dagar – och här fick de beskåda det märkliga dramat i skyn. Den första dagen och den första räden var speciellt främmande. De kunde inte se de tyska planen på sin väg mot målet eftersom dessa gick alldeles för högt. På tillbakavägen blev de dock synliga, och de tre amerikanerna såg hur ett antal brittiska jaktplan angrep dem. Planen passerade varandra och en stund därefter kunde åskådarna på marken höra knattret från kulsprutorna. En av de tyska bombplanen träffades och störtade i Kanalen. Ben Robertson noterade hur de brittiska journalisterna hurrade. Själv visste han inte riktigt hur han skulle reagera. ”För någon tysk pojke var detta hans sista uppdrag”, skrev han.[506]

Kirkpatrick, Cowles och Robertson skulle rapportera från Hellfire Corner under några veckors tid och fick gott om tid att filosofera över frågor som de tidigare bara sett som verktyg i sitt arbete: liv eller död, frihet eller förtryck. Många av de amerikaner som betraktade dramat ovanför Dover fick revidera sin tidigare uppfattning om många saker, däribland britterna. ”För första gången förstod jag vad maximet *England vet aldrig när hon är slagen* innebar”, skrev Virginia Cowles. ”Jag var mer än imponerad, jag var förbluffad. Jag förstod inte bara maximet, utan även varför England aldrig *hade* blivit slaget.”[507]

Ben Robertson hade betraktat England som en imperialistisk översittare, som dominerat oceanerna med sin flotta och förtryckt urbefolkningen i sina kolonier. Plötsligt såg han Storbritannien som en demokrati, precis som USA, där folk hade samma namn som de vänner han växt upp med. Allteftersom dagarna gick och de till synes fåtaliga brittiska piloterna gång på gång gick till angrepp mot de tyska formationerna, fick han vad som närmast kunde beskrivas som en uppenbarelse. Döden fick en mening.

> Det var för frihetens skull. Så enkelt var det. Jag insåg det goda som många gånger emanerar från döden. Vi var där vi var och ägde det vi ägde därför att en hel gren av vårt folk hade varit beredda att dö. Vid Dover förstod jag betydelsen av Valley Forge och Gettysburg.[508]

Förutom att de fick sin egen syn på Storbritannien reviderad, fyllde de amerikanska journalisterna vid Hellfire Corner en viktig politisk uppgift. Deras artiklar lästes i USA, och amerikanerna, både mannen på gatan och männen i toppen, började gradvis ändra inställning till Storbritanniens förmåga att stå emot Hitler.[509]

•

Trots den dramatiska rapporteringen från utsiktsposterna ovanför Dover var striderna under den tredje veckan av juli som sagt förhållandevis återhållsamma. RAF hade förlorat 12 plan och tyskarna 21. Förhållandet var till britternas fördel om man bara räknade nedskjutna plan, till tyskarnas fördel om man beaktade förhållandet att *Luftwaffes* totala numerär var större än RAF:s.

Den 19 juli drabbades *Fighter Command* av en oproportionerligt stor förlust. Förväntningarna på dess Bolton Paul Defiant var ännu relativt höga. Dowding gav order att 141. divisionen under major William Richardson skulle föras fram till Hawkinge och sättas in över Kanalen. Divisionen hade inte varit i strid tidigare, men när den fick order att starta för att patrullera ovanför en av de otaliga konvojerna var besättningarna optimistiska. De skulle visa tyskarna vad deras Defiant gick för. Knappt en timme senare skulle hälften av dem vara döda.

På den tyska sidan hade Hannes Trautloft och III/JG51 fullföljt ett eskortuppdrag när han beslutade att det fanns tillräckligt med bränsle i tankarna för ett extra svep över Kanalen. Han fick snart syn på Richardsons nio Defiant under sig. De brittiska flygarna befann sig i stigning och kunde inte se 109:orna eftersom dessa låg i solen. Trautloft upptäckte att det varken var Hurricane eller Spitfire han hade emot sig:

> ”Defiantplan”, for det genom huvudet på mig – tungt beväpnade, tvåsitsiga plan där akterskytten hade en enorm eldkraft. De hade uppenbarligen sänts upp för att angripa bombplanen. Den fientliga formationen flög fortfarande tätt ihop, som under en övning, när den plötsligt girade och flög tillbaka mot England. Jag förstod inte alls vad denna manöver var bra för. Efter att ha spanat ytterligare en gång efter tecken på Hurricane- eller Spitfireplan, gav jag order om anfall.[510]

Med sina tre *Stabsschwarm*-kamrater bredvid sig dök Trautloft ned mot de intet ont anande britterna. Bakom dem, och på något högre höjd, gjorde III/JG51:s tre *Staffeln* likadant. Därmed var det med ett styrkeövertag på tre mot ett som den tyska styrkan träffade Richardsons Defiantplan. Trautloft fortsatte sin redogörelse:

> Plötsligt brakade helvetet loss. Engelsmännen hade sett oss. Defensiv eld riktades mot mig från flera torn. Jag kunde se kulorna passera på bägge sidor och kände hur några träffade min maskin. Men jag fullföljde attacken. Tvåhundra meter, hundra meter – nu var det dags att öppna eld och mina kulsprutor och kanoner hamrade. Den första salvan gick för högt, men den andra träffade mitt i flygkroppen och delar av Defiantplanet lossnade och blixtrade förbi mig. Jag såg en smal rökstrimma dyka upp under flygkroppen och plötsligt exploderade planet i ett stort rött eldklot som föll mot Kanalen.[511]

Den korta striden blev en katastrof för Defiantprojektet. Av de nio maskiner som startat återvände endast fyra och en av dessa kraschade vid landningen. Fyra piloter och sex skyttar hade dödats.[512]

Detta var en episod som journalisterna vid Hellfire Corner inte skulle rapportera om.

Direktiv 16

> Eftersom England, dess hopplösa militära situation till trots, fortfarande inte visar några tecken på vilja att träffa en uppgörelse, har jag beslutat att förbereda, och om nödvändigt genomföra, en landstigningsoperation mot henne.
>
> Målsättningen med denna operation är att eliminera Storbritannien såsom bas varifrån kriget mot Tyskland kan fortsätta, och, om det skulle bli nödvändigt, att ockupera landet i sin helhet.

Så började Hitlers Direktiv 16 av den 16 juli 1940, hans första konkreta order till de tre försvarsgrenarna beträffande en invasion av England. Operationen hade kodnamnet *Seelöwe* (Sjölejon) och kunna sättas i bruk i mitten av augusti.

I mångt och mycket var *Seelöwe* en produkt av det utkast som von Brauchitsch och Halder presenterat den 13 juli. Operationen skulle inledas med ett överraskande anfall över Engelska kanalen på bred front, och ett antal brohuvuden skulle konsolideras mellan Ramsgate i öster och Isle of Wight i väster. Liksom i Jodls promemoria *Första tankarna beträffande en landstigning i England* gavs intrycket att det rörde sig om en större flodövergång, inte en landstigning från havet med alla dess komplikationer. Bombplan från *Luftwaffe* skulle ersätta artilleriet och *Kriegsmarine* skulle förse trupperna med den överskeppningsmateriel som annars skulle ha tillhandahållits av ingenjörsförbanden.

För att operationen skulle vara möjlig att genomföra måste ett antal förutsättningar vara uppfyllda. Det engelska flyget skulle nedkämpas till den grad, både moraliskt och faktiskt, att det inte längre kunde uppbåda någon nämnvärd anfallskraft mot den tyska övergången. Kustartilleri skulle placeras så att det hade en dominerande effekt på bägge sidor om Doversundet. Därtill skulle brittiska minbälten rensas så att fria rutter skapades för invasionsflottan, och tyska minbälten läggas runt Doversundet samt Kanalens västra inlopp. I den mån det var möjligt skulle brittiska sjöstridskrafter bindas i Nordsjön och Medelhavet (det senare genom italiensk försorg) och sjöstridskrafter baserade i England och Skottland reduceras medelst flyg- och torpedangrepp.[513]

Heer fick i uppgift att göra en operationsplan för de förband som skulle landsättas i den första vågen. Detta skulle ske i samarbete med *Kriegsmarine* och omfattade fördelningen av överskeppningsfarkoster, utgångsgruppering samt val av de platser längs den engelska kusten där trupperna skulle gå iland. *Kriegsmarine* skulle införskaffa överskeppningsfarkosterna och ansvara för att dessa samlades i respektive hamnar. I största utsträckning skulle holländska, belgiska och franska farkoster rekvireras. *Luftwaffes* viktigaste uppgift var att tillkämpa sig luftherraväldet, förhindra att brittiska sjöstridskrafter nådde den tyska invasionsstyrkan samt att understödja landstigningen. Den sista uppgiften bestod framförallt i att nedkämpa brittiskt kustartilleri och motstånd på eller runt stränderna samt att förhindra tillförseln av brittiska förstärkningar i form av marktrupper. *Luftwaffe* skulle också, i samarbete med *Kriegsmarine*, laga så att den armada av fartyg som konvergerade mot invasionshamnarna skyddades från fientlig insats.[514]

När Göring tagit del av innehållet i Direktiv 16 avfärdade han tanken på invasion eftersom han ansåg att hans *Luftwaffe* skulle få Storbritannien att kapitulera innan någon landstigning blev nödvändig. Han hade just tagit del av en utvärdering av RAF:s kapacitet sammanställd av överste Beppo Schmid, chefen för *Luftwaffes* underrättelsetjänst. I denna dömdes det brittiska flyget ut på flera punkter. Bland annat sades de brittiska jaktplanen vara underlägsna de tyska, även om Spitfireplanet var något bättre än 110:an, under förutsättning att det fördes av en skicklig pilot. Så snart flygkriget kom igång på allvar skulle denna optimistiska bedömning visa sig vara totalt verklighetsfrämmande. En annan punkt som togs upp var RAF:s stridsledningssystem, där det påstods att de brittiska jaktplanen var strikt knutna till sina egna baser. Tyskarna var medvetna om den brittiska radarn, men hade ingen aning om hur intrikat Dowdings stridsledningssystem var.

Även i fråga om den brittiska jaktplansproduktionen gjordes en bedömning, där man uppskattade att mellan 180 och 300 maskiner lämnade fabrikerna varje månad. Också detta var en underdrift. Under juli, augusti och september skulle den brittiska flygplansindustrin tillverka närmare 500 plan per månad.[515] Göring gjorde inga ansträngningar att få Schmids rapport bekräftad från andra källor. Eftersom den var positiv så gillade han den, och eftersom han gillade den så måste den vara korrekt.

Den 18 juli sammankallade han Milch, Udet och Jeschonnek samt Kesselring, Sperrle och Stumpff för en ny konferens vid Karinhall. Hans tidigare löfte att RAF skulle krossas inom fyra dagar upprepades. Tills vidare skulle angreppen mot de brittiska konvojerna fortsätta eftersom det var en utmärkt träning för nyare flygplansbesättningar. Istället för att bege sig till Frankrike för att därifrån leda de kommande operationerna mot England och hålla sig à jour med utvecklingen av slaget, föredrog Göring att stanna på sitt gods i Tyskland. Inte heller hade han någon närmare kontakt med Hitler under dessa viktiga veckor före flygoffensivens inledning, ett faktum som knappast blev bättre av att Hitler lät Göring sköta planeringen utan inblandning.[516]

För att återgå till Direktiv 16 ser vi hur en landstigning i England slutligen sanktionerats från högsta ort och hur den mardröm som Raeder fruktat höll på att bli verklighet. Men fanns det fortfarande tid att sätta den i verket? En hel månad hade förflutit sedan Frankrikes fall, två månader sedan Raeder första gången dryftat frågan med Hitler. Under hela denna period hade endast mindre mått och steg vidtagits, främst ifrån marinens sida. Tid som inte kunde ersättas hade gått förlorad.

Den 16 juli borde ha markerat en förändring. Från och med nu borde all planering och alla förberedelser ha gått på högvarv och man borde omedelbart ha inlett ett intimt samarbete mellan försvarsgrenarna. Men detta skedde inte. Inom armén, som var säker på att kunna lösa sin uppgift om bara *Kriegsmarine* kunde transportera de tyska soldaterna över Kanalen, skred man entusiastiskt till verket. Så långt var allt väl. *Kriegsmarine*, däremot, uppfyllde förvisso sin del i förberedelserna, men arbetade samtidigt aktivt för att ta fram argument *mot* invasionen. Göring, slutligen, ansåg att invasionen var överflödig, eftersom han trodde att *Luftwaffe* skulle kunna avsluta kriget på egen hand. Bakom dem stod den högste befälhavaren som inte visste om han skulle invadera eller ej och inte verkade fästa någon större vikt vid vad de tre försvarsgrenarna hade för sig.

Det var inte de bästa förutsättningarna för en så komplicerad operation.

En sista vädjan till förnuftet

På fredagskvällen den 19 juli, tre dagar efter utfärdandet av Direktiv 16, levererade Hitler sitt anförande till den tyska riksdagen. Det var ett långt tal. Julisolen lyste fortfarande upp himlen ovanför huvudstaden när han började, men när han äntligen var klar hade den för länge sedan flytt dagen. Detta var det tal som Hitler omnämnt för Raeder och som skulle få Storbritannien till konferensbordet samt avsluta det ovälkomna kriget i väst.

Om detta verkligen varit hans avsikt, blev resultatet generande negativt. Kanske hade anförandet fått en något annorlunda effekt om det varit kortare och inte så till brädden fyllt av hyllningar till de tyska vapen som nyligen kuvat tre historiska länder på kontinenten; kanske borde det ha innehållit någonting mer konkret än skryt och hotelser, någonting med vilket den genomsnittlige engelsmannen kunde skapa sig en uppfattning om vad Hitler egentligen ville. Men han lämnade inga tydliga signaler till den brittiska allmänheten. Istället beskrev han händelserna från krigsutbrottet fram till Frankrikes kapitulation, deklarerade Tysklands växande styrka, prisade sina soldater och utnämnde en rad generalöverstar till fältmarskalker – däribland Kesselring och Sperrle – och ett antal generaler till generalöverstar. Göring, vars skapande av det tyska flygvapnet beskrevs som unikt, erhöll titeln riksmarskalk. Det utmärkta förhållandet mellan axelmakterna poängterades och den rysk-tyska vänskapspakten beskrevs som solid. Sovjetunionens och Tysklands politiska sfärer var tydligt definierade och Storbritanniens förhoppning att kunna driva en kil mellan dem bägge var därför en illusion. Hitler smädade Churchill och hans anhängare såsom krigshetsare, vilka hade haft chansen att sluta fred redan i oktober 1939, men valt att tillsammans med männen bakom rustningsindustrierna gå krigets väg. Därefter kom hotet om terrorbombningar i större skala, med den tydliga implikationen att det var krigshetsarna som ytterst bar ansvaret för den våg av förstörelse som skulle drabba den engelska befolkningen.

”Herr Churchill borde kanske för en gångs skull tro mig”, sade han, ”när jag förutspår att ett stort imperium kommer att falla – ett imperium vilket det aldrig var min avsikt att förstöra, eller ens skada.”

Därefter, när talet närmade sig sitt slut, kom Hitlers utsträckta hand:

> I denna timma känner jag det som min plikt att inför mitt eget samvete återigen vädja till det sunda förnuftet, lika mycket i Storbritannien som någon annanstans. Jag anser mig själv vara i en position att lämna denna vädjan eftersom jag inte är den besegrade som ber om nåd, utan segraren som talar i förnuftets namn. Jag kan inte se något skäl till att detta krig måste fortsätta... Herr Churchill kommer troligtvis att åter avfärda detta mitt uttalande genom att säga att det har fötts ur rädsla och tvivel på vår slutliga

seger. I så fall har jag lättat mitt samvete inför de saker som komma skall.[517]

Innebörden var tydlig. Om britterna gjorde sig av med Churchill och accepterade Tysklands dominans på kontinenten, så skulle de slippa den kommande ödeläggelsen. Men den brittiska reaktionen blev inte alls den som Hitler hoppats. Mindre än en timme efter talet kom svaret från BBC, där den brittiske kommentatorn Sefton Delmer svarade att England aldrig skulle ge sig för Hitler och att Storbritannien kastade tillbaka hans erbjudande ”rakt i era ondskefulla, stinkande tänder”. Detta svar hade givetvis inte auktoriserats av regeringen – i synnerhet inte formuleringen – men någon tillåtelse var inte heller nödvändig. Det låg helt i linje med Churchills önskemål.

Dagen efter talet var de brittiska tidningarnas rubriker eniga. Det främsta skälet till detta låg i att Hitler meddelat sin vilja till samtal först efter en över två timmar lång oration med smädelser, hot och löften om tyska segrar, vilket gav intryck av krav på kapitulation från brittisk sida, och inte det erbjudande om fred som Hitler hade avsett. Att han dessutom inte kunde förmå sig till ett officiellt uttalande av sina tämligen milda villkor var ett stort misstag.

Ett annat misstag var de hätska angreppen mot Churchill. Genom att försöka svartmåla premiärministern, vars popularitet stigit med rekordfart alltsedan Dunkerque, motarbetade Hitler sina egna syften. Det hade varit bättre att inte nämna Churchill överhuvudtaget. Om den brittiska pressen speglade allmänhetens inställning till kriget, så var den brittiska befolkningens ståndpunkt klar. Det skulle inte bli någon fred med Hitler.

Från officiellt brittiskt håll hördes ingenting. Nästan som om ödet hade drabbats av ett temporärt utslag av skämtlynne, sändes Hitlers tal samma kväll som brittiska ministrar gick på sitt första lediga veckoslut sedan slaget om Frankrike inletts. Ingen fann det värt att förära Hitler ynnesten att avbryta ledigheten på grund av riksdagstalet.[518] Churchill bad Halifax att läsa en kort kommuniké på måndagen, där alla idéer om fred med Tyskland skulle avfärdas om inte friheten i Europa säkrades. Ett mer officiellt svar på Hitlers fredstrevare skulle Storbritannien inte ge. När Vansittart några dagar senare frågade Churchill om han inte borde svara Hitler i ett av sina egna tal, replikerade premiärministern kort:

”Hitler och jag talar inte med varandra.”[519]

Seelöwe tar form

Den tyska generalstaben hade en tämligen klar bild av hur landstigningen i England skulle gå till; 13 tyska infanteridivisioner hade redan utsetts att gå i första vågen och förflyttats till norra Frankrike och Belgien. Anfallet skulle utföras av tre arméer: 16. armén under general Busch, 9. armén under general Strauss samt 6. armén under general Reichenau. Buschs trupper skulle utgå från regionen runt Calais och landsättas på flera punkter mellan Ramsgate och Bexhill, Strauss armé skulle utgå från Le Havre och landstiga mellan Brighton och Isle of Wight, och Reichenaus trupper skulle avsegla från Cherbourg och Cotentinhalvön och landstiga mellan Weymouth och Lyme Regis. Första vågen skulle bestå av 90 000 man, vilka skulle förstärkas under de tre följande dagarna med ytterligare 170 000. Därefter skulle pansardivisioner och motoriserade infanteridivisioner föras över Kanalen, tills inte mindre än 41 tyska divisioner var iland på engelsk mark.[520]

Att flytta alla dessa män, hästar, kanoner och pansarfordon över Kanalen under den tidsrymd som armén ansåg nödvändig, var rena fantasierna. De fartyg som skulle transportera dem existerade inte. Fotsoldaterna i den första vågen kunde transporteras på pråmar eller i andra mindre farkoster, men inte tyngre utrustning och stora kvantiteter underhåll. Vid krigsutbrottet hade summan av tyska sjö- och kustgående fartyg legat på 3 500 000 ton. Av dessa hade ungefär 1 000 000 ton varit uppbundna i handeln med Skandinavien och Baltikum; 500 000 ton engagerade antingen i den tyska fiskeindustrin eller i handel längs kusterna från Baltikum till Belgien. Övriga fartyg, cirka 2 000 000 ton, hade befunnit sig ute på haven eller i främmande hamnar. Närmare ett år senare befann sig hälften av de sista fortfarande utomlands. Av dem som försökt återvända hade 350 000 ton antingen förstörts eller tagits över av de allierade. Därefter kom det norska fälttåget med ytterligare åderlåtning. Rekvireringar av holländska, belgiska och franska fartyg höjde i viss utsträckning summan, men när de fartyg som behövdes för malmtransporter mellan Sverige och Tyskland, samt råvarutransporterna från Sovjetunionen, räknats bort, fanns 750 000 ton kvar för att transportera män, utrustning och underhåll till *Seelöwe*. Enligt arméns beräkningar behövdes emellertid 2 100 000 ton för att transportera de 41 divisionerna till England.[521]

En annan punkt där armén tycktes ha rusat åstad, gällde bredden på den front som presenterades. Även här hade man skaffat sig en helt orealistisk bild av de möjligheter som stod till buds. Detta hade uppstått i och med ett missförstånd mellan *Kriegsmarine* och *Heer*. Den 9 juli hade marinstaben lämnat en förfrågan till armén beträffande dess krav på överskeppningsmateriel. I denna förfrågan hade de skrivit att de ansåg området mellan longitud ost 1° 30´ och longitud väst 1° 30´, grovt betraktat mellan North Foreland och Bill of Portland, som bäst lämpat för en övergång. Med detta hade man menat att en mer begränsad landstigningsfront kunde planeras *någonstans* inom denna angivelse. Arméstaben uppfattade dock saken annorlunda och började planera för landstigningar längs hela denna sträcka.[522] Missuppfattningen skulle ligga till grund för den kommande dispyten mellan *Kriegsmarine* och *Heer*.

·

Inom marinen växte sig tvivlen allt starkare hos Raeder och hans underlydande. Den 19 juli kom marinstaben till slutsatsen att operationen mycket väl kunde ligga utanför *Kriegsmarines* förmåga. Det var inte endast anskaffningen och konverteringen av överskeppningsfarkoster som innebar svårigheter. De hamnar som skulle användas av invasionsarmadan hade skadats under striderna och behövde repareras. Längs de floder och kanaler varifrån de tilltänkta pråmarna skulle hämtas var situationen kanske ännu värre. Många broar och slussar hade förstörts av de retirerande allierade och farlederna var därför i behov av rensning. Det fanns inte tillräckligt många större tyska pråmar. Mindre holländska och belgiska farkoster kunde rekvireras, men dessa saknade motorer och kunde delta i operationen endast om de *bogserades* över Kanalen under själva anfallet. Försöken att finna motorer till dessa gav få resultat.[523]

Det fanns inte heller något tillfredsställande svar på frågan hur man skulle kunna skapa minfria farleder, eftersom britterna med lätthet kunde ersätta de minor som sveptes nära kusterna. Sedan var det ett annat problem som inte kunde påverkas, nämligen vädret. Detta förväntades bli sämre från senare halvan av september och skulle göra förstärkningsfaserna besvärliga, kanske tidvis omöjliga.

Det kanske största frågetecknet av alla gällde hur man skulle kunna värja sig från angreppen från *Royal Navy*. Även om den första vågen lyckades gå iland på den engelska sidan kunde brittiska jagare och kryssare skära av den från kontinenten och förhindra att förstärkningar tog sig över. De tyska ytfartygen var ingen match för den brittiska flottan, och de projekterade tyska minfälten ansågs inte ha så stor verkan som Hitler och armén tillskrev dem. Kunde det tyska flyget tillkämpa sig luftherravälde över landstigningsområdet och skulle det i så fall också vara kapabelt att framgångsrikt bekämpa *Royal Navy*? Återigen var vädret en besvärande faktor, för om detta blev dåligt skulle det bli betydligt svårare att bekämpa brittiska örlogsfartyg från luften och en kraftig sjögång kunde ställa till katastrof bland de sjöovärdiga pråmarna.[524]

•

Den 21 juli höll Hitler en ny konferens i Berlin, där von Brauchitsch, Raeder och Jeschonnek deltog. *Führern* var missbelåten med Storbritanniens brist på officiell reaktion på hans riksdagstal två dagar tidigare.

”Storbritanniens position är hopplös”, sade han. ” Vi har vunnit det här kriget. En omsvängning i krigslyckan är omöjlig.”[525]

Så varför förhöll sig britterna kallsinniga? Hoppades de på en intervention av USA eller Sovjetunionen? Hitler ansåg att en amerikansk inblandning var osannolik och att Sovjetunionen inte skulle gå med i kriget frivilligt. Han var dock misstänksam mot Stalin och undrade vilka planer denne kunde ha på Balkan. Speciellt ryssarnas närhet till Rumänien var oroande, eftersom en stor andel av den tyska bränsleförsörjningen kom från de rumänska oljefälten runt Ploesti. Hitler sade därför att en preliminär studie skulle göras inför ett eventuellt fälttåg mot Sovjetunionen redan under hösten. Detta var hans första omnämnande av detta projekt. Det omedelbara bekymret var dock hur man skulle få Storbritannien att inse att hoppet om amerikansk eller sovjetisk intervention var meningslöst. ”Vi måste sträva att med alla medel försöka ända detta krig inom kort”, menade han, ”och att exploatera denna fördelaktiga militära och politiska situation så snabbt som möjligt. Operation *Seelöwe* kan anses vara det mest effektiva sättet.”

Hitler visade därefter förståelse för de svårigheter som präglade den marina delen av operationen och överraskade Raeder med en bild av densamma som var betydligt mer realistisk än den man närde inom *Heer*. ”Detta är inte bara en flodövergång”, sade *Führern*, ”utan en sjöburen invasion över ett hav som domineras av fienden.”

Han fortsatte med att beordra en ny utvärdering av *Kriegsmarines* möjligheter att transportera 40 tyska divisioner över Kanalen. Existerade tillfredsställande operativa förutsättningar? Hur lång tid skulle operationen ta? Själva initialangreppet kunde alltid genomföras, menade Hitler, det var förstärkningsfasen som var den känsligaste. Tiden på året var en viktig faktor eftersom sjögången i Nordsjön och Engelska kanalen normalt blev markant sämre under senare halvan av september och dimmorna satte in i oktober. Det sista skulle drastiskt minska *Luftwaffes* förmåga att bekämpa *Royal Navy*, varför operationen måste vara igång senast den 15 september. Raeders rapport skulle ligga till grund för beslutet om *Seelöwe* skulle iscensättas under 1940 eller uppskjutas till påföljande år. Någon gång i början av augusti skulle Hitler också besluta huruvida flyg- och sjökriget skulle intensifieras.[526]

Fyra dagar senare sammanträffade Hitler åter med Raeder och den senare kunde nu ge en hoppfullare bild. Det skulle bli möjligt att rensa farlederna från brittiska minor samtidigt som tyska minbälten lades om luftherravälde kunde erhållas inom kort. De tekniska problemen med att konvertera pråmar som kunde användas av invasionstrupperna hade också blivit lösta. En obesvarad fråga var i vilken utsträckning ångbåtarna kunde konverteras i tid, men denna skulle Raeder besvara inom en vecka.

Så långt verkade möjligheterna att genomföra *Seelöwe* betydligt större, men Raeder redogjorde också för de effekter som operationen skulle få på den tyska krigsekonomin. Importen av järnmalm från Sverige skulle försvåras genom förlusten av de lastfartyg som behövdes för att transportera tyngre utrustning över Kanalen, främst under förstärkningsskedet. Avlägsnandet av pråmar från den tyska kanaltrafiken var ett ännu större problem. Det skulle reducera en redan ansträngd infrastruktur när det kom till transporter av kol, järnmalm och livsmedel med ungefär 30 procent. Detta skulle leda till att leveranser av kol och järnmalm fastnade i hamnarna eftersom det inte fanns några pråmar för transport. Detta skulle påverka rustningsindustrierna. Livsmedelsproduktionen skulle också bli lidande. Skörden inföll under senare halvan av september. Om denna lades i provisoriska förråd utan tillförlitliga magasineringsförhållanden skulle mycket gå till spillo. Samma sak skulle hända om livsmedelsfabrikerna inte fick sin behövliga tilldelning av bränsle. Även 1941 års skörd skulle påverkas på grund av den sämre tilldelningen av gödningsmedel. Att också fisketrålare skulle rekvireras, med minskade fångster som följd, förbättrade inte situationen. Kontentan av bedömningen var att *Seelöwe* skulle åderlåta den tyska kanaltrafiken för många år framåt och det var oklart om pråmarna verkligen kunde återvända till sin ursprungliga uppgift sedan de konverterats.[527]

Den 29 juli presenterade Schniewind och Fricke en ny promemoria som sade att *Seelöwe* kunde iscensättas tidigast i slutet av september. Detta medförde att en mängd faktorer blev mer osäkra. Främst var det vädret som kunde ställa till problem. Hög sjö kunde få prămarna att kapsejsa eller komma ur kurs och ett tjockt molntäcke kunde skymma månen, vilket skulle försvåra navigationen under själva invasionsfasen. Man ansåg fortfarande inte att det fanns något verkligt bra motmedel mot *Royal Navy* och de höststormar som väntades i oktober kunde hindra hela förstärkningsfasen. Marinstabens bedömning blev därför att det vore oklokt att invadera 1940. Bättre vore att blockera England med flyg och ubåtar.

> I det fall flygkriget, i kombination med de åtgärder som *Kriegsmarine* utför, inte leder till en beredvillighet för fred, kan förberedelser fortsätta i en takt som är skonsam mot krigsindustrin. Verkställandet [av *Seelöwe*] kan sedan åter betänkas från maj 1941 och framåt.

Schniewind avslutade bedömningen med en not som sade att ”inget ansvar kan accepteras för ett verkställande detta år ... möjligheterna att överhuvudtaget verkställa operationen förefaller extremt tveksamma.”[528]

Det tyska slaget börjar

Under perioden mellan den 20–23 juli minskade flygaktiviteten åter på grund av det ostadiga vädret. *Luftwaffe* fick svårare att lokalisera de brittiska konvojerna och *Fighter Command* svårare att genskjuta de uppdrag som tyskarna flög. Vissa konvojer angreps och inloppen till flera hamnar minerades, men förluststatistiken för dessa fyra dagar stannade på 18 tyska mot 8 brittiska plan.

Den 24 juli är det datum som tyskarna uppfattar som början på Slaget om England. Dagen inleddes med några skärmytslingar, men vid middagstid ökade aktiviteten. En konvoj hade lämnat Medwayfloden och löpt ut i Themsen. Den angreps av 18 Dornier eskorterade av 40 Bf 109 ur Adolf Gallands III/JG26. Tre brittiska divisioner – 54., 65. samt 610. – fick order att starta för att möta hotet. Snart befann sig de brittiska planen i strid med JG26. Al Deere gjorde ett kort försök mot ett bombplan, men tvingades sedan försvara sig. ”Efter några sekunder”, berättade han, ”under vilka endast en kort skur var möjlig, tvingades jag avbryta anfallet på grund av risken för kollision. Jag lyckades få iväg korta salvor mot tre av dem, när de en efter en flöt igenom mitt skottfält, men det gav inga resultat."[529]

Deere överlevde striden, men Adolf Galland hade utsett Johnny Allen till måltavla. "Jag valde ut en formation som byte", berättade det tyska ässet, "och vi gjorde ett överraskningsanfall från högre höjd. Jag klistrade mig fast bakom stjärten på det plan som flög ytterst på vänsterflanken och lyckades få in en lång salva.[530]

En av Allens sektionskamrater var med honom när slutet kom. "Jag följde honom medan han glidflög mot land", berättade han. "Just som han passerade kusten startade motorn igen." Allen svängde av mot Manston med förhoppning att kunna landa. I nästa ögonblick fattade motorn eld. "Planet rullade omedelbart över på rygg och dök rakt ned i marken i utkanten av Foreness."[531]

•

Morgonen därpå, den 25 juli, bjöd på strålande väder och spaningsplan från *Luftwaffe* upptäckte en större konvoj på väg genom Doversundet. För första gången satte tyskarna in förband från samtliga tre försvarsgrenar: flyg från *Luftwaffe*, torpedbåtar från *Kriegsmarine* och tyngre artilleri från armén. Effekten blev förödande. Fem av konvojens 21 fartyg sänktes och sex skadades allvarligt. När de två jagarna *Boreas* och *Brilliant* från 4. jagarflottiljen anlände för att driva bort de tyska torpedbåtarna angreps de av Stukabombare från LG1 (störtbombare). *Boreas* fick en träff i bryggan som dödade eller sårade över 50 män. *Brilliant* träffades i akterdäck av två bomber, men klarade sig eftersom ingen av dem exploderade.[532]

I luften hade striderna rasat med varierande resultat, men i de flesta fall hade britterna kommit till korta. Den 25 juli blev en övertygande tysk vinst.[533] Dagen därpå inställdes den mindre fartygstrafiken i väntan på att amiralitetet skulle utarbeta planer för nattlig trafik och bättre skyddad trafik dagtid.[534] Endast viktigare konvojer skulle få gå igenom sundet. Därmed hade överste Fink uppnått det första delmålet i sin uppgift att spärra av Kanalen för fientlig fartygstrafik. Två dagar senare uppfyllde han det andra. Jagaren *Codrington* sänktes i Dovers hamn och *Walpole* ådrog sig skador. Vid Aldeburgh i Sussex sänktes jagaren *Wren*, medan systerfartyget *Montrose* skadades.[535] Dessa händelser, i kombination med vetskapen att tyskarnas tunga artilleri på andra sidan Kanalen snart kunde beskjuta Dover, fick amiralitetet att fatta beslutet att hamnen inte längre skulle användas som bas för marina anti-invasionsstyrkor. Därmed öppnades en mindre lucka i det brittiska invasionsförsvaret.

•

Werner Mölders hade varit en av de tillfångatagna flygare som Churchill önskat förflyttad till England, men som befriats i och med Frankrikes fall. Den 28 juli flög han stridsuppdrag för första gången sedan det olycksaliga mötet med löjtnant Layrarges två månader tidigare. Dagen före hade han tillträtt som chef för JG51, efter överste Osterkamp som befordrats till *Jagdfliegerführer* i *Luftflotte* 2. Mölders män var fulla av tillförsikt när fyra *Staffeln* Bf 109 korsade den franska kusten på väg mot Dover. Det var en vacker eftermiddag med god sikt. En bra dag för jakt. Denna gång skulle villebrådet dock förvandlas till jägare.

På flygbasen vid Hawkinge gick larmet. Åtta brittiska divisioner hade flyttats till de framskjutna baserna Hawkinge, Manston och Martelsham Heath i väntan på tyska angrepp. Sailor Malan startade med 74. divisionen. Även 41. divisionen larmades. Ovanför Dover drabbade de samman med Mölders Bf 109. Mölders själv berättade:

> Plötsligt upptäckte jag tre brittiska jaktplan [och] bakom dessa ett stort antal Spitfire i diset. De tre planen låg aningen under oss så jag angrep denna sektion. När jag närmade mig girade de två yttre planen, men det mittersta flög vidare på rak kurs. Jag lade mig bakom och öppnade eld på sextio meters avstånd. Vingen fattade omedelbart eld, flammor och tjock rök, och Spitfire-planet föll. Jag steg och såg en åtta till tio Spitfireplan bakom mig. Det gjorde mig för ett ögonblick rädd [och] det fanns bara en möjlighet – att flyga rakt igenom deras formation.[536]

Samtidigt hade Malan engagerat en 109:a som inte lyckades skaka av sig den sydafrikanska piloten. ”Gav ett fientligt plan omkring fem tvåsekundersskurar från 250 till 100 meter”, berättade Malan. ”Han försökte inte komma undan så när som på svaga högersvängar och nedsatt hastighet, varigenom jag slöt mig till att hans roder hade skadats.”[537]

Medan Malans offer föll mot Kanalen med sin döde pilot kvar ombord, hade Mölders gjort en 180 graderssväng och flög igenom 41. divisionen. De brittiska piloterna förbluffades av manövern, men en av dem, kapten John Webster, avlossade en salva som träffade Mölders plan.

> Jag svepte rakt igenom klungan. De första Spitfirepiloterna överraskades, men en av de bakre var vaksam. Han öppnade eld med alla sina vapen och träffade mig. Det smattrade i planet när kylarsystem, vingar och bränsletank träffades. Jag bröt mig ur striden och dök för allt vad tygen höll – 700 kilometer i timmen mot Kanalen. Gudskelov fungerade motorn som den skulle. Spitfireplanen följde efter mig och min röksvans, men löjtnant Leppla, som uppfattat incidenten, kom till min hjälp. Han öppnade eld mot den Spitfire som hängde närmast bakom mig och efter några sekunder störtade den, insvept i rök.[538]

Förlusten av deras ledare kom som en chock för piloterna i JG51, och i panik gav de sig in i en luftstrid med de manöverbara Spitfireplanen. Detta var ett misstag. I en sådan strid var Bf 109 till sin nackdel. Så länge stöttaktik användes var Bf 109 ett närmast oslagbart plan. I det virrvarr av individuella strider som ägde rum var det Spitfireplanen som excellerade.

När Mölders nådde sin bas tvingades han kraschlanda, för landstället gick inte att fälla ut. När han klev ur kabinen insåg han att han var skadad i knäet, låret och foten. Han hade inte märkt någonting av detta medan han befann sig i luften. En stund senare kom ytterligare en 109:a in för kraschlandning. Det var kapten Erwin Aichele, en välkänd tävlingsflygare som 1933 gjort sig känd inom flygkretsar genom att ta med sin nyblivna hustru på smekmånad i ett öppet, tvåsitsigt sportflygplan. De nygifta hade tillryggalagt 1 300 mil på sin resa runt Medelhavet. Nu ändades denna saga abrupt på ett militärflygfält utanför Wissant. Aichele omkom under landningen.[539] Mölders första uppdrag hade slutat i katastrof. Tre av hans piloter hade dödats och det skulle ta fyra veckor innan han åter var redo att flyga. Osterkamp kvarstod som befäl för JG51 under Mölders konvalescens.

·

I slutet av juli var den första fasen av Slaget om England i praktiken över. Den kommande perioden – mellan den 30 juli och 7 augusti – skulle uppvisa den lägsta aktiviteten sedan början av juli. Vädret var allt som oftast dåligt. Om det inte var låga molntäcken med regn, var det dis eller dimma. Bägge sidor använde pausen för att hämta andan inför det stora slag som strax skulle börja.

Under den gångna månaden hade situationen inom *Fighter Command* förbättrats betydligt. Den 21 juli hade 10. eskadern blivit operativ, varför Park kunde inrikta sig på försvaret av sydöstra England och London.

Förlusterna av flygplan från såväl Frankrike och Dunkerque som striderna under juli månad hade redan ersatts.[540] Även antalet förband hade ökat. Den 8 juli hade 50 divisioner varit insatsberedda. Den 8 augusti hade siffran ökat till 55 där ytterligare sex fanns redo att sättas in inom kort. De sistnämnda innehöll dessutom två polska och en tjeckisk division med många erfarna piloter. Trots att 74 brittiska piloter dödats under perioden och ytterligare 48 skadats, hade antalet piloter stigit med 175.[541] Dowding kunde till och med öka det föreskrivna antalet piloter per division.[542]

Även jaktstridsledningen hade förbättrats. Under juli månad fick *Fighter Command* en utmärkt möjlighet att söka och eliminera fel i sitt intrikata kommunikationssystem. Göring hade bland annat sett striderna ovanför Kanalen som ett sätt att träna sina egna piloter och utvärdera det brittiska försvaret. Men i detta avseende var övningen entydigt till britternas fördel. Jaktstridsledningen blev bättre på att identifiera fientliga flygstyrkor, analysera deras intentioner och snabbare på att möta dem i luften. När Spitfire och Hurricane gensköt tillsammans började man tillämpa taktiken att Spitfireplanen uppehöll den tyska eskorten medan de långsammare Hurricane tog hand om bombplanen. Med allt taget i beaktande var det ett betydligt starkare *Fighter Command* som stod redo att ta emot den första större smällen.

"Med Ryssland krossat..."

Den 31 juli reste Raeder, von Brauchitsch och Halder till Berghof för en av de allra viktigaste konferenserna med Hitler. Även Göring skulle ha varit med, men han valde att utebli. Mötet inleddes med att Raeder förklarade att *Kriegsmarine* var redo att genomföra *Seelöwe* tidigast från den 15 september, då ansamlingen av pråmar och fartyg samt svepning och läggning av minor bedömdes vara klart. Han varnade emellertid för de svårigheter som kommit fram i marinstabens senaste bedömning och fastslog, i likhet med Schniewind och Fricke, att omständigheterna nog skulle vara bättre under 1941, framför allt sedan de två slagskeppen *Bismarck* och *Tirpitz* skulle vara sjösatta. Han tog sig också tid att upprepa sina farhågor för de skador som rekvisitionen av pråmar skulle orsaka den tyska ekonomin och fastslog *Kriegsmarines* inställning till "den breda front" som *Heer* arbetade efter.[543] En begränsad landstigning mot kusten närmast Dover var ett bättre alternativ.

Hitler svarade att han var införstådd med marinens oro och menade att landstigningsområdet kanske borde begränsas till sträckan Ramsgate-Beachy Head. Frågan lämnades obesvarad, men Raeder lät förstå att *Führern* höll med honom och att ett beslut därmed fattats. Hitler ifrågasatte dock ett uppskov till 1941. Det tyngst vägande skälet var den brittiska armén. Istället för att befinna sig i ett demoraliserat och avväpnat tillstånd skulle den vara utrustad, motiverad och kapabel att ställa 30-35 divisioner i fält. Han ansåg inte heller att det marina förhållandet skulle ha förändrats 1941. Förvisso skulle Tyskland då ha 4 slagskepp i bruk, men britterna hade 13. Saker och ting skulle bara bli svårare allteftersom tiden gick. Därför skulle flygkriget mot England starta inom kort och resultatet av detta skulle avgöra Tysklands slutliga relativa styrka. Om effekten av flyganfallen visade sig negativa, så skulle invasionsförberedelserna stoppas.

”Låt oss därför uthärda rubbningarna i ekonomin under ytterligare tio dagar”, sade han med hänvisning till den tyska pråmtrafiken. ”Om operationen sedan uppskjutes till nästa år, kan konverteringarna ske under vintern.”[544]

Här lämnade Raeder Berghof, förvissad om att hans redogörelse för de marina problemen löst frågan om frontbredd, men samtalet mellan Hitler och de två arméofficerarna fortsatte. *Führern* sade att han hade förståelse för Raeders önskan om en mindre front. *Royal Navy* var sex gånger starkare än *Kriegsmarine* och Storbritannien hade tolv gånger så många jagare som Tyskland. Han ville dock att armén tills vidare skulle utgå ifrån sin version av planen – den breda fronten. Därefter bytte Hitler ämne och avslöjade sin avsikt att invadera Sovjetunionen 1941. ”Storbritanniens hopp står till Ryssland och USA”, sade han. ”Om Ryssland faller ur bilden är även USA förlorat för britterna, eftersom Rysslands eliminering skulle öka Japans inflytande i Fjärran Östern enormt.”

Han fortsatte genom att delge von Brauchitsch och Halder sina misstankar att någonting måste ha hänt i London. Britterna var nere på knä, men någonting hade fått dem att fatta nytt mod. Han trodde inte att det var USA, så det måste vara Sovjetunionen. Den snabba tyska expansionen i väst måste ha chockerat Moskva. Hade ryssarna indikerat för britterna att de ogillade ett starkt Tyskland? Om så var fallet kunde det mycket väl vara orsaken till britternas nya beslutsamhet.

”Med Ryssland krossat”, avslutade Hitler, ”kommer Storbritanniens sista hopp att grusas. Tyskland kommer att bli herre över Europa och Balkan.”

Beslutet hade tagits. Målet att slå Sovjetunionen skulle bli en del av kampen. Anfallet skulle inledas under våren 1941.[545]

Direktiv 17 och Adlerangriff

Den 1 augusti utfärdade Hitler Direktiv 17 som påbjöd oinskränkt flyg- och sjökrig mot Storbritannien från och med den 5 augusti. Han ville studera effekten av flyganfallen och sedan – inom åtta till tio dagar – besluta huruvida invasionen skulle genomföras. Direktiv 17 innehöll bland annat följande instruktion:

> ...om det beslutas att *Seelöwe* ej skall utföras under september månad, skall samtliga förberedelser i vilket fall fortsätta, men under sådana former att allvarlig skada på den tyska ekonomin inte inträffar genom att kanaltrafiken paralyseras.

Denna order visar att Raeder inte talat för döva öron när han redogjort för effekterna på den tyska ekonomin, men den var också betecknande eftersom den ägde en inneboende motsats. Varför skulle förberedelserna fortsätta om de pråmar som var nödvändiga för operationen inte rekvirerades? Här ser vi för första gången att Hitler inte endast betraktade *Seelöwe* som en genuint militär operation, utan också som ett medel att utöva politisk påtryckning mot Storbritannien. Arbetet i hamnarna, tillförseln av trupper och materiel till kusten, samt annan aktivitet skulle fortsätta även om *Seelöwe* (och sålunda rekvisitionen av kanalpråmarna) inställdes. Operationen hade därför dubbla syften. Först skulle den skrämma och därefter, om det första inte gav resultat, skulle den dräpa.

Den andra instruktionen gällde *Luftwaffes* roll i de operationer som snart skulle ta sin början och denna är kanske ännu intressantare, för här läggs en tredje målsättning till de två ovanstående. För att etablera de preliminära förutsättningar som krävdes för den slutliga erövringen av Storbritannien, skulle flyg- och sjökriget mot de brittiska öarna fortsätta med en högre intensitet än tidigare. Det tyska flyget skulle med alla till buds stående medel slå ut det brittiska flygvapnet så snart som möjligt. Angrepp skulle primärt riktas mot RAF:s flygenheter, markorganisation och underhållsinstallationer samt mot flygrustningsindustrin och fabriker som producerade luftvärnsutrustning. När *Luftwaffe* hade tillkämpat sig luftherraväldet skulle hamnar och städer angripas med den huvudsakliga målsättningen att förstöra livsmedelslager. Mängden av insatser mot hamnarna längs sydkusten skulle dock inskränkas till ett minimum och angreppen mot *Royal Navy* och den brittiska handelsflottan ges sekundär status.[546] *Führern* reserverade sig rätten att avgöra huruvida terrorbombningar skulle utföras som repressalier för brittiska angrepp. Det intensifierade flygkriget fick börja någon gång efter den 4 augusti, beroende på förberedelser och väder.[547]

Denna order gick självfallet stick i stäv med *Kriegsmarines* önskan att bekämpa den brittiska flottan och tvinga den norrut före invasionen. Förvisso var insatserna mot RAF i linje med marinens önskemål, men hur kunde bombningar av städer och livsmedelslager främja förutsättningarna för *Seelöwe*?

Vad vi i själva verket skymtar bakom denna order är de första trevande stegen mot de terrorbombningar som senare skulle komma att gå under namnet *Blitzen*. Begränsade angrepp mot civila mål var en påminnelse om vad som kunde hända om *Luftwaffe* fick order att koncentrera hela sin styrka mot tätare bebyggelse. Detta var inte hotet om invasion eller ockupation, utan hotet om förintelse genom massiva bombangrepp – psykologisk krigföring. Ordern skall inte ses som ett bevis, eller ens indikation, på att invasionen strukits från dagordningen. Målen för flyganfall kunde omprioriteras med kort varsel och det var fortfarande sju till åtta veckor kvar innan invasionen tidigast kunde gå av stapeln. Direktiv 17 visar dock att Hitler nu arbetade med två skilda strategier: invasion å ena sidan, terrorbombning å den andra. Bägge skulle föregås av en växande hotbild och kunde sättas i verket om britterna vägrade ge sig.

·

”*Führern* har beordrat mig att krossa Storbritannien med mitt *Luftwaffe*”, deklarerade Göring under ett möte i Haag den 1 augusti. Efter att ha studerat ett antal stabspromemorior från sina *Luftflotten* och *Fliegerkorps* trodde den nyutnämnde riksmarskalken att han hade en godtagbar strategi klar för sig. Det första målet var *Fighter Command*, som skulle bekämpas i en serie anfall mot södra England. Den inledande stöten skulle riktas mot mål nära kusten, cirka 10–15 mil från London, och den skulle pågå i fem dagar. Därefter skulle siktet ställas in mot mål som låg 5–10 mil från London, vilka skulle bearbetas under tre dagar, för att slutligen nå området inom fem mils radie från den engelska huvudstaden. Efter ytterligare fem dagars anfall skulle *Fighter Command* vara på knä.[548]

”Denna plan kommer oåterkalleligen att skänka oss absolut luftherravälde över England och fullborda *Führerns* uppdrag", sade Göring, beväpnad med den tillförsikt som Schmids rapport skänkt honom. "För första gången i modern historia kommer den engelska befolkningen att få känna effekterna av krig på sin egen mark."

Dagen efter mötet i Haag utfärdade Göring sitt eget direktiv till cheferna för de tre luftflottorna, men detta var endast en upprepning av den generella målsättningen med *Adlerangriff*. I väntan på startskottet skulle flygfält, hamnar och fabriker utsättas för "störande" anfall i mindre skala. Under tiden hade general Wolfgang Martini, chefen för *Luftwaffes* signal- och kommunikationssystem, blivit oroad av den brittiska kedjan av radarstationer längs den engelska kusten. Han hade ingen aning om hur *Fighter Commands* jaktstridsledning fungerade, men förstod att det stora antalet stationer skulle beröva det tyska flyget mycket av överraskningsmomentet. Han meddelade sina farhågor till *Luftwaffes* högkvarter, och den 3 augusti utfärdade Jeschonnek en kompletterande order till *Luftflotte* 2, 3 och 5 – även radaranläggningar skulle inkluderas bland målen.[549]

Tre dagar senare hölls den sista större konferensen före operationens start. Platsen för mötet var som brukligt Karinhall. Eftersom planerna för den inledande attacken var så gott som färdiga, förbluffades cheferna för de tre *Luftflotten* över hur Göring i sista stund modifierade sina order beträffande *Adlerangriffs* målsättning. Nu skulle även brittiska örlogsfartyg runt invasionsområdet angripas. *Adlertag* (första dagen av *Adlerangriff*) sattes till den 10 augusti. Under tiden skulle anfallen mot hamnar, kommunikationer, fabriker och flygfält fortsätta.[550] *Luftflotte*-cheferna fick i praktiken välja bland ett stort antal mål. Det hade nästan varit enklare att ange vilka mål som *inte* fick angripas. När Hitler sagt att insatser mot hamnar skulle nedskäras till ett minimum och angreppen mot brittisk sjöfart ges sekundär status, avsåg han säkerligen att dessa mål skulle angripas endast i de undantagsfall då speciellt attraktiva situationer yppade sig. Om så var fallet förvanskades avsikten genom Göring, så att operationsplanerarna inom de tre luftflottorna uppfattade marina mål som fullt legitima fastän förstörelsen av *Fighter Command* var den primära målsättningen.

Bred eller smal front?

Den 7 augusti anlände Schniewind och Fricke till Fontainebleau för att en gång för alla försöka klargöra de marina svårigheterna för Halder. Mötet varade i tre timmar utan att man lyckades enas om någonting. Sjöofficerarna upprepade gång på gång de förutsättningar som var nödvändiga för framgång: vädret måste vara bra med en månljus natt, tidvattnet måste vara rätt, tyska vapen måste ha tagit kontroll över Kanalen där anfallen skulle sättas in, luftrummet ovanför Kanalen och kusten måste vara i *Luftwaffes* händer och försvarsanläggningarna längs kusten tystade. Och anfallet måste sättas in på en betydligt mindre frontsträcka än armén föreslog.

Halder svarade att det begränsade område där marinen ville att soldaterna skulle gå iland var alldeles för trångt och terrängen alldeles för dålig. Det skulle vara lätt för de brittiska divisioner som befann sig i området (Halder ansåg felaktigt att det rörde sig om tolv stycken) att bilda en stark front i väntan på förstärkningar norrifrån. Om anfallet skulle lyckas var det viktigt att de tyska förband som gått iland snabbt kunde avancera inåt land, så att ett så stort brohuvud som möjligt kunde bildas. Då skulle de brittiska styrkorna splittras. En landstigning i Brightonbukten, där terrängen var lämplig för en mekaniserad framryckning norrut, samt parallella landstigningar mellan Ramsgate och Deal, skulle uppfylla dessa kriterier.[551] ”Det enda som betyder någonting är överraskningsmomentet”, påpekade en av arméofficerarna. Även om britterna kände till förberedelserna kunde deras motåtgärder försvåras om man uppnådde taktisk överraskning.

Denna villfarelse avfärdade Schniewind utan större omsvep. Transportflottan var tvungen att gå till sjöss så tidigt som åtta timmar före själva överfarten och dessa förehavanden, förklarade han, kunde observeras från den engelska kusten med en vanlig kikare. De brittiska jagarna skulle ha 15 timmar på sig innan soldaterna nådde de stränder där de skulle landstiga. Förslag om vilseledande manövrer med tomma trupptransporter avfärdades lika snabbt. Om man inte hade tillräckligt med farkoster för att effektivt föra trupperna över Kanalen, varifrån skulle man få tag på farkoster att *låtsas* göra detsamma? Diskussionen blev allt mer upphetsad, tills armé- och marinofficerare började skrika i munnen på varandra.

Den första sammandrabbningen avslutades när Halder sade att han kategoriskt avfärdade *Kriegsmarines* smala front. ”Det är rena självmordet. Jag kan lika gärna köra de soldater som landstigit genom en korvmaskin direkt.”

Schniewind svarade någonting i stil med att Halder inte behövde bekymra sig om något självmord på engelsk mark, detta skulle redan ha ägt rum till sjöss.

För en kort stund lugnade de församlade sig en aning, men det stod inte på förrän känslorna åter svallade. Armén ville att själva landstigningen skulle äga rum i gryningen. Detta skulle ge de tyska soldaterna längre tid att konsolidera brohuvudet medan det fortfarande var ljust. Detta förslag möttes av ett direkt "nej" från Schniewind och Fricke. Om den första anfallsvågen skulle nå stränderna i gryningen måste den sista biten av överfarten ske i mörker. I så fall skulle den inledande striden mot *Royal Navy* också ske i mörker, vilket innebar att *Luftwaffe* inte kunde skydda transportarmadan. Det skulle också innebära att man tvingades att navigera i mörkret, någonting som ansågs närmast omöjligt i den farliga Doverpassagen.[552]

Mötet avslutades utan att man kunde enas om någonting. "Våra synpunkter är diametralt olika", skrev Halder i sin dagbok. "Frågan måste därför avgöras på högre ort."

Och högre ort innebar Hitler.

Stormen bryter ut

Under morgonen den 8 augusti meddelade Newall krigskabinettet att det inte fanns någonting att rapportera, men i samma ögonblick trappades flygkriget upp dramatiskt när hundratals tyska bombplan, eskorterade av Bf 109 och 110, angrep mål i Kanalen eller i hamnarna längs den engelska sydkusten. Under natten hade konvoj PEEWIT – den första sedan slutet av juli – lämnat Medway för att gå igenom Doversundet. Konvojen eskorterades av två jagare, och man hade fäst spärrballonger på fartygen för att försvåra tyska låghöjdsanfall.

Konvojen upptäcktes av en nyinstallerad *Freya*-radar och angreps av ett antal torpedbåtar. Tre fartyg sänktes. Under morgonen utsattes den för några mindre anfall av Stukabombare, men dessa lyckades inte göra någon skada. Händelseförloppet trappades dock upp. Sperrle gav order om en större insats och snart var 57 Stukabombare från StG2, StG3 och StG77, eskorterade av 20 Bf 110 och 30 Bf 109, på väg mot konvojen. Britterna hade förväntat sig denna utveckling och hade redan en Spitfire- och tre Hurricanedivisioner i luften.

FIGHTER COMMAND 8 augusti 1940

10. ESKADERN

Filton	*87. divisionen*	*Hurricane*	*Exeter*
	213. divisionen	*Hurricane*	*Exeter*
Middle Wallop	*238. divisionen*	*Hurricane*	*Middle Wallop*
	604. divisionen	*Blenheim*	*Middle Wallop*
	609. divisionen	*Spitfire*	*Middle Wallop*
	152. divisionen	*Spitfire*	*Warmwell*
St. Eval	*234. divisionen*	*Spitfire*	*St. Eval*
	*247. divisionen **	*Gladiator*	*Roborough*
Pembrey	*92. divisionen*	*Spitfire*	*Pembrey*

11. ESKADERN

Biggin Hill	*32. divisionen*	*Hurricane*	*Biggin Hill*
	610. divisionen	*Spitfire*	*Biggin Hill*
	501. divisionen	*Hurricane*	*Gravesend*
	600. divisionen	*Blenheim*	*Manston*
North Weald	*56. divisionen*	*Hurricane*	*Rochford*
	151. divisionen	*Hurricane*	*North Weald*
	25. divisionen	*Blenheim*	*Martelsham Heath*
Kenley	*615. divisionen*	*Hurricane*	*Kenley*
	64. divisionen	*Spitfire*	*Kenley*
	111. divisionen	*Hurricane*	*Croydon*
Hornchurch	*54. divisionen*	*Spitfire*	*Hornchurch*
	65. divisionen	*Spitfire*	*Hornchurch*
	74. divisionen	*Spitfire*	*Hornchurch*
	41. divisionen	*Spitfire*	*Hornchurch*
Debden	*17. divisionen*	*Hurricane*	*Debden*
	85. divisionen	*Hurricane*	*Martelsham Heath*
Northolt	*1. divisionen*	*Hurricane*	*Northolt*
	257. divisionen	*Hurricane*	*Northolt*
Tangmere	*43. divisionen*	*Hurricane*	*Tangmere*
	145. divisionen	*Hurricane*	*Westhampnett*
	601. divisionen	*Hurricane*	*Tangmere*

12. ESKADERN

Duxford	*19. divisionen*	*Spitfire*	*Duxford*
Coltishall	*242. divisionen*	*Hurricane*	*Coltishall*
	66. divisionen	*Spitfire*	*Coltishall*
Kirton-in-Lindsey	*222. divisionen*	*Spitfire*	*Kirton-in-Lindsey*
	264. divisionen	*Defiant*	*Kirton-in-Lindsey, Ringway*
Digby	*46. divisionen*	*Hurricane*	*Digby*
	611. divisionen	*Spitfire*	*Digby*
	29. divisionen	*Blenheim*	*Digby*
Wittering	*229. divisionen*	*Hurricane*	*Wittering*
	266. divisionen	*Spitfire*	*Wittering*
	23. divisionen	*Blenheim*	*Colly Weston*
Church Fenton	*73. divisionen*	*Hurricane*	*Church Fenton*
	249. divisionen	*Hurricane*	*Church Fenton*
	616. divisionen	*Spitfire*	*Leconfield*

13. ESKADERN

Catterick	*219. divisionen*	*Blenheim*	*Catterick*
Usworth	*79. divisionen*	*Spitfire*	*Acklington*
	607. divisionen	*Hurricane*	*Usworth*
	72. divisionen	*Spitfire*	*Acklington*
Turnhouse	*605. divisionen*	*Hurricane*	*Drem*
	*232. divisionen **	*Hurricane*	*Turnhouse*
	253. divisionen	*Hurricane*	*Turnhouse*
	141. divisionen	*Defiant*	*Prestwick*
Dyce	*603. divisionen*	*Spitfire*	*Dyce, Montrose*
Wick	*3. divisionen*	*Hurricane*	*Wick*
	504. divisionen	*Hurricane*	*Castletown*
	*232. divisionen **	*Hurricane*	*Sumburgh*
Aldergrove	*245. divisionen*	*Hurricane*	*Aldergrove*

** Endast en grupp (flight)*

I höjd med Isle of Wight stötte de två sidorna samman i en jättelik luftstrid som omfattade fler än 150 plan. Den tyska jakten lyckades hålla de flesta av de brittiska jaktplanen borta från bombplanen. Ytterligare fyra fartyg sänktes och sju skadades av bomberna. För denna bedrift fick tyskarna betala med tre Stuka, tre Bf 109 och en Bf 110. Britterna förlorade två Hurricaneplan.

Slaget var dock inte över. På order av von Richthofen startade en ny styrka – denna gång bestående av 82 Stuka eskorterade av 68 Bf 109 och 110 – och hann upp PEEWIT söder om St Catherine's Point. De möttes av Spitfireplan från John Peels 145. division och Hurricaneplan från 43. divisionen. Peel hade arbetat sig runt så att han kunde anfalla ur solen och lyckades komma inpå bombplanen innan eskorten hann reagera. Även 43. divisionen lyckades anfalla ur ett fördelaktigt läge och dess chef, kapten Dalton-Morgan, sköt ned chefen för II/JG27, kapten Werner Andres. En annan pilot, kapten Roy Dutton, befann sig bakom en 109:a när hans motor hostade. Han tvingades avbryta anfallet, men när han gjorde detta fann han sig plötsligt bakom en Stuka som han prompt gav en salva. Fiendeplanet fattade eld och föll. Duttons motor vaknade till liv igen och han satte av efter en annan Stuka. Även den störtade i Kanalen. Inalles förlorade *Luftwaffe* elva Stukamaskiner denna dag, och ytterligare fem skadades. Det var en tydlig indikation på de stora förluster som skulle drabba detta plan de närmaste tio dagarna. När PEEWIT anlände till Swanage var det emellertid endast fyra fartyg som inte hade skadats. Sju hade sänkts och sex hade fått så svåra skador att de tvingats i hamn längs sydkusten.[553]

Trots att den 9 augusti uppvisade lika klart väder som föregående dag var *Luftwaffes* aktivitet låg. Mindre grupper av tyska bombplan sökte mål i Kanalen; ett antal bomber föll över vissa brittiska hamnar. Dagen därpå – den ursprungliga D-dagen för *Adlerangriff* – var lika händelselös. Lågtryck och regn förbjöd flygoperationer. En händelse värd att notera var dock att krigskabinettet auktoriserade en större förflyttning av vapen till Mellanöstern. Den 3 augusti hade Mussolini invaderat Brittiska Somaliland och det fanns farhågor att tyska förband skulle föras över till Libyen för att angripa britterna i Egypten. Trots risken för en tysk invasion skulle ett hundratal av Englands kanske 350 tyngre stridsvagnar sändas dit. Denna skeppning skulle även innehålla 52 lätta stridsvagnar samt ett antal luftvärnspjäser, pansarvärnskanoner, fältpjäser och kulsprutor.[554] Händelsen visar att den brittiska ledningen i allt mindre utsträckning fruktade en tysk invasion. Churchill hade aldrig riktigt trott på den, även om han inte sade detta officiellt. Även andra började tvivla. Det brittiska försvaret blev långsamt bättre och de tyska flyganfallen hade knappast varit övertygande. Efter alla vinster på kontinenten och i Skandinavien – varför skulle Hitler riskera sin politiska prestige genom en stor förlust mot *Royal Navy*? Paradoxalt nog började britterna att känna tillförsikt ungefär samtidigt som Hitler började umgås med verkliga planer på invasion.

·

Söndagen den 11 augusti ökade aktiviteten i luften ytterligare. Morgonen bjöd på flera tyska jaktsvep över Dover och Kent, och kort därpå bombade Bf 110:or Dover och sköt ned några av spärrballongerna. Flyglarmet i staden gick, men detta var vardagsmat. Många sov fortfarande; andra åt frukost inför morgonmässan. Det såg ut att bli en strålande morgon. Så hördes ljudet av flygmotorer. Det steg i intensitet och plötsligt föll bomberna. Dånande explosioner kom från hamnen och höga vattenpelare kunde skymtas ovanför hustaken. Inga större luftstrider utvecklades dock ovanför Kent, endast smärre sammandrabbningar som snabbt upphörde. En andra våg av frijagande Bf 109 misslyckades även de med att dra brittiska divisioner till strid, eftersom Park vägrade att låta sig luras i fällan.

Under denna morgon lyckades löjtnant Ulrich Steinhilper för första gången avfyra sina vapen i verklig strid sedan det misslyckade anfallet på det franska spaningsplanet året innan. Den *Schwarm* han tillhörde hade flugit eskort till ett sjöräddningsplan när han siktade en brittisk Blenheim på låg höjd med kursen inställd mot deras skyddsling. De fyra 109:orna ingrep. Ledaren och dennes *Rottenhund* satte Blenheimplanet i brand och det föll av mot havet nedanför medan dess akterskytt fortsatte att skjuta korta skurar mot 109:orna. Steinhilper gjorde ett anfall mot fienden kort innan denne träffade vattenytan. ”Jag fullföljde anfallet”, skrev han hem till sin mor, ”tills planet träffade vattnet i närmare 550 kilometer i timmen. Det var fruktansvärt att veta att tre personer fortfarande satt i det när det försvann under ytan.” När Steinhilper landade var hans sinne fyllt av motstridiga tankar. ”Där fanns den upprymda känslan att äntligen ha varit med att göra det vi tränats för, nedtonad i vetskap att jag kanske hade dödat en annan människa.”[555] Steinhilper fick inte ta åt sig äran för denna nedskjutning, den tillföll förbandschefen, men han var säker på att flera av hans kulor träffat fiendeplanet.

Snart dök den första ”riktiga” räden upp på de brittiska radarskärmarna. Hela 165 tyska plan siktades med kurs mot marinbasen vid Portland. Britterna svarade med att sända upp 74 Hurricane och Spitfire från Middle Wallop, Westhampnett, Exeter och Tangmere. Den tyska eskorten – 60 Bf 110 från ZG2 och 30 Bf 109 från JG2 – gick in något framför bombplanen, och när de siktade de första brittiska jaktplanen bildade 110:orna försvarscirklar. Syftet var att dra till sig den brittiska jakten så att bombplanen kunde smyga förbi. Flera av de brittiska divisionerna angrep cirklarna, men därefter gick det inte riktigt som tyskarna tänkt sig. Genom att angripa utsidan av cirklarna och sedan bryta innan de hamnade framför 110:ornas kraftiga frontbeväpning, lyckades piloterna i 609. divisionen skjuta ned fem tyska jaktplan på kort tid.[556]

Men det fanns även 109:or med i bilden. Chefen för 3/JG2, löjtnant Helmut Wick, var en av de tyska *Experten* som jämte Mölders, Galland, Oesau och Balthasar skulle hamna bland de fem främsta ässen under slaget om England. Han var en utmärkt skytt och hade skjutit ned 14 fiendeplan under fälttåget mot Frankrike. ”Så länge jag kan skjuta ned fienden, bringa ära till *Richthofen Geschwader* och framgång till fädernelandet, så är jag en lycklig man”, hade han sagt. ”Jag vill strida och dö stridande, medan jag tar så många som möjligt av fienden med mig.”[557] Det var nära att detta något barnsliga uttalande gått i uppfyllelse den 11 augusti. Wick fann sig kämpande mot de vändbara Hurricane- och Spitfireplanen.

> Som en regnskur kom 12 Spitfire dykande mot oss. Jag girade omedelbart, och när jag avslutat svängen såg jag en Spitfire hänga i aktern på en Bf 109:a och högre upp samma sak. De tyska planen gjorde det enda möjliga [och dök]. [...] Överallt omkring, vart man än såg, var det ett otroligt vridande och svängande av flygplan över flygplan, våra egna och fiendens, men fienden var i majoritet.[558]

Wick gjorde en lång serie manövrer, men hur han än försökte så kom det alltid upp en Spitfire bakom honom med kulsprutorna i vingarna blixtrande. Till slut siktade han tre fiendeplan som inte hade sett honom, lade sig bakom och sköt ett av dem i brand. Gradvis lättade pressen. Plötsligt störtade en Messerschmitt förbi med en Spitfire bakom.

> Jag hamnade bakom [engelsmannen], fick honom i siktet och efter ett par salvor vände han nosen nedåt. Vi hade lite bättre rum nu, så jag kunde följa

> [honom] med blicken. Han plaskade ned i vattnet och även från min höjd kunde jag se det vita skummet. Sedan ingenting mer – ingenting avslöjade det faktum att en tapper pilot hade dött hjältedöden på det stället.[559]

Inblandad i denna strid var även polacken Witold Urbanowicz, en man som skulle bli en av de främsta allierade ässen under kriget. Han var född i den lilla byn Olszanka nära Augstow och var en av de kadetter som begivit sig till Rumänien för att hämta den påstådda leveransen av stridsflygplan i september 1939. Han hade återvänt till Polen och blivit tillfångatagen av tyskarna, men hade flytt och slutligen kommit till England. Han blev en av de första polska piloter som flög med britterna. Under bataljen ovanför Portland hade han blivit skild från sina kamrater när han upptäckte två ensamma Bf 109, den ena skadad, på väg tillbaka mot Frankrike. Han satte av efter dem, bara för att upptäcka att en hel *Staffel* Bf 109 låg ovanför honom. Antingen såg inte tyskarna det ensamma flygplanet, eller så trodde de att han var en av dem. Under fem minuter flög löjtnant Urbanowicz bakom sitt offer utan att våga röja sig. Han kom allt närmare Frankrike. Så försvann den större gruppen 109:or och polacken ökade gasen för att flyga tätt inpå fiendeplanet.

> När jag såg att det var säkert närmade jag mig och gav honom några salvor, varpå han störtade rakt ned i havet. […] Därefter vände jag och flög tillbaka strax ovanför vattnet.[560]

Trots Urbanowicz seger varierade effekterna av polackernas insatser denna dag. Fänrik Antoni Ostowicz sköts ned och omkom. Han blev den förste polske pilot som dödades i brittisk tjänst. Furir Domgala ur 238. divisionen förstörde ett fiendeplan, men vådasköt även ett brittiskt.

> Just som jag öppnade eld mot fiendeplanet dök en Hurricane upp i mitt skottfält och träffades av [de sista skotten] av min salva. […] De tog i den vänstra vingen som började ryka och piloten hoppade ut. Jag såg honom sväva nedåt och anföll en annan 109:a. […] [Det fientliga] planet dök och jag följde det ned, och medan han girade fram och åter sköt jag varje gång [planet passerade siktet]. […] Planet steg något och föll sedan i havet.[561]

Under tiden hade de tyska bombplanen närmat sig Portland och Weymouth. Endast ett dussin brittiska piloter hade siktat dem. Snart föll bomberna. Den tyska propagandan skulle göra mycket av denna räd. I själva verket resulterade den endast i att en oljecistern sattes i brand och att splitter skadade ett fartyg.[562] Värre var den skada som åsamkades *Fighter Command.* När bombplanen satte kurs hemåt efter fullbordat verk, dök tre *Gruppen* ur JG27 upp på scenen och tippade balansen till tyskarnas fördel. När de bröt striden för att återvända till Frankrike hade de förlorat sex Bf 109, sex Bf 110, fem Ju 88 och en He 111. RAF hade förlorat sexton Hurricane och en Spitfire, där 14 av piloterna dödades – den största brittiska förlusten av jaktplan och piloter i en enskild flygstrid sedan kriget började.[563]

Ytterligare strider blossade upp i öster när Bf 110:or och Do 17-bombare angrep en konvoj utanför Harwich. Denna räd följdes något senare av ett större anfall mot en annan konvoj i Themsenmynningen. En allt kraftigare molnighet över området försvårade genskjutningar, men ytterligare ett antal plan gick förlorade på bägge sidor. När dagen var slut hade *Fighter Command* förlorat 33 plan, *Luftwaffe* 38. Detta var en utveckling som Dowding inte hade råd att åse. Den 7 augusti hade han haft 714 plan, nu var han nere på 699.[564] Förvisso hade *Fighter Command* förstört nästan dubbelt så många fiendeplan som de själva förlorat sedan den 10 juli, men Dowding var tvungen att hålla sin styrka intakt, och detta var bara början.[565]

Än värre var att *piloter* skadades och dödades. Inte mindre än 25 hade stupat denna dag, en effekt av att de flesta striderna ägt rum ovanför Kanalen och att många av dem som hoppat antingen drunknat eller frusit ihjäl i vattnet. Fram till denna tidpunkt hade nytillskottet av piloter haft en relativt god utbildning bakom sig, men behovet av nya flygare hade lett till drastiska nedskärningar. Omskolningen till jaktflygare vid *Operational Training Units* (OTU) hade kortats ned från sex månader till fyra veckor, och de blivande piloterna kunde skatta sig lyckliga om de fick mellan fem och tio flygtimmar på den flygplanstyp de skulle föra i strid. Många av dem hade knappt avfyrat sina vapen. Detta kan jämföras med den tyska utbildningstiden på åtta månader med över hundra flygtimmar.[566] De brittiska piloter som utbildats på detta provisoriska vis började nu att anlända till divisionerna och de skulle bli en lätt match för de skickliga tyska veteranerna.

Angrepp mot radarnätet

Den 12 augusti var dagen då radarstationerna längs den engelska sydkusten skulle förstöras. Även om dessa inkluderats bland de godtagna målen redan under Görings konferens den 3 augusti, var det endast några dagar före *Adlertag* som någon påpekat att det vore lämpligt om det brittiska förvarningssystemet helt förblindades omedelbart före det stora anfallet. Hur ofta hade inte bombplanen nått sina mål bara för att finna att brittiska divisioner väntade på dem? Omfånget av den fientliga jaktstridsledningen var fortfarande höljd i dunkel, men det stod helt klart att britterna utnyttjade sin radar för att koordinera jaktplansrörelser. Order gavs; mål omprioriterades. Meteorologerna förutspådde en period av fint väder. *Adlertag* skulle gå av stapeln den 13 augusti. Innan dess skulle den brittiska radarn längs sydkusten vara eliminerad.

Vädermännen hade haft rätt beträffande högtrycket. Solen sken från en nästan klarblå himmel och reflekterades i plexiglashuvarna på kapten Walter Rubensdörffers tolv Messerschmitt Bf 110 och åtta Bf 109, som befann sig halvvägs över Kanalen. Han var chef över den tyska ErprGr210 – ett specialförband som experimenterade med jaktbombare – och hade fått i uppdrag att leda de första angreppen mot den brittiska radarn. Tanken bakom jaktbombaren var att denna skulle flyga mot sitt mål som bombplan, släppa sina bomber och sedan återvända som jaktplan. På detta vis skulle den inte vara i behov av eskorterande jaktplan, utan kunde ta vara på sig själv.

Som med de flesta kompromisser fanns nackdelar. Bf 110:an var inget riktigt bombplan. Förvisso kunde den bära en större bomblast än Stukan, men den saknade den sprängkraft som kännetecknade större bombplan. Inte heller var den ett speciellt bra jaktplan, någonting som upprepade strider över Kanalen nyligen visat. Bf 109 var ett långt bättre jaktplan, men kunde bara bära en bomb. Den lämpade sig i första hand för nålsticksanfall mot mindre mål. Som strategiskt vapen var jaktbombaren dömd att misslyckas, men i överraskningsanfall mot flygfält, trupper och fartygsmål var saken en annan. Nu skulle den provas mot radarstationerna.

”Lystring, tredje *Staffel*”, ropade Rubensdörffer i strupmikrofonen. ”Inled specialuppdrag. God jakt.”

Svaret kom omedelbart när löjtnant Hintze, chef för de åtta Bf 109 som flög jämsides, bekräftade ordern. Strax därpå girade Rubensdörffers maskiner åt vänster för att flyga mot sina mål vid Dunkirk, Foreness och Rye.

Hintze fortsatte mot Dover. Inte långt därefter delades Rubensdörffers grupp i tre delar: löjtnant Lutz för att gå mot Pevensey, löjtnant Rössiger mot Rye och Rubensdörffer själv mot stationen vid Dunkirk i närheten av Canterbury.[567] Planen upptäcktes av radarn vid Rye, men bilden av dess förehavanden var diffus och högkvarteret i Stanmore klassade räden som ”tveksam”. Flyglottan som upptäckt den, korpral Dahpne Griffiths, frågade om någon av de andra stationerna sett den, men fick svaret att hon ensam gjort observationen.

”Höjd 6 000 meter”, rapporterade hon, samtidigt som avståndet mellan ekot och stationen snabbt minskade. ”Har ni gjort någon identifiering ännu?”

”Nej”, kom svaret från Stanmore. ”Inte ännu.”

Avståndet minskade ytterligare. Vad det nu var som syntes på skärmen så hade det kursen rakt mot henne. ”Stanmore, är detta måleko fortfarande oidentifierat?”

Stanmore svarade att det fortfarande var ett mål ”av okänt ursprung”. En sådan räd gick under beteckningen Kod X. Ingenting gjordes för att möta den. Daphne såg hur ekot växte tills det verkade ligga rakt ovanför. Bakom henne sade löjtnant Smith, stationsadjutanten, att det kanske vore idé om alla satte på sig sina hjälmar.

Pevensey var den första station som träffades. Anfallet kom som en blixt från klar himmel. Byggnader totalförstördes och huvudkabeln till strömförsörjningen bröts. Flera operatörer dog, däribland några WAAF-flickor. Inom loppet av några få sekunder var anfallet över. När Lutz 110:or girade iväg för att återvända till sin bas var området fyllt av damm, splitter och rop från skadade. Röken låg som ett moln runt radarmasterna, men samtliga stod kvar oskadda. När Stanmore anropade för att få veta vad som pågick, svarade den manliga telefonisten att ”ert förbannade okänt ursprung slår skiten ur oss, det är vad som händer”.

Kort därpå upprepades scenen vid Rye. Motorerna från Rössigers 110:or dränkte allt annat ljud. Daphne kunde svagt höra Stanmore i lurarna: ”Rye! Vad händer? Varför svarar ni inte?”

Hon försökte hålla rösten under kontroll. ”Om sanningen skall fram, så är det er Kod X som bombar oss”, svarade hon sakligt, ”och det är inte så konstigt att ni inte kan höra oss. Vi hör inget själva.”

Sedan kom detonationerna. Väggarna i träbyggnaden skakade och fönsterluckorna föll i ett regn av glassplitter. Daphne och de övriga kastade sig i skydd under borden.[568] Utanför reste sig jättelika jordfontäner och samtliga konstruktioner utom masterna och de vitala sändnings- och mottagarbyggnaderna skadades.

Vid Dover hade menige Clifford Vincent fått i uppgift att placera sig högt uppe i en av radarmasterna för att därifrån spana mot den franska kusten. Han uppfattade motorljud och såg Hintzes åtta Bf 109 komma dykande. Först förvånad och sedan förfärad, hann han inte göra annat än att klamra sig fast för kung och fosterland när 109:ornas bomber for förbi nedanför honom. Ett antal explosioner fick masterna att skaka. Tre bomber hade träffat nära de höga tornen och splitter smällde mot metallbalkarna, men Vincent klarade sig. Fiendeplanens motorer dog ut i fjärran, och med öron som ringde efter smällarna hörde han otydligt hur någon ropade. När han kisade ned genom röken och dammet upptäckte han en vilt gestikulerande officer som skrek åt honom att ”för helvete komma ned därifrån”.[569]

Även om man på goda grunder kan sluta sig till att Clifford Vincent inte var helt tillfreds med sin belägenhet högt däruppe hade han åtminstone inte behövt oroa sig för att de höga masterna skulle rasa. Dessa visade sig var näst intill osårbara för bomber. Tryckvågen svepte förbi dem som när vatten rinner genom en sil och splittret hade ingen effekt på det kraftiga metallskelettet. Det hade varit likadant vid Foreness och Rye, och det var likadant vid Dunkirk när antennerna överlevde Rubensdörffers angrepp. Efter ett kortare avbrott var Dunkirk, Pevensey och Dover åter i bruk. Förvisso hade bomberna slagit ut strömmen, men detta hade man förutsett, och dieseldrivna motorer gav stationerna reservkraft. Rye var ur funktion en längre stund, för kommunikationen med Stanmore hade brutits, men även här tog det bara några timmar innan felet hade reparerats.

De plötsliga anfallen mot radarstationerna följdes av ett antal mindre angrepp mot fartyg i Kanalen för att testa huruvida den brittiska jaktstridsledningen hade förblindats eller ej. Några smärre strider följde, och fyra Hurricane från 151. och 501. divisionerna sköts ned. Vid middagstid hårdnade striderna. Närmare 100 Ju 88 från KG51, eskorterade av 120 Bf 110 från ZG2 och ZG76 samt 25 Bf 109 från JG53, närmade sig Portsmouth. Räden dök upp på de brittiska radarskärmarna, men en felaktig ursprungsangivelse gav intryck av att den fientliga formationen rörde sig parallellt med den franska kusten, och under några värdefulla minuter betraktades den som en Kod X. När planen blev synliga från observationsposterna vid

Shoreham, Worthing och Middleton stod det dock klart att den var högst verklig. Larmet gick och fler än 50 Spitfire och Hurricane från 10. och 11. eskadrarna startade från sina flygfält.

Den stora bombarmadan leddes av chefen för KG51, överste dr Fissler. När den närmade sig kusten bröt sig 15 plan ur formationen och satte kurs mot Isle of Wight. De övriga gick mot Portsmouth där de möttes av intensiv luftvärnseld. Ovanför bildade 110:orna sin sedvanliga försvarscirkel i förhoppningen att dra till sig brittiska jaktplan. Samtidigt närmade sig *Pik As-Geschwader* med sina spaderäss målade på motorkåporna. På grund av 109:ans korta operationsradie, hade man beslutat att de enmotoriga planen skulle starta senare och flyga direkt till målområdet, för att ansluta till den större styrkan över den engelska kusten. Trots detta arrangemang hade 109:orna inte mer än tio minuters flygtid tillgodo ovanför England. Om de flög jämsides med bombplanen mot målet skulle de tvingas vända tidigare. Om de flög ensamma fanns risken att de skulle misslyckas med att sammanstråla med sina skyddslingar eller att bombplanen angreps innan de hann fram. Problemen i samband med det senare alternativet blev givetvis större när vädret var sämre. Eftersom 109:orna inte hade fälltankar fanns det ingen lösning på detta dilemma.

Vid Portsmouth flög den stora bombstyrkan in över hamnen och skadade denna svårt. Även bostadshus, affärer och fabriker träffades. Bränder uppstod på flera platser, och över 100 människor omkom. Samtidigt angrep Fissler och hans 15 Ju 88 radarstationen vid Ventnor på Isle of Wight, vilken var en betydelsefull länk i den brittiska RDF-kedjan. Belägen i den södra änden av ön täckte denna station merparten av den mellersta delen av Kanalen och flyglottan vid skärmen, Audrey Brown, kunde tydligt se hur en del av räden vek av och kom rakt emot dem. ”Vi visste att vi skulle bli anfallna redan innan det hände”, sade hon. ”Allting blev mörkt nästan omedelbart och radarn dog. Vi lade oss ned på golvet. Mycket annat kunde vi inte göra.”

Effekten av bomberna var omedelbar och förödande. I stort sett samtliga byggnader förstördes, och även om antennerna stod kvar skadades de så svårt att det skulle ta dagar att reparera dem. Runt området rasade bränder och till en början vågade man sig inte på att försöka släcka dem, eftersom flera bomber ännu inte exploderat. Det enda positiva var att ingen blivit dödad.[570]

När Fissler girade söderut med höga rök- och dammpelare bakom sig ropade skyttarna att Hurricaneplan var på väg ned mot dem. Först att nå fram var major Hector McGregor som ignorerade svarselden från en av Ju 88:orna och sköt den i brand. Andra Hurricaneplan gav sig på Fisslers maskin. En av dem sköt en kulkärve i planet. Den dödade Fissler och fick bombplanet att kränga kraftigt. En annan besättningsman lyckades i sista stund räta upp planet och sätta ned det i Godshill Park, nordväst om Ventnor.[571] Två tyskar lyckades ta sig ur den kraschade maskinen. En tredje besättningsman drogs svårt brännskadad ur vraket med hjälp av tillskyndande engelsmän. Radarstationen var emellertid förstörd och det skulle dröja tre dagar innan den åter var i bruk.

Ovanför Portsmouth hade bombplanen utfört sitt verk och vände söderut mot Kanalen. Så snart de var utanför luftvärnets räckvidd angreps de av de brittiska jaktplanen. Division efter division gav sig in i striden medan de tyska 110-piloterna – väl medvetna att deras försvarsförmåga skulle minska så snart de bröt ringen – kretsade högt ovanför utan att göra någon nytta. Bf 109:orna ur JG53 övergav sitt höjdövertag först sedan de insett hur illa ute planen i Fisslers grupp var. Deras räddningsinsats kostade dem två piloter. Bägge sköts ned av fänrik Crook, 609. divisionen, och en av de döda tyskarna var chefen för III/JG53, kapten Harro Harder – en man med 17 luftsegrar på sin lista, som själv dog i lågorna när hans Messerschmitt störtade mot havet nedanför.[572]

När bombarmadan kom ut över Kanalen med Hurricane och Spitfireplan svepande in från sidorna som ilskna getingar, närmade sig en ny styrka från Frankrike. Detta var 109:or från JG54 – *Grünherz-Geschwader* – med uppgift att täcka återtåget. Park hade dock förutsett detta drag och behållit en av sina divisioner i reserv. Tolv Hurricane från 615. divisionen föll ned mot tyskarna innan de hann ingripa i striden runt Portsmouth. Två av 109:orna sköts ned utan förlust på den brittiska sidan.[573]

När han landat rapporterade Rubensdörffer att anfallet varit till 75 procent lyckat. Hans plan höll just på att tankas och laddas om för nästa uppdrag – anfallet mot de framskjutna brittiska flygfälten i Kent. Snart gick de upp på nytt; nu med siktet inställt på Manston. Samtidigt startade ett större antal tyngre bombplan för att anfalla såväl Manston som Hawkinge och Lympne. Anfallen träffade flygfälten under den sena eftermiddagen. Vid Hawkinge förstördes flera hangarer, och bombkratrar gjorde flygfältet för en tid obrukbart. Lympne drabbades av liknande skador. Vid Manston gick larmet. Femtiofjärde divisionen hann starta innan Rubensdörffers 110:or var över fältet. Sextiofemte divisionen, som landat efter en patrull, hade inte samma tur. Planen hade tankats och skulle just gå upp på nytt när de tyska jaktbombarna dök mot målet. Jeffery Quill, Supermarines testpilot, som flög med 65. divisionen var en av de flygare som väntade på startsignalen när bomberna föll.

> Jag hade blicken åt vänster, mot den ledande sektionen, när jag snarare blev medveten om än hörde [ett antal] genljudande dunsar bakom mig till höger. Jag kastade en snabb blick över höger axel och såg hur taket till en av hangarerna föll till marken. Genom röken skymtade jag vad som verkade vara en 110:a som rätade upp efter en skarp dykning och kom snabbt fram till att det var hög tid för Quill att komma upp i luften.[574]

Trots bomberna, röken och det vita kritdammet som svepte in området, lyckades Quill starta med sitt plan, men han var för sent ute för att hinna ifatt de snabbt flyende planen ur ErprGr210. Angreppen mot Manston fortsatte dock. Inte långt efter att Rubensdörffers 110:or försvunnit anlände överste Finks KG2 och bidrog ytterligare till förstörelsen.

När de vände tillbaka ut mot Kanalen angreps de av 56. Hurricanedivisionen. Fänrik Geoffrey Page var bekymrad över hur hans chef ledde in dem mot fienden, för denne hade kursen satt rakt mot det tyska ledarplanet längst fram i grupperingen och detta gjorde att Hurricaneplanen exponerades för fientlig eld från flera håll.

Knappt en halvtimme tidigare hade Page legat på gräset vid Rochford med en tidning över ansiktet, samtidigt som han lyssnat till ljudet av fåglar och sina kamraters lågmälda röster. De hade haft beredskap i fyra timmar och dagen hade lidit mot sitt slut. Page hade hoppats att det inte skulle bli några fler starter. Kort därpå hade dock larmet gått och detta uppdrag skulle förändra hans liv på det mest brutala sätt.

En åskliknande explosion träffade trumhinnorna och han upptäckte ett stort hål i ena vingen, därefter exploderade bränsletanken bakom motorn och kabinen fylldes av flammor. ”Kära Gud, rädda mig”, hörde han sig själv skrika. ”Rädda mig, Gud!”

Han försökte hålla ansiktet från elden, men kabinhuven var frånskjuten och flammorna sökte sig till luftdraget. Vid den hastiga starten hade han glömt sina handskar, och medan han förtvivlat kämpade med selar och spännen, såg han hur händerna fattade eld och hur huden skrumpnade ihop som brinnande pergament.[575] Medan han skrek och skrek igen lyckades han befria sig från selarna och kastade sig ur planet. Det faktum att han valt att hålla kabinhuven öppen räddade troligtvis hans liv. Som i en dröm kände han hur han föll. Någonting sade honom att han skulle dra i utlösningen till fallskärmen, om och om igen, men varje gång han försökte sluta fingrarna kring metallringen skar en knivskarp smärta genom de sönderbrända händerna. Slutligen lyckades han uppbåda tillräcklig viljestyrka och plötsligt vecklade skärmen ut sig med en dov smäll ovanför. Han slog i vattnet utanför Margate, kunde efter ännu en desperat kamp bli av med den sjunkande skärmen och försökte sedan hålla sig flytande i förhoppning att någon skulle komma och plocka upp honom. Det skulle bli en lång väntan för den unge Geoffrey Page, som ännu var barmhärtigt ovetande om att det värkande köttet runt hans ögon och mun inte längre var det ansikte han burit tidigare samma morgon.[576]

Inledningsvis verkade angreppen mot radarn ha fått avsedd effekt. Rubensdörffers anfall hade träffat sina mål med god precision och de påföljande operationerna ovanför flygfälten i Kent verkade bekräfta att *Fighter Commands* reaktionsförmåga försämrats. Allteftersom dagen fortskred ersattes den första entusiasmen dock av besvikelse. General Martini noterade att station efter station vaknade till liv. Även vid Ventnor verkade aktiviteten ha återupptagits, vilket i själva verket var en brittisk list. En falsk sändare skickade ut signaler som om stationen fortfarande var i bruk. Ventnor skulle åter vara operativ först den 15 augusti, om än på provisorisk basis, då en mobil kraftgenerator var på plats. Tyskarna gick emellertid på bluffen. Innan det sista dagsljuset försvunnit skickades tre räder ut mot städer längs den brittiska kusten. Avsikten var att se hur snabbt RAF reagerade och resultatet var nedslående. Brittiska jaktdivisioner var åter redo att möta dem och samtliga antenner stod på plats. Tyskarna drog slutsatsen att effekten av ett anfall endast skulle hålla i sig några timmar. Sedan skulle den berörda stationen vara igång på nytt. Att återhämtningen skett så snart efter angreppen tolkades som att operationsrummen var belägna under marknivå, väl skyddade från bomberna.

På den brittiska sidan verkade försvarsåtgärderna ha fungerat bra, trots de inledande bakslagen vid radarstationerna. Rapporterna sade att 60 tyska plan skjutits ned mot en brittisk förlust av 25; vilket var en överdrift för endast 30 tyska plan hade förstörts mot 19 brittiska.[577] Vid 11. eskaderns högkvarter i Uxbridge noterade Park dock att flera av hans divisioner tagit lång tid på sig att starta och komma i position. ”De reagerar inte tillräckligt snabbt ”, kommenterade han irriterat till Dowding och Leigh-Mallory som stod bredvid. ”De måste göra bättre ifrån sig. Men nu vet vi i alla fall vad de är ute efter – mina fördömda flygfält.”

Dowding var mer dämpad, mer eftertänksam. ”I vilket fall, mina herrar”, sade han, ”tror jag att det verkliga slaget har börjat nu.”

Örnangreppen

Adler Tag – förmiddag

Efter alla mindre operationer över Kanalen stod *Luftwaffe* redo att kasta sig över England i full styrka. Närmare 2 000 tyska plan hade samlats på de holländska, belgiska och franska flygfälten och klockan 07.30 skulle den första jättelika armadan flyga in över den engelska kusten. Den yttersta målsättningen bakom *Adlerangriff* varierade beroende på från vilket håll det betraktades. Hitler eller OKW, generalstaben eller *Kriegsmarine*, de hade alla sin uppfattning om vart flygkriget kunde eller borde leda. Göring hade sina egna, speciella förväntningar. För första gången i historien skulle ett större land bringas till underkastelse genom bomboffensiv allena.

Och det var hans *Luftwaffe* som skulle ge Tyskland denna lysande seger.

Göring var inte ensam om att vara optimistisk. Hans segervisshet delades av de flesta inom det tyska flyget. Nu skulle *Luftwaffe* upprepa sina bedrifter från Polen och Frankrike. Fältväbel Karl Hoffmann uttryckte vad många flygbesättningar kände:

> Dagen före *Adlertag* hade vi informerats att vi skulle flyga över Kanalen i starka formationer för att anfalla England. Vi skulle slutligen koncentreras i stora bombarformationer med jakteskort. Länge hade vi flugit enskilda uppdrag under enkla operationer som fotospaning eller minläggning. En del, som vi, hade aldrig sett ett brittiskt flygplan och hade aldrig skjutit ett skott i avsikt att döda. Det verkade inte som något riktigt krig överhuvudtaget. Nu stod många bombplan redo, många hade flugits in från flygfält längre bort, och jag förstod att äntligen skulle vårt ärorika *Luftwaffe* angripa England.[578]

All denna entusiasm till trots kom dagens stora anfall att präglas av besvikelser. Under natten hade vädret förändrats på ett sätt som de tyska meteo-

LUFTWAFFE 13 augusti 1940

LUFTFLOTTE 2		
I *Fliegerkorps*	KG1	Ju 88, He 111
	KG76	Do 17, Ju 88
II *Fliegerkorps*	KG2	Do 17
	KG3	Do 17
	KG53	He 111
	II/StG1	Ju 87
	IV/LG1 (Störtb.)	Ju 87
	ErPrGr210	Bf 109, Bf 110
IX *Fliegerdivision*	KG4	He 111, Ju 88
	KGr100	He 111
Jagdfliegerführer 2	JG3	Bf 109
	JG26	Bf 109
	JG51	Bf 109
	JG52	Bf 109
	JG54	Bf 109
	ZG26	Bf 110
LUFTFLOTTE 3		
IV *Fliegerkorps*	LG1 (Bombare)	Ju 88
	KG27	He 111
	KGr100*	Ju 88
	KGr186	He 111
	StG3	Ju 87
V *Fliegerkorps*	KG51	Ju 88
	KG54	Ju 88
	KG55	He 111
VIII *Fliegerkorps*	StG1	Ju 87, Do 17
	StG2	Ju 87, Do 17
	StG77	Ju 87, Do 17
Jagdfliegerführer 3	JG2	Bf 109
	JG27	Bf 109
	JG53	Bf 109
	ZG2	Bf 110
LUFTFLOTTE 5		
X *Fliegerkorps*	KG26	He 111
	KG30	Ju 88
	JG77	Bf 109
	ZG76	Bf 110

* Fr. o. m. den 16 augusti
Spanings-, kustflyg- och meteorologiska förband har exkluderats.

rologerna inte kunnat förutsäga, och över Kanalen och södra England låg ett tjockt molntäcke. Göring sköt upp anfallet från tidiga morgonen till klockan 14.00. Många förband befann sig redan i luften och tvingades återvända till sina baser. Olyckligtvis hade inte alla nåtts av denna order. Från de tyska flygfälten runt Arras hade 84 Dornier Do 17 ur KG2 startat för att bomba marinbasen vid Sheerness och flygfältet Eastchurch på Isle of Sheppey. Ordern att inställa hade förvisso nått styrkan, men radion i överste Finks Dornier var ur funktion. Endast ett plan uppfattade signalen, men där satt en radiotelegrafist med influensa och hög feber. I sitt dåliga tillstånd misstolkade han ordern som ett klartecken att fortsätta. I det ledande planet spanade Fink irriterat mot den kraftiga molnbanken framför sig. Varför hade han inte informerats om denna? Och var befann sig eskorten?

Svaret på den sista frågan infann sig när en Messerschmitt Bf 110 dök upp framför Finks ledarplan. Den gjorde en serie manövrer som avslutades med en dykning mot marken. Fink blev än mer irriterad. Räckte det inte med att vädret var så dåligt, måste de käcka jaktsprättarna spela teater också? Vad han inte visste var att chefen för eskortstyrkan, överstelöjtnant Joachim Huth, i själva verket försökte säga honom att anfallet var inställt.

Hade Fink och Huth haft radiokommunikation skulle denna situation lätt ha klarats upp, men precis som man försuttit möjligheten att förse 109:orna med fälltankar, hade man även negligerat frågan om samband mellan jakt- och bombplan. Jaktplanen hade kontakt med sin bas via radio, men bombplanen signalerade med morsetelegrafi. Om Huth ville få igenom ett meddelande till Fink måste han först kontakta sin bas. Därifrån kunde man sedan ringa upp *Kampfgruppe*-högkvarteret, som i sin tur kunde skriva ut meddelandet och sända det i morse. Systemet var så bristfälligt att det inte kunde kallas system överhuvudtaget och inte heller användas som sådant. Bristen kontrasterar skarpt mot Dowdings stridsledningssystem. Märkligt nog var det få som förstått denna svaghet. Även en så framsynt person som Adolf Galland hade motsatt sig idén. Radioutrustning ökade vikten och piloterna kunde alltid signalera genom att vagga med vingarna, menade han.[579] Denna försummelse skulle stå *Luftwaffe* dyrt ovanför England, och den enda effekten Huths akrobatik fick var att göra Fink alltmer förargad. Strax därpå nådde bombplanen molntäcket och jaktplanet försvann ur sikte.

Första etappen av KG2:s anflygning gick dock bra. Det dåliga vädret hade sänkt vaksamheten inom *Fighter Command* och när den tyska styrkan dök

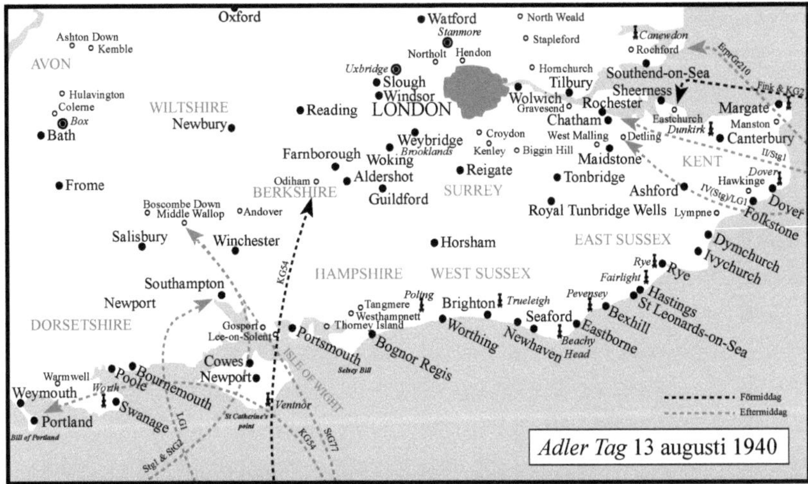

Adler Tag 13 augusti 1940

upp på radarskärmarna tolkades den som en mindre räd. Till en början var det endast Sailor Malans 74. division som fick order att starta och när Dornierplanen flög in över kusten doldes de av det låga molntäcket. Plötsligt sprack molnen upp. Fink kunde se det engelska landskapet, skimrande i morgonljuset. Framför honom låg Eastchurch med planen uppställda på långa rader.

> Vi befann oss på en höjd av 3 000 meter med kurs mot Themsenmynningen. På vänster sida såg jag kusten av norra Kent. Flygfältet vid Eastchurch låg rakt framför. Vad som var överraskande var att vi, med endast [några] minuters flygtid till målet, fortfarande inte mött något motstånd.[580]

Men i detta läge verkade *Fighter Command* vakna till liv. Malans Spitfireplan kom dykande ned med solen i ryggen och de tyska skyttarna fick fullt upp med att värja sig mot angriparna. *Observer Corps*-centralen i Bromley ringde upp sin förbindelseofficer vid Stanmore. ”Har vi en stor flygstyrka i närheten av Rochford?”

”Nej…”

Hjulen snurrade. ”Räd mot Eastchurch.”

John Thompson, som med sin 111. division befann sig på patrull ovanför Folkstone, anropades av jaktstridsledaren vid Hornchurch: ”Hallå, *Hydro* chef, detta är *Tartan*. Vektor trea-fyra-nolla. Sök banditer på återgång från Isle of Sheppey.”

På flygfältet lyfte en sömndrucken överste Frank Hopps luren till den ilsket ringande telefonen. Rösten i andra änden gjorde honom omedelbart klarvaken. ”Vi tror att det är några banditer på väg mot er.” Ljudet av motorerna kunde redan höras när han krängde på sig sina stövlar och sprang mot en skyttegrav utanför. I en annan byggnad stod furir Reginald Gretton i sin pyjamas och såg ut genom fönstret. Han upptäckte de små prickarna i skyn och betraktade dem för ett ögonblick innan sammanhanget gick upp för honom. ”De fäller bomber!”, skrek han. ”De fäller bomber ... på *oss*!”

Sedan kom explosionerna. Fem Blenheimplan och en Spitfire förstördes; flera bränsle- och ammunitionsförråd gick upp i rök. Elektriciteten slogs ut och samtliga telefonlinjer bröts. När Finks bombplan passerat hade tolv man ur markpersonalen dödats och 26 andra var skadade.[581]

Anfallet hade hittills varit en framgång, även om antalet förstörda Spitfire endast var en och inte tio som Fink senare skulle rapportera, men nu började den tyska styrkan lida förluster.[582] Malan satte en Dornier i brand, och snart kom 111. divisionen dykande, som vanligt på kollisionskurs. Finks situation förvärrades ytterligare när John Gordons 151. division anlände. Den sista hade en Hurricane utrustad med automatkanoner. Detta plan var långsammare och klumpigare att manövrera, men piloten, kapten Roddick Lee Smith, ansåg att eldkraften vägde upp dessa handikapp. På 300 meters avstånd öppnade han eld mot en Dornier, som fattade eld och föll mot marken.

När KG2 landade hade de förlorat fem plan, och sex andra var skadade med flera döda besättningsmän. Två brittiska jaktplan hade skjutits ned.[583] Skakande av vrede och sorg över förlusterna, ringde Fink upp Kesselring i dennes högkvarter vid Cap Blanc Nez. För tillfället glömde han att han talade till en fältmarskalk, och ventilerade all sin ilska mot chefen för *Luftflotte* 2. Kesselring var vid detta laget medveten om att flera förband startat trots att anfallet skjutits upp, men Fink var inte mottaglig för några förklaringar.

”Var i helvete var de fördömda jaktplanen då?”, skrek han. ”Kan ni tala om det?” Kesselring sade att Finks förband borde ha fått ordern, men chefen för KG2 var alldeles för upprörd för att inse att felet i själva verket legat i hans egen utrustning. ”Jag kan inte förstå det heller. Så ett större anfall kan bara ställas in så där utan vidare? Har någon därnere överhuvudtaget gjort sig besväret att räkna ut hur lång tid det tar för mitt förband att korsa Kanalen?”

Kesselring svarade att han ville träffa Fink personligen, men han kunde inte annat än medge att inledningsfasen på *Adlerangriff* utvecklats till en jättelik blunder.[584]

Det var inte bara Fink som missat att *Adlertag* skjutits upp till eftermiddagen. Bombplan ur KG54 startade för att gå mot flygfälten vid Odiham och Farnborough, men dåligt väder och sporadisk uppvaktning från 43., 64., 87. och 601. divisionerna fick flera av planen att avbryta. Fänrik Mayers ledde en grupp ur 601. divisionen, när han upptäckte en styrka Ju 88 med eskort ovanför. Han inväntade eskortens reaktion och när 110:orna kom dykande mot honom lät han sin grupp utföra en stigande högergir som förde den rakt in bland Messerschmittplanen. Med tummen på avfyringsknappen, såg han hur delar lossnade från ett fiendeplan som snabbt girade undan. Kort därpå hade han dykt ned bakom en av Ju 88:orna och avfyrade en lång salva mot den. Gnistor dansade över flygkroppen. Planet omfamnades av flammor och vände nosen nedåt. Mayers hade tappat kontakten med de övriga planen i gruppen, men fann en fiendebombare mot vilken han avlossade resten av sin ammunition. Det sista fiendeplanet vände tillbaka mot Frankrike med rykande motor.[585]

Samtidigt hade en *Staffel* ur JG2 befunnit sig på frijakt ovanför Brighton. En av de tyska piloterna, löjtnant Paul Temme, hade haft föraningar om att någonting skulle hända redan före starten. Ordern hade lytt *Freie-Jagd Brighton*, men deras sökande hade inte givit något resultat. De hade redan vänt tillbaka mot Frankrike med varnande bränslemätare, när Hurricaneplan ur 43. divisionen dök mot dem. Fänrik Mills satte en kulkärve i Temmes Bf 109. Kylsystemet skadades och den tyske piloten förstod att han inte skulle kunna återvända till Frankrike. Han nödlandade på ett fält i närheten av flygfältet vid Shoreham, där han snabbt togs till fånga av soldater från en luftvärnspost. Temme fördes till Shorehamfältet och upptäckte att britterna hade svårare att avgöra vad de skulle ta sig till med honom än de hade haft att skjuta ned honom. Flygbaskommendanten bjöd den tyske flygaren på en frukost bestående av bacon och ägg, samtidigt som han erkände att han inte studerat reglementet gällande nedskjutna fiender tillräckligt noga. Men nog var det ett problem för armén. Temme fördes till ett artilleriförband i Brighton, och deras första åtgärd var att bjuda honom på en andra frukost bestående av bacon och ägg. De delade dock inte RAF-officerens tolkning av ansvarsområden och skickade den tyske löjtnanten vidare till Farnborough. Klockan hade ännu inte blivit tio när Temme åter befann sig i händerna på RAF. Vid detta laget hade han även genomgått en dramatisk konfrontation med en förhörsledare från armén.

”Bry er inte om honom”, tröstade flygofficeren som tog över ansvaret för Temme efter förhöret. ”Han är ingen flygare, och nu – hur vore det med lite bacon och ägg?”[586]

Adler Tag – eftermiddag

Trots att vädret förbättrades endast marginellt under eftermiddagen fick de tyska *Fliegerkorps* den väntade startordern. Tyska besättningsmän klättrade upp i sina maskiner, motorerna vaknade till liv och planen taxade ut till startbanorna. Vid Caen startade major Schönborns Stukaplan ur StG77 med bomberna fullt synliga under sina karakteristiskt krökta vingar. Från Orléans och Bricy rusade Ju 88:or ur överste Bülowius LG1 (bombare) en efter en utmed startbanorna och steg klumpigt mot den grå himlen. Scenerna upprepades från fälten vid Dinan, Lannion, Evreux och Saint-André i väst till Tramecourt, Pas de Calais och Caffiers i öst. Väl i luften cirklade bombplanen för att vinna höjd, och jakteskorterna anslöt sig. Sedan satte de kurs norrut över Kanalen.

På den engelska sidan hade man upptäckt anfallen redan innan de tyska förbanden passerat den franska kusten. Radarstationerna registrerade formationerna på sina skärmar och larmade högkvarteret i Stanmore som omedelbart vaknade till full aktivitet. I filterrummet granskades rapporterna från radarstationerna och jämfördes med informationer från IFF-systemet. Om observationen bedömdes som fientlig fick den ett nummer och rapporterades sedan till stridsledningscentralen i rummet intill.

”Räd ett. Tjugo plus på väg från Jersey.”

En kloss placerades på kartbordet.

”Ytterligare en räd från Jersey. Trettio plus.”

”Femtio plus...”

Instruktioner gick till 10. och 11. eskadrarna som satte sina divisioner i beredskap eller gav dem startorder. Därefter låg saken hos varje berörd sektor. Vid Filton larmade jaktstridsledaren sitt *Stand by*-förband. ”Skicka 213. divisionen i luften”, sade han till officeren bredvid sig. ”Vektor ett-nolla-nolla. Patrull Weymouth. Femton änglar (femtontusen fot).”

Officeren fattade luren. ”*Bearskin* starta – *Bearskin* starta. Vektor ett-nolla-nolla. Patrullera Weymouth. Femton änglar.”

Vid satellitfältet vid Exeter satt piloterna ute i gräset och väntade. Telefonen i hytten bakom dem ringde med ett ljud som fick alla att rycka till. En rapportkarl lyfte luren. ”Ja, sir. Ja, sir, uppfattat.” Han lutade sig ut genom fönstret. ”Starta! Patrull Weymouth. Femtontusen fot.”

Piloterna släppte allt de hade för händer och sprang till sina plan. I operationsbyggnaden vid Filton gav jaktstridsledaren direktiv till den arméofficer som hade ansvaret för luftvärnet i området. Strax därpå meddelade stationsvakten vid Exeter att tolv Hurricaneplan hade startat. Nästan i samma ögonblick tog vice jaktstridsledaren emot ett anrop från 213. divisionens chef att förbandet befann sig i luften. Kurs och anbefalld höjd kontrollerades.

”Chefen *Bearskin*. Uppfattat. Klart slut.”

Jaktstridsledaren anropade eskaderhögkvarteret i Box och meddelade att divisionen var i luften. Proceduren upprepades i andra sektorer. Vid Middle Wallop startade 238. divisionen. Samtidigt gick 601. divisionen upp från Tangmere, 257. från Northolt och 56. från North Weald. Ovanför Weymouth och Isle of Wight låg 152. och 609. divisionerna redan på patrull när de tyska formationerna, totalt 450 plan, närmade sig den engelska kusten.[587]

Hade vädret varit bättre skulle det ha varit en smal sak att finna de tyska förbanden, men det var fortfarande molnigt över Kanalen och södra England. Först att få kontakt med fienden var 152. och 213. divisionerna, som lyckades skilja delar av den tyska jakten från bombplanen. Eftersom man haft god förvarning kunde de brittiska jaktflygarna placera sig i en fördelaktig position innan de anföll.

De tyska Bf 109-piloterna befann sig i underläge även i ett annat avseende. Efter bara några minuters strid tvingades de bryta för att återgå till Frankrike, annars skulle bränslet ta slut innan de nådde tillbaka till sina baser. Detta problem var speciellt stort för 109:orna i Sperrles *Luftflotte* 3, eftersom dessa tvingades korsa en betydligt bredare del av Kanalen än sina vapenbröder i *Luftflotte* 2.

Förutsättningarna var inte heller de bästa för Stukapiloterna. Innan de startat hade de blivit tillsagda att det inte var av avgörande betydelse huruvida de fann sina mål eller ej. De var lockbetet och skulle dra till sig den brittiska jakten så att 109:orna kunde skjuta ned den. Om man betänker att 109:orna var tvungna att fundera på återfärden redan innan bombplanen nått sina målområden, kan man inte annat än ifrågasätta logiken i denna taktik.

Bombplanen fick nu klara sig själva eller förlita sig på hjälp från 110:orna. De sista var ingen god hjälp eftersom 110:orna själva var i behov av eskort.

Snart gick de brittiska jaktplanen till anfall mot bombplanen, vars omedelbara prioritet skiftade från att försöka finna sina mål till att försöka överleva angreppen. Major Paul Hozzel såg hur hans kamrater förvandlades till flammande raketer när deras Stukaplan exploderade med bomberna fortfarande hängande under vingar och flygkroppar. Han släppte sina egna bomber på första bästa mål och satte skyndsamt av tillbaka mot Frankrike. På marken nedanför hade Churchill, Alan Brooke, general Auchinleck och general Bernard Montgomery avbrutit en inspektionstur av kustförsvaret. Nu såg de fascinerat hur de brittiska jaktpiloterna gång på gång anföll Stukaplanen. Efter sin nedslående inspektion av det bristfälliga invasionsförsvaret, uppskattade de skådespelet i skyn betydligt mer än major Hozzel.

Effekterna av de tyska eftermiddagsräderna i väst blev tämligen små. Middle Wallop klarade sig helt från skador, medan några bombplan fann basen vid Andover och åstadkom viss åverkan. Bomber föll över Portland och Southampton, men endast i det senare fallet fick anfallen någon effekt när bostadskvarter och torrdockor träffades.

I öster hade tyskarna bättre framgång. Med major Gotthardt Handricks Bf 109 ur JG26 som eskort, anföll kapten von Brauchitschs IV/LG1 (störtbombare) flygfältet vid Detling. Ovanför Rochester försökte 56. divisionen bryta upp den tyska formationen, men 109:orna var snabbt över den och britterna förlorade fyra plan. Därpå kom turen till Detling. Ett regn av bomber träffade banor och hangarer, verkstadsbyggnader och bränsledepåer. Flera flygplan förstördes på marken. Anfallet hade infallit just som större delen av markpersonalen åt kvällsmat. Flera utspisningslokaler träffades. Inte mindre än 67 personer, militära som civila, dödades, däribland stationskommendanten.[588]

Ett annat Stukaförband, kapten Anton Keils II/StG1, lyckades inte finna flygfältet vid Rochester och fällde sina bomber på måfå över Margate, Canterbury, Ashford och Lympne.

Vid dagens slut hade Dowding all anledning att vara lättad. Den preliminära sammanräkningen av fiendens förluster hamnade på 68 plan. Detta var som vanligt en kraftig överdrift, för det verkliga antalet var 47, men den brittiska förlusten stannade på 13 jaktplan med fem piloter förlorade.[589] Trots två dagar av hårda strider hade Dowding fortfarande 647 jaktplan stridsberedda.[590] Dessutom var de skador tyskarna tillfogat *Fighter Command* små. Förvisso hade både Eastchurch och Detling skadats, men inget av dessa flygfält användes annat än sporadiskt av brittiska jaktdivisioner.

Inga anfall hade heller riktats mot radarnätet, så detta var, med undantag för Ventnor, helt intakt.

Dowding summerade första dagen av *Adlerangriff* – Görings stora offensiv – med den korta kommentaren: ”Vi har sett ett mirakel.”

Hitler godkänner den smala fronten

Efter det fruktlösa mötet mellan *Kriegsmarines* och *Heers* stabschefer den 7 augusti måste frågan om den smala eller breda fronten hänvisas till Hitler för avgörande. Raeder höll styvnackat på de åsikter han presenterat för *Führern* den 31 augusti: om en invasion skulle ha förutsättning att lyckas måste landstigningarna ske mellan Folkstone och Beachy Head.

Von Brauchitsch, å sin sida, argumenterade mot Raeder i en promemoria av den 10 augusti. Han menade att starka brittiska trupper kunde koncentreras mot brohuvudet om Raeders version fick företräde. Eftersom britterna skulle vara medvetna om att invasionsstyrkorna var på väg skulle den tyska första vågen tvingas till ett frontalanfall mot en förberedd försvarare. Att terrängen i området var fylld av sumpmarker och kanaler gjorde inte saken bättre.

Det fanns även ett annat scenario att beakta. Om britterna inte gick till motanfall mot de tyska trupper som gått iland, utan istället grävde ned sig längs en linje mellan Chatham i norr och Brighton i söder, så skulle de befinna sig i en lämplig försvarsposition med dominerande kullar runt hela landstigningsområdet. Von Brauchitsch bedömde möjligheterna att bryta igenom denna linje och snabbt få till ett avgörande som små. På en punkt var han dock beredd att göra eftergifter. Sjätte arméns operation mot Lyme Bay kunde ställas in om landstigningen runt Brightonbukten utfördes i enlighet med *Heers* planer. Den senare var mycket viktig, menade han. Om man snabbt kunde ockupera den högländta terrängen vid Brighton skulle anfall i nord-västlig riktning tvinga britterna att sätta in stora styrkor för att hålla fronten. Detta skulle göra deras motanfall på andra punkter svagare. Även om fienden valde att agera defensivt var ett tidigt erövrande av Brightonområdet önskvärt. I och med detta skulle en sannolik brittisk försvarslinje Chatham-Brighton vara bruten, och området nordväst därom var speciellt lämpat för mobila operationer. En tysk stöt från Brighton skulle tvinga britterna att utrymma hela området söder och sydost om London.[591]

Till följd av von Brauchitschs promemoria, inkom den 13 augusti en lägesbedömning från Jodl. Denne menade att *Seelöwe* inte fick misslyckas eftersom detta skulle få politiska konsekvenser som vida översteg de militära. Enligt Jodl kunde *Luftwaffe* hantera kravet på att driva undan *Royal Navy* från den engelska sydkusten och även tillkämpa sig luftherravälde över området. Han hyste dock farhågor beträffande arméns och marinens möjligheter att utföra sina uppgifter. Till skillnad från *Heer* och *Kriegsmarine*, som tenderade att överdriva sina egna svårigheter och underskatta den andra partens, insåg Jodl det orimliga i hela operationen. Om *Seelöwe* skulle kunna uppfylla sin militära målsättning, ansåg han att ett brohuvud mellan Brighton och Folkstone måste säkras direkt efter landstigningen och att minst tio divisioner måste finnas där inom de fyra första dygnen. Dessa måste sedan följas av ytterligare tre, fullt utrustade divisioner inom de påföljande fyra dygnen. Detta ansåg han vara minimikraven för framgång. Om *Kriegsmarine* inte ansåg sig kapabel att utföra transporten av dessa trupper, var hela operationen dömd att misslyckas. Under dessa omständigheter vore det bättre att utsätta Storbritannien för ett omfattande flyg- och sjökrig och därigenom tvinga dem på knä.[592]

Ett samtal med Raeder den 13 augusti bekräftade att chefen för *Kriegsmarine* inte ändrat ståndpunkt: en landstigning i Lyme Bay var omöjlig, och det gick inte att uppbringa fler transportfarkoster för att öka förstärkningstakten. Dagen därpå, i samband med utdelandet av fältmarskalkstavar i Rikskansliet, avslöjade Hitler för Raeder att oavsett om *Seelöwe* blev av eller ej, så skulle förberedelserna fortsätta. Ett förslag från marinstaben att vilseledande åtgärder kunde vidtagas – för att ge sken av förberedelser medan trycket mot den tyska ekonomin lättade – avfärdades bestämt. Operationen skulle vara redo att sättas igång efter den 15 september.

Ett betydelsefullt beslut fattades emellertid den 14 augusti. Efter ett samtal med von Brauchitsch beslutade Hitler att landstigningen i Lyme Bay skulle strykas från dagordningen. Armén hade förlorat det första slaget mot *Kriegsmarine*. Brightonfrågan kvarstod dock. Även här var Hitler tveksam, men han skulle betänka en landstigning där, utan tung utrustning eller förstärkningar som skulle utgå från Le Havre i de snabbaste farkosterna. Två dagar senare bekräftades detta i en order från OKW.

Den breda fronten hade smalnat av en aning.

Den svarta torsdagen – förmiddag

Morgonen den 15 augusti var lugn eftersom väderutsikterna visat på dåligt väder. Ett tjockt molntäcke över södra och sydöstra England verkade bekräfta prognosen. Göring hade tagit tillfället i akt att samla sina underlydande. Kesselring, Sperrle samt flera *Fliegerkorps*-chefer infann sig vid Karinhall, där deras högste chef begärde en förklaring till att inledningen av *Adlerangriff* hade uppvisat så magra resultat. Varför fann inte planen sina mål? Varför var förlusterna så höga?

”Våra anfall måste få större effekt”, klagade han. ”Våra uppdrag måste bestå av fler plan, större formationer och starkare eskort som måste flyga med större skicklighet än de gjort hittills.” Göring ville även att Stukaformationerna skulle få starkare eskort, helst tre jaktplan för varje störtbombare, eftersom engelsmännen koncentrerade sig på dessa. Han var också kritisk till användandet av *Zerstörer*-förbanden. ”Jag har vid upprepade tillfällen givit order om att de tvåmotoriga jaktplanen endast skall sättas in när andra jaktplans räckvidd inte räcker till. Antalet tvåmotoriga jaktplan är inte stort och vi måste använda dem så ekonomiskt som möjligt.”

Han ansåg också att angreppen mot den brittiska radarn varit verkningslösa. Det var uppenbart att stationerna inte tog avsedd skada och att inga brittiska plan förstördes genom att bomba dessa.[593] Han stod därför i begrepp att stoppa dem. Denna åsikt har ofta setts som ett allvarligt misstag. Den brittiska radarn var en viktig faktor i RAF:s försvar, och därför borde den ha neutraliserats menar man. Kritiken tar lite hänsyn till det faktum att målet var närmast omöjligt att förstöra. RDF-systemet bestod av ett antal mindre komponenter, vilka i sin tur bestod av ännu mindre beståndsdelar. Om en telefonväxel förstördes eller en kabel skadades kunde de lagas eller ersättas inom loppet av några timmar. Detsamma gällde förluster i personal. Om en hel radarstation slogs ut skulle åtgärderna ta längre tid, men efter några dagar skulle den åter vara i bruk. Detta förhållande gällde även operationscentralerna ute på sektorfälten och i eskaderhögkvarteren.

Förlusten av förvarningssystemet skulle tvinga *Fighter Command* att kämpa i blindo, det är riktigt. Men för att uppnå detta skulle *Luftwaffe* tvingas att anfalla mål längs hela den sydengelska kusten, om och om igen under flera veckors tid. Detta skulle ta så stora resurser i anspråk att det tyska flygets möjligheter att angripa alternativa mål skulle ha begränsats. Om man sedan skiftade mål skulle det inte dröja många dagar förrän RDF-nätet åter vaknade till liv.

En längre offensiv mot RDF skulle även ha lett till en onödigt stor åderlåtning av de tyska Stukaplanen. Dessa var bland de mest lämpade för den här typen av angrepp, men de var också behäftade med en stor svaghet. För att göra överraskande anfall mot radarn, var de tvungna att flyga in snabbt och på låg höjd, men planet var långsamt och behövde 2 000 meters höjd för sin dykning. Det var ett av de bäst lämpade planen beträffande precision, men det sämst lämpliga att närma sig målet. Deras långsamhet gjorde dem också till tacksamma måltavlor för brittisk jakt, och de behövdes som markattackplan om den tyska armén skulle gå iland i England.

Att rikta fortsatt stor uppmärksamhet mot radarstationerna skulle därför vara onödigt resurskrävande och Görings misstag var inte så stort som allmänt påstås. Vad man dock borde ha gjort, var att låta de större räderna mot andra mål föregås av snabba insatser mot utvalda radarstationer. Att *störa*, inte förstöra, borde ha varit målsättningen. För detta ändamål var ErprGr210 mycket lämpligt. Dessvärre för tyskarna var Rubensdörffers förband det enda i sitt slag.

•

Medan Göring läxade upp sina flygchefer i Tyskland blev vädret över Kanalen och södra England bättre. Molnen sprack upp och den grå himlen förbyttes i en klarblå ton. Vid II *Fliegerkorps* högkvarter i Calais fattade stabschefen, överste Paul Deichmann, ett impulsivt beslut. Det var dåligt väder som ställt in anfallen, resonerade han, därför fanns det inte längre något skäl att hålla bombplanen tillbaka. Han gav order att Brauchitschs och Keils Stukaplan skulle starta och utföra sina planerade anfall. Därefter for han till *Luftflotte* 2:s högkvarter vid Cap Blanc Nez. Eftersom Kesselring och dennes stabschef var i Tyskland, fanns endast en av stabsofficerarna, överstelöjtnant Rieckhoff, på plats och denne hade just fått en order från Berlin att inga anfall fick göras på grund av det rådande vädret.

”För sent”, sade Deichmann. ”De är redan på väg.”

Rieckhoff ville ringa Berlin och fråga om planen skulle kallas tillbaka, men Deichmann övertalade honom att vänta. Vädret var ju strålande. Då skulle väl förutsättningarna för *Adlerangriff* gälla? Rieckhoff försökte ringa till Karinhall, men där svarade man att mötet inte fick störas. De båda officerarna gick ut till observationsplatsen och såg Stukaformationerna passera ovanför. Så kom Messerschmittplanen ur eskorten. Inte långt därefter kunde de se hur

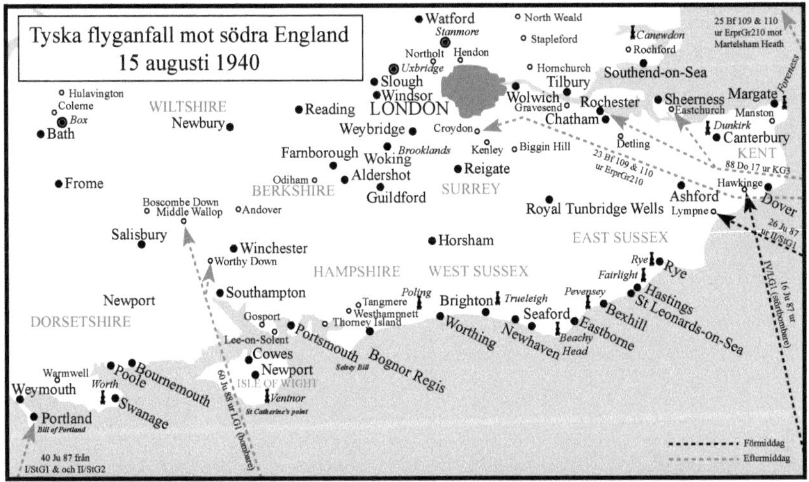

luftvärnet vid den engelska kusten öppnade eld. Rieckhoff meddelade Berlin att anfallen börjat.[594] Medan de högre cheferna dinerade vid Karinhall, ovetande om vad som hände över Kanalen, startade Deichmanns initiativ en kedjereaktion och med ens var hela operationen igång.

De första anfallen denna dag riktades mot Hawkinge och Lympne som skadades allvarligt. Lyckligtvis för britterna hade inga jaktplan befunnit sig vid Lympne, och vid Hawkinge hade 54. och 501. divisionerna redan startat. Snart angrep störtbombarna även radarstationerna vid Rye, Dover och Foreness, där många byggnader skadades. Här hade tyskarna tur, för under anfallet mot Hawkinge missade fyra bomber så grovt att de slog ned på vägen utanför området. Av ren tillfällighet träffades den huvudkabel som försåg ovanstående stationer med ström. Felet var inte reparerat förrän långt in på eftermiddagen, och Stanmore fick tills vidare lita till rapporter från *Observer Corps* i området.

•

Den 15 augusti angrep *Luftwaffe* för första och sista gången England från Skandinavien. Sextiotre He 111 från I och III/KG26 startade från Norge för att angripa flygfälten vid Dishforth och Usworth i norra England. De eskorterades av 21 Bf 110 från I/ZG76. Längre söderut startade KG30 – *Adler-Geschwader* med sina dykande örnar målade på flygkropparna – från Danmark. Dess 50 Ju 88:or hade flygfältet vid Driffield som mål och flög

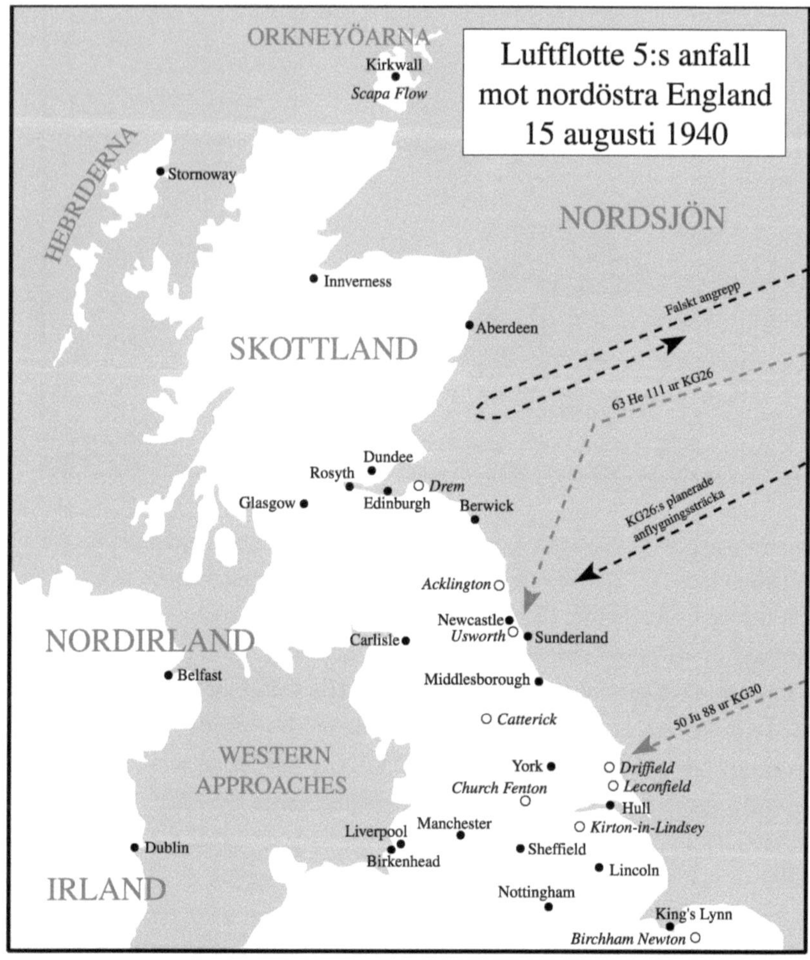

utan eskort. Utöver dessa förband deltog även en lockfågel i räden. Tjugo sjöflygplan av typen Heinkel He 115 skulle göra en skenanflygning mot Dundee norr om de verkliga målen, för att få brittiska jaktplan att reagera på fel rädstyrka. När de närmade sig den skotska kusten skulle sjöflygplanen vända tillbaka mot Norge.

Efter de många anfallen mot mål i södra England trodde *Luftwaffes* underrättelsetjänst att det fanns få, om ens några, brittiska divisioner kvar i norra England. Att 11. eskadern överlevt angreppen bedömdes ligga i det faktum att försvaret i norr tömts på brittiska jaktplan. Det var en av *Luftwaffes* många felbedömningar. Ett flertal förband med stridserfarenhet från Frankrike och Dunkerque befann sig i 12. och 13. eskadrarna. Dessutom växlade Dowding förband från de hårt ansatta flygfälten i söder till de lugna uppe i norr när de var i behov av vila.

Till en början verkade den tyska krigslisten gå planenligt. Det brittiska luftförsvaret snappade upp de 20 Hs 115 på sina skärmar och styrkan uppskattades till 30 plan. Endast 72. divisionen larmades. Därefter gick den tyska manövern snett, för huvudstyrkan hade gjort sig skyldig till ett navigeringsfel. Istället för att nå den engelska kusten vid Newcastle som planerat, nådde Heinkelplanen England inte långt från den punkt där lockfågeln just vänt tillbaka. Misstaget orsakade en stunds huvudbry i 12. eskaderns stridsledningscentral, för där förstod man aldrig att det handlade om två styrkor. Snarare tycktes räden växa från 30 plan till mer än 50. I tron att någonting var fel med radarutrustningen, men i förvissningen att ett större angrepp var på väg, larmades 41., 79. och 605. divisionerna som startade i tät följd. Istället för att leda bort de brittiska jaktförbanden hade lockfågeln varnat dem i förtid.

Snart fick de elva piloterna i 72. divisionen syn på den överväldigande bombstyrkan under sig. ”För höge farao, det är ju inte trettio – det är över hundra!” För ett ögonblick villrådig, beslutade sig kapten Ted Graham för att manövrera sig runt fienden så att hans förband skulle få solen i ryggen före anfallet. Plötsligt hörde han jaktstridsledarens röst i lurarna. ”Har ni inte siktat dem ännu?”

Graham, som ofta stammade när han befann sig i stressade situationer, svarade irriterat. ”Klart jag ser de jä-jä-jäklarna. Jag fö-fö-försöker räkna ut vad jag ska gö-gö-göra.”

Strax därpå angrep Spitfireplanen den numerärt överlägsna fienden. De kom sättande ur solen, rakt ned mot de eskorterande 110:orna. De tyska flygarnas hörlurar genljöd av varningsrop. ”Spitfire till vänster! Jakt kommer ner ur solen!”

Chefen för den tyska eskortstyrkan, kapten Restemeyer, var en av de första att falla offer för de brittiska kulsprutorna. För att klara den långa färden hade hans 110:or försetts med fälltankar. Dessa var tomma och skulle ha kopplats loss, men Restemeyers tank hade fastnat. Bränslet var förvisso förbrukat, men behållaren var fylld av explosiv gas. Hans plan träffades av en kulkärve och en av projektilerna fann den tomma fälltanken. Restemeyers plan omvälvdes av lågor och virvlade ned mot havet.[595] Ytterligare en 110:a sköts ned, sedan dök Spitfireplanen mot 111:orna och sköt även en av dessa i brand.

Snart nådde andra brittiska divisioner fram, och området runt Newcastle blev skådeplats för det tyska nederlaget när bombplan efter bombplan gick i backen. Tyskarna fann aldrig de ursprungliga målen, utan fällde sina laster på måfå längs kusten mellan Newcastle och Sunderland. Åtta He 111 och sju 110:or gick förlorade i denna räd. På den brittiska sidan kraschlandade två Hurricane från 605. divisionen[596] och en Hurricane från 79. divisionen fick lättare skador.[597]

Längre söderut angrep Ju 88:orna ur KG30 flygfältet vid Driffield. Styrkan hade observerats av radarn och möttes av 616. divisionen samt en grupp ur 73. divisionen. Ju 88:orna nådde emellertid fram till målet. Försvaret vid flygfältet var larmat och luftvärnet upprätthöll en kraftig spärreld, men flygfältet träffades så svårt att det skulle vara ur bruk under lång tid framöver. Tio Whitleybombare förstördes på marken. När planen ur KG30 landade i Danmark visade det sig dock att sju Ju 88 skjutits ned. Totalt hade anfallet från Skandinavien kostat *Luftwaffe* 22 plan.

Detta var det scenario som Dowding ursprungligen planerat för: angriparen upptäcktes av radarn; brittiska jaktdivisioner larmades och leddes mot sina mål; de tyska bombplanen bekämpades och hade små möjligheter att försvara sig eftersom deras enmotoriga jakt inte hade tillräcklig räckvidd att följa dem. Om inte tyskarna haft sina baser i Frankrike och Belgien 1940 hade ett strategiskt bombkrig mot Storbritannien i dagsljus varit omöjligt.

Den svarta torsdagen – eftermiddag

Deichmanns initiativ under förmiddagen hade snart förvandlats från vindpust till regelrätt storm. Efter klockan två registrerade radarstationerna längs den engelska sydostkusten en allt talrikare ansamling flygplan över Frankrike och Belgien. Eftersom flera av stationerna var ur bruk efter det tidigare anfallet mot Hawkinge, var bilden av tyskarnas förehavanden diffus.

Denna osäkerhet fick *Fighter Command* att missa ännu ett blixtanfall från ErprGr210. Varning om den annalkande styrkan nådde flygfältet vid Martelsham Heath i tid för tre Hurricane från 17. divisionen att hinna starta, men strax därpå var Rubensdörffers plan över dem. Hans 109:or fällde bomber över den ännu inte färdigbyggda signalstationen, vilken undkom med lättare skador. De tyngre planens anfall var desto effektivare, när 110:orna träffade officersmässen, flera verkstäder och två hangarer. Ett bombplan exploderade med sådan kraft att flera omkringliggande byggnader förstördes, däribland ett reservdelsförråd. När 110:orna vände tillbaka efter utfört värv siktades de av 1. divisionen som kallats till platsen. Innan Hurricaneplanen hann gå till anfall, blev de i sin tur angripna av Rubensdörffers 109:or. Tre Hurricaneplan sköts ned och två av piloterna dödades. Samtliga av ErprGr210:s plan återvände till Frankrike oskadda.

Medan detta utspelades närmade sig en stor tysk styrka över Kanalen vid Dover: 88 Dornier Do 17 ur KG3 under överste Wolfgang von Chamier-Glisczinski, eskorterade av 130 Bf 109 ur JG51, JG52 och JG54. Framför dessa kom ytterligare 60 stycken Bf 109 ur JG26 insvepande på frijakt. Park beordrade 64., 111. och 151. divisionerna, som redan befann sig i luften, att genskjuta denna styrka, samtidigt som ytterligare fyra brittiska förband fick order att starta. En serie våldsamma luftstrider, följde där britterna drog det kortaste strået. Endast två Dornier sköts ned och britterna förlorade många jaktplan, framför allt 151. divisionen som landade sex maskiner fattigare. Snart delades von Chamier-Glisczinskis styrka upp i två. Den ena gick mot Eastchurch, den andra mot flygfältet och bombplansfabriken vid Rochester. Bägge målen åsamkades stora skador och den senare, som tillverkade det nya, ännu icke operativa, tunga bombplanet Short Stirling, fick sin produktion fördröjd med flera månader. I kölvattnet på Chamier-Glisczinskis Ju 88 följde ett antal mindre styrkor ur KG1 och KG2 som gjorde utfall mot Hawkinge, Maidstone och radarstationerna vid Dover, Foreness och Rye. På grund av det massiva tyska jaktskyddet klarade sig dessa bombplan utan förluster.

Efter samma mönster som dagarna före, arbetade sig anfallen långsamt västerut när Sperrles *Luftflotte* 3 lade sig i leken. Istället för att anfalla samtidigt, inleddes dessa angrepp många timmar efter *Luftflotte* 2:s insatser, vilket ledde till att flera brittiska divisioner hann landa, tanka och fylla på ammunition. Därefter gick de upp på nytt för att möta det nya hotet. Hade de två *Luftflotten* agerat mer unisont, skulle *Fighter Command* haft en svårare uppgift. Faktum är att Dowding lyckades få upp sin största styrka hittills – hela 170 plan.[598]

Mitt under detta dramatiska händelseförlopp anlände Winston Churchill till Bentley Priory. Tidigare samma morgon hade han fått ett telegram från lord Lothian i USA, där denne uttryckte oro för de förlustsiffror som figurerade i den brittiska pressen. Eftersom de brittiska och tyska siffrorna var så motsägelsefulla ”var det risk att den amerikanska opinionen trodde att bägge sidor ljög”. Churchill tog upp saken med Sinclair, som förklarade att ett fiendeplan betraktades som förstört om piloten såg det krascha eller gå i bitar i luften. Visst fanns risken att mer än en pilot rapporterade att de förstört samma plan, men å andra sidan förstördes med säkerhet fientliga plan som inte rapporterades.[599] Churchill beslutade att ta upp frågan med Dowding. Efter att ha hållit ett anförande i parlamentet for han till Stanmore tillsammans med Ismay och Beaverbrook. Utöver att diskutera saken med Dowding kunde de ta tillfället i akt att beskåda arbetet i operationscentralen. De anlände under sen eftermiddag, mitt under det pågående slaget. Churchill förklarade problemet med nedskjutningssiffrorna för Dowding. ”Ni inser säkerligen att allvarliga tvivel har riktats mot era piloters anspråk.”

”Om de tyska anspråken varit korrekta”, svarade Dowding kort, ”hade fienden varit i England nu.”

Mycket mer blev inte sagt i frågan, för Churchills intresse drogs istället till det stora operationsbordet och allt som försiggick nedanför avsatsen där gruppen befann sig. Flyglottorna flyttade markörklossar med sina långa, magnetiska rakor och personalen vid telefoner och växelbord gjorde ett effektivt och professionellt intryck. Lågmälda meddelanden genererade omedelbara reaktioner. Churchill förstod inte allt vad som hände nedanför, men en sak stod klart: ett antal röda lampor på den stora väggtavlan visade att samtliga divisioner i södra England antingen befann sig i luften eller höll på att tanka. Nu siktades två större rädgrupper – den ena på väg mot Middle Wallop, den andra mot Portland. Den första tog sig igenom och bombade flygfälten vid Middle Wallop, Worthy Down och Andover, men utan att orsaka några större skador. Tyskarna tog emellertid höga förluster själva, framför allt 4. *Staffel* ur LG1 (bombare), som förlorade hela fem av sju plan när 601. divisionen angrep dem. De tidigare problemen med jakteskortens korta räckvidd hade åter utfallit på ett för *Luftwaffe* tragiskt sätt. Den här gången hade bombplanen varit försenade och när de sammanstrålat med eskortplanen hade de sista redan förbrukat 20–25 minuter av sin flygtid.[600]

Den andra räden, 40 Stuka från kapten Hozzels I/StG1 och kapten Enneccerus II/StG2, siktades på väg mot Portland. Den eskorterades av 60 Bf 109 från JG27 och JG53 samt 20 Bf 110 ur V/LG2. Räden gensköts av Spitfireplan från 234. divisionen samt Hurricaneplan från 87. och 213.

divisionerna. Som brukligt försökte Spitfireplanen ur 234. divisionen ta sig an 109:orna, medan Hurricaneplanen gick mot Stukabombarna och 110:orna. Den tyska övermakten tog dock ut sin rätt. Tre Hurricaneplan ur 87. divisionen sköts ned och två piloter dödades. En av dem var divisionschefen, major Lovell-Gregg, som här deltog i sin allra första luftstrid. Även tre Spitfireplan gick förlorade. Ett av dessa, fluget av kapten Richard Hardy, skadades över Kanalen och piloten tvingades nödlanda på den franska sidan. Samma sak hände fänrik Ralph Roberts från 64. divisionen, som förirrade sig efter en strid över Dungeness. Löjtnant Jupp Buerschgens och två andra piloter ur JG26 var på återtåg mot Frankrike när de upptäckte Roberts Spitfire.

> När vi närmade oss den franska kusten såg vi ett ensamt plan framför oss och utgick ifrån att det var ett av våra egna. Strax innan vi nådde fram till det, svängde det emellertid och vi identifierade det som en Spitfire. Eftersom vi hade ont om bränsle och ammunition försökte vi avskära honom och tvinga ned honom på fransk mark. Detta ledde till en låghöjdsjakt med snabba svängar över träd och häckar. Spitfireplanet gjorde motanfall, dess pilot var en utmärkt flygare. På grund av bränsle- och ammunitionsbrist tvingades både jag och löjtnant Blume att ge upp jakten tidigt. Löjtnant Müller-Dühe var den som gav upp sist. Vid det laget var Spitfireplanet på kurs mot England, men det vände och förberedde sig för att landa på en strand vid Wissant.[601]

Det visade sig att Roberts blivit desorienterad under striderna och trott att han befunnit sig ovanför England. Hans förvåning var stor när tyska soldater dök upp och tog honom till fånga.

I kvällningen kom ytterligare ett anfall från Rubensdörffers förband. ErprGr210 hade utsetts att rikta det första anfallet mot sektorfältet vid Kenley. Denna gång var lyckan dock inte med den schweiziske piloten. Först tappade han kontakten med sin eskort. Sedan kunde han inte finna målet, för marken var insvept i dimma och solen höll på att gå ned. Molnigheten hade också ökat.

Observer Corps rapporterade de 23 planens flykt ovanför östra Sussex. Jaktstridsledningen hade svårt att förstå vad den gäckande rädstyrkan hade för sig, men slöt sig till att det rörde sig om flygfältet vid Croydon. Man gav direktiv till John Thompsons 111. division, det enda förband som inte hade gått ned eller var på väg att landa, att den skulle patrullera ovanför.

Samtidigt hade Rubensdörffer tröttnat på det meningslösa sökandet. ”Är vi överhuvudtaget över land eller vatten?”, frågade han i radion, men ingen av hans piloter visste. ”Vi går ned på låg höjd”, meddelade han och jaktbombarna inledde en flack dykning till ungefär 3 000 meters höjd. Plötsligt var de igenom molnslöjorna och ett flygfält bredde ut sig inte långt framför dem.

Rubensdörffer gav order om anfall. Ögonblicket därpå varnade akterskyttarna att en grupp fiendeplan var alldeles bakom dem. Med sin högre dykhastighet hade 110:orna dock några sekunders försprång, och anfallet genomfördes innan Hurricaneplanen hann stoppa det. Ett antal skolflygplan förstördes och en motorverkstad träffades. Kontrolltornet försvann i en jättelik explosion och minst tre hangarer skadades. Flera av de tyska planen tvingades dock att väja undan de första sökande blysvärmarna från Thompsons jaktplan och bombfällarna missade. Vissa bomber landade i bostadskvarteren bortom fältet. Andra föll över fabriker som tillverkade radioutrustning och flygkomponenter. Eftersom nattskiftet nyligen gått på och inga varningssirener föregått räden, var antalet förolyckade stort – 62 döda och 164 skadade. Ytterligare några bomber fann en parfymfabrik, som sprang i luften och spred varierande dofter över området.[602]

Men om Rubensdörffer kände någon triumf över resultatet skulle han inte leva för att berätta om bedriften. John Thompsons nio Hurricaneplan kastade sig nu över ErprGr210. Thompson flög in under en 110:a och gav den en femsekunderssalva. Delar lossnade från planet, men Thompson var tvungen att bryta för att inte kollidera. Strax därpå hade han en Bf 109 i siktet, sköt och såg hur svart rök bolmade från fiendeplanets motor.[603] Han förföljde planet en stund, och jakten gick alldeles ovan hustaken, men så upptäckte Thompson att hans kulor fick takpannor att splittras och falla till marken. Han kunde träffa oskyldiga. Han avbröt förföljelsen och den rykande 109:an försvann ur sikte.

Under tiden hade Rubensdörffers 110:or bildat försvarscirkel, och de fåtaliga 109:orna engagerade några av Hurricaneplanen, men de tyska planens bränsle var på upphällningen. De var tvungna att bryta ringen om de skulle kunna ta sig hem. Snart anlände även John Worrals 32. division till platsen och Rubensdörffer gjorde ett desperat försök. Han gav order att ringen skulle brytas upp i ett antal mindre grupper, som var och en skulle vända tillbaka till Frankrike. Själv kom han inte långt. Han och två andra i *Stabsketten* blev upphunna av Thompson och tre av dennes piloter och samtliga 110:or sköts ned. Det var Thompson själv som satte punkt för Rubensdörffers bana. Bf 110:ans ena motor stannade, och medan den schweiziske pilotens akterskytt fortfarande sköt korta skurar mot Thompsons Hurricane, försökte Rubensdörffer hitta en lämplig plats där han kunde kraschlanda.

Han lyckades inte. Planet slog i marken vid Rotherfield och förvandlades till ett flammande bål. En samling grisar hade befunnit sig på ett fält intill nedslagsplatsen, och Rubensdörffers allra sista insats för sin *Führer* var att försätta dessa i panisk flykt. Inte heller hans anfall mot flygfältet hade varit så lyckat, för det var inte Kenley, utan fältet vid Croydon han bombat. Det var beläget i Londons förstäder. Ett mål som Hitler strängt förbjudit hade angripits. Misstaget gjorde Göring rasande. Han hade garanterat *Führern* att någonting sådant inte skulle hända. Han begärde att den ansvarige skulle ställas inför krigsrätt, vilket var omöjligt eftersom Rubensdörffer redan var död. Än värre var de stora förlusterna. Sammanlagt hade de tre *Luftflotten* förlorat 75 plan mot Fighter Commands 34.[604] Den 15 augusti skulle för alltid omtalas inom *Luftwaffe* som ”den svarta torsdagen”.

I *Fighter Commands* högkvarter stod Churchill och betraktade den stora väggtavlan som visade hur division efter division landade. Han uppskattade inte anfallet mot Croydon mer än Göring gjorde. Samma dag hade han sagt parlamentet att inga tyska plan kunde ta sig igenom till London. Det var ett litet, men ändå irriterande politiskt bakslag. *Fighter Command* hade satt in hela sin styrka som var baserad i söder. Ändå hade bomber fallit över den engelska huvudstaden. Vad skulle hända om tyskarna riktade *hela* insatsen mot London?

Ändå visade de preliminära nedskjutningssiffrorna att RAF vunnit en stor seger. Churchill lämnade Stanmore tillsammans med Ismay. När de satt i bilen på väg tillbaka mot London bad Churchill generalen att vara tyst, för de brittiska piloternas insats hade gjort honom djupt rörd. Ismay hade inga problem att efterleva uppmaningen. För sin inre syn kunde han fortfarande se flyglottorna i ledningscentralen, de röda lamporna längs väggen och mängden av markörklossar som symboliserade tyska rädstyrkor. Till skillnad från Churchill – som var uppslukad av stolthet och rörelse – hade han fullt upp med att hämta sig från chocken. När samtliga brittiska divisioner varit i luften, utan reserver att kalla in, hade han varit djupt skakad – som han själv uttryckte saken ”känt mig illamående av fruktan”.

Större delen av färden gick under tystnad. Sedan lutade sig Churchill plötsligt fram och sade: ”Aldrig tidigare i krigshistorien har så många haft så få att tacka för så mycket.”

Ismay satt tyst, osäker på om Churchill talade till honom eller till sig själv.

Det var varken eller.

Premiärministern talade till den brittiska nationen.[605]

Jaktpilot

Gryningen den 16 augusti bjöd på dimma och dis över Kanalen och större delen av förmiddagen förflöt utan några anfall från *Luftwaffe*. Strax före middagstid började nya formationer dock dyka upp på de brittiska radarskärmarna. Snart hade man identifierat tre större räder. En av dem, 24 Dornierplan från II/KG2, var på väg mot Hornchurch. Den gensköts av Spitfireplan från 54. divisionen, vilka lyckades förhindra de flesta av bombplanen från att nå målet. Den andra räden, omkring 150 bombplan, var starkare och passerade Dover för att därefter sprida sig och gå mot flera mål i Sussex och Surrey. Samtidigt närmade sig en tredje styrka, över hundra Stuka och Bf 109 från StG2 och JG2 samt ett mindre antal Ju 88 och Bf 110 ur KG54 och ZG76, kusten längre västerut. Den spred sig för att anfalla Tangmere, Ventnor, Gosport och Lee-on-Solent. Park beordrade 32., 64., 65., 111. och 266. divisionerna i luften för att möta hotet i öster och 1 (kanadensiska)., 43., 601. och 602. divisionerna för att genskjuta Stukaräden i väster. En serie våldsamma luftstrider följde. Thompsons Hurricanepiloter utförde sin vanliga, dödsföraktande kollisionstaktik, denna dag med den effekten att kapten Henry Ferris plan slog samman med ett bombplan, varvid bägge maskinerna exploderade. Major Wilkinsons 266. division hamnade i strid med JG26. Divisionen förlorade fem plan och tre piloter, däribland Wilkinson själv. Dog gjorde även den amerikanske fänriken William Fiske, 601. divisionen, som lyckades landa sin skadade Hurricane trots att flygfältet vid Tangmere fått svåra bombskador i startbanan. När planet stannat blev det emellertid beskjutet från luften och började brinna. Genom en hjältemodig insats från några män ur markpersonalen, drogs Fiske levande ur planet, men han avled dagen därpå till följd av sina brännskador. Han var inte bara den förste frivillige amerikanske pilot som flög med *Fighter Command*, han blev även den förste amerikan att ”officiellt” stupa i strid under andra världskriget.[606]

Döda eller dödas, finnas eller försvinna – detta var den lag som de unga flygarna i *Luftwaffe* och *Fighter Command* tvingades leva och dö efter. Bortom alla teorier om formationer, skjutteknik, flygakrobatik och jaktformation hade de brittiska piloterna en grundläggande regel: *Get in. Kill. Get out. Go home*. De tyska flygarna hade liknande motton.

För de nya piloterna var de första uppdragen de mest kritiska. Det var då de flesta dog. Klarade man två till tre uppdrag med livet i behåll ökade överlevnadschanserna dramatiskt. Nästa kritiska gräns var den första nedskjutningen. ”Det är sant att den första nedskjutningen påverkar en jaktpilots hela framtid”, sade Adolf Galland. ”Många som hade vägrats den första segern under en längre tid, antingen på grund av omständigheterna eller ren otur, led av frustration eller utvecklade komplex som de aldrig blev fria från.”[607]

Galland hade många erfarenheter att lära ut till de färska piloterna. Hans standardanfall var att dyka ned mot motståndaren och komma upp snett underifrån, något till höger om fienden. Eftersom de flesta piloter flög med högra handen på styrspaken och den vänstra på gasen, var det lättare att vrida huvudet åt vänster än höger. Därför antog Galland att de flesta först skulle spana över vänsteraxeln vid angrepp, varför högerpositionen var att föredra.

Han hade även ett trick att ta till när man själv låg under anfall. Vid två tillfällen hade han haft allierade plan alldeles bakom sig och varit ur stånd att manövrera undan. Han hade då avfyrat sina kulsprutor i förhoppningen att fiendepiloten skulle tro att hans plan hade bakåtskjutande vapen. Båda gångerna hade fienderna sett röken och girat tvärt för att komma undan.

Kapten Peter Brothers hade flera trick för att undvika att bli nedskjuten bakifrån. Ett av dessa var att flyga med rodret trimmat i en lätt svängposition och att därefter justera kursen genom upprepade korrigeringar med styrspaken. På detta sätt ”krabbade” sig planet fram genom luften och befann sig hela tiden i en lätt, nästan omärklig sväng. Om en fiende angrep överraskande bakifrån skulle denne lägga siktet något framför sitt offer och beräkna framförhållningen i tron att fienden flög på rak kurs. Ett annat knep som Brothers försökte lära ut till de nya piloterna berörde en situation där man redan var under beskjutning. Om man till exempel såg spårljus passera på höger sida skulle man svänga mot kulbanan hellre än bort från den. ”När fiendepiloten märkte att elden låg för långt till höger”, menade han, ”skulle han korrigera nästa salva att falla längre åt vänster. Ditt plan kanske träffas av en eller annan kula, men efter det kommer han att skjuta betydligt mer åt vänster och du kommer att vara helt utanför hans sikte.”[608]

De noviser som hade turen att överleva de första striderna och sköt ned ett fiendeplan hade därefter en fördel gentemot sina motståndare, och några av dem gick vidare för att bli välkända flygaräss. För att uppnå denna status krävdes en rad egenskaper. Piloten måste förstå och kunna utnyttja sitt plans egenskaper till fullo, han måste ha god syn, god skjutskicklighet och vad som brukar kallas *situation awareness*. Med det sista avses förmågan att "läsa" ett större antal, snabbt växlande händelser och behålla en bild i huvudet om vad som sker i luften omkring piloten. Givetvis var det få som ägde alla dessa egenskaper.

De mest framgångsrika flygarna var tyskar. Med erfarenhet från de "lugnare" krigen i Spanien och Polen samt en bättre taktik, hade de ett försprång som britterna fick svårt att hämta in. De främsta tyska ässen under slaget om England var löjtnant Helmut Wick (med 42 luftsegrar), major Adolf Galland (35), kapten Walther Oesau (34), major Werner Mölders (28), löjtnant Hermann-Friedrich Joppien (26), löjtnant Herbert Ihlefeldt (24), kapten Gerhard Schöpfel (23), kapten Hans-Karl Mayer (22), löjtnant Erich Schmidt (19) och furir Siegfried Schnell (18).[609] Trots att dessa tyska piloter endast motsvarade cirka en procent av de tyska jaktflygarna gjorde de anspråk på att ha skjutit ned över 26 procent av de brittiska jaktplan som gick förlorade under slaget.

Den allierade pilot som gjorde högst anspråk under samma period var fänrik Eric Lock, 41. divisionen, som ansåg sig ha förstört 22 tyska plan mellan den 10 juli och 31 oktober 1940. Därefter kom furir James "Ginger" Lacey (18), kapten Archie McKellar (17), den tjeckiske furiren Josef Frantisek (17), den polske löjtnanten Witold Urbanowicz (15), den australiske kaptenen Paterson Hughes (15), den nyzeeländske fänriken Colin Gray (15), löjtnant Brian Carbury (15), fänrik Robert Doe (14) och fänrik George Bennions (12).[610]

Om vi jämför de bästa allierade piloterna med de tyska och gör samma bedömning av deras sammanlagda insats, lyckades de förstöra drygt åtta procent av de förlorade tyska planen.[611] Här måste vi givetvis ta hänsyn till de överdrivna anspråk som bägge sidor gjorde sig skyldiga till – lägger man samman anspråken för de 30 främsta tyska jaktflygarna *överstiger* dessa det totala antalet förstörda RAF-plan – och det verkliga antalet var antagligen ungefär hälften av det påstådda, med flera av de brittiska planen endast skadade eller felaktigt utdömda.

Oavsett detta är det anmärkningsvärt att så få piloter kunde stå för så stor andel av nedskjutningarna. Grovt kan man säga att luften fylldes av fyra typer av jaktpiloter: ässet, som hade förmåga att skjuta ned fiendeplan och även förstod att överleva; de som hade förmåga att skjuta ned fiendeplan, men var sämre på att skydda sig och därför själva blev nedskjutna; de som förstod att överleva, men sällan hade några flygsegrar; och, slutligen, de som bara var offer. Med ovanstående nedskjutningsstatistik i åtanke inser man att de flesta piloter tillhörde de sista två kategorierna.

•

Under detta skede började en allt större stridströtthet breda ut sig inom flygförbanden. Jaktpiloterna på båda sidor drabbades. Det var inte ovanligt att brittiska divisioner flög fem till sex uppdrag under ett enskilt dygn, och flera tyska *Jagdgeschwader* utförde upprepade inflygningar över England dagligen. Dessa uppdrag innebar såväl fysiska som själsliga belastningar på piloterna. Inne i stridsområdet fanns det ingen möjlighet att slappna av. Några sekunders ouppmärksamhet kunde innebära en snabb död. Detta ledde till en mental utmattning som fick piloterna att somna vid tillfällen när de borde vara vakna och höll dem vakna när de borde sova. Under nätterna förföljdes de av dagens upplevelser i sina mardrömmar. Även den kroppsliga utmattningen var stor. Att manövrera ett jaktplan i luftstrid innebar stor fysisk ansträngning, förstärkt av de G-krafter som var i spel. När flygarna landade efter att ha befunnit sig i strid var de våta av svett, och musklerna värkte dels av ansträngning, dels av stillasittandet i den trånga förarkabinen. Den kombinerade påfrestningen ökade behovet av vila.

På något sätt lyckades de ändå – de som överlevde – hämta själslig styrka att ta sig igenom prövningen. Major ”Minnie” Manton, som flög med 56. divisionen tyckte att slaget liknade en årlig flygövning, fast med riktig ammunition. ”Jag tror inte att någon av oss förstod situationens allvar”, sade han. ”Vi blev skrämda från vettet fem till sex gånger varje dag, men hann ändå ta en öl på puben innan den stängde samma sommarkväll. Det var helt enkelt overkligt.”[612]

Samma känsla av overklighet, men även av upprymdhet över sin egen position, slog fänrik Tony Bartley vid en tidig patrull. ”Jag kunde se Themsen ringla fram genom London”, mindes han, ”omfamnad av morgondiset som en halvt genomskinlig slöja. Den stigande solen glimmade i hundratals spärrballonger.” När Bartley vred huvudet kunde han inte upptäcka några andra plan i skyn, endast de Spitfire som var en del av styrkan. ”Där befann vi oss, 24 Spitfireplan, den sista barriären mellan en hänsynslös fiende och det brittiska samväldets huvudstad. Det var uppenbart att efterdyningarna från gårdagens dryckeslag fortfarande påverkade mig.”[613]

Det är svårt att tänka sig att det ofta var pojkar i 18–20-årsåldern som satt i dessa dåtidens mest avancerade maskiner. Dolda bakom en syrgasmask och ett par skyddsglasögon som fick dem att likna stora insekter offrade de sin ungdom, de flesta utan att ha mer än en vag aning om vad de kämpade för. Många fick betala det ultimata priset; andra ådrog sig livslånga skador. Ingen skulle någonsin bli densamme. ”Civilisationens öde avgjordes femtusen meter ovanför huvudet i en värld av sol, vind och himmel”, skrev Virginia Cowles. ”Piloterna framstod som förvuxna barn. Små pojkar med blont hår och rosa kinder, som såg ut som om de borde vara i skolan.”[614]

Kanske var det just deras låga ålder som fick piloterna att klara pressen. De var unga män med den unge mannens förmåga att bortse från sin egen dödlighet. ”Detta är det bästa jag varit med om”, skrev löjtnant Hans-Otto Lessing, JG51, i ett brev till sina föräldrar dagen innan han sköts ihjäl av en polsk pilot ovanför Whitstable. ”Freden kommer att bli rena ledan.”[615]

”Kris, dysterhet och undergång lyckades aldrig fördunkla våra tankar”, berättade fänrik Peter Down, 56. divisionen. ”Blitz eller ej, nöjeslivet och nattlivet i London fortsatte oavbrutet. Efter en 30-minuters snabb färd i våra bilar, befann vi oss i centrala London med våra flickvänner och njöt av livet bland våra favorittillhåll och nattklubbar.”[616]

Skrockfullhet hos flygarna hörde till vardagen. Små tillhörigheter som halssmycken, maskotar, lyckomynt och liknande följde med i luften. Flera piloter ur 43. divisionen vägrade flyga utan sina blå-rosa halsdukar, och Tony Woods-Scawen från samma förband, tog alltid sin speciella ”lyckofallskärm” med sig upp i luften. Han hade redan använt den fyra gånger och var säker på att den betydde skillnaden mellan liv och död för honom. Fänrik Kenneth ”Hököga” Lee hade en dubbel försäkring i form av en liten docka han fått av sin flickvän och vanan att alltid urinera på sporrhjulet före ett uppdrag. Denna kombination skulle klara honom genom alla faror. En dag hade han lånat ut sitt plan till en kamrat utan att ta bort dockan ur förarkabinen. Kamraten sköts ned ovanför Dover och varken denne, planet eller dockan återsågs igen.

”Sabla idiot – varför pinkade han inte på sporrhjulet.”

·

Ett ständigt återkommande ämne på bägge sidors pilotmässar var självfallet vilket jaktplan som var det bästa. Eftersom Bf 110:an betraktades som en katastrof av såväl britter som tyskar, och Hurricaneplanet helt enkelt var för långsamt för att mäta sig med en Bf 109:a, var det mellan det senare och Spitfire som diskussionerna kretsade. Generellt ansåg bägge sidor att deras plan var det bättre, medan de erkände att motståndarens hade vissa fördelar. Spitfireplanet var till exempel mer lättmanövrerat och kunde utföra tvära svängar, medan Bf 109 var något snabbare och hade bättre stig- och dykförmåga. I en dogfight där piloterna var lika skickliga, startade duellen i ett neutralt läge och bägge hade för avsikt att fortsätta striden tills fienden var nedskjuten, skulle Spitfiren oftast vinna. (Här avses dogfight i den ursprungliga betydelsen, det vill säga två plan inblandade i enskild duell. När fler än ett plan per sida deltar används ordet luftstrid.) Den brittiske piloten behövde endast svänga för att förr eller senare komma upp bakom den tyske. Den senare hade då endast en väg ur fällan, och det var genom att dyka ifrån sin motståndare. Detta förhållande gällde emellertid bara så länge man talade om en ren dogfight, där de två piloterna endast behövde bekymra sig om *en* motståndares vapen. Gick man över till förbandsvis luftstrid jämnades skillnaden ut, eftersom ett större antal plan då manövrerade om varandra i komplicerade, oförutsägbara mönster. En brittisk pilot som girade undan en Bf 109:a kunde snabbt upptäcka att en annan kom in från en ny vinkel. Därför minskade manöverfaktorns betydelse i relation till det ökande antalet plan i striden. Det bör dock påpekas att snäva svängar av den typ vi här beskriver innebar en avsevärd fysisk påfrestning för piloten och krävde också god armstyrka. Det var inte bara planets svängförmåga som var avgörande. Flygarnas fysiska kondition och ålder var andra viktiga faktorer i en kurvstridstrid mellan enskilda flygplan.

Bf 109 hade också en stor fördel i att den hade en motor med direktinsprutning. Detta gjorde att den kunde dyka med negativ belastning utan att dess motor ”hostade”. Spitfire eller Hurricane hade förgasare, och när planet på samma sätt lades i dykning ströps bränsletillförseln under några kritiska sekunder. Detta var oftast tillräckligt för att den tyske piloten skulle få ett avgörande försprång. Han hade två möjligheter att dyka ifrån sin motståndare. Det ena sättet var att först vända flygplanet på rygg och sedan dra styrspaken i magen. Detta ledde till att planet hamnade på lägre höjd med kursen i motsatt riktning. Det andra sättet var att helt enkelt skjuta spaken framåt och störtdyka rakt ned. När den sistnämnda metoden användes var det viktigt att piloten var väl fastspänd, annars skulle han tryckas upp i kabintaket. Vid denna manöver behöll planet sin ursprungliga flygriktning och lämpade sig därför bäst om piloten hållit en hemvändande kurs.

I fråga om beväpning hade Bf 109 en fördel genom sina två automatkanoner, men dessa hade endast 60 skott vardera, vilket gav en skjuttid på sex sekunder. Därefter var den tyske piloten hänvisad till sina två kulsprutor, vilka hade en skjuttid om 60 sekunder. Spitfiren hade istället åtta kulsprutor med en skjuttid om 15 sekunder och planet kunde avfyra 160 skott i sekunden. Skillnaden mellan kanon och kulspruta var ungefär densamma som skillnaden mellan hagel- och kulvapen vid viltjakt. För att träffa en fågel i flykt behövs en svärm av mindre projektiler. Eftersom fågeln har en relativt bräcklig kropp behöver endast en eller två av de små haglen träffa för att den skall dö. En jägare som vill fälla ett större villebråd använder ett grövre vapen med en tyngre kula. För att träffa ett jaktplan som utför en serie snabba manövrer var Spitfirens uppsättning kulsprutor att föredra, framför allt om det jagande planet spakades av en mindre erfaren pilot. Mot ett bombplan var denna beväpning emellertid sämre, eftersom den relativt klena kalibern på Spitfirens vapen sällan hade någon avgörande effekt på de större, mer stryktåliga planen. Bf 109:ans automatkanoner var ypperliga vid anfall mot större mål, men för att träffa ett jaktplan var det antingen nödvändigt att fiendepiloten inte var medveten om 109:ans existens och därmed flög på rak kurs eller att den tyske piloten hade god skjutskicklighet.

Den tyska lärdomen från Frankrike – att inte ge sig in i kurvstrid med Hurricaneplan – fungerade även mot Spitfiren. De tyska piloterna höll sig därför så långt det var möjligt till sin vedertagna stöt-taktik och så länge de gjorde det var Bf 109 en livsfarlig motståndare till det bästa brittiska jaktplanet, någonting de tyska piloterna visade genom att skjuta ned ytterligare ett antal brittiska jaktplan den 16 augusti.[617] Många plan förstördes även på marken. Sent under fredagen lyckades två Ju 88 ta sig så långt som till flygfältet vid Brize Norton i närheten av Oxford. I avsikt att förvilla försvaret närmade de sig fältet på ett sätt som antydde att de var på väg att landa, och det påföljande angreppet blev förödande. Fyrtiosex plan skadades eller förstördes på marken, de flesta skolflygplan, men även ett dussin Hurricane. De tyska planen lyckades ta sig hem oskadda.[618]

Tjugotvå brittiska jaktplan sköts ned den 16 augusti mot en förmodad tysk förlust av 75 jakt- och bombplan. Churchill började dock bli kritisk till hur förluststatistiken hanterades. ”Medan vi stirrar oss blinda på förlusterna i luften”, skrev han i ett brev till flygstaben, ”har sju bombplan gått förlorade och 21 plan har förstörts på marken. Detta gör vår förlust till 50 plan, vilket ställer den tyska förlusten av 75 plan i en annan dager.”

Han skulle ha varit än mer bekymrad om han vetat att den tyska förlusten i själva verket endast varit 38 plan.[619]

Låghöjdsanfall

Den 17 augusti passerade utan insats från *Luftwaffe*, detta trots att vädret var bra, men den 18 augusti satte räderna igång på nytt. Edith Heap skulle just gå av förmiddagsskiftet vid Debdensektorns operationscentral, när hörlurarna vaknade till liv. ”Lystring *Kiwi*! Lystring *Kiwi*! Fientlig räd nummer tre, fyrtio plus, tjugo änglar, WR 9132.”

Hon skrev snabbt ned rädnummer, antal plan, höjd och positionsangivelse, samtidigt som en annan flyglotta hjälpte henne att arrangera de små träbrickorna. Det gick på några sekunder, och strax därpå stod klossen på kartan.

”Fientlig räd nummer fyra, femtio plus, femton änglar…”

Kloss efter kloss placerades på bordet framför henne. Trots att hon numera var tämligen van vid arbetet, kunde hon inte låta bli att fascineras av hur hela systemet fungerade. Det var nästan så att hon kunde höra de tyska planen starta. Inom en halvtimme fanns inte mindre än sex räder registrerade, och de innehöll över 350 plan.[620] Det såg ut att bli en hektisk eftermiddag utan någon ledighet.[621]

Även om denna dag skulle bjuda på sporadiska angrepp i söder, runt Isle of Wight, kom striderna främst att stå över Kent och Sussex. *Luftwaffes* order var att slå ut de bägge flygfälten Kenley och Biggin Hill. Dess underrättelsetjänst förstod att dessa flygfält var viktiga länkar i den kedja av flygfält som skyddade London, en slutsats man främst drog utifrån det faktum att de var stora och försedda med betongbanor. Vad man inte visste var att de också var viktiga komponenter i *Fighter Commands* stridsledningsstruktur och att de tämligen oskyddade byggnaderna som innehöll operationsledningen för sektor B och C befann sig vid dessa fält. Om dessa förstördes skulle det innebära ett allvarligt, om än temporärt, bakslag för försvaret av sydöstra England.

Det första målet var Kenley, och detta skulle angripas medelst tre vågor av tyska bombplan från KG76. Först skulle tolv Ju 88 anfalla från öster och främst rikta in sig på hangarerna och andra byggnader i flygfältets södra ände. De skulle kort därpå följas av 27 Do 17 som skulle bomba landningsbanorna och markförsvaret. Slutligen – när försvaret vid Kenley var lagt i kaos – skulle nio Do 17 ur 9. *Staffel* göra ett låghöjdsanfall mot de byggnader som fortfarande var oskadda. Till skillnad från de första två grupperna i räden, som skulle närma sig målet över den smalaste delen av Kanalen vid Dover, skulle denna grupp flyga in mot kusten på låg höjd och passera kusten i närheten av Beachy Head. Strax bakom KG76 kom 60 He 111 ur KG1 som skulle bomba Biggin Hill. Framför bombplanen skulle 60 Bf 109 ur JG3 och JG26 flyga in för att dra till sig brittiska jaktplan och rensa luftrummet.

Vid 11. eskaderns högkvarter i Uxbridge ökade antalet markörklossar på kartan. Park beordrade upp 17., 54., 56. och 65. divisionerna från Debden, Hornchurch och North Weald. Piloterna i 501. divisionen var redan i luften. De hade varit på väg hem från Hawkinge till Gravesend, där de skulle ha fått en ledig eftermiddag. Eftersom man ansåg att det troligen inte skulle bli någon högre aktivitet denna dag, hade fänrik Kenneth Lee beslutat att själv flyga som ledarplan. Normalt brukade han ligga som spanare, men denna uppgift hade lämnats till två nya piloter, så att de skulle få en chans att lära sig uppgiften – ett tragiskt beslut för 501. divisionen.

Halvvägs till basen vid Gravesend knastrade jaktstridsledarens röst i piloternas lurar: ”Vi har en stor räd på ingång, Vektor nia-nolla, patrullera Canterbury, tjugo änglar.”[622]

Piloterna i 501. divisionen svor tyst för sig själva. Där rök ledigheten. De vände tillbaka samtidigt som de lät sina plan klättra för att komma ovanför den annalkande tyska formationen. Vad de inte visste var att de själva var upptäckta. Ovanför dem hade löjtnant Gerhard Schöpfels 9. *Staffel* ur III/JG26 just passerat kusten när han fick syn på de tolv Hurricaneplanen under sig.

> [Hurricaneplanen] flög enligt den dåvarande engelska taktiken i tätt slutna treplansgrupper, vilka försökte vinna höjd i vida spiraler. Jag flög med dem ungefär 1 000 meter högre upp, ända tills jag fick syn på två Hurricane som fungerade som täckande rote och oavlåtligt pendlade fram och tillbaka.[623]

Schöpfel visste att fiendeplanen troligtvis skulle upptäcka en hel *Staffel*, men ett ensamt plan var en annan sak. Kanske kunde han överraska dem.

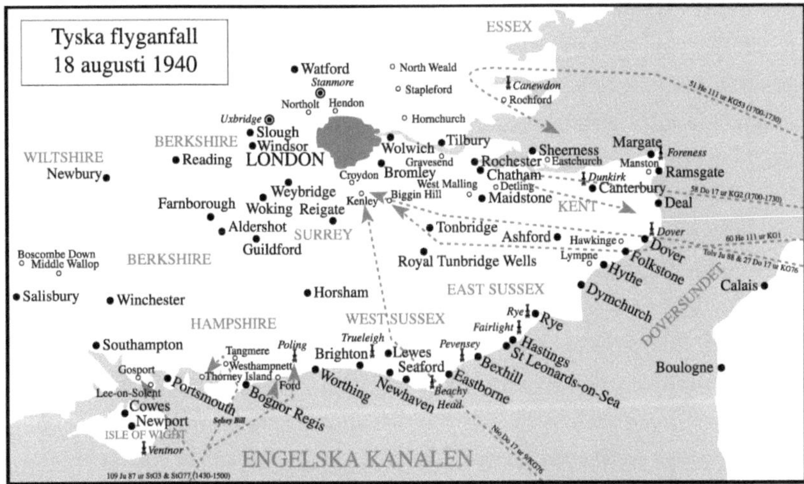

Han gav order att de övriga skulle stanna kvar ovanför, inväntade rätt tillfälle och dök sedan mot de två spanarna. Britterna hade uppmärksamheten riktad åt det håll varifrån den rapporterade räden förväntades komma in. Ingen såg den ensamma 109:an. Några korta salvor, och spanarna fattade eld och föll. Schöpfel fortsatte nedåt och fick in ett tredje plan i siktet.

> Det räckte med en kort skur och maskinen slets i stycken. Engelsmännen flög vidare, de hade ännu inte märkt någonting. Så gick jag på den fjärde maskinen. Jag kom aningen för nära den här gången, för när jag tryckte på avfyringsknappen störtade engelsmannen så tätt inpå mig att losslitna vrakdelar träffade nosen på min [Bf] 109:a. Utsprutande olja hade stänkt ned vindrutan och den högra sidan av mitt kabintak, så jag kunde knappt se någonting och tvingades efter sammanlagt två minuter att avbryta striden.[624]

I det sista Hurricaneplanet satt fänrik ”Hököga” Lee som upptäckte att han var angripen först när planet började falla sönder omkring honom. ”Det första jag noterade var en smäll bakom mig”, berättade han, ”och mitt ben kastades framåt efter att ha träffats av en kula. Omedelbart började rök och lågor slå ut under huvudtanken.”

Lee lämnade sin dömda Hurricane och föll mot marken. Han hade hört rykten att tyska flygare sköt på brittiska piloter i fallskärm och hade därför beslutat sig för att detta öde inte skulle drabba honom. Så snart han var utanför planet tittade han på sin klocka. Enligt uppgift skulle en man i fallskärm behöva hela 15–20 minuter på sig för att nå marken från den höjd han just lämnat. En fritt fallande kropp tillryggalade å andra sidan 50 meter i sekunden. Vilt tumlande genom luften väntade han i sextio sekunder innan han drog i utlösningshandtaget.[625]

Medan Bf 109:orna öppnade vägen över Kent kom bombarmadorna flygande över Frankrike. De var försenade. Det hade visat sig att molnmassan över flygfälten redan nått höjder mellan 1 000 och 1 500 meter. Denna missräkning innebar att bombplanen tvingades stiga ovanför molnen innan de kunde samlas och därmed sprack tidschemat. Molnen var dock inget problem för de nio Do 17 ur överste Roths 9/KG76. De startade från fältet vid Cormeilles-en-Vexin och satte kurs mot Kanalen på låg höjd. Sålunda hade denna styrka, som i själva verket skulle anfalla sist, istället hamnat först i kön.

Under en längre stund var överste Roths formation helt okänd för den brittiska jaktstridsledningen, som istället hade uppmärksamheten fixerad vid de flygstyrkor som närmade sig Dover. Ute över Kanalen gick planen ned så lågt att de flög alldeles ovanför vattenytan, osynliga både för CH- och CHL-stationerna. När de närmade sig kusten siktades de av *Observer Corps* vid Beachy Head som rapporterade till Uxbridge samt jaktstridsledningen vid Kenley. Detta uppdykande ställde till problem i den brittiska befälsstrukturen. I normala fall skulle radarobservationer komma först, vilka skulle rapporteras till Stanmore. Därefter skulle eskader- och sektornivåerna successivt ta över ansvaret för motåtgärder, vägledda av rapporter från *Observer Corps*.

Nu dök överste Roths räd upp i fel ände av denna process. Jaktstridsledarna vid Kenley och Biggin Hill var de första som fick veta, men de hade ingen rätt att beordra divisioner i luften utan order från Uxbridge. Uxbridge i sin tur, som informerades strax därefter, hade inte hört någonting från Stanmore. Högkvarteret i Stanmore slutligen, visste överhuvudtaget ingenting eftersom de tyska planen inte registrerats av radarn.

Systemet hade emellertid en säkerhetsventil. Jaktstridsledningen i sektorn hade rätt att beordra starter om man misstänkte att dess flygfält var hotade, och nu beordrades två divisioner från vardera Kenley och Biggin Hill i luften.

Samtidigt korsade Roths nio Dornier kusten vid Beachy Head och dånade in över det engelska landskapet. Betty McNabb och hennes man, som promenerade i närheten, fick sig en ordentlig chock:

Jag minns den svaga vinden, så svag att den knappt förmådde röra löven på träden, och fåglarna sjöng, oberörda av vår närvaro, när vi hörde ett mullrande ljud, nästan som en stark vind på väg mot oss. Vi såg ingenting, men ljudet blev allt starkare. Sedan plötsligt, och det gjorde oss båda mycket skräckslagna, dök dessa stora, svarta former upp över klipporna, nästan som om de kommit rakt upp ur havet. Med ett öronbedövande oväsen försvann de sex eller sju bombplanen lika hastigt som de hade dykt upp och allting blev fridfullt igen. Gud, det var skrämmande.[626]

Efter att ha passerat Lewes svängde de nio Dornierplanen in på en rakt nordlig kurs. Skälet till denna manöver var att de använde järnvägen Brighton-London som riktmärke. Förändringen observerades, och nu stod det klart vilket mål bombplanen hade. Jaktstridsledaren vid Kenley, major Anthony Norman, gav John Thompsons 111. division order att starta från Croydon. Till sin stora förvåning fick Thompson direktiv att gå mot Kenley på en höjd av 30 meter.

”Ni är inte klok”, svarade han i tron att han hört fel. ”Jag kan kvista träd på den höjden.”

”Jag repeterar, Vektor Kenley, patrull 30 meter. Lågflygande banditer på ingång, trettio plus.”

I det ledande Dornierplanet var även överste Roth förvånad. I enlighet med operationsplanen skulle han anfalla ett flygfält i kaos med delar av markförsvaret satt ur stridbart skick. När de nio bombplanen närmade sig målet kunde Roth inte se någon rök och han insåg med fasa att de inledande anfallen inte hade ägt rum.

Thompsons och Roths formationer nådde flygfältet ungefär samtidigt, ett scenario likt det som utspelats ovanför Croydon tre dagar tidigare. Hurricaneplanen föll de tyska bombplanen i ryggen just som dessa for in över fältet och fällde sina bomber. Inom loppet av någon minut bröts platsens stillhet av dånet från motorerna, de tyska och brittiska planens kulsprutor, samt dunkandet av flygfältets Boforskanoner. Utöver den ordinarie arsenalen hade försvaret dessutom en liten överraskning i rockärmen. För första gången användes ett nytt brittiskt vapen mot lågflygande flygplan. Detta gick under namnet PAC (*Parashute And Cable*) och bestod av ett raketbatteri med nio pjäser placerade med ett dussin meters intervall. Idén med vapnet var att raketerna skulle skjutas till väders och dra med sig en lång vajer. När raketen nådde en höjd av lite drygt 200 meter, frikopplades en fallskärm

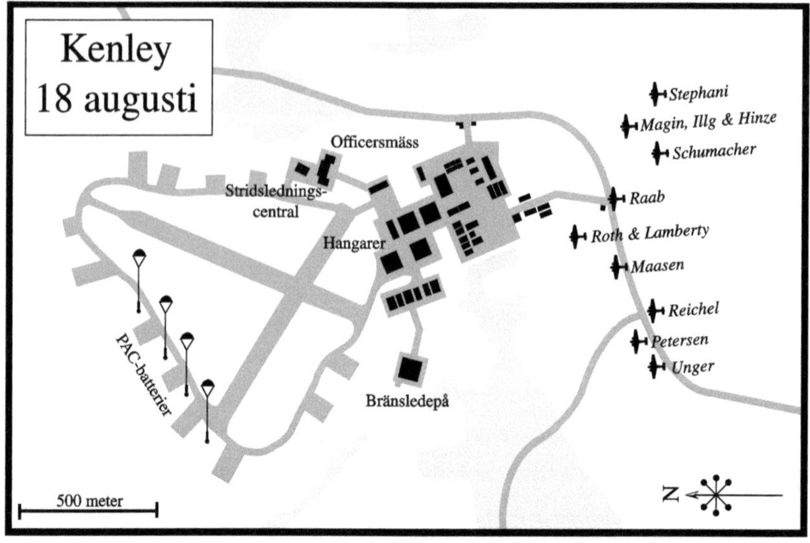

som såg till att vajern endast långsamt föll tillbaka mot marken. Om ett flygplan slog emot den hängande vajern med en av sina vingar, utlöstes en andra fallskärm i dess nedre ände. Motståndet från dessa skärmar, som då hängde bakom planet, skulle vara tillräckligt för att bringa det ur sin färdriktning och beröva piloten kontrollen. I flygfältets nordvästra ände väntade ett antal sådana batterier på de annalkande tyska bombplanen.

Det första plan som träffades var inte ett av de tyska utan kapten Stanley Connors Hurricane. Möjligen kom elden från något av Do 17-planen, men troligare är att det var från markförsvaret. Connors girade bort från fältet, men kraschade strax därpå och miste livet. Det första tyska planet att störta var furir Petersens. Bombplanet hade redan skjutits i brand av markförsvaret när det flög rakt mot ett av raketbatterierna. De nio raketerna steg till väders med kraftiga röksvansar efter sig. Huruvida besättningen på den brinnande Dorniern hann se dem eller ej får vi aldrig veta. Planet flög in i en av kablarna och formligen slets ur skyn. Samtliga ombord ljöt en ögonblicklig död när maskinen gick i backen och exploderade.

En annan av de tyska piloterna som nästan fångades av detta nya vapen var furir Wilhelm Raab. ”Plötsligt sköt rödglödande kulor upp ur marken framför mig”, berättade han. ”Jag hade varit med om kulsprute- och luftvärnseld ofta nog, men detta var någonting helt nytt.”

Oavsett vad som fanns i rökpelarna förstod Raab att den bästa taktiken var att undvika dem och han hade tillräcklig sinnesnärvaro för att sänka höger vinge samtidigt som han gav fullt roderutslag åt vänster. På detta vis tippade han planet för att försöka komma emellan två av pelarna.

”Det verkade gå vägen, men så kände jag ett häftigt ryck i maskinen. Nu tog de oss, tänkte jag.”

Det verkade dock som om någon välvilligt inställd skyddsängel höll sin hand över planet. Under några sekunder hängde vajern kvar, men eftersom Dorniern befann sig i en lätt sväng, rutschade den av vingen innan den undre skärmen hann öppna sig.

Raab och hans besättning hade med knapp mån lurat döden och hade klarat sig igenom med planet mer eller mindre intakt. Andra besättningar hade inte lika stor tur. Korpral Schumachers Dornier träffades av splitter. Det kom dels från luftvärnet, dels från bomberna som briserade runt omkring.

> Explosion följde explosion, flammor sköt upp mot skyn [när bomberna träffade] och det var som om mitt plan gripits av en jättes hand. Sten- och metallfragment smattrade mot flygkroppen; någonting smällde i mitt ryggpansar och glassplitter flög. Det stank av fosfor och brända kablar.

Plötsligt såg han hur vänster motor spydde ut rök och varvtalet sjönk. Det såg inte ut som om de skulle kunna ta sig tillbaka till Frankrike.

Även det plan där överste Roth befann sig skadades. Hans pilot, löjtnant Lamberty, såg rökpelarna från PAC-batterierna och lyckades undvika dessa, men en granat träffade vänster motor, punkterade bränsletanken och plötsligt var vingen omvälvd av flammor.

I en annan Dornier splittrades plexiglaset och en kula slog in i bröstet på piloten, löjtnant Magin. Hans sista två ord i livet var ett förvånat: ”Vänd hem!” Sedan föll han ihop över kontrollerna. Planets navigatör, överfurir Wilhelm-Friedrich Illg, lutade sig över piloten och fick tag i styrspaken. Med den döende Magin fortfarande kvar i förarsätet lyckades han räta upp planet som for fram knappt tio meter ovanför marken.[627] De hade ännu inte fällt bomberna när piloten träffades. Illg fumlade efter utlösningsreglaget och lyckades frigöra dem. Planet steg långsamt. Eftersom Magin fortfarande satt i förarstolen och hindrade Illg att nå roderpedalerna, skrek navigatören åt de övriga att försöka flytta piloten. George Hinze, krigskorrespondent som flög med i planet som skytt, berättar att det nu flög på rak kurs in över Londons förstäder.

> När jag såg London för första gången låg det knappt hundra meter nedanför de breda vingarna på vårt bombplan. Den varma augustisolen hade skingrat molnen [och] genom det svaga diset glimmade taken från denna metropol upp mot oss. [...] Synen av den mest imponerande sammanslagningen av hus i Europa borde ha varit överväldigande, men vid tidpunkten hade vi andra saker att bekymra oss om. [...] London gled förbi under oss samtidigt som vi var upptagna med att flytta piloten från hans säte. [...] Endast tillfälligt kunde vi se någonting av staden genom det vida öppna golvet, där flygmekanikern fällt luckan.[628]

Slutligen kunde Hinze och flygmekanikern lyfta undan piloten och Illg tog plats i förarsätet. Hans första tanke hade varit att ta upp planet på så hög höjd att de kunde hoppa. Men han insåg snart att han kunde svänga planet med roderpedalerna och man beslutade därför att försöka flyga det tillbaka mot Frankrike.

Det korta våldsutbrottet ovanför Kenley och framför allt PAC-batteriernas insats, hade brutit den tyska formationen. De tre plan som flögs av Raab, Schumacher och korpral Maassen lyckades hålla ihop, de övriga spreds i alla riktningar, ivrigt förföljda av Thompsons Hurricaneplan.

I överste Roths Dornier hade branden spridit sig från motorn och snart stod hela vänstervingen i lågor. Piloten, löjtnant Lamberty, bestämde sig för att kraschlanda. Flera Hurricaneplan svepte förbi med spelande kulsprutor och de tre besättningsmännen i planets bakre del beslutade att det var hög tid att lämna det. Två av dem hoppade, men de befann sig så lågt att deras skärmar inte hann veckla ut sig helt. De skadades svårt när de slog i marken. Den tredje förstod att höjden inte var tillräcklig. Han hukade i den öppna luckan och drog i utlösningshandtaget. Luftströmmen fick skärmen att veckla ut sig och mannen bokstavligt talat slets ur planet. Han skadade handen av rycket, men landade annars välbehållen. Inte långt därefter satte Lamberty ned Dorniern på ett fält nära Biggin Hill. Han och överste Roth lyckades ta sig ur det brinnande vraket med brännskador i ansikte och på händerna.[629]

Furir Otto Stephanis Dornier angreps upprepande gånger av Hurricaneplanen, tills en salva fann männen i den bakre delen av planet. ”Flygmekanikern är död och radiooperatören blöder kraftigt”, skrek navigatören genom dånet från motorerna." Stephani upptäckte också att en kula skadat hans ena hand och att den ena motorn lämnade en svag strimma av rök bakom sig: "I flygplanet rådde en vansinnig förvirring och vi angreps hela tiden av jaktplanen. Vi stannade på låg höjd, för det var enda möjligheten att överleva."[630]

Männen i Wilhelm Raabs plan – som haft sitt hårresande möte med PAC-batteriet ovanför flygfältet – hade oturen att flyga över ett brittiskt arméläger och brittiska soldater överöste dem med gevärseld. På den låga höjden var även denna farlig och Raabs navigatör träffades. "Helvete, jag har blivit skjuten!", skrek han och höll sig för bröstet. Blod rann mellan fingrarna på honom. De övriga lade navigatören på kabingolvet, där de satte på honom ett nödtorftigt första förband.

Vid detta laget hade piloterna i 111. divisionen gjort slut på sin ammunition och återvände till Croydon. Faran för männen i 9/KG76 var för den skull inte över. Snart flög de ut över Kanalen – eller "kloaken" som den kallades av de tyska flygarna – och flera av planen var så allvarligt skadade att de inte skulle klara det. Det första som gick ned var Schumachers.

> Vi lämnade den engelska kusten med lättade ansikten, men slaget var inte över. Den vänstra motorn började ge upp med ett synligt minskat varvtal. Plötsligt löpte en skälvning genom planet och det verkade vara på väg att brytas sönder. Jag stängde av tändningen till motorn och maskinen började sakta gå nedåt.

Dorniern slog i vattnet. Schumacher och två andra besättningsmän klarade sig. Den fjärde medlemmen, flygmekanikern, lyckades inte blåsa upp sin flytväst och drunknade. Efter några minuters kamp i det iskalla vattnet kunde de resterande tre frigöra mekanismen som fyllde räddningsflotten med luft. De blev senare räddade.

Nästa Dornier att gå i vattnet var korpral Günther Ungers, och det var nära att han följde det i djupet. "Vattnet slog sönder glaset i nosen", berättade han senare, "och jag chockades för ett ögonblick av det kraftiga slaget i ansiktet. När jag åter öppnade ögonen kunde jag inte se någonting, för det virvlande vattnet var fullt av luftbubblor."

Unger försökte lossa säkerhetsselen, men upptäckte att styrspaken pressats mot hans mage så att han inte nådde frigöringsmekanismen. Skälet var att planet var på väg ned i djupet, fortfarande i horisontalläge, och trycket mot rodren tvingade styrspaken bakåt. Det spelade ingen roll hur mycket den tyske piloten kämpade. Han kunde inte få bort den. Snart övergick paniken i insikten att allt var förlorat.

> Jag höll fortfarande andan, hade inte svalt en droppe vatten. Öppna munnen och svälj, tänkte jag, så är det strax över. Men innan jag hann sätta dessa planer i verket, kände jag hur trycket mot styrspaken minskade.

Planet hade ändrat läge i vattnet och sjönk med nosen före. Detta ledde till att trycket mot rodren upphörde. Unger kämpade sig famlande ut ur ett plan som nått ett betydande djup och var helt mörklagt. Väl utanför drog han i snöret som blåste upp flytvästen och steg som en kork. Efter några sekunder blev det ljusare omkring honom och sedan nådde han vattenytan.[631] Unger och hans tre besättningsmän lyckades inte blåsa upp sin gummiflotte, men också de blev så småningom räddade.

Först att landa var Raab. Han satte ned sin Dornier vid Amiens och såg hur en ambulans körde iväg med den sårade navigatören. Fortfarande förbryllad över de märkliga rökpelarna vid Kenley, ljusnade bilden en aning när han upptäckte de långa reporna över vingen. Den märkliga stöten i planet hade kommit från en vajer. Något av mystiken skingrades.

Maassen genomförde en normal landning vid Boulogne, men de skadade motorerna på Stephanis plan lyckades inte föra honom och hans besättning tillbaka. Dorniern hade gått allt lägre, trots att den döde flygmekanikern och alla lösa delar hade kastats överbord. Stephani klarade nätt och jämnt att nå den franska kusten och försökte sätta ned maskinen på stranden. ”I sista stund fick jag syn på en trevåningsbyggnad som gjorde landning omöjlig”, skrev han. ”Jag lät planet driva aningen åt vänster och försökte få den över dynerna.”

Han klarade manövern, men förlorade så mycket av hastigheten att planet slog i backen. Tursamt nog fattade det inte eld och en stund senare var Stephani och radiooperatören på väg till sjukhus, där den senare avled. Endast navigatören klarade sig helt oskadd.

Furir Reichels Dornier kom lite längre in över land innan även den kraschade. Efter att ha flugit över Kanalen med endast en motor, hade Reichel drabbats av sådan kramp i armarna att han inte längre kunde hålla planet. Det nödlandade utanför Abbeville. Samtliga besättningsmän överlevde landningen, men flygmekanikern fördes till sjukhus med skottskador i bägge knän.[632]

Sist i gruppen kom den döende Magins Dornier, med krigskorrespondent Hinze och överfurir Illg. Den senare satt alltjämt bakom spakarna och hade, trots att han aldrig flugit ett plan tidigare, fört tillbaka Dorniern genom fientlig luftvärnseld, förbi fientliga jaktplan och över Kanalen. Det krävdes fyra försök innan han slutligen kunde sätta ned maskinen på ett flygfält vid Saint-Omer. Av de 38 unga män som startat från Cormeilles-en-Vexin några timmar tidigare kom endast 24 tillbaka med i livet i behåll. Flera av dessa var svårt skadade.

•

Ovanför England hade de försenade anfallen mot Kenley och Biggin Hill genomförts med varierande framgång. Vissa tyska *Staffeln* hade flugit till målet utan att möta något som helst motstånd; andra blev hårt engagerade av den brittiska jakten. När de vände tillbaka mot Frankrike med flygfälten brinnande bakom sig kunde den brittiska jaktledningen ha tillfogat dem ordentlig skada. Hela 59 jaktplan från 1., 17., 54., 56. och 266. divisionerna väntade ovanför Kent. Samma molnighet som fått det tyska tidsschemat att spricka, räddade dem emellertid från allvarligare förluster. Ett tilltagande dis svepte in över England och skyddade bombplanen från såväl jaktplan som *Observer Corps*.

Flygfältet vid Biggin Hill hade klarat anfallet relativt väl. Trots att 84 ton bomber hade fallit över basen hade endast landningsbanorna och en tom motordepå träffats. De många bomber som inte exploderat innebar dock en fara och måste snabbt märkas ut och desarmeras. Furir Elizabeth Mortimer, WAAF, visade här prov på det mod som fick många farhågor om flyglottornas beteende under eld att komma på skam. Efter att ha tillbringat räden vid en telefonväxel intill ett ammunitionsförråd – där hon lugnt förmedlat direktiv till andra delar av området medan bomberna föll omkring – hade hon hjälpt till att märka ut de platser där blindgångarna fallit. Detta fullföljde hon trots att en av bomberna exploderade i närheten.[633] Därefter hjälpte hon den furir som ledde desarmeringsgruppen. ”Under desarmeringen fungerade jag som furir Hunts assistent”, berättade hon senare. ”Vi hade ett speciellt verktyg som vi använde för att ta bort de elektriska kondensatorerna på de tyska stubinerna.”[634] Furir Mortimer hade en stark inverkan på männen omkring henne, för ingen kunde tillåta sig att söka upp en säkrare plats så länge kvinnan arbetade ibland dem. Hon belönades senare med *Military Medal* för sin insats.

Skadorna vid Kenley var omfattande. Tio Hurricaneplan och två Blenheim hade förstörts, tillsammans med vatten- och gasförsörjning, tio hangarer, samt stora delar av telefonkommunikationerna. Förlusterna var 12 personer döda och 20 skadade. Dessutom hade den byggnad som höll jaktstridsledningen träffats. Härmed bildades en lucka i luftförsvaret och såväl personal som utrustning förflyttades i all hast till en större slakteributik i Caterham High Street, varifrån man ämnade operera på provisorisk basis. Den tekniska personalen skulle arbeta hela natten för att upprätta telekommunikation med övriga delar av *Fighter Command*.[635]

I sitt hem nära flygfältet hade 24-årige Kathleen Rose, telegrafist vid postkontoret i Coulsdon, förberett lunchen tillsammans med sin mor när de hörde sirenerna. De hade snabbt tagit skydd under trapporna strax innan en bomb exploderade nära huset. Tryckvågen hade slagit in fönstren och fått delar av taket att störta in. De två kvinnorna hade inte lyckats ta sig ut förrän en samling män från en arbetarförening kommit till deras undsättning. Nu inspekterade de förödelsen och fann till sin förvåning att maten, som varit i ugnen när bomberna föll, var färdig att ätas. Kathleens 64-åriga mor var en bräcklig kvinna med hjärtproblem, men hon var desto starkare andligen. ”Vårt hem är förstört”, sade hon och ryckte resignerat på axlarna, ”men jag tänker i alla fall äta nu.”[636]

Så gott det gick tog de plats bland allt damm och åt en försenad måltid. Inte långt senare startade nya tyska förband från sina baser på kontinenten. Anfallen mot 11. eskadern hade avlösts av tyska räder mot 10. eskadern, där flygfälten vid Ford, Gosport och Thorney Island, tillhörande marinen och *Coastal Command*, fått ta emot kraftiga anfall. Dessa räder hade inte angripits av den brittiska jakten eftersom jaktstridsledningen låtit sina divisioner patrullera ovanför de egna fälten. Ett fjärde anfall, mot radarstationen vid Poling, möttes dock av 43. divisionen. Tre *Gruppen* ur StG77 hade nått en sårbar position just före sin dykning, när Hurricaneplanen kastade sig över dem. Den tyska eskorten kunde inte skydda alla Stukaplan samtidigt. Inte heller ville de förlora sitt höjdövertag genom att följa störtbombarna nedåt, utan stannade kvar på femtusen meter. Hurricanepiloterna hade inga sådana betänkligheter. De följde efter fiendeplanen och snart anlände även 152., 234., 601. och 602. divisionerna till området. Medan Spitfireplanen i 234. divisionen uppehöll den tyska eskorten sköt de övriga ned 16 Stukaplan.[637] För att göra saken än värre förlorade den tyska eskorten åtta av sina plan mot en egen vinst om endast sex.

·

Vid femtiden inkom de sista större räderna mot 11. eskaderns område. De föregicks av jaktsvep från JG3, JG26, JG51, JG52 och JG54. Det var här som Ulrich Steinhilpers önskan om riktig strid äntligen gick i uppfyllelse. *Jagdgeschwader* 52 hade i själva verket befunnit sig ute för att skydda de hemvändande bombplanen från räderna mot Kenley och Biggin Hill när ordern plötsligt ändrades. "Lystring!", knastrade det i lurarna. "Nytt uppdrag. Betydande antal fientliga jaktplan på väg att landa för tankning och beväpning vid Manston."

När JG52 närmade sig North Foreland kunde de mycket riktigt se Spitfireplanen på gräsflygfältet nedanför. Medan huvudstyrkan stannade ovanför som skydd angrep Steinhilper och fem andra piloter målet. De gick ned på låg höjd och kom in från kusten norr om Margate.

> Inom några sekunder närmade vi oss Manston ovanför en liten grupp byggnader. Jag upptäckte ett tankfordon i färd att fylla bränsle i en Spitfire... och inriktade mig på detta. På en höjd av endast tre till fyra meter såg jag hur fordonet hastigt fyllde den röda, lysande cirkeln. Jag pressade avtryckaren och kände hur [vapnen] skickade lätta vibrationer genom flygkroppen. Grå linjer av spårljus strömmade ut och fokuserades på fordonet. Jag såg träffarna och gnistorna när det fattade eld. Sekunden därefter var jag över det och svängde för att koncentrera mig på två Spitfire.[638]

Nere på marken stod furir Don Kingaby, 266. divisionen, bredvid sin Spitfire. Han hörde ljudet av motorer, och därefter kanon- och kulspruteeld. "Jag såg mig omkring", berättade han, "och stirrade rakt in i nosen på en Messerschmitt som kom emot mig."

Kingaby började springa, men snubblade och föll just som dånet från vapnen hördes på nytt. Han såg hur ett antal parallella linjer av små dammoln närmade sig över marken och rullade flera varv för att undvika dem. En kula rispade handen, men annars klarade han sig oskadd.[639]

"Återigen strömmade de grå linjerna från mina vapen", fortsatte Steinhilper. "Först rev de upp marken, sedan koncentrerades de mot flygplanen. Bägge började brinna samtidigt som tankfordonet exploderade i ett eldklot bakom mig."[640]

När de sex 109:orna lämnade Manston stod två Spitfire i lågor och åtta hade skadats. Även en Hurricane ur 17. divisionen hade förstörts.[641] Steinhilper hade utfört sin första riktiga krigshandling. Det var med blandade känslor, för det var inte helt som han föreställt sig. Han var säker på att han sett åtminstone en man träffas. Hans tankar i samband med nedskjutningen av Blenheimplanet en vecka tidigare gjorde sig åter påminda. ”Mitt anfall hade kostat en man livet och detta var – och är fortfarande – tungt att bära.”[642]

Snart närmade sig 58 Dornier från KG2 Hornchurch och 51 Heinkel från KG53 North Weald, men ingendera styrkan skulle nå sitt mål. I jaktstridscentralen vid Debden hade Edith Heaps förmiddagspass dragit långt över tiden, men hon var en av basens främsta markörer och stannade så länge flygaktiviteten pågick.

”Lystring *Kiwi*, hallå *Kiwi*! Fientlig räd nummer ett, fyrtio plus, tjugo änglar, WR 9241…”

Edith ordnade en kloss och placerade den på kartan. Snart följde en serie order, rop, varningar och skrik när de brittiska jaktplanen stötte ihop med tyskarna. Flyglottorna kunde höra piloterna, men hade ingen möjlighet att tala med dem. Trots detta ropade de ibland ofrivilliga varningar eller viskade: ”Snälla, hoppa, för Guds skull, hoppa!”, när någon pilot rapporterade att han blivit träffad. Det värsta var att lyssna på skriken från flygare som fått sina plan antända och brändes levande på väg mot marken. Ibland kunde det vara någon de talat med bara några timmar tidigare. Ibland deras pojkvänner.

”Röd två är träffad! Där syns en fallskärm! Townsend fick en!”[643]

Edith kände Peter Townsend, chefen för 85. divisionen. Nu kunde hon urskilja hans röst i gröten av anrop. I luften ovanför Themsenmynningen hade Townsend ingen tanke på att någon lyssnade på honom. Han hade fullt upp med annat.

> Ur ögonvrån såg jag en som dök mot mig, pumpande granater. En hastig sväng skakade av den och den gled förbi under, för att sedan dyka upp framför mig i en vid vänstersväng. Det var ett fatalt misstag. Min Hurricane kunde med lätthet följa svängen. När jag sköt vred sig 109:an på rygg och en vit dusch av ångor förvandlades till flammor. Ned kom ytterligare en. Åter en brant sväng och jag var i baken på honom. Det verkade som om han förstod att jag var där, men han gjorde fel sak, fortsatte att svänga. När jag öppnade eld flög bitar av, kabinhuven fälldes och piloten hoppade.[644]

Någon meddelade att en pilot vid namn Marshall bröt striden och Edith hörde hur Townsend irriterat svarade: ”Vad i helsicke gör han här? Det är ju hans lediga eftermiddag!” Det följdes av: ”Hemmingway är träffad! Han störtar! Lyckades han ta sig ut?” Sedan gav Townsend order till chefen för blå sektionen, Richard ”Dicky” Lee, att denne skulle avbryta förföljelsen av ett fiendeplan och återvända till basen. Edith kände även Dicky, den länge, snygge löjtnanten som var Dowdings gudson. Han var populär hos WAAF-flickorna på basen, men föredrog till alla brunetters besvikelse blondiner. Nu hördes Townsend igen, ilska blandad med oro: ”Blå chef, ge dig iväg. Du har inte tillräckligt med bränsle. Blå chef, vänd. Det är en order.”[645]

> ”Kom tillbaka, Dicky”, ropade jag, men han fortsatte. Det var meningslöst att jaga efter [Bf] 109:or över Kanalen. De skulle komma tillbaka dagen därpå. Någonting hade flugit i Dickie och ingenting kunde stoppa honom. [...] När jag landade vid Debden var nästan alla [divisionens] maskiner nere. Bara Paddy Hemmingway och Dicky Lee saknades. [...] Ytterligare en Hurricane taxade in med ena vingspetsen borta. När piloten klättrade ut kände jag igen Nigger Marshall. ”Vad tusan menar du med att starta utan order?”, frågade jag honom. ”Jag är ledsen”, svarade han, ”men det var bara för mycket att se er alla ge er iväg, så jag följde efter.” [...] Nyheter kom beträffande Paddy; han hade blivit uppfiskad av ett fyrskepp utanför Clacton. Men medan vi väntade på Dicky bleknade hoppet till tragisk vetskap.[646]

Fighter Command hade förlorat ytterligare en av sina mest erfarna och skickliga piloter. När löjtnant Robert Wright överlämnade dagens siffror till Dowding senare samma kväll hade hans chef aldrig tidigare sett så trött ut. Ett stort antal tyska maskiner hade skjutits ned, men till priset av 27 förstörda brittiska plan med lika många allvarligt skadade. Arton piloter var skadade, tio döda – däribland Dickie Lee, hans gudson. Dowding satt en lång stund och synade siffrorna, sedan tycktes han vakna till, reste sig och drog mödosamt på sig ytterrocken.

”Vi måste få oss lite sömn, Wright”, muttrade han.

Fighter Command nära att knäckas

Paus

Den 19 augusti försämrades vädret över England och Frankrike åter och detta innebar att flygintensiteten lättade under några dagar. Båda sidor tog denna möjlighet att slicka såren efter de senaste fem dagarnas hårda strider. Dagen före hade britterna fått 39 plan förstörda och 35 skadade mot en tysk förlust om 67 förstörda och 33 skadade.[647] Under sexdagarsperioden 13 till 18 augusti hade *Fighter Command* förlorat 110 jaktplan, *Luftwaffe* 213 jakt- och bombplan.[648] Görings uttalande den 11 augusti – att *Fighter Commands* försvar i söder skulle vara eliminerat på fyra dagar, hade visat sig en aning förhastat. På morgonen den 13 augusti hade Dowding haft 678 jaktplan stridsberedda, den 19 augusti var antalet 689.[649] Istället för att minska hade nyproduktionen gjort att styrkan ökat.

Dowdings största problem var inte mängden jaktplan utan antalet piloter. Många erfarna chefer hade dödats eller skadats och de nyanlända piloterna var dåligt utbildade på de plan de skulle flyga. Hade han i detta läge haft full insikt i den tyska situationen skulle han ha känt sig betydligt lättare till mods, men flygstabens bedömning av antalet tyska stridsflygplan i tjänst låg skyhögt över det verkliga. Dowding tvingades därför agera utifrån antagandet att *Luftwaffe* var starkt överlägset såväl beträffande jakt- som bombplan.[650]

Pilotbristen gjorde att *Fighter Command* i allt högre grad skulle komma att lita till frivilliga från andra nationer. Sammanlagt skulle 2 367 jaktpiloter flyga i brittisk tjänst under juli-oktober 1940, och av dessa var ungefär en femtedel av utländsk härkomst.[651] Inledningsvis flög de frivilliga piloterna i brittiska förband, men i juli hade krigskabinettet auktoriserat uppsättandet av två polska divisioner och i augusti tillfördes en kanadensisk och en tjeckisk, vilka samtliga väntade på att få godkännas som operativa.[652] De skulle flyga i egna nationella förband, delvis ledda av brittiska chefer. Den 20 augusti blev den 302. (polska) divisionen operativ för första gången, sex dagar senare den 310. (tjeckiska).

·

Även om *Luftwaffes* underrättelser talade om ett stort antal nedskjutna brittiska plan, stod det klart att *Fighter Command* fortfarande var en styrka att räkna med. Göring sammankallade sina generaler och även ett antal flygchefer, däribland Galland och Mölders, för en av sina konferenser vid Karinhall. Åter handlade det om kritik och förebråelser. Under gårdagen hade överste Schmid meddelat Göring hur kostsamt anfallet mot Kenley blivit, och den senare hade utan omsvep beslutat att sådana anfall inte skulle göras i framtiden. Detta var ett misstag, för det var just den typen av angrepp som Dowding fruktade mest. Ett mer förnuftigt beslut av Göring var att dra Stukaplanen ur VIII *Fliegerkorps* ur strid. De skulle behövas bättre under invasionen – om denna nu blev nödvändig. Han gav också en definitiv order om att angreppen mot radarstationerna skulle upphöra.

”Jag är missnöjd med hur slaget går”, sade han till sina officerare. ”Det skulle ha varit över på några få dagar, men allvarliga misstag har lett till onödiga förluster.”

Han fortsatte med att anklaga jaktpiloterna för misslyckandet, och cheferna för bombförbanden instämde. Deras flygare klagade på den bristfälliga eskorten. De ville se fler tyska jaktplan på kortare avstånd, inte osynliga uppe i det blå på egna äventyr. Cheferna för jaktförbanden opponerade sig. Om 109:orna flög eskort så skulle de också förlora sin handlingsfrihet, hävdade de. Om målet var att engagera och skjuta ned RAF i luften måste jaktplanen ha taktisk frihet. Frijakten var den bästa lösningen. Att sänka sig till bombplanens höjdnivå skulle dessutom innebära att man tvingades i strid på en höjd där de brittiska jaktplanen hade sin bästa prestanda.

Bombflygets företrädare kontrade med att jaktförband mycket väl kunde flyga frijakt, men i mer begränsad skala. Vissa 109-förband kunde gå in före bombplanen och söka upp den brittiska jakten. Andra kunde ligga ovanför och under bombplanen. Detta var ett rimligt förslag i teorin. Men varifrån skulle alla dessa enmotoriga jaktplan komma? Produktionen av Bf 109 kunde inte ens hålla *jämn* takt med förlusterna, och det skulle krävas minst två enmotoriga jaktplan för varje bombplan. Som saken förhöll sig fanns det i själva verket tre bombplan för varje jaktplan i *Luftwaffes* arsenaler.

Göring hade sina egna idéer om hur problemet skulle tacklas. Två dagar tidigare hade överste Schmid bedömt att 574 brittiska jaktplan skjutits ned mellan den 1 och 15 augusti och att ytterligare 196 förstörts på grund av andra orsaker. Slutsatsen blev att det endast fanns 300 operativa jaktplan kvar i hela England. Av dessa borde minst en tredjedel befinna sig i Skottland, norra England eller Midlands.[653] Det betydde 200 plan kvar i södra England, och nog borde en sista stöt knäcka *Fighter Commands* ryggrad. Göring ifrågasatte inte för ett ögonblick Schmids omdöme. En sista kraftig offensiv var vad som behövdes. Han höll med bombflygarna om att starkare näreskort borde givas och att jaktpiloterna helt enkelt måste bli aggressivare.

Milch försvarade jaktcheferna, sade att problemen inte alls låg i bristande kompetens hos dessa, utan i de order som kom från högsta ledningen. Dessutom var både Bf 110 och Stuka för dåliga i strid mot Spitfire och Hurricane.[654] Denna anmärkning föll inte i god jord hos Göring. Det var inget fel på planen, speciellt inte Bf 110 som var hans personliga skötebarn. Om *Zerstörer*-förbanden led förluster så var lösningen att ge dessa eskort av Bf 109. Han tycktes inte inse ironin i att prisa dessa två flygplansmodeller samtidigt som han dels dragit störtbombarna ur slaget, dels hävdade att eskortplanen skulle ha egen eskort.

Vad få av de församlade insåg var att *Luftwaffe* stod inför en närmast omöjlig uppgift. Dess första uppgift var att nedkämpa *Fighter Command.* För att lyckas med detta måste *Jagdwaffe* skjuta ned ett stort antal brittiska jaktplan samtidigt som de egna förlusterna hölls nere. Men för att uppnå positiva förlustutbyten var man tvungen att endast utnyttja speciellt gynnsamma situationer, någonting som var svårt eftersom britterna undvek strid jakt mot jakt. Att nöta ned Dowdings förband via frijakt skulle ta månader i anspråk. Lösningen blev därför att skicka in bombplan och att anfalla mål som britterna måste försvara. Då skulle *Fighter Command* tvingas till strid. Detta skapade genast nya problem. Frijaktens nedskjutningssiffror ökade, men de var fortfarande för låga för att knäcka *Fighter Command* i tid för invasionen, och förlusterna i tyska bombplan blev oacceptabelt höga. Det sista kunde förvisso stävjas genom att bombplanen fick större eskorter, men detta skulle i sin tur leda till minskad frijakt och till att Bf 109-piloterna hamnade i en sämre taktisk position. Det var en ond cirkel och bråket mellan jakt- och bombflyget gällde inte så mycket vilket som var det bästa sättet att slå ut *Fighter Command*, utan vem som skulle få betala blodsnotan för anfallen.

I vilket fall som helst skulle jaktförbanden vitaliseras med ny energi. Därför meddelade Göring att de äldre förbandscheferna skulle ersättas av yngre och djärvare flygare – de som hade visat framfötterna genom sina bedrifter i luften. I ett slag gav han Mölders befälet för JG51 och Galland för JG26, där de tidigare befälhavarna Osterkamp och Handrick ersattes. Kapten Lützow, major Trübenbach och Hannes Trautloft skulle ta över JG3, JG52 respektive JG54.[655]

Även målinriktningen skulle förändras. RAF:s markorganisation samt flygindustrierna i Londons närområde skulle angripas – både dag och natt. Syftet var tvåfaldigt: att minska *Fighter Commands* återhämtningsförmåga och att hetsa det brittiska jaktflyget till strid. Framför allt skulle installationer för framställande av aluminium och fabriker som tillverkade flygmotorer bombas.[656] Beträffande nattangreppen skulle varje förband få ett speciellt målområde, så att besättningarna lärde känna det bättre för varje uppdrag.

Den förändrade målsättningen ledde även till förändringar i *Luftwaffes* baseringar. De enmotoriga jaktplanen skulle i större utsträckning än tidigare förläggas vid den smalaste delen av Kanalen, och redan den 21 augusti förflyttades JG2 från Cherbourg till området runt Pas de Calais. JG27 och JG53 ombaserades de påföljande dagarna. Den tyska jakten koncentrerades därmed i ett område där den hade bäst operationsradie. I fortsättningen skulle daganfallen i huvudsak skötas av Kesselrings *Luftflotte* 2, medan Sperrles bombplan opererade nattetid.

”Vi måste lyckas med att allvarligt störa fiendens materielproduktion”, konstaterade Göring. ”Från och med nu existerar inga restriktioner i valet av mål, bortsett från att jag förbehåller mig rätten att avgöra när Liverpool och London skall anfallas.”[657]

•

Lustigt nog verkade det vara just starkare tysk eskort som de brittiska jaktpiloterna oroade sig över. Den 19 augusti höll Park en större stabskonferens inom 11. eskadern, där han framhöll en rad punkter baserade på de gångna dagarnas händelser. Det stod klart att *Luftwaffe* hade övergivit de marina målen i Kanalen och att det var flygfälten som tilldrog sig deras uppmärksamhet. Låghöjdsanfall av den typ som drabbat Kenley – och som Göring just givit order skulle upphöra – måste till varje pris kontras. Därför skulle mindre enheter gå upp och patrullera på låg höjd så snart större inflygningar observerades. För att ytterligare skydda Debden, Hornchurch och North Weald (de norra sektorfälten inom 11. eskadern) skulle jaktstridsledarna begära assistans från 12. eskadern så snart de hemmahörande planen startat. Man utfärdade även instruktioner för att undvika att brittiska piloter sköts ned över Kanalen, men framför allt gavs order att endast ett fåtal plan fick avdelas för att störa de tyska eskortplanen. Bombplanet var fortfarande det huvudsakliga målet.

Den kombinerade effekten av Görings och Parks nya direktiv blev att luftstriden sögs in mot bombplanet. Istället för det tidigare mönstret där striden bröts upp i två separata delar – jaktplan mot jaktplan på högre höjd och jaktplan mot bombplan därunder – skulle det nu bli strider jaktplan mot jaktplan/bombplan på samma höjd. Det sistnämnda uppskattades inte av de brittiska jaktflygarna. De flesta ansåg att den nuvarande taktiken – att Spitfireplanen engagerade eskorten så att Hurricaneförbanden kunde ta sig an bombplanen – fungerade ganska bra. Om samtliga divisioner försökte engagera bombplanen skulle tyskarna bara öka mängden eskortplan och då skulle bombplanen bli svårare att skjuta ned, menade de.[658]

Det är intressant att notera att varken de tyska eller brittiska jaktpiloterna uppskattade förändringen. Göring har fått utstå kritik för sitt beslut att öka näreskorten, och det är tveklöst så att denna roll minskade Bf 109:ans taktiska värde. Men på samma sätt som i fallet med radarstationerna glömmer kritikerna ofta en betydelsefull faktor. Över Frankrike, där ingen sida kunde se längre än pilotens eget öga, var värdet av frijakt och stöt-taktik stor. Men över England var förhållandet annorlunda. Britterna kunde via sin radar och sina observatörer se över hela stridsområdet. Det var därför ofrånkomligt att den tyska frijakten ofta missade sina mål – på grund av höjdskillnad, molnighet eller helt enkelt därför att den brittiska jaktstridsledningen dirigerade undan sina förband. Vid sådana tillfällen spelade det ingen roll om stöt-taktiken hade varit att föredra vid kontakt med fienden, eftersom ingen kontakt skapades. *Fighter Command* kunde däremot dirigeras in mot de bombplan som saknade eskort.

När bombformationerna eskorterades av Bf 109 hade britterna inget annat val än att slåss mot de tyska jaktplanen. Förvisso kunde de utgå från ett taktiskt mer fördelaktigt läge, men inte lika fördelaktigt som om bombplanen varit helt oskyddade. Brittiska jaktförband som tidigare kunnat anfalla bombförband utan eskort, och därmed även kunnat välja angreppstaktik utan hänsyn till tysk jakt, skulle nu tvingas se över axeln och gripa tillfället i flykten när ett sådant yppade sig. Det skulle inte alltid gå att anfalla från bästa vinkel. Effekten av de tyska bombplanens svarseld skulle därmed öka. Mellan den 13 och 18 augusti (17 augusti undantagen) hade de genomsnittliga tyska förlusterna legat på 42 plan per dag. Under de närmaste veckorna skulle denna siffra minska till ungefär 20 per dag.

Ovanstående invändningar behöver inte nödvändigtvis betyda att Görings beslut att öka näreskorten var det rätta, bara att det kanske fått oförtjänt mycket kritik. Dessvärre inskränkte sig Göring inte till att begära att bombplanen skulle givas starkare eskort, han sade även att jaktplanen skulle flyga tätt intill sina skyddslingar så att bombplansbesättningarna kunde se dem. Om 109:orna istället låg några tusen meter ovanför bombplanen och såg till att inte tappa kontakten med dessa, så skulle de fortfarande ha en möjlighet att dyka ned mot brittiska jaktplan när dessa gick till angrepp. De skulle därmed behålla en taktiskt fördelaktig position (såvida de inte själva var målet för anfallet) och kunna genomföra en snabb hastighetsökning när striden inleddes. Om jakten däremot låg på samma höjd som bombplanen så skulle den avhända sig all taktisk fördel till fienden. Som det visade sig skulle vissa tyska förband följa Görings order till punkt och pricka, medan andra helt enkelt struntade i dem.

Bomber över London – och Berlin

Den 24 augusti klarnade vädret betydligt och *Luftwaffe* återupptog sina daganfall med ett angrepp mot Great Yarmouth under morgonen. Det följdes av anfall mot Manston, North Weald och Hornchurch. Ombaseringen av tyska jaktplan ledde till att trycket mot Parks 11. eskader ökade, medan det samtidigt minskade i Brands område, och våldsamma luftstrider rasade över Kent, Sussex och Essex. Hunters 264. division (Defiant) hade flyttats ned till 11. eskadern trots den katastrof som drabbat 141. divisionen under kanalslaget. Den sattes snabbt in i slaget. Fyra Defiantplan sköts ned och Hunter själv dödades.

När en tysk formation närmade sig North Weald anhöll Park om assistans från 12. eskadern, men hans begäran kom in sent. Endast sex plan ur 19. divisionen hann till platsen. Detta förband var utrustat med kanonbeväpnade Spitfireplan och gjorde anspråk på att ha skjutit ned tre bomb-

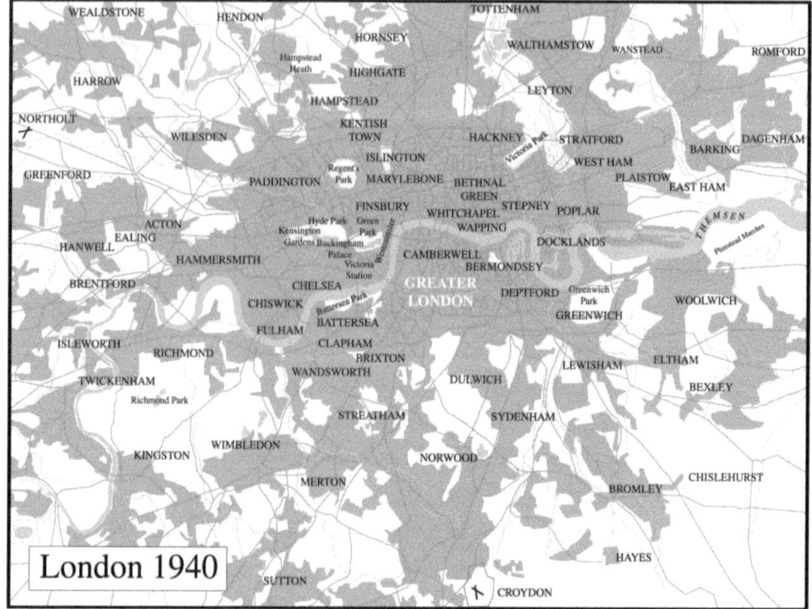

plan. Fyra av de sex piloterna rapporterade dock eldavbrott, någonting som var vanligt i samband med de första, trevande försöken att placera automatkanoner i vingarna på Spitfire- och Hurricaneplan.

I väst bombade en större styrka ur Sperrles *Luftflotte* 3 Portsmouth. Ovetande om att Stukaplanen hade dragits ur slaget hade den brittiska jaktstridsledningen dirigerat in sina förband på för låg höjd. När bombplanen anlände något tidigare än beräknat, fann sig de brittiska jaktdivisionerna 2 000 meter under dem och kunde inte hejda anfallet. På marken dog 104 människor och 237 skadades – den största civila förlusten på grund av flygbombning sedan slaget inleddes.

Den mest uppseendeväckande aktionen detta dygn ägde emellertid rum under natten när tyska bombplan flög in över Themsenmynningen. Bortsett från oljeupplaget vid Thameshaven var deras mål dåligt definierade och bomberna spreds över ett större område. Centrala London träffades, så också Bethnal Green, East Ham, Stepney och Finsbury.[659]

Reaktionen inom de politiska kretsarna, såväl i Tyskland som Storbritannien, blev stor. Göring var ursinnig. Han hade ju uttryckligen förbjudit sina förband att angripa London. Morgonen efter bombningen knattrade teleprintrarna hos de förband som deltagit i nattens räder. De skulle rapportera in omedelbart. Den förklaring som gavs var att anfallet utförts av ett ensamt bombplan som kommit vilse, och besättningen på detta förflyttades till infanteriet. Detta var långt ifrån sanningen. Bomberna hade fallit från strax före midnatt till tretiden på morgonen. Vem som än begick misstaget så låg det på en betydligt större skala än ett ensamt, vilsekommet bombplan.

I London krävde Churchill omedelbara motåtgärder. Huruvida de övriga medlemmarna av krigskabinettet blev informerade är oklart, men det var inget kabinettmöte denna söndag, så det verkar som om premiärministern ensam låg bakom – Berlin skulle bombas samma natt.[660]

Order gavs och *Bomber Command* gjorde sig redo. När mörkret föll startade 81 brittiska bombplan för att flyga mot Tyskland. Resultatet av *Bomber Commands* första stora räd mot den tyska huvudstaden blev dock magert. Ungefär 50 av planen var av typerna Wellington och Hampden och hade Berlin som mål. Vid ankomsten visade det sig att sikten över målområdet var dålig. De enda bomber som föll inom stadsgränsen träffade ett sommarhus i utkanten av Rosenthal och två personer skadades lindrigt.[661] ”Räden var i själva verket usel”, sade Guy Gibson, den senare så berömde brittiske bombflygaren. ”Ovanför målet låg ett tjockt molntäcke och jag tvivlar på att fler än tio bomber verkligen landade i Berlin.”[662] Anfallet var inte heller gratis för *Bomber Command*. Hampdenplanen flög på gränsen av sin operationsradie. När de skulle återvända till England möttes de av en stark motvind. Tre förlorades av olika anledningar över land; tre tvingades nödlanda i havet sedan bränslet tagit slut.[663]

Om skadorna i Berlin var närmast löjeväckande, var effekten på Göring desto större. Han hade sagt att om bomber någonsin föll över Berlin så skulle han byta namn till Meyer. Nu var hans prestige sårad, och RAF skulle återkomma flera nätter under de närmaste veckorna. Dessa räder mot Berlin skulle snart få honom att växla mål från flygfälten till London. De skulle också påverka Hitler till ett än mer avgörande beslut.

Flygfält

Den första större räden den 26 augusti var en skenmanöver för att få upp *Fighter Command* i luften. Femtiotvå bombplan av typerna Heinkel och Dornier passerade kusten vid Dover och flög in över Kent med siktet inställt på Biggin Hill. Listen fungerade, och när Park skickade upp 40 Hurricane och 30 Spitfire, invecklades dessa i strider med den starka tyska eskorten. Bägge sidor led förluster. Tvåhundrasextiofjärde divisionen förlorade ytterligare tre plan när den engagerade en formation Dornier ovanför Herne Bay och blev angripna av Bf 109:or. Än värre gick det för piloterna i 616. divisionen. Ett missöde i samband med starten från Kenley ledde till att fem av planen försenades, och när de övriga kom i kontakt med fienden blev de inblandade i en strid mot över 40 Bf 109. Övermakten var för stor. Trots att de fem försenade Spitfireplanen så småningom hann i kapp förlorade divisionen sex plan. Första (kanadensiska) divisionen, som flög sitt allra första uppdrag den 26 augusti, fann en formation Dornierplan, men förlorade tre plan i snabb följd. Snart hade 109:orna så lite bränsle kvar att de tvingades bryta sig ur striderna och dyka mot kusten. Bombplanen avbröt anflygningen mot Biggin Hill och fällde sina bomber mot andra mål.

Det första angreppet följdes av tyska jaktsvep som Park undvek. Därefter kom nästa bombräd. En styrka om 80 Dornier från KG2 och KG3, eskorterade av 40 Bf 109 och 80 Bf 110, flög in mellan Southend och Clacton, där den delade sig i två grupper: den ena med målet Hornchurch, den andra för att angripa Debden. Två misstag ledde nu till avsevärda förluster hos angriparna. Det första gällde den tyska planeringen och det tidigare jaktsvepet. Detta hade inte givit något resultat, och när 109:orna återvände till sina baser fanns det knappt några enmotoriga jaktplan kvar för att eskortera bombplanen. Det andra misstaget begicks av den brittiska jaktstridsledningen och skulle, paradoxalt nog, utvecklas till deras fördel. När den tyska rädstyrkan delade upp sig utanför den engelska kusten, uppfattades den som en betydligt större räd än vad som var fallet och den verkade ha London som mål. Park beordrade nästan hela sin tillgängliga styrka i luften. Under trycket från 61 brittiska jaktplan – däribland tolv Hurricane ur 310. (tjeckiska) divisionen som här flög sitt första stridsuppdrag – avbröt de flesta av de tyska planen anfallet och de få 109:orna hade inte tillräckligt med bränsle för att påverka utgången. Ett halvdussin Dornier nådde Debden och fällde sina bomber; Hornchurch lämnades orört.

I väster utförde Sperrles *Luftflotte* 3 sin sista dagräd på tre veckor när 50 Heinkel ur KG55 anföll Portsmouth och Southampton. En tät molnmassa gjorde att de brittiska jaktdivisioner som skickats upp för att möta räden hade svårt att lokalisera fiendearmadan, men de få bombplan som nådde målen orsakade inte heller någon nämnvärd skada. Fyra Heinkel och fyra Bf 109 sköts ned, mot en brittisk förlust om två Hurricane och två Spitfire.[664]

Större delen av de brittiska förlusterna hade ägt rum under det första, eskorterade anfallet, medan de tyska var större under den senare fasen – en tydlig indikation på att frijakten inte alltid var den effektivaste taktiken.

Den 27 augusti förflöt utan större aktivitet från tysk sida. Dagen därpå angrep *Luftwaffe* flygfälten vid Eastchurch, Rochford och Hornchurch. Samtliga mål träffades, men inga allvarligt. Tvåhundrasextiofjärdes Defiantplan flög för sista gången innan de drogs ur dagstriden. Kostnaden för deras envishet var ytterligare sex plan och fem piloter.

Under eftermiddagen siktades en stor räd på väg in från söder och sydost. Jaktstridsledningen beordrade sex divisioner i luften, när man upptäckte att fiendestyrkan uteslutande bestod av jaktplan. De brittiska förbanden kallades tillbaka, men alla hann inte anropas i tid. Tyskarna sköt ned ett halvdussin plan från 54., 56. och 151. divisionerna, medan Peter Townsends 85. division istället utmärkte sig genom att skjuta ned fem Bf 109 utan egen förlust. Dagen slutade med att 18 brittiska jaktplan hade förstörts i luften och 29 tyska bomb- och jaktplan skjutits ned – ett förhållande som *Fighter Command* inte kunde uthärda i längden.[665]

Tyskarnas taktik att flyga in mot kusten i samlad formation, för att därefter bryta upp den i ett antal mindre grupper med speciella mål försvårade arbetet för den brittiska jaktstridsledningen. Allt som oftast skedde denna uppsplittring i skarven mellan radarnätet och *Observer Corps*, vilket ledde till att rapporterna från radarstationerna och observatörerna blev motsägelsefulla. För att möta detta problem ändrades rutinerna. När de upptäckte ett mål rapporterade de brittiska piloterna in fiendestyrkans numerär, kurs och höjd. Denna information skulle föregås av det välkända ”Tally Ho”, som därefter blev RAF:s standardanrop för ”fiende siktad”.

Samma natt ökade *Luftwaffes* nattbombning i intensitet när enheter ur KG27 och KG55 angrep mål runt Merseyside. Göring hade lyft restriktionerna beträffande angrepp mot Liverpool, och staden led svårt under bomberna. Fram till nu hade tyskarna endast genomfört mindre räder mot spridda mål. Denna gång sattes inte mindre än 150 plan in mot Englands andra stad. Hamnen ådrog sig betydande skador och 470 människor rapporterades döda eller skadade. Mindre grupper anföll Birmingham, Bristol, Manchester och andra större städer.

Samtidigt angrep *Bomber Command* Berlin natt efter natt. ”När de nu har börjat misshandla huvudstaden”, sade Churchill till Newall, ”vill jag att ni slår tillbaka hårt, och Berlin är det rätta stället att göra detta på." Ännu var de materiella skadorna av dessa räder obefintliga – den värsta incidenten var när några bomber föll över järnvägsstationen vid Görlitz och dödade tio personer – men den politiska effekten var desto större. Tidigare hade bombkriget endast drabbat andra nationers städer. Nu hade det kommit till Berlin. Hitler hade befunnit sig i Berghof när beskedet om dödsoffren kom. Nu fann han sig nödsakad att återvända till huvudstaden. Inom en vecka skulle han tala till det tyska folket.

•

I England började morgonen och förmiddagen den 29 augusti utan angrepp från *Luftwaffe*, detta trots att vädret var klart. Inte förrän vid tretiden dök en räd upp på radarskärmarna, och Park skickade 13 av sina divisioner i luften. Återigen var räden ett trick från Kesselrings sida: ett mindre antal bombplan eskorterade av över 500 Bf 109 och 150 Bf 110. Park beordrade tillbaka sina förband, men inte förrän vissa av dem fått kontakt med de tyska jaktplanen. Hade det inte varit för radarn och *Observer Corps* hade britterna förlorat fler än de nio jaktplan som sköts ned under eftermiddagen. Trots det massiva jaktpådraget förlorade *Luftwaffe* 17 jakt- och bombplan.[666]

Det stod klart att RAF undvek strid med jaktplanen. Tyskarna drog olika slutsatser av detta. Att RAF hade ett fungerande stridsledningssystem som tillät dem att välja var och på vilka villkor de skulle gå i strid var uppenbart. Svårare var att bedöma *Fighter Commands* styrka. Kesselring ansåg att England inte hade många jaktplan kvar, någonting som verkade bekräftas av RAF:s motvilja att möta angreppen. Han anslöt sig därför till Schmid och Göring som trodde att Dowdings styrka var på upphällningen. Sperrle och Osterkamp var av motsatt åsikt.[667]

På den brittiska sidan fanns det meningsmotsättningar av ett annat slag. Under dessa dagar inleddes det långa grälet mellan ledningarna för 11. och 12. eskadrarna. Den 26 augusti klagade Park i en skrivelse till Dowding att de divisioner som utlånats till honom från 12. eskadern, medan några av hans egna drogs ur elden för vila, uppvisade låg kvalitet. Påföljande dag prisade han 10. Eskadern, samtidigt som han åter kritiserade Leigh-Mallorys förband, eftersom dessa misslyckats med att skydda North Weald och Debden den 24 respektive 26.[668]

Förhållandet mellan Park och Trafford Leigh-Mallory hade varit spänt redan tidigare. Den senare hade tagit examen i historia vid Cambridge innan han tog värvning i ett infanteriregemente och hamnade i skyttegravarna 1914. Efter att ha blivit sårad 1915 bad han om förflyttning till flyget, en ansökan som beviljades. Där steg han i befattningarna för att så småningom leda en spaningsdivision. Efter kriget förflyttades han till *School of Army Cooperation*, för vilken han sedermera blev chef. Efter sin förflyttning till flygministeriet 1931 var han för en tid chef för en flygskola vid Digby och sedan posterad i Irak, innan han 1937 blev chef för 12. eskadern som han organiserade från grunden. Han hade känt sig förfördelad när tjänsten som chef för 11. eskadern gått till Park och inte till honom, och han hyste därför viss antipati mot både Dowding och Park. Leigh-Mallory var inte lika kompetent som Park när det gällde jaktoperationer, men han var inte sen att ta råd av dem som hade bättre kunskap och hade mycket lättare att samarbeta än Park och Dowding.

Nu försvarade han sig mot Parks kritik med att hans jaktstridsledare fått begäran om assistans för sent och därför inte fått tid att nå anbefalld höjd. Här fanns också en svaghet, eller snarare spricka, i Dowdings system. Skiljelinjen mellan eskadrarna försvårade samarbete, och jaktplan från 12. eskadern skulle korsa gränslinjen endast om de begärdes av Park eller direkt av Stanmore. Som det nu var utkämpade Park sitt eget krig i söder. Hjälp från 12. eskadern begärdes endast när 11. eskaderns plan var i luften och det bedömdes som troligt att deras fält skulle angripas. Därmed tvingades Leigh-Mallorys förband in i en defensiv roll, där de kom till strid endast när fienden valde att slå till mot deras patrullområden. I det här läget borde Dowding antingen ha sett till att Park förstärktes eller att stridsledningsrutinerna ändrades så att Leigh-Mallory kunde agera mer självständigt över 11. eskaderns område. Förvisso skulle detta ha lett till att kommunikationsproblemen med *Observer Corps* och luftvärnet ökade, eftersom varje eskader med alla dess komponenter bildade en egen sluten enhet och endast Stanmore såg den totala bilden. Men detta var ett mindre problem än att tyska bombplan angrep flygfälten, och luftvärnet kunde alltid ges order att inte skjuta på jaktplan, vare sig de ansågs vara tyska eller brittiska, när det fanns risk för missförstånd.

Dowding gjorde inget för att lösa problemet. Hans främsta målsättning var att bevara *Fighter Command*. För att undvika att fienden kom i position att förstöra ett större antal brittiska jaktplan i en enda stöt valde han att spara sina styrkor, och 11. eskadern fortsatte att operera med tre divisioner per sektor. Målsättningen var bra, men generellt kunde man säga att den tyska jakten blev svagare ju längre norrut den kom, och dess förmåga att skydda bombplanen minskade. Bombplanen borde därför ha angripits mer aggressivt när de anföll mål strax söder om London och var som mest utsatta.

Månadsskifte

Den 30 augusti trappades aktiviteten upp ytterligare med en serie anfall mot de brittiska flygfälten vid Kenley, Biggin Hill, Tangmere och Shoreham. Ett jaktsvep ignorerades av Park, men klockan 10.30 syntes den första räden på radarskärmarna. Den följdes av en andra klockan 11.00 och ytterligare en 11.30. Snart kom våg efter våg av tyska bombplan inflygande över det sydengelska landskapet. Park larmade sina divisioner, och inom kort rasade luftstriderna över Kent och Sussex. Snart var samtliga divisioner i luften och Park begärde att Leigh-Mallorys förband skulle skydda Kenley och Biggin Hill. Denna åtgärd var inte till mycket nytta, för tyska bombplan nådde och bombade Biggin Hill. Vad värre var: en tysk lyckträff slog ut elektriciteten hos ett antal radarstationer längs den engelska sydkusten, vilket temporärt förblindade *Fighter Command*.

I luften ovanför Maidstone fick RAF sin revansch för Schöpfels bragd den 18 augusti, när major Tom Gleave stötte på två *Gruppen* ur JG27. Gleave var 32 år, och enligt reglementet för gammal för att leda ett jaktförband i strid, men denna dag skulle han bevisa att han fortfarande var kapabel att spaka sitt flygplan.[669] Han och hans två sektionskamrater hade skilts från de övriga piloterna i 253. divisionen när de siktade en stor samling Bf 109 i diset, 500 meter ovanför. Fiendepiloterna hade inte sett Hurricaneplanen under sig och Gleave gav order om anfall. Han lyckades ta sig så nära som 175 meter bakom den första Bf 109:an innan de upptäckte honom.

Han öppnade eld. ”De tunna linjerna av gult spårljus flög rakt i vad som verkade vara 75 meter”, skrev han, ”innan de böjde av åt vänster i snabba kurvor.” Den första salvan blev en fullträff. Gleave noterade hur 109:ans plexiglashuv splittrades och planet vände nosen nedåt. Han såg spårljus passera ovanför och gjorde ett antal snabba manövrer som förde en ny Messerschmitt in i siktet. ”Jag gav honom en kort skur där jag svängde med honom och svart rök strömmade från ytterkanten av höger vinge.” Även denna 109:a föll, sedan var Gleave tvungen att gira för att inte kollidera med ett fiendeplan. Detta flög förbi, uppenbarligen utan att ha en aning om den brittiske pilotens existens. Gleave svängde efter, följde fienden och öppnade eld på cirka 60 meters avstånd. "Jag sköt en tresekunderssalva, höll igen medan han steg; sedan verkade han förlora fart och föll nedåt i en dykning." När fienden passerade tyckte Gleave att förarkabinen verkade vara tom, men i själva verket hade piloten träffats och fallit framåt över kontrollerna.

Vid det här laget var flera fiendeplan bakom den brittiske majoren och han upplevde en kort känsla av overklighet när serier av spårljus passerade honom på alla sidor. "Det gav mig intrycket av att flyga i en jättelik bur bestående av gyllene stänger." Med tre plan på sin lista beslutade Gleave att det nog var hög tid att ge sig av. Han hade ingen aning om vad som hänt hans kamrater och tyskarna hade hämtat sig från den första överraskningen. Plötsligt seglade en fjärde 109:a in framför honom. Han kramade avtryckaren och sköt tills allt som hördes var patronhylsor som klirrade genom sina hylsrännor. Otroligt nog träffade även denna salva och fiendeplanet vände över på rygg och störtade nedåt med fullt gaspådrag. Den brittiske piloten dök därefter bort från området och klarade sig med livet i behåll.[670] Hans kamrater hade inte samma tur. Bägge sköts ned och bara den ene lyckades rädda sig.

Knappt hade de brittiska förbanden landat och påbörjat processen att fylla på bränsle och ammunition, förrän Kesselrings andra anfall inleddes. Eftersom radarstationerna fortfarande var utan ström kunde detta anfall passera utan att det möttes av fler än ett halvdussin brittiska divisioner, och bägge målen, Manston och Hawkinge, träffades innan planen vände åter mot Frankrike.

En irriterad Park ringde upp 12. eskadern och frågade varför tyskarna hade kunnat bomba Biggin Hill. Han fick svaret att 12. eskadern visst hade varit där, men att de inte kunnat finna fienden. "Det är inte meningen att era jaktplan skall leta efter fienden", sade Park sarkastiskt. "De skall befinna sig över de södra flygfälten och vänta på att fienden kommer till dem."

Vid fyratiden rapporterades en ny stor räd på ingång mot Kent. Vissa av de tyska förbanden gick mot North Weald, Kenley och Biggin Hill; andra hade målområden så långt norrut som Oxford och Luton. Park bad om hjälp från Leigh-Mallory. Strax före klockan 16.30 fick Douglas Baders 242. division order att starta och flyga mot North Weald, där den skulle patrullera på femtusen meters höjd. Den romantiska versionen av denna strid vill göra gällande att Bader på eget initiativ ignorerade jaktstridsledningens order; att han steg till en höjd om sextusen meter och lade sig något väster om den beordrade positionen för att få solen i ryggen. Detta skulle ha gett honom ett perfekt läge för att anfalla den tyska styrkan och vara bevis för Baders taktiska snille. I själva verket följde han sina order till punkt och pricka, och när två fiendeformationer dök upp, en under och en ovanför honom, störtade han hals över huvud ned mot den senare utan hänsyn till taktiska finesser.[671] Glömsk av allting omkring sig, till och med sin egen division, flög han vilt skjutande rakt in bland de över 70 tyska planen. Bader ansåg sig ha förstört två fiendeplan och 242. divisionen trodde sig ha skjutit ned tolv utan egna förluster. När piloterna landat gratulerade de sig själva till nedskjutningarna, över att inga bomber träffat North Weald och att den tyska formationen vänt om och flytt tillbaka mot kontinenten. I själva verket hade 242. divisionen endast skjutit ned två fiendeplan och flera andra divisioner hade varit inblandade i striden utan att Baders piloter förstått det. Det faktum att tyskarna inte lyckats fälla några bomber över North Weald, berodde i första hand på att deras mål i själva verket varit Handley Page-fabriken vid Oxford och Vauxhall-verken vid Luton – den senare träffades svårt med 53 döda.[672] Bader skulle lära sig – han skulle komma att bli en av de främsta företrädarna för en övergång till tvåplanstaktik enligt tysk modell. Men denna dag hade han bokstavligt talat varit uppe i det blå.

Den 30 augusti var också dagen när 303. (polska) divisionen fick sitt elddop. På samma sätt som de andra utländska divisionerna, var den utrustad med Hurricane och befälet var delat mellan den brittiske major Ronald Kellett och den polske major Zdzislaw Krasnodebski.[673] Förbandet var ännu inte operativt, främst beroende på att piloternas kunskap i det engelska språket inte ansågs tillräckligt bra för stridsoperationer. Under den sena eftermiddagen tränade sig B-gruppen på att genskjuta fiendeplan. Deras chef var major Kellett och målet en sektion Blenheimplan som skulle föreställa fiendeplan. Under denna övning upptäckte löjtnant L.W. Paszkiewicz riktiga tyskar under sig med kurs österut.[674] Fiendestyrkan anföllls redan av en annan Hurricanedivision och Paszkiewicz anropade divisionschefen. Kellett hörde honom, men ignorerade varningen. Divisionen var inte operativ och Blenheimplanen måste eskorteras bort från det farliga området. Paszkiewicz tog saken i egna händer, bröt formationen och dök mot fiendeplanen. Han såg hur ett tvåmotorigt plan först svängde mot honom, men sedan girade undan och dök med de svarta korsen fullt synliga. Högt ovanför ledde major Krasnodebski A-gruppen och betraktade scenen från sin Hurricane. Han såg Paszkiewicz kulor slå in i Bf 110:an, hur ena motorn fattade eld och sedan hur en vit fallskärm vecklade ut sig i planets kölvatten. Därefter gick det tyska planet in i sin sista dykning. Paszkiewicz tilltag kunde ha fått allvarliga konsekvenser för det polska förbandet. Kellett svalde dock sitt förtret över incidenten och fattade ett berömvärt beslut. Han såg vilket uppsving divisionens stridsmoral fått av nedskjutningen och ringde upp Stanmore: "Från och med idag, och med tanke på rådande omständigheter, tror jag att vi kan kalla 303. divisionen operativ."[675]

Det var inte bara polackerna som var upprymda över dagens händelser. Samma kväll gratulerade Leigh-Mallory Bader, och den senare tog tillfället i akt att berätta om några av sina idéer. "Om vi haft fler divisioner kunde vi ha skjutit ned betydligt fler fiender", sade han. "Vore det möjligt för oss att starta samtidigt?"

Leigh-Mallory frågade hur han hade tänkt sig att leda flera divisioner samtidigt. Bader förklarade att han ännu inte tänkt igenom saken i sin helhet, men att det inte borde innebära några större problem att leda tre divisioner istället för en. Han propagerade även för frontalanfall för att bryta sönder de tyska formationerna.

"Låter som en utmärkt idé", erkände Leigh-Mallory.

"Det kommer att minska förlusterna ", avslutade Bader. "En division mot en styrka på hundra är ganska besvärligt. Vi hade tur idag som hade fördel av solen."[676]

Olyckligtvis skulle Baders idéer leda till att det redan spända förhållandet mellan 11. och 12. eskadern försämrades. Dagen därpå godkände Leigh-Mallory "Duxfordflottiljen", bestående av 19., 242. och 310. (tjeckiska) divisionerna. Baders idéer skulle testas i praktiken.

·

Den 31 augusti blev på många sätt *Luftwaffes* dag. Åter angreps flygfälten. Detling, Eastchurch, Croydon samt sektorflygfälten Biggin Hill, Hornchuch och Debden skakade under angreppen. Även radarstationerna vid Pevensey, Rye, Beachy Head, Whitstable och Foreness bombades efter att ha blivit lämnade i fred ett par veckor. Kesselrings taktik att skicka in mindre bombstyrkor med tung eskort fungerade. Relationen tyska kontra brittiska nedskjutningar närmade sig gradvis jämvikt efter att tidigare ha varit med god marginal till RAF:s fördel. Gårdagens siffror hade legat på 20 brittiska mot 25 tyska.[677] Denna dag skulle förhållandet bli ännu jämnare.

De första brittiska förlusterna kom vid niotiden i närheten av North Weald. Gallands JG26 eskorterade en styrka Do 17 när dessa angreps av 56. divisionens Hurricaneplan. Bf 109:orna dök ned som hökar, och fyra brittiska jaktplan förstördes utan några förluster på tysk sida.[678] Ungefär samtidigt angrep 1. (kanadensiska) divisionen 20 Dornier ur KG2 ovanför Dover bara för att själva bli anfallna av Werner Mölders JG51. Scenen från North Weald upprepades. Mölders var åter i luften efter sin skada i slutet av juli. Han gav order att huvuddelen av hans *Geschwader* skulle ligga kvar på hög höjd och dök sedan mot kanadensarna med sin *Stabschwarm*. Hurricanepiloterna såg dem aldrig komma. Ett brittiskt plan fattade eld i Mölders sikte. Han hade därmed blivit den förste pilot som skjutit ned 40 fiendeplan. Strax därpå slog hans kanonkulor in i en andra Hurricane, sedan en tredje. Planen föll, omgärdade av lågor, men samtliga piloter som Mölders skjutit ned lyckades rädda sig i fallskärm. En av hans kamrater fällde en fjärde Hurricane innan anfallet var över.[679]

Mölders anfall banade väg för överstelöjtnant Paul Weitkus Dornierplan ur II/KG2, som snart hade flygfältet vid Debden i sikte. Nere på marken ljöd flyglarmet och basens högtalare ekade metalliskt över området. ”Detta är operationsledningen. Fientligt anfall förestående. All personal skall omedelbart ta skydd.” Edith Heap och Winnifred hade precis anlänt till stridsledningscentralen när anfallet började. ”Samtliga tar på sig hjälmarna”, ropade en av officerarna. Därefter kom brisaderna som fick byggnaden att skaka. Edith bad att få ta över vid bordet, men WAAF-flickan som hon skulle ersätta skakade ursinnigt på huvudet. De flesta av flyglottorna fortsatte att markera som om ingenting hänt. En av dem grät medan hon arbetade och hölls tröstande om axlarna av den kvinnliga flygfuriren. En annan satt helt enkelt stilla med huvudet böjt och nävarna krampaktigt knutna. Utanför hördes tjuten från bomberna och det monotona dunkandet från Boforsbatterierna. Det avlägsna surret från fiendebombarna blandades med det tydligare ljuden från Merlinmotorerna när piloterna ur 601. divisionen försökte få sina Spitfireplan i luften.[680]

Debden var inte det enda flygfält som angreps denna morgon. Peter Townsend hann precis starta från Croydon när bomberna exploderade bakom honom. ”Jag vred mig i förarkabinen”, skrev han, ”och såg resten av divisionen komma ut ur ett jättelikt utbrott av rök och spillror."[681] Vid Hornchurch hade Al Deere en liknande upplevelse, med den skillnaden att han inte hann upp i luften i tid innan bomberna föll.

> Jag var ännu inte i luften när en bomb briserade på flygfältet, framför mig aningen till vänster. Bra, jag klarade det, tänkte jag. Än idag är jag inte riktigt säker på vad som hände i nästa sekund; allt jag minns är en jättelik tryckvåg med skurar av jord som träffade mig i ansiktet och att jag vagt blev medveten om att jag befann mig upp och ned. Vad jag minns är kollisionen med marken och att jag för en stund plöjde över fältet upp och nedvänd, fortfarande fastspänd i förarkabinen. Sten och jord kastades i ansiktet på mig och flyghuvan slets av.

Deeres Spitfire stannade och han fann sig fastspänd med huvudet nedåt i en kabin som var närmast mörklagd. Lukten av flygbränsle fick honom nästan i panik. Minsta gnista skulle ha fått planet att förvandlas till ett bål.

"Al!", hörde han en röst ropa. Det var kapten Edsall. "Al! Lever du?"

"Ja, mer eller mindre. För Guds skull, se till att få ut mig härifrån."

Edsall manade Deere att frigöra låsningen till kabinluckan och lyckades därefter bända upp den. Deere kämpade av sig fallskärmen och pressade sig igenom den smala öppningen. När han kom ut i det fria upptäckte han att Edsall var sårad i benet och hade krupit fram till planet för att hjälpa honom. Deere själv hade klarat sig undan med en mängd skrapsår i ansiktet, en bar blödande fläck på vänster tinning där såväl hår som hud slitits bort, samt en ordentlig nackspärr.[682]

En som inte hade samma tur som Deere var major Tom Gleave som fick betala för sin insats dagen före. Han var på väg tillbaka till basen efter en strid mot överstelöjtnant Weitkus II/KG2 när det hände. "Det var ganska lugnt och stilla", skrev han, "när hela instrumentpanelen försvann med en förskräcklig skräll. Jag förstod omedelbart att jag hade blivit träffad."

Gleave såg aldrig vem hans angripare var. Plötsligt förvandlades hans plan till ett brinnande inferno. Förtvivlat sträckte han in händerna i elden och försökte frikoppla slangen till syrgasen och sladdarna till radion. Detta resulterade bara i att huden på händerna reste sig i dussintals små vita blåsor. Snart brann hans flygdräkt; lågorna brände igenom byxorna och nådde benen. Han lyckades frikoppla selarna, men slangarna höll honom fången och i desperation slet han av sig flyghuvan. Detta gjorde att han äntligen kom loss, men innebar att lågorna även nådde ansiktet. En bländande explosion kastade honom ur planet.[683] Tumlande genom luften drog han i snöret. Det skulle ta lång tid innan han slutade ångra denna sista handling.

Det var nära att Peter Townsend fick dela Gleaves öde. Han skulle just till att skjuta mot en 109:a när elden från en 110:as akterskytt träffade hans Hurricane.

> En skottsalva stänkte in i min Hurricane, min vänstra fot slogs undan från roderpedalerna, bränsle sprutade in i förarkabinen. Chocken var så stor att jag förlorade kontrollen för ett ögonblick och gick in i en brant dykning. Herredjävlar, hörde jag mig själv säga ganska stilla, som om jag hade spillt lite te på vardagsrumsgolvet.

Han hade tur och lyckades lämna planet utan att det hade exploderat och landade en stund senare bland några smågranar. Eftersom hans fot var skadad hade han inget annat val än att stanna och vänta på hjälp. Denna materialiserade sig kort därpå i skepnad av en man med gevär som hotfullt pekade med vapnet mot honom och sedan en polisman som sakligt krävde: ”Namn och adress, tack!”[684]

Uppe i skyn ovanför honom fortsatte striderna. Ytterligare två plan ur 85. divisionen sköts ned, 601. divisionen förlorade fyra och 310. (tjeckiska) divisionen två, där den ene av de två tjeckerna dödades. Även tyskarna led förluster. JG26 förlorade sex plan, JG3 fem och JG77 angreps av 85. och 222. divisionerna sent under dagen och förlorade sju plan.

Även de nyligen operativa polackerna i 303. (polska) divisionen var i luften den 31 augusti. De hade många skäl att hata fienden, och till skillnad från de brittiska piloterna, som i första hand bekämpade fiendeplanen, var de ute efter männen i maskinerna. Deras hat reflekteras tydligt i fänrik Miroslaw Ferics stridsrapport:

> Jag närmar mig utan svårighet, han växer i siktet, hans flygkropp fyller hela den lysande ringen [i reflektorsiktet]. [...] Helt lugn slår jag till mot honom, på något sätt utan upphetsning – jag känner mig överraskad och konfunderad över att det är så lätt, helt annorlunda än över Polen, där man var riktigt utmattad, svettades, var nervös, och i slutänden inte [sköt ned] någonting [utan] själv blev nedskjuten. En kort salva med 20 kulor från samtliga vapen. Resultatet är omedelbart och underbart. [Tysken], dödligt träffad, brinner

som en fackla. Flammorna döljer hela flygkroppen när han kastar in planet i dykning och exponerar den vita undersidan och korsen. Han störtar. Jag följer honom. Piloten hoppar ut – fallskärmen vecklar ut sig. Jag vill skjuta honom, men det finns för många vittnen. [...] När vi landade visade det sig att alla skjutit ned var sitt fiendeplan.[685]

Även om anspråken var överdrivna, hade 303. (polska) divisionen demonstrerat sin slagkraft, och den blev omedelbart en faktor att räkna med ovanför sydöstra England. Samma kväll fick de polska flygarna ett kort telegram från Newall: ”Magnifik strid, 303. divisionen”, sade det. ”Jag är förtjust. Ni har visat fienden att polska piloter definitivt är bäst.”

•

När Edith Heap gick av sitt skift senare under kvällen stod Debden fortfarande i lågor. Flygpersonalens mäss hade förvandlats till en hög bråte, och intill en skyddsgrav låg ett antal kroppar dolda av en presenning. Edith hade blivit tillsagd att inte titta ned i skyddsgraven där fyra av hennes WAAF-kamrater blivit sprängda i stycken. Allt verkade vara kaos, men i detta kaos arbetade man febrilt för att återställa basen i operationsdugligt skick. Kratrarna i startbanan fylldes med jord och jämnades ut med bulldozers. De svårast skadade planen drogs undan; andra lagades där de stod. ”Vi tänkte helt enkelt inte låta dem slippa undan med det”, skrev Edith senare, ”tänkte inte låta dem vinna, så enkelt var det. Det var kaotiskt, men det städades upp. Jag har aldrig stött på sådan beslutsamhet. Varken förr eller senare.”[686]

I mångt och mycket hade tyskarna lika svårt att slå ut de brittiska flygfälten som de hade att förstöra radarnätet. Bombkratrarna i landningsbanorna kunde snabbt fyllas, utspisningslokaler och sovplatser kunde ersättas med tält eller inkvartering i civila bostäder i området. Hangarer, förråd och verkstadsbyggnader var bra att ha, men knappast nödvändiga. Det var fortfarande sommar och reparationerna kunde äga rum ute i det fria; under tältduk nattetid för att inte bryta mörkläggningen. I värsta fall kunde divisionerna flyttas till vilka större, jämna platser som helst, bara dessa uppfyllde kravet på den 700 meter start- och landningssträcka som Spitfire- och Hurricaneplanen behövde. Inte ens om *Luftwaffe* helt inriktat sig mot flygfälten är det säkert att de hade kunnat neutralisera dem.

Den 1 september hade Biggin Hill fått så stora skador att det knappt fungerade som operativt sektorfält. Gas- och vattenledningar hade förstörts, och av de 30 telefonledningar som förband basen med övriga delar av landet, var det endast en som inte brutits. Jaktstridsledningen hade flyttats till den intillliggande byn och endast en av basens normala tre divisioner kunde operera. Dessa skador har flera gånger framlagts som en indikation på att *Fighter Commands* baseringar söder om London höll på att bryta samman, men säger i själva verket det rakt motsatta. Avgörande är att endast *ett* av sju sektorfält hade nått denna nivå av förstörelse efter en veckas intensiva anfall, och det var inte heller helt utslaget.

Ändå fanns där tecken som sade att *Luftwaffe* kanske höll på att få övertaget i luftstriden. De tyska bombplan som hade angripit England denna sista augustidag hade inte varit fler än 150. Samtidigt hade det tyska jaktflyget flugit hela 1 301 uppdrag. Detta betydde närmare nio jaktuppdrag för varje bombuppdrag. Som svar hade *Fighter Command* flugit 978 uppdrag, men endast i några få fall lyckats ta sig igenom till de tyska bombplanen.[687] Inte mindre än 41 brittiska jaktplan hade förstörts mot en tysk förlust av 39. Endast tio av de senare hade varit bombplan, vilket visar att *Luftwaffe* nu framgångsrikt lyckats engagera *Fighter Command* med sina egna jaktplan.

Invasionsflottan samlas

Den 27 augusti utfärdade Hitler instruktioner där hans slutliga beslut i frågan om frontbredd fastslogs. Generalstaben accepterade nederlaget, men påpekade att de nu betraktade *Seelöwe* som genomförbart endast om Storbritannien befann sig nära politisk kollaps som en följd av flygbombningarna. Tre dagar senare utfärdade von Brauchitsch en dagorder till armén:

> Högste befälhavaren har beordrat de tre försvarsgrenarna att göra förberedelser för en landstigning i styrka i England. Målsättningen med denna operation är att eliminera hjärtlandet såsom bas för fortsatt krig mot Tyskland, och, i den mån detta blir nödvändigt, genomföra en total ockupation.
>
> Klartecken beror på den politiska situationen. Förberedelser skall fortskrida på så sätt att operationen kan igångsättas från och med den 15 september.

Det hade uppskattats att man behövde minst tio dagar mellan slutligt beslut och startskott för *Seelöwe*, varför Hitler samma dag anförtrodde Jodl att han skulle bestämma sig till den 10 september. Om resultatet blev invasion skulle trupperna gå iland i England den 21 september.

Medan armén väntade på startsignalen samlades invasionsflottan. De farkoster som skulle sätta iland den tyska armén i England utgjorde en brokig armada, inte helt olik den som hämtat BEF från Dunkerque några månader tidigare. Den bestod bland annat av medelstora ångbåtar, större motorbåtar, färjor, fiskeskutor och segelbåtar försedda med motorer, men de flesta farkoster var stora kanalpråmar. Det var förlusten av dessa som Raeder menat skulle lamslå delar av den tyska industrin och livsmedelsförsörjningen, och de var illa rustade för den uppgift som förestod. Byggda för färder längs de lugna nordeuropeiska kanalsystemen var det förenat med stora risker att låta dem gå ut i Engelska kanalen. Hög sjö kunde få dem att kantra. Ett annat problem låg i svårigheterna att lasta utrustningen ur pråmarna när dessa nådde stränderna. I vanliga fall lastades frakterna ur pråmen med hjälp av kranar, men av förklarliga skäl skulle inga sådana finnas tillgängliga. För detta ändamål konverterades därför pråmarna för landstigningsbruk. Ramper monterades i fören på dem så att soldater, hästar, fordon och artilleripjäser så snabbt som möjligt skulle kunna debarkera. Dessa förändringar gjorde farkosterna om möjligt ännu sämre lämpade för den besvärliga sjögången i Kanalen.

Ett annat problem med pråmarna var det faktum att dessa på något vis måste bogseras över Kanalen. En del av dem hade motorer, men dessa var för svaga för att kunna användas på öppet hav, även om de skulle kunna föra pråmen sista sträckan in mot land. De flesta pråmar var helt beroende av extern drivkraft. Lösningen blev att en mängd bogserbåtar, trålare och ångbåtar fick avdelas för att bogsera pråmarna över Kanalen och sedan skjuta dem in mot stränderna. Eftersom varje bogserbåt endast kunde ta två pråmar på släp band kravet på bogserhjälp upp ett stort antal fartyg som kunde ha använts för andra ändamål.

Totalt skulle invasionsstyrkan bestå av 145 ångbåtar, 1 939 pråmar, 422 bogserbåtar, 994 motorbåtar samt ett mindre antal *Siebel*-färjor.[688] Den skulle frakta ungefär 100 000 soldater i den första vågen. Men kunde de lastas? De svårigheter som kunde uppstå när soldaterna och utrustningen väl skulle embarkera farkosterna var många, och risken för dessa blev inte mindre i och med det faktum att samarbetet mellan armén och marinen varit minst sagt undermåligt.[689]

En annan svårighet gällde de tyska stridsvagnarna. De flesta av dessa skulle transporteras med större fartyg och var därför i behov av att ordentliga hamnar först erövrades. Därför kunde de inte landsättas förrän i den andra vågen. Behovet av stridsvagnsunderstöd i samband med det känsliga landstigningsskedet var dock stort, och därför beslutades det att ett större antal amfibiestridsvagnar skulle medfölja den första vågen. Dessa skulle lastas på de konverterade pråmarna. När farkosten nådde stranden skulle rampen i fören fällas ned i vattnet och stridsvagnen använda sig av denna för att köra av pråmen. Eftersom en kort sträcka av färden uppför stranden skulle gå genom flera meter djupt vatten, i vissa fall så mycket som fem–sex meter, hade stridsvagnarna fått sina springor tätade och försetts med luftsnorklar som var fästa till en flytboj. Så länge fordonet inte gjorde några häftigare svängar medan det befann sig under vattnet – vilket kunde få banden att gräva ned sig i en dyig botten – fungerade konceptet relativt väl. Amfibiestridsvagnar var ursprungligen ett ryskt påfund framtaget för att korsa floder, men denna egenskap kunde lika gärna nyttjas vid de engelska stränderna. Den 15 september skulle armégrupp A ha cirka 250 amfibiestridsvagnar redo för operation *Seelöwe*.[690]

·

Allteftersom förberedelserna fortsatte, började den väldiga fartygsarmadan anlända till invasionshamnarna. Efter att ha konverterats i Nederländerna eller i någon av de många inlandshamnarna längs Rhen eller Seine, samlades pråmarna i Amsterdam, Rotterdam eller i inloppen till de stora floderna Elbe, Weser och Ems. Där fick de sällskap av de ångbåtar och andra fartyg som rekvirerats från hamnarna i Nordsjön och Östersjön och som skulle deltaga i operationen. Snart påbörjades färden mot invasionshamnarna. De större fartygen seglade från Helgolandsbukten, ned utefter kusten tills de nådde de holländska inloppen eller hamnarna längs den fransk-belgiska kusten mellan Ostende och Le Havre. Pråmarna färdades längs de otaliga kanalsystemen. Den 4 september rapporterade marinstaben att ansamlingen av personal och materiel inför *Seelöwe* antingen redan utförts eller skulle kunna utföras inom den tidsrymd som kvarstod.[691]

Samma rapport menade dock att frågan om minor fortfarande återstod att besvara. Det största problemet gällde svepandet av de brittiska minfälten. ”Vi kommer att ha rensat minfälten längs vår egen kust till den 19 september”, noterade promemorian, ”men inte längs den fientliga kusten.”

Framgången var i hög grad beroende av vädret och om *Luftwaffe* kunde förhindra fientlig inblandning.

Även läggandet av egna minbälten för att blockera inloppen till Kanalen bjöd på svårigheter. Införskaffningen av de 5 000 minor som ansågs nödvändiga hade sinkats av olika administrativa skäl. Detta problem var dock mindre än svepningen av de fientliga minfälten. Snart började minorna anlända till hamnarna i Ostende, Le Havre och Cherbourg. Den 11 september rapporterade amiral Schuster att skyddsfälten skulle vara färdiga inom åtta dagar. Även kustartilleriet på bägge sidor av Doversundet var på plats och hade redan den 12 augusti inlett sporadisk beskjutning av den engelska kusten vid Dover.

Den 10 september ansåg marinen, om än motvilligt, att operationen kunde sättas igång.

Allt som behövdes var ett klartecken.

Division kontra flottilj

Från och med *Luftwaffes* återupptrappning av flyganfallen den 24 augusti vidgades klyftan mellan 11. och 12. eskadrarna och utmynnade snart i ett regelrätt gräl mellan Park och Leigh-Mallory. Denna dispyt skulle få konsekvenser, inte bara för slaget i luften, utan även för Dowding som fick lämna sin post som chef för *Fighter Command.* Eftersom bråket fortsatte in i en period som inte omfattas av denna bok, kommer det endast att omnämnas flyktigt. Det är dock på sin plats att göra vissa påpekanden kring det som skrivits i denna fråga de senaste decennierna. Den ganska väletablerade versionen vill göra gällande att Dowding och Keith Park avskedades från *Fighter Command* på grund av intrigerande från Sholto Douglas och Leigh-Mallory, vilka senare tog över deras respektive poster. Skälet till detta befälsskifte skall ha varit meningsmotsättningar mellan Dowding och Park, som förespråkade jaktoperationer i divisionsstyrka, och Douglas och Leigh-Mallory, som förespråkade flottiljinsatser. De senare skulle ha fått aktivt stöd för sina teorier från Douglas Bader, som var övertygad om att man kunde minska förlusterna genom att operera i större formationer såsom tyskarna gjorde. Dennes adjutant, kapten Peter McDonald, som också var parlamentsledamot, skulle ha informerat Churchill om kontroversen, och Douglas, Leigh-Mallory och Bader skulle därefter ha intrigerat för att få Dowding och Park avskedade.

Jag har några invändningar mot denna version. Först måste vi erinra oss att frågan om Dowdings framtid inte alls gällde huruvida han skulle avskedas eller ej, utan huruvida han skulle få sin tjänstetid *förlängd*. Enligt tidigare beslut skulle Dowding vara kvar till oktober, därefter skulle hans tjänst avslutas. Om det överhuvudtaget fanns någon sammansvärjning så var dess syfte inte att få bort Dowding, utan att se till så att han inte stannade kvar. Detta är en annan sak än om han tvingats gå i förtid. Företrädarna för teorin att Dowding föll för en sammansvärjning utgår ifrån att hans meriter i samband med *Fighter Commands* uppbyggnad på något sätt gav honom fortsatt rätt att göra anspråk på posten som dess chef. Tjänstetekniskt existerade ingen sådan legitimitet.

Om vi dröjer ett ögonblick vid skälen bakom Dowdings avsked, finner vi främst två. Det första låg på högsta nivå. Ett antal politiker inom det konservativa partiet hade beslutat att göra sig av med sir Cyril Newall till förmån för sir Charles Portal. Eftersom de fruktade att Newalls avsked skulle kunna resultera i att Dowding utsågs till flygstabschef istället för Portal, lät de cirkulera ett dokument – *A Weak Link in the Nation's Defences* – där främst Newall, men även Dowding misskrediterades. Den senare påstods ha otillräcklig mental kapacitet och vara helt ovillig att samarbeta med högre myndigheter. Härmed fanns det ett politiskt incitament att nedvärdera Dowding för att eliminera risken att han utsågs till flygstabschef.

Det andra skälet var Dowdings samarbete med flygstaben och flygdepartementet. Vi har tidigare sett hur ansträngt detta förhållande var och hur Dowding skaffade sig många fiender. Detta ledde till en allmän motvilja mot Dowding som person, vilken inte hade sitt ursprung i flygstriden, utan var en följd av hans egocentricitet. Han hade också gjort sig skyldig till flera misstag. Han hade stött Fairey Battle- och Defiantprojekten, han hade varit sen att försöka ändra *Fighter Commands* operativa och taktiska tillvägagångssätt och när han först hört talas om det tyska *Knickebein*-systemet hade han avfärdat det och hävdat att det inte var något problem för *Night Interception Committee* (NIC), trots att det var just sådana frågor som denna organisation skulle syssla med.[692] Med allt detta taget i beaktande kom man till slutsatsen att Dowding inte längre var rätt man på rätt plats. Detta i kombination med intrigen kring Newall och Portal var de verkliga orsakerna bakom chefsbytet inom *Fighter Command*.

Om vi går över till den interna strid som felaktigt fått skulden för

Dowdings avsked – bråket kring flottiljinsatserna eller ”*Big Wing*-teorin” som det ofta kallas – så vill den vanligaste versionen göra gällande att Leigh-Mallory och Bader började propagera för flottiljinsatser i slutet av augusti, och att de ansåg att dessa generellt borde ersätta insatser i divisionsstyrka. Även här har jag invändningar.

Big Wing-teorin hade varit föremål för många diskussioner redan före slaget, till och med före kriget, så den var inte ny i sig. Vid den tiden hade Dowding och Park varit företrädare för divisioner medan flygstaben i övervägande grad föredrog flottiljer. Medan dessa diskussioner pågått hade scenariot varit tyska bombplan *utan* eskort och Dowding hade byggt upp sitt försvarssystem därefter. Eftersom bombplanen inte skulle ha någon möjlighet att agera offensivt mot de brittiska jaktplanen utan endast kunde försvara sig när de själva blev angripna, ansåg Dowding att det var viktigare att snabbt genskjuta än att kraftsamla. Hans organisation arbetade därför med divisionen som basenhet.

När fientliga enmotoriga jaktplan nu kunde flyga över delar av England förändrades situationen. Tyska jaktförband opererade i *Gruppen* om 30 plan, och detta ledde till att de brittiska förbanden ur 11. eskadern allt som oftast hamnade i numerärt underläge. En förändring på denna punkt var önskvärd, men eftersom tyskarna *agerade* och britterna *reagerade* hade RAF mindre tid att gruppera sig än *Luftwaffe*. Divisionen var den största formation som varit praktiskt möjlig att använda och få ifrågasatte detta. Görings beslut att i allt högre grad koncentrera sina anfall ledde dock till att försvarets reaktionstid ökade och det var ofrånkomligt att *Big Wing*-teorin måste bedömas på nytt. Tolfte eskadern och flygstaben kom till denna slutsats tämligen oberoende av varandra. Föreställningen att frågan *föddes* i slutet av augusti 1940, främst genom Douglas Baders försorg, är därför överdriven. Den hade flera år på nacken.

Även skildringen av grälet mellan Park och Leigh-Mallory har förenklats betydligt. Det påstås allmänt gälla *Big Wing*-teorin. I själva verket var kärnpunkten i bråket inte alls om man skulle operera i division eller flottilj, utan huruvida Leigh-Mallory skulle fungera som en understödsenhet till Park eller agera mer självständigt och offensivt. Park var av den åsikten att Leigh-Mallorys förband skulle understödja 11. eskadern genom att patrullera ovanför dess flygfält. I övrigt skulle den inrikta sig på sin egentliga uppgift: att skydda Midlands industriområde. Som tidigare påpekats var Park i princip för flottiljoperationer och ansåg att dessa skulle minska förlusterna, men han kunde inte själv använda dem eftersom hans förband fick för liten förvarning.

Detta stod även klart för de flesta inom 12. eskadern, inklusive Leigh-Mallory, och denne ansåg aldrig att Parks förband skulle flyga i flottiljer. Efter Douglas Baders strid den 31 augusti kom Leigh-Mallory dock till slutsatsen att hans *egna* förband borde kunna operera i förbandsstorlek mer lik den tyska om de fick längre förvarning. Han ansåg att 12. eskadern skulle agera offensivt och försöka möta fienden före målet, men att det var lika effektivt att angripa de tyska bombplanen när de fällt sina bomber och var på väg tillbaka till Frankrike. En extra fördel i det sistnämnda fallet var att bombplanen i detta skede skulle ha svag eller ingen eskort. Det är signifikativt att notera att Dowding höll med om att flottiljer kunde användas på detta sätt och gav med sig på en punkt där han tidigare starkt förespråkat divisioner.[693] Inte heller Park hade någonting att invända mot flottiljerna – under förutsättning att de kunde formeras tillräckligt snabbt för att kunna skydda hans flygfält.

Här ligger en annan av myterna kring *Big Wing*-teorin, för många hävdar att det tog för lång tid för Bader att samla sina tre divisioner. Detta är felaktigt. Baders egen division samt tjeckerna var baserade vid Duxford och 19. Spitfiredivisionen vid Fowlmere strax norr därom. Det var aldrig nödvändigt att gruppera ovanför fälten. Förbanden startade helt enkelt och satte kurs söderut, samtidigt som man steg till operativ höjd. När man kommit ovanför molnmassorna var förbanden oftast synliga för varandra, och närheten mellan Duxford och Fowlmere i kombination med den längre anflygningssträckan gjorde att samtliga divisioner flög på i stort sett samma kurs. De något snabbare Spitfireplanen från Fowlmere hann snart ikapp Hurricanemaskinerna.[694]

Parks sätt att hantera flygslaget var på alla sätt och vis mästerligt. Genom att angripa med ett förband i sänder tvingade han tyskarna att löpa gatlopp under hela an- och inflygningen mot målet; han gjorde det svårare för de tyska eskortplanen att möta alla försvarsinsatser och han såg till att *Fighter Command* inte tillfogades allvarligare förluster i en och samma större strid. Hans taktik passade som hand i handske för de omständigheter som rådde ovanför 11. eskaderns område, och han gjorde bara ett misstag – att inte begära hjälp från 12. eskadern under ett tidigt skede av den tyska uppladdningen.

Om Duxfordflottiljen beordrats i luften så snart större flygstyrkor rap-

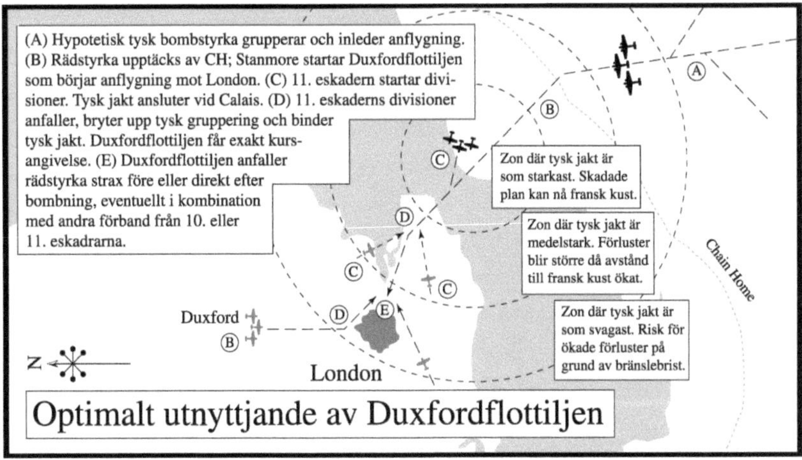

porterades närma sig Calaisområdet skulle man ha fått en reserv om tre divisioner redan i luften och på operativ höjd strax norr om London när fiendeförbanden närmade sig området från söder. Den skulle sedan kunnat dirigeras dit där den bäst behövdes, vilket inkluderade 11. eskaderns flygfält. Anflygningssträckan skulle ge Duxfordflottiljen lite av de problem som präglade 109:ornas operationer över England, och en tidig startorder skulle givetvis minska operationstiden, men till skillnad från tyskarna kunde Baders plan alltid gå ned på andra fält än sina egna, tanka och därefter flyga tillbaka till sina baser. Många gånger skulle flottiljen också starta bara för att få återvända i ogjort ärende med operationströtthet som följd. Detta var dock en acceptabel kostnad om systemet fungerat vid de tillfällen när riktiga genskjutningar gjordes.

Det kan argumenteras att 12. eskaderns egentliga uppgift var att skydda Midlandsindustrierna, men tyskarna hade knappast gjort några försök att angripa dessa i dagsljus. Dessutom var fienden tvungen att antingen flyga över 11. eskaderns område för att nå mellersta England i vilket fall, eller ta en längre rutt ut över Nordsjön och svänga in österifrån, vilket skulle ha gett god förvarning. Det enda riktiga problemet beträffande flottiljoperationer var radions relativt korta räckvidd, men detta hade kunnat lösas genom att 11. eskaderns jaktstridsledning tog över ledningen av Bader och hans förband när dessa kom in över Parks område.

I ett avseende hade RAF svårare än tyskarna att flyga i flottiljstyrka, eftersom deras envishet att inte gå över till roteformationer gjorde flottiljen besvärligare att manövrera. Risken för angrepp av den typ Schöpfel utsatt 501. divisionen för skulle öka. Denna fara var emellertid liten när det gällde Baders flottilj, eftersom denna flög in från områden dit 109:orna inte nådde och skulle ligga på god höjd när man närmade sig stridsområdet. Idén var att planen skulle kunna anfalla ungefär samtidigt för att få in fler brittiska plan i striden. Det fanns inga skäl att försöka bibehålla grupperingen när striden väl inleddes, någonting man inte heller gjorde vid divisionsangrepp.

Orsaken till att ovanstående myter vägrar att dö ligger främst i det faktum att företrädarna för teorin att Dowding utsattes för en sammansvärjning försökt stärka sin sak genom att påvisa att hans meningsmotståndares teorier varit felaktiga. Deras iver att döma Leigh-Mallory och Douglas Bader för *Big Wing*-teorin kontrasterar starkt mot deras totala tystnad beträffande Dowding och det brittiska jaktflygets stridsteknik. Sett ur ett historiskt perspektiv har denna faktaförvrängning varit olycklig. Männen i 12. eskadern försökte förändra operationssystemet till någonting de ansåg vara bättre. De menade att operationer i divisionsstyrka gav onödigt stora förluster och att man därför *i de fall det var möjligt* borde operera med flottiljer. De ansåg även att 12. eskaderns förband borde sättas in tidigare för att därigenom stärka *Fighter Commands* slagkraft i Londonområdet.

De hade rätt på flera punkter.

Utmattning

Omedvetna om grälet mellan Park och Leigh-Mallory fortsatte tyskarna sina angrepp mot de brittiska flygfälten. Den 1 september anfölls Eastchurch, Detling, Biggin Hill och Hawkinge, samtidigt som räder utfördes mot Dover och Tilbury. Dagen därpå angreps fälten vid Rochford, North Weald, Debden, Kenley, Digby, Hornchurch samt Eastchurch och Biggin Hill igen.

Utmattningseffekten av det kontinuerliga slaget visade sig allt tydligare på piloterna. Det var inte bara *Fighter Commands* flygare som drabbades. Även tyska förband kunde flyga fem till sex uppdrag per dag. De hade dessutom den större bördan över sig att ett nedskjutet tyskt plan inte bara innebar en förlust av maskinen, utan med största säkerhet även piloten. När ett brittiskt plan träffades kunde flygaren i flera fall återvända till sin bas, nödlanda någonstans i England eller ta till fallskärmen. De tyska piloter som fick sina maskiner sönderskjutna dog eller hamnade i brittisk fångenskap. Endast en tysk pilot – löjtnant Franz von Werra, som sköts ned av det

Jakt-bombarna var ett projekt som Göring själv fört fram och övervakat, och många av de mest lovande piloterna placerades i sådana förband. Efter att ha varit framgångsrikt i Polen, Danmark och Norge, började det tyska Messerschmitt Bf 110 dock att visa brister redan under operation Gelb. Under slaget om England blev det så utklassat av de brittiska jaktplanen att det behövde eskorteras av Bf 109:or.

Under ”Kanalkampf” fick Osterkamps Geschwader bära mycket av bördan på tysk sida. Här syns piloter ur III/JG51:s stabsschwarm. Från vänster till höger: löjtnanterna Otto Kaht, Werner Pichon-Kalau och Herbert Wehnelt samt kapten Hannes Trautloft. Den siste skulle bli ett av de stora tyska ässen.

I inledningsskedet av slaget om England utkämpades de flesta luftstrider ovanför de brittiska kolkonvojerna i Kanalen. Tyska bombplan angrep fartygen i ett försök att lura upp den brittiska jakten. Striderna blev allt häftigare i intensitet, men Park lät sig inte luras i fällan.

Hurricanedivision i tät gruppering. Trots erfarenheterna från Frankrike fortsatte de flesta brittiska förband att flyga på detta sätt under slaget om England och förlusterna lät inte vänta på sig.

Efter att observationer från radarstationerna samlats och filtrerats i Stanmore, gick informationen vidare till sektorfälten. Här sammanfördes den på en stor operationskarta av flyglottor inom WAAF. Jaktstridsledaren fattade därefter beslut om vilka divisioner som skulle starta …

… och vilka fientliga formationer de skulle angripa. Här ses 610. divisionens Spitfir från Biggin Hill. Detta förband gjorde anspråk på 58 nedskjutna fiendeplan under slaget, mot en egen förlust om 20 egna. Inledningsvis hade 610. divisionen varit ett AAF-förband, men förluster och omflyttningar bröt snabbt upp dess ursprungliga sammansättning.

Dornier Do 17 ur 9/KG76 på väg att angripa Kenley den 18 augusti. Dessa anfall var mycket svåra att möta för Fighter Command, men Göring gav order att de skulle upphöra.

Efter att länge ha lämnat kontrollen över fly slaget till sina underordnade, tog Göring personligen befälet inför anfallet mot den engelska huvudstaden. Från vänster till höger: flygstabschef Hans Jeschonnek, general Bruno Loerzer, riksmarskalk Göring samt kapten Brandt von Brauchitsch.

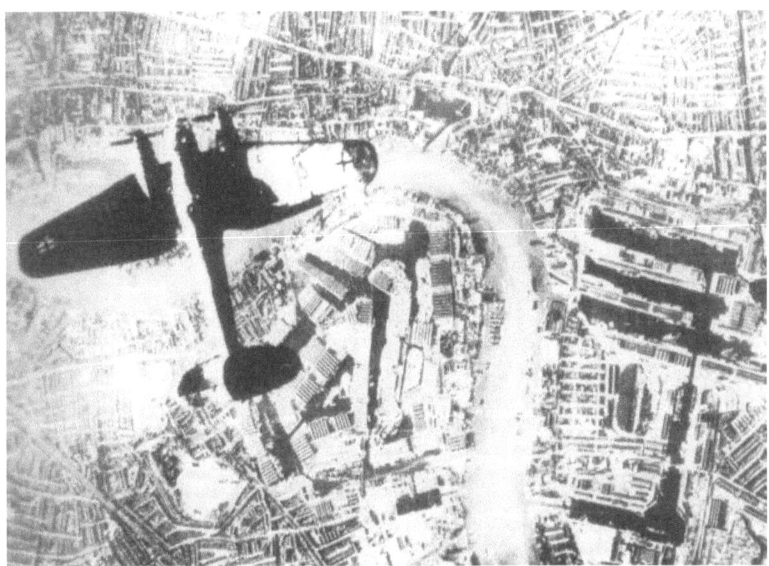

Tysk Heinkel He 111 ovanför Docklands den 7 september 1940. Omedelbart till höger om planet ligger Surrey och Commercial Docks; öster om Themsen Isle of Dogs med West India Docks. ”Jag siktade noggrant in mig, och när jag sedan tryckte på knappen hade jag blicken riktad mot massan av byggnader och förråd under oss. Jag hann se en kort skymt av bomberna där de tumlade runt på sin färd mot jorden.”

London Docklands i lågor bakom Tower Bridge och Towern. ”Mitt starkaste minne var elden på norra sidan floden som helt dominerade horisonten. Det var som en vision av helvetet.”

Churchill gjorde flera besök i de bombdrabbade delarna i East End. Dessa områden betraktades som fattigkvarteren och beboddes i huvudsak av arbetarklassen. Att visa stöd och sympati för dessa grupper var politiskt viktigt, men Churchill ville även bedöma skadornas omfattning för att göra sig en bild av hur RAF:s motoffensiv mot tyska städer skulle kunna se ut.

I september kom de tyska invasionsförberedelserna in i sitt slutskede. Här ses en pråm som konverterats för att transportera stridsvagnar. Medan den tyska marinen betraktade operation Seelöwe med stort missmod var kampmoralen hos armén på topp efter ett år fyllt av segrar. Tyska soldater sjöng den nya slagdängan ”Denn wir fahren gegen Engelland” och väntade på startsignalen inför krigets sista, avgörande drabbning.

En brittisk jagarflottilj bevakar den östra infarten till Kanalen. Trots två månaders luftkrig hade litet gjorts från tyskt håll för att neutralisera hotet från Royal Navy, ett faktum som inte undgått den tyska marinstaben. "I sin nuvarande form kan flygkriget inte understödja förberedelserna för operation Seelöwe, varför ansvaret helt ligger i marinens händer."

Brittiska bombplansbesättningar på väg till sina Vickers Armstrong Wellington. Ända sedan det tyska anfallet mot London, natten till den 25 augusti, hade Bomber Command utfört sina ineffektiva, men politiskt känsliga, anfall mot Tyskland. I september inleddes även omfattande anfall mot Kanalhamnarna.

Piloterna i 303. (polska) divisionen skulle göra sitt förband till det mest framgångsrika under slaget om England: fänrik Feric (etta från vänster), kapten John ”Kentski” Kent (tvåa), fänrik Zumbach (femma, med flyghuva), fänrik Lokuciewski (sexa), löjtnant Henneberg (sjua) samt fänrik Daszewski (åtta).

Douglas Bader (tredje man från höger) och några av flygarna ur 242. divisionen. Bader var övertygad om att han skulle kunna forma en flottilj med sina divisioner och att denna skulle kunna angripa fienden en masse ovanför London. Den 15 september fick han sin önskan uppfylld.

australiska ässet Pat Hughes den 5 september – lyckades undgå längre brittisk fångenskap efter en äventyrlig flykt från Kanada till USA.[695]

De tyska jaktpiloterna saknade också det moraliska stöd som deras brittiska motsvarigheter hade. En brittisk jaktflygare beundrades av den egna befolkningen, det hade Churchill sett till. Piloterna fann även kraft för att uthärda prövningen i det faktum att de inte bara kämpade för sitt lands framtid utan även för sin egen och sina familjers. De tyska jaktpiloterna fann sig i den omvända situationen. När Galland besökte Tyskland fann han att gemene man inte hade en aning om hur hårt engagerat *Luftwaffe* var över England, och allt Göring hade till övers för sina jaktflygare var klander och kritik. Tyskarna nyttjade inte heller Dowdings system med roterande divisioner. Deras *Jagdgeschwaders* var i tjänst så länge slaget varade.

Många tyska piloter började lida av *Kanalkrankheit* (kanalsjuka), vilket var ett annat ord för maskning under olika förevändningar. Dessa kunde ta sig många uttryck. Mekaniska fel var ett av de vanligare. Piloterna avbröt sina uppdrag och återvände till basen med något "problem" som sedan inte kunde identifieras av mekanikerna. Olika fysiska åkommor var ett annat symptom. I själva verket var det vad vi idag kallar *utbrändhet*. Ulrich Steinhilper var väl medveten om detta fenomen:

> Efter lång tids stress började kropp och själ uppvisa mindre problem som, om de inte åtgärdades i tid, utvecklades till allvarligare åkommor och sedan till slutligt, totalt sammanbrott. Den mänskliga kroppen skiljer sig från maskinen endast i den bemärkelsen att den sällan är i behov av reservdelar. Får den tillräcklig vila reparerar den sig själv. Och det var här felet låg. Vi fick aldrig någon vila.[696]

De tyska piloterna kunde dock finna tröst i uppfattningen att flygkriget verkade vända till *Luftwaffes* fördel. Den 1 september hade endast 14 tyska plan skjutits ned. Dagen därpå steg siffran till 35, men den 3 och 4 september gick den åter ned till 16 respektive 20. Jämfört med överdrivna nedskjutningsanspråk beträffande brittiska plan, sågs detta som ett tecken på att luftherraväldet över södra England var så gott som vunnet. Den 2 september hade befälhavaren för ZG76 återvänt från ett anfall mot Eastchurch med orden "det finns inte längre så mycket att göra däröver". Hannes Trautloft, som noterat att de brittiska reaktionerna blev allt svagare, var av samma åsikt: "Ensamma brittiska plan kan inte stoppa oss."

De tyska flygarnas bedömning var inte helt oriktig. Tillståndet inom *Fighter Command* var oroande. Erfarna piloter gjorde allvarliga misstag till följd av trötthet; nya piloter gjorde misstag på grund av sin oerfarenhet. Under de sex första dagarna av september månad förlorade britterna 120 jaktplan; 38 piloter stupade och 42 skadades, många av dem veteraner som nu ersattes av noviser. Chefen för 19. divisionen, major Pinkham, dödades när hans Spitfire sköts ned av en 109:a i närheten av Hornchurch. Kapten John Webster, samme yngling som hade skadeskjutit Mölders en månad tidigare, kolliderade med sin divisionschef, major Hood, ovanför Themsenmynningen. Webster dog av skadorna. Hood återsågs aldrig.

Den kanske mest tragiska förlusten under dessa dagar var den som drabbade Mr Phillip Woods-Scawen. Han hade redan förlorat sin hustru under tjugotalet och fick nu den tragiska underrättelsen att bägge hans söner stupat inom loppet av 24 timmar. De hade varit med från dagarna i Frankrike och var några av de mest rutinerade brittiska piloterna. Patrick, som flög med Townsend i 85. divisionen, blev nedskjuten ovanför Kenley den 1 september och skulle ha klarat sig om det inte var för att hans fallskärm visat sig obrukbar. Den yngre brodern, Tony, som flög med 43. divisionen, hade använt sin ”lyckofallskärm” hela sju gånger. Den 2 september tog hans tur slut. Hans Hurricane sattes i brand ovanför Ivychurch. Efter att först ha haft för avsikt att kraschlanda planet spred sig elden så snabbt att han tvingades ta till fallskärmen. Höjden var för låg och Tony Woods-Scawen slog ihjäl sig.

Av naturliga skäl gick de nya, oerfarna flygarna åt snabbast. De anlände direkt från OTU-enheterna, oroliga inför sin nya uppgift, men ändå fyllda av förväntan. Enligt BBC:s förlustrapportering var RAF:s piloter fienden överlägsna, och noviserna kände att de tillhörde en nationell elit – Churchills ”få”. Några skulle leva tillräckligt länge för att hinna skilja verkligheten från dikten, men andra stupade eller skadades under sina första uppdrag. Menige Charles Cooper, mekaniker i 111. divisionen, mindes en dag när två nykomlingar anlände. ”Eftersom vi hade sådan brist på piloter gick de upp med resten av divisionen omedelbart”, sade han, ”men endast en av dem återvände, svårt skadad. Deras bil med bagaget stod fortfarande parkerad utanför området och jag minns inte ens deras namn.”[697]

•

Den allt större bristen på erfarna brittiska piloter gjorde att de polska veteranerna ur i 303 (polska) divisionen kom som en skänk från ovan. Från den dag förbandet blev operativt fram till den sista oktober skulle det göra anspråk på inte mindre än 126 förstörda fiendeplan. En av de mest framgångsrika flygarna i detta förband var inte polack, utan Josef Frantisek kom från Otaslavicich i Tjeckoslovakien. Som så många andra kommande flygaräss hade han velat flyga sedan han var pojke, och 1935 tog han sin examen som jaktpilot, 22 år gammal. När tyskarna marscherade in i Tjeckoslovakien flydde han till Polen där han accepterades som pilot i det polska flygvapnet. Under den tyska invasionen av Polen lyckades han med den anmärkningsvärda bedriften att skjuta ned hela fyra fiendeplan, detta trots de polska jaktplanens tekniska underlägsenhet, men tvingades åter fly när landet föll. Tillsammans med fem andra piloter flög han till Rumänien, där samtliga internerades. De lyckades dock fly och ta sig till Frankrike, där de rekryterades till det franska flygvapnet. Under fälttåget i Frankrike sägs Frantisek ha skjutit ned närmare ett dussin tyska plan, men uppgiften verkar vara en efterkonstruktion. Hans mod och stridslystnad lämnade emellertid ingenting i övrigt att önska och efter Frankrikes fall flydde han till England, där han posterades vid den 303 (polska) divisionen.

Frantiseks meritlista utökades med samma snabbhet som de främsta tyska ässens. Mellan den 2 och 6 september sköt han ned fyra Bf 109 och en Junkers Ju 88, vilket gjorde honom till ett äss inom loppet av endast fem dagar (exklusive hans tidigare segrar i Polen och Frankrike).[698] Han flög med en djärvhet som gränsade till vårdslöshet, gick alltid in på kort avstånd innan han avfyrade sina vapen och besatt den unika förmågan att både kunna flyga med närmast akrobatisk skicklighet och kunna skjuta med god träffsäkerhet. I likhet med sina polska vapenbröder närde han ett glödande hat till tyskarna och såg gärna att han dödade piloterna i de plan han förstörde.

> Jag såg en [Bf] 109:a som angrep en Hurricane framför mig. Jag anföll den från höger, sköt från 100-150 meters håll mot motorn som började brinna. Han försökte undfly genom att stiga, och jag såg hur han öppnade förarhuven inför fallskärmshoppet. Jag sköt mot förarkabinen och såg hur piloten föll ihop. Flygplanet föll mot marken, omvälvd av flammor.[699]

Under denna strid höll Frantisek själv på att mista livet. Angripen av ett par Bf 109 tvingades han att gömma sig i en molnbank. Plötsligt dök en He 111 upp alldeles framför honom.

> Jag höll nästan på att kollidera med den och sköt mot fronten av flygkroppen i en fyrtiofemgradig vinkel. [...] Det främre partiet av flygplanet föll i bitar med förarkabinen och bägge motorerna i flammor. På grund av molnen vet jag inte om detta plan föll i backen eller i havet. När jag bröt från detta anfall angreps jag av en Bf 109:a uppifrån och en nedifrån. [...] Jag träffades av fyra kanonkulor, en i vänster vinge, en genom vänster bränsletank som inte fattade eld, en genom kylaren. Det var endast tack vare pansarskyddet som den fjärde kulan inte dödade mig. Två Spitfireplan kom till min räddning och sköt ned det plan som träffat mig.[700]

Trots de polska flygarnas framgångar, var de inte immuna mot förluster. Den 5 september skadades fänrik Lapowski när han hoppade från sin brinnande Hurricane. Dagen därpå sårades furir Karubin när han kraschlandade sitt plan och major Kellett skadades i benet sedan även han nödlandat. Krasnodebski råkade värre ut. Han hoppade från sin brinnande Hurricane och blev ytterligare en i raden av svårt brännskadade flygare för vilka striden var över, men som hade en längre betydligt bittrare kamp framför sig. En annan pilot, fänrik Arsen Cebrzynski, anförtrodde kapten Johnnie Kent (allmänt kallad ”Kentski” av sina polska vänner) att han hade föraningar om sin egen död. ”Det var märkligt”, berättade Kent. ”Cebrzynski visste att han skulle dö och sade att han inte skulle leva månaden ut. Han var inte morbid beträffande det hela, utan konstaterade helt enkelt faktum och funderade över hur det skulle gå till.” Svaret kom några dagar senare. Cebrzynskis Hurricane träffades ovanför Westerham och en kula slet av honom ena benet. Han lämnade sitt plan, men lyckades inte utlösa fallskärmen. Vid samma tillfälle dog även furir Stefan Wojtowicz som aldrig hann fundera över sitt öde. En kula träffade honom i hjärnan och släckte på bråkdelen av en sekund allt medvetande.[701]

Trots sin sena start skulle 303 (polska) divisionen bli den division som gjorde anspråk på flest nedskjutna fiendeplan under Slaget om England. Dess bedrifter kunde dock inte uppväga det faktum att *Fighter Command* var hårt ansträngt och det var RAF:s smala lycka att *Luftwaffe* inte inlett sina väleskorterade räder tidigare än de gjorde.[702] När natten föll den 6 september hade *Fighter Command* fortfarande 694 plan redo, men reserverna av nya maskiner minskade hastigt och piloterna som skulle flyga dessa var antingen orutinerade eller utmattade.

"Han kommer!"

I början av september, när datum för beslutet om *Seelöwe* närmade sig, fann sig Hitler fångad i ett närmast olösligt dilemma. Om han gav klartecken till invasionen var det ofrånkomligt att den självständiga flygoffensiven skulle tvingas ge vika för de krav landstigningsoperationen ställde på *Luftwaffe*. Om han å andra sidan väntade för att se vilka effekter flygoffensiven fick på den brittiska försvarsviljan kunde tidsförlusten göra *Seelöwe* ogenomförbar. Varken hotet om invasion eller hotet om förintelse genom massinsats av bombplan hade hittills gett något påtagligt resultat. Nu måste ett av dessa hot förverkligas.

Men vilken strategi skulle han följa?

Det verkade som om Hitler i allt större utsträckning lutade åt flygalternativet, och det fanns flera skäl till att detta måste ha framstått som mer attraktivt. Om *Seelöwe* satts igång och soldaterna väl korsat Kanalen fanns det ingen möjlighet att avbryta företaget om saker inte utvecklade sig som tänkt. Om en ren markoffensiv kör fast kan den angripande parten alltid avblåsa anfallet och återvända till sina egna ställningar. En invasion är annorlunda. När tyskarna väl gått iland skulle de antingen vinna stort eller lida ett svidande nederlag. Om trupperna tog kraftiga förluster till sjöss, fick dåligt fotfäste på stränderna och inte lyckades föra förstärkningar och underhåll över Kanalen, så skulle landstigningsarméerna vara i en position liknande den BEF befunnit sig i vid Dunkerque. Till skillnad från *Royal Navy* saknade *Kriegsmarine* emellertid medel att föra soldaterna hem, och 100 000 tillfångatagna tyska soldater – för att inte tala om tiotusentals döda i Engelska kanalen – innebar därför en stor politisk risk. En flygoffensiv var inte lika farlig. Förlusterna skulle komma gradvis, vara betydligt lindrigare och gick att dölja. Om bombanfallen sedan inte fick någon effekt kunde man helt enkelt ställa in dem.

Bomber Commands anfall mot Berlin fick inverkan på Hitlers tänkande. Trots Görings försäkringar att inga bomber skulle falla över den tyska huvudstaden var det just vad som hände natt efter natt sedan den 25 augusti. Det fanns inga möjligheter att stoppa anfallen, så det enda sättet att mildra de politiska effekterna tycktes vara vedergällning mot Storbritannien. Den 30 augusti lyfte Hitler restriktionerna beträffande London och uttryckte sin önskan att staden skulle angripas så snart vädret tillät. Det första steget mot bombstrategin hade därmed tagits. Dagen därpå skickade Göring ut förberedande order för daganfall mot Englands huvudstad samt direktiv att planer skulle göras inför större nattanfall. Den 3 september kallade han samman sina flygchefer till vad som skulle ha blivit den sista större konferensen före operation *Seelöwe*. Ämnet var det stundande anfallet mot London. Det har ibland framställts att vedergällningen mot London endast hade politiska motiv – framför allt från Görings sida (han kallades nu ”Meyer” när han inte själv var närvarande) – och att den var en direkt hämnd för nattanfallen mot Berlin. I själva verket låg även militära hänsynstaganden bakom. Redan före mötet den 3 september hade Kesselring framställt förfrågningar till överste Deichmann beträffande *Fighter Commands* motståndskraft: var det brittiska jaktflyget tillräckligt försvagat för att berättiga anfall mot viktiga mål i London?[703] Han fick svaret att det brittiska jaktflyget var näst intill utslaget. Kesselring ansåg därför att massiva anfall mot London skulle tvinga fram vad som fanns kvar av *Fighter Command* så att hans Bf 109 kunde skjuta ned dem *en masse*. Därefter kunde de tyska bombplanen inrikta sig på att slå ut *Bomber Command* och göra processen kort med Storbritanniens motståndsvilja. ”När vi har dödat några tusen cockneys”, sade han, ”kommer britterna att skrika efter fred.”

Sperrle ansåg att anfallen mot flygfälten borde fortsätta, annars skulle *Fighter Command* få chansen att bygga upp sin styrka på nytt, men Kesselring vidhöll att London var det enda alternativet. ”Vi har ingen möjlighet att förinta de sista brittiska jaktplanen på Sperrles vis”, invände han, och menade att britterna snart skulle få nog och då dra sina resterande maskiner utanför *Luftwaffes* räckvidd. ”Nej, om vi inriktar oss på att med full kraft bomba London kommer vi att tvinga engelsmännen till strid med sina sista femtio Spitfire.”[704]

Sperrle svarade att britterna inte alls var nere på 50 Spitfireplan, och han var inte den ende som tvivlade på liknande siffror. Den 1 september hade general von Falkenstein, som representerat generalstaben, anmärkt att ”RAF förlorat 1 115 jaktplan och 92 bombplan sedan den 8 augusti, men att ett stort antal av dem som avfärdats som förstörda åter kunde göras flygdugliga på kort tid.”[705] Sperrle var av samma åsikt. Han trodde att RAF fortfarande kunde sätta in nära tusen jaktplan i striderna. Både han och Kesselring hade fel om den brittiska numerären, men Sperrles bedömning att *Fighter Command* fortfarande var en faktor att räkna med låg närmast sanningen. Samma morgon hade *Fighter Commands* styrka legat på 707 plan.

Göring valde givetvis att lyssna på Kesselring. Dels eftersom denne sade just det som riksmarskalken ville höra, dels för att han ville ge igen för oförrätten mot Berlin. Detta var en ny åsiktssvängning hos riksmarskalken. Under ett samtal med Jeschonnek i juni hade Göring frågat om terroranfall mot engelska städer kunde vara en effektiv taktik. Jeschonnek var en ivrig företrädare för strategisk bombning och hade lagt fram en rad argument, när Göring avbrutit honom med frågan: ”Skulle Tyskland ge upp om Berlin slogs ut?”

”Absolut inte”, hade den överraskade Jeschonnek svarat. Sedan, när implikationen av hans svar gått upp för honom, hade han lagt till: ”Men den brittiska moralen är skörare än vår.”

”Det är där ni har fel”, hade Göring försäkrat.[706]

Nu hade han gjorts till åtlöje och ville ge igen för anfallen mot Berlin. Han accepterade därför de starkt överdrivna påståendena om förstörda brittiska flygbaser. Att Hitler någon gång under mötet ringde och gav honom sina lyckönskningar inför det förestående angreppet dämpade inte hans entusiasm. Han skulle personligen ta befälet över anfallet mot London.[707]

Dagen därpå, den 4 september, höll Hitler ett aggressivt tal i Berlin, där han uttalade konkreta hot beträffande den stundande terrorbombningen. ”England kommer att rasa samman på ett eller annat sätt”, ropade han. ”Jag kan inte se något annat slut än detta. Och om människor i England nyfiket undrar: Varför kommer han inte. Var lugna … Han kommer. *Han kommer!*”

Som en hämnd för de brittiska angreppen mot Berlin skulle brittiska städer raderas från kartan. Striden skulle fortsätta tills Churchills regering var borta och England inte längre hade några medel att genom blockad tyrannisera resten av Europa.

”När timman har slagit skall vi åter ställa general *Faktum*, det vill säga general *Handling*, mot generalerna *Hunger*, *Revolution*, *Vinter* och *Bluff*. Sedan får vi se vem som klarar sig bäst.”[708]

Siktet var inställt mot London.

London och räddning

Operation Löge

Morgonen den 7 september var lugn. Trots att vädret var strålande hände ingenting under förmiddagen eller den tidiga eftermiddagen. Allteftersom timmarna gick slappnade jaktstridsledningen i 11. eskadern av en aning och beredskapsnivån hos divisionerna sänktes. Det blev dock en nervös väntan. Någonting speciellt låg i luften.

På kontinenten stod *Luftwaffe* redo. Befälhavarna för varje *Kampfgeschwader* hade fått sina order: vilka flygrutter bombplanen skulle använda, vilka jaktförband som skulle eskortera vilka bombförband och vilka mål som skulle angripas. Planen skulle hålla sig på mellan 5 000 och 6 500 meters höjd fram till själva bombfällningen. Därefter kunde en viss höjdsänkning medges för att öka hastigheten under återflygningen, men lägst till 4 000 meter innan den engelska kusten passerats. Styrkan skulle gå in i två vågor. Den första för att dra på sig brittisk jakt; den andra – huvudstyrkan – något senare när den fientliga jakten måste gå ned för att tanka. För att minimera vikten fick inget plan medföra mer bränsle än vad som behövdes för att genomföra uppdraget. Det var den största flygarmadan i historien som satts in mot ett enskilt mål: 348 bombplan och 617 jaktplan. Över sexhundra ton bomber skulle fällas över London.[709] Det yttersta syftet med operationen – vilken fått kodnamnet *Löge* – var att rikta ett förödande slag mot London, samt att utröna huruvida RAF hade blivit så decimerat att *Luftwaffe* kunde flyga koncentrerat och obehindrat ovanför södra England.

Klockan var ungefär fyra på eftermiddagen när de första rapporterna kom in till Stanmore. Till en början såg det ut som en mindre räd, men 20 plus ändrades snart till 50 plus. Jaktstridsledaren vid 11. eskaderns högkvarter skickade upp några divisioner och försatte andra i beredskap. Samtidigt växte storleken på fiendestyrkorna och istället för att spridas som vanligt, drog sig målekona samman till ett antal större formationer.

Till de brittiska ledningscentralerna inkom mängder av motsägelsefulla rapporter. Ett allt större problem inom *Fighter Command* var att både jaktstridsledarna och flygarna lade till något tusental meter på den höjdangivelse som inkom från radarstationerna. Avsikten var att få en bättre taktisk position gentemot fienden, men hade flera gånger lett till att bombplanen flugit förbi under de brittiska jaktplanen utan att upptäckas. Denna lördageftermiddag var inget undantag. Eftersom ingen jaktdivision fick visuell kontakt, kunde rapporterna från *Observer Corps* inte bekräftas, och jaktstridsledarna tycktes jaga allt större fantomförband utan att deras målområden kunde bestämmas. Park hade valt denna eftermiddag att besöka Dowding i Stanmore och såg hjälplöst på medan slaget utvecklades på lägeskartan i *Fighter Commands* högkvarter. Jaktstridsledningen gjorde nu ett allvarligt misstag. I tron att anfallen var riktade mot markorganisation och industri, och medan bilden av fiendens förehavanden fortfarande var diffus, dirigerades förbanden för att skydda flygfält och flygplansfabriker i norra Kent, Surrey och Essex. De tyska förbandens anflygningssträckor mot London lämnades obevakade.

Några få brittiska divisioner fick syn på överste Finks 51 Do 17 ur första vågen innan KG2 nådde sitt mål. En av de första styrkor som engagerade de tyska förbanden var nio Hurricane ur den sydafrikanske majoren Caesar Hulls 43. division. Hull hade varit chef för 263. Gladiatordivisionen, som blivit utplånad i och med sänkningen av hangarfartyget *Glorious* under den avslutande fasen av det norska fälttåget. Själv hade han undgått sina kamraters öde eftersom han flugit hem till England i en Sunderlandflygbåt. Han hade skjutit ned fem tyska plan över Norge och en Bf 109 över England. Den skulle bli hans sista seger. Hans nio Hurricaneplan försökte nå bombplanen, men det slutade illa. En av Hawkers främsta testpiloter, australiern Dick Reynell, flög som Hulls tvåa. Syftet var att Reynell skulle lära sig lite av de anspråk som ställdes på Hurricaneplanet i strid. Testpiloten, som i själva verket var civilperson, angreps av flera Bf 109 och sköts ned. Under sina fruktlösa försök att undsätta Reynell blev även Hull dödad.[710]

Inte långt bakom Finks Dorniers kom den andra, större vågen. ”Jag hade aldrig tidigare sett en sådan ansamling flygplan”, berättade major Sandy

LUFTWAFFE 7 SEPTEMBER 1940

LUFTFLOTTE 2		
I Fliegerkorps	KG1	Ju 88, He 111
	KG30	Ju 88
	KG76	Do 17, Ju 88
	KG77	Ju 88
II Fliegerkorps	KG2	Do 17
	KG3	Do 17
	KG53	He 111
	IV/LG1 (Störtb.)	Ju 87
	LG2 (Jakt)	Bf 109
	ErPrGr210	Bf 109, Bf 110
	StG26	Ju 87
VIII Fliegerkorps	StG1	Ju 87, Do 17*
	StG2	Ju 87, Do 17*
	StG77	Ju 87, Do 17*
IX Fliegerdivision	KG4	He 111, Ju 88
Jagdfliegerführer 1	JG76	Bf 109
	LG1 (Jakt)	Bf 110
Jagdfliegerführer 2	JG3	Bf 109
	JG51	Bf 109
	JG53	Bf 109
LUFTFLOTTE 3		
IV Fliegerkorps	LG1 (Bombare)	Ju 88
	StG2	Ju 87
	StG3	Ju 87
	KGr186	Ju 88
	KG27	He 111
	KGr100	He 111
	KGr606	Do 17
	JG53	Bf 109
	ZG76	Bf 110
V Fliegerkorps	KG51	Ju 88
	KG54	Ju 88
	KG55	He 111
	JG2	Bf 109
	JG27	Bf 109
	ZG26	Bf 110

* Under förflyttning från Luftflotte 3
Spanings-, kustflyg- och meteorologiska förband har exkluderats.

FIGHTER COMMAND 7 september 1940

10. ESKADERN

Filton	*87. divisionen*	*Hurricane*	*Exeter, Bibury*
	213. divisionen	*Hurricane*	*Exeter*
Middle Wallop	*234. divisionen*	*Spitfire*	*Middle Wallop*
	604. divisionen	*Blenheim*	*Middle Wallop*
	609. divisionen	*Spitfire*	*Middle Wallop*
	56. divisionen	*Hurricane*	*Boscombe Down*
	152. divisionen	*Spitfire*	*Warmwell*
St. Eval	*238. divisionen*	*Hurricane*	*St-Eval*
	*247. divisionen **	*Gladiator*	*Roborough*
Pembrey	*92. divisionen*	*Spitfire*	*Pembrey*

11. ESKADERN

Biggin Hill	*79. divisionen*	*Spitfire*	*Biggin Hill*
	501. divisionen	*Hurricane*	*Gravesend*
North Weald	*249. divisionen*	*Hurricane*	*North Weald*
	46. divisionen	*Hurricane*	*Stapleford*
Kenley	*111. divisionen*	*Hurricane*	*Croydon*
	72. divisionen	*Spitfire*	*Croydon*
	66. divisionen	*Spitfire*	*Kenley*
	253. divisionen	*Hurricane*	*Kenley*
Hornchurch	*222. divisionen*	*Spitfire*	*Hornchurch*
	603. divisionen	*Spitfire*	*Hornchurch*
	600. divisionen	*Blenheim*	*Hornchurch*
	41. divisionen	*Spitfire*	*Rochford*
Debden	*17. divisionen*	*Hurricane*	*Debden*
	73. divisionen	*Hurricane*	*Castle Camps*
	25. divisionen	*Blenheim*	*Martelsham Heath*
	257. divisionen	*Hurricane*	*Martelsham H., North W.*
Northolt	*1. divisionen*	*Hurricane*	*Heathrow*
	1. (kan.) divisionen	*Hurricane*	*Northolt*
	303. (pol.) divisionen	*Hurricane*	*Northolt*
	504. divisionen	*Hurricane*	*Northolt*
Tangmere	*43. divisionen*	*Hurricane*	*Tangmere*
	601. divisionen	*Hurricane*	*Tangmere*
	602. divisionen	*Spitfire*	*Westhampnett*

12. ESKADERN

Duxford	*19. divisionen*	*Spitfire*	*Duxford*
	310 (tjeck.) divisionen	*Hurricane*	*Duxford*
Coltishall	*242. divisionen*	*Hurricane*	*Coltishall*
	616. divisionen	*Spitfire*	*Coltishall*
	266. divisionen	*Spitfire*	*Coltishall, Wittering*
Kirton-in-Lindsey	*74. divisionen*	*Spitfire*	*Kirton-in-Lindsey*
	264. divisionen	*Defiant*	*Kirton-in-Lindsey*
Digby	*151. divisionen*	*Hurricane*	*Digby*
	611. divisionen	*Spitfire*	*Digby*
	29. divisionen	*Blenheim*	*Digby*
Wittering	*229. divisionen*	*Hurricane*	*Wittering, Bircham Newton*
	23. divisionen	*Blenheim*	*Wittering*
Church Fenton	*302 (pol.) divisionen*	*Hurricane*	*Church Fenton*
	85. divisionen	*Hurricane*	*Church Fenton*
	64. divisionen	*Spitfire*	*Church Fenton, Ringway*

13. ESKADERN

Catterick	*54. divisionen*	*Spitfire*	*Catterick*
	219. divisionen	*Blenheim*	*Catterick*
Usworth	*32. divisionen*	*Hurricane*	*Acklington*
	607. divisionen	*Hurricane*	*Usworth*
	610. divisionen	*Spitfire*	*Acklington*
Turnhouse	*605. divisionen*	*Hurricane*	*Drem*
	65. divisionen	*Spitfire*	*Turnhouse*
	615. divisionen	*Hurricane*	*Prestwick*
	141. divisionen	*Defiant*	*Turnhouse*
Wick	*3. divisionen*	*Hurricane*	*Castletown*
	*232. divisionen **	*Hurricane*	*Sumburgh*
Dyce	*145. divisionen*	*Hurricane*	*Dyce, Montrose*

** Endast en grupp (flight)*

Johnstone, vars 602. division var en av de första som upptäckte fienden. ”Det var dålig sikt ända upp till femtusen meter och när vi bröt igenom diset kunde vi knappt tro våra ögon. Så långt ögat nådde kom tyska flygplan inflygande, våg efter våg.”

”Det var en både fruktansvärd och vacker syn”, skrev furir John Beard, 249. divisionen, när han beskrev den väldiga armada som kom emot honom. Först hade han uppfattat fiendeplanen som ett enda stort ljusmoln, framkallat av tusentals reflexer i förkromade metalldelar och vindrutor. I takt med att avståndet snabbt minskade framträdde detaljerna. ”Jag kunde tydligt se de klargula nosarna på Messerschmittmaskinerna. Hela luften var full av dem.”[711]

Även de tyska flygbesättningarna betraktade den väldiga armadan med en blandning av hänförelse och fasa. Detta var en unik syn även för dem. Ulrich Steinhilper flög in över London med den andra vågen:

> Det var ett otroligt skådespel. Där fanns omkring 1 000 flygplan grupperade i lager, staplade med 600 meters intervaller. Vi flög höghöjdseskort när vi närmade oss London och vi kunde redan se flera oljecisterner brinna medan stora röksjok steg mot himlen. [...] Ibland önskar jag mig konstnärens talang, så att jag skulle kunnat föreviga dessa vackra, men respektinjagande syner. Den rena azurblå himlen med solen fördunklad av de olycksbådande rökmoln som bröt igenom till extrema höjder; detta sammanvävt och korsat av kondenstrimmorna från jaktplan låsta i en kamp på liv och död. Dessa minnesbilder är tydliga i mitt minne idag och det är min stora sorg att de bara kommer att finnas så länge vi som såg dem fortfarande finns i livet.[712]

Snart anföll de första Hurricane- och Spitfiremaskinerna bombplanen i den andra vågen, och ögonblicket senare var 109:orna över de brittiska jaktplanen. Löjtnant George Barclay avslutade ett anfall mot ett bombplan och såg två 109:or passera under honom. Han girade och sköt en kort skur mot det närmaste planet, men det hade ingen effekt. Därefter avlossade han en salva även mot det bortersta och ”omedelbart syntes en svart rökpuff, en intensiv flamma och nedåt gick han – hela plexiglashuven flög av och flygkroppen började brytas i bitar.” Strax därpå träffades Barclays eget plan, motorn stannade och han tvingades nödlanda på en åker i närheten av North Weald.[713] Furir Beard var om möjligt ännu mindre lyckosam. En Heinkel He 111 var på väg in i hans sikte när planet riste till. ”Jag hörde ett fruktansvärt brak alldeles framför mig”, skrev han, ”och någonting flög förbi min ruta. Jag hade träffats av vår egen luftvärnseld. Propellern hade slitits bort och jag gick ned i spinn.”[714]

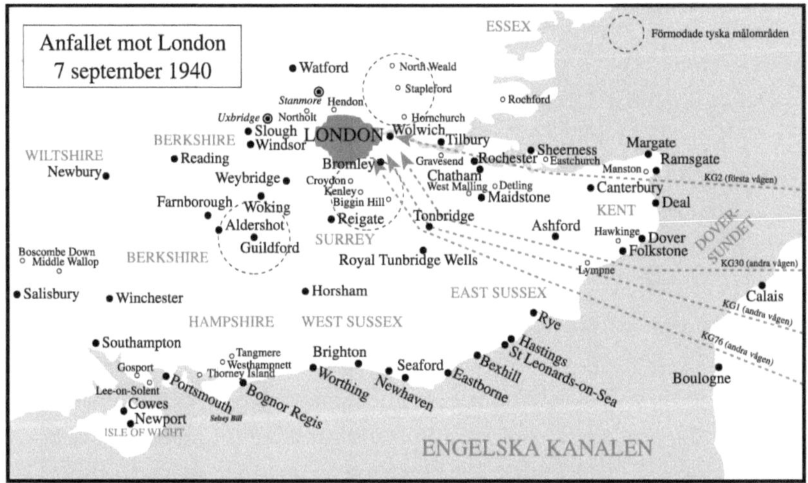

Ytterligare fyra av 249. divisionens plan gick förlorade och de fåtaliga brittiska förband som lyckats genskjuta fienden hade liten effekt på de tyska bombplanen. I noskonen på sin Ju 88 i den ledande *Staffeln* av II/KG76 såg Helmut Staal ned mot målet som närmade sig.

> Det hade varit en enkel flygning längs Themsen. Vi mötte inget motstånd och tyckte att vi hade hela skyn för oss själva. Vi befann oss på 5 000 meters höjd och dockorna vid Woolwich framträdde tydligt, nästan som om de bad oss att fälla bomblasten. Genom plexiglaset kunde jag se de höga kranarna och den långa, kantiga skepnaden av de tre huvuddockorna. Jag siktade noggrant in mig, och när jag sedan tryckte på knappen hade jag blicken riktad mot massan av byggnader och förråd under oss. Jag hann se en kort skymt av bomberna där de tumlade runt på sin färd mot jorden…

Världens ände

När Colin Perry cyklade nedför Chipstead Hill denna eftermiddag hörde han först sirenerna, sedan det monotona surret av flygplan ovanför. Det var den första vågen som kom in. Han bromsade in och tittade upp för att utröna om de var jaktplan eller bombplan. ”Det var en förunderlig syn”, berättade han senare. ”Alldeles ovanför mig upptäckte jag bokstavligt talat hundratals plan. Tyska! Himlavalvet var fullt av dem.”

Mavis Cook var bara sex år gammal vid det första anfallet mot London.

Hon minns fortfarande hur hon och hennes mor lockades ur huset av en ropande granne. ”Där!”, flämtade han och pekade. ”Se på dem bara! Se på dem! Det är ingen fara. Det är våra plan. ”Han betraktade dem några sekunder: ”Åh, nej! Det är *deras*.”

I Greenwich Park fick unge Douglas Inman avbryta sin lek med Spitfireplanet, och familjen begav sig i all hast till skyddsrummet vid Maritime Museum. Strax därpå träffade de första bomberna East End och London Docks. Ett mullrande dån ekade över staden och ett majestätiskt rökmoln reste sig långsamt mot den klarblå himlen. ”Satan”, viskade Londonbon Ted Harrison tyst för sig själv. ”Vi har förlorat kriget!” Från det ställe i Hackney där han befann sig verkade Londons öde vara beseglat.[715] Uppifrån kolonnaderna på St Paul's Cathedral kom en grupp brandvakter till samma slutsats. ”Det ser ut som världens undergång”, sade en av dem där de blickade bort mot East End. ”Ja, i alla fall *en* världs undergång”, anmärkte en annan.[716]

De första bomberna hade träffat Woolwich Arsenal och Docklands mynning på Themsens södra strand. Två större fabriker totalförstördes. En av dessa tillverkade ammunition och exploderade med en kraft som skickade flammor och vrakgods närmare hundra meter upp i luften. Snart kom den andra, större vågen och bomberna föll över Queen Victoria Docks, King George V Docks och Royal Albert Docks, som verkade uppslukas i ett inferno av explosioner, flammor och vit, stinkande rök. ”Samtliga sträckor var antända”, mindes A. P. Herbert, en hemvärnsman som tjänstgjorde ombord på en av Themsens patrullbåtar. ”Bombplan dånade ovanför och när vi passerade parlamentsbyggnaden såg vi en bomb försvinna in i Westminster. Vinden var västlig och den samlade röken och gnistorna från eldhärdarna svepte som en hög mur rakt över floden.”[717]

De tyska bomberna träffade inte bara varv, lager och hamnanläggningar. Londons östra delar innehöll vad som vanligtvis betraktades som fattigkvarteren, och West Ham, Silvertown, Canning Town, East Ham, Poplar, Stratford, Wapping och Whitchapel skakade under explosionerna. Runt Bugsby's Reach totalförstördes ett område närmare tre kilometer brett. Människor skadades, dog eller stängdes inne under byggnader som rasade samman. Eldsvådor härjade och rökmolnet skymde solen så att man i vissa delar av staden fick känslan att kvällen kommit några timmar för tidigt. För Bernard Kops, då 14 år gammal, är minnet av den 7 september ett sår som aldrig skall läka. ”Föreställ er botten på en flervåningsbyggnad”, skrev han, ”fylld av hysteriska kvinnor, gråtande spädbarn, höga detonationer i luften och golvet som skakar.”

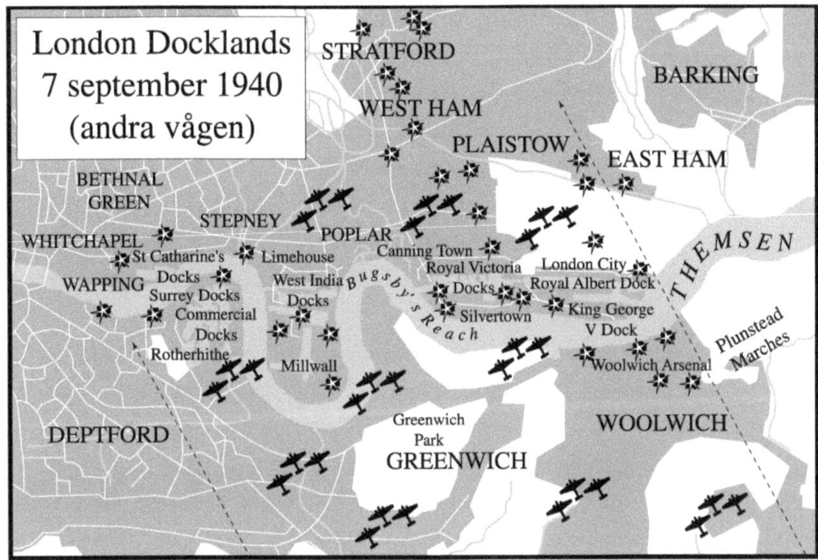

I de delar av London som träffats av bomberna hade man inte tid att observera det bortflyende skådespelet i skyn. Här försvann stridslarmet i bruset och vinandet från bränderna eller mullret från fallande byggnader när hela kvarter störtade samman. Skrik från skräckslagna, skadade eller döende människor blandades med utryckningsfordonens klockor och höga kommandorop när civilförsvarsmännen vaknade ur den första chocken. När familjen Inman lämnade skyddsrummet vid Maritime Museum för att snabbt bege sig hemåt samma kväll, stod Docklands redan i ljusan låga. ”Mitt starkaste minne av denna promenad”, berättade Douglas Inman, ”var elden på norra sidan floden som helt dominerade horisonten. Det var som en vision av helvetet.”

De Londonbor som ännu inte förstått att uppskatta de brittiska piloternas insats de senaste två månaderna, väcktes under denna eftermiddag till brutal insikt om vad de hittills blivit förskonade ifrån.

·

När tyskarna vände efter att ha fullbordat anfallet befann de sig i sitt mest utsatta läge. Bf 109:orna hade sedan länge tvingats vända tillbaka mot kontinenten med bränslelamporna varnande röda. Vid detta laget visste den brittiska jaktstridsledningen vilken blunder man gjort, och jaktplanen omdirigerades för att försöka genskjuta bombplanen innan de hann fly över Kanalen.

Under andra omständigheter kunde det ha gått bättre, men det brittiska försvaret var statt i förvirring och i de fall förbanden lyckades hinna upp fienden utfördes anfallen mer i vredesmod än med taktisk eftertänksamhet. Chefen för II/KG2, överstelöjtnant Paul Weitkus, och hans förband hade flugit in utan förluster och fällt sina bomber över India Docks. De få fiendeplan som försökt genskjuta dem hade skjutits ned eller jagats undan av 109:orna, och eftersom dagens rädstyrkor gick högre än vanligt låg luftvärnselden en bit under planen. Varje gång ett vilsekommet splitter smällde in Weitkus maskin, skrattade hans besättning och ropade: ”Kom in!”

Strax före klockan 17.00 hade jaktstridsledningen beordrat sina sista reserver i luften. Första (kanadensiska) och 303. (polska) divisionerna startade från Hendon, 603. från Hornchurch och 73. från North Weald. Man kallade även på Baders flottilj – 19., 242. och 310. (tjeckiska) divisionen från Duxford. Här ser vi hur vissa av *Fighter Commands* resurser slösades bort på grund av Parks motvilja att låta 12. eskadern agera mer offensivt. Baders divisioner hade varit i beredskap ända sedan radarstationerna noterat den tyska uppladdningen över Frankrike. ”Kan vi inte starta *nu*”, hade han frågat när jaktstridsledningen beordrat förbanden i *stand-by*.

”Nej, ni måste vänta på att 11. eskadern kallar på er.”

När flottiljen slutligen fick tillstånd att starta var de tyska förbanden redan ovanför London Docks, och det skulle ta Bader ungefär 20 minuter att starta, nå operativ höjd och nå fram till stridsområdet. När de första tyska formationerna siktades befann sig Duxfordflottiljen flera tusen meter under fienden. Om de tre divisionerna istället fått startorder redan när den tyska uppladdningen först upptäckts (CH-stationerna mellan North Foreland och Beachy Head kunde tydligt registrera hur de tyska jaktplanen startade från Calaisområdet) och givits direktiv att flyga i den generella riktningen London kunde de ha nått operativ höjd ovanför fienden och sedan ha dirigerats in mot denne, oavsett om det var huvudstaden eller flygfälten som varit målet.

I vilket fall lyckades Baders divisioner engagera fienden ur andra vågen, vilket ledde till anspråk på 18 nedskjutna plan. Återigen var siffrorna mycket överdrivna, men ett antal Bf 110 sköts dock ned. Ett förband som skördade ordentliga lagrar denna dag var 303. (polska) divisionen. Efter förlusten av major Krasnodebski, hade Park utnämnt löjtnant Urbanowicz att ta över som polsk representant för den delade chefsposten, men den 7 september leddes divisionen av kapten Atholl Forbes. Snart upptäcktes en formation tyskar, och törstande efter blod störtade polackerna in bland fiendeplanen. Med orden *vi ber inte för vår frihet, vi slåss för den* skrivet på sidan av sin Hurricane, sköt Urbanowicz en Dornier i brand. Fänrik Lokuciewski och löjtnant Paszkiewicz gjorde detsamma. Fänrik Jan Zumbach, som skulle bli en av krigets främsta polska flygaräss, vann sina första segrar. ”Jag pressade avfyringsknappen”, rapporterade han efteråt, ”men ingenting hände. Jag svor. Det var redan dags att bryta för kulor passerade runt omkring mig.” Han svängde undan och upptäckte varför hans vapen inte fungerat. ”Jag hade glömt att osäkra kulsprutorna.”[718]

Zumbach svängde brant. Centrifugalkrafterna pressade ned honom i sitsen och Hurricaneplanet vibrerade av ansträngningen. Plötsligt befann han sig åter bakom fiendeplanen och inledde en kort duell med skytten i ett av dem. ”Jag lade mig i svansen på det”, skrev han. ”I det ögonblicket sköt ”herr Adolf” en salva mot mig. Den var kort, eftersom mina första kulor skickade honom till de eviga spökenas land.”

Med skytten oskadliggjord kunde Zumbach skjuta ett flertal salvor mot Dorniern tills ena motorn exploderade i flammor och planet lade sig på rygg och störtade. Inte långt därefter föll en andra Dornier efter träffar från hans åtta kulsprutor. Divisionens enda manskapsförlust var fänrik Daszewski, som tvingades ta till fallskärmen, allvarligt skadad.[719] Inalles gjorde divisionen anspråk på elva nedskjutna fiendeplan.

Ovanför Worthing upptäckte 234. divisionen några av de återvändande tyskarna. Pat Hughes, den australiske pilot som skjutit ned Franz von Werra två dagar tidigare, siktade in sig på en av bombplanen. Fem veckor tidigare hade Hughes gift sig efter en kort bekantskap och han hade redan skjutit ned 14 fiendeplan sedan flygkriget över England började. Dessa dagars intensiva liv med fara i ena stunden och romans i nästa ändades abrupt när Hughes kom in i en av sina kamraters skottfält. ”De få veckor vi fick var de lyckligaste i våra liv”, skrev hans hustru Kathleen senare. ”Pat talade aldrig om vad han upplevde under dagarna, men jag kände på mig att han trodde att det aldrig kunde hända honom.”

Denna eftermiddag inträffade det dock. Sin vana trogen att gå in nära innan han bröt från sina anfall, träffades Hughes plan av kamratens kulor. Huruvida Hughes Spitfire blev manöveroduglig eller om han själv träffades får vi aldrig veta. Spitfireplanet fortsatte ned mot fiendeplanet och de kolliderade.[720] När Kathleen anlände till Middle Wallop för att träffa sin make senare samma kväll, fortfarande chockad över vad som hänt London, stod några piloter ur 234. divisionen vid grinden och väntade på henne. Hon grät tills det inte fanns några tårar kvar.[721]

•

Dagens räd såg inte ut att ha blivit den succé som Göring hade hoppats på. Enligt de uppgifter som ankom till hans högkvarter hade 40 tyska plan gått förlorade. Trots att endast 14 av de förolyckade planen hade varit bombplan, vilket lämnade en stark antydan om att jaktflygarna gjort en berömvärd insats, gav han order att Galland, Mölders och de andra *Jagdgeschwader*-cheferna skulle infinna sig utanför hans privata tåg, där han sedan bittert klagade över flygarnas oförmåga. Bombplanen behövde beskydd. Varför kunde de tyska jaktflygarna inte klara denna uppgift? ”Kom inte till mig och påstå att luften är full av engelska jaktplan”, snäste han av en officer som förde ämnet på tal. ”Jag vet att de inte har fler än 70 plan kvar, och bombplanen är viktigare än jaktpiloternas listor över nedskjutna plan. ”Ert jobb är att skydda dessa och varje gång misslyckas ni!”[722]

Näreskort var lösningen enligt Göring. Hade han inte givit order om detta? Galland bemötte kritiken och påminde Göring om att en Bf 109 inte var lika lämpad för denna typ av taktik som en brittisk Spitfire. För att hålla jämn takt med bombplanen tvingades de eskorterande piloterna att hålla låg fart. Eftersom Bf 109 hämtade mycket av sina framgångar från sin hastighet och inte var lika manöverduglig som en Spitfire eller Hurricane, gjorde kravet på näreskort att de tyska jaktflygarnas taktiska överlägsenhet gick förlorad. Saken blev inte bättre av att 109:orna hade förlängt sin anflygningssträcka och endast hade tio minuters operationstid över målet.

Göring lyssnade inte på det örat. Bombplanen måste eskorteras. Kritiken ute på det blåsiga fältet fortsatte och avtog inte förrän det var dags att fara. Han frågade Mölders om dennes *Geschwader* hade några önskemål och Mölders svarade att han ville ha den utrustad med Bf 109 med starkare motorer. Göring sade att han skulle se till detta och vände sig sedan till Galland: ”Och ni?”

”Jag skulle vilja att mitt förband utrustades med Spitfireplan.”[723]

> Efter att jag hade hasplat ur mig detta kände jag mig tämligen chockad. Självfallet föredrog jag våra Bf 109 framför Spitfire. Men jag var otroligt irriterad

över bristen på förståelse och den envishet med vilken ledningen gav oss order vi inte kunde utföra, som en effekt av brister som vi inte kunde avhjälpa. En sådan oförskämdhet gjorde även Göring mållös. Ilsket muttrande stegade han iväg.[724]

Men även om Göring var missnöjd fanns det andra som såg positivt på resultatet. Överste Fink hade bombat Docklands med sin KG2 utan att förlora fler än två plan. Han hade sett hur merparten av de brittiska jaktplanen blivit bortjagade av 109:orna och han hade inte haft några problem att nå sitt målområde.[725] Även Göring tinade upp en aning i takt med att rapporter om det brinnande London nådde honom senare under kvällen. Det stod klart att skadorna var omfattande och en första bedömning av RAF:s reaktion verkade bekräfta att Schmids styrkeberäkningar var korrekta. *Fighter Command* var döende. Göring tog sig tid att skicka ett kort telegram till sin hustru för att berätta om segern. ”Engelsmännen har fått nog.”[726]

I skymningen förvandlades det enorma rökmolnet ovanför London Docks gradvis från vitt till mörkrött. En polsk pilot som återvände till sin bas efter att ha jagat ett tyskt bombplan ut över Kanalen såg ned mot infernot nedanför. ”Det var en tragisk syn som påminde mig om Warszawa ett år tidigare”, skrev han i sin stridsrapport. ”Det verkade som om hela östra förstäderna var satta i brand.” Även Keith Park befann sig ovanför huvudstaden denna kväll. Han hade startat i sin privata Hurricane för att göra en utvärdering av dagens anfall. Hans syn på det inträffade skilde sig från polackens. ”Det brann hela vägen längs floden”, skrev han senare. ”Det var en skräckinjagande syn, men jag blickade ned och sade: Tack gode Gud för det, för jag visste att nazisterna hade skiftat mål från flygfälten i tron att de var utslagna.”

London brinner … men tål det

När mörkret föll den 7 september och de brittiska patrullfartygen löpte ut från Dover, kunde besättningsmännen se ett olycksbådande rött ljus ovanför kusten i väster. Alla visste vad som låg bakom det spöklika skenet och många trodde också att bombningen av London kunde vara det sista tecknet på att invasionen var omedelbart förestående. Skulle de stöta på den tyska invasionsflottan i mörkret utanför den franska kusten?

Men Kanalen var fortfarande tom på fartyg och de ljud som närmade sig från det franska fastlandet kom från de tyska bombplan som skulle fullborda vad deras vapenbröder åstadkommit under dagen. Från klockan 20.00 på kvällen och över åtta timmar framåt flög 318 Heinkel och Dornier in över den brittiska huvudstaden och spädde på förödelsen. Themsens karakteristiska, krökta fåra blänkte i skenet från eldarna och bombfällarna hade inga svårigheter att finna sina mål. De flesta av de bomber som föll under natten var brandbomber och bränderna spred sig till allt större områden. Vid Surrey Docks stod 250 tunnland med timmer i lågor och stora förråd av målarfärg och alkohol bidrog till att sprida elden. ”Sänd alla pumpar som står att uppbringa”, krävde en av brandcheferna, ”för hela djävla världen brinner.”[727] Det var en överdrift, men en befogad sådan. Eldsvådan vid Surrey Docks var den största som någonsin registrerats i England, och det behövdes över 300 pumpar för att hålla den i schack. Utöver denna rasade 19 stycken bränder som krävde 30 pumpar, 40 stycken som krävde minst 10, samt över tusen mindre eldsvådor. Över 430 civilister omkom och 1 600 skadades.[728]

Tyskarna återkom natt efter natt. Jämfört med de kostsamma dagangreppen var den nya typen av anfall långt mindre förlustkrävande, och Sperrles flygare hade fått order att systematiskt reducera hamnområden, industrier, elkraftverk och livsmedelsförsörjning till ruiner. Anfallen skedde i ett flertal mindre vågor, med olika anflygningssträckor. På detta vis minskade riskerna för kollisioner och anfallen drog ut på tiden, vilket ökade påfrestningen för Londonbefolkningen. Redan den 8 september hade Göring givit order att anfallen skulle utsträckas till att gälla större delar av staden, även om man fortfarande undvek utpräglade bostadsområden. Samma natt anföll 171 bombplan East End och dödade 400 personer. Natten därpå kom ytterligare 170, och nu bombade man mål över hela London, allt i enlighet med riksmarskalkens order dagen före. Trots den större spridningen sjönk dödssiffran något, ett tecken på att civilförsvaret blivit mer effektivt samt att de flesta nu tog faran på allvar och uppsökte skyddsrummen.

Många av de luftvärnspjäser som flyttats från London till flygfält, flygplansfabriker och hamnar de senaste månaderna transporterades i all hast tillbaka. Deras insats ledde till få nedskjutningar, men fiendeplanen tvingades hålla hög höjd, och detta minskade deras möjligheter att inrikta sig på speciella mål. Dånet från spärrelden inverkade också uppmuntrande på Londonborna som fick en känsla av att staden inte bara tog emot stryk utan även sköt tillbaka.

Den 10 september totalförstördes St Catherine’s Docks i en brandhärd som till och med överträffade den vid Surrey Docks tre nätter tidigare. Samtliga förrådsbyggnader runt dockan fattade eld och enorma mängder fotogen flöt brinnande över kajerna ned i Themsen. Kvarter efter kvarter av flervåningshus stod i ljusan låga. För betraktarna i angränsande områden, de som valt att inte ta sig till skyddsrummen, var det som om hela området förvandlats till ett enda stort eldhav, och den engelska huvudstaden sveptes in i en vämjelig stank som var så kraftig att de tyska flygarna kunde känna den fem kilometer ovanför.

Den engelska civilbefolkningen hade hamnat i den militära frontlinjen. De var inga soldater och saknade därför soldatens mentala förberedelse. De vapen som användes mot dem gjorde inte heller någon urskiljning mellan män eller kvinnor, gamla eller barn. Många dog eller skadades, och ännu fler förlorade sina hem. Enid Turner mindes hur hon och familjen suttit i sitt skydd när en bomb slog ned alldeles i närheten. Ett grannhus hade störtat samman och lågor lekte bland spillrorna. De sprang till platsen samtidigt som de hoppades att ingen befunnit sig i huset, men när de tagit sig runt till baksidan där bombskyddet stod, upptäckte de att det inte gjort någon skillnad.

”Allt var tyst och vi kunde inte se något på grund av mörkret”, berättar hon, ”men en annan granne hade tänkt på att ta med sig en lykta och lyste in i skyddet.” Där väntade en fruktansvärd syn, för detonationen hade dödat grannfamiljen och elden hade vanställt deras kroppar. ”Vi hade känt dem i hela vårt liv. Vi hade vuxit upp i samma kvarter och även gått i samma skola.”[729]

”Hon var liten, utstrålade glädje och var vacker som en tavla”, minns George Roger som tillbringat kvällen med en ung flicka han fattat tycke för. Efter att ha dansat med henne följde han henne hem. Flyglarmet gick. Han lovade att ringa henne så snart han själv kommit hem, men när han gjorde detta kom det inget svar i andra änden. ”Orolig gick jag den långa biten tillbaka till hennes hus, bara för att upptäcka att det inte längre stod kvar. Jag kunde fortfarande förnimma doften av hennes hår.”[730]

”Jag såg hysteriska människor, både män och kvinnor”, berättar Shirley Jones, som har otäcka minnen från bombningen och skulle drömma mardrömmar om den många år efteråt. ”Hela kvarter var fullständigt borta. Hur många som dog har jag ingen aning om. Sedan – när anfallet var över – sjöng och skämtade man. Jag kunde aldrig förlika mig med detta, för dagen därpå skulle hundratals nya komma att dö.”[731]

•

Under eftermiddagen den 8 september, dagen efter den första stora räden, for Churchill med ett mindre följe ut till East End för att inspektera förödelsen. Resan hade två syften. Det mindre skälet var att han ville se skadornas omfattning. Detta var dels för att bedöma *Luftwaffes* verkan mot London, dels för att se vilken effekt *Bomber Commands* angrepp kunde ha mot den tyska industrin. Den främsta orsaken var dock politisk. Han fruktade bombanfallen mer än han fruktade invasionsspöket och ville på nära håll se vilken effekt angreppen hade på den brittiska civilbefolkningen. Det var också viktigt att visa att de styrande i Whitehall inte glömt bort de drabbade i East End. När han vandrade genom kvarter som ännu inte var säkra visade Churchill att han delade folkets vedermödor, inte bara i tal och motståndseggande fraser, utan i personlig närvaro och med personlig risk. Effekten lät inte vänta på sig. Människorna ropade uppmuntrande åt honom, uttalade sin avsky för Hitler och nazisterna och sade att de kunde uthärda bomberna bara tyskarna fick smaka på sin egen medicin. Churchill lovade att ge tillbaka, med ränta på ränta. Han stannade så länge att mörkret redan fallit när följet vände åter till 10 Downing Street. Nyheten om Churchills besök spred sig snabbt bland civilbefolkningen och gav den en välbehövlig injektion motståndsvilja.

En annan som förstod värdet av sin närvaro var kung George VI. Den 9 september tillbringade han tre timmar i East End, där han inspekterade skadorna och talade direkt till människor som mist sina hem eller anhöriga. Många fruktade för regentens liv och ansåg att han borde söka sig någonstans där risken för flyganfall var mindre, men kungen ville inte höra talas om något sådant. Han skulle dela sina undersåtars vedermödor och för honom var det självklart att stanna i London. Bomber träffade Buckingham Palace samma kväll som regenten besökt East End, men kungaparet hade åkt till Windsor över natten. Fyra dygn senare var de tillbaka i palatset när ett ensamt tyskt bombplan smög in lågt och närmade sig London över Themsen. Ljudet från dess motorer hördes av medlemmarna i krigskabinettet som befann sig i session när planet flög över 10 Downing Street och St James Park med siktet inställt på Buckingham Palace. ”Vi såg två bomber falla på den motsatta sidan av palatset”, skrev kungen i sin dagbok. ”Sedan genljöd två höga smällar när de föll på gården 30 meter bort.”

Inalles hade det tyska bombplanet, en He 111, fällt sex bomber som skadade fyra personer innan den vände österut för att återvända till Frankrike. Trots att kungafamiljen utsatts för livsfara såg drottning Elizabeth positivt på det inträffade. ”Jag är glad att vi har blivit bombade”, sade hon. ”Nu känner jag att jag kan se East Ends befolkning i ögonen.” På frågan om det inte vore bäst om hon lämnade London, var hennes svar lika bestämt. ”Jag reser inte utan kungen, och kungen lämnar aldrig London.”[732]

Bombningen av Buckingham Palace – anfallet hade inte auktoriserats – var ett allvarligt misstag. Om någon på den tyska sidan trott att anfallen mot East End, som nu fört Londons fattiga in i frontlinjen, skulle förstärka de dåligt bemedlades missnöje mot etablissemanget, tog incidenten luften ur denna strategi. Redan samma kväll gavs händelsen full publicitet när krigskabinettet gratulerade kungen till att ha undgått försåtet. Regenten garanterade åter att han ämnade stanna i London, övningssköt med sin revolver och sade att han skulle försvara Buckingham Palace till sin död. Monarkins popularitet i England fick ett dramatiskt uppsving under denna period, en prestige som den skulle behålla inte bara kriget ut, utan fram till George VI:s död i cancer 1952. Som en bedömare såg saken: ”Han hade en besvärlig regeringstid, men lämnade monarkin i ett bättre tillstånd än han fann den.”

Kungen hade tagit plats i frontlinjen, sida vid sida med de fattiga i East End.

Och det var tyskarna själva som hade placerat honom där.

”All the King’s horses, all the King’s men…”

Den växande ansamlingen av pråmar och andra farkoster i hamnarna mellan Ostende och Le Havre underströk i allt högre grad varningarna att en invasion kunde vara omedelbart förestående. Många som inte förstått att korrekt bedöma tyskarnas svårigheter att få fram landstigningstonnage och därmed trott att risken för invasion minskat i och med september månads inträde fick nu revidera denna uppfattning. Den första starka indikationen kom den 6 september när man från kusten vid Dover kunde observera 60 pråmar, bogserbåtar och ångfartyg på väg västerut mot Le Havre.

Denna observation följdes av flera, och general Brooke varnade sina befälhavare att invasionen var nära förestående – kanske skulle den äga rum inom loppet av de närmast tre dagarna.[733] Flera andra faktorer förstärkte hotbilden: det faktum att månljus och tidvattenförhållanden var goda för en landstigning, att flera spioner landsatts längs kusten och vid gripandet avslöjat att de skulle rapportera brittiska truppförelser, samt vetskapen att

KG26 och KG30 hade förflyttats från Skandinavien till Nederländerna. Under eftermiddagen den 7 september gav Brooke order att kodordet *Cromwell* skulle sändas ut till alla berörda arméförband. Detta innebar att invasionen var att vänta inom 48 timmar. Knappt hade denna order gått ut förrän *Luftwaffes* stora anfall mot East End började, vilket gjorde att varningen fick effekter långt utöver det avsedda. När förbandscheferna tog emot ordern under kvällen och natten till den 8 september kunde många se det röda skenet på himlen ovanför huvudstaden och höra motorerna från nattbombarna. Vissa förband trodde att invasionen redan börjat, och framför allt hemvärnets aktiviteter ställde till allmän oreda när de sprängde broar eller ringde i kyrkklockorna som tecken på att fallskärmssoldater landsatts. Det tog dagar innan alla negativa effekter av detta falsklarm hade åtgärdats, men *Cromwell* hade givit en vink om av vad som kunde komma och vilka brister som kunde finnas i varningskedjan och försvarsåtgärderna.

I och med att general Brooke tog befälet över de brittiska trupperna efter Ironside den 20 juli, antog markförsvaret en mer offensiv framtoning. Djupförsvaret bakom GHQ-linjen ersattes av tanken på en snabb motoffensiv. Churchill hade varit missnöjd med Ironsides koncept och ville att de brittiska trupperna skulle slå till "som leoparder" så snart fienden gått iland. Han ville att 10 000 man skulle befinna sig i strid mot ett tyskt brohuvud inom sex timmar och dubbla det antalet inom tolv.[734] Brooke var av samma åsikt. Fienden skulle hållas kvar så gott det gick på stränderna, därefter skulle en mobil reserv – vilken döptes till GHQ-reserven – gå till anfall direkt mot de tyska brohuvudena. Tre månader tidigare hade en sådan strategi varit omöjlig på grund av allmän resursbrist, men i september disponerade Brooke en armé som var såväl manskapsmässigt som materielmässigt starkare än den Ironside haft direkt efter Frankrikes fall.[735] Den hade nu 26 brittiska divisioner, 16 självständiga brittiska brigader samt tre samväldeskontingenter till sitt förfogande.[736] Av dessa förband var en sjättedel nu fullt utrustade och ytterligare två sjättedelar delvis utrustade. Hälften av armén led emellertid fortfarande stor brist på vapen, transportmedel och annan nödvändig materiel.

Även i fråga om operativ kompetens fanns mycket att önska. Knappt hälften av förbanden hade fått någon träning i större operationer, och den brittiska arméns taktiska doktriner skulle få svårt att möta den effektiva tyska uppdragstaktiken.

När det blev allt tydligare att tyskarna förde ned landstigningsmateriel

Brittiska arméns dispositioner
11 september 1940

till de franska hamnarna, ändrade britterna åsikt och menade att ett anfall var troligast i östra England. Uppmärksamheten koncentrerades nu mot Essex-Suffolk-Norfolk, norr om Themsen, och Kent-Sussex. Flera divisioner omdisponerades söderut och GHQ-reserven placerades runt London med merparten av pansaret i West Sussex-Surrey.[737] Dessvärre kunde man dock förvänta sig att det brittiska samarbetet mellan pansar och infanteri skulle vara lika bristfälligt som vid Arras, någonting som lite skulle ha tagit av udden ur ett motanfall. Det fanns inte heller något mer utvecklat samarbete mellan armén och flyget. *Bomber Command* hade därför små möjligheter att påverka framtida markstrider.

Den slutsats man kan dra av den brittiska uppställningen är att de brittiska marktrupperna kunde klara att slå tillbaka ett tyskt anfall endast om detta skedde i begränsad skala. De tyska trupperna var flerfaldigt överlägsna i taktisk kompetens, och om *Heer* fått fotfäste i södra England hade det behövts minst tre brittiska soldater för varje tysk för att kasta motståndaren tillbaka i havet. Störst möjlighet att göra detta hade man givetvis under de första dygnen, medan tyskarna fortfarande befann sig i sitt känsligaste, mest oorganiserade tillstånd, direkt efter landstigningen. När de väl bitit sig fast i brohuvudet och landsatt artilleri och pansar, skulle uppgiften bli betydligt svårare.[738] Med tanke på den styrka som tyskarna planerade att sätta iland första dagen fanns inte tillräckligt med brittiska trupper i området (GHQ-reserven inräknad) för att uppnå denna överlägsenhet. Uppgiften att antingen krossa de tyska landstigningsstyrkorna redan i Kanalen eller att reducera dem till en nivå där de kunde kastas tillbaka av det brittiska markförsvaret låg därför hos *Royal Navy*. Endast med en framgångsrik strid till sjöss hade England möjlighet att överleva. Förutsättningarna för en sådan var emellertid mycket goda, någonting som vi skall återkomma till i slutet av boken.

”Denn wir fahren gegen Engelland”

Medan flygkriget ovanför England gick in i en ny fas väntade de tyska trupper som skulle deltaga i *Seelöwe* på att operationen skulle starta. De 40 divisioner som nämnts under de inledande faserna av planeringen hade skurits ned till nio sjöburna och en i luften, av vilka endast fyra skulle landstiga med full styrka. Som vi tidigare sett hade även den kuststräcka där landstigningarna skulle äga rum reducerats betydligt.

Anfallets högerflygel skulle utgöras av fyra divisioner ur general Buschs 16. armé. Dessa skulle embarkera i Rotterdam, Antwerpen, Dunkerque och Calais för att landstiga mellan Folkstone och St Leonard’s-on-Sea. Vänsterflanken, general Strauss 9. armé, bestod av element från fem divisioner, och skulle gå iland mellan Bexhill och Eastborne samt mellan Beachy Head och Brighton. De sjöburna anfallen skulle understödjas av en luftlandsättning av fallskärmstrupper.

Omedelbart efter landstigningen skulle Buschs trupper sammanlänka med 9. armén och dels stöta fram i en nordvästlig riktning, dels gå österut för att ta Dover och Deal. Intagandet av Dover var en av operationens viktigaste mål, eftersom goda hamnar behövdes för att landsätta stridsvagnar och annan tyngre utrustning i de efterföljande vågorna. Här var tidsfaktorn avgörande. Om britterna fick tid på sig skulle de spränga hamnfaciliteterna och sänka fartyg för att blockera hamninloppet. För att påskynda erövrandet av Dover kunde Busch därför nyttja delar av general Putzigers

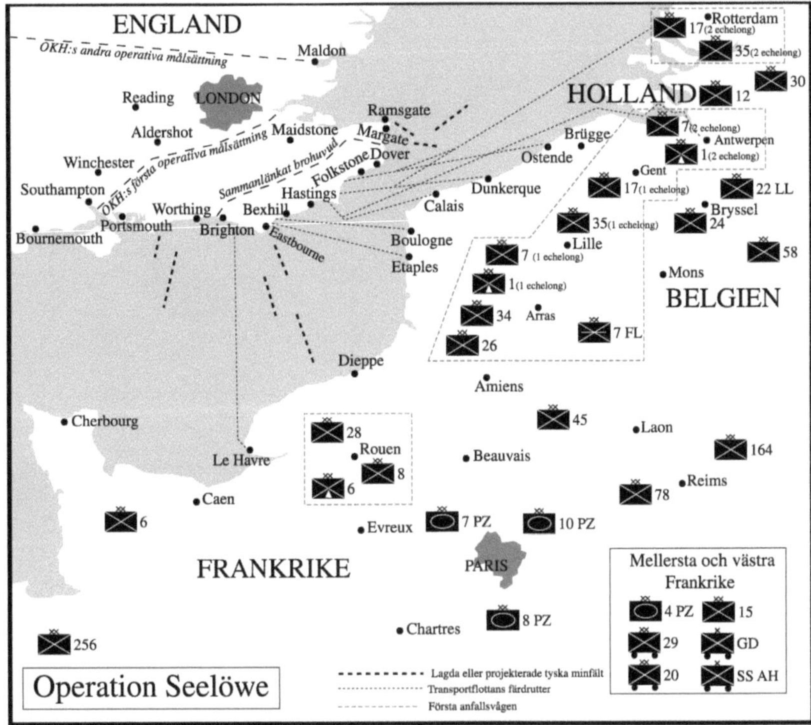

fallskärmsjägare, vars främsta mål var att ockupera den höglända terrängen norr om Folkstone och förhindra brittiska motanfall från Canterburyhållet.

Strauss uppgift var inledningsvis enklare. Hans styrkor skulle sammanlänka med 16. armén och jämte denna rycka fram i centern, samtidigt som hans vänstra flank skulle säkras genom ockupationen av Brighton och South Downes östliga höjder. Så snart brohuvudet var säkrat skulle detta hållas mot det förväntade motanfallet från britternas rörliga reserv.

När tillräckliga förstärkningar anlänt, främst i form av pansardivisioner och andra mobila förband, skulle framryckningen mot *Heers* första operativa mål påbörjas – linjen Portsmouth–Gravesend. När denna uppnåtts skulle man inleda den slutliga offensiven för att krossa det brittiska motståndet. Brittiska trupper i söder skulle nedkämpas, och London skulle förbigås i väster och isoleras från övriga landet. När den brittiska huvudstaden sedan fallit i tyska händer och tyska förband nått linjen Severn–Maldon, skulle *Heers* andra operativa målsättning ha uppfyllts.[739]

Tyska 7. luftburna divisionen hade den tredubbla uppgiften att erövra övergångar vid östra delen av Royal Military Canal för att underlätta 17. divisionens framryckning, spärra vägarna söderut från Canterbury och Ashford samt hjälpa 17. divisionens intagande av Dover.

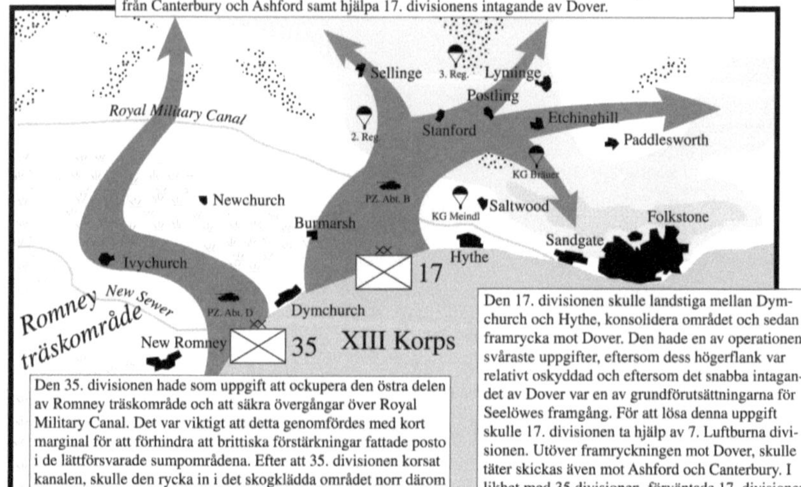

Den 17. divisionen skulle landstiga mellan Dymchurch och Hythe, konsolidera området och sedan framrycka mot Dover. Den hade en av operationens svåraste uppgifter, eftersom dess högerflank var relativt oskyddad och eftersom det snabba intagandet av Dover var en av grundförutsättningarna för Seelöwes framgång. För att lösa denna uppgift skulle 17. divisionen ta hjälp av 7. Luftburna divisionen. Utöver framryckningen mot Dover, skulle täter skickas även mot Ashford och Canterbury. I likhet med 35 divisionen, förväntade 17. divisionen starka brittiska motanfall från norr.

Den 35. divisionen hade som uppgift att ockupera den östra delen av Romney träskområde och att säkra övergångar över Royal Military Canal. Det var viktigt att detta genomfördes med kort marginal för att förhindra att brittiska förstärkningar fattade posto i de lättförsvarade sumpområdena. Efter att 35. divisionen korsat kanalen, skulle den rycka in i det skogklädda området norr därom och förbereda sig att ta emot brittiska motanfall. Den fungerade även som flankskydd åt den 17. divisionen till höger.

16. arméns operationer under det första invasionsdygnet

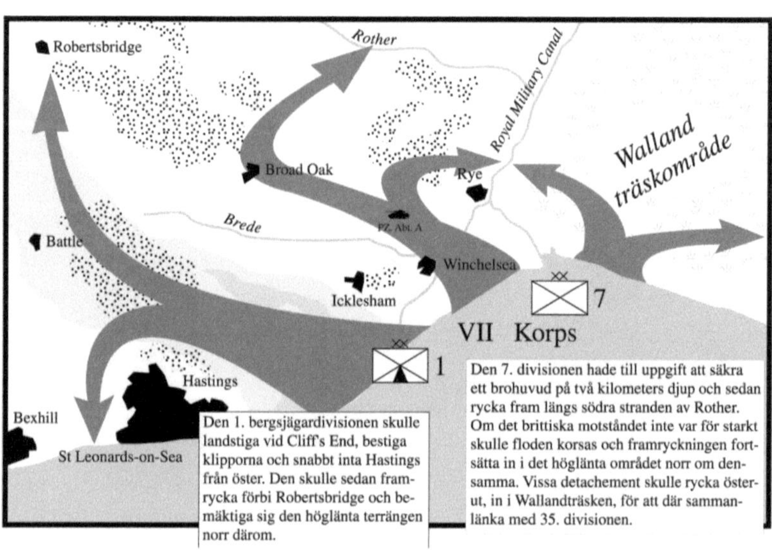

Den 1. bergsjägardivisionen skulle landstiga vid Cliff's End, bestiga klipporna och snabbt inta Hastings från öster. Den skulle sedan framrycka förbi Robertsbridge och bemäktiga sig den höglända terrängen norr därom.

Den 7. divisionen hade till uppgift att säkra ett brohuvud på två kilometers djup och sedan rycka fram längs södra stranden av Rother. Om det brittiska motståndet inte var för starkt skulle floden korsas och framryckningen fortsätta in i det höglända området norr om densamma. Vissa detachement skulle rycka österut, in i Wallandträsken, för att där sammanlänka med 35. divisionen.

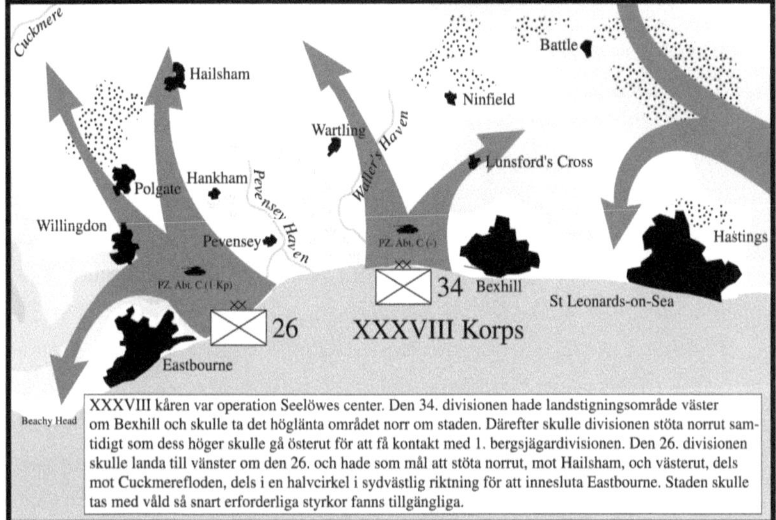

XXXVIII kåren var operation Seelöwes center. Den 34. divisionen hade landstigningsområde väster om Bexhill och skulle ta det högländta området norr om staden. Därefter skulle divisionen stöta norrut samtidigt som dess höger skulle gå österut för att få kontakt med 1. bergsjägardivisionen. Den 26. divisionen skulle landa till vänster om den 26. och hade som mål att stöta norrut, mot Hailsham, och västerut, dels mot Cuckmerefloden, dels i en halvcirkel i sydvästlig riktning för att innesluta Eastbourne. Staden skulle tas med våld så snart erforderliga styrkor fanns tillgängliga.

9. arméns operationer under det första invasionsdygnet

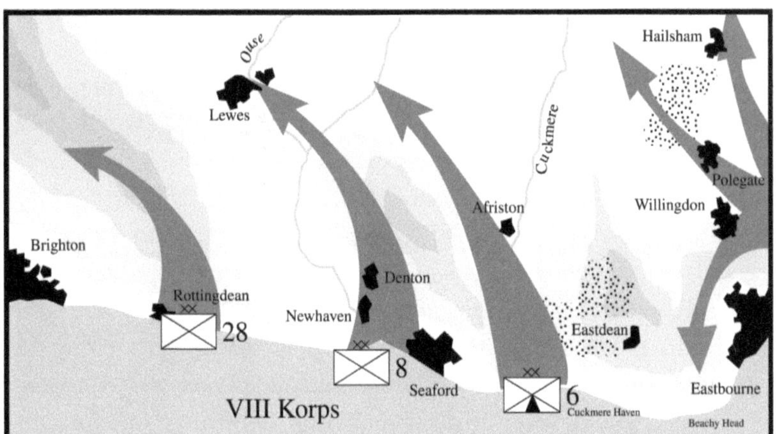

VIII kåren var operationens vänsterflank. Den 28. divisionen skulle landstiga vid Rottingdean och rycka uppför höjderna norr om Brighton. Den var 9. arméns extrema flank och hade starka brittiska motanfall att förvänta. Den 8. divisionen och den 6. bergsjägardivisionen skulle gå iland vid Seaford respektive Cuckmere Haven . De skulle falla in i linje med 28. divisionen och skydda 9. arméns vänster.

För att skydda flankerna under den sjöburna invasionsfasen skulle *Kriegsmarine* sätta in ett antal lättare örlogsfartyg, torpedbåtar och ubåtar. Tio jagare, 20 torpedbåtar och 15 ubåtar skulle skydda mot anfall västerifrån, medan 30 torpedbåtar och sex ubåtar skyddade mot anfall från Nordsjön. Detta var ingen större styrka med tanke på mängden av (och storleken på) de brittiska örlogsfartyg som förväntades rusa in i flankerna på den tyska invasionsflottan. Tyngre tyska örlogsfartyg skulle emellertid inte riskeras under de dåliga styrkebetingelser som förelåg. Istället skulle de fyra tyska kryssarna – *Nürnberg*, *Köln*, *Bremse* och *Emden* – löpa ut i Nordsjön från Norge. De skulle föreställa eskortstyrka med uppgift att skydda några större tyska passagerarfartyg samt ett antal transportfartyg. Förhoppningen var att fartygen skulle upptäckas av britterna, tolkas som en invasionsstyrka och dra sjöstridskrafter från *Royal Navy* till sig. Denna lockfågel gick under namnet *Herbstreise* – höstresa. Planer på att använda de gamla pansarskeppen *Schlesien* och *Schleswig-Holstein*, vilka byggts före första världskriget, som flytande batterier skrinlades sedan det bedömdes att det skulle ta för lång tid att förse dem med ordentligt luftvärn samt skydd mot torpeder.[740]

De tyska ytfartygens försvarsåtgärder skulle understödjas av kustbatterierna vid Pas-de-Calais och de skyddande minbältena, som skulle läggas med början tio dagar före D-dagen. Resten var upp till *Luftwaffe*. Störtbombplanen ur VIII *Fliegerkorps*, bombplanen ur II *Fliegerkorps*, bombplanen och minläggarna ur 9. *Fliegerdivision*, samt jaktplanen ur 2. *Jagdführer* skulle bekämpa *Royal Navy* i de östra delarna av Kanalen samt Nordsjön. De hade även till uppgift att understödja Buschs 16. armé på högerflanken. Sperrles bombplan och störtbombare ur I *Fliegerkorps*, bombplanen ur IV och V *Fliegerkorps* samt jaktplanen ur 3. *Jagdführer* hade liknande uppgifter i västra delen av Kanalen och skulle dessutom understödja 9. armén. *Luftwaffes* uppgifter omfattade närunderstöd till marktrupper, störanfall mot brittiska förflyttningar och kommunikationer, neutraliserande av kustförsvarsinstallationer, läggning av minor i brittiska hamninlopp, bombangrepp mot brittiska örlogsfartyg samt fortsatta anfall mot RAF – både i luften och på marken.[741] Med tanke på att *Luftwaffe* hade färre än 1 000 bombplan till sitt förfogande, hade detta varit en tämligen svår uppgift även om *Fighter Command* förlorat kontrollen över sitt luftrum, men den 16 september hade britterna fortfarande 216 Spitfire och 356 Hurricane operativa – endast 13 plan färre än de haft under *Adlertag*.[742]

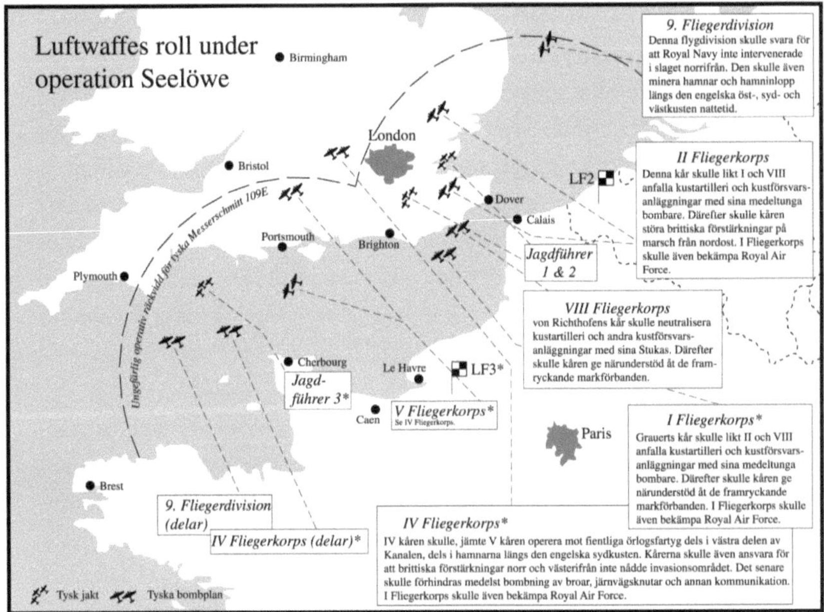

Den enskilde tyske soldaten, som väntade på att få ta språnget över Kanalen och övade landstigningsteknik längs de fransk-belgiska stränderna, visste dock inte mycket om de svårigheter som *Luftwaffe* brottades med ovanför de brittiska öarna. Man kunde se bombarmador passera på väg norrut. Då och då kom något enstaka plan tillbaka på låg höjd, stundom med ena motorn i brand. Ibland, när sikten var god, kunde man se hur ett skadeskjutet plan kraschade ute i Kanalen. Men det fanns ingen möjlighet att se den totala bilden. I den tyska radion omtalades RAF:s massiva förluster, och nog hade *Luftwaffe* besegrat de polska och franska flygvapnen och givit britterna en rejäl läxa på kontinenten? Varför skulle det vara annorlunda nu? Om det fanns några tvivel hos de tyska soldaterna så var det på *Kriegsmarines* förmåga, inte *Luftwaffes*.[743]

Om överfarten fungerade någorlunda planenligt beräknade man att ungefär 27 000 tyska soldater kunde sättas iland i området Folkstone-St Leonard's-on-Sea, 13 000 mellan Bexhill och Eastbourne, samt 20 000 mellan Beachy Head och Brighton under själva invasionsdagen. Till detta kom de 250 amfibiestridsvagnarna, men mycket lite artilleri. Bedömningen vilade dock på antagandet att *Royal Navy* och det brittiska bombflyget kunde förhindras att agera mot invasionsstyrkorna, att stränderna inte var för starkt försvarade och att vädret i Kanalen var bra.[744] Varje faktor skulle kräva sin kostnad i män och materiel. Hur mycket var omöjligt att beräkna. Allt man kunde göra var att försöka minska den medelst motåtgärder. Man förutsåg stor friktion under överskeppningen som inte var relaterad till fientlig aktivitet. Motorhaverier, kollisioner, felnavigeringar, förluster ombord på farkosterna på grund av olyckor – det var ofrånkomligt att många förband skulle försenas eller landstiga på fel platser. På det hela taget, trots att marinen ansåg sig så beredd som den någonsin skulle bli och Göring gång på gång lovade att *Fighter Command* skulle vara förintat inom fem dagar, var *Seelöwe* fortfarande ett stort vågspel.

Alla dessa svårigheter till trots var de tyska soldaterna mycket motiverade och väntade otåligt på startskottet. Om *Kriegsmarine* uppfyllde sitt åtagande att föra armén över Kanalen, skulle de besegra britterna och avsluta kriget i väst.

Dödsryckningar?

När *Luftwaffe* angrep London den 7 september befann sig *Fighter Command* i sitt mest kritiska läge under slaget. Samma dag hade Dowding kallat till en mindre konferens. Trycket mot *Fighter Command* hade blivit så kraftigt, meddelade han, att det system som tidigare använts, där stridströtta divisioner växlades mellan 11. eskadern och 10., 12. och 13. eskadrarna inte längre fungerade. Dowding hade därför beslutat att man skulle klassificera divisionerna i tre grupper. Grupp A skulle bestå av divisioner inom 11. eskadern och de inom 10. och 12. som bar den tyngsta bördan i striderna; grupp B skulle bestå av ett litet antal divisioner som kunde sättas in som reserv om det blev nödvändigt och grupp C, slutligen, skulle berövas merparten av sina operativa piloter, vilka skulle omplaceras till grupp A. På så vis bildade grupp A frontlinjen, grupp B reserven och grupp C degraderades till utbildningsdivisioner.[745]

När tyskarna koncentrerade sig på London fick *Fighter Command* en kort respit för återhämtning. Med undantag för några mindre anfall mot flygfält utfördes inga dagräder den 8 september, men dagen därpå gjordes ett större försök mot flygindustrier vid bland annat Weybridge, Kingston, Rochester och Croydon. Det kraftigaste anfallet kom från 26 He 111 ur II/KG1, eskorterade av 20 Bf 110 och 60 Bf 109, och riktades mot Farnborough. Detta anfall möttes med full kraft av *Fighter Command*. Hela 70 brittiska plan sattes in, och förbanden flög inte fienden till mötes ett efter ett som brukligt, utan i grupper om två divisioner vardera. Den förändrade taktiken var i viss utsträckning resultatet av ett möte som hållits inom 11. eskadern den 30 augusti. Flera flottiljchefer ansåg att man borde försöka anfalla fienden med mer än en division i sänder när varningstiden var tillräcklig, och några var också av uppfattningen att 11. eskadern borde förstärkas från övriga landet. Det sista var inte möjligt på grund av Dowdings vägran att exponera mer än delar av sina förband för *Luftwaffe*, men i fråga om flottiljerna var Park böjd att hålla med sina underlydande. Problemet var som vanligt reaktionstiden. Victor Beamish föreslog en kompromiss – att åtminstone två divisioner ur varje sektor arbetade som ett par – men Park ansåg inte tiden mogen för en sådan lösning. Tre dagar senare meddelade han emellertid att han ändrat uppfattning och att parvisa operationer skulle provas.[746]

Den 9 september gav taktiken utdelning när den tyska jakten blev så uppbunden av RAF-förbanden att bombplanen lämnades åt sitt öde. Flera anrop till de tyska baserna gav svaret att bombplanen skulle avbryta anfallen om fiendeförsvaret var för starkt eller den egna eskorten för svag. Många fällde därför sina laster på måfå över ett större område, från Canterbury i öster till Wandsworth, Lambeth och Chelsea i London.[747] De sammanlagda förlusterna den 9 september var 27 plan för *Luftwaffe* och 21 för *Fighter Command*.[748]

Den 11 september instruerade Park sina jaktstridsledare att tills vidare betrakta bruket av två divisioner som flög tillsammans som allmän praxis. De senaste dagarna hade visat en allt tydligare tendens från *Luftwaffe* att komma in i två eller tre starka vågor, kort efter varandra, och RAF:s reaktionstid hade varit bättre än tidigare. Om starkare förband kunde minska förlusterna skulle man prova detta. Han påbjöd även att den tidigare principen med Spitfireplan mot eskorten och Hurricaneplan mot bombplanen skulle användas.

Park var fortfarande missnöjd med 12. eskadern och hade skickat en promemoria till Dowding att Leigh-Mallorys förband borde flyga direkt till de flygfält de skulle skydda och sedan formera sina flottiljer på plats. Detta skulle spara tid, menade han. Här svarade Dowding att han inte ville ”beordra Leigh-Mallory att sända enstaka divisioner in i strid eller att dessa skulle koncentrera i stridszonen.”[749] Därmed tog han i viss utsträckning parti för

Leigh-Mallory. Istället för att bara svara Park borde han dock ha sammankallat Park och Leigh-Mallory för att lösa frågan en gång för alla. Då hade hans två underlydande kunnat ge sina synpunkter, flera missförstånd hade kunnat klaras upp och Dowding kunde sedan ha avgjort saken. Istället fortsatte grälet.

Den 10 september var tämligen lugn, men dagen därpå hade *Luftflotte* 2 planerat tre större räder mot såväl huvudstaden som ett antal flygfält söder därom. I början av månaden hade tyskarna satt in störsändare för att försvåra RAF-personalens arbete vid radarstationerna, och denna morgon var skärmarna fulla av vilseledande signaler. Under eftermiddagen kom flygangreppen – ungefär 100 bombplan ur KG1 och KG26, eskorterade av det dubbla antalet jaktplan. Räderna var uppdelade i två grupper. Den ena flög in mellan Ramsgate och Deal; den andra något längre norrut. I höjd med Themsenmynningen svängde de två grupperna västerut och dundrade in mot Docklands. Redan över Kent hade delar av de tyska styrkorna mötts av 1. (kanadensiska), 222. och 238. divisionerna. När fiendearmadan kom in över östra London var ytterligare sju divisioner i strid och allt fler anslöt sig, däribland flera från 12. eskadern. Längre västerut mötte 10. eskadern en räd från Sperrles *Luftflotte* 3 riktad mot Southampton och Portsmouth.

Denna dag var emellertid *Luftwaffes*. Bombangreppen fick liten effekt, men utfallet i luftstriderna var uppmuntrande ur tysk synvinkel. Trots att Bf 109-piloterna tvingades vända om efter endast en kortare batalj ovanför Kent hann de skjuta ned ett betydande antal fiendeplan.[750] Gerhard Schöpfel utökade sin meritlista till 20 nedskjutna fiendeplan, någonting som gav honom det eftertraktade järnkorset.

Totalt förstördes 31 brittiska jaktplan mot en tysk förlust av 12 bombplan och 13 jaktplan den 11 september. RAF hade förlorat fler plan än *Luftwaffe*. Eftersom båda sidor hade för vana att överdriva antalet nedskjutna fiendeplan, betraktade tyskarna dessutom dagen som en större framgång än den var. Britternas aktioner hade verkat förvirrade och tafatta. Hade möjligen den aggressiva reaktionen den 9 september varit det fientliga jaktflygets sista desperata försök? Händelserna under de närmaste tre dagarna förstärkte denna bedömning.[751] Förvisso förbjöd det dåliga vädret större anfall, men de småräder som utfördes klarade sig ofta utan att anfallas.

Var RAF på väg att förlora?

Motanfall

Så snart britterna insåg att överskeppningsmateriel samlades i hamnarna på kontinentkusten inleddes en hög aktivitet för att störa dessa operationer. På kvällen den 8 september – medan vädret blev allt sämre – avdelade amiral Plunket-Ernle-Erle-Drax, chefen för *Nore Command*, två lätta kryssare, elva jagare och fem torpedbåtar för att göra räder mot Ostende, Dunkerque, Calais och Boulogne. Ett veritabelt åskväder utbröt och försämrade sikten avsevärt. I de flesta fall kunde inga fiendefartyg upptäckas. Två torpedbåtar smög sig in i Ostendes hamn, där de i hög fart gjorde ett svep och avfyrade torpeder mot diverse mål. Vid Boulogne bombarderade kryssaren *Aurora* och tre jagare hamnen. I övrigt återvände fartygen till sina baser utan att ha någonting mer än en spännande natt att berätta om. Räderna upprepades den 9 september med samma nedslående resultat – inget att rapportera. Som det senare skulle visa sig hade tyskarna inställt alla fartygsrörelser på grund av det dåliga vädret.[752]

Snart började *Royal Navys* aktioner i Kanalen och längs den belgisk-holländska kusten dock att ge effekt. Under den 11 och 12 september anföll jagare, torpedbåtar och snabba kanonbåtar mål i Flushing, Ostende, Dunkerque, Calais, Boulogne, Le Toquet och Cherbourg. Britternas fräckhet kom som en obehaglig överraskning för tyskarna. *Royal Navy* seglade helt sonika in i hamnarna, undersökte området och besköt de mål man fann. Flera tyska fartyg förstördes, däribland minsvepare och konverterade trålare. Den tyska svarselden från de batterier som bevakade hamnarna var dåligt koordinerad, och samtliga brittiska fartyg kunde återvända till England. Efter en kort respit den 13 september på grund av dåligt väder återupptogs räderna de närmaste tre dagarna med nya anfall mot den tyska uppbyggnaden.

Samtidigt som *Royal Navy* blev allt aggressivare längs kusterna anföll *Bomber Command* hamnar och flygfält. Under perioden juli–augusti hade minimal uppmärksamhet riktats mot marina mål: de fick ta emot endast tre procent av de nästan 2 000 ton bomber som fälldes. Den tyska invasionsflottan hade fortfarande varit splittrad mellan otaliga hamnar och kanaler och var därför svår att angripa.

Detta förändrades i september. Natten till den 8 september började de storskaliga anfallen när 92 bombplan anföll bland annat Kanalhamnarna. Natten därefter flög 133 Blenheim, Hampden, Wellington och Whitley mot Hamburg, Bremen, Emden, Ostende och Boulogne, och under natten till den 10 september bombade 76 plan fem mål i Tyskland samt ett antal Kanalhamnar.[753] De skador som tillfogades tyskarna var inte så stora som britterna trodde, men *Bomber Command* ställde ändå till allvarliga problem i den tyska planeringen. Av de 1 918 pråmar som samlats i hamnarna förstördes 214 i flygangrepp och av 170 transportfartyg förstördes 21. Därtill kom ett halvdussin bogserbåtar och motorbåtar.[754] Detta ledde till förseningar när förband och fordon som blivit tilldelade speciella överskeppningsfarkoster måste omfördelas. Det var också oundvikligt att många soldater som skulle ha deltagit i den första vågen måste flyttas till någon av de senare.

Anfallen fortsatte med oförminskad styrka. Mellan den 11 och 15 september flög *Bomber Command* 683 nattliga uppdrag, och en stor andel av dessa var riktade mot Kanalhamnarna. Oavsett om de kom från *Royal Navy* eller *Bomber Command*, blev räderna allt mer oroande för *Kriegsmarines* ledning. Hur skulle den stora transportflottan kunna avsegla om brittiska örlogsfartyg kunde segla in i hamnarna vid själva avgången? För att göra saken än värre hade även starkare fientliga sjöstridskrafter kommit närmare området. Den 4 september hade Plunket-Ernle-Erle-Drax *Nore Command* förstärkts av de tre tunga kryssarna *Manchester*, *Southampton* och *Birmingham*, och den 13 september ombaserade Forbes slagskeppen *Nelson* och *Rodney* till Rosyth där *Hood* redan väntade. Kvar i Scapa Flow fanns slagskeppet *Repulse*, hangarfartyget *Furious*, fyra kryssare och fyra jagare med uppgift att bevaka farvattnen mellan Shetlandsöarna och den norska kusten. Istället för att dra sig tillbaka flyttade *Royal Navy* fram sina positioner.

Det faktum att den brittiska flottan låg optimalt placerad för att intervenera under invasionen undgick inte *Kriegsmarine*. Bortsett från den mindre reträtten av brittiska jagare från Dover i juli hade *Luftwaffe* misslyckats med att driva bort *Royal Navy* från *Seelöwes* operationsområde. Detta innebar att en kryssare och 12 jagare från Portsmouth samt två lätta kryssare och 16 jagare från Harwich kunde vara i kontakt med invasionsstyrkorna endast timmar efter att armadan lämnat sina hamnar. Några timmar senare skulle även slagskeppet *Revenge*, en kryssare, en lätt kryssare och sex jagare från Plymouth, samt de tre kryssarna och ett halvdussin jagare ur Plunket-Ernle-Erle-Drax befäl vara framme. Den enda möjligheten att förhindra detta vore om *Luftwaffe* omedelbart angrep ovanstående hamnar och jagade undan de brittiska örlogsfartyg som låg baserade där. Men den tyska marinstaben visste att så inte skulle ske.[755] Den 12 september antecknade den sin syn på saken:

> Flygkriget utföres som ett "absolut flygkrig", utan hänsyn till de krav som det nuvarande sjökriget ställer, och utanför ramen för operation *Seelöwe*. I sin nuvarande form kan flygkriget inte understödja förberedelserna för operation *Seelöwe*, varför ansvaret helt ligger i marinens händer. Man kan inte skönja några som helst ansträngningar hos *Luftwaffe* att engagera örlogsenheter ur den brittiska flottan, vilken nu opererar mer eller mindre oantastat i Kanalen och detta kommer att visa sig extremt farligt för transporter. Därför kommer den huvudsakliga garantin mot brittiska marinstyrkor att vara minfälten, vilka, som upprepade gånger framförts till högsta ledningen, inte kan anses vara ett tillförlitligt skydd för [transportflottan].[756]

Eftersom Raeder och *Kriegsmarine* visste att varken minfält, kustartilleri, u-båtar eller de bombplan som skulle understödja marinen under D-dagen hade möjlighet att förhindra att britterna orsakade avgörande förluster på transportflottan, hyste de inga illusioner beträffande utgången av operation *Seelöwe*. Om inte *Luftwaffe* drev undan *Royal Navy* från hamnarna längs sträckan Plymouth-Humber skulle det bli en katastrof ute i Kanalen – en katastrof som inte bara skulle innebära ett förödande slag mot *Kriegsmarine*, utan också ett allvarligt, kanske rent av krigspåverkande avbräck för den tyska ekonomin. Ledningen för *Kriegsmarine* visste dock inte vilket ben den skulle stå på. Om den med kraft argumenterade för att flyget omedelbart måste angripa de brittiska hamnarna och *Luftwaffe* faktiskt lyckades driva undan delar av *Royal Navy* ökade sannolikheten för att Hitler skulle beordra invasion med alla dess risker. Men om de å andra sidan lät *Luftwaffe* hållas och *Führern* ändå gav ordern, skulle invasionsflottan hamna i ett sämre utgångsläge. Raeder löpte också personligen risken att bli avsatt om han uppvisade en för defaitistisk attityd.

Det bästa sättet verkade vara att försöka hålla kvar Hitler i osäkerhet och därmed se till så att han inte fattade beslutet förrän väderföhållandena förhindrade operationen i vilket fall. Det fanns två sätt att åstadkomma detta. Det ena var att försöka få honom att förstå riskerna. Här var möjligheterna goda, för Hitler förstod bättre än *Luftwaffe*- och armécheferna vilka svårigheter som skulle möta tyskarna i Kanalen. Det andra sättet var att underblåsa de förhoppningar som ställdes på flyganfallen mot London – oavsett om de var realistiska eller ej – och argumentera för att terrorbombning var det bästa och minst riskabla sättet att knäcka britternas motståndsvilja. Marinstaben menade att Hitler redan lutade åt denna strategi.[757]

Den 12 september erhöll det tyska utrikesdepartementet en rapport från den tyske *Chargé d'affaires* i Washington som talade om hur livet i London fortskred under svåra omständigheter. Att denna bedömning kom från den amerikanska pressen, borde ha utgjort en varning om sanningshalten, men den förstärktes av rapporter från den tyske militärattachén, som hävdade att den brittiska motståndsviljan i London starkt reducerats, framför allt på grund av sömnbrist. Vidare skulle över tjugo hamnbassänger vara förstörda, flera tågstationer nedbrunna och merparten av flygfälten kring London oanvändbara.

Flera rapporter pekade på att RAF höll på att förlora slaget. I vilket ögonblick som helst skulle antingen ett regimskifte äga rum eller en revolution bryta ut i England, menade *Führern*. I det första fallet skulle en diplomatisk lösning med den nya regeringen bli möjlig; i det senare skulle *Seelöwe* igångsättas för att ge ett politiskt förlamat Storbritannien nådastöten.

Den 14 september ökade marinens förhoppningar att *Seelöwe* kanske aldrig skulle bli av. Inför Raeder, von Brauchitsch, Halder och Jeschonnek deklarerade Hitler att det kanske vore fel att inställa operationen *trots allt*. Eftersom Raeder inte hört någonting om ett inställande tidigare, var nyheten uppmuntrande. Avslöjandet innebar givetvis att *Führern* åter fallit över till invasionslinjen, men visade att han hyste starka tvivel på dess genomförbarhet.[758]

Hitler ansåg dock att förutsättningarna för *Seelöwe* inte uppfyllts fullt ut eftersom luftherravälde ännu saknades. Orsaken till detta var givetvis vädret. Annars var alla förberedelser klara och operationen kunde startas tio dagar efter beslutet. Samtalet gick in på mer detaljerade aspekter på operation *Seelöwe* och effekterna av den tyska terrorbombningen. Raeder tog tillfället i akt att påverka Hitler i riktning mot flygstrategin. Han påpekade att *Luftwaffe* knappast skulle ha uppfyllt kraven i tid för att genomföra operationen mellan den 24 och 27 september. Därefter skulle en period inträda då de kombinerade väder-, mån- och tidvattenförhållandena var ogynnsamma. Först den 8 oktober skulle förhållandena åter vara fördelaktiga. Han menade därför att operationen skulle skjutas upp till oktober. Hitler svarade att man tills vidare skulle betrakta 27 september som preliminärt datum (med beslut tio dagar före), därefter skulle Raeder få sin vilja igenom och invasionen uppskjutas till oktober.[759]

I detta läge bröt Jeschonnek in i samtalet med en begäran att bombangreppen skulle utökas till att omfatta även rena bostadsområden, ett förslag som av förklarliga skäl även hade stöd från Raeder. Än så länge hade inga tecken på panik skymtat, ansåg Jeschonnek, vilket berodde på att bostadskvarter träffades endast i undantagsfall och då av misstag. Genom att istället inrikta sig på dessa skulle terrorn ges full effekt att verka. Hitler avslog även denna begäran. Angrepp direkt mot Londonbefolkningen skulle sparas som ett medel att vedergälla brittiska anfall mot tyska städer.

Med detta ändades konferensen.

Samma kväll utsändes ett direktiv från OKW:

> Inledandet av operation Seelöwe uppskjutes åter. En ny order utfärdas den 17 september. Alla förberedelser skall fortsätta.
>
> Flyganfallen mot London skall fortsätta och målområdet utsträckas till militära mål och andra viktiga installationer (exempelvis järnvägsstationer).
>
> Terroranfall mot rena bostadskvarter kan komma i fråga först senare som ett yttersta påtryckningsmedel.[760]

England hade givits ett nytt uppskov.

Händelseförloppet påföljande dag skulle göra det permanent.

Battle of Britain Day – middagstid

Vädret den 15 september var relativt vackert med viss molnighet på sina ställen. Tre anfall hade planerats att äga rum denna dag. Det första skulle utföras av 25 Dornier Do 17 ur KG76 samt 21 jakt-bombare (Bf 109) ur LG2 (jakt) och riktades mot järnvägsknutpunkten vid Battersea. Det andra hade Docklands som mål och var större: 114 Dornier Do 17 och Heinkel He 111 ur KG2, KG3, KG26 och KG 53. Sent under eftermiddagen, slutligen, skulle 27 bombplan ur KG55 och 13 jaktbombare ur ErprGr210 angripa Portland respektive Southampton. Räderna skulle vara starkt eskorterade och syftet med anfallen var i viss utsträckning att förstöra en viktig järnvägsknutpunkt och större mängder importerade förråd, men framför allt att slå ett nytt slag mot den brittiska befolkningens motståndsvilja och att skjuta ned "de sista femtio Spitfireplanen".

Strax efter tio startade de 25 Dorniermaskinerna ur major Alois Lindmayrs KG76 från sina fält och började cirkla för att vinna höjd. Det dröjde inte länge förrän bombplansbesättningarna förstod att de fått problem. Man hade svårigheter att samla formationen på grund av den höga molnigheten och anfallet försenades med tio värdefulla minuter. Detta gjorde att de 150 Bf 109:orna i eskorten och frijakten tärde på sina bränsleförråd där de cirklade ovanför Calais. När planen så satte en nordvästlig kurs mot England, upptäckte man att vinden var betydligt kraftigare än väntat och att anflygningen mot målet skulle ta nästan dubbelt så lång tid som planerat. Detta betydde ännu längre tid utan eskort.

I England hade Winston Churchill beslutat sig för en av sina sedvanliga inspektioner, och under förmiddagen anlände han och hans hustru till 11. eskaderns högkvarter i Uxbridge. De möttes av Park som eskorterade dem ned i den djupa bunkern. Där tog premiärministern och hans hustru plats på en av balkongerna ovanför operationssalen. Churchill ville att alla skulle bete sig som vanligt, som om han inte var där. Han ville på intet sätt störa arbetet. Park sade att han inte visste om det skulle bli några operationer denna dag, men inte långt därefter dök den första fientliga markörklossen upp på kartbordet. Den placerades ovanför Calais, för tillfället orörlig – de 150 tyska 109:orna som väntade på bombplanen. Park hade lämnat ministerparet och talade med sin jaktstridsledare, lord Willoughby de Broke. Efter ett kort samråd beslutade de att 72. och 92. Spitfiredivisionerna vid Biggin Hill skulle ges startorder och instruktion att patrullera luftrummet ovanför Canterbury. Det var ett spänt ögonblick. Två förband var på väg upp i luften, men de övriga var fortfarande kvar på marken. Om de startade för tidigt var risken stor att de förbrukade sitt bränsle innan de tyska rädstyrkorna kom in över kusten; om de startade för sent skulle fienden ta det taktiska initiativet.

Men de behövde inte vänta länge. Snart dök en andra kloss upp på kartbordet, sedan en tredje. De rörde sig framåt, mot Calais – väntade. Sedan började flyglottorna att skjuta de små blocken ut över Kanalen. Park och de Broke studerade kartan. Det gjorde även Churchill uppifrån sin balkong. Anfallet hade börjat, men var det en genuin räd eller bara ett jaktsvep för att engagera *Fighter Command*?

Park gav de Broke order att starta ytterligare nio divisioner och att man skulle begära assistans från 10. och 12. eskadrarna. Han sade det med lugn, alldaglig röst och de Broke skickade instruktionen vidare med samma saklighet. Den oinvigde skulle inte ha förstått att någonting dramatiskt inträffat. Några telefoner lyftes och några korta, lågmälda samtal följde. Det var som när hjärnan gav handen order att knyta näven och slå, för på flygfälten runt London inleddes en explosionsartad aktivitet. I ena ögonblicket hade flygarna suttit och spelat kort eller schack, läst morgontidningarna eller helt enkelt legat på ryggen med händerna bakom nacken. Några få piloter, hos de förband som hade högsta beredskap, hade kanske suttit och halvslumrat i sina plan.

Så gick startsignalen. Rutinerna var olika beroende på vilket fält det gällde. På sina håll ropade metalliska högtalarröster ut startordern, på andra gavs den medelst en signalraket eller genom att en rapportkarl helt enkelt öppnade fönstret till beredskapsbaracken och ropade. Oavsett rutinen var reaktionen densamma. Piloterna sprang mot sina plan, och områden som tidigare varit tysta och stilla sjöd av ljud och aktivitet. Flygplansmotorerna hostade och brun rök bolmade ur avgasrören. Så vaknade motorerna till liv med ett ilsket rytande och avgaserna skingrades i draget från propellerbladen. Snart steg de första planen mot himlen.

”Chefen *Apany* här”, ropade Kent ur 303. (polska) divisionen som gått upp från Northolt. ”*Apany* nu i luften.” Strax därpå meddelade även 229. divisionen att den startat. ”Detta är *Keta*. I luften. Begär instruktioner.”

Svaret från jaktstridsledningen vid Northolt kom omedelbart. ”Vektor ett-trea-femma. Patrull femton änglar.”

Furir Ray Holmes första uppstigning den 15 september var ur badet, när divisionerna vid North Weald gick in i *Readiness*. Utan att hinna torka sig ordentligt drog han på sig sina uniformsbyxor och skjorta, och hann nätt och jämnt med fordonet som körde ut piloterna till de väntande Hurricaneplanen. Strax därpå kom startordern. Han snörde i all hast på sig sina stövlar, krängde på sig flytvästen och spände fallskärmen över axlarna. Sedan startade han i bara skjortan tillsammans med resten av 504. divisionen. Från det närliggande Martelsham Heath rusade planen ur 257. divisionen längs gräsfältet, steg mot himlen och satte kurs mot Maidstone. Fem minuter senare, längre västerut, var 609. divisionen i luften och på väg österut från Middle Wallop, tillfälligt utlånad från 10. eskadern.

Vid Duxford väntade Douglas Bader och hans flottilj på startorder. Motorerna var redan uppvärmda och piloterna spanade otåligt upp mot den tjocka molnmassan ovanför. Så kom signalen. ”Lystring! Lystring! Alla Hurricanedivisioner skall starta!” Baders egen division var först att rulla utefter banan. När planet tog fart kunde Bader inte se vad som fanns framför honom för nosen skymde sikten. Istället höll han sitt plan på rätt kurs med en blick mot bankanten. Snart hade farten ökat så pass att stabilisatorn lyfte och bortre änden av fältet dök upp i vindrutan framför honom. Under dessa sekunder förvandlades hans Hurricaneplan från en klumpig, svårstyrd koloss av trä, metall och kanvas, till en snabb, dödlig och lättmanövrerad stridsmaskin. Även Bader själv, som med sina konstgjorda ben alltid rörde sig med svårighet på marken, blev av med sitt lyte när den starka Merlinmotorn drog Hurricaneplanet upp i luften. Det dunsade till när landstället fälldes in i vingarna, och när Bader girade för att ta en sydlig kurs såg han hur 302. (polska) och 310. (tjeckiska) divisionerna lättade från betongbanan nedanför. Samtidigt gick 92. och 611. Spitfiredivisionerna upp från det närliggande Fowlmere. Enligt planen skulle dessa sammanstråla med de tre Hurricanedivisionerna och lägga sig ungefär 1 500 meter ovanför dessa. ”Vi slösade ingen tid på att formera oss”, sade Bader. ”Vi bara svängde in på rätt kurs och klättrade, föll in i formation i processen.”[761] För en gångs skull var Duxfordflottiljen i luften hela tio minuter innan de tyska bombplanen flög in över kusten i söder.[762]

Ungefär samtidigt passerade de första tyska jaktplanen Dover. Det var de frijagande 109:orna och de utsattes för en ineffektiv eld från luftvärnsbatterierna i hamnen. I Uxbridge studerade Park och de Broke de markörklossar som rörde sig upp mot Ashford. *Observer Corps* hade först inrapporterat jaktplan, men så kom meddelandet att bombplan flög in mot kusten strax bakom dessa. Nya order letade sig igenom befälskedjan och ytterligare förband startade. Från North Weald kom 46. och 249. divisionerna med uppgift att täcka södra London; vid Northolt gick 1. (kanadensiska) och 605. divisionerna upp för att lägga sig ovanför Kenley. Kapten Bobby Oxspring startade med 66. divisionen från Biggin Hill och vid Hornchurch spände fänrik Eric Lock, en av de skickligaste piloterna i 41. divisionen, fast säkerhetsbältet, gjorde en rutinmässig kontroll av instrumenten och taxade ut sin Spitfire till startbanan. För honom var detta bara en i raden av alla de uppstigningar han gjort sedan slaget började och varken han eller de andra piloterna i förbandet hade någon aning om att detta var stunden när den sista fasen i fälttåget 1940 skulle avgöras.

När Lindmayrs Dornierplan flög in över den engelska kusten hade *Fighter Command* 23 divisioner i luften – inalles 254 Hurricane- och Spitfireplan. Denna dag fungerade det system som byggts upp under mellankrigstiden som den klocka det avsetts att vara. Trenchards ansträngningar för att bevara RAF, Watson Watts och Tizards utveckling av radarnätet, Dowdings

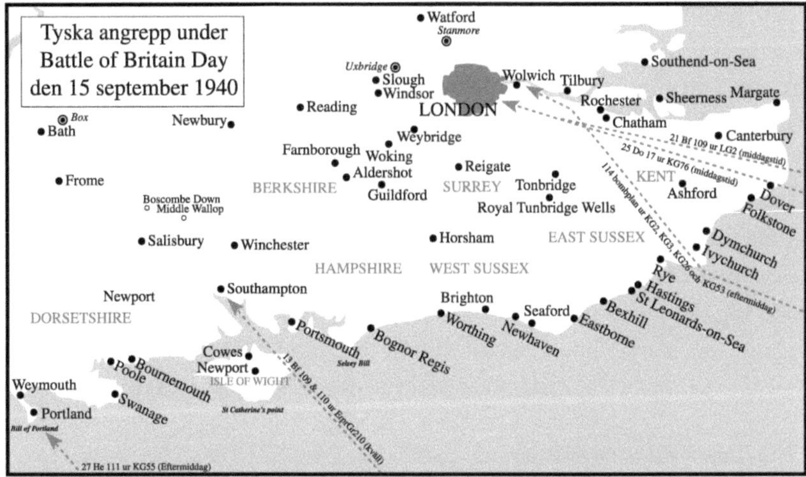

uppbyggnad av *Fighter Command* – allt smälte samman till en effektiv, väloljad maskin när det brittiska jaktförsvaret startade för att en gång för alla sätta stopp för Hitlers drömmar om fred i väst.

Den första sammandrabbningen inträffade över Canterbury. Chefen för de första två förband som Park sänt i luften, kapten J. W. Villa – som redan hade tre luftsegrar och allmänt kallades ”Pancho” – var den som siktade fienden. ”*Tennis*-divisionen här! Tally Ho!”

Den försenade tyska starten hade lett till att 72. och 92. divisionerna haft gott om tid att nå operativ höjd. Nu låg de tusen meter ovanför den tyska eskorten och tretusen meter ovanför Lindmayrs annalkande Dornierplan. Villa gav lugnt sina order och ett efter ett sänkte Spitfireplanen nosarna och dök mot Messerschmittplanen nedanför. Tyskarna såg dem, ökade gaspådraget och vände för att möta angriparna. Deras bränsleförbrukning ökade dramatiskt. Automatkanoner och kulsprutor blixtrade och spårljuskulor ritade långa, glänsande linjer mellan de två styrkorna. Strax därpå drabbade flygplanen samman och formationerna bröts i vida, oregelbundna cirklar. Även 603. Spitfiredivisionen sällade sig till bataljen. För en stund klarade sig bombplanen från att angripas, men när 253. och 501. Hurricanedivisionerna anlände var den tyska jakten så uppbunden att den inte kunde förhindra att dessa gjorde ett frontalanfall för att försöka bryta Dornierplanens formation.

”Deras anfall förde dem rakt igenom vår formation”, skrev furir Theodor Rehm som befann sig i nosen på ett av Dornierplanen. ”Jag vågade inte skjuta på grund av risken att träffa våra egna plan, men Hurricanplanen sköt inte heller." I en annan Dornier satt Wilhelm Raab. "De kom in snabbt, blev större och större", mindes han. "Vi drog oss samman för att öka verkan av den defensiva elden. Fyra Hurricane for igenom vår formation. De passerade på några sekunder."[763]

I luftrummet norr om London närmade sig Douglas Baders fem divisioner. Den första delen av inflygningen hade skett genom den kraftiga molnmassan, men snart bröt planen igenom till den värld där solen alltid sken. Det var inga problem med att sammanstråla förbanden till en samlad flottilj och i söder kunde piloterna se den allt större luftstriden. Fänrik Julian Kowalski i 302. (polska) divisionen beskrev den storslagna synen.

> Hundratals vita kondensstrimmor – raka linjer, halva eller fullbordade cirklar täcker den vackra blå himlen. Somliga bryter plötsligt i vertikala spiraler: blå rök som förbinder marken med skyn. Till och från utvecklar sig vita ballonger. Det hela ser ut som en jättelik juldekoration som hänger från himlavalvet. Striden har redan börjat, tänker jag. Spitfireplan välkomnar [Bf] 109:orna. Under oss ligger de vita, fluffiga molnen och de tyska bombplanen. [...] Mycket oväsen i mina hörlurar, men jag lyssnar inte. Varför skulle jag det? Jag förstår ingenting i alla fall. Plötsligt, så märkligt, en polsk röst som skriker: "Anfall! Skjut ned de djävlarna!" Det är Northolt[764], tänker jag [och] är glad att jag inte är tysk.[765]

Om den första sammandrabbningen ovanför Canterbury följde de vanliga mönstren, ökade de tyska flygarnas bestörtning ju närmare den brittiska huvudstaden de kom och allt fler brittiska divisioner lade sig i slaget. Så detta var de sista femtio Spitfireplanen? Den största chocken kom ovanför London när Douglas Baders fem divisioner uppenbarade sig högt ovanför. Bobby Oxspring var en av dem som såg Duxfordflottiljen närma sig. "Det måste ha varit förkrossande för tyskarna", skrev han", att se alla dessa komma in samtidigt."

Förkrossande var rätt ord. Den tyska föreställningen att RAF skulle vara nere på sina sista hundra jaktplan gick en gång för alla i graven. I nosen på ett av Dornierplanen satt Hans Zonderlind:

> Vi hade aldrig tidigare sett så många brittiska jaktplan. Jag noterade att några av våra kamrater sköts ned och själva träffades vi vid ett tillfälle, men utan större skada. Överallt runt oss pågick luftstrider. Sedan, när vi närmade oss

> inflygningssträckan inför bombfällningen, såg vi vad som måste ha varit ett hundratal RAF-jaktplan komma emot oss. Vi tänkte att det måste vara hela RAF på en gång, men kunde inte förstå varifrån de kom, eftersom man sagt oss att RAF-jaktplanen var närmast utrotade.[766]

Ulrich Steinhilper var en annan av de tyska piloter som upptäckte Baders flottilj närma sig. Dagen före hade han kunnat glädja sig åt sin tjugoandra födelsedag, men den första luftsegern gäckade honom ännu. När de fem divisionerna närmade sig högt ovanför ett luftrum som redan var fullt av virvlande brittiska jaktplan måste han ha känt att det inte skulle bli någon seger för hans *Luftwaffe* heller. ”Vi mötte förbluffande starkt jaktmotstånd däröver”, skulle han skriva hem till sin mor. ”Jag tror britterna koncentrerar allt de har runt huvudstaden. Det var en frustrerande upplevelse.”[767]

Högt ovanför såg Bader ned mot de nästan oeskorterade bombplanen ur KG76. Efter alla missräkningar var det en underbar syn för den hetlevrade engelsmannen. ”Sandy”, anropade han major Lane, chefen för de två Spitfiredivisionerna ovanför. ”Håll ett öga på de där 109:orna.”

”Okay, grabben, jag ser dem”, svarade Lane och girade sina plan i riktning mot en grupp Bf 109 som kunde anas i en molnslöja under solen. Bader sänkte nosen på sin Hurricane och dök ned mot fiendeplanen. ”Bryt deras formation!”, ropade han i strupmikrofonen och hans tre Hurricanedivisioner följde honom.[768]

Nedanför fortsatte den rasande striden. Fänrik George Bennions i 41. divisionen kände hur hjärtat bultade allt snabbare i bröstet på honom och han andades häftigt när han såg de tyska planen närma sig. Han osäkrade sina vapen och justerade höjdläget på förarsitsen tills ringarna i reflektorsiktet lyste klarröda. Plötsligt var han mitt inne i en strid som kunde bli hans sista. Han hade tur och skulle överleva även denna dag. Istället var det en fiende som fick sätta livet till. Bennions sköt en Bf 109:a i brand och såg den gå i backen.

Löjtnant Lovell, från samma förband, lade sig bakom en annan 109:a och skickade ett antal blyskurar in i den. ”Mitt plan träffades i bägge vingarna”, berättade furir Herbert Tzschoppe, som befann sig i den mottagande änden av Lovells kulbanor. ”Jag ville till varje pris tillbaka till Frankrike. Allt jag kunde tänka på var min fästmö och vårt planerade bröllop i slutet av september. Jag försökte gömma mig i ett moln på 1 500 meters höjd.”

Lovell hängde envist fast i baken på Messerschmittplanet. ”Jag dök efter honom”, rapporterade han, ”och jagade honom in och ut ur molnen. Efter den första salvan strömmade vita ångor ur vänstra vingroten. Två salvor senare fattade han eld.”

Tzschoppe förstod vad klockan var slagen. ”När jag kom ut ur molnet träffades jag för andra gången, så jag fällde kabinhuven och lossade säkerhetsremmarna. De övningar vi gjort i att lämna ett förstört plan räddade mitt liv.”[769] Hans bröllop hade skjutits upp på obestämd framtid.

Löjtnant McPhail ur 603. divisionen hade manövrerat sig in bakom en 109:a som spakades av löjtnant Rudolf Schmidt ur JG53. Han sköt salva på salva efter den virvlande Messerschmitten tills han slutligen träffade. ”Fienden rollade över på rygg med bitar fallande från maskinen”, skrev McPhail i sin rapport. ”Sedan föll den ned i en skog söder om Detling och exploderade.” Schmidt hade hoppat ur planet innan det kraschade, men hade inte samma tur som Tzschoppe. Hans fallskärm vecklade inte ut sig.

Ovanför Tunbridge Wells lade sig löjtnant Deane Nesbitt ur 1. (kanadensiska) divisionen in bakom en 109:a och ”jag avfyrade en lång salva på kort håll”. Nesbitts kulor satte 109:an i lågor. Sekunder därpå träffades hans eget plan av en serie kanonkulor.

”Jag såg ett av Spitfireplanen jaga en Messerschmitt 109”, skrev furir Wilhelm Ghesla, som manövrerat sig in i ryggen på Nesbitt.[770] ”Utan att bli upptäckt placerade jag mig bakom Spitfiren, närmade mig tills jag låg endast 80 meter bakom och öppnade eld. Rök strömmade ur planet och strax därefter hoppade piloten ut.”[771]

Fänrik ”Red” Tobin, en av de frivilliga amerikanska piloterna som flög med 609. divisionen, skulle just till att följa sitt förband i ett anfall mot Lindmayrs Dornierplan, när ett sjätte sinne fick honom att ändra kurs för att kasta en sista blick bakom sig. Alldeles i aktern hade han tre Bf 109 med gulmålade nospartier. I förskräckelsen glömde han alla radiorutiner och samtidigt som han kastade sin Spitfire i en snäv gir för att skaka av sig förföljarna skrek han i strupmikrofonen: ”Fara, röd sektion! Fara! Fara! Fara!” En Spitfire sköts ned och en pilot dödades, men Tobins föraning räddade förbandet från vidare förluster. ”Jag måste ha vrålat så det hördes ända hem till Kansas.”[772]

I en luftstrid av den storlek som utspelades vid middagstid den 15 september upplever varje enskild flygare sitt eget lilla krig, präglat av hans egen skräck, upphetsning och triumfer. Vissa befann sig i stridens mitt under en längre tid, manövrerande tills musklerna värkte av ansträngningen, svetten strömmade utefter kroppen och benen krampade efter ett frenetiskt trampande på roderpedalerna. Andra upplevde ett kort ögonblick av fara, och att himlen sedan plötsligt blev tom på plan. Det sista var just vad som hände James ”Ginger” Lacey. Han hade utkämpat otaliga strider sedan han skjutit ned sitt första fiendeplan ovanför Meuse den 13 maj, och upplevelsen var inte ny för honom. I ena ögonblicket hade han fullt av flygplan runt omkring sig – i nästa inte ett enda. Detta var dock en farlig position för en jaktflygare, så när han såg att ett antal plan närmade sig i fjärran girade han för att sluta sig samman med dessa. Plötsligt gick det upp för honom att planen var 109:or. Lacey och fiendeplanen befann sig på kollisionskurs, så han sköt styrspaken framåt för att dyka under deras blinda punkt. När han passerade under dem insåg han att de inte upptäckt honom och han grep tillfället i flykten. Hastighetsökningen efter dykningen tillät honom att göra en looping som placerade honom uppochnedvänd, bakom och snett ovanför de tolv 109:orna. Han avlossade en kort salva mot en av dem från 150 meters avstånd och såg hur fiendeplanet fattade eld och dök nedåt. När han rollade på rätt köl visade fienden fortfarande inga tecken på att reagera, så han siktade in sig mot ett nytt offer. De tyska planen ökade snabbt avståndet, men Lacey befann sig fortfarande inom skotthåll. Kulsprutorna hamrade på nytt och ytterligare en Messerschmitt lämnade en strimma av rök bakom sig. Plötsligt upptäckte tyskarna vad som pågick. De delade sig rutinmässigt och girade för att skära av Lacey från bägge sidor. Den brittiske piloten dök mot ett närliggande moln. När han kom ut under det var tyskarna försvunna.[773]

Ju fler plan som deltar i en luftstrid, desto mindre blir den procentuella förlusten. Denna ”lag” har sitt ursprung i att piloterna måste tänka mer på att skydda sig själva när många fiendeplan befinner sig nära omkring dem och de får därför mindre tid för offensiv flygning. Trots bataljens omfång sköts därför ett relativt litet antal plan ned – nio jaktplan gick förlorade på bägge sidor. Med tanke på britternas numerära överlägsenhet var det dock märkligt att inte fler av de tyska bombplanen gick förlorade. Många av dem hade fått skador, men de fortsatte hela vägen fram till målområdet, där de fällde sina bomber. Endast ett av dem hade förstörts och detta befann sig fortfarande i luften. Två besättningsmän hade dödats och piloten gav de övriga två order att lämna maskinen. Därefter satte han på autopiloten och hoppade själv. Det faktum att planet var tomt undgick fienden och när den ensamma Dorniern fortsatte på en nordvästlig kurs över London angreps den av ett antal brittiska piloter. Flera av dessa skulle senare rapportera planet som ”sin nedskjutning”.

Den som verkligen satte punkt för Dornierns herrelösa flykt var Holmes från 504. divisionen, men inte på det sätt han först avsett. Han hade redan gjort flera anfall mot tyska bombplan när han såg den ensamma Dorniern nedanför sig. Han dök mot den för att utföra ett frontalanfall, men knappt hade han öppnat eld förrän kulsprutorna tystnade. Ammunitionen var slut och Holmes drabbades av ett kort ögonblicks sinnesförvirring. ”Planet verkade så bräckligt”, sade han, ”och jag såg det inte som någonting solitt och substantiellt. Jag trodde att mitt plan skulle skära rakt igenom det och bortsåg från att det var lika hårt som mitt.”

Hurricaneplanets ena vinge träffade en av Dornierns fenor och tusentals människor nedanför såg hur bombplanets stjärtparti lösgjorde sig från den övriga flygkroppen och hur bägge yttervingarna bröts loss av luftkrafterna. Dorniern började sin sista, tumlande resa mot jorden. Holmes trodde först att hans plan klarat kollisionen, men insåg snart att det inte lydde kontrollerna. Han hoppade ut ur sin dömda Hurricane, men slog högra axeln i stabilisatorn. Stöten var så kraftig att hans arm tillfälligt förlamades och han kunde inte dra i utlösningshandtaget till fallskärmen. Med högerhanden sluten kring ringen drog han därför i högerarmen med vänsterhanden och slutligen, med marken allt närmare, lämnade fallskärmen sin säck och vecklade ut sig med ett ryck så våldsamt att bägge stövlarna flög av fötterna.

Faran var dock inte över med det. Först trodde Holmes att han skulle hamna bland de strömförande kablarna ovanför järnvägsspåren vid Victoria Station, sedan tog vinden tag i honom och han dunsade ned på taket till en högre byggnad i närheten. Han rutschade längs det sluttande taket. ”Jag försökte gripa tag i någonting för att hejda fallet”, skrev han, ”men det var ingen idé; jag gled nedför takpannorna.” Han föll över takkanten, men hade en sista gnutta tur i bagaget.

> Det här är slutet. Efter allt jag varit med om kommer jag att bryta nacken för att jag ramlat ned från ett tak [tänkte jag]. Plötsligt kändes ett fruktansvärt ryck. […] Mitt fall stoppades alldeles ovanför marken. Skärmen hade fastnat i en takränna.[774]

De första människor han stötte på var två flickor som dök upp på bakgården. I sitt upprymda tillstånd, fortfarande med blöta kläder och i strumplästen, kysste han dem bägge, och lyckades sedan övertala en hemvärnsman att eskortera honom till platsen där hans Hurricane kraschat. Snart hade en större folkmassa samlats runt honom och flera klappade honom uppmuntrande i ryggen. Kanske hade deras entusiasm varit mindre om de vetat vad Holmes varit nära att ställa till. När Dorniern bröts sönder hade även dess last av bomber lämnat flygkroppen. Flera av dem hade fallit över Buckingham Palace. Sexton brandbomber samt en större sprängbomb landade på gården. En annan sprängbomb träffade en byggnad och slog igenom flera våningar innan den lade sig att vila i ett av de kungliga badrummen. Brandbomberna släcktes snabbt av personalen på slottet och ingen av de större bomberna exploderade. Lyckligtvis hade kungafamiljen inte varit närvarande under detta tredje "bombanfall" mot Buckingham Palace.[775]

Det var när bombplanen vände tillbaka mot Frankrike som förlusterna kom. Ett kraschlandade vid Sevenoaks, ett annat föll i närheten av Canterbury. Wilhelm Raab, som haft sådan tur vid Kenley en månad tidigare när han undgick den dödliga vajern från PAC-batteriet, hade fått en av sina män dödad och den vänstra motorn hade stannat. Han gav de övriga order att hoppa och följde strax därpå efter själv. Sista etappen av hans fallskärmsfärd hejdades abrupt av ett träd och han fick ta till en hel serie akrobatiska övningar innan han klättrande kunde ta sig de sista tio metrarna ned till engelsk jord. Han kapitulerade till en förbipasserande civilist. Ett femte bombplan kraschade vid Mayfield utan överlevande. Den sjätte och sista Dorniern blev upphunnen av Tony Barton ur 253. divisionen och nedskjuten utanför Herne Bay. Även här dog besättningen.

Så slutade det första anfallet den 15 september. Bomber hade fallit över ett större område, däribland Battersea, Lambeth, Clapham, Victoria, Kensington, Chelsea och Westminster, men effekterna hade varit ringa. De 21 jaktbombarna ur LG2 hade klarat sig igenom oskadda eftersom de brittiska jaktpiloterna betraktat 109:orna som jaktplan och helt enkelt lämnat dem ifred, men inte heller dessa hade lyckats ställa till någon större förstörelse.

När de brittiska jaktplanen kom in för landning såg den väntande flygbaspersonalen de vanliga tecknen på att dessa varit i strid: de röda skyddslapparna över kulsprutemynningarna var bortskjutna, krutränder hade sotat vingarna och det visslade svagt i de tomma vapensystemen. Stelbent klättrade flygarna ur sina maskiner och gratulerade sig själva till en stor seger. Som vanligt trodde man att antalet nedskjutna fiendeplan var betydligt högre än vad som var fallet. Den verkliga ställningen hittills var nio RAF-plan förlorade mot 15 tyska. Medan markpersonalen fyllde ammunition och bränsle i planen åt jaktflygarna en snabb måltid och gjorde sig redo för nästa start.

Det skulle inte dröja länge.

Battle of Britain Day – eftermiddag

Vid Uxbridge släppte spänningen något när de sista klossarna letade sig ut över Kanalen och försvann över Frankrike. Tyskarna hade fått sig en ordentlig omgång. Churchill gratulerade personalen. Efter att ha talat med officerarna gick han nedför trappan till salen där operationskartan och flyglottorna befann sig. Det var ett ögonblick som ingen av dem skulle glömma. Några av flickorna mötte hans blick när han stannade och allvarligt såg på dem; andra, de som var blyga, såg ned i bordet eller låtsades pyssla med sin utrustning. ”Bra gjort”, sade han och de fylldes alla med stolthet.

Men striden var inte över.

Fänrik Tom Neil hade landat sin Hurricane vid North Weald. Luftstriderna hade inte varit så framgångsrika för 249. Divisionen, och stämningen bland de återvändande flygarna var inte lika uppslupen som i operationssalen vid Uxbridge. ”Jag satt på sängkanten och åt”, berättade Neil. ”Var inte speciellt glad. Till slut lade jag mig ned på rygg och somnade med min flytväst fortfarande på.” Det blev ingen lång sömn. ”Jag slets ur den djupaste medvetslöshet av telefonsignalen och ropet att starta. Som en zombie följde jag i kölvattnet på de springande stövlarna.”

Ovanför Calais samlades dagens största tyska formation: över hundra Dornier- och Heinkelbombare uppdelade i fem grupper. Av dessa låg tre i bredd med en front på närmare tio kilometer. De resterande två låg bakom och på flankerna, så att armadan bildade ett enormt uppochnedvänt ”U” när den flög ut över den franska kusten och satte kurs mot England.

Även jaktuppbådet var mer imponerande än det varit under middagsräden. Varje bombformation hade en *Gruppe* om cirka 30 plan som näreskort. Utöver detta låg fem *Gruppen* som fjärreskort runt armadan och ytterligare fem flög frijakt framför och på flankerna. Totalt bestod den tyska styrkan av 475 flygplan, varav 114 var bombplan.

De tyska bombförband som deltog i det andra anfallet hade givetvis inte hört vad som hänt timmarna före och deras tillförsikt var fortfarande stor. "I vårt flygplan rådde totalt lugn", berättade furir Heinrich Kirsch. "Radion var tyst. Våra vapen var osäkrade, våra stålhjälmar på och var man sökte sin egen sektor med blicken. Vi kände oss säkra när vi skyddades av 109:orna."[776]

•

Vid radarstationen i Rye gick Daphne Griffiths av sitt skift för att äta lunch med sina kamrater när flyglarmet ljöd. De övergav måltiden, hämtade sina cyklar och trampade i all hast uppför Rye's Leasam Hill för att beskåda fiendens ankomst. Daphne hade varit en av de allra första som fått känna på *Luftwaffes* bomber vid den tyska offensivens inledning en månad tidigare. Nu stod hon på första parkett och betraktade finalen.[777]

I Uxbridge upprepades scenen från middagstid. Klossarna från det första anfallet hade knappt avlägsnats från kartbordet förrän nya dök upp. Tre av dem visade på stora ansamlingar flygplan och de slöt sig samman ovanför Calais, där även fem mindre observationer gjordes. Park startade först åtta divisioner, därefter allt fler tills inte färre än 21 divisioner var i luften, inalles 276 plan. Taktiken var densamma som tidigare. Några divisioner angrep så snart fienden passerat kusten så att de eskorterande 109:orna skulle göra slut på sitt bränsle. De flesta av försvararna samlades ovanför södra London.

Snart var striderna igång. Kapten Fritz Losigkeit ur Gallands JG26 såg de första brittiska jaktplanen komma dykande.

> Efter att vi passerat kusten kom de brittiska jaktplanen in från hög höjd och mycket snabbt. De bröt sig igenom till Heinkelplanen framför och under oss, för att anfalla den nedre formationen. Under dykningen blev några av Spitfireplanen separerade från de andra. Genom att nyttja fullt gaspådrag lyckades min *Staffel* hinna ikapp dem och jag lade mig i anfallsläge. Jag avfyrade en lång salva, och bitar föll från Spitfirens vingar och flygkropp. Piloten sköt tillbaka huven och kastade sig ur planet.[778]

I takt med att fler och fler brittiska förband lade sig i striden blev 109:ornas uppgift svårare. Trots att de fortfarande hade en relativ övermakt om tre jaktplan mot två, fick de tyska jaktpiloterna kämpa desperat för att försvara sina skyddslingar mot de allt aggressivare brittiska anfallen. Ovanför Tenterden ledde major J. Vick två Hurricanedivisioner i ett frontalangrepp mot KG3. Avsikten var att bryta formationen, men denna gång hände det som bägge sidor fruktade. En av de brittiska piloterna, fänrik Paddy Stephenson, upptäckte att han inte kunde svänga utan att kollidera med en av sina stridskamrater. ”Min Vic hade rört sig för långt framåt och att stiga skulle ha fått mig att slå in i ett plan ur vår ledarformation”, berättade han. ”Det var bättre att kollidera med fiende än vän.”

Ombord en Dornier Do 17 ur KG3 såg furir Horst Schulz hur Hurricaneplanen växte framför honom. ”I nästa ögonblick inträffade en explosion, vartefter delar av plan föll ur skyn som konfetti. Jag visste inte om ett av våra plan kolliderat med en fiende eller om det tagit en direktträff.”[779]

Stephenson hade flugit rakt in i ett av Dornierplanen, men lyckats rädda sig med endast en bruten vrist. Den tyska besättningen var fortfarande ombord sitt plan när det slog i backen nära Kilndown. Fyra minuter senare inträffade en ny kollision. Fänrik Tom Cooper-Slipper märkte att hans plan blivit träffat och endast delvis svarade på kontrollerna. Han var tvungen att överge maskinen och fattade ett beslut som senare i livet fick honom att kallsvettas varje gång han tänkte på det. ”Jag visste att jag skulle bli tvungen att hoppa”, berättade han, ”och beslutade därför att först ramma en Dornier. Jag förvånades över hur liten kraften i sammanstötningen var.”

Kollisionen var dock tillräcklig för att bägge planen skulle tumla ned från himlen och samtliga besättningsmän tog till fallskärmen. För männen i de tyska bombplanen verkade det som om britterna var så desperata att de rammade avsiktligt. Det gjorde striden mycket mer skrämmande. ”Kulspruteeld smattrade på bägge sidor”, skrev Horst Zander, spanare ombord ett bombplan, ”och vid två tillfällen hördes de mest helvetiska smällar. Det sista flygplanet föll i spinn och nedanför oss vecklade flera fallskärmar ut sig.”[780]

Ännu så länge kunde de tyska jaktplanen emellertid hålla de flesta av fienderna borta från bombplanen. Furir Brzezowski ur 303. (polska) divisionen sköts ned ovanför Themsenmynningen och försvann i havet, löjtnant Jebb från 504. divisionen sårades dödligt när han kraschade i närheten av Dartford och löjtnant Peter Peace stupade när han ensam dök igenom en *Staffel* Bf 109 för att göra ett anfall mot en formation bombplan därunder. En som nästan följde Peace och de andra i döden, men hade lyckan på sin sida denna eftermiddag, var furir George Unwin ur 19. divisionen. ”Jag hade tur som klarade mig helskinnad”, skrev han, ”efter att jag till följd av min egen dumhet hade blivit separerad från resten av flottiljen.”

Distraherad av en strid nedanför såg Unwin inte att han var på väg rakt in i en klunga Bf 109.

> I nästa ögonblick blev jag medveten om att vad som verkade vara tusentals gulmålade Messerschmitt visslade förbi och omkring mig inom hundra meters avstånd, så jag drog styrspaken åt mig, gick in i en tvär gir och höll planet i detta läge. [...] Jag [överlevde] detta uppdrag helt enkelt på grund av att Spitfireplanet kunde svänga brantare än Bf 109:an utan att överstegras.[781]

Vid 11. eskaderns högkvarter i Uxbridge hade Park tagit en kalkylerad risk när han startat samtliga divisioner, men han visste att molntäcket var kraftigt ovanför de flesta av hans flygfält. Om tyskarna planerade uppföljningsanfall mot fälten skulle de åtminstone få svårt att hitta målen. Churchill befann sig fortfarande i operationsbunkern och frångick vid ett tillfälle sitt beslut att inte lägga sig i vad som hände. Han hade följt händelseförloppet på operationskartan och genom de tända lamporna på väggen bakom. När samtliga förband var i luften kunde han inte hålla tyst längre. Kanske mindes han ett liknande tillfälle fyra månader tidigare, när han befunnit sig vid utrikesdepartementet på Quai d'Orsay och franska tjänstemän i panik bränt dokument på bakgården nedanför fönstret. Nu ställde han just den fråga till Park som han ställt till Gamelin: "Vilka reserver har vi?"

Park gav premiärministern samma svar som Churchill fått i Frankrike. Det fanns inga reserver. Alla tillgängliga plan befann sig i luften – i kontakt med fienden, på väg mot denne eller i färd att landa. "I en redogörelse som Park skrev efteråt", noterade Churchill, "nämnde han att jag såg allvarlig ut. Det hade jag allt skäl till. Ojämnheten var stor, vår marginal liten, insatsen omätlig."[782]

I luften söder om London utvecklade sig situationen dock till britternas fördel. Efter att ha flugit med full gas ända sedan de passerat kusten började 109:orna få brist på bränsle och deras framgångar mot de lättmanövrerade brittiska jaktplanen lämnade mycket i övrigt att önska. Adolf Galland manövrerade i hela tio minuter innan han slutligen kom i skottläge. Under sig upptäckte han en division Hurricaneplan som ännu inte sett honom.

> Jag dök från ungefär 800 meter ovanför dem, närmade mig med hög hastighet och sköt mot det vänstra planet i den bakre gruppen, fortsatte att skjuta

> tills jag var alldeles intill. Slutligen lämnade stora metalldelar planet. När jag flög förbi det fann jag mig i mitten av en fiendeformation som inom sig flög höjdseparerad. Jag angrep omedelbart det högra planet i den ledande *Ketten*. Metallbitar föll loss; planet riktade nosen nedåt och föll mot jorden i flammor. De resterande brittiska piloterna blev så överraskade att ingen av dem ens försökte komma runt mig. Istället spred sig hela formationen och dök iväg. Två fallskärmar vecklade ut sig 500 meter under oss.[783]

I det senare av de två Hurricaneplanen satt en tjeckisk pilot, furir J. Hubacek. Galland hade placerat sig i sin favoritposition – strax bakom och under, något till vänster. Hubacek såg aldrig vem som sköt ned honom. ”Jag fick intrycket att jag hörde kulspruteeld bakom mig och såg bakåt flera gånger”, berättade han. ”Jag trimmade om flygplanet, men i det ögonblicket blev jag träffad – jag vet inte av vad – förarkabinen fylldes av rök, men jag såg ingen eld. Planet krängde till och föll sedan långsamt in i spinn.”[784]

Hubacek tog till fallskärmen och klarade livhanken. Efter detta anfall var Galland och hans 109:or tvungna att lämna striden om de skulle ha någon chans att ta sig tillbaka till Frankrike innan bränslet tog slut. De var inte ensamma. På instrumentpanelen i Mölders plan lyste varningslampan för bränslet och JG51 styrde kosan hemåt. Kapten Hans von Hahns gulnosade Bf 109:or med den gröna draken målad på motorkåpan gjorde likadant. *Staffel* efter *Staffel* drog sig ur striden och dök mot kusten. Detta ledde till att flera brittiska piloter fick en gratischans att skjuta dem i ryggen. Furir Unwin, som överlevt sitt dumdristiga möte med fienden, tog vara på denna möjlighet. Han upptäckte två Bf 109 på väg tillbaka mot Frankrike med akut bränslebrist.

> Efter en lång jakt hann jag ifatt dem när de korsade kusten vid Lydd, och efter att ha skjutit en lång salva mot det bakre planet fattade detta eld och störtade alldeles utanför kusten. Obegripligt nog gjorde rotechefen inga undanmanövrer och några sekunder senare föll även han i havet.[785]

Medan allt fler eskortplan lämnade dem närmade sig den stora bombarmadan London Docklands. Målen låg i en rad från öst till väst och var desamma som skadats så svårt den 7 september. Först kom Royal Albert Dock och Royal Victoria Dock. De följdes av West India Docks på Isle of Dogs och slutligen Surrey Commercial Docks. Under normala väderförhållanden

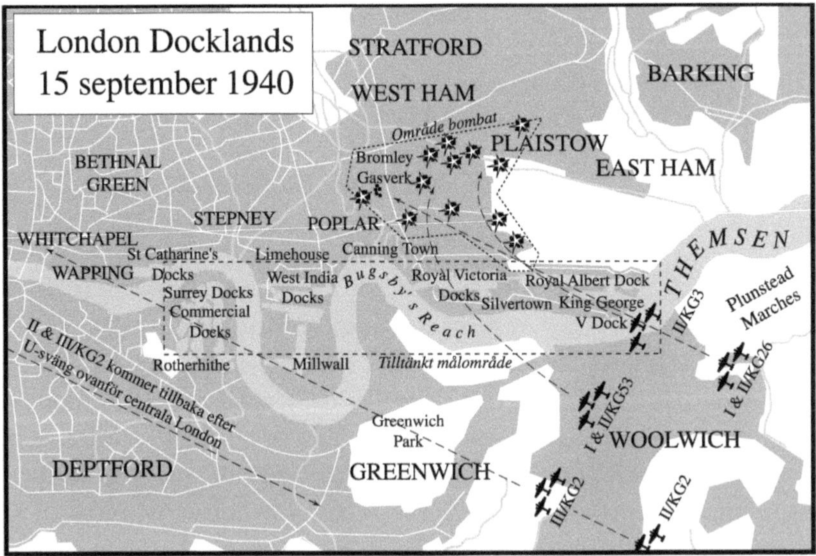

skulle det inte ha varit någon svårighet att träffa dem, men samma molnighet som fått Park att riskera sina flygfält dolde även dockorna. Strax norr om målområdet fanns emellertid en större lucka i molntäcket och bombplanen i den högra delen av grupperingen ändrade därför kurs för att istället fälla sina bomber över West Ham och de gasverk som fanns i det området. Denna gir har gett upphov till myten att de tyska planen vände och flydde i panik och att de fällde sina bomber på måfå, för det var så svängen framstod för de RAF-piloter som befann sig i strid mot dem. I själva verket kunde bombfällarna inte se målen.

Även de vänstra formationerna fick problem att finna hamnområdet. De flög över målområdet, gjorde en halvcirkel och kom tillbaka. Inte heller denna gång kunde de fullfölja sin uppgift utan fällde istället över Bexley, Dartford, Orpington och Crayford i de sydvästra förstäderna.

Under eftermiddagen hade Baders flottilj fått sin startorder för sent och hade inte hunnit nå operativ höjd. Det var ”*Big Wing*” som hade angripits av Galland och hans frijagande Bf 109. Flottiljens inverkan på den senare räden blev därför ringa, men andra divisioner hade desto bättre läge, och under hemflygningen utsattes de tyska bombplanen för nya förluster. Horst Zanders bombplan träffades:

> Varje besättning försökte på egen hand komma bort från England så snabbt som möjligt. Vi dök ut mot kusten. [...] Plötsligt träffades Dorniern av ett kraftigt slag. Lågor blixtrade fram och rök vällde in i kabinen. En iskall vind for in i den sönderskjutna cockpiten. I hytten var allt nedblodat. Vår pilot hade blivit träffad. Jag hörde honom väsa [till en av de andra besättningsmännen] över internkommunikationen: ”Heinz ... du får försöka flyga oss hem...”[786]

Flera av de bombplan som skadats under inflygningen och försökte ta sig tillbaka ensamma sköts ned av de hämndgiriga brittiska flygarna. ”Jag kan inte hålla henne längre”, ropade löjtnant Werner Kittmann när hans Dornier visade tecken på att inte längre lyda kontrollerna. ”Hoppa! Hoppa!” Besättningen lämnade planet och Dorniern störtade mitt bland husen i Chatham.

Ett annat plan anfölls av major John Sample, chefen för 504. divisionen. Samples projektiler splittrade Dornierns plexiglashuv och en av dem fann piloten. Den tyske flygaren, löjtnant Michaelis, hade tur. Kulan bara snuddade vid honom, men träffade en behållare med markeringspulver i hans flygutrustning. Pulvret var avsett att rädda hans liv om han hamnade i Kanalen. Nu ledde det nästan till katastrof, för det träffade pilotens ögon och förblindade honom. Michaelis greps av panik. Han gav besättningen order att lämna planet och trevade sig sedan själv till räddningsluckan. Dorniern gick i backen nära Dartford.

De polska piloterna var om möjligt ännu ivrigare att skjuta ned fienden än britterna. Fänrik Feric föll in bakom en Bf 110 och sköt den i brand på knappt hundra meters avstånd.[787] Urbanowicz hade redan skjutit ned en Dornier när han upptäckte en annan som var på väg att nödlanda. Han tänkte på sitt våldtagna Polen, på alla de släktingar och vänner han lämnat kvar i tyskarnas våld och såg ingen anledning till att den tyska besättningen skulle få leva. Han lade sig snett bakom planet och sköt en salva som splittrade planets förarkabin. Dorniern föll i havet och ytterligare en tysk besättning dog.[788]

Vid 11. eskaderns högkvarter i Uxbridge var spänningen fortfarande stor. Det fanns fortfarande inga reserver och om nya tyska räder flög in skulle södra England ligga oförsvarat. Men gyttret av klossar på operationskartan rörde sig söderut utan att nya dök upp över kontinenten. Strax därpå meddelade 213. divisionen vid Tangmere att den var tankad och klar att starta. På väggen bakom operationsbordet såg Churchill hur dess gröna lampa lyste, och snart följdes den av flera. På flygbaserna i södra England landade jaktplanen och markpersonalen började omedelbart tanka dem och fylla på ny ammunition. Alla piloter var trötta, många utmattade, och ett flertal av deras maskiner så skadade att de måste ses över innan de åter var flygdugliga. Men den omedelbara krisen var över. *Fighter Command* var redo att starta på nytt.

Churchill beslutade att det var dags att fara. Upplevelsen i bunkern hade tagit på hans krafter. När han och hans hustru, Park och några av de andra officerarna kom upp i dagsljuset blåstes faran över.

”Det var bra att ni fick se det här, sir”, sade Park till premiärministern. ”De sista tjugo minuterna blev vi så överhopade med rapporter att vi inte kunde bena ut dem. Det visar att våra nuvarande resurser är otillräckliga.”

Churchill frågade om inte anfallen slagits tillbaka. Park kunde inte svara förrän rapporterna blivit granskade, men det var tydligt att fienden trängt igenom försvaret och nått London. Han var ganska pessimistisk.[789]

Om Park känt till omfattningen av de tyska förlusterna skulle han ha sett ljusare på situationen. I Frankrike landade de tyska bombplanen. Vid Saint-Leger och Cambrai såg markpersonalen hur 33 plan ur KG2 kom tillbaka från England. Tio saknades. Fyra landade med flygkropp och vingar fulla av hål och splittrade plexiglashuvar. De sårade besättningsmännen, nödtorftigt försedda med första förband av sina kamrater i planen, bars snabbt iväg till ambulanserna för att köras till baslasarettet. Därefter lastades de döda ur. Det blev inget av de vanliga hyllningarna till besättningar som återvände från ett lyckat uppdrag. Omfattningen av katastrofen var alldeles för uppenbar. Det var endast marginellt bättre med de övriga förbanden. KG3 och KG53 hade vardera förlorat sex plan och fått fyra skadade. Endast KG26 hade klarat sig relativt väl med ett förlorat och tre skadade, men dess besättningar var inte mindre chockade över RAF:s plötsliga och våldsamma uppvaknande. ”Vi var skakade över det antal jaktplan som RAF kunde få i luften denna dag”, sade löjtnant Roderich Cescotti, pilot på en av KG26:s Heinkelbombare, ”och av beslutsamheten hos dess piloter. Det stod klart att det var vi som höll på att knäckas, inte fienden.” Furir Schulz ur KG3 var av samma uppfattning. ”Till en början var vi för glada att ha överlevt för att tänka mer på saken”, sade han. ”Inte förrän dagen därpå sjönk vetskapen att vi förlorat en tredjedel av vår styrka in. Vi insåg att om det skulle bli fler uppdrag av det slaget skulle våra chanser att överleva vara närmast lika med noll.”[790]

Bortfallet hos jaktförbanden var också kännbart, framför allt hos JG53 som förlorat inte mindre än åtta plan. JG3 och JG27 hade förlorat fem respektive fyra, LG1 (jakt) och LG2 (jakt) tre och två. Mölders *Geschwader* hade förlorat två plan, och endast Gallands och Trautlofts förband hade klarat sig utan förluster.

Inte mindre än 22 tyska bombplan gick förlorade under eftermiddagsstriden, vilket var nära en femtedel av dem som korsat Kanalen några timmar tidigare. Till dessa kunde läggas tolv jaktplan. *Fighter Command* förlorade femton jaktplan.[791] Under den sena eftermiddagen bombade KG55 Portland och 13 plan ur ErprGr210 gjorde en blixträd mot Southampton. Efter den utmattande insatsen i öster lyckades 10. eskadern endast starta en division och denna kom för sent för att stoppa fienden, men bortsett från ett antal civila förluster var skadorna från dessa anfall små.

I England hade paret Churchill återvänt till Chequers där premiärministern tog sin sedvanliga middagslur. Han sov längre än brukligt och inte förrän klockan åtta kallade han på sin privatsekreterare för att få veta resultatet av dagens sammanräkning. Siffrorna var som vanligt mycket överdrivna. Hela 183 tyska plan skulle ha skjutits ned mot en egen förlust av 40. Oavsett om Churchill trodde på siffrorna eller ej stod det klart att RAF vunnit en betydande seger, och han fylldes av ny energi. Natten var redan långt gången när han slutligen lämnade sitt arbetsrum. Utanför dörren stod inspektör Thompson, och premiärministern märkte hur trött denne var. ”Ni är alldeles slutkörd, Thompson”, sade han.

”Ja, det är jag, sir”, erkände polismannen.

I detta ögonblick passerade måhända ett annat minnesintryck genom premiärministerns huvud – bilfärden till amiralitetet efter att han utnämnts till premiärminister. Vid det tillfället hade han sagt till sin livvakt att det kanske redan var för sent. Att Hitler redan vunnit. Så mycket hade hänt sedan dess: katastrofen i Frankrike, Dunkerque, Mers-el-Kébir och månader av bombningar, flygstrider och ovisshet huruvida en invasion stod för dörren. Det måste ha känts som om bilfärden ägt rum i en annan tidsålder.

Men tyskarna hade förslösat tiden och Storbritannien kämpade alltjämt vidare. För många var den 15 september bara ett datum bland andra, ytterligare en dag i ett krig vars utgång var dunkel och oviss. Men kanske anade Churchill något av dess betydelse. Han lade handen på sin trogne följeslagares axel. ”Slutet kommer att visa att det var värt det”, sade han och ledde polismannen genom den svagt upplysta korridoren. ”För vi kommer att vinna det här kriget, vet ni, Thompson – vi kommer att vinna.”

Konklusion

Hitler – Förloraren

Händelserna den 15 september lämnade knappast något utrymme för falska uppfattningar om RAF:s styrka. Hela 60 tyska plan hade förstörts och ytterligare 23 hade skadats. *Fighter Commands* förluster låg på 29 förstörda och 35 skadade plan, även om tyskarna trodde att de skjutit ned betydligt fler.[792] Det stod därför klart för de flesta att det inte var möjligt att förvänta sig luftherravälde inom de närmaste två veckorna, kanske inte någonsin. ”Ovanför målet visade sig fientliga jaktplan i grupperingar upp till 80 plan starka”, stod det att läsa i en pessimistisk *Luftwaffe*-rapport om orsakerna till de höga förlusterna. Samma rapport berättade också om hur det brittiska försvaret ökat sina insatser när de tyska jaktplanen återvände och att britterna lagt patruller vid kusten för att invänta hemvändande bombplan.[793]

Slutsatsen borde ha varit självklar: RAF var långt ifrån besegrat, och den längre anflygningssträckan till London försvagade den tyska jakten. En person vägrade dock att se sanningen i vitögat. Den 16 september hävdade Göring att *Fighter Command* endast hade 300 jaktplan kvar och att knappt två tredjedelar av dessa var operativa.[794] Det var förvisso fler än de 70 han hade angett den 7 september, men långt färre än de 659 plan som stod redo på de brittiska flygfälten.[795] Samma dag sammankallade han sina *Luftflotte*- och *Fliegerkorps*-chefer för en konferens på sitt tåg nära Boulogne. När dessa anlände och fick se sin chefs ansiktsuttryck visste de att någon skulle få sina fiskar varma.

”Jaktflygarna har svikit oss”, sade riksmarskalken och upprepade de tidigare anklagelserna att piloterna inte kämpade tillräckligt väl. Det var samma gamla visa om igen. Medan den brittiska ledningen sökte nå resultat genom att berömma sina piloters insatser och ge dem hjältestatus i den brittiska propagandan, försökte Göring uppnå samma resultat genom klander och förebråelser. Theo Osterkamp, som i vanliga fall var en stillsam man och sällan sade emot någon, kunde inte längre behärska sig. Han bemötte Görings kritik med sakliga argument. Näreskorten förhindrade 109:ornas rörelsefrihet och deras bränsletillgång var för låg. Uppfattningen att RAF bara hade ett hundratal plan kvar var uppenbarligen falsk. Istället var *Fighter Command* fortfarande så starkt att det inte bara kunde möta de tyska angreppen med mindre utfall som tidigare, utan även var i stånd att angripa med formliga flottiljer.

Göring blev allt rödare i ansiktet medan han lyssnade till försvarstalet. ”Så de anfaller oss i horder”, skrek han plötsligt. ”Så bra! Då kan vi skjuta ned dem i horder!”[796] Detta följdes av en serie osammanhängande tirader. Osterkamp brydde sig inte längre om att svara. Det var tydligt att mötet inte tjänade något annat syfte än att finna en syndabock för ett förlorat fälttåg. Han och de övriga representanterna för jaktflyget lyssnade utan att säga någonting när Göring deklarerade att alla uppskattningar av fiendens styrka visade att angreppen måste vidmakthållas. ”Fyra till fem dagar av höga förluster”, sade han slutligen, ”kommer att göra slut på fienden en gång för alla.”[797]

Fyra till fem dagar? Hade de inte hört detta någonstans förut?

Göring lugnade sig något och utfärdade nya direktiv för det fortsatta flygkriget. Större angrepp skulle utföras som tidigare, men endast när vädret var tillräckligt bra. Mindre anfall med enstaka jaktbombare skulle utföras mot London och industrianläggningar dagligen, i syfte att inte ge fienden någon vila. I övrigt skulle nattangreppen mot London fortsätta med ökad styrka.[798] Ingen av dessa åtgärder bidrog med någon lösning på frågan om det allt aktivare *Royal Navy*. Göring hade från början till slut betraktat Slaget om England som en privat affär för sitt *Luftwaffe*. Det tyska flyget hade försökt underkuva Storbritannien ensamt och misslyckats.

”Det fientliga flyget är långt ifrån besegrat”, noterade marinstaben i sin krigsdagbok. ”Tvärtom visar det tydliga tecken på ökad aktivitet.” *Kriegsmarine* klagade över de allt mer kännbara förlusterna som en effekt av RAF:s bombningar, och även armén började märka av detta gissel. Von Brauchitsch hade informerat OKW om att de nattliga räderna mot hamnarna orsakade förluster i manskap och utrustning. Keitel framförde klagomålet till Hitler som omedelbart gav order att trupperna skulle omdisponeras; detta även om effekten blev att den planerade perioden mellan beslut och anfall ökade till fler än tio dagar.[799]

Den 17 september meddelade Hitler att invasionen skulle skjutas upp på obestämd tid. Händelserna den 15 september hade tydligt visat att *Fighter Command* fortfarande kunde bestrida tyskarnas krav på luftherravälde, och väderprognoserna för den närmaste perioden gav inga löften om de förhållanden som *Luftwaffe* behövde för att fortsätta sin offensiv. Det enda vapen som hade kunnat ställas mot den brittiska flottan hade misslyckats. Minfälten, kustartilleriet, ubåtarna och de fåtaliga tyska örlogsfartygen kunde förvisso ha stört eller kanske bromsat *Royal Navy*, men utan flygets hjälp hade de ingen möjlighet att stoppa det.

Hitler satte sitt sista hopp till flygoffensiven mot Londonbefolkningen och närde fortfarande förhoppningar att denna kunde leda till en politisk kollaps i England. Hade han i detta ögonblick kunnat se hur arbetarfamiljerna samlades runt Churchill och kung George VI i East End, hyllade sina ledare och avkrävde löften om vedergällning mot tyska städer, hade även denna hägring bleknat ut i ingenting. Men flygoffensiven skulle fortsätta och förberedelserna för en landstigning skenbarligen upprätthållas, samtidigt som Hitler i allt större utsträckning ägnade sig åt att planera ett anfall mot Sovjetunionen.

När man ställer sig frågan huruvida operation *Seelöwe* var ett verkligt militärt företag eller endast en politisk bluff avsedd att förmå britterna att ge upp utan strid, måste man först spekulera i vilken som var Hitlers målsättning. Eftersom den tyska utrikespolitiken ytterst var en förlängning av den tyske ledarens egen personliga vilja är det omöjligt att med exakthet fastställa vilken denna målsättning kan ha varit. Uppfattningen att han skulle ha haft en strikt plan som dikterade hans aktioner förefaller dock mer eller mindre orimlig. Om så varit fallet skulle det ha resulterat i förteckningar med åtgärder, knutna till fasta tidsangivelser i kronologisk ordning. Några sådana existerade inte. Det enda vi med någorlunda säkerhet kan säga är att han ville återge Tyskland dess storhet och att detta i första hand skulle ske genom territoriell expansion i öst. Hur denna expansion skulle gå till hade han antagligen ingen klar bild av, bara att den på något vis skulle äga rum. Hans tillvägagångssätt blev därför spelarens och han bluffade hem vinster i Rhenlandet, Österrike och Tjeckoslovakien. I Polen blev han synad och Tyskland hamnade i krig med Storbritannien och Frankrike. Detta var ett misstag som bara kunde rättas till genom att de långsiktiga strävandena tillfälligt fick ge vika för de kortsiktiga – att besegra västmakterna på slagfältet så att uppmärksamheten åter kunde riktas österut.

Hitler hade inget intresse av att besegra britterna som han gjort med fransmännen. Istället betraktade han det brittiska imperiet som västcivilisationens hörnsten, ett monument över den anglosachsiska rasens färdigheter såsom statsbyggare. Till sina generaler sade han: ”Om vi krossar England med vapenmakt kommer det brittiska imperiet att falla i bitar. Men detta erbjuder inga fördelar för Tyskland. Vi kommer att gjuta tyskt blod endast till fördel för Japan, Amerika och andra.”[800] När man bedömer *Seelöwe* är det viktigt att komma ihåg att en ockupation av de brittiska öarna inte hade någon attraktionskraft i sig. Det var fred i väst som Hitler eftersträvade och en invasion var helt enkelt ett av de medel som stod honom till buds för att uppnå en sådan. Sålunda föreslog den militära situationen någonting som var motbjudande politiskt.

Åtskilliga historiker har försökt fastställa om Hitler verkligen hade för avsikt att genomföra *Seelöwe* eller om operationen endast var en bluff, men många spekulationer har varit svaga eftersom man försökt fastställa svaret i form av ett *antingen eller*. I själva verket kunde Hitler inte bestämma sig, och svaret blir därför att han stundom var för invasion, stundom emot. Hans förhållande till Storbritannien och *Seelöwe* kan liknas vid en person som försöker ta sig in i ett hus, men finner att dörren slagit sig. Först provar han om den går att öppna på vanligt sätt genom att trycka ned handtaget (den utsträckta handen), sedan genom att trycka den andra handflatan mot dörren och försöka pressa upp den (hot om invasion). Om inte det går stöter han måhända till dörren med axeln eller höften (flygbombningar). Om den fortfarande gör motstånd finns bara en sak kvar: att ta sats och kasta hela sin tyngd mot den (invasion). I detta läge är risken stor att han skadar sig. Hans målsättning är endast att ta sig in i huset och han väljer därför att försöka hitta en annan väg. Frågan om Hitler hade för avsikt att genomföra *Seelöwe* eller ej, är därför detsamma som att fråga sig om denna person verkligen haft för avsikt att kasta sig mot dörren när han först insett att den satt fast. *Seelöwe* var en *möjlig* verklighet ända fram till det ögonblick när Hitler inställde operationen, men endast ett av flera alternativ.

Det går inte heller att isolera frågan om *Seelöwe* från andra, större frågor som måste ha funnits i *Führerns* sinne. Den största frågan Hitler ställde sig efter Frankrikes fall var huruvida han skulle invadera Sovjetunionen före eller efter han tagit hand om det brittiska problemet. *Seelöwes* öde kunde därför avgöras först sedan detta beslut fattats. Vad som utåt tycktes vara obeslutsamhet beträffande landstigningen i England var i än högre grad obeslutsamhet i förhållande till *Barbarossa*.

Redan under sensommaren 1940 verkade Hitler ha lutat starkt åt en aktion i öster 1941, och detta minskade drastiskt *Seelöwes* attraktionskraft. Flera har hävdat att *Barbarossa* var ett försök att besegra Storbritannien genom att slå ut dess sista möjliga bundsförvant i Europa. Detta är rent nonsens och vilar på den gamla föreställningen om tyska aggressionsplaner mot väst. Sovjetunionen var Hitlers *huvudmål* och Storbritannien var endast ett hinder på vägen. Genom att förverkliga huvudmålet trodde han att även det brittiska problemet skulle försvinna. Han var dock medveten om att alla företag i öst skulle kompliceras av ett fortsatt krig mot Storbritannien och gjorde därför vad han kunde för att avsluta det. Han provade olika sätt att besegra Storbritannien, men inget av dem fungerade. Förutsättningarna för en regelrätt invasion av de brittiska öarna hade inte uppfyllts, därför gav han aldrig ordern.

•

En fråga som måste ställas är om det fanns någon reell möjlighet för att *Seelöwe* skulle lyckas. Det är närmast omöjligt att svara på den, men låt oss ändå göra en hypotetiskt övning. Vi har två scenarier: (A) där flygkriget inledningsvis utvecklat sig som historiskt, men där *Luftwaffe* erhållit luftherravälde i början av september; och (B) där flygstriderna fått ett historiskt utfall. I bägge exemplen följs flygslagen av invasionen och vi låter marginalerna utfalla till tysk fördel. *Royal Navy* har 50 örlogsfartyg och den tyska framgången beror på hur många av dessa som kan sänkas eller förhindras att nå invasionsstyrkorna.[801] De tyska motmedlem är mindre örlogsfartyg, fartygsminor, ubåtar, kustartilleri och flyg. Vi utgår också ifrån att sikten är god och sjögången i Kanalen lugn.

Av flygenheterna var det främst Stuka- och Ju 88-förbanden som hade förmåga att bekämpa fientliga örlogsfartyg, och som måttstock använder vi därför *Luftwaffes* försök att förhindra evakueringen vid Dunkerque. Vilka förändringar hade gjorts mellan operation *Dynamo* och det datum då *Seelöwe* skulle ha satts i verket? Vid Dunkerque led *Luftwaffe* fortfarande av sviterna från de många ombaseringarna och flygplanen hade opererat på gränsen till sin räckvidd. Detta förhållande hade givetvis förbättrats inför *Seelöwe*, men vägdes istället upp av det faktum att Stukaförbanden lidit stora förluster under augusti och att många erfarna besättningar därmed saknades. I viss utsträckning kan man ändå säga att tyskarnas slagkraft ökat i och med att de nu hade tillgång till ett större antal Junkers Ju 88. Före *Gelb* hade *Luftwaffe* haft cirka 450 Stuka och Ju 88. Den 13 augusti fanns cirka 650 plan av samma typer.[802] I bägge fallen – framför allt under perioden efter *Adlertag* – skulle förlusterna minska antalet plan och striderna påverka besättningarnas psykiska förmåga, men vi skriver ändå upp *Luftwaffes* numerära styrka med 50 procent.

Vid Dunkerque hade tyskarna inledningsvis koncentrerat sina anfall mot hamnen och de trupper som befann sig i området, och först efter några dagar hade man övergått till att istället angripa evakueringsfartygen. Deras uppmärksamhet hade därför delats mellan två mål. Under *Seelöwe* skulle förhållandet ha varit detsamma, eftersom von Richthofens VIII *Fliegerkorps* hade som sin primära uppgift att understödja de tyska landstigningarna och att bekämpa det brittiska kustförsvaret. Låt oss emellertid, för exemplets skull, döma in de tyska Stukaplanen som fullt tillgängliga och anta att *Luftwaffes* koncentration mot brittiska sjöstridskrafter var 50 procent bättre än den varit i maj. Därmed säger vi att *Luftwaffes* totala slagkraft ökat till det dubbla sedan Dunkerque.

Låt oss sedan gå till de allierade förlusterna vid Dunkerque. Bortfallet av jagare hade varit nio stycken sänkta[803] med ytterligare ett tjugotal skadade av olika anledningar.[804] Detta ger ett allmänt förhållande om en sänkt för varje två skadade. Av de sänkta jagarna hade fem gått förlorade som en effekt av flyganfall, och dessa sänkningar hade inträffat under 29 maj och 1 juni – alltså två dagars flygaktivitet. Övriga dagar var väderförhållandena för dåliga eller så hade de allierade inställt sina operationer med jagare under dagtid. Resultatet blir två och en halv jagare per dag. Om vi sedan tar hänsyn till att *Luftwaffe* inte endast bombade örlogsfartyg utan även i stor utsträckning angrep och sänkte större transportfartyg och andra farkoster måste siffran skrivas upp. Låt oss åter döma in *Luftwaffes* möjligheter med marginal och säga att de skulle ha sänkt tre gånger så många jagare om de endast koncentrerat sig mot denna fartygstyp. För exemplets skull avrundar vi till *Luftwaffes* fördel, det vill säga åtta jagare per dag, och multiplicerar sedan med två för att ta hänsyn till det högre antalet bombplan i september och att samtliga sätts in mot sjömål. Resultatet blir här 16 örlogsfartyg per dag.

Vid denna punkt skall vi sedan betrakta frågan om luftherravälde kontra motstånd. Vid Dunkerque verkade större delen av de allierade fartygsförlusterna ha skett när RAF *inte* befann sig i området, så vi gör ytterligare en generalisering och säger att sannolikheten att förstöra ett allierat fartyg är dubbelt så stor om bombplanen får angripa ostört än om fientlig jakt finns i närheten. *Luftwaffes* insats i exemplet blir därför (om vi avrundar nedåt) att de sänker cirka 20 jagare med luftherravälde (A) och cirka tio vid motstånd (B).

Om vi sedan ser på de övriga möjligheterna att stoppa *Royal Navy* finner vi de tio tyska jagare och 20 torpedbåtar som skulle sättas in i västra änden av Kanalen och där möta 18 brittiska jagare, tre kryssare och ett slagskepp samt en stor mängd torpedbåtar och andra mindre farkoster. Eftersom britterna vid detta tillfälle skulle ha varit fullt beredda – invasionsflottorna från Nederländerna skulle ha siktats redan under eftermiddagen före D-dagen – skall vi inte ge dessa tyska sjöstridskrafter någon större chans att hejda utvecklingen, utan endast att fördröja den. Än mindre möjligheter hade de små tyska ytstridskrafterna i den östra delen av Kanalen.

Kustartilleriets möjligheter var tämligen begränsade. Under hela kriget skulle endast ett fartyg sänkas som effekt av tyskt kustartilleri vid Pas de Calais. Ubåtarna var inte heller något starkt kort. Deras insats under fälttåget i Norge hade slutat i fiasko, främst sedan det visat sig att deras torpeder inte fungerat. Detta förhållande hade inte rättats till fem månader senare och normalt är jagaren farligare för ubåten än tvärtom. Ubåtsinsatsen skulle ha tvingat britterna till vaksamhet och vissa försvarsinsatser, men resulterat i ytterst få sänkningar av brittiska örlogsfartyg.

Minorna, slutligen, kunde ha tagit en kännbar tull av de brittiska fartygen. I samtliga andra fall skulle en hög hastighet hos fartyget ha varit ett skydd, men när det kom till minorna var det tvärtom. Det skulle finnas små möjligheter att hålla rännorna helt fria från minor – även om svepning skulle ha ägt rum under dygnen före D-dagen – och *Royal Navy* fick chansa på att storma rakt igenom fälten. Det är ofrånkomligt att vissa fartyg skulle ha gått förlorade. Hur många vore upp till fru Fortuna och magister Slump. Kanske kan vi räkna bort ytterligare 15 brittiska örlogsfartyg ur den första anfallsvågen som en total effekt av tyska ytstridskrafter, kustartilleri, ubåtar och minor.

Så här långt i exemplet kommer vi fram till att tyskarna skulle ha stoppat 35 av de brittiska örlogsfartygen om *Luftwaffe* hade haft ordentligt luftherravälde och 25 om RAF fortfarande bestridit luftrummet. Resultatet blir ändå att *Royal Navy* kunde anfalla den så gott som oskyddade invasionsflottan med antingen 15 eller 25 örlogsfartyg. Här invänder kanske någon att ett stort antal jagare även skadats vid Dunkerque och att så skulle ske även under *Seelöwe*, men skadade betydde inte utslagna, endast att de behövde repareras, och det tillfälliga bortfallet genom skador uppvägs av det faktum att flera av de jagare som teoretiskt skulle gå förlorade i samband med *Seelöwe* även skulle hinna med en stridsinsats innan de slogs ut.

Vi har räknat med ett antal omständigheter som i de flesta fall talar till tyskarnas fördel, framför allt givit *Luftwaffe* långt större marginal än det antagligen skulle ha haft. Vad händer då om vi tillför omständigheter som skulle ha verkat till tysk *nackdel*: besvärlig sjögång i Kanalen som skulle ha orsakat invasionsflottan olyckor, felnavigeringar och allvarliga förseningar; hög molnighet med låg molnbas vilket skulle ha försvårat flyginsatser mot sjömål; det faktum att de brittiska örlogsfartygen kunde hålla högre hastighet i Kanalen än vid Dunkerque och därmed var mindre sårbara för flygangrepp; att *Luftwaffe* saknade bomber som kunde penetrera däcken på de brittiska slagskeppen; och – framför allt – *Royal Navys* möjlighet att anfalla delar av invasionsflottan redan under natten innan flygstridskrafterna kunde operera? Med tanke på invasionsflottans sårbarhet, nödvändigheten att den seglade koncentrerat och det minutiösa tyska tidschemat för att bäst nyttja tidvattenförhållandena i Kanalen, behövde *Royal Navy* inte sänka transportfartygen. Allt som krävdes var att skingra dem för att invasionen skulle vara omöjlig att genomföra. General Pelz, *Luftwaffes* störtbombsspecialist, hävdade att det tyska flyget inte ens med de bästa förutsättningar skulle ha haft någon chans att hindra den brittiska marinen från att stoppa de tyska invasionsstyrkorna.[805]

Om *Seelöwe* kunde ha lyckats får läsaren själv bedöma, men det är min åsikt att sannolikheten för dess framgång var försvinnande liten utan luftherravälde och att denna sannolikhet skulle ha ökat till endast en tveksam möjlighet även om *Luftwaffe* kontrollerat lufthavet. Hitler verkade ha varit av samma åsikt. Några veckor efter beslutet att uppskjuta *Seelöwe* träffade han Mussolini och förklarade hur han uppfattade dilemmat Storbritannien och varför han inte genomfört invasionen. ”Tyskland befinner sig i en position inte olikt en man som har endast ett skott kvar i sitt gevär”, sade han. ”Om han skjuter och missar, är situationen mycket värre än den var innan.” Om *Seelöwe* satts i verket och misslyckats, menade Hitler, skulle så mycket materiel ha gått förlorad att Storbritannien skulle ha vetat att hon inte behövde frukta ett andra försök. Hon skulle då vara fri att sätta in sina styrkor varsomhelst där de kunde inverka negativt för Tyskland eller Italien. *Royal Navy* skulle öka sin närvaro i Medelhavet, och de brittiska jagare som låg i invasionsberedskap kunde förstärka eskorten av atlantkonvojerna. Brittiska flyg- och marktrupper kunde skickas till Nordafrika. Eftersom hotet om invasion fortfarande förelåg, skulle britterna tvingas behålla starka stridskrafter från samtliga försvarsgrenar i England.[806]

Hitler trodde att han skulle kunna kontrollera den eldsvåda han startat när han gick in i Polen. Det hade visat sig felaktigt, och den brann fortfarande. I desperation slängde han mer bränsle på lågorna och startade istället en jättelik brandhärd som till slut skulle förgöra honom själv. I slutet av 1940 tog han det avgörande steget. ”De väpnade tyska styrkorna måste vara beredda, även före ett avgörande mot England”, inleddes hans direktiv 21 av den 18 december, ”att krossa Sovjetunionen i ett snabbt krig.” De sovjetiska styrkorna skulle nedkämpas på några få månader. Därefter skulle en invasion åter övervägas om Storbritannien fortfarande inte tagit reson. Som vi alla vet skulle Stalins arméer klara utmaningen, och med Hitlers ödesdigra beslut var Slaget om England avgjort. Invasionen hade skjutits upp – i teorin på obestämd tid, men i praktiken för alltid. Storbritannien hade överlevt. Sommar blev till höst och höst blev till vinter, sedan sommar och vinter igen. De tyska soldater som en gång spanat mot den engelska sydkusten med förväntningar om att avsluta det lysande segertåget i väst, skulle gradvis mista hoppet och istället börja undra när den brittiska armén, snart i sällskap av den amerikanska, skulle komma tillbaka för att göra upp räkningen från 1940. Flygkriget över England fortsatte i ytterligare sex veckor efter den 15 september, med flera större sammandrabbningar, men det låg inte längre i linje med någon verklig målsättning och det övergick i nattoffensiver som inte heller tjänade något syfte.

Det första slaget om Västeuropa var över.

Segrarna – Dowding

Trots att Göring misslyckats med sin uppgift att förstöra det brittiska jaktförsvaret tilläts han kasta skulden på sina jaktflygare. Men Dowding, den man som ytterst låg bakom RAF:s seger, fick lämna sin post som chef för *Fighter Command*. Newall hade redan entledigats som flygstabschef i början av oktober och ersatts av sir Charles Portal. Den 13 november kallades Dowding till flygdepartementet där Sinclair förklarade sin önskan att segraren i slaget om England begav sig till USA för att övervaka inköpen av flygplan och beväpning. När Dowding frågade om han skulle återvända till sin post som chef för *Fighter Command* efter att ha avslutat detta uppdrag, svarade Sinclair att han ämnade ge posten till Sholto Douglas.[807]

Churchill var emot att Dowding entledigades, men under påverkan av allt fler krav gav han med sig. En månad senare fick även Park gå, eftersom man ansåg att han inte skulle kunna samarbeta med Douglas. Parks jobb som chef för 11. eskadern togs över av Leigh-Mallory.

Dowdings avsked verkställdes utan några som helst erkännanden eller hedersbetygelser, vilket var olyckligt. Det var en stor personlig orättvisa och skapade en bitterhet som förföljde Dowding under resten av hans liv. Det blev ännu värre när flygdepartementet publicerade en skrivelse om slaget. Den framställdes som en hyllning till de brittiska jaktflygarna och en beskrivning av Slaget om England som det fortfarande uppfattades 1941, men var ytterst en propagandaskrift med den amerikanska allmänheten som måltavla. Detta skulle ha varit ett lämpligt tillfälle att ge Dowding lite av det erkännande han borde ha fått redan tidigare. Istället valde flygdepartementet att inte nämna hans namn överhuvudtaget. När Churchill fick höra talas om saken sade han att det var som att skriva en redogörelse för Slaget vid Nilen utan att nämna lord Nelson. När Dowding senare – årtionden senare – fick sin upprättelse i historieskrivningen, låg dessa orättvisor till grund för den personkult som nästan martyrförklarade honom och gav honom rätt i allt medan hans meningsmotståndare ansågs ha fel i allt. Framför allt Leigh-Mallory och Bader hängdes ut som skurkar i dramat. Bortsett från Sholto Douglas, klarade sig de som verkligen låg bakom Dowdings avsked undan historiens dom.

Ändå fanns det naturliga orsaker till att Dowding fick gå under dessa förnedrande omständigheter. Det första var att hans öde hade framtvingats som resultat av ett politisk intrigerande där majoriteten av flygstaben önskat hans avgång. Det var därför svårt att ge honom erkännande för hans insatser samtidigt som man anfört kritik för att säkra hans avgång. Det andra skälet var att det vid tidpunkten inte alls stod klart huruvida slaget om England verkligen var avslutat och inte endast framflyttat till våren 1941. Eftersom man i Storbritannien inte kunde förutse att Hitler skulle vända sig mot Sovjetunionen, antog man att flygkriget och invasionsförberedelserna skulle återupptas under våren. Det var därför för tidigt att utlysa en segrare, och skiftet mellan Dowding och Douglas uppfattades mer som ett spelarbyte i halvtid. När Hitlers trupper korsade den ryska gränsen och därmed minskade risken för en invasion av England avsevärt, hade frågan om Dowdings roll 1940 redan hamnat i bakgrunden. Kriget pågick fortfarande och viktigare saker stod på dagordningen.

I det tredje fallet, flygdepartementets propagandahyllning till RAF, borde Dowdings namn ha nämnts i texten, åtminstone i egenskap av chef för *Fighter Command*. Försummelsen att göra detta kan inte ursäktas. Däremot skulle det ha varit svårt att ge honom äran för hans verkliga bedrift – att han aktivt stödde forskningen kring radarn och att han sedan inlemmade denna i det stridsledningssystem som mer än något annat blev avgörande under Slaget om England. Radarn var fortfarande hemlig, och med tanke på hyllningens stora spridning – över två miljoner exemplar trycktes, varav en betydande del såldes i USA – var det självklart att några skulle hamna i tyska händer. Ledningssystemet beskrevs därför ganska ingående, men RDF nämndes inte. Istället hävdade man att observationer av fientliga flygstyrkor endast gjordes av *Observer Corps*.[808] Det var därför inte möjligt att berömma Dowding för ett system som existerat redan under första världskriget, utan att också förklara vilka innovationer han bidragit till.

Att Dowding var den som främst bidrog till RAF:s seger i slaget om England står utom allt tvivel och det är så han bör bli ihågkommen. *Luftwaffe* inledde slaget om England med en överlägsen stridsteknik och med bättre utbildade flygare. Det hade emellertid en stor svaghet när det kom till radiokommunikation. Mot detta stod *Fighter Commands* hypermoderna stridsledningssystem, framtaget just för den typ av slag som kom att utkämpas, och som varit i bruk sedan många år. På detta område var det *Luftwaffe* som klampade in som amatörer och RAF som stred professionellt. Utan RDF och Dowdings stridsledningssystem skulle *Luftwaffe* troligtvis ha tagit kontrollen ovanför södra England. Hitler skulle fortfarande ha haft mycket svårt att besegra Storbritannien genom invasion, men hur landet stått emot politiskt är en annan fråga.

När Dowding fått sitt besked om avsked tog han farväl av sin personal. ”Jag antar att ni vet att jag fått gå”, sade han enkelt. ”Jag tackar för den tid som varit.”

Den sista morgonen hade han gjort allting klart för att lämna över, när Sholto Douglas kom in på hans kontor. Dowding ville inte tala med honom, utan hälsade helt enkelt ”God morgon”, reste sig från sitt skrivbord och lämnade Bentley Priory för alltid.

Segrarna – Churchill

Vi har nu endast en person kvar innan vi avslutar denna bok. Av alla de allierade politiker som på ett eller annat sätt deltog i det stora dramat 1940 hade ingen större inverkan på utgången än sir Winston Churchill. När han stått i underhuset och sagt att Storbritannien aldrig skulle kapitulera, kunde han lika gärna ha sagt att det var han själv som aldrig skulle ge upp; vilket han heller aldrig gjorde. Oavsett om kampen stod mot Hitler eller mot de krafter inom de egna leden som ville få till stånd en dialog med fienden så vek han aldrig en tum. Churchills ”bulldogs-anda” och hans till synes fanatiska vilja att till varje pris slå tillbaka, var den första riktigt betydelsefulla faktorn i de allierades seger över axelmakterna.

Eftersom Hitlers strategi mot Storbritannien mellan juli och september 1940 var splittrad i två separata delar – militär uppladdning med en regelrätt invasion som följd, samt *hot* om invasion förstärkt av såväl varning för terrorbombningar som förverkligande av desamma – tvingades också Churchill att utkämpa två krig. Det första av dessa – låt oss kalla det *det militära kriget* – var risken för invasion och ytterst en kamp mellan *Royal Navy* och *Kriegsmarine* med *Luftwaffe* och RAF i understödjande roller. Churchill var säker på att vinna denna strid, framför allt sedan han tillfogat den franska flottan dess nederlag vid Mers-el-Kébir. Det är belysande att notera hur Raeders och Churchills inställning till förutsättningarna för en framgångsrik invasion i mångt och mycket sammanföll. Raeder var chef för *Kriegsmarine*; Churchill hade varit marinminister både under förra kriget och under månaderna före sitt tillträde som premiärminister. Bägge var väl insatta i marina göromål och förstod att *Kriegsmarines* underlägsenhet gav Tyskland ytterst små möjligheter att gå iland i England. Detta utnyttjade Churchill med god effekt. Samtidigt som han privat uttryckte åsikten att någon invasion aldrig skulle bli verklighet, åtminstone inte 1940, varnade han offentligt för en överhängande risk – en såväl medveten som skicklig politisk taktik.

Churchill hade haft tur i oturen under maj månad. Han hade tagit över premiäministerposten vid sämsta möjliga tillfälle, och under den första veckan av sitt ämbete hade han fått en militär katastrof i famnen. Pound hade trott att det skulle gå att rädda ungefär 30 000 soldater från Dunkerque. Churchill hade varit aningen mer optimistisk och gissat på 45 000. Till sina åhörare i kabinettet hade han sagt att 100 000 evakuerade soldater skulle vara magnifikt, men Gorts beslut att varken lyssna på sin regering eller de franska generaler han hade över sig, räddade inte mindre än en kvarts miljon man. Om dessa tagits till fånga skulle Halifax position för dialog med Tyskland ha stärkts avsevärt, sannolikt i avgörande utsträckning. Men den brittiska armén överlevde och Churchill kunde i sitt tal den 4 juni säga att man inte vann krig genom evakueringar, men att ”det fanns en seger i denna räddning”. En militär katastrof hade förvandlats till en politisk vinst.

Om Churchills politiska framgång i och med Dunkerque uppstått som en effekt av Gorts och Hitlers handlingar var hans triumfer under slaget om England resultatet av en medveten strategi. Det som främst hindrade tyskarna från att invadera England var den brittiska flottan. Om inte *Royal Navy* funnits hade den tyska armén kunnat gå iland närhelst den önskat, även under dåliga väderförhållanden. Det var i luften som de synliga striderna utkämpades, men i själva verket ägde den verkliga kraftmätningen kring invasionen rum *i* Kanalen och inte ovanför den. Denna tysta kamp vann *Royal Navy* genom sin fortsatta existens, och tyskarna hade få medel att påverka utfallet.

Detta var Churchills militära krig. Han förstod att risken för invasion var minimal, men istället för att försöka överföra något av sin egen tillförsikt på allmänheten sade han att risken för invasion var överhängande och att det i stor utsträckning hängde på RAF om den skulle kunna undvikas. Det var en listig taktik, för oavsett hur flygstriderna utvecklade sig, skulle det se ut som en brittisk seger när invasionen uteblev. När vecka efter vecka förflöt och BBC rapporterade ”uppblåsta” brittiska segersiffror, förleddes allmänheten i uppfattningen att RAF var den försvarsgren som skulle rädda England från det öde som drabbat så många andra länder. Därmed använde Churchill utfallet i sitt militära krig mot Hitler – det mellan *Royal Navy* och *Kriegsmarine* – som ett medel att nå framgång även i *det politiska kriget*.

RAF:s verkliga roll var i själva verket mer knuten till detta andra krig – kampen för att hindra Hitler att få till stånd en moralisk kollaps i Storbritannien. Här spelade flyget en avgörande roll. Det var inte så mycket dess reella kapacitet som avgjorde, utan föreställningen om vad flyg kunde vara kapabelt till. Utöver ett militärt vapen var flyget 1940 i stor utsträckning en politisk faktor. Det var ett arv från mellankrigstidens domedagsprofeter med Douhet i spetsen och det var ett arv från Hitlers bluff om *Luftwaffes* styrka. Om och om igen har vi sett exempel på hur de politiska beslutsfattarna påverkas av sin överdrivna tro på flygets betydelse. När Reynaud lämnade sitt nödrop till Churchill i mitten av maj, ansåg han att det i första hand var Stukabombarna som låg bakom de tyska framgångarna, inte soldater och stridsvagnar, och kravet på brittiska jaktplan ledde till den första sprickan i den fransk-brittiska alliansen; när Göring fick veta att BEF var instängd med ryggen mot Kanalen trodde han att *Luftwaffe* ensamt kunde nedkämpa fickan, och han övertygade Hitler att stoppa pansaret, vilket i förlängningen ledde till att BEF kunde evakueras; när CSC lämnat sin *British Strategy in a certain Eventuality* till krigskabinettet konstaterade de att Storbritannien kunde hålla ut så länge *Luftwaffe* inte fick luftherravälde. Listan kan göras längre, och ändå – även om flyget givetvis hade en avsevärd inverkan – var det i huvudsak soldater, kanoner och stridsvagnar som avgjort kriget i Frankrike; *Seelöwes* öde beseglades främst av brittiska örlogsfartyg.

I takt med att Göring från den 7 september och framåt successivt ökade terrorinslaget i sina anfall, var en av förhoppningarna att detta skulle ge Storbritannien en sådan chock att deras förmåga till motstånd bröts ned moraliskt. Inom det tyska utrikesdepartementet ansåg man att räderna mot East End skulle driva den fattiga Londonbefolkningen in över gränsen till de välbärgades områden och att det brittiska etablissemanget skulle tvinga regeringen att sluta fred för att undvika en social revolution.[809] Angreppen fick aldrig denna effekt. Snarare förstärktes den brittiska arbetarklassens övertygelse att striden mot det nazistiska Tyskland måste föras till ett framgångsrikt slut.

I ett avseende kunde terrorbombning av England dock ha lett till ett positivt utfall för Tyskland, och detta var om det satts igång omedelbart. Under *Dynamo* och under den närmaste tiden efter evakueringen lyckades Churchill undvika kravet på dialog med Tyskland. Detta berodde i stor utsträckning på det stöd han fick av Chamberlain. Huruvida detta stöd skulle bestå berodde helt och hållet på hur den närmaste tidens händelser utvecklade sig. Om Storbritannien kunde överleva det kommande angreppet var det värt att fortsätta kriget, ansåg Chamberlain, annars ville han undvika onödig blodsutgjutelse. Denna uppfattning delades inte av Halifax. Utrikesministern hade på intet sätt övergivit sin åsikt att Storbritannien borde öppna dialog med Tyskland, någonting som incidenten med undersekreterare Butler visade. När Churchill och hans utrikesminister hade haft sina meningsutbyten under de kritiska dagar när utgången av *Dynamo* fortfarande var osäker, hade Halifax sagt att ”fiendens framgång beror på om han träffar våra flygplansfabriker eller ej” (återigen flyget) och att han själv var beredd att ta denna kamp endast om Storbritanniens självständighet stod på spel. Om man betänker Hitlers inställning till britterna kan vi sluta oss till att denna självständighet på intet sätt var hotad, men eftersom Churchill avvisat de franska kraven på medling i maj och därefter envist vägrade att tala med Hitler, var detta förhållande fortfarande okänt i Storbritannien. Churchills vägran att förhöra sig om de tyska fredsvillkoren berodde troligen inte på förvissningen att de var oacceptabla, utan snarare misstanken att de i själva verket var *för* acceptabla. Vad som skulle ha hänt om Halifax och inte Churchill varit premiärminister är var mans gissning, men min personliga uppfattning är att de västallierade aldrig kom så nära att förlora kriget som under den sista veckan i maj 1940. Den avgörande striden utkämpades i lika hög grad inom det brittiska krigskabinettet som på Dunkerques stränder. Neville Chamberlain blev tungan på vågen.

Nu var det inte Halifax utan Churchill som var landets ledare, och flera faktorer arbetade till den senares fördel. En av dessa var *tiden*. Hade Hitler gjort någonting offensivt redan i juni i samband med chocken efter nederlaget i Frankrike skulle Storbritanniens motståndsvilja ha varit betydligt sämre. Istället var det Churchill som agerade när han angrep *la Flotte Française* i Mers-el-Kébir och lät *Royal Navy* döda dubbelt så många franska sjömän under tio minuter som *Luftwaffe* skulle döda brittiska piloter under hela Slaget om England. Hitlers inaktivitet mellan Frankrikes fall och mötet med greve Ciano den 7 juli har i första hand setts som en ödesdiger tidsförlust för operation *Seelöwe*, men mer avgörande var att Churchill fick tid att stärka sin politiska position gentemot Halifax.

En annan betydelsefull faktor, kanske den mest avgörande, var flygkriget ovanför södra England. När Hitler och Göring skickade in sina flygarmador i kostsamma dagsljusangrepp mot södra England, gjorde de i själva verket Churchill en stor tjänst. Om Hitler istället satsat tidigt på terroridén och givit Göring order att sätta in sina bombstyrkor i nattanfall mot brittiska industri- och befolkningscentra redan i juni, samtidigt som han hotade med invasion och samlade sina styrkor i Kanalhamnarna, hade han haft betydligt bättre förutsättningar att vinna det politiska kriget. Detta kunde ha kombinerats med de angrepp mot brittiska sjöleder som Jodl föreslagit i sin *Det fortsatta kriget mot England*. Om denna blandning av hot och destruktion även hade beledsagats av en offentlig deklaration att Hitler inte hade för avsikt att bära hand på Storbritanniens självbestämmande, skulle effekten ha blivit än större. Beträffade *Luftwaffe*s möjligheter att anfalla omedelbart fanns det få tekniska problem. De tyska bombplanen – behjälpta av *Knickebein* och *X-Gerät* – kunde i många fall flyga från befintliga baser och behövde inte vänta på att jaktförbanden installerade sig vid de erövrade franska baserna vid Kanalkusten. I England skulle de civila dödssiffrorna långsamt men obevekligt öka, och bortom horisonten skulle invasionsspöket lura. Halifax skulle ha fått bränsle för sina argument om medling och hade kanske vunnit tillbaka Chamberlain och därmed det konservativa partiet på sin sida. Eftersom RAF inte hade några effektiva medel för att möta nattanfall, och efter all den kritik *Fighter Command* fått utstå i samband med evakueringen från kontinenten, skulle Churchills största politiska framgång, underbyggd av de brittiska jaktflygarnas bedrifter under Slaget om England, i mångt och mycket ha uteblivit. Därmed är inte sagt att terrorbombning är ett bra medel att betvinga en fiende. Det är tvärtom ett av de sämre alternativen, någonting som tyskarna observerat redan i Spanien, skulle få erfara under *Blitzen* och som även de allierade skulle lära sig efter att ha fällt över 2,5 miljoner ton bomber över tyska mål före krigsslutet. Men när Hitler väl valt att spela ut detta kort, borde han ha inlett dessa bombningar omedelbart istället för att vänta tills den första chocken efter Frankrikes fall lagt sig.

Som det nu var valde Hitler att först vara passiv, sedan tillåta mindre flyginsatser över Kanalen och något senare kraftigare angrepp mot brittiska flygfält och flygindustrier. Det sista kortet sparade han ända till början av september och när det väl sattes in, påskyndat av flygtaktiska hänsynstaganden, delades det upp i ett flertal, endast gradvis eskalerande faser. Resultatet blev att RAF fick chansen att möta och besegra varje försök ett i taget och att britternas tilltro till RAF steg för varje vecka medan deras fruktan för *Luftwaffe* minskade. Av samma anledning minskade även rädslan för invasion. Eftersom Hitler aldrig lyckades göra klart för britterna hur lindriga hans fredsvillkor skulle vara, kombinerades deras ökade tillförsikt med övertygelsen att en kapitulation skulle medföra oanade fasor. Slutresultatet av Slaget om England var ett *Luftwaffe* som aldrig skulle återhämta sig och ett Storbritannien som fixerats i sin motståndsvilja.

En sista fördel med tidig nattbombning, vore att *Luftwaffe* aldrig hade behövt åderlåtas på det sätt som skedde historiskt. Inte heller hade den påverkat förutsättningarna för *Seelöwe* i nämnvärd utsträckning.[810] Om England stått emot politiskt och Hitler ändå beslutat sig för att inställa invasionen skulle det tyska flyget fortfarande ha varit relativt intakt. Istället hade det blivit utsatt för ett slag det aldrig skulle hämta sig ifrån. Det brittiska jaktflyget hade däremot gått styrkt ur kraftmätningen.[811]

Allteftersom kriget fortgick skulle tusentals och åter tusentals nya tyska flygplan tillverkas och nya piloter utbildas, men många veteraner från Spanien, Polen och Frankrike gick förlorade under Slaget om England och denna förlust skulle för alltid påverka *Luftwaffes* förmåga att föra krig i luften.[812]

Innan vi avslutar reflektionen kring Churchills politiska krig, bör vi kort dröja vid tyskarnas omsvängning till angrepp mot den engelska huvudstaden. Ytterligare en av dessa envisa myter vill göra gällande att skiftet av mål från *Fighter Commands* flygfält till London var ett tyskt misstag som räddade det brittiska jaktflyget. Ibland går den så långt som att föreslå att samma misstag räddade själva Storbritannien. Detta är som vanligt överdrifter. Återigen måste vi betrakta påståendet utifrån två perspektiv. I vilken utsträckning påverkade skiftet möjligheterna för *Seelöwe* och hur påverkade det möjligheterna att få till stånd en politisk kollaps?

Låt oss börja med det förstnämnda perspektivet och implikationen att Storbritannien skulle ha fallit militärt om *Luftwaffe* slagit ut *Fighter Command*. Detta påstående kan utan vidare avfärdas. Vi behöver knappast upprepa att det främst var *Royal Navy* som måste besegras för att *Seelöwe* skulle ha någon möjlighet att lyckas. Detta kunde svårligen åstadkommas genom angrepp mot brittiska flygfält. Även om RAF reducerats – eller till och med förintats – skulle detta endast ha *förbättrat* den tyska marinens möjligheter att korsa Kanalen. Oddsen för en framgångsrik tysk invasion skulle fortfarande ha varit långt sämre än sannolikheten för ett misslyckande.

Om vi betraktar påståendet att skiftet av mål skulle ha räddat *Fighter Command*, är även detta svårt att tro. För det första har vi det faktum att det brittiska jaktflyget mer eller mindre bibehöll sin styrka om 600–700 plan under hela slaget, medan *Luftwaffes* stadigt minskade. Även under den mest kritiska perioden mellan 24 augusti och 6 september, sjönk *Fighter Commands* styrka endast från 740 till 694 plan i tjänst.[813] Förvisso blev den brittiska tillgången på välutbildade piloter allt lägre, och reserverna av nytillverkade och reparerade plan minskade, men detta gällde även tyskarna. Om det tog *Luftwaffe* två veckor att sänka *Fighter Commands* operativa styrka med sex procent, hur lång tid skulle det då ta att eliminera den helt?

Varken anfall mot flygfält eller radarstationer kunde, som vi tidigare sett, föra *Luftwaffe* närmare målet. Här måste vi också ta hänsyn till att Dowding troligtvis inte hade låtit sitt jaktflyg förstöras, utan att han helt enkelt skulle ha flyttat även 11. eskaderns förband norr om Themsen om trycket blivit för hårt. Därifrån kunde de med god effekt ha skyddat London och hade även, om än i mindre skala, kunnat operera ovanför Kanalen i händelse av invasion.[814] *Luftwaffes* möjligheter att utöka offensiven till att även omfatta flygfält och andra installationer norr om Themsen hade varit närmast obefintliga. RAF befann sig därmed i positionen att kunna reglera sina egna förluster, medan tyskarna inte kunde tillfoga fienden de förluster de ansåg nödvändiga för sina syften.[815]

Om vi istället synar bombningen av London utifrån det rena terrorperspektivet, blir bilden något annorlunda. Detta var trots allt det scenario som Churchill främst oroade sig för, därför är det förhastat att döma ut det som ett misstag. Eftersom bombningen av London knappast försämrade utsikterna för *Seelöwe* mer än marginellt var det – sett strikt utifrån Hitlers perspektiv – ändå värt att *försöka*. Att skiftet av mål taktiskt försköt styrkeförhållandet till RAF:s fördel och att den tyska jakten försvagades i och med den längre flygsträckan är uppenbart. Här måste vi emellertid erinra oss att tyskarnas bild av *Fighter Commands* numerär var starkt förvrängd av underrättelsetjänstens felbedömningar. Om Dowding haft endast ett hundratal plan kvar, hade 109:orna troligtvis fått övertaget och de tyska bombplansförlusterna hade minskat radikalt.

Misstaget i fallet London låg inte i att anfallen genomfördes överhuvudtaget, utan i det faktum att de inte inletts långt tidigare. Häri ligger Hitlers egentliga felsteg och häri ligger också den viktigaste faktorn bakom segern i Churchills politiska krig. De tre månaderna mellan Frankrikes fall och tyskarnas offensiv mot London gav Churchill tid att konsolidera sin politiska position och sedan gå segrande ur det enda krig som Hitler hade någon möjlighet att vinna. Under denna period stärkte den brittiske premiärministern i stor utsträckning allmänhetens, men främst etablissemangets och den politiska toppens motståndsvilja på ett avgörande sätt. ”Miraklet vid Dunkerque” räddade armén och innebar därmed en möjlighet att fortsätta kriget; tragedin vid Mers-el-Kébir visade världen att Storbritannien inte bara kunde, utan även skulle fortsätta kampen. Slaget om England, slutligen, visade att tyskarna kunde besegras. De tyska vapnen hade många lysande segrar framför sig – Grekland, Nordafrika, inledningsfasen av Barbarossa – men den tidigare förtrollningen hade brutits. Det är främst på detta sätt som de brittiska flygarnas uppoffringar mellan juli och september 1940 hade effekt på krigsutgången och inte, som oftast påståtts, för att de förhindrade invasionen.

Churchills huvudsakliga vapen under Slaget om England hade varit *Fighter Command*, och ytterst var det Dowding som givit honom detta vapen. Dowding störtades av dem som inte ville ha honom kvar, men Churchill skulle förbli Storbritanniens ledare kriget ut och möta många utmaningar på vägen. Hans största och avgörande bedrift låg emellertid i att han lyckades besegra oppositionen inom krigskabinettet och hålla samman landet under den svåra sommaren 1940. Österrike och Tjeckoslovakien hade besegrats med politiska medel; Polen, Skandinavien, Beneluxländerna och Frankrike med militära. Mot Storbritannien med Churchill vid rodret fungerade ingetdera. Många strider väntade ännu, de flesta långt mer omfattande och förlustbringande än de som utkämpats 1940. Detta år fick Churchills motstånd emellertid den tyske *Führern* att marschera österut utan att ha löst det brittiska problemet: en marsch från vilken det inte skulle finnas någon återvändo.

Om inte britterna hållit ut 1940 så skulle Västeuropa ha blivit antingen nazistiskt eller kommunistiskt beroende på utgången av den stora striden i öst. Men Storbritannien klarade provet. Sovjetunionens inträde i kriget skulle leda till Tysklands fall; den brittisk-amerikanska närvaron i Västeuropa 1944-45 till att Stalin hejdades vid Elbe. Danmark och Norge, Nederländerna, Belgien och Frankrike skulle återfå sin självständighet och alla krigshändelser i Västeuropa, från 1941 fram till vapenstilleståndet 1945, skulle påverkas av faktorer som på ett eller annat sätt kunde härledas tillbaka till Dowding, Churchill och sommaren 1940.

Det var inte året när tyskarna förlorade kriget.

Inte heller året då de vacklade.

Men det var utan tvekan året när de inte segrade.

Noter

1 Vid denna tid bestod en brittisk *Squadron* som regel av tolv plan och var uppdelad i *A-* och *B-Flight* om sex plan vardera. En *Flight* splittrades till två *Sections* om tre plan vardera. Den sista var RAF:s minsta enhet, till skillnad mot *Luftwaffe* som hade sin *Rotte* (två plan). När begreppet "sektion" eller *Kette* används i texten indikerar detta en sammanslagning av tre plan, medan "rote" eller *Rotte* innebär två.
2 Hough & Richards, s. 13–14.
3 Hough & Richards, s. 26.
4 Price, Alfred, *The Hardest Day*, s. 41.
5 Hough & Richards, s. 53–54.
6 Zetterling, s. 98.
7 Hough & Richards, s. 56–57.
8 Collier, Basil, s. 69–70.
9 Deighton, *Fighter*, s. 56.
10 Deighton, *Fighter*, s. 56–58.
11 Delve, Ken, *The Skies over England*, s. 7.
12 Hough & Richards, s. 77–79.
13 Hough & Richards, s. 31–32.
14 Hough & Richards, s. 32.
15 Murray, s. 15–19.
16 Murray, s. 26.
17 Murray, s. 27–28.
18 Zetterling, s. 101.
19 Spick, s. 11.
20 Balke, s. 400–405.
21 Murray, s. 38.
22 Murray, s. 38.
23 Deighton, *Fighter*, s. 29.
24 Military History with Robert W. Martin, Internet.
25 Williamson, s. 127
26 Townsend-Bickers, s. 59.
27 Price, *Luftwaffe Handbook*, s. 13.
28 Bergström, s. 182–183.
29 Murray, s. 61–62.

30 Corum, s. 274.
31 Corum, s. 274.
32 Earl F. Ziemke, *Departement of the Army Pamphlet*, # 20–271, s. 55–56.
33 I Storbritannien officiell position som tillsätts av partiet. Skall hålla reda på parlamentsledamöterna eftersom dessa sitter på egna personliga mandat från den egna valkretsen.
34 Calder, s. 79–83.
35 Lawlor, s. 33.
36 Calder, s. 83–84.
37 Tute, s. 29.
38 Armén, flyget och marinen saknade ett koordinerande överbefäl. De tre försvarsgrenarna sorterade direkt under krigsdepartementet.
39 Gelb, s. 57–59.
40 Benoist-Méchin, s. 66.
41 Doughty, s. 42–43.
42 Benoist-Méchin, s. 65.
43 Warlimont, s. 86.
44 Steinhilper, s. 210–211.
45 Lukacs, *Duellen*, s. 12.
46 Gelb, s. 62.
47 Deighton, *Blitzkrieg*, s. 272.
48 Lee, s. 84.
49 Goutard, s. 109.
50 Deighton, *Blitzkrieg*, s. 133–134.
51 Deighton, *Blitzkrieg*, s. 134–135.
52 Shepperd, s. 29.
53 Gelb, s. 68–69.
54 Lukacs, *Duellen*, s. 18.
55 Calder, s. 84.
56 Lukacs, *Five Days in London*, s. 6.
57 Richards, s. 108–109.
58 Mason, s. 110.
59 Cull, Lander & Weiss, s. 7.
60 Detta var endast en del av det totala antalet stridsflygplan som fanns tillgängliga i Frankrike – enligt Guy la Chambre, den franske flygministern, hade det franska flygvapnet 3 289 stridsflygplan, varav 2 122 jaktplan – men fransmännens flygenheter befann sig i en transformeringsfas mellan gammal och ny utrustning och det är möjligt att Guy la Chambres siffror inkluderar både nytillskott och överskott. Dessutom befann sig ett antal av planen i kolonierna, vilket ytterligare reducerar det totala antalet (Deighton, *Blitzkrieg*, s. 354 och Murray, s. 71–72).
61 *Armée de l'Air*; Order of Battle, 10th May 1940 (ursprunglig källa: *L'Aviation Française, 10 mai 1940*, Christian-Jacques Ehrengardt, *Aéro Journal magazine* n.1 Spécial, Juillet 1997), Internet.
62 Belgien hade importerat ca 20 Hurricaneplan från Storbritannien och byggt 20 under licens. Ytterligare fyra hade nödlandat på belgisk mark. De brittiska piloterna

hade internerats och deras maskiner inlemmats i det belgiska arméflyget. Endast elva var operativa den 10 maj.

63 Cull, Lander & Weiss, s. 8.
64 Royal Dutch Army Order of Battle May 10th, 1940, Internet.
65 Cull, Lander & Weiss, s. 9.
66 Murray, s. 77.
67 Cull, Lander & Weiss, s. 11–13.
68 Salmaggi & Pallavisini, s. 49.
69 Cull, Lander & Weiss, s. 35.
70 Adams, s. 13.
71 Cull, Lander & Weiss, s. 22.
72 Franks, Norman, *Valiant Wings*, s. 69.
73 Deighton, *Blitzkrieg*, s. 355.
74 Bingham, s. 49–50.
75 3, 79. och 501. divisionerna.
76 Hough & Richards, s. 84.
77 Inte mindre än 234 tyska flygplan förstördes – 11 jaktplan, 87 bombplan, 125 transportplan och 11 spaningsplan (Bingham, s. 222–223). Av dessa hade 35 (samtliga var bombplan) skjutits ned eller skadats svårt av brittiska jaktplan ur AASF och ACFF, som endast hade förlorat sju plan. De brittiska bombförband som opererat över Frankrike hade lidit desto värre förluster, med 31 förlorade bombplan (Bingham, s. 203–204). *Luftwaffe* sade sig ha skjutit ned 64 allierade plan den 10 maj, varav merparten kom från de holländska, belgiska och franska flygvapnen (Cull, Lander & Weiss, s. 52–53).
78 Steinhilper, s. 236.
79 Boiten, s. 39.
80 Franks, Norman, *Valiant Wings*, s. 92–97.
81 Holmes, s. 30.
82 Franks, Norman, *Valiant Wings*, s. 108.
83 Franks, Norman, *Valiant Wings*, s. 109.
84 Cull, Lander & Weiss, s. 83.
85 Bingham, s. 62.
86 Deighton, *Blitzkrieg*, s. 318–319.
87 Franks, Norman, *Valiant Wings*, s. 112.
88 Franks, Norman, *Valiant Wings*, s. 112.
89 Franks, Norman, *Valiant Wings*, s. 114–115.
90 Clayton tvingades nödlanda och Inner-Jones kunde flyttas från planet först sedan man slagit sig in till honom med yxor. Han fördes till lasarettet och skulle senare bli helt återställd, men 18 besättningsmän och sex maskiner hade gått förlorade. Även 15. bombdivisionen hade anfallit broarna med samma nedslående resultat och förlorat fyra plan.
91 Adams, s. 15.
92 Galland (1955), s. 44–45.
93 Cull, Lander & Weiss, s. 84–85.
94 Bergström, s. 83.
95 Weal, s. 45.

96 Holmes, s. 37.
97 Cull, Lander & Weiss, s. 106.
98 Goutard, s. 111.
99 Deighton, *Blitzkrieg*, s. 276.
100 Goutard, s. 129–130.
101 Shepperd, s. 43.
102 Eftersom Stukaplanet var mycket långsamt när det störtdök mot sitt mål hade det ansetts sårbart för luftvärnseld från marken. I avsikt att skrämma de fientliga pjäsbesättningarna hade planet försetts med dyksirener.
103 Bekker, s. 118.
104 Goutard, s. 133 (ursprungligen taget ur general Edmund Rubys *Sedan, terre d'épreuve*).
105 Richards, s. 119.
106 Boiten, s. 46.
107 Deighton, *Blitzkrieg*, s. 320.
108 Bekker, s. 119.
109 Doughty, s. 270.
110 Shepperd, s. 65.
111 Franks, Norman, *Valiant Wings*, s. 133.
112 Doughty, s. 270.
113 Cull, Lander & Weiss, s. 126.
114 Franks, Norman, *Valiant Wings*, s. 136.
115 Under denna strid förlorade StG77 sex av sina plan ovanför Sedan, I/JG53 fyra och StG76 två med ytterligare två skadade.
116 Weal, s. 46.
117 Cull, Lander & Weiss, s. 129.
118 Franks, Norman, *Valiant Wings*, s. 139–141.
119 Goutard, s. 145.
120 Cull, Lander & Weiss, s. 130–133.
121 De allierade hade flugit i runda tal 250 jaktuppdrag denna dag och förlorat 27 Hurricaneplan. Tyskarna flög 814 stridsuppdrag (Shepperd, s. 65), sade sig ha skjutit ned 89 allierade flygplan (Caldwell, s. 21) och endast förlorat sju Bf 109 och två Bf 110 i strid mot britterna (Cull, Lander & Weiss, s. 135).
122 Franks, Norman, *Valiant Wings*, s. 144.
123 Bekker, s. 111.
124 Bekker, s. 111.
125 Deighton, *Blitzkrieg*, s. 265–266.
126 Woodward, s. 43–44.
127 Gelb, s. 91–92.
128 När de tyska jaktplanen flög fyra uppdrag i snitt per dag och Stukabombarna till och med fler, flög franska jaktplan 0.9 uppdrag i snitt och franska bombplan 0.25. Även vid ett jämnt styrkeförhållande skulle detta ha inneburit att fyra tyska bombplan befann sig i luften för varje franskt jaktplan och 16 tyska jaktplan för varje franskt bombplan. Med tanke på att tyskarna snabbare sköt ned allierade bombplan än den allierade jakten sköt ned tyska, blev situationen allt ojämnare.

129 Hough & Richards, s. 90.
130 Clayton & Craig, s. 32.
131 Denna begäran hade officiellt lämnats till London kvällen innan, nu riktades den direkt till Churchill.
132 Churchill, s. 54–55.
133 Förstärkningen överfördes ej i form av hela förband; piloterna och planen kom från en mängd olika divisioner, vilka fortfarande var kvar i England.
134 Deighton, *Fighter*, s. 62.
135 Hough & Richards, s. 87.
136 Wright, s. 104.
137 Parkinson, *Peace for our time*, s. 350.
138 Hough & Richards, s. 87.
139 Parkinson, *Peace for our time*, s. 350.
140 Benoist-Méchin, s. 97–98.
141 Gelb, s. 95.
142 *Chiefs of Staff Committee* hade bildats 1923 och bestod av cheferna för de tre vapengrenarna, vilka bar kollektivt ansvar för samtliga försvarsfrågor. CSC sorterade direkt under krigskabinettet.
143 Parkinson, *Peace for our time*, s. 351.
144 Dessa grupper kom från 56., 111., 145., 213., 229., 242., 245., 253. och 601. divisionerna.
145 Hough & Richards, s. 87.
146 Franks, Norman, *Air Battle Dunkirk*, s. 11.
147 Franks, Norman, *Air Battle Dunkirk*, s. 12.
148 Lukacs, *Duellen*, s. 98–99
149 Churchill, s. 57–60.
150 Benoist-Méchin, s. 107–108.
151 Middlebrook & Everitt, s. 43.
152 Det sammanlagda resultatet av denna räd var att en tysk mejerist dödades och två andra personer skadats.
153 Benoist-Méchin, s. 108.
154 Hough & Richards, s. 88.
155 Distinguished Service Order.
156 Macksey, *Guderian – Panzer General*, s. 112.
157 Benoist-Méchin, s. 112.
158 Burdick & Jacobsen, s. 148–149.
159 von Manstein, s. 129.
160 Benoist-Méchin, s. 110.
161 Macksey, *Guderian – Panzer General*, s. 114.
162 Gelb, s. 105.
163 Benoist-Méchin, s. 118.
164 Mombeek, Smith & Creek, s. 361.
165 Mombeek, Smith & Creek, s. 370.
166 Bingham, s. 82.

167 Franks, Norman, *Valiant Wings*, s. 157–158.
168 Bingham, s. 79.
169 Richards, s. 127.
170 Franks, Norman, *Valiant Wings*, s. 154–155.
171 Den 11 mars hade Delap och hans besättning blivit de första flygare under andra världskriget som sänkt en tysk ubåt.
172 Cull, Lander & Weiss, s. 178.
173 Antalet Bf 109:or har ibland angivits som 15, men de var bara sex.
174 Franks, Norman, *Valiant Wings*, s. 165.
175 Price, *Sky Battles*, s. 32.
176 Franks, Norman, *Valiant Wings*, s. 164.
177 Price, *Sky Battles*, s. 32–33.
178 Franks, Norman, *Valiant Wings*, s. 163.
179 Hastings, Max, *Bomber Command*, s. 70–71.
180 Bingham, s. 75.
181 Corum, s. 277–278.
182 Mombeek, Smith & Creek, s. 361.
183 Mombeek, Smith & Creek, s. 358.
184 Cull, Lander & Weiss, s. 251.
185 Richey, s. 179.
186 Clayton & Craig, s. 36.
187 Cull, Lander & Weiss, s. 163.
188 Cull, Lander & Weiss, s. 125.
189 Cull, Lander & Weiss, s. 143.
190 Richey, s. 199–203.
191 Richards, s. 126.
192 Holmes, s. 46.
193 Under de tio dagar som gått sedan den tyska invasionen hade 55 brittiska jaktpiloter dödats, 23 sårats i strid eller skadats i samband med start- eller landningar och 13 tagits till fånga av tyskarna (Franks, L. R., s. 18–27). RAF hade förlorat 75 jaktplan i strid. Ytterligare 109 hade skadats i luften, förstörts på marken eller måste av ett eller annat skäl lämnas kvar i Frankrike. Endast 66 av de ursprungliga 261 Hurricane-planen lämnade kontinenten för att deltaga i det kommande flygkriget över södra England (Hough & Richards, s. 88–89 samt Deighton, *Fighter*, s. 64).
194 Gelb, s. 107.
195 Ellis, s. 83–84.
196 Ellis, s. 81.
197 Ellis, s. 87–88.
198 Young, Desmond, *Rommel*, Lars Hökerbergs Bokförlag, 1950, s. 70.
199 Benoist-Méchin, s. 128.
200 Benoist-Méchin, s. 129.
201 Gelb, s. 115–116.
202 Benoist-Méchin, s. 129.
203 Kieser, s. 87.

204 Kieser, s. 82–83.
205 Kieser, s. 83–84.
206 Kieser, s. 85–86.
207 Wheatley, s. 9.
208 Fleming, s. 38.
209 Rich, s. 159.
210 Gelb, s. 116.
211 Benoist-Méchin, s. 135.
212 Ellis, s. 111.
213 Gelb, s. 117.
214 Ellis, s. 112–113.
215 Deere, s. 51–52.
216 Franks, Norman, *Air Battle Dunkirk*, s. 20.
217 Deere, s. 52–53.
218 Deere, s. 53.
219 Benoist-Méchin, s. 146–147.
220 Benoist-Méchin, s. 147–148.
221 Benoist-Méchin, s. 149–150.
222 Lukacs, *Five Days in London*, s. 86–87.
223 Benoist-Méchin, s. 154.
224 Lukacs, *Five Days in London*, s. 87–88.
225 Benoist-Méchin, s. 156.
226 Lukacs, *Duellen*, s. 88.
227 Gates, s. 146.
228 Liddel Hart, Basil, *The other side of the Hill*, s. 192–193.
229 Warlimont, s. 98.
230 Benoist-Méchin, s. 144.
231 Warlimont, s. 99.
232 Liddel Hart, s. 200–201.
233 Guderian, Heinz, *Panzer Leader*, Futura Ltd, 1981, s. 117.
234 Wilson, s. 33–34.
235 Burdick & Jacobsen, s. 165.
236 Bekker, s. 124–127. von Richthofen var inte den ende flyggeneral som var konfunderad. I *Luftflotte* 2:s högkvarter hade även Kesselring sina dubier. Han hade följt det utmärkta samarbetet mellan flyg- och markstyrkor med belåtenhet. Nu när fienden i norr var så nära att besegras skulle hans flygförband göra jobbet på egen hand. ”Jag blev så mycket mer förvånad när mina förband utvaldes att tillintetgöra resterna av den brittiska expeditionskåren mer eller mindre utan hjälp från armén. [Göring] måste ha varit tillräckligt medveten om den effekt som tre veckors oavbrutet fälttåg hade på mina flygare, för att inte beordra en operation som knappast kunde ha utförts av utvilade styrkor. Jag uttryckte mycket tydligt denna åsikt till Göring. [...] Flygmarskalk Jeschonnek erkände att han höll med, men att Göring av någon obegriplig anledning hade vädjat till *Führern* att få radera ut britterna med sitt flygvapen. Det är lättare att ursäkta Hitler för att han accepterade, med så många operativa göromål i tankarna, än Göring för att

han lämnade detta orealistiska erbjudande (Kesselring, s. 60). ”Som det skulle visa sig under det ryska fälttåget”, anmärkte von Manstein senare, ”hade Hitler en viss instinkt när det gällde operativa problem, men han saknade den omsorgsfulla träningen hos en militär befälhavare (von Manstein, 1987, s. 125).

237 Woodward, s. 48–51.
238 Bungay, s. 11.
239 Lukacs, *Five Days in London*, s. 91–94.
240 Lukacs, *Five Days in London*, s. 108–110.
241 Lukacs, *Five Days in London*, s. 113.
242 Benoist-Méchin, s. 164.
243 Parkinson, *Peace for our time*, s. 364.
244 Gates, s. 147.
245 Parkinson, *Peace for our time*, s. 365.
246 Lukacs, *Five Days in London*, s. 116.
247 Lukacs, *Five Days in London*, s. 118.
248 Gelb, s. 146–147.
249 Clayton & Craig, s. 76–77.
250 Hough, s. 25.
251 Gelb, s. 155.
252 Wilson, s. 163.
253 Smith, Peter, s. 31–32.
254 *Stories from the beaches*, BBC News Online, Internet.
255 Benoist-Méchin, s. 169–170.
256 Gelb, s. 195–196.
257 Smith, Peter, s. 32.
258 Lukacs, *Five Days in London*, s. 147–148.
259 Clayton & Craig, s. 107.
260 Lukacs, *Five Days in London*, s. 150.
261 Clayton & Craig, s. 107.
262 Lukacs, *Five Days in London*, s. 151.
263 Lukacs, *Five Days in London*, s. 153.
264 Clayton & Craig, s. 108.
265 Lukacs, *Five Days in London*, s. 177.
266 Clayton & Craig, s. 116–117.
267 Lukacs, *Duellen*, s. 146.
268 Lukacs, *Five Days in London*, s. 182.
269 Sir Oswald Mosley – ledare för det brittiska fascistpartiet, BUF (*British Union of Fascists*).
270 Lukacs, *Duellen*, s. 147. I originaltexten är formuleringen i dåtid. Detta har här ändrats till nutid för att bättre passa sammanhanget.
271 Clayton & Craig, s. 117–118.
272 Lukacs, *Five Days in London*, s. 185.
273 Gelb, s. 164.
274 Hough & Richards, s. 93.
275 När ett stridande flygförband utför, till exempel, ett bombuppdrag, delas detta in i

fyra faser: anflygning (mot målområdet), inflygning (sista sträckan omedelbart före fällning), utflygning (sträcka kort efter fällning) samt hemflygning.

276 Franks, Norman, *Air Battle Dunkirk*, s. 57–58.

277 Deere, s. 63–74.

278 Bara under den 27 maj ådrog sig II *Fliegerkorps* högre förluster än under hela det franska fälttåget dittills (Murray, s. 75). KG2 förlorade elva Do 17 samma dag, och en av dess officerare sade att de brittiska jaktflygarna ”anföll med ett ursinne som vore de vettvillingar” (Hough & Richards, s. 93).

279 Robinson, s. 135–136.

280 Franks, Norman, *Air Battle Dunkirk*, s. 45–46.

281 Bartley, s. 11–12.

282 Franks, L. R., s. 32–33.

283 Caldwell. 24.

284 Franks, Norman, *Air Battle Dunkirk*, s. 79–80.

285 Franks, Norman, *Air Battle Dunkirk*, s. 85–86.

286 Townsend-Bickers, s. 186.

287 Brickhill, s. 172–173.

288 Steinhilper & Osborne, s. 244, 251.

289 Ursprungligen fiskebåt för drivgarnsfiske, som konverterats för militärt bruk.

290 Gelb, s. 214.

291 Gelb, s. 216–217.

292 *Stories from the beaches*, BBC News Online, Internet.

293 *Stories from the beaches*, BBC News Online, Internet.

294 Clayton & Craig, s. 90.

295 Young, s. 60.

296 Gelb, s. 240.

297 Gelb, s. 248–249.

298 Kieser, s. 63.

299 Burdick, s. 172.

300 Wheatley, s. 15.

301 Wheatley, s. 19–20.

302 Wheatley, s. 21.

303 Kieser, s. 88.

304 Benoist-Méchin, s. 203–204.

305 Benoist-Méchin, s. 208–209.

306 Gelb, s. 265–268.

307 Clayton & Craig, s. 134–135.

308 Brown, s. 33.

309 Smith, s. 33.

310 Clayton & Craig, s. 137.

311 *One boy's horrifying mission*, BBC News Online, Internet.

312 Gelb, s. 292–293.

313 Nicolson, Nigel, ”Alex”, (hämtat ur: Hastings, Max (ed.), *The Oxford Book of Military Anecdotes*, Oxford University Press, 1985, s. 401.

314 Hough, s. 27.
315 Gelb, s. 311.
316 Lukacs, Five Days in London, s. 175.
317 Kesselring, s. 59–60.
318 *One boy's terrifying mission*, BBC News Online, Internet.
319 Clayton & Craig, s. 115.
320 Murray, s. 75.
321 Spick, s. 37.
322 Clayton & Craig, s. 144.
323 Hough & Richards, s. 63.
324 Lawlor, s. 49.
325 Gates, s. 162–165.
326 Gates, s. 168.
327 Bungay, s. 102.
328 Lee, s. 86.
329 Gretzyngier & Matusiak, s. 19.
330 Bergström, s. 66–68.
331 Galland, s. 50–51.
332 Spick, s. 42.
333 Galland, s. 51.
334 Spick, s. 40.
335 Spick, s. 40–41.
336 Caldwell. 27.
337 Gates, s. 172–176.
338 Tute, s. 33.
339 Parkinson, *Blood, Toil, Tears and Sweat*, s. 28.
340 Gates, s. 176.
341 Parkinson, *Blood, Toil, Tears and Sweat*, s. 30.
342 Gates, s. 184–185.
343 Churchill, s. 177–178.
344 Churchill, Reynaud, Baudouin och de Gaulle.
345 Gates, s. 192.
346 Woodward, s. 61.
347 Både de Gaulle och Baudouin nämner detta, men det finns varken i Churchills memoarer eller några andra brittiska dokument.
348 Parkinson, *Blood, Toil, Tears and Sweat*, s. 32–33.
349 Young, s. 63.
350 Parkinson, *Blood, Toil, Tears and Sweat*, s. 37.
351 Den 103. bombdivisionen hade förlorat nästan alla sina piloter. För 12. bombdivisionen var det ännu värre. Över 70 besättningsmän hade gått förlorade sedan den 10 maj. Luckorna fylldes av ersättningspersonal från England, men innan divisionen lämnade Frankrike hade den omsatts två gånger. (Macmillan, s. 119–120.)
352 Franks, Norman, *Valiant Wings*, s. 247–248.
353 Franks, Norman, *Valiant Wings*, s. 250–251.

354 Både Hewson och Kitto lyckades ta sig tillbaka till England. Utteridge överlevde, men togs till fånga av tyskarna.
355 Hastings, 1981, s. 74.
356 Bingham, s. 133.
357 Bingham, s. 135.
358 Clayton & Craig, s. 162.
359 Dessa var 19. och 74 divisionerna (Spitfire), samt 23. och 29. divisionerna (Blenheim).
360 Det är troligt att även Malans första anfall var en nedskjutning, för ett tyskt bombplan störtade i närheten av Cork Sand, utan att någon annan gjort anspråk på nedskjutningen.
361 Delve, *Nightfighter*, s. 57–59.
362 Delve, *Nightfighter*, s. 72.
363 Dessa bestod både av trupper som befunnit sig söder om det tyska genombrottet i maj och nyanlända enheter.
364 Gates, s. 207.
365 Vid denna tidpunkt fick Pétain och Weygand allt större stöd av Pierre Laval, en socialist som varit fransk premiärminister 1931–32 och sedan 1935–36. Laval var en stark faktor i riktning mot senare franskt samarbete med Nazityskland, men även om hans inflytande under perioden som beskrivs påverkade i riktning mot vapenvila, har jag belutat att inte göra någon mer ingående beskrivning av hans aktiviteter. På samma sätt har även Loyd George ”strukits” ur den brittiska politiken.
366 Woodward, s. 65.
367 Gates, s. 228–231.
368 Benoist-Méchin, s. 365–367.
369 Ordet ”annullera” istället för ”fördröja” tillkom under brådskan att översätta dokumentet.
370 Gates, s. 232.
371 Gates, s. 234–238.
372 Parkinson, *Blood, Toil, Tears and Sweat*, s. 43.
373 Tute, s. 47.
374 I de flesta fall har ingen åtskillnad gjorts mellan ”slagskepp” och ”slagkryssare” i texten. Båda kallas ”slagskepp”.
375 *Impero* och *Roma* skulle aldrig bli operativa, men 1940 framstod de ur brittisk synvinkel som ett påtagligt hot.
376 Gates, s. 257–258.
377 Clayton & Craig, s. 70.
378 Gates, s. 248–249.
379 Gates, s. 251.
380 Gates, s. 256–258.
381 Parkinson, *Blood, Toil, Tears and Sweat*, s. 47.
382 Gates, s. 268.
383 Bullock, s. 559–560.
384 Shirer, s. 144.
385 ”Den franska krigsflottan – med undantag för den del som lämnas till den franska reger-

ingen för skydd av franska intressen i dess koloniala imperium – kommer att samlas i specifierade hamnar och där avmobiliseras och avväpnas under tysk och italiensk kontroll. Vilka hamnar som avses kommer att vara beroende av fartygens fredstida hemmabaser. Den tyska regeringen försäkrar den franska regeringen att den inte har för avsikt att använda franska fartyg stationerade i ockuperade hamnar annat än för kustbevakning och minsvepning. Den försäkrar vidare ... att den inte har för avsikt att framställa krav på den franska krigsflottan vid den tidpunkt då fred slutes" (Gates, s. 278–279).

386 Bullock, s. 558–559.

387 Benoist-Méchin, s. 439.

388 Gates, s. 287.

389 Fransk ambassadör i Tyskland 1931–38.

390 Gates, s. 290–291.

391 Shirer, s. 147.

392 Parkinson, *Blood, Toil, Tears and Sweat*, s. 54–55.

393 Gates, s. 334. (Den franska marinen skulle ej få sända i kod när vapenstilleståndet trätt i kraft.)

394 Gates, s. 343.

395 Tute, s. 51.

396 Benoist-Méchin, s. 466.

397 Parkinson, *Blood, Toil, Tears and Sweat*, s. 58–59.

398 "Om vapenstilleståndskommissionen vars uppgift det är att tolka [vapenstillestånds]-texten beslutar annorlunda än i paragraf 1., i det ögonblick detta nya beslut verkställts, och utan vidare order, skall örlogsfartyg antingen segla till Förenta staterna eller borras i sank om de inte på annat vis kan undslippa fienden. De får under inga omständigheter överlämnas intakta till fienden."

399 Gates, s. 348.

400 Roskill, s. 240–241.

401 Parkinson, *Blood, Toil, Tears and Sweat*, s. 63–64.

402 Parkinson, *Blood, Toil, Tears and Sweat*, s. 64–65.

403 Gates, s. 349–350.

404 Parkinson, *Blood, Toil, Tears and Sweat*, s. 66.

405 Tute, s. 56–58.

406 (A) Segla med oss och fortsätt kampen för seger över tyskarna och italienarna. (B) Segla med reducerade besättningar under vår ledning till en brittisk hamn. De reducerade besättningarna kommer att repatrieras vid första möjliga tillfälle. Om någon av ovanstående handlingslinjer antages av er kommer era fartyg att återlämnas till Frankrike vid krigsslutet, eller så kommer full ersättning att givas om de skulle skadas under tiden. (C) Alternativt, om ni [för att inte bryta förpliktelserna i vapenvilan] anser att fartygen inte får sättas in mot vare sig tyskarna eller italienarna, segla dem då tillsammans med oss, med reducerade besättningar, till någon fransk hamn i Västindien – Martinique, till exempel – där de kan avväpnas på ett för oss tillfredsställande sätt, eller anförtro dem till Förenta staterna, där de är säkra till krigsslutet och varifrån besättningarna kan repatrieras. Om ni vägrar att gå med på något av ovanstående villkor, måste jag med sorg begära att ni sänker era fartyg inom sex timmar.

Slutligen, om ovanstående inte sker, har jag Hans Majestäts order att använda vilket våld jag än anser nödvändigt för att hindra era fartyg att falla i tyska eller italienska händer.

407 Tute, s. 83.
408 Tute, s. 107–108.
409 Tute, s. 97–99.
410 Parkinson, *Blood, Toil, Tears and Sweat*, s. 68.
411 Parkinson, *Blood, Toil, Tears and Sweat*, s. 68.
412 Benoist-Méchin, s. 502.
413 Tute, s. 113.
414 Tute, s. 129.
415 Tute, s. 129.
416 Tute, s. 141.
417 Benoist-Méchin, s. 502.
418 Tute, s. 144.
419 Tute, s. 145.
420 Inom mindre än ett års tid skulle Briggs vara en av endast tre män som överlevde sänkningen av *Hood* i samband med sjöslaget mot *Bismarck*.
421 Benoist-Méchin, s. 503.
422 Tute, s. 172.
423 Clayton & Craig, s. 213.
424 Benoist-Méchin, s. 505.
425 Parkinson, *Blood, Toil, Tears and Sweat*, s. 70.
426 Tute, s. 207.
427 Tute, s. 183.
428 Tute, s. 187–188.
429 Tute, s. 194–196.
430 Gates, s. 364.
431 Gates, s. 366.
432 Benoist-Méchin, s. 510.
433 Clayton & Craig, s. 214.
434 Overy, s. 17.
435 Burdick & Jacobsen, s. 215.
436 Benoist-Méchin, s. 485.
437 Bungay, s. 13.
438 Lukacs, *Five Days in London*, s. 203.
439 Bullock, s. 560.
440 Kieser, s. 91.
441 Burdick & Jacobsen, s. 219.
442 Kieser, s. 93.
443 Burdick & Jacobsen, s. 219–220.
444 Kieser, s. 93.
445 Grinnell-Milne, s. 49–51.
446 Macksey, *Military Errors of World War II*, s. 43.

447 Grinnell-Milne, s. 94.

448 Drygt 224 000 man hade återvänt från Dunkerque och ytterligare 144 000 från andra atlanthamnar, men dessa hade lämnat större delen av sin utrustning bakom sig: 600 stridsvagnar, 1 000 artilleripjäser av grövre kaliber, 500 pansarvärnskanoner och BEF:s hela fordonspark. Utöver detta hade enorma mängder av lättare vapen och ammunition gått förlorad (Collier, Basil, s. 127).

449 Dessa hade en genomsnittlig manskapsstyrka om 11 000 man, vilket var långt under den föreskrivna styrkan. För att beväpna dessa divisioner kunde man endast uppbåda 54 pansarvärnskanoner, 52 pansarbilar, 420 fältkanoner och 163 artilleripjäser av grövre kaliber, 500 stridsvagnar varav endast 105 var av tyngre typer (Fleming, s. 198–199).

450 Collier, Basil, s. 219.

451 Under juni till augusti lämnade 369 stridsvagnar fabrikerna och under samma period tillverkades 174 fältkanoner. De fordon som gått förlorade i Frankrike ersattes med i genomsnitt 9 000 i månaden. Även i fråga om lättare vapen som gevär, kulsprutor, granatkastare och ammunition till dessa, var situationen allvarlig. (Collier, Basil, s. 128.)

452 Boiten, s. 47.

453 Under perioden mellan den 10 och 17 maj, som exempel, gjorde de brittiska piloterna inom AASF, ACFF och 11. eskadern anspråk på 48 nedskjutna Bf 109 (Cull, Lander & Weiss, s. 53–198). Om vi jämför med tyskarnas förlustsiffror finner vi att tyskarna under samma period förlorade 70 enmotoriga jaktplan. Så långt verkar den brittiska siffran möjlig. Men om vi därefter synar den tyska uppfattningen hur planen förstörts, kommer saken i ett annat läge. Av de 70 planen rapporterades 18 vara nedskjutna av brittiska jaktplan, 10 förlorade av okänd anledning samt inte mindre än 41 förstörda av *fastställt andra orsaker* än brittiska jaktplan (Bingham, s. 222–228). Man kan därför sluta sig till att det verkliga antalet svävade någonstans runt 20 plan – mindre än hälften av vad som påstods. När den brittiska underrättelsetjänsten bedömde att 46 brittiska jaktplan hade förstörts av enmotoriga tyska jaktplan, ansågs förlustutbytet tämligen jämnt.

454 Ray, *The Battle of Britain*, s. 62–63.

455 Price, Alfred, *The Hardest Day*, s. 42.

456 Ray, *The Battle of Britain*, s. 63.

457 Ray, *The Battle of Britain*, s. 63–64.

458 Fransmännen hade förlorat 757 stridsflygplan under maj och juni (Corum, s. 275). För tyskarna var siffran 1 345 (Murray, s. 77). De brittiska förlusterna låg någonstans däremellan. AASF hade förlorat 229 stridsflygplan, ACFF 279, *Fighter Command* 219, *Bomber Command* 166 och *Coastal Command* 66 – inalles 959 plan (Richards, s. 150). Detta var närmare två femtedelar av de 1 336 bombplan, 747 jaktplan samt 587 spanings- och kommunikationsplan som RAF hade förfogat över vid krigsutbrottet 1939 (Townsend-Bickers, s. 26). Förlusten av jaktplan skulle ha varit katastrofal om det inte varit för nyproduktionen. Hela 477 plan hade gått förlorade i striderna över Frankrike och Dunkerque. Detta var tre femtedelar av den styrka RAF hade haft 1939 och förhållandet blev ännu värre av det faktum att utgångssiffran även hade innehållit 111 nattjaktplan av typen Blenheim samt 102 obsoleta Gladiator och Gauntletplan, medan förlusterna i Frankrike i första hand tagits i Spitfire och Hurricane.

459 Overy, s. 36.

460 Collier, Basil, s. 95.

461 Ray, *The Battle of Britain*, s. 69.

462 Ray, *The Battle of Britain*, s. 53.

463 Deighton, *Fighter*, s. 104.

464 Tidigare hade man använt sig av en propeller med endast två förutbestämda lägen för bladen. Nu byttes dessa ut mot så kallade constant-speed-propellrar, vilka hade en anordning som gjorde att propellern behöll ett givet varvtal oavsett farten. Härigenom ökade planens stigförmåga markant, start och landningar underlättades och slitaget på planets motor minskade. Det ökade också Spitfireplanets maxhöjd med drygt 2 000 meter.

Många brittiska piloter som flög Spitfire och Hurricane förvånades över hur deras maskiner någon gång efter Frankrikes fall fick en avsevärt förbättrad motoreffekt. Detta hade sin förklaring i skiftet från 87-oktanigt till 100-oktanigt flygbränsle. Det amerikanska flyget hade i hemlighet använt denna blandning sedan 1938, innan lika hemliga förhandlingar inletts mellan det brittiska flygdepartementet och *Anglo-American Oil Company* (Esso). Vid krigsutbrottet förhindrade amerikanska exportlagar försäljningen av detta viktiga bränsle och det skulle dröja till mitten av 1940 innan dessa kunde kringgås. RAF hade tillgång till det i tid för Slaget om England. Jeffrey Quill, en brittisk testpilot hos Supermarine, var mycket entusiastisk över skillnaden i effekt på planen: [Det 100-oktaniga bränslet] förmådde öka Merlinmotorns stridseffekt vid 3 000 varv/min. ifrån 6½ eller 9 pounds ingastryck 12 pounds. Detta fick självfallet en avgörande inverkan på stigförmågan, speciellt som constant-speed-propellrarna säkerställde att 3 000 varv/min. kunde utnyttjas från marknivå och uppåt, medan den tidigare begränsats av propellrar med endast två förutbestämda lägen. Detta påverkade också maxhastigheten, dock inte i samma grad som stighastigheten (Hough & Richards, s. 387).

465 Price, Alfred, *The Hardest Day*, s. 41.

466 Redan i augusti 1938 hade Dowding fått beskedet att hans tjänst skulle avslutas i juni 1939, då han skulle ersättas av generalmajor C. L. Courtney. Den senare råkade emellertid bli inblandad i en flygolycka tre dagar före skiftet. Den eskalerande spänningen i Europa och det allt större kravet på uppbyggnad av *Fighter Command*, höll Dowding kvar till krigsutbrottet och sedan under den första krigsvintern. Därefter hördes kravet på avgång åter och ett nytt sista datum sattes, först till 31 mars 1940, sedan 14 juli. Skälet var att man förväntade sig ett utökat flygkrig inom kort.

467 Ett av skälen, sade han, var att endast han visste hur många jaktplan som behövdes för att försvara England och att ingen utom han skulle kämpa så hårt för att upprätthålla detta antal. Som exempel hävdade han att det varit han ensam som stoppat överföringen av jaktplan till Frankrike under maj månad. Det sista gick inte hem särskilt väl hos Newall, som med rätta ansåg att även han haft stort inflytande i frågan om Hurricanedivisionerna.

468 Ray, *The Battle of Britain*, s. 11–13.

469 Bungay, s. 130–131.

470 Wheatley, s. 30–31.

471 Benoist-Méchin, s. 516.
472 Kieser, s. 94–95.
473 Wheatley, s. 34–35.
474 Kieser, s. 95.
475 Edmonds, s. 40–41.
476 Edmonds, s. 41.
477 Deighton, *Fighter*, s. 110–111.
478 Ray, John, *The Night Blitz 1940–1941*, s. 37.
479 Det var Keith Park som infört systemet med filtrering av information, till en början tvärt emot Dowdings önskemål. När Dowding såg de positiva effekterna av denna rutin godkände han den emellertid.
480 Hough & Richards, s. 67.
481 *Stand-by* innebar att piloterna satt i sina plan, att motorerna var uppvärmda och divisionen kunde lyfta inom två minuter. *Readiness* betydde att piloterna skulle springa till sina plan och att de kunde vara i luften inom fem minuter. *Available* följt av en tidsangivelse angav beredskap som kunde variera mellan tio minuter och två timmar. *Released*, slutligen, innebar att divisionen inte skulle flyga mer samma dag.
482 Mason, s. 97.
483a Deighton, *Fighter*, s. 122.
483b I vissa verk påstås att Dowding, genom att britterna lyckats knäcka det tyska Enigmakodsystemet, hade tillgång till direkt information som tillät honom att bättre planera sina motåtgärder. Detta är fel. Varken Dowding eller någon av hans underlydande hade en aning om Enigmas existens, så hård var sekretessen. Dowding informerades om denna informationskälla först den 16 oktober 1940.
484 British Forces.com, *Women at War*, Internet.
485 Pilarna var en viktig del av systemet. På väggen ovanför kartbordet satt en stor klocka med varje fem-minuterssegment markerat med en speciell färg. Sålunda var de första fem minuterna av en ny timme röda, den sjätte till tionde minuten gul och den elfte till femtonde blå. Därefter blev det rött igen. Samtliga klockor i systemet, från filterrummet till operationsledningarna, var exakt synkroniserade. Om en fiendestyrka rapporterats till filterrummet klockan 12.02, fick den röd status. Denna höll sedan i sig genom hela rapporteringskedjan. Om räden hamnade på kartan framför jaktstridsledaren klockan 12.08 var den fortfarande röd och denne visste därmed att observationen var ungefär fem minuter gammal. I takt med att nya rapporter inkom lades nya pilar ut och klossen flyttades framåt för att markera den förändrade positionen. Snart såg räden ut som en orm, där klossen var huvudet och kroppen bestod av ett antal olikfärgade pilar. När klockan åter nådde ett rött segment – i exemplet skulle detta vara de sextonde till tjugonde minuterna – togs den röda pilen sist i kön bort och ersattes av en ny (Clayton & Craig, s. 198–200).
486 Murray, s. 84.
487 Bungay, s. 136–137.
488 LG (*Lehrgeschwader*). Förband speciellt uppställt för att prova och utvärdera nya flygplanstyper och taktik.
489 Mason, s. 140–141.

490 Bergström, s. 43.
491 Deere, s. 99–100.
492 Under perioden mellan den 1 och 9 juli förlorade *Luftwaffe* 19 jaktplan och 27 bombplan som en effekt av stridsuppdrag över England eller Engelska kanalen, mot en brittisk förlust av 26 jaktplan på grund av tysk stridsaktivitet (Mason, s. 135–155).
493 Bergström, s. 50.
494 Robinson, s. 137–138.
495 En försvarscirkel gick ut på att planen svängde runt i en vid ring, så att varje flygplan kunde skydda det framförvarandes rygg med sina kanoner samtidigt som akterskyttarna skyddade de bakomvarande.
496 Mason, s. 157.
497 Holmes, s. 73–74.
498 Bergström, s. 58.
499 Striden ovanför BREAD-konvojen kostade RAF en nedskjuten Hurricane och tre svårt skadade. En pilot var död. *Luftwaffe* förlorade tre bombplan, en Bf 110 och en Bf 109 och hade 10 döda. I väster genomförde *Luftflotte* 3 två större anfall mot Falmouth och Swansea. *Fighter Command* misslyckades med att genskjuta dessa anfall och inga förluster orsakades på någon sida i luften, men närmare ett hundratal personer skadades eller omkom på marken. Den totala förlusten för denna dag var ett förlorat jaktplan och fyra skadade för RAF; sju förlorade och ett skadat bombplan, samt tre förlorade och fem skadade jaktplan för *Luftwaffe* (Mason, s. 158–159).
500 Lee, s. 91.
501 Brickhill, s. 195–196.
502 Mason, s. 160–161.
503 Mason, s. 161–163.
504 Mason, s. 165–166.
505 Calder, s. 140.
506 Clayton & Craig, s. 228–229.
507 Overy, s. 17.
508 Clayton & Craig, s. 233.
509 Före Slaget om England var 64 procent av den amerikanska befolkningen emot att sända hjälp i någon form till Storbritannien. Efter slaget var 60 procent för hjälp till britterna även om det skulle innebära att USA därmed hamnade i krig med Tyskland (Johnson, David Alan, *Winston Churchill's two battles*, *WWII History Magazine*, Jan. 2002, s. 102).
510 van Ishoven, s. 22–23.
511 van Ishoven, s. 23.
512 Det finns många versioner om denna strid. Nästan alla avviker på någon avgörande punkt. Föreställningen att Trautloft skulle ha lurat Richardson i en fälla genom att använda en av sina *Staffeln* som lockfågel förefaller dock vara en efterkonstruktion. Trautloft själv sade: ”Jag flög med *Stabsschwarm* på 3 000 meters höjd. Mina tre *Staffeln* låg 1 000 meter högre i spridd formation.” Därefter säger han att anfallet inleddes först efter att 141. divisionen hade satt kurs tillbaka mot England och därmed flög bort från

tyskarna. Att de efterföljande fem tyska nedskjutningarna anses ha ägt rum både från för och akter var troligtvis en effekt av Defiantplanens undanmanövrer.

513 Kieser, s. 274.
514 Wheatley, s. 38.
515 Lee, s. 93–94.
516 Lee, s. 95–97.
517 *The Battle of Britain: Documents May to September 1940*, Imperial War Museum.
518 Parkinson, *Blood, Toil, Tears and Sweat*, s. 77–78.
519 Kieser, s. 141.
520 Wheatley, s. 39–40.
521 Grinnell-Milne, s. 55–56.
522 Wheatley, s. 65.
523 Werbaneth, s. 55.
524 *Kriegsmarine* försökte få OKH att förstå de svåra förhållandena. Den 20 juli presenterade marinstaben en utvärdering av landstigningsmöjligheterna längs den engelska syd- och sydostkusten. Framför allt kustens beskaffenhet samt navigeringsförhållandena beskrev man. Sammanfattningsvis sade denna utvärdering att en landstigning var praktiskt genomförbar endast om den begränsades till kuststräckan mellan Folkstone och Eastbourne. Längre österut skulle navigeringssvårigheterna öka flerfaldigt, medan farvattnen öster om Beachy Head inte kunde säkras från *Royal Navy*. Om *Heers* krav på att samtliga förband skulle nå sina sektorer samtidigt omvärderades, kunde landstigningsområdet emellertid sträckas ut att gälla Dover i öst och Brighton i väst.
525 Burdick & Jacobsen, s. 230.
526 Wheatley, s. 42–43.
527 Wheatley, s. 44–45.
528 Kieser, s. 128.
529 Deere, s. 107.
530 Galland, s. 64.
531 Deere, s. 108.
532 Smith, s. 40.
533 Sju brittiska jaktplan gick förlorade den 25 juli. Fyra brittiska piloter dödades, däribland Basil Way och marinflygets äss, Dawson-Paul. Den siste sköts ned av Adolf Galland och blev det 16:e offret på det tyska ässets snabbt växande lista. Tyskarna förlorade 17 plan, men endast nio av dessa som en effekt av strid mot brittiska jaktplan.
534 Parkinson, *Blood, Toil, Tears and Sweat*, s. 79–80.
535 Bergström, s. 76–77.
536 Goss, s. 33.
537 Bergström, s. 88.
538 Goss, s. 33.
539 van Ishoven, s. 26.
540 Den 7 augusti hade RAF 368 Hurricane, 256 Spitfire, 66 Blenheim (nattjakt) och 24 Defiant, inalles 714 plan (The RAF Web Site, Battle of Britain Campaign Dairy, Internet).

541 Ray, *The Battle of Britain*, s. 68.

542 Det föreskrivna antalet piloter inom *Fighter Command* var 1 454. Den 1 augusti hade Dowding 1 414 stridsutbildade jaktpiloter (till skillnad från 1 200 den 1 juli), vilket innebar en brist på endast 30 stycken. Detta föranledde honom att ändra det föreskrivna antalet per division från 22 piloter till 26. Härigenom gav han sig själv möjligheten att i framtiden förstärka de divisioner som låg i främsta linjen, medan de mindre utsatta kunde operera med reducerad personal.

543 Wheatley, s. 47.

544 Burdick & Jacobsen, s. 242–243.

545 Burdick & Jacobsen, s. 244.

546 Wheatley, s. 57.

547 Hough & Richards, s. 137.

548 Hough & Richards, s. 137–138.

549 Bekker, s. 145–146.

550 Lee, s. 101–102.

551 Schenk, s. 12.

552 Kieser, s. 129–130.

553 Tyskarna förlorade 28 plan den 8 augusti; britterna 17 (Mason, s. 213–217).

554 Parkinson, *Blood, Toil, Tears and Sweat*, s. 90.

555 Steinhilper, s. 277.

556 Mason, s. 224–225.

557 Spick, s. 73–74.

558 van Ishoven, s. 59.

559 van Ishoven, s. 60.

560 Gretzyngier, s. 13.

561 Två allierade piloter sköts ned i denna strid: den australiske kapten Walsh med tre segrar och den polske fänrik Michal Steborowski. Bägge omkom och en av dem var med säkerhet den olycklige Domgalas offer (Gretzyngier, s. 14).

562 Frayn Turner, s. 34.

563 Mason, s. 225–226.

564 The RAF Web Site, Battle of Britain Campaign Dairy, Internet.

565 Mellan den 10 juli och 11 augusti fick Fighter Command 162 flygplan förstörda och 174 skadade. Luftwaffe förlorade 301 och fick 196 skadade (Bungay, s. 195–199).

566 Bergström, s. 91.

567 Bekker, s. 145–146.

568 Collier, Richard, s. 45–47.

569 Hough & Richards, s. 143.

570 Flint, s. 106.

571 Hough & Richards, s. 147.

572 Bergström, s. 122.

573 Elva brittiska jaktplan gick förlorade ovanför Portsmouth och Isle of Wight. Tyskarna förlorade elva Ju 88, fyra 110 och fyra 109 (Mason, s. 233–236).

574 Royal Air Force Fighter Command, Battle of Britain – 1940, *Scramble Online*, Internet.

575 Collier, Richard, s. 51–54.

576 Royal Air Force Fighter Command, Battle of Britain – 1940. *A Burning Inferno – A Pilots Worst Nightmare*, Internet.
577 Tyskarna bedömde att de hade skjutit ned 46 Spitfire, 23 Hurricane och en fransk MS 406 (Bungay, s. 205).
578 Royal Air Force Fighter Command, Battle of Britain – 1940, *Scramble Online*, Internet.
579 Bungay, s. 41–42.
580 Royal Air Force Fighter Command, Battle of Britain – 1940, *Scramble Online*, Internet.
581 Collier, Richard, s. 58–59.
582 Under hela slaget om England förstördes inte fler än 56 (aktiva) brittiska jaktplan på marken. Detta låga antal var i stor utsträckning radarns förtjänst.
583 Hough & Richards, s. 156.
584 Collier, Richard, s. 60.
585 Newton, Dennis, *A Few of the Few*, Australian War Memorial, 1990, s. 94.
586 Collier, Richard, s. 62–63.
587 Wood & Dempster, s. 276.
588 Mason, s. 240.
589 Bungay, s. 371.
590 The RAF Web Site, Battle of Britain Campaign Dairy, Internet.
591 Wheatley, s. 66–67.
592 Wheatley, s. 68.
593 Royal Air Force Fighter Command, Battle of Britain – 1940, *Scramble Online*, Internet.
594 Bekker, s. 155–156.
595 Bekker, s. 157.
596 Franks, L. R., s. 56.
597 Mason, s. 260–262.
598 Bekker, s. 161.
599 Parkinson, *Blood, Toil, Tears and Sweat*, s. 95.
600 Collier, Richard, s. 93.
601 Caldwell. 43–44.
602 Collier, Richard, s. 97–99.
603 Robinson, s. 234.
604 Bungay, s. 371.
605 Fem dagar senare skulle Churchill använda dessa ord i ett tal i underhuset, och de brittiska jaktpiloterna skulle för alltid bli ”de få”. Det anses allmänt att han hävdade att de brittiska piloterna var få i förhållande till *Luftwaffes*, men i själva verket menade han att de var fåtaliga i förhållande till resten av den brittiska befolkningen.
606 Amerikaner var förbjudna enligt amerikansk lag att ta värvning hos en främmande makt i krig. Straffet var 10 års fängelse och förlusten av sitt amerikanska medborgarskap. Flera tog därför värvning som kanadensare och en av dessa, kapten Jimmie Davis från Bernardsville, stupade redan den 25 juni 1940. Många andra dog utan att någon skulle få veta deras rätta identitet (Johnson, David Alan, *Winston Churchill's two battles*, *WWII History Magazine*, Jan. 2002, s. 78–79).
607 Galland, s. 44.
608 Holmes, s. 81.

609 Galland och Schöpfel flög i JG26, Mölders, Oesau och Joppien med JG51. Mayer och Schmidt flög med JG53, Wick och Schnell med JG2 och Ihlefeldt, slutligen, med LG2 (Kacha, Petr, Aces of the Luftwaffe, Internet). Endast Galland, Ihlefeldt och Schöpfel överlevde kriget.

610 Lock och Bennions flög med 41. divisionen, Frantisek och Urbanowicz med 303. (polska), Hughes och Doe med 234. divisionen. Lacey, McKellar, Gray och Carbury flög med 501., 605., 54. och 603. divisionerna respektive. Frantisek och Hughes skulle stupa under slaget om England; McKellar och Lock senare under kriget.

611 Att nedskjutningsprocenten för dessa åtta brittiska piloter är så mycket lägre än för de tyska har i viss mån sin förklaring i att RAF sköt ned fler plan än tyskarna. Om den tyska förlusten varit densamma som den brittiska, samtidigt som de åtta piloternas nedskjutningar kvarstod, skulle siffran istället vara 15,6 procent.

612 Price, Alfred, *The Hardest Day*, s. 169.

613 Bartley, s. 31.

614 Overy, s. 83.

615 Bungay, s. 161–162.

616 Hough & Richards, s. 338.

617 Under perioden mellan den 13 augusti och 19 september sköt tyska Bf 109:or i genomsnitt ned 4,79 brittiska plan per 100 uppdrag och förlorade 3,54 själva av alla orsaker. Bf 110:ans siffror var 2,72 nedskjutna och 6,52 förlorade. Spitfireplanen sköt ned 3,88 fiendeplan per 100 uppdrag och förlorade 3,19; Hurricaneplanen förstörde 3,50 tyska plan och förlorade själva 2,37 (David L. Bongard, Survey of the Battle of Britain, *TNDM International Newsletter*, april, 1997, s. 30).

618 Deighton, *Fighter*, s. 224.

619 Bekker, s. 164.

620 Detta var en grov överskattning. De tyska formationerna innehöll 110 bombplan och 150 jaktplan.

621 Clayton & Craig, s. 248.

622 Clayton & Craig, s. 249.

623 Bergström, s. 153.

624 Bergström, s. 153.

625 Clayton & Craig, s. 251.

626 Royal Air Force Fighter Command, Battle of Britain – 1940, *Scramble Online*, Internet.

627 Price, Alfred, *The Hardest Day*, s. 68–72.

628 van Ishoven, s. 65.

629 Price, Alfred, *The Hardest Day*, s. 82–83.

630 Price, Alfred, *The Hardest Day*, s. 84.

631 Price, Alfred, *The Hardest Day*, s. 106.

632 Price, Alfred, *The Hardest Day*, s. 107–108.

633 Hough & Richards, s. 209.

634 Price, Alfred, *The Hardest Day*, s. 104.

635 Townsend, s. 332.

636 Price, Alfred, *The Hardest Day*, s. 102.

637 Mason, s. 278.

638 Steinhilper, s. 280.
639 Price, Alfred, *The Hardest Day*, s. 109.
640 Steinhilper, s. 280.
641 Price, Alfred, *The Hardest Day*, s. 109.
642 Steinhilper, s. 280.
643 Clayton & Craig, s. 254–255.
644 Townsend, s. 336.
645 Clayton & Craig, s. 254–255.
646 Townsend, s. 336.
647 Price, Alfred, *The Hardest Day*, s. 194–212.
648 Mason, s. 240–284, samt Price, Alfred, *The Hardest Day*, s. 194–212.
649 The RAF Web Site, Battle of Britain Campaign Dairy, Internet.
650 Britterna hade uppfattningen att tyskarna var dem flerfaldigt överlägsna i såväl jaktplan och bombplan som flygpersonal. Flygets underrättelsetjänst hade gjort bedömningen att *Luftwaffe* hade ungefär 5 800 stridsflygplan redo under augusti månad och att den tyska produktionen för 1940 skulle komma att klara närmare 25 000 flygplan. I själva verket hade tyskarna endast hälften av detta antal flygplan, och av dessa var endast två tredjedelar insatsberedda. Produktionen skulle under 1940 ligga på knappt 10 000 flygplan. Även i fråga om antalet fientliga flygplansbesättningar hade man gjort en grov överskattning. Tre dagar före *Adlerangriff* hade det till exempel funnits endast 1 011 tyska piloter att bemanna de enmotoriga jaktplanen, vilket var ganska många färre än de brittiska piloter som flög Hurricane och Spitfire (Overy, s. 127). I själva verket hade *Luftflotte* 2 och 3 endast 2 358 plan mellan sig i början av augusti. Antalet Bf 109-jaktpiloter var endast 1 118 den 1 augusti, varav 869 var i tjänst (Bungay, s. 370, 418).
651 Det största bidraget kom från Polen med 141 piloter. Tjeckoslovakien och Kanada bidrog med 88 vardera och Nya Zeeland med 73. Därtill kom 68 från Sydafrika, Australien eller Belgien och de resterande 31 från Irland, USA, Frankrike, Rhodesia och Palestina.
652 Overy, s. 42.
653 Price, Alfred, *The Hardest Day*, s. 192.
654 Townsend, s. 337–338.
655 Bekker, s. 166.
656 Tyskarna hade en mycket diffus bild av den brittiska flygplanstillverkningen och deras möjligheter att störa produktionen av jaktplan var därför små. Spitfireplan tillverkades vid Itchen, Eastleigh och Woolston i närheten av Southampton och vid Castle Bromwich utanför Birmingham. Hurricaneplan producerades vid Langley, Brooklands och Kingston i Surrey samt vid Brockworth vid Gloucester. Produktionen av motorer till dessa flygplanstyper ägde rum i Derby, Crewe och Glasgow.
657 Hough & Richards, s. 224.
658 Royal Air Force Fighter Command, Battle of Britain – 1940, *Scramble Online*, Internet.
659 Mason, s. 298.
660 Parkinson, *Blood, Toil, Tears and Sweat*, s. 102.
661 Middlebrook & Everitt, s. 77.
662 Gibson, Guy, *Enemy Coast Ahead*, s. 85.

663 Middlebrook & Everitt, s. 77.
664 *Luftwaffe* förlorade 36 plan den 26 augusti, *Fighter Command* 27.
665 Mason, s. 313–316.
666 Mason, s. 318–320.
667 Deighton, *Fighter*, s. 251.
668 Ray, *The Battle of Britain*, s. 86–87.
669 Dowding hade beslutat att ingen divisionschef fick vara äldre än 26 år.
670 Bergström, s. 192–193.
671 Sarkar, s. 71.
672 Sarkar, s. 73.
673 Adamec, Radek, *Josef Frantisek: Best in the Battle of Britain*, egen hemsida, Internet.
674 Robinson, s. 250–251.
675 Collier, Richard, s. 178–179.
676 Brickhill, s. 207.
677 Mason, s. 324–326.
678 Caldwell. 53.
679 Bergström, s. 200–201.
680 Clayton & Craig, s. 278–279.
681 Townsend, s. 372.
682 Deere, s. 157–159.
683 Townsend, s. 372–373.
684 Townsend, s. 374
685 Gretzyngier, s. 50–51.
686 Clayton & Craig, s. 279.
687 Bekker, s. 170.
688 Katamaranliknande, snabbgående landstigningsfärja som kunde lasta 70–80 ton.
689 För att eliminera problem redan innan de uppstod var man tvungen att utföra tester. Man fann att ilastningen av de större fartygen förlöpte väl. Ett lastfartyg kunde ta 854 soldater, 62 hästar, 88 motorcyklar, 21 bilar, 34 lastbilar, fem pansarvärnskanoner, åtta fältkök, sex vagnar, 28 mindre kärror samt 30 cyklar. Dessa kunde lastas under loppet av sju timmar. Att få ombord soldaterna på pråmarna gick också utan friktion: varje farkost kunde ta 150 man och lastades på cirka 90 minuter (Kieser, s. 223–224). Värre var det med hästarna. I runda tal 60 000 hästar skulle föras över Kanalen. Dessa visade sig vara oförbätterliga landkrabbor. De vägrade att beträda landgångarna och ställde till oreda när de skrämdes av ljudet från de egna hovarna mot ståldäcken i lastrummen. Många av de hästar som inte behövdes som dragdjur, byttes därför ut mot cyklar, vilka visade sig betydligt medgörligare.
690 Kieser, s. 224–225.
691 Wheatley, s. 102–103.
692 Ray, *The Night Blitz 1940–1941*, s. 91.
693 Ray, *The Battle of Britain*, s. 103.
694 Processen provades vid ett flertal tillfällen och det tog fyra–sex minuter för flottiljen att starta. Efter ungefär 20 minuter kunde den vara på 8 000 meters höjd ovanför Themsenmynningen.

695 Under augusti hade *Luftwaffe* förlorat 231 Bf 109 samt 168 av dess piloter, vilket innebar nära en sjättedel av den styrka som funnits tillgänglig vid samma månads början (Bekker, s. 170, samt Williamson, s. 88).
696 Steinhilper, s. 304.
697 Hough & Richards, s. 238.
698 Tyminski, Dariusz, *Frantisek – Hero of Battle of Britain*, Ace Stories, Internet.
699 Gretzyngier, s. 78.
700 Gretzyngier, s. 78.
701 Gretzyngier, s. 82–83.
702 Under perioden 24 augusti till 6 september förlorade Dowding 103 jaktflygare, dödade eller saknade, och ytterligare 128 skadade. Det var en fjärdedel av de piloter han hade tillgängliga, vilket i stort motsvarade en månads utskrivning från OTU-enheterna. Under samma period förstördes 295 Spitfire och Hurricane i luften eller på marken och ytterligare 171 skadades, medan endast 269 nytillverkade eller reparerade plan anlände till divisionerna (Hough & Richards, s. 248–249). Detta innebar ett underskott på 197 maskiner.
703 Ray, *The Night Blitz 1940–1941*, s. 100.
704 Bergström, s. 221–223.
705 Bekker, s. 170.
706 Werbaneth, s. 48.
707 Lee, s. 111.
708 Wheatley, s. 75.
709 Sands, Glenn, *Goering's Big Mistake*, Aeroplane Magazine, september 2000, s. 24.
710 Bergström, s. 226.
711 Bergström, s. 227.
712 Steinhilper, s. 292–293.
713 Hough & Richards, s. 260–261.
714 Bergström, s. 227–228.
715 Ziegler, s. 113.
716 Calder, s. 155.
717 Royal Air Force Fighter Command, Battle of Britain – 1940, *Scramble Online*, Internet.
718 Holmes, s. 100.
719 Gretzyngier, s. 72–75.
720 Royal Air Force Fighter Command, Battle of Britain – 1940, *Scramble Online*, Internet.
721 Bungay, s. 310.
722 Collier, Richard, s. 223.
723 Läsaren bör vara medveten om att det råder delade meningar om datumet för detta uttalande och att det kan ha ägt rum under någon av dagarna före den 7 september. Jag valde att inte forska mer i saken eftersom den exakta tidpunkten är ovidkommande och för att denna version sparade textutrymme.
724 van Ishoven, s. 97.
725 Hough & Richards, s. 260-261.
726 Collier, Richard, s. 261.
727 Deighton, *Fighter*, s. 275.

728 Parkinson, *Blood, Toil, Tears and Sweat*, s. 109.
729 Royal Air Force Fighter Command, Battle of Britain – 1940, *Scramble Online*, Internet.
730 Ray, *The Night Blitz 1940-1941*, s. 138.
731 Royal Air Force Fighter Command, Battle of Britain – 1940, *Scramble Online*, Internet.
732 Ray, *The Night Blitz 1940-1941*, s. 109-110.
733 Grinnell-Milne, s. 110.
734 Collier, Basil, s. 143.
735 Antalet fältkanoner hade ökat från 420 till över 800 och det fanns nu cirka 500 pansarvärnskanoner. Antalet tyngre stridsvagnar hade gått upp från 105 i juni till 348 i början av september. De lätta, kulsprutebeväpnade stridsvagnarnas antal hade ökat till 514 (Collier, Basil, s. 219).
736 Samväldeskontingenterna var 1. kanadensiska divisionen, AIF (*Australian Imperial Force*) och NZEF (*New Zealand Expeditionary Force*). Kanadensarna var fullt utrustade; AIF och NZEF skall närmast betraktas som starka brigader.
737 Inkluderad i denna pansarreserv fanns 1. pansarbrigaden (*1st Army Tank Brigade*) som bland annat bestod av Matilda II-stridsvagnar. Detta var samma stridsvagnstyp som deltagit i motanfallet vid Arras och visat sig vara närmast immun mot de tyska pansarvärnsvapnen, med undantag från 88 mm-pjäserna. Denna brigad kunde rikta en mycket kraftig stöt mot det landstigningsområde där den sattes in.
738 Det fanns även ett långsiktigt perspektiv. Om den första tyska vågen fick fotfäste, men sedan avskars från underhåll och förstärkningar av den brittiska flottan, skulle brohuvudet sakta men säkert kunna svältas ut. Detta skulle leda till en utnötningsstrid där den enskilt avgörande faktorn var väderförhållandena. Klart väder med lugnt hav skulle ge *Kriegsmarine* möjlighet att föra över underhåll med mindre farkoster och *Luftwaffe* förutsättningar att långsamt nöta ned *Royal Navy* med sina bombplan. Dimma och hög molnighet skulle dock göra flygoperationer mot *Royal Navy* svåra, och de förväntade höststormarna i Kanalen helt utesluta transporter med mindre fartyg än oceangående lastfartyg.
739 Wheatley, s. 155-157.
740 Fleming, s. 254.
741 Wheatley, s. 163-165.
742 *The Battle of Britain Campaign Diary*, The Battle of Britain History Site, Internet, 2000.
743 Om soldaterna hade stort förtroende för sitt flygvapen var det aningen annorlunda med deras förtroende för *Kriegsmarines* förmåga att ta dem över Kanalen. Tämligen få större övningar genomfördes, tiden var för knapp för detta, och det antal som faktiskt genomfördes uppvisade många svagheter. En av dessa gällde till exempel hur den allra första taktiska vågen skulle storma iland på stränderna. Tanken var att soldaterna, vars små snabba stormbåtar skulle ha transporterats över av större motorbåtar, skulle störta uppför stränderna med den kraft som deras hastighet gav dem. Detta skulle inte endast få männen i strid på kortast möjliga tid, utan också skapa gator genom de brittiska mineringarna. Förlusterna till följd av brittisk eldgivning och minor beräknades bli höga, men stormtrupperna skulle engagera det brittiska strandförsvaret så att överfarten för de efterföljande vågorna gjordes lättare.

Praktiska övningar uppvisade dock ett antal problem. Ett av dessa var att stormbåtarnas förare hade en tendens att försöka skydda farkostens propellrar när båten rusade upp mot stranden och därför lyfte motorn aningen för tidigt. Detta resulterade allt som oftast i att båtens passagerare bjöds en ofrivillig simtur i bränningarna. Denna procedur måste övas gång på gång innan tekniken att rusa uppför stranden behärskades till fullo.

Att landstiga från de långsammare landstigningsfarkosterna medförde andra svårigheter. Ångfartygen och bogserarna skulle ankra utanför kusten och där föra soldater och lättare materiel över till pråmarna. Därefter skulle de sistnämnda fortsätta mot stränderna, hack i häl på stormbåtarna. För de självgående farkosterna var det inga problem. De skulle helt enkelt styra in mot kusten och grundsättas, varefter ramperna skulle fällas och soldaterna hoppa ur eller klättra ned längs stegarna. För de pråmar som saknade motorer var det svårare. Att bogsera en pråm in mot stränderna var ingen lätt uppgift, eftersom bogserlinorna måste kapas i exakt rätt ögonblick. Om de kapades för tidigt tappade pråmen fart och nådde sitt mål i fel vinkel, något som gjorde det besvärligt, i vissa fall omöjligt, att fälla ned ramperna. I värsta fall kunde pråmen kantra i bränningarna. Om bogserlinorna kapades för sent fanns det givetvis en risk att bogserbåten själv rände på grund (Kieser, s. 227–228).

Besvären blev inte mindre av att besättningarna var civila – många med bristande sjökompetens – och att de inte alltid helt sympatiserade med de militära kraven. Detta märktes under övningarna, inte minst när man även under kortare sträckor upptäckte att manskapet ökade säkerhetsavståndet mellan pråmarna. Under en verklig övergång skulle detta ha omintetgjort möjligheterna att gå iland på samtliga stränder ungefär vid samma tidpunkt och även försvårat de redan små förutsättningarna för skydd. Att en stor del av färden mellan utgångshamnen och målet skulle äga rum i mörker gjorde knappast navigeringsutsikterna bättre.

744 Fleming, s. 256–257.

745 Wood & Dempster, s. 340.

746 Ray, *The Battle of Britain*, s. 104.

747 Wood & Dempster, s. 341–342. (Baders Duxfordflottilj gjorde anspråk på hela nitton nedskjutna Dornierbombare den 9 september. Återigen var denna siffra i mångt och mycket gripen ur luften. Faktum är att tyska arkiv inte erkänner en enda nedskjuten Dornier under den 9 september, men också detta är misstänkt. En pilot ur 310. [tjeckiska] divisionen, fänrik J. E. Boulton, kolliderade med löjtnant G. L. Sinclair. Den senare lyckades rädda sig i fallskärm, men Boulton kraschade rakt in i en Dornier varpå såväl den brittiske som de tyska flygarna omkom. Inte heller detta bombplan fanns med i de tyska rapporterna, så det verkar som om det här finns en lucka i de tyska arkiven. Duxfordflottiljens anspråk är inte inkluderade i de 27 planen.)

748 Mason, s. 374–376.

749 Ray, *The Battle of Britain*, s. 103.

750 Nittioandra divisionen förlorade hela fem plan med två piloter dödade, 46., 229., 238., 303. (polska), 504. och 602. divisionerna förlorade alla tre vardera.

751 Den 14 september stötte JG26 ihop med några brittiska divisioner ovanför Kent och sköt ned ett större antal mot en egen förlust av endast ett plan. Löjtnant Joachim

Müncheberg, chefen för 7/JG26, stod för två av de förstörda fiendeplanen och utökade därmed även han sin meritlista till 20 plan. Hela sju av de nedskjutna brittiska planen, däribland Münchebergs två offer, kom från 73. divisionen. Inalles förlorade *Fighter Command* 14 plan mot *Luftwaffes* 9.

752 Grinnell-Milne, s. 139–141.

753 Middlebrook & Everitt, s. 80–81.

754 Fleming, s. 294.

755 Denna uppgift låg även utöver *Luftwaffes* förmåga vid denna tidpunkt, men detta förhållande stod inte klart för den tyska marinen.

756 Grinnell-Milne, s. 146–147.

757 Den 7 september, efter ett möte mellan Hitler och Raeder, hade det stått att läsa i *Kriegsmarines* krigsdagbok: "*Führerns* beslut att landstiga i England har fortfarande inte fattats, eftersom han är övertygad att Storbritanniens nederlag kan åstadkommas även utan landstigning. Som tidigare anser *Führern* att en landstigning är det medel med vilket ett krigsslut, med all sannolikhet, kan åstadkommas med ett enda slag. *Führern* tänker, hur som helst, inte genomföra operationen om risken med den är för stor. [Operationens] misslyckande ... får under inga omständigheter leda till en avgörande prestigehöjning för Storbritannien." Den 10 september kunde man i samma krigsdagbok finna följande notering: "Marinstaben anser inte att detta är en lämplig tidpunkt att närma sig *Luftwaffe* eller *Führern* med sådana krav [att *Luftwaffe* skulle skifta mål från London till hamnarna i södra England], eftersom *Führern* anser att ett större [flyganfall] mot London kan bli avgörande, och eftersom systematiska och ihållande bombningar av London kan resultera i att fienden intar en ståndpunkt som gör *Seelöwe* överflödig" (Wheatley, Ronald, *Operation Sea Lion; German plans for the Invasion of England 1939–1942*, s. 78–79).

758 Grinnell-Milne, s. 150.

759 Burdick, s. 256–258.

760 Shirer, s. 176–177.

761 Price, *Battle of Britain Day*, s. 34.

762 Hough & Richards, s. 275.

763 Price, *Battle of Britain Day*, s. 41.

764 Den 303. (polska) divisionen.

765 Gretzyngier, s. 88–89.

766 Royal Air Force Fighter Command, Battle of Britain – 1940, *Scramble Online*, Internet.

767 Steinhilper, s. 297–298. (Ulrich Steinhilper skulle inte få någon seger denna dag heller. Så småningom skulle han dock göra anspråk på fem nedskjutningar, det antal han uppnått den 27 oktober 1940 när han själv tvingades ned över England.)

768 Brickhill, s. 220.

769 Goss, s. 146–147.

770 Som så många andra tyska jaktpiloter misstog Geisla Nesbitts Hurricane för en Spitfire.

771 Price, *Battle of Britain Day*, s. 44.

772 Collier, Richard, s. 245.

773 Price, *Battle of Britain Day*, s. 62.

774 Price, *Battle of Britain Day*, s. 54–58.

775 Price, *Battle of Britain Day*, s. 63–64.
776 Price, *Battle of Britain Day*, s. 78.
777 Collier, Richard, s. 251.
778 Price, *Battle of Britain Day*, s. 79.
779 Price, *Battle of Britain Day*, s. 80–81.
780 Bekker, s. 174.
781 Price & Holmes, s. 54–55.
782 Churchill, s. 359–360.
783 Caldwell. 61–62.
784 Price, *Battle of Britain Day*, s. 91.
785 Price & Holmes, s. 55.
786 Bergström, s. 280.
787 Gretzyngier, s. 97.
788 Collier, Richard, s. 255.
789 Churchill, s. 360.
790 Price, *Battle of Britain Day*, s. 129.
791 Spick, s. 70.
792 Price, *Battle of Britain Day*, s. 154–170.
793 Bergström, s. 283.
794 Overy, s. 126.
795 The RAF Web Site, Battle of Britain Campaign Dairy, Internet.
796 Bekker, s. 176.
797 Lee, s. 113–114.
798 Bekker, s. 176.
799 Kieser, s. 257–258.
800 Rich, s. 157–158.
801 Som vi tidigare noterat skulle *Royal Navy* ha kunnat sätta in 40 jagare, åtta kryssare och ett slagskepp innan invasionsstyrkan ens hunnit halvvägs.
802 Balke, s. 400–405.
803 Inklusive tre franska jagare.
804 Brown, s. 33–34.
805 Levine, s. 46.
806 Rich, s. 162.
807 Flint, s. 186.
808 *The Battle of Britain, An Air Ministry Account of the Great Days from 8th August–31st October 1940*, HMSO, 1941, s. 7–9.
809 Overy, s. 108.
810 Istället för att nöta ned de tyska flygstyrkorna i kostsamma försök att besegra *Fighter Command* kunde Hitler ha använt sina bombplan nattetid, men sparat sitt jaktvapen till sista ögonblicket. Om *Luftwaffe* varit intakt kunde det ha satt in hela sin styrka mot *Royal Navy* under själva invasionsdagen istället för att betala det kostsamma priset för det långa, ineffektiva flygslag som utkämpades historiskt. Antalet Stuka, Ju 88 och Bf 109 skulle ha varit ungefär det dubbla, och av de närmare tretusen tyska veteraner som gått förlorade skulle merparten fortfarande vara tillgängliga.

Ett annat liknande alternativ var att sätta in mindre styrkor av starkt eskorterade Stukaplan och Ju 88 mot de närmast belägna hamnarna någon vecka före *Seelöwe*. Överste Fink lyckades driva bort delar av *Royal Navy* från Dover i juli månad och utfallet skulle säkerligen ha blivit detsamma om angreppen satts in i mitten av september.

811 Slaget hade kostat *Luftwaffe* 1 887 stridsflygplan, varav 873 var en- eller tvåmotoriga jaktplan. Förlusterna av flygare var lika stora. Under juli månad hade *Luftwaffe* förlorat 124 jaktpiloter, under augusti 168 och september inte mindre än 229 (döda, sårade, saknade eller tillfångatagna jaktpiloter); det sista hela 23 procent av de tillgängliga (Williamson, s. 88). Inte mindre än 2 662 tyska besättningsmän hade *dödats* under striderna. Av dessa hade 551 flugit Bf 109 eller Bf 110. *Fighter Command* hade förlorat 1 023 enmotoriga jaktplan och 537 jaktpiloter hade dödats (Ramsey, s. 707). Om vi jämför de brittiska förlusterna av jaktpiloter under juli, augusti och september med de tyska, finner vi siffrorna 84, 237 och 264 (Williamson, s. 88). Detta var tolv procent högre än de tyska förlusterna, men man får här ta hänsyn till att *Fighter Command* ersatte både plan och manskap fortare än tyskarna och att *Jagdwaffes* pilotkader därmed tynade bort snabbare än *Fighter Commands*. I fråga om enmotoriga jaktplan var *Luftwaffes* relativa åderlåtning ännu större. Under dagarna strax före *Adler Tag* hade antalet tyska operativa Bf 109 legat på 805. Före angreppet mot London hade det sjunkit till 533 och i början av oktober fanns vid ett tillfälle endast 275 kvar (Overy, s. 36). Brittiska siffror för samma datum var 711, 694 respektive 655, varför *Jagdwaffe* hade haft ett marginellt övertag i juli, men decimerats till mindre än hälften av *Fighter Commands* styrka i början av oktober (The RAF Web Site, Battle of Britain Campaign Dairy, Internet). Som en parentes till ovanstående siffror bör det påpekas att man oftast ställer *Fighter Commands* förlust av 1 023 jaktplan mot *Luftwaffes* 1 887 jakt- *och* bombplan. Om *Bomber Commands* och *Coastal Commands* förluster adderas med jaktflygets blir den brittiska förlusten istället 1 547 plan. *Luftwaffes* förlust var alltså endast 20 procent högre än den brittiska (Bungay, s. 368).

812 Som exempel kan nämnas att *Luftwaffe* vid inledningen av Barbarossa inte hade fler än 2 000 stridsflygplan att sätta in mot ryssarnas 7 000 i västra Sovjetunionen. Om Hitler inskränkt sig till att bomba England nattetid, så skulle antalet stridsflygplan 1941 ha varit närmare det dubbla.

813 The RAF Web Site, Battle of Britain Campaign Dairy, Internet.

814 Levine, s. 45.

815 Bloom, s. 35.

Litteratur

Adams, Perry, *Hurricane Squadron*, Air Research Publications, 1988.

Balke, Ulf, *Der Luftkrieg in Europa 1939–1941*, Bechtermüntz Verlag, 1997.

Bartley, Tony, *Smoke Trails in the Sky; The journals of a Battle of Britain fighter pilot*, Crécy Publishing Limited, 1997.

Bekker, Cajus, *The Luftwaffe War Diaries; The German Air Force in World War II*, Da Capo Press Inc, 1994.

Benoist-Méchin, J., *Sixty Days that shook the West; the Fall of France: 1940*, Jonathan Cape, 1963.

Bergström, Christer, *Luftstrid över kanalen*, LiberFörlag, 1981.

Bingham, Victor, *Blitzed: The Battle of France May–June 1940*, Air Research Publications, 1990.

Bloom, Jim, Britain Invaded ... Again: A commentary on the ultimate Seelowe game 1974, *Strategy & Tactics Magazine*, 1974.

Boiten, Theo, *Blenheim Strike*, Air Research Publications, 1995.

Bongard, David L., Survey of the Battle of Britain, Artikel i *International Newsletter*, april 1997.

Brickhill, Paul, *Reach for the Sky*, Cassel Military Paperbacks, 2000.

Brown, David, *Warship Losses of World War Two*, Arms and Armour Ltd, 1990.

Bullock, Alan, *Hitler; En studie i tyranni*, Prisma, 1986.

Bungay, Stephen, *The Most Dangerous Enemy; A History of the Battle of Britain*, Aurum Press Ltd, 2001.

Burdick, Charles & Hans-Adolf Jacobsen (eds.), *The Halder War Diary*, Presidio, 1988.

Caidin, Martin, *Me 109*, Ballantine Books Inc, 1968.

Calder, Angus, *The People's War: Britain 1939–45*, Jonathan Cape, 1969.

Caldwell, Donald L., *JG26; Top Guns of the Luftwaffe*, Orion Books Inc, 1991.

Churchill, Winston S., *Englands Stoltaste Stund*, Ivar Häggströms boktryckeri, 1949.

Clayton, Tim & Phil Craig, *Finest Hour*, Hodder & Stougthon, 1999.

Collier, Basil, *The Defence of the United Kingdom*, Her Majesty's Stationary Office, 1957.

Collier, Richard, *Eagle Day; The Battle of Britain*, Cassel Military Classics, 1999.

Corum, James S., *The Luftwaffe; Creating the Operational Air War 1918–1940*, University Press of Kansas, 1997.

Cull, Brian, Bruce Lander & Heinrich Weiss, *Twelve days in May*, Grub Street, 1995.

Deere, Alan C., *Nine Lives*, Crécy Publishing Limited, 1999.

Deighton, Len, *Fighter*, Triad Grafton Books, 1979.

Deighton, Len, *Blitzkrieg*, Triad Grafton Books, 1981.

Deighton, Len, *Blood, Tears and Folly, volume II*, Harper Collins Publishers, 1996.

Delve, Ken, *Nightfighter; Battle for the Night Skies*, Cassell Military Paperbacks, 1995.
Delve, Ken, The Skies over England, late 1940, *Fly Past Magazine Special*, 2000.
Doughty, Robert Allan, *The Breaking Point; Sedan and the Fall of France, 1940*, Archon Books, 1990.
Edmonds, Knowler, *RADAR: The Beginnings*, Battle of Britain Remembered Magazine, Ramrod Publications, 2000.
Ellis, L. F., *The War in France and Flanders 1939–1940*, Her Majesty's Stationary Office, 1953.
Fleming, Peter, *Operation Sea Lion*, Pan Books, 1975.
Flint, Peter, *Dowding and Headquarters Fighter Command*, Airlife Publishing Ltd, 1996.
Foreman, John, *Fighter Command War Diaries: September 1939 to September 1940*, Air Research Publications, 1996.
Franks, Norman, *Valiant Wings; Battle and Blenheim Squadrons over France, 1940*, Crécy Books, 1994.
Franks, Norman, *Air Battle Dunkirk*, Grub Street, 2000.
Franks, L. R., *Royal Air Force, Fighter Command Losses of the Second World War, Volume 1, Operational Losses: Aircraft and Crews 1939–1941*, Midland Publishing Limited and Stephen Thompson Associates, 1997.
Frayn Turner, John, *The Battle of Britain*, Airlife Publishing Ltd, 1998.
Galland, Adolf, *The first and the last*, Methuen & Co Ltd, 1955.
Galland, Adolf, åsikter till förmån för RAF's Air Historic Branch, 1953, återgivna i *Fly Past Magazine Special*, 2000.
Gates, Eleanor, *End of the Affair; The Collapse of the Anglo-French Alliance, 1939–40*, George Allen & Unwin, 1981.
Gelb, Norman, *Dunkirk; The Complete Story of the First Step in the Defeat of Hitler*, William Morrow and Company, Inc, 1989.
Gibson, Guy, *Enemy Coast Ahead*, Bridge Books, 1995.
Goss, Chris, *Luftwaffe Fighter's Battle of Britain; The Inside Story: July–October 1940*, Crécy Publishing Limited, 2000.
Goutard, A., *The Battle of France, 1940*, Frederick Muller Ltd, 1958.
Gretzyngier, Robert, *Poles in Defence of Britain: A Day-by Day Chronology of Polish Day and Night Fighter Pilot Operations: July 1940–June 1941*, Grub Street, 2001.
Gretzyngier, Robert & Woitek Matusiak, *Polish Aces of World War 2*, Osprey Publishing, 1998.
Grinnell-Milne, Duncan, *The Silent Victory; September 1940*, The Bodley Head Ltd, 1958.
Hamilton, Nigel, *Monty; The making of a general 1887–1942*, Hamlyn paperbacks, 1982.
Hastings, Max, *Bomber Command*, Pan Books, 1981.
Herrmann, Hajo, *Eagle's Wings; The Autobiography of a Luftwaffe Pilot*, Guild Publishing, 1991.
Holmes, Tony, *Hurricane Aces 1939–1940*, Osprey Publishing, Oxford, 1998.
Hough, Richard, *The Longest Battle; The War at Sea 1939–45*, Pan Books Ltd, 1986.
Hough, Richard & Denis Richards, *The Battle of Britain*, Coronet Books, 1990.
Kesselring, Albrecht, *The Memoirs of Field-Marshal Kesselring*, Greenhill Books, Lionel Leventhal Ltd, 1988.
Kieser, Egbert, *Operation Sea Lion; The German Plan to Invade Britain, 1940*, Cassell Military Paperbacks, 1997.
Knight, Ben, *Hitler's First Defeat: The Battle of Britain*, Talonsoft, Inc., 1999.

Lawlor, Sheila, *Churchill and the Politics of War, 1940–1941*, Cambridge University Press, 1994.
Lee, Asher, *Goering; Air Leader*, Gerald Duckworth & Company Limited, 1972.
Levine, Alan J., Was World War II a Near-run Thing?, *The Journal of Strategic Studies*, Frank Cass, vol. 8, nummer 1, 1985.
Liddel Hart, Basil, *The other side of the Hill*, Pan Books Ltd Ltd, 1900.
Longmate, Norman, *If Britain had fallen*, BBC and Hutchinson & co Ltd, 1972.
Lukacs, John, *Duellen; Kampen mellan Churchill och Hitler 10 maj–31 juli 1940* , Tidens förlag, 1994.
Lukacs, John, *Five Days in London, May 1940*, Yale University Press, 1999.
Manstein, Erich von, *Lost Victories*, Greenhill Books, 1987.
Macksey, Kenneth, *Guderian der Panzer General*, Greenhill Books, Lionel Leventhal Limited, 1992.
Macksey, Kenneth, *Military Errors of World War II*, Cassel Military Classics, 1998.
Macmillan, Capt. Norman, *The Royal Air Force in the World War; Volume two 1940–1941*, George G. Harrap & Co, 1944.
Mason, Francis K., *Battle over Britain*, McWhirter Twins Ltd, 1969.
Middlebrook, Martin & Chris Everitt, *The Bomber Command War Diaries*, Viking, 1987.
Mombeek, Eric, J. Richard Smith & Eddie J. Creek, *Jagdwaffe; Attack in the West May 1940*, Classic Publications Limited, 2000.
Murray, Williamson, *Luftwaffe; Strategy for Defeat 1933–45*, Grafton Books, 1988.
Newton, Dennis, *A Few of the Few*, Australian War Memorial, 1990.
Overy, Richard, *The Battle*, Penguin Books Ltd, 2000.
Pallud, Jean-Paul, *Blietzkrieg in the West*, After the Battle Magazine, 1991.
Parkinson, Roger, *Blood, Toil, Tears and Sweat; The War History from Dunkirk to Alamein, based on the Cabinet papers of 1940 to 1942*, Granada Publishing Limited, 1973.
Parkinson, Roger, *Peace for our time; Munich to Dunkirk – the inside story*, Granada Publishing Limited, 1971.
Pertinax (Andre Géraud), *The Gravediggers of France*, Doubleday, Doran & Company, Inc, 1944.
Preston, Anthony & John Batchelor, *Battleships 1919–77*, Phoebus History of the World Wars Special, 1977.
Price, Alfred, *The Bomber in World War II*, Purnell Book Services Limited, 1976.
Price, Alfred, *Luftwaffe Handbook 1939–1945*, Ian Allan Ltd, 1986.
Price, Alfred, *Sky Battles: Dramatic Air Warfare Actions*, Cassell Military Classics, 1998.
Price, Alfred, *The Hardest Day: The Battle of Britain 18 August 1940*, Cassell Military Classics, 1998.
Price, Alfred, *Battle of Britain Day*, Greenhill Books, 1999.
Price, Alfred & Tony Holmes, *RAF Aces of the Battle of Britain*, Osprey Publishing Ltd, 2000.
Ramsey, Winston G. (ed.), The Battle of Britain, Then and Now, *After the Battle Magazine (Battle of Britain Prints International)*, 1980.
Ray, John, *The Battle of Britain; Dowding and the first Victory, 1940*, Cassel Military Paperbacks, 1998.
Ray, John, *The Night Blitz 1940–1941*, Cassel Military Paperbacks, 1996.
Rich, Norman, *Hitler's War Aims*, W.W. Norton & Company, 1973.

Richards, Denis, *Royal Air Force 1939–45, 1. The Fight at Odds*, Her Majesty's Stationary Office, 1953.

Richey, Paul, *Stridspilot*, Bokförlaget Atlantis, 1981.

Robinson, Anthony, *R.A.F. Fighter Squadrons in the Battle of Britain*, Brockhampton Press, 1999.

Roskill, S. W., *The War at Sea, vol. 1*, Her Majesty's Stationary Office, 1954.

Salmaggi, Cesare och Alfredo Pallavisini, *Andra världskriget dag för dag på alla fronter*, Askild & Kärnekull förlag AB, 1979.

Sarkar, Dilip, Battle of Britain: A Kaleidoscope of Memories, *Fly Past Magazine Special*, 2000.

Sarkar, Dilip, Bader the Legend, *Battle of Britain Remembered Magazine*, nummer 2, 2000.

Schenk, Peter, *Invasion of England 1940; The Planning of Operation Sealion*, Convay Maritime Press Ltd, 1990.

Shepperd, Alan, *France 1940; Blietzkrieg in the West*, Osprey Publishing Ltd, 1990.

Shirer, William L., *Det Tredje Rikets Uppgång och Fall*, Forum, 1984, tredje delen.

Smith, Peter C., *The Stuka at War*, Ian Allan Ltd, 1971.

Smith, Richard C., *Hornchurch Scramble; The Definitive Account of the RAF Fighter Airfield, it's Pilots, Groundcrew and Staff, vol. one*, Grub Street, 2000.

Spick, Mike, *Luftwaffe Fighter Aces; The Jagdflieger and their Combat Tactics and Techniques*, Ballantine Books, 1996.

Steinhilper, Ulrich & Peter Osborne, *Spitfire on my Tail; a view from the other side*, Independent Books, 1990.

Stokes, Doug, *Wings Aflame*, Crécy Publishing Limited, 1998.

Townsend, Peter, *Duel of Eagles*, George Weidenfeld & Nicolson, 1990.

Townsend-Bickers, Richard, *The Battle of Britain*, Salamander, 1990.

Tute, Warren, *The Deadly Stroke; The destruction of the French Atlantic fleet by the Royal Navy, July 1940*, Pan Books Ltd, 1976.

van Ishoven, Armand, *The Luftwaffe in the Battle of Britain*, Ian Allan Publishing, 1998.

Warlimont, Walter, *Inside Hitler's Headquarters 1939–45*, Weidenfeld and Nicolson Ltd, 1964.

Weal, John, *Bf 109D/E Aces 1939–41*, Osprey Publishing, 1996.

Werbaneth, James P., *England's Final Hour?; Operation Sea Lion*, Command Magazine # 45, 1997.

Wheatley, Ronald, *Operation Sea Lion; German plans for the Invasion of England 1939–1942*, Oxford University Press, 1958.

Williamson, Gordon, *Aces of the Reich*, Arms and Armour Press, 1989.

Wilson, Patrick, *Dunkirk; From Disaster to Deliverance*, Leo Cooper, Pen & Sword Books Ltd, 1999.

Wood, Derek & Derek Dempster, *The Narrow Margin; The Battle of Britain and the Rise of Air Power 1939–1940*, Hutchinson & Co Ltd, 1961.

Woodward, sir Llewellyn, *British Foreign Policy in the Second World War*, Her Majesty's Stationary Office, 1962.

Wright, Robert, *Dowding and the Battle of Britain*, McDonald & Co Ltd, 1969.

Young, Peter (editor), *The World Almanac of World War II*, Bison Books Ltd, 1981.

Zetterling, Niklas, Flygstridskrafternas operativa utnyttjande, *Kungliga Krigsvetenskapsakademiens handlingar och tidskrift*, nr 1, 2001.

Ziegler, Philip, *London at War*, Reed Consumer Books, 1995.

Register